LA VÉRITÉ

AUX

OUVRIERS ET CULTIVATEURS DE LA MARTINIQUE.

Paris. — Imprimerie SCHNEIDER, rue d'Erfurth, 1. — Société typographique parisienne.

LA VÉRITÉ

AUX

OUVRIERS ET CULTIVATEURS

DE LA MARTINIQUE

SUIVIE DES

Rapports, Décrets, Arrêtés, Projets de Lois et d'Arrêtés concernant l'abolition immédiate de l'Esclavage

PAR

VICTOR SCHŒLCHER

> Toujours l'expérience perdue, toujours les mêmes fautes, toujours les mêmes aberrations, toujours cette lutte insensée de l'enfant qui, cent fois renversé par le courant, persiste à vouloir empêcher l'eau de couler.

PARIS

PAGNERRE, ÉDITEUR

RUE DE SEINE, 14 BIS.

1849

CITOYENS, FRÈRES ET AMIS,

J'ai sollicité une seconde fois vos suffrages pour avoir l'honneur de vous représenter à l'Assemblée législative. L'année dernière, vous m'aviez nommé à l'unanimité; aujourd'hui, je n'ai eu que 3,642 voix sur 16,101 votants. Ai-je donc changé? Non; mais on vous a trompés, indignement trompés. Le *Courrier de la Martinique*, le journal des colons rétrogrades, et l'un des représentants que vous avez élus ont employé pour me nuire auprès de vous des moyens que réprouvent les gens honnêtes de tous les partis. Leurs attaques ont été si violentes, si pleines de fausseté, qu'à les lire on plaint l'espèce humaine de ce que la haine puisse rendre les hommes si méchants et si aveugles.

Nos frères de la Guadeloupe m'ont rendu justice en me nommant. La sympathie qu'ils m'ont témoignée sera pour moi l'objet d'une éternelle reconnaissance; mais elle ne m'a pas suffisamment vengé.

Déjà les nègres et les mulâtres les plus instruits et les plus honnêtes, vos aînés dans la liberté, tous ceux qui avaient appris à me connaître, tous ceux qui avaient courageusement, et au risque des plus grandes persécutions, travaillé avec les abolitionistes de France à votre heureuse émancipation, m'ont défendu et vous ont dit, sans pouvoir vous persuader, que l'on vous induisait en erreur.

1

Ces braves amis ne savaient pas tout, ils ne pouvaient éclairer les divers points que l'on a perfidement touchés. Je leur dois, je vous dois, je me dois à moi-même de vous donner des explications personnelles. Je tiens à vous prouver que ceux qui ont fait tant d'efforts pour m'éloigner de l'Assemblée législative ne peuvent être que vos ennemis, puisque je suis un de vos véritables amis, puisque je ne veux et n'ai jamais voulu que le bien de votre race. S'ils n'étaient pas vos ennemis, ils ne poursuivraient pas avec tant de passion un homme auquel ils ne peuvent *reprocher*, en définitive, que sa participation active à la destruction de la servitude.

Quant à M. Bissette, il y a bien longtemps qu'il m'attaque. J'avais dédaigné jusqu'ici de lui répondre, mais vous venez de lui conférer le titre de représentant du peuple ; c'est un honneur qui ne permet plus qu'on le compte pour rien. Je vais donc réfuter à la fois et ce qu'il a dit et ce qu'ont dit les journaux de sa faction, *le Courrier de la Martinique*, *le Commercial* et *l'Avenir de la Guadeloupe*.

Nous nous entretiendrons ensuite de l'abolition de l'esclavage.

Paris, 20 novembre 1849.

LA VÉRITÉ

OUVRIERS ET CULTIVATEURS DE LA MARTINIQUE.

—

CHAPITRE PREMIER.
Faits Préliminaires.

Mes premiers ouvrages. — *Réfutation* de M. Bissette. — Fausses allégations et rétractation. — Continuité de ses attaques. — Opinions diverses sur sa moralité.—
Ses emprunts forcés.

Et d'abord laissez-moi, mes chers amis, vous donner quelques explications préliminaires. En 1828 je fis un voyage au
Mexique, à Cuba et aux États-Unis ; j'avais vingt-trois ans. J'étais
parti sans idée préconçue sur l'esclavage, cette question ne m'a-
vait jamais occupé. Je vis des esclaves à Cuba et dans le sud de
l'Amérique du Nord comme j'avais vu tout le reste, en touriste
et sans y porter l'attention nécessaire. Cependant le malheureux sort de ces hommes avait laissé chez moi une profonde
impression. Plus tard, en 1830, je rassemblai mes notes et je
fis dans la *Revue de Paris* un article intitulé : *des Noirs*, où je
racontais les misères qui m'étaient apparues en courant. C'est
la première chose sortie de ma plume qui ait été imprimée. Je
tiens à honneur de le pouvoir dire : jeune encore, ma première œuvre a été consacrée à une portion souffrante de l'humanité. L'essai de 1830, quoique je n'y parlasse pas des Antilles françaises, fut réfuté par un colon de la Guadeloupe,
M. Félix Patron ; cela me conduisit à reprendre la question, et
en 1833 je publiai une brochure : *de l'Esclavage des Noirs*,
avec cette épigraphe empruntée à M. Dufau, l'un de vos plus
anciens défenseurs : « Vivre dans l'esclavage ce n'est pas vivre,

« c'est mourir d'une lente agonie. » Ces publications me firent considérer par tout le monde comme un abolitioniste, même par le martyr de 1823 qu'elles amenèrent chez moi.

En 1840 j'écrivis un troisième ouvrage sous le titre de : *Abolition de l'Esclavage, examen critique du préjugé contre la couleur des Africains et des sang-mêlés* (1). Le représentant actuel de la Martinique en rendit compte dans sa *Revue des Colonies*, n° de septembre 1840, d'une manière très-élogieuse. « Voici, « dit-il, qu'un écrivain, doué d'un esprit ingénieux, d'une vaste « et belle intelligence, entreprend de démontrer non-seule- « ment que la race noire ne mérite pas en principe l'odieuse « destinée qu'on lui a faite, mais encore qu'elle a probable- « ment précédé les races blanches elles-mêmes dans les voies « de la civilisation et de l'intelligence. M. Schœlcher a battu « les publicistes de l'esclavage avec leurs propres armes.... Il « ne nous appartient point, et il ne saurait nous convenir de « nous répandre en de trop grands éloges d'une publication « qui juge le débat en notre faveur, mais il nous est permis « d'en recommander la lecture et la méditation à tous les bons « esprits. »

Peu après je partis pour les *Antilles*, et en 1842 parut mon volume des *Colonies françaises*, *Abolition immédiate de l'Es-clavage*.

Déjà depuis longtemps j'avais un peu de froideur pour le di-recteur de la *Revue des Colonies*, chez lequel je n'allais pas et dont la conduite particulière ne me semblait pas louable. Lors de mon départ pour la Martinique je ne pris de recommandations que de l'honorable M. Fabien, que tout le monde estimait, que tout le monde regrette; je n'en demandai pas à M. Bissette, et me contentai de me charger des lettres qu'il vint me prier de re-mettre à sa famille. A mon retour je gardai la même réserve, aussi ne fus-je pas très-étonné qu'il annonçât ainsi dans sa *Revue de 1842* un article sur mon livre: «Aux diatribes d'un certain écri- « vain contre les hommes de couleur, nous avons dû être af- « fligé de voir se mêler des paroles semblables d'*un ami de la* « *cause des noirs, d'un abolitioniste dont nous estimons le caractère*

(1) On voit dans ce petit volume que ce n'est pas, quoi qu'en ait dit le *Courrier de la Martinique*, « seulement depuis qu'ils sont électeurs que « j'appelle les nègres mes frères. »

« *et la personne*. Cet ami de notre cause, qui a visité naguère les
« colonies *au* vol d'oiseau, et qui, pour étudier les mœurs des
« hommes de couleur, a cru devoir choisir ses hôtes de préfé-
« rence *parmi les blancs connus les plus antipathiques aux hommes*
« *de couleur*, s'est laissé influencer, et son travail s'est ressenti
« du milieu dans lequel il a vécu aux Antilles françaises. C'est
« à regret que nous nous livrerons à l'examen critique de ce
« livre; mais cet examen sera fait avec conscience et avec toute
« l'impartialité dont nous sommes capable. »

· Il y avait là des menaces conditionnelles; ma fierté me défendait d'en tenir compte; je ne m'inquiétai point d'en con-
jurer l'effet. Cependant, je l'avoue, quand parut la critique
annoncée, je fus surpris de son caractère méchant et grossier.
L'homme *à la vaste intelligence* n'était plus qu'un sot, l'*ami de la
cause des noirs* n'était plus qu'un ami déguisé des blancs, et les
ouvrages qui m'avaient fait traiter d'*abolitioniste dont on estimait
le caractère et la personne*, n'étaient plus que des œuvres détestables, pernicieuses, hostiles à la race nègre et à l'émancipation.

Celui que vous venez d'élire, mes chers amis, avait mis DIX-
HUIT MOIS à couver ces attaques ! Sa réfutation était réellement
une mauvaise action; mon livre prenait votre servitude corps
à corps, il en montrait les vices, les horreurs, la barbarie.
Mon réfutateur, en cherchant à discréditer un ouvrage semblable, nuisait donc à la cause des esclaves. S'il avait atteint
son triste but, il aurait déconsidéré, annulé, un travail qui
plaidait ardemment d'un bout à l'autre *pour l'abolition immédiate de l'esclavage*.

Je ne voulus pas discuter; je me bornai à insérer la lettre
suivante dans le *National :*

                                                « Paris, 17 septembre 1845.

  « Monsieur le Rédacteur,

  « Quand je publiai, IL Y A DIX-HUIT MOIS, mon livre sur les
colonies françaises, vous voulûtes bien en parler favorablement; j'invoque ce souvenir pour vous prier de donner place
à la note suivante.

  « Pendant une absence que je viens de faire, il a paru une
brochure intitulée : *Réfutation du livre de M. Schœlcher,* où,
entre autres imputations dénuées de sens, je suis assimilé aux

agents gagés des colons. On peut juger par cela seul de ce que
vaut ce factum. Je me crois donc dispensé d'y répondre; toutefois, je me trouve dans l'absolue nécessité de relever une assertion qui, d'abord, est calomnieuse, et ensuite compromet
mon caractère abolitioniste.

« L'auteur de cette brochure dit : « M. Perrinelle, créole de
« la Martinique, qui était passager sur le même navire que
« M. Schœlcher, le convertit au système colonial à l'endroit
« du préjugé de couleur. Il le menaça de lui fermer sa porte
« et toutes celles des colons s'il fréquentait un seul mulâtre.
« M. Schœlcher obéit à l'insolente injonction de M. Perrinelle.
« Parti de France avec des lettres de recommandation de la
« part de quelques hommes de couleur, il s'est abstenu de
« faire visite aux mulâtres à qui s'adressaient ces lettres. Il
« les a envoyées par son domestique, et il se donne aujour-
« d'hui les airs de se récrier contre le préjugé. »

« Tout ceci est absolument et radicalement contraire à la vérité.
— On ne m'a pas fait d'injonction, je n'en souffre de personne;
je dirai même que personne n'oserait m'en faire. — Quant à
M. Perrinelle, ceux qui le connaissent le savent trop galant
homme pour tenir jamais le grossier langage qu'on lui prête.
— Je n'ai pas envoyé une seule lettre de recommandation. —
J'ai vu aux Antilles beaucoup de mulâtres, et, mieux encore,
j'ai pris place à la table de ceux qui ont bien voulu m'inviter.

« Permettez-moi, monsieur, d'ajouter un mot : L'écrit qui
motive cette note me présente comme un ennemi de la classe
de couleur. Je ne veux point accepter cet indigne rôle, aussi
loin de mon cœur que de mon esprit.

« Les esclaves et les mulâtres se confondent dans ma pensée, liés par une commune origine, victimes des mêmes préjugés et des mêmes barbaries; un sentiment également fraternel m'anime à l'égard des uns comme des autres, et quand j'ai
parlé de leurs fautes, de leurs vices, je l'ai fait en montrant
que *fautes et vices* TIENNENT *au funeste milieu social où ils se trouvent, et non à leur individualité.*

« Au reste, les mulâtres de bonne foi ont bien compris, à la
nature de mes attaques, qu'elles étaient encore de la sympathie.
Depuis, comme avant la publication de mon livre, la plupart
de ceux qui sont à Paris me font l'honneur de venir me voir.

J'ai reçu de plusieurs sangs-mêlés des Antilles des lettres fort honorables; enfin, un des journaux d'Haïti, le *Patriote*, exclusivement rédigé par des mulâtres, a consacré à cet ouvrage trois articles plus élogieux que je n'ose croire le mériter, et n'y a rien vu des criminelles pensées que mon prétendu réfutateur y découvre si tardivement.

« Veuillez agréer, etc.

« V. SCHOELCHER. »

M. Bissette ne se tint pas pour battu, il répondit ceci :

Deux mots sur une Note de M. V. Schœlcher, 1843.

« . . . M. Schœlcher ne veut pas se donner la peine de discuter mes assertions; il se contente de dire : *Elles sont dénuées de sens, elles sont calomnieuses.* — On peut en juger par les faits suivants :

« J'ai écrit que dans la traversée de France aux Antilles, lorsque M. Schœlcher annonça à bord du navire qui le transportait à la Martinique, lui et M. Perrinelle, créole de cette île, celui-ci monta sur la dunette du navire et dit à M. Schœlcher : « Monsieur l'abolitioniste, je vous ferme la porte de mon ha-« bitation si vous fréquentez un seul nègre, un seul mulâtre « dans la colonie. Si, au contraire, vous suivez mes conseils, « ma maison est à votre service, et, avec ma maison, celle de « tous les colons. » — Puis j'ajoutai : « Le négrophile céda, *il* « *obéit à l'insolente injonction de M. Perrinelle, s'abstint de faire* « *visite aux mulâtres* auprès desquels il était recommandé, et « leur envoya par son domestique les lettres d'introduction « dont il était porteur en partant de Paris. »

« *Je maintiens ces faits*, parce qu'ils sont de notoriété publique à la Martinique; qu'ils m'ont été racontés par des hommes dignes de foi, et notamment par M. Remy-Mondésir, jeune médecin que M. Schœlcher a connu à Paris, et qui a blâmé devant lui les passages injurieux de son livre. J'ai de plus, à l'appui de ces témoignages, *le témoignage de M. Schœlcher lui-même, qui me confirma ces faits* à son arrivée à Paris, avant qu'il ne publiât son mauvais livre. Il m'en souvient, Dieu merci, et je vais rappeler les propres paroles de M. Schœlcher, s'excusant des reproches qu'on lui adressait :

« Dans la traversée, M. Perrinelle m'offrit de loger chez lui,

il me dit : « Monsieur, si vous voyez un seul mulâtre, ma
« porte vous sera fermée, et avec ma porte celle de tous les
« colons; si, au contraire, vous vous abstenez de fréquenter
« ces gens-là, nous vous ouvrons les portes de toutes nos habi-
« tations. » — A de telles conditions, j'ai repoussé l'offre de
M. Perrinelle. Mais, arrivé au terme de notre voyage, avant
de quitter le bord, M. Perrinelle ayant réitéré ses offres, j'ai
cru devoir les accepter. Que vouliez-vous que je fisse ? Les mulâtres sont tous pauvres, ils ne possèdent que de petites habitations, je n'aurais pu me loger que fort mal chez eux, et ensuite je n'aurais pu faire mon livre. J'ai accepté.

« Comme vous voyez, monsieur, il n'y a dans cette version,
que j'affirme vraie, la tenant de M. Schœlcher lui-même, qu'une
légère différence avec le passage cité de ma brochure. Le fond
de la question est exactement le même; il n'y a que le détail
accessoire qui diffère.

« Mais je trouve *très-peu loyal* à M. Schœlcher, qui se dispense de répondre à mes nombreuses assertions, de choisir
précisément pour répondre le seul fait sur lequel il sait très-
bien que je ne puis m'expliquer sans blesser les convenances, etc.

« *Signé :* BISSETTE. »

Je n'avais pas voulu descendre à discuter un factum de
haine pure, je m'étais borné à y relever deux calomnies. J'aurais pu même n'en relever qu'une, car son auteur, avec l'espèce de vertige que donne la colère, tout en disant que je
m'étais abstenu de faire visite aux mulâtres, avouait que j'a-
vais *remis moi-même aux personnes de sa famille* les lettres dont
il était venu me prier de me charger (page 95 de la *réfutation*).
Mais mon antagoniste, dans sa réplique, osait appliquer le
mot *peu loyal* à un de mes procédés; de plus, comme on vient
de le voir, il maintenait sa première assertion relative à ce qui
s'était passé entre l'honorable M. Perrinelle et moi; il m'attribuait un langage ridicule et vulgaire, il avait même l'audace
d'ajouter mensongèrement qu'il tenait la chose de ma bouche
et d'hommes dignes de foi comme M. Remy-Mondésir, qui ne
serait digne d'aucune foi si réellement il avait tenu le propos
qu'on lui prête. Je ne pouvais tolérer cela, j'envoyai deux de
mes amis chez M. Bissette, et voici la déclaration qu'ils me rap-
portèrent :

Déclaration de M. Bissette au sujet de sa dernière brochure sur l'ouvrage de M. Schœlcher.

« Paris, 10 octobre 1843.

« Dans une brochure en réponse à une note de M. Schœlcher, insérée dans le *National* du 16 septembre, ma position m'a fait un devoir de relever les inexactitudes de cet écrivain.

« Parmi les passages que m'a inspirés mon zèle pour tout ce qui touche à la dignité et au rôle de la race à laquelle j'appartiens, il en est deux que M. Schœlcher a pris à offense personnelle. Comme il m'a paru toujours funeste de compromettre la cause de l'émancipation par des collisions *entre les personnes qui s'y sont vouées*, et qu'en outre je n'ai jamais conçu aucun doute de nature à porter atteinte à l'honneur de M. Schœlcher, mais seulement de redresser ses erreurs, *je retire* sans hésitation l'*expression de peu loyal* employée à son égard, comme contraire à ma pensée. Ce que j'ai voulu dire, c'est simplement qu'il y avait peu de générosité à me répondre comme il l'a fait.

« Quant à la relation que j'ai donnée de l'entretien de M. Schœlcher avec M. Perrinelle, je me rappelais bien la tenir de M. Schœlcher lui-même, ce qui n'est pas contesté; mais M. Schœlcher *ayant cru pouvoir inférer, de la forme que j'ai donnée à ce récit, que mon intention était* de faire penser qu'après avoir refusé les offres d'hospitalité de M. Perrinelle, parce que celui-ci lui faisait une loi de ne pas voir les hommes de couleur, M. Schœlcher était revenu sur ce refus. Je ne fais aucune difficulté d'éclaircir ma narration en la complétant. *Si M. Schœlcher a fini par accepter l'offre de M. Perrinelle, c'est que celui-ci*, obligé plus tard de modifier lui-même son insoutenable prétention, *a reçu M. Schœlcher, quoique celui-ci eût visité des hommes de couleur.*

« Un dernier mot.—*J'ai dit et j'ai écrit que j'estimais le caractère et la personne de M. Schœlcher, je le répète ici* pour éviter tout soupçon d'injustice et d'animosité personnelle. Puisse cette franche déclaration contribuer à éclairer davantage M. Schœlcher sur une classe trop sévèrement traitée par lui et le porter à embrasser non-seulement dans un même intérêt, mais dans la même sympathie affectueuse, les noirs et les hommes

de couleur! Il m'a été impossible de ne pas voir avec plaisir
que, dans sa lettre du 17 septembre au *National*, il fasse profession d'un sentiment également fraternel à l'égard des esclaves
et des mulâtres, et je ne doute pas que ce sentiment ne doive
le porter à regretter les expressions exagérées que nous avons
été forcé de lui reprocher dans son jugement à l'égard des
femmes de couleur. Les *amis de l'égalité humaine* sont trop peu
nombreux pour se diviser, et ce n'est qu'en nous donnant tous
la main que nous pourrons anéantir cet abominable fléau
dont M. Schœlcher ne souffre que dans son cœur, et dont nous
souffrons, nous, dans nos cœurs et dans nos corps, dans les
nôtres et dans nous-même.

« *Signé* : BISSETTE. »

Je laisse maintenant à juger quel est le collègue et
ami de M. Pécoul. Il fait contre moi une brochure de qua-
tre-vingt-quatre pages, dans laquelle il dit « que mon livre
« est un mauvais livre où s'épanchent toutes les plus mau-
« vaises passions des blancs et leur haine contre les mulâtres ;
« que je veux diviser les noirs des mulâtres (*sic*) ; que je suis
« très-disposé à faire bon marché des actes de sévices de la
« nature de ceux reprochés à M. Douillard (1) ; que ma pas-
« sion pour le fouet est chez moi une vieille marotte ; que j'ai
« rougi de m'asseoir à la table du pauvre mulâtre et de donner
« la main au malheureux esclave, afin de pouvoir être reçu
« chez les blancs ; en un mot, il m'assimile aux écrivains sa-
« lariés des colons. »
Je demande des explications, et aussitôt « pour ne pas com-
« promettre la cause de l'abolition par des collisions entre les
« personnes qui s'y sont vouées , » il retire l'expression de
peu loyal. Il avait dit dans sa réfutation : « M. Schœlcher a
« cédé à l'insolente menace ; *oui, l'insolente menace* de M. Per-
« rinelle, qui lui refusait sa porte s'il frayait avec un seul mu-
« lâtre.» (Page 71.) Il avait répété, après ma première dénégation : « JE MAINTIENS que M. Schœlcher, cédant à l'insolente in-
« jonction de M. Perrinelle, s'est abstenu de faire visite aux
« mulâtres. » Puis le voilà déclarant que je n'ai cédé à aucune

(1) Lisez ce que j'en dis pages 55, 218 *des Colonies françaises.*

injonction, que je suis allé chez M. Perrinelle (1), bien que *j'eusse visité* (*sic*) des hommes de couleur (2)! Enfin, après avoir signé « qu'il ne m'estimait plus, » il fait de nouveau profession d'estime pour mon caractère et ma personne!

Entre gens d'honneur, ces sortes d'explications sont comme les duels, elles mettent fin aux actes d'hostilité, lors même qu'elles ne rapprochent pas complétement. M. Bissette n'est pas de ce monde-là. Il m'écrivit après sa rétractation : un de mes amis se chargea de la peine de lui répondre. L'apôtre de la conciliation s'offensa que je n'eusse point personnellement tenu la plume, et il s'acharna encore sur deux nouveaux volumes de moi qu'il avait abandonnés : *Colonies étrangères* et *Haïti*. Il les déchira à pleines dents; la forme seule était plus prudente; les injures s'arrêtaient au point où la liberté de la presse nous oblige tous à les supporter. J'aurais peut-être pu apaiser ces nouvelles colères, car le pamphlétaire avait pris

(1) Il devient utile de dire la vérité sur cette affaire, que le pauvre réfutateur a fort embrouillée par ses affirmations et ses rétractations successives. En me rendant à la Martinique, je me trouvai à bord avec M. A. Perrinelle ; celui-ci fut vite au courant du but de mon voyage. Dans les mille conversations de la traversée, il m'avait expliqué plus d'une fois que ma position serait difficile; que, si je fréquentais les mulâtres, si je mangeais chez eux, les préjugés de couleur ne permettraient à aucun blanc de me recevoir. Au moment de débarquer, M. Perrinelle me dit courtoisement : « Monsieur Schœlcher, veuillez vous rappeler que votre couvert « sera mis tous les jours chez moi. — Je suis vivement touché, répondis-je, « de l'honneur que vous m'accordez, mais ne trouvez pas mauvais que je « le refuse; vous m'avez fait connaître les idées de la Martinique; or, j'ai « dessein d'aller chez les mulâtres qui m'inviteront, je ne voudrais pas « vous compromettre vis-à-vis de vos amis. — N'importe, reprit M. Per- « rinelle avec une noblesse parfaite, ce que j'ai dit est dit, je vous re- « cevrai dans quelque condition que ce soit, et si mes compatriotes me « blâment, ce sera mon affaire. » Ce n'est pas là, au reste, la seule circonstance de mes rapports avec M. A Perrinelle qui ait fait naître en moi une grande considération pour lui, malgré la divergence absolue de nos opinions coloniales.

(2) Le *Courrier de la Martinique* savait parfaitement tout cela, et pourtant, huit jours avant les élections, dans son numéro du 26 mai 1849, il répétait, en le soulignant, que, lors de mon voyage à la Martinique, *Je m'étais abstenu de faire, visite aux mulâtres !!*

soin d'annoncer son dessein (1) ; mais j'ai toujours eu un invincible dédain pour les menaces, je laissai faire.

Le représentant actuel de la Martinique ne s'en tint pas là ; il n'a jamais pu me pardonner la rétractation qu'il avait cru devoir signer. Pendant que moi je soutenais dans la *Réforme* une lutte de tous les jours contre l'esclavage ; pendant que je m'entendais avec mes amis MM. Ledru-Rollin, J. Lasteyrie, P. Gasparin, G. Beaumont, Oscar Lafayette, qui dénonçaient à la tribune de la Chambre des députés les actes de sévices dont vous étiez victimes, chers concitoyens ; pendant qu'à la *Société française pour l'abolition de l'esclavage* je rédigeais, de concert avec MM. Dutrône, Luttroph, Gatine, Dufau, Hardouin, Tracy, Roger (du Loiret) et d'autres membres actifs, des mémoires, des pétitions pour votre défense ; pendant que j'insérais dans plusieurs journaux les articles qui ont formé mes deux derniers volumes : *Histoire de l'esclavage durant les deux dernières années*, mon ennemi, dont rien ne pouvait désarmer l'animosité toujours croissante, ne cessait dans ses publications de me nier la qualité de négrophile. Je poursuivais activement votre délivrance, il s'efforçait d'amoindrir ma parole. Il nous aurait certainement beaucoup nui, si la déconsidération que sa conduite particulière lui attirait ne lui eût enlevé toute espèce d'autorité.

(1) « A M. ***. Paris, 25 octobre 1848.

« M. Schœlcher n'a pas jugé à propos de répondre à ma lettre et vous « a chargé d'y répondre en son nom. C'est bien ; maintenant je l'ai com- « pris... Je ferai savoir au public *et à mes frères des colonies* comment « M. Schœlcher en a usé dans cette dernière occasion et *par là ce qu'il* « *faut en attendre pour notre cause.*

« Je termine ici ce débat *pour poursuivre* la réfutation que j'ai pro- « mise de son volume sur Haïti et que trois fois j'ai interrompu, pour « cet incident. Je fais de cette réfutation un livre où ne seront point « *mises* en cause assurément les bonnes intentions de M. Schœlcher, « mais bien *son jugement et sa portée d'esprit* comme historien et *comme* « *abolitioniste.*

« *Signé* : BISSETTE. »

Etrange aveuglement de ces égoïstes passionnés : ils mêlent le monde entier dans leurs petites affaires. Parce que je ne daigne pas répondre à M. Bissette, *la cause de ses frères* n'a plus rien à attendre de moi, et je cesse aussi d'être abolitioniste. Je suis ou je ne suis pas abolitioniste, selon qu'il est de bonne ou de mauvaise humeur contre ma personne !

La Révolution de février a fait tomber entre mes mains une de ses lettres où l'on voit que ses haines personnelles ont toujours dominé son dévouement pour votre cause.

Cette lettre, en date du 6 juin 1843, adressée à M. Guizot, a été trouvée dans les cartons du ministère des affaires étrangères.

L'élu de la Martinique y fait respectueusement hommage au ministre de Louis-Philippe d'un exemplaire de la prétendue réfutation de mon livre. Or, dans cette réfutation, il y a ce passage : « Nous avons dit que M. Schœlcher « avait fait de son livre une espèce de pot-pourri, croyant « faire un document utile à consulter dans la question « de l'esclavage. C'eût été grand dommage, au milieu de ce « gâchis, de n'y pas mettre le MOT A LA MODE, *le ministère* « *de l'étranger*. Mais devinez à propos de quoi M. Schœlcher « en parle? Pour adresser un compliment à ses hôtes les co- « lons! » Et trois fois l'auteur de la réfutation revient en appuyant sur l'expression *ministère de l'étranger*. M. Guizot avait une réelle qualité à mes yeux, celle d'être sincèrement, philosophiquement abolitioniste, et voilà que M. Bissette, flatteur de tous les pouvoirs, se charge de lui dénoncer d'une manière directe un abolitioniste comme un ennemi politique !

Dites, mes amis, est-ce là le rôle d'un homme d'honneur? Mais voyez encore : Le courtier électoral de MM. Jabrun et Pécoul qui défendait si chaudement le ministère de l'étranger lorsque M. Guizot était tout-puissant, il se trouve, après février, avoir été un de ses plus redoutables adversaires. A en croire sa profession de foi *aux citoyens électeurs* du département de la Seine, « il *dirigeait*, lors de la Révolution de février, la formation des premières barricades de la rue Saint-Honoré! »

Je vous ai dit que la conduite de celui qui vous trompe l'avait déconsidéré auprès de tous les honnêtes gens, je vais vous en donner la preuve. Je ne veux avancer aucun fait sans en établir l'authenticité d'une manière irréfutable.

Trois ans après la rétractation dont vous venez de lire le texte, M. Étienne Arago m'adressa un feuilleton de la *Réforme* sur une pièce de théâtre appelée *le Docteur noir*. J'étais en Orient à étudier l'esclavage musulman. Mon ami avait la bonté de regretter mon absence au moment où l'on représentait une pièce favorable aux nègres. A ce propos, celui qui devait devenir le protégé de M. Tracy, ministre de la marine et des colonies, publia une lettre dans laquelle, en son nom, et, disait-il, « au nom de plusieurs de ses jeunes compatriotes qui « l'auraient engagé à écrire (1), il protestait contre la fausse ap-

---

(1) M. Bissette parle de ses jeunes compatriotes qui l'auraient engagé « à éclairer le public sur mon prétendu dévouement aux nègres et aux « mulâtres. » Voici une lettre que m'a écrite avec une franchise toute spontanée un de ces braves jeunes gens auxquels il s'efforce de souffler ses mauvais sentiments.

« Paris, 6 juin 1848.

« Monsieur,

« Vous apprécierez le motif qui me porte à vous écrire cette lettre, et vous me ferez, je le pense, une réponse satisfaisante.

« Vous devez vous rappeler que vous avez publié, en avril 1846, dans la *Réforme*, un article dans lequel vous rendiez compte d'un procès intenté à M. Alfred Agnès, par la douane de Saint-Pierre (Martinique). — Cet article, rappelez-vous-le, renfermait cette phrase : « M. A. Agnès, « bien qu'il ait le honteux malheur d'avoir du sang noir dans les veines... »

« Je n'avais pas compris que ces mots, *honteux malheur*, étaient, de votre part, une sanglante ironie à l'adresse de certains esprits à préjugés. Je n'avais vu dans ces paroles que leur texte même et, partant, une injure à la race à laquelle j'appartiens.

« *Certains hommes méchants*, qui vous ont voué une haine implacable à cause seulement de votre supériorité d'intelligence sur eux et du noble dévouement de votre caractère, certains hommes *m'ont alors déterminé*, je vous en fais humblement l'aveu, monsieur, à vous écrire une lettre très-inconvenante et dont j'ai toujours eu regret.

« Je n'ai pas tardé à voir clair dans ces plates machinations, dans ces basses manœuvres qui faisaient d un jeune homme de dix-neuf ans l'instrument aveugle d'une haine insensée. Aussi cette lettre que je vous ai écrite a-t-elle toujours été un remords pour moi et une leçon sévère dont je saurai profiter.

« En venant, monsieur, vous faire, de moi-même et sans y être contraint, mes excuses, vous apprécierez leur sincérité et vous me permettrez de saisir cette occasion de vous exprimer avec la même franchise l'admiration que je professe pour vous, à cause de votre dévouement pour une classe qui, soyez-en sûr, doit en grande partie son émancipation à vos généreux travaux.

« Vous avez toujours été le défenseur sincère d'une race opprimée, le bienfaiteur d'une forte partie de l'humanité, vous en serez récompensé par sa reconnaissance et par une gloire éternelle.

« Salut et fraternité.

« *Signé* : Henri CHANCE. »

« préciation que M. Arago avait faite de mes écrits philanthro-
« piques à l'endroit des nègres ou des mulâtres, en affirmant
« que je m'étais toujours montré dans mes livres plutôt *l'en-*
« *nemi que l'ami* de leur cause. » L'homme à qui j'avais déjà
arraché une rétractation, enhardi par le silence que j'avais opposé à ses dernières attaques, se permettait de nouvelles injures contre moi; il comptait que je le mépriserais encore.

Je transcris ici une pièce qui constate ce qui s'est passé à ce
sujet :

« Dès son retour, V. Schœlcher, ayant eu connaissance de la lettre de
M. Bissette à Etienne Arago, voulut demander réparation ou rétractation;
mais le comité de rédaction de la *Réforme* fut convoqué, sur la demande
des citoyens Etienne Arago et Perrinon, et chacun de ses membres ayant
fait connaître son opinion sur la conduite morale et politique du sieur
Bissette, il fut décidé à *l'unanimité que, en raison du degré de déconsi
dération où était tombé le sieur Bissette,* Schœlcher avait *pour devoir* de
sacrifier sa susceptibilité naturelle et de mépriser les injures d'un pareil
homme.

Le citoyen F. Flocon, rédacteur en chef, rappela dans cette réunion
qu'il avait vu Jules Bastide chasser de sa présence le sieur Bissette comme
un malhonnête homme; il s'adressa, pour mieux fixer ses souvenirs et
préciser le fait, à Jules Bastide qui lui répondit la lettre suivante :

« Mon cher Flocon, je reçois à l'instant ta lettre du 2 décembre, j'ai
regretté vivement de n'avoir pas été chez moi lorsque tu y es venu.

« Quant à l'objet de ta lettre, j'en demande bien pardon à notre ami
Schœlcher, mais mon opinion touchant M. Bissette (tout homme de couleur qu'il a l'honneur d'être) est, que ce Monsieur ne mérite pas qu'un
galant homme s'occupe de ses sottises.

« Il est bien vrai que, l'ayant trouvé un jour en compagnie de
MM. Dupont et Isambert, à la Chambre, je l'ai prié de sortir, en lui disant
qu'en pareille société il me semblait ne devoir se rencontrer que des gens
de probité. Et il s'en est allé. Tu étais, je crois, présent à une partie de la
scène.

« Dis cela à notre ami, si cela peut servir à guérir ses scrupules; je lui
serre bien la main, ainsi qu'à toi.

« Tout à toi.

« *Signé* : Jules BASTIDE.

« Tous ces faits sont à ma connaissance, j'en atteste l'exactitude.

« *Signé* : F. FLOCON.

« Je joins mon attestation à celle du citoyen Flocon et j'affirme, comme lui, l'exactitude des faits ci-dessus relatés.

« Signé : Ledru-Rollin.

« Tous ces faits sont également à ma connaissance de la manière la plus authentique.

« Signé : A. F. Perrinon (mulâtre, chef de bataillon
d'artillerie de marine).

« Tous les faits relatés plus haut sont à ma connaissance, j'en atteste la complète exactitude.

« Signé : Etienne Arago.

« Je certifie l'exactitude de tous les faits ci-dessus mentionnés.

« Signé : Ribeyrolles.

« Tous les faits ci-dessus rapportés sont de la plus parfaite exactitude, je l'atteste de la manière la plus formelle.

« Signé : A. Dupoty.

« Je déclare avoir assisté, comme membre du conseil de rédaction de la Réforme, à la réunion indiquée ci-dessus, et certifie l'exactitude du récit qui en est fait.

« Signé : Pascal Duprat.

« Je déclare que les faits affirmés par les membres du comité de ré-daction de la Réforme qui ont signé d'autre part sont à ma parfaite connaissance.

« Signé : E. Baune. »

Voulez-vous maintenant, mes chers amis, savoir pourquoi tous ces hommes d'honneur, dont les noms ont une grande notoriété publique, n'autorisèrent pas un de leurs amis à se commettre avec celui que vous avez élu par erreur? Les pièces suivantes vous l'apprendront :

Lavocat père, ancien avoué et conseil du ministère des finances,
à M. Victor Schœlcher.

« Paris, 21 août 1848.

« Monsieur,

« Je rentre à l'instant chez moi, et on m'apprend que vous avez pris la peine d'y passer, dans la matinée, pour me demander quelques détails sur certaine affaire d'intérêts que j'ai eue avec le sieur Bissette, de Saint-Pierre (Martinique), et à raison de laquelle MM. les membres du conseil de famille de la légion d'artillerie de la garde nationale parisienne ont désiré m'entendre, au mois d'avril dernier.

« Quelque triste et répugnant que soit pour moi le souvenir de ce fâcheux démêlé, je n'hésite pas, monsieur, à vous donner dans cette lettre les documents dont vous paraissez avoir besoin pour votre édification personnelle et celle de vos amis politiques, touchant la moralité de mon ancien obligé.

« Avant tout, je crois devoir vous dire l'origine de mes rapports avec cet individu, et comment il est parvenu à me rendre l'une de ses dupes.

« En 1828 ou 1829, étant venu à Paris pour un procès, j'allai consulter mon ancien ami, M. Isambert. La veille de mon départ, il m'envoya une invitation à dîner ; ce même jour il avait engagé les déportés de la Martinique, dont il avait été le défenseur et l'appui. Je me suis ainsi trouvé le commensal de MM. Fabien, Volny et Bissette. Je ne les avais jamais vus, mais leurs malheurs n'étaient ignorés de personne ; les journaux en avaient si souvent parlé !

« A la fin du repas, la conversation étant tombée sur les circonstances qui avaient motivé la condamnation de ces messieurs, je n'ai pas balancé, pour mon compte, à jeter le blâme sur les magistrats de la colonie ; j'exprimai hautement mes regrets aux citoyens qu'une rigueur aveugle avait frappés, et je serrai affectueusement la main aux clients que le courage et la persévérance d'Isambert avaient arrachés à leur position.

« Le sieur Bissette qui, durant le dîner, m'avait semblé le plus expansif de mes trois convives d'outre-mer, avait particulièrement fixé mon attention.

« C'était un jeune père de famille que l'on avait enlevé violemment à ses foyers, à sa femme et à ses enfants en bas âge ; il se posait en homme de cœur et d'énergie ; enfin, c'était une victime du despotisme ! Dès cet instant, le sieur Bissette eut mes sympathies et mon estime.

« Au mois de mai 1832, je vins me fixer à Paris ; mais, dans l'intervalle qui s'était écoulé depuis le jour de notre première entrevue jusqu'à celui de mon installation dans la capitale, j'avais eu différentes fois l'occasion de retrouver le sieur Bissette, soit chez M. Isambert, soit ailleurs ; mes bonnes dispositions et ma confiance lui étaient acquises, et il ne l'ignorait pas.

« Le 5 juin 1832, jour des funérailles de l'illustre et brave général Lamarque, le sieur Bissette et moi nous nous sommes fortuitement rencontrés à l'entrée du pont d'Austerlitz, sur le boulevard Mazas, au moment où le char funèbre venait de se séparer des autorités et de la population qui avaient formé son nombreux cortège.

« Le sieur Bissette, qui portait l'uniforme d'officier de la garde nationale, me dit en m'abordant d'un air satisfait : Ah ! mon cher M. Lavocat, je suis charmé de vous trouver ; c'est le ciel qui vous envoie ; figurez-vous qu'un adroit filou vient de m'enlever 10 francs que j'avais dans ma poche et je suis littéralement sans le sou ! A peine il avait achevé son anecdote, qu'une bousculade effrayante et subite, jointe à une fusillade partie des greniers d'abondance, nous séparèrent immédiatement ; nous fûmes entraînés, chacun de son côté, et nous nous perdîmes de vue dans la foule.

« Deux ou trois jours après cet événement, le sieur Bissette s'est présenté chez moi, rue Royale-Saint-Antoine, 18 ; il avait l'extérieur affligé ; bientôt il me confia son état de gêne qu'il dit accidentel ; il se plaignit surtout de la dureté d'un créancier dont il ne partageait pas les opinions, et qui pour 200 fr. l'avait fait saisir dans ses meubles et menaçait de l'emprisonner. Le sieur Bissette m'affirmait qu'il attendait d'un jour à l'autre des nouvelles de son pays, et il attribuait au mauvais temps le retard qu'éprouvait dans son arrivée au Havre un navire qui était chargé de quelques fonds pour lui ; il me pria, en conséquence, de venir à son secours en lui faisant l'avance de cette somme de 200 fr. pour une huitaine seulement. Ce jour-là, précisément, je n'avais pas d'argent à ma disposition, mais j'étais possesseur d'un billet à ordre de 1,000 francs à courte échéance, et souscrit par une excellente maison de commerce ; je dis donc au sieur Bissette : Tenez, prenez cet effet endossé par moi, je vous le remets de confiance ; allez le négocier chez un banquier ; vous prendrez les 200 fr. dont vous avez besoin pour vous sortir d'embarras, et vous me remettrez le reste demain ou après.

« Le sieur Bissette accepta avec empressement ma proposition ; il prit mon effet, le négocia je ne sais où, et... *il en a gardé le montant.*

« Ne voyant pas reparaître mon homme dans les délais convenus, je conçus des soupçons, j'eus des inquiétudes ; j'écrivis plusieurs lettres, mais hélas ! ce fut temps perdu. Le sieur Bissette avait disposé de mon argent ; il fuyait ma présence ; on ne pouvait réussir à le joindre chez lui.

« Indigné d'une pareille conduite, je me disposais à traduire le sieur Bissette en police correctionnelle ; j'en avais même parlé à M. Desclozeaux, alors substitut du procureur du roi, qui depuis a été secrétaire général du ministère de la justice ; mais l'une des connaissances du sieur Bissette, M. Walker, agréé au tribunal de commerce, intercéda pour lui, et je consentis à accepter un règlement en trois petites traites, échelonnées et souscrites par Bissette.

« Ce fut le cas de dire : quels bons billets !... Aucune de ces trois traites ne fut acquittée ; elles sont encore vierges dans mes mains.

« Cependant, après l'échéance de la dernière de ces lettres de change, M. Walker m'a remis un à-compte de 250 fr. Mais le sieur Bissette ne devait pas qu'à moi. Or, pour s'affranchir de l'action de ses créanciers, il a imaginé de se faire mettre en faillite ; c'est ce qui résulte d'un jugement du tribunal de commerce de la Seine, en date du 21 mars 1857.

« Telle a été à mon égard la mesure de la gratitude et de la probité du sieur Bissette.

« Quand nous nous sommes trouvés face à face devant le conseil de famille de la légion d'artillerie, au mois d'avril dernier, le sieur Bissette n'a pas nié les faits que je viens de raconter; il a même enduré avec une résignation stoïque les reproches amers que je lui ai adressés au point de vue de la délicatesse; seulement il s'est excusé sur les difficultés du temps; mais les membres du conseil lui ont fait sentir que, en cette occurrence, *il avait manqué à ses devoirs et à l'honneur.*

« Le sieur Bissette, qui se présentait pour un grade dans l'artillerie de la garde nationale, a été unanimement éconduit. Il est vrai qu'il n'a pas nié sa dette, et que devant messieurs du conseil il a promis de me payer un jour, principal et intérêts. Mais quelle confiance peut-on avoir dans les paroles et les actions d'un homme qui, se trouvant sciemment placé, depuis plus de onze ans, dans un état continuel d'interdiction et d'incapacité absolue, par suite de sa mise volontaire en faillite, a osé se montrer dans les assemblées électorales, y émettre son vote, et briguer les suffrages de ses concitoyens?

« En définitive, monsieur, à l'heure qu'il est, je figure encore dans le passif du bilan déposé par le sieur Bissette au tribunal de commerce le 31 mars 1837; j'ai pu m'en assurer, tout récemment, par mes propres yeux.

« Du reste, je puis vous certifier que le sieur Bissette doit, selon son bilan, environ 20,000 fr., qu'il n'a pas eu de concordat, qu'il n'a pas été relevé de sa faillite, et qu'il se trouve, aux termes des lois anciennes et nouvelles, entièrement déchu de l'exercice de ses *droits civiques et politiques.*

« Au besoin, je consens à vous communiquer 1° le jugement de déclaration de faillite; 2° le bilan, etc.; 3° un autre jugement du 25 février 1839 qui a prononcé la clôture de cette faillite.

« Agréez, je vous prie, monsieur, l'expression de mes très-humbles civilités.

« Lavocat. »

Extrait d'une lettre adressée à M. Félix Milliroux, le 13 mars 1844.

« Le fameux Bissette est venu pour vous faire une visite dont j'ai eu le contre-coup. Ne vous trouvant plus ici, il s'est insinué chez moi, et, après m'avoir longtemps ennuyé sur les magnifiques résultats de l'émancipation, il a sans doute voulu m'en donner une preuve en *m'empruntant 15 fr. que je venais de poser sur ma table.* C'est un vrai Macaire.

« *Signé* : A. Droz (1). »

(1) Comme on vient de le voir dans la lettre de M. Lavocat, celui que

Lettre du citoyen France au citoyen Perrinon.

« Issoudun, 15 avril 1848.

« Citoyen,

« Je m'empresse de répondre à votre lettre, dans laquelle vous appelez mon témoignage pour constater la conduite peu convenable de M. Bissette, concernant la somme de 200 fr. et non de 170 fr. qu'il m'a empruntée.

« Je dois, dans l'intérêt de la justice et de la vérité, déclarer ici les faits tels qu'ils se sont passés :

« Bissette est venu chez moi, rue de la Visitation-des-dames-Ste-Marie, le surlendemain de mon retour de la Martinique (dans les premiers jours de décembre 1846); j'avais en ce moment sur ma commode 500 fr., placés par piles.

« Après environ une heure d'entretien avec Bissette, il s'est levé, et, s'approchant de la commode, il toucha les piles de 100 fr., en me demandant à m'emprunter 200 fr. A peine avais-je consenti à lui rendre ce service, que l'argent était déjà dans sa poche : je dois dire que son empressement me donna de l'inquiétude pour mon argent.

« Lorsque je vous ai parlé de cette affaire, en présence de M. Schœlcher, auquel j'en avais déjà fait part, il a ajouté que Bissette avait mis la main dessus l'argent, et j'ai répondu affirmativement.

« ...J'ai été d'autant plus mal récompensé du service qu'il m'a en quelque sorte forcé de lui rendre, que, ne pouvant être remboursé de mes 200 fr., j'ai écrit longtemps après à M. G. Waddy, qui avait des envois de fonds à adresser à Bissette, d'en faire le versement entre les mains de M. Denis, trésorier de la gendarmerie, et que j'en tiendrais compte à son parent. Ce qui eut lieu effectivement. J'ai perdu une somme d'environ 500 fr. par suite de la malversation de ce trésorier, entre les mains duquel M. Waddy a fait trois versements montant à 700 fr. environ pour Bissette auquel j'en ai tenu compte, et j'ai pu par ce moyen lui faire la retenue des 200 fr. qu'il me devait, mais en perdant 500 fr.

« Veuillez, etc.

« Le chef d'escadron en retraite, commissaire spécial
« du chemin de fer.
« *Signé* : France. »

M. Pécoul appelle son ami osa se présenter en 1849 comme candidat au grade de capitaine d'état-major dans la légion d'artillerie de la garde nationale. La note de M. Droz fut produite devant le conseil de famille, qui chassa de la légion le malencontreux candidat. Il n'en fallut pas moins pour que l'*emprunteur* universel prît la résolution de rendre quelque temps après les 15 fr. *empruntés* à M. Droz en 1844.

Lettre du citoyen Perrinon au citoyen Michel, lieutenant-colonel de la légion d'artillerie de la Seine.

« Paris, le 31 mars 1848.

« Citoyen,

« Vous avez fait appel à mon témoignage pour éclairer un fait destiné à fixer l'opinion de vos amis sur la moralité d'un homme qui a été victime des haines coloniales, et qui depuis a déshonoré son malheur.

« Je me trouve par là dans la fausse position ou de manquer à un devoir de convenance, ou de taire la vérité. Ce dernier parti aurait, dans les circonstances actuelles, les plus graves dangers pour la morale publique, et mon choix ne saurait être douteux.

« Je dois vous faire la déclaration suivante :

« Je tiens de la bouche du citoyen Isambert, ou de sa dame, que le citoyen Bissette leur a emprunté de l'argenterie pour donner un repas à quelques-uns de ses amis, et qu'il l'a mise au mont-de-piété. Le citoyen Isambert a eu la plus grande peine à rentrer dans la possession de ses couverts.

« Salut et fraternité.

« *Signé* : PERRINON. »

M. Bissette, à qui la lettre de M. Perrinon fut communiquée lors de l'enquête de l'artillerie de la garde nationale, a osé répondre :

« M. Perrinon a écrit et signé de sa main cette dénonciation. Il affirme que M. Isambert s'est engagé à certifier cette infâme calomnie. C'est, il faut l'avouer, un étrange rôle que M. Perrinon voudrait faire jouer à ce magistrat de la Cour de cassation. Mais il paraît que M. Isambert s'est dégagé ; car voici la déclaration qu'il a faite *à divers citoyens qui se sont présentés chez lui séparément et à différentes fois* : M. Isambert a déclaré, d'abord verbalement, que le fait imputé à M. Bissette, par M. Perrinon, *était faux, par conséquent calomnieux.* M. Isambert *a dit et redit à ces personnes qu'il n'a jamais tenu* le propos que lui prête M. Perrinon, puis il a donné par écrit, sous la date du 1ᵉʳ mai 1848, la déclaration suivante à M. Mayer :

« Je n'ai aucune connaissance que M. Bissette ait mis en gage les cou-
« verts dont il s'agit, et qu'il ma rendus.

« *Signé* : ISAMBERT. »

« Voilà qui est positif. M. Perrinon a avancé un fait faux, mensonger, calomnieux, sachant qu'il calomniait ; il a avancé que M. Isambert s'est engagé à certifier ce fait mensonger. M. Isambert a répondu que l'imputation est fausse, etc.

« *Signé* : BISSETTE. »

On a peine à croire que l'homme qui signe cela n'ait pas été calomnié. Eh bien, non, il paye seulement d'audace : l'extrait qu'il donne de la lettre de M. Isambert est encore un texte tronqué et falsifié. En effet, quand cette pièce vint à ma connaissance, mon ami, M. Perrinon, n'était pas en France, je dus m'empresser d'écrire à l'honorable M. Isambert, qui m'adressa aussitôt la réponse qu'on va lire :

« Paris, 5 septembre 1848.

« Mon cher concitoyen,

«' Défenseur de Bissette dans une circonstance solennelle de ma vie, je ne puis, malgré les torts qu'il aurait eus envers moi, prendre part à aucune polémique qui le concerne et qui pourrait lui nuire.

« Il a essayé de m'engager dans une querelle qu'il a eue, il y a quelque temps, au sujet d'un grade qu'il postulait, ou d'une position qu'on attaquait. J'ai décliné cet engagement, et j'ai répondu *avec la plus grande réserve qu'il m'a été possible* aux personnes qui sont venues successivement de sa part me parler de plusieurs faits qui me sont plus ou moins étrangers.

« Si M. Perrinon est exposé à son tour à une polémique *pour avoir divulgué une conjecture* qui ne devait pas voir le jour, qu'il se fasse, *avant d'y répondre, représenter les lettres qu'on m'attribue*, ou, mieux que cela, qu'il s'en rapporte au bon sens public et à la connaissance qu'on a *des hommes et des choses*.

« Je ne puis pas fournir un nouvel aliment à une polémique dont je ne suis pas l'auteur.

« Voyez les récriminations auxquelles a donné lieu l'enquête parlementaire, et ce qu'elle a produit.

« Agréez mes sentiments de fraternité et de considération.

« *Signé* : ISAMBERT.

« Monsieur V. Schœlcher, 20, rue Rochechouart. »

Voilà donc qui est clair, clair comme la véracité de l'honorable conseiller de la Cour de cassation. M. Perrinon *a eu tort de divulguer une conjecture*, mais il n'a rien dit de calomnieux. Il n'y a de faux ici que la prétendue lettre de M. Isambert, puisque celui-ci, après avoir lu la note, dit qu'il importe de se faire représenter la lettre *qu'on lui attribue*. Il montre du reste assez son opinion sur *le calomnié* en conseillant à M. Perrinon de s'en rapporter à la connaissance qu'on a *des hommes* et *des choses*.

CHAPITRE II.

Calomnies morales.

•

Appel des comités démocratiques de Fort-de-France et de Saint-Pierre.— Adresse de M. Bissette à ses concitoyens. — Providence. — Hypocrisie. — M. Bissette appelait la loi de Dieu une loi de terreur. — Ignoble invention de maladie exploitée par les journaux des civilisateurs. — Calomnie du mariage. — Son indissolubilité. — Le consentement mutuel de M. Bissette. — A son dire, les colons pullullent en famille. — D'après M. Tanc, ils entretenaient la promiscuité sur leurs habitations. — Le conseil colonial de la Martinique déclare que le mariage est une institution contre nature et qu'il ne faut pas l'encourager entre les esclaves. — L'infâme mensonge sur la famille est un hommage rendu aux nègres. — Injures de M. Bissette au frère de M. Maynard. — M. Cicéron et M. Bissette se sont insultés dans leurs pères et leurs mères. Ils fraternisent. — Opinion de M. Bovis sur les mulâtres. — Dis moi qui tu hantes, etc. — Hideuse inculpation du *Commercial*. — Une mère condamnée par les juges colons à assister à la mort de son fils, pour l'avoir caché pendant qu'il était marron. — Un fils condamné par son maître à tenir sa mère pendant qu'on la fouette. — Le baptême de la persécution.

Je vous ai fait connaître le protégé de M. Tracy en France. Voyons, mes chers amis, comment on doit juger ses actes à la Martinique en présence de l'urne électorale ; voyons par quels moyens il est parvenu à m'aliéner vos sympathies, pour vous faire nommer un ultra-colon.

Vous le savez, le comité électoral de Fort-de-France avait proposé ma candidature à côté de celle du représentant actuel de la Martinique, dans un appel où il voulait bien s'exprimer ainsi à mon sujet :

«.....Schœlcher, ce philanthrope éprouvé, qui, sachant qu'il existait au delà de l'Océan un peuple qui gémissait dans l'esclavage, sacrifia fortune, plaisir, repos, pour ne s'occuper que de ses malheurs ; brava l'intempérie des saisons, les climats meurtriers de la zone torride, pour voir et étudier de près ses maux ; Schœlcher, qui prépara, d'un main active et généreuse, les sublimes décrets d'avril, le décret à jamais mémorable de l'émancipation des esclaves ; Schœlcher enfin, l'abolitioniste, le républicain par excellence, qui a consacré ses talents et ses veilles à la défense des opprimés des colonies; Schœlcher a également droit à nos suffrages.

« *Signé* : DESANGES, BONAMI, Henry LAURENT, Ch. LARCHER, L. DÉPROGE, B.-H. LARCHER, Illide DÉPROGE, A. DÉSIR, G. LOWINSKY, T. MERLIN, Irma DUMAS, L. DUPARQUET, Atys TOPAZE, THÉAGÈNE (Auguste-Hilaire), Ed. LAROCHE, FAUSTIN, G. GATUSSE, A. VINCENT, Ch. RAFINA (1). »

Tous ces noms étaient assurément une garantie auprès de ceux des nouveaux citoyens qui ne me connaissaient pas; il était impossible de croire qu'un aussi grand nombre d'hommes, nègres et mulâtres, connus par leur patriotisme, pussent vouloir nommer un ennemi de la race noire ; mais le représentant actuel de la Martinique, qui avait conclu un pacte d'alliance avec les incorrigibles, et qui s'était engagé à porter *un grand propriétaire*, s'indigna de voir mon nom à côté du sien. Il est nécessaire de rappeler ici comment il repoussa les vœux des deux comités :

A MES COMPATRIOTES :

« Un *Appel aux électeurs de la Martinique*, signé de dix-neuf citoyens de la ville de Fort-de-France, recommande à vos suffrages la candidature de M. Schœlcher à l'Assemblée législative.

« Ces messieurs ont eu l'extrême bonté de penser à moi. Je les remercie de leurs intentions et des bons sentiments qu'ils témoignent en ma faveur; mais je déclare ici que je n'accepte point que mon nom soit accolé à celui de M. Schœlcher sur un même bulletin, que je refuse d'avance la responsabilité d'une mission à partager avec M. Schœlcher, que je repousse de toutes les forces de mon âme une assimilation *qu'un chrétien fidèle à la foi de ses pères,* qu'un patriote ami de son pays doit rejeter avec indignation.

« Il est évident pour moi, qui connais parfaitement M. Schœlcher et ses vues *civilisatrices* à l'endroit des colonies, que MM. les signataires de l'*Appel aux électeurs,* non-seulement se trompent sur le compte de leur protégé, *mais perdent leur pays*

(1) Voir, à la lettre *A* des annexes, l'adresse du comité de Saint-Pierre.

sans s'en douter le moins du monde en le recommandant à vos suf-
frages. Je ne puis donc, sans manquer à tout ce que je dois à
la patrie et à moi-même, m'associer à ces messieurs, pour recommander M. Schœlcher à votre reconnaissance ; il n'y a là
ni un droit pour lui, ni un devoir pour vous.

« Mon droit, à moi, comme mon devoir, est d'éclairer mes
compatriotes sur les hommes dans lesquels ils veulent mettre
leur confiance, et de démasquer *les fourbes et les hypocrites*
qui les veulent abuser et qui les abusent ; et, si je réussis,
jamais je n'aurai tant fait pour vous !

« D'abord, M. Schœlcher n'a jamais *sacrifié ni fortune, ni plai-*
sirs, ni repos pour s'occuper du malheur des esclaves, ainsi
que veulent bien le faire croire les signataires de l'*Appel aux*
électeurs. Je déclare que ce n'est pas vrai, que ces messieurs
parlent sur de faux renseignements ; qu'ils ignorent complétement ce qu'est M. Schœlcher. *M. Schœlcher n'a pas traversé*
l'Océan par philanthropie, mais bien par prescription de son méde-
cin. Et c'est précisément pour avoir trop sacrifié à ses plaisirs
qu'il a été condamné par la Faculté à braver l'intempérie des sai-
sons et les climats meurtriers de la zone torride. Il n'y avait là
qu'une question de transpiration.

« Les compères de M. Schœlcher ont pu, à quinze cents lieues,
faire manger ce *canard* à nos pauvres compatriotes crédules,
et dupes à force de générosité.

« Mais personne n'osera soutenir de bonne foi qu'il y a un
seul *sou* de vérité dans tous ces sacrifices de fortune ; un seul
mot de sincérité dans tous ces sacrifices de plaisir et de repos.
— Tout cela n'est que pure charlatanerie.

« Voilà, mes chers compatriotes, les titres qui recommandent M. Schœlcher à vos suffrages et à votre reconnaissance.

« Maintenant, faisons connaître les motifs pour lesquels j'engage mes compatriotes à repousser *avec indignation* la candi-
didature de cet homme et à lui refuser leurs suffrages.

« La Martinique est un pays chrétien, appelé à se faire représenter dans une métropole chrétienne ; eh bien, M. Schœlcher
fait profession de ne pas croire en Dieu. *Il publie dans ses écrits*
que le mariage est la première des immoralités humaines. Il ne
veut pas qu'un fils soit obligé à aucun respect envers son père et sa
mère.

« *Il ne reconnaît pas le pouvoir paternel et maternel* pas plus
qu'il ne reconnaît l'existence de Dieu et l'immortalité de l'âme.
D'après lui, nous sommes des brutes qui finirons dans la mort,
sans punition pour le mal, sans récompense pour le bien dans
le sein d'un Créateur puissant et miséricordieux : les préoc-
cupations de M. Schœlcher sont pour la matière et pour les
faits ; c'est ainsi qu'il a eu le courage d'écrire dans la préface
de l'un de ses livres, que « *tout ce qui arrive de fâcheux sur la
terre* et parmi les hommes prouve L'INSUFFISANCE ET (1) LA MÉ-
CHANCETÉ DE LA PROVIDENCE... Et c'est M. Proudhon que l'on
traite de fou !.....

« Maintenant, mes chers compatriotes, prononcez, et dites si
ce n'est pas me faire injure que d'accoler mon nom à celui
d'un tel homme ? Si ce n'est pas insulter à vos sentiments de
chrétien , *de fils, d'époux, et de père* que de recommander
M. Schœlcher à vos suffrages ? Je réponds pour vous et de
vous en consultant chez moi ces mêmes sentiments de père,
de fils, d'époux et de chrétien. Vous connaissez trop vos droits
et vos devoirs pour prêter la moindre attention à l'appel qu
vous est fait par les amis de M. Schœlcher, et pour honorer
un tel homme du titre de votre représentant à l'Assemblée
législative. M. Schœlcher était une erreur... Aujourd'hui ce
serait une honte !

« BISSETTE. »

Donc, le grand conciliateur déclare en 1849 que les électeurs
qui me donneront leurs suffrages *perdent leur pays*, et c'est au
nom de la patrie qu'il me repousse. Pourquoi ? le 27 septembre 1842, il m'a reconnu homme d'honneur et abolitioniste.
Est-ce donc parce que depuis j'ai fait une guerre acharnée à
l'esclavage, parce que j'ai publié deux volumes contre la servitude des noirs, que je suis devenu indigne de la confiance
des affranchis ? Non ; faute de bonnes raisons, il s'en prend à
mes opinions religieuses, dont il fait grand fracas pour effrayer
les âmes timorées.

---

(1) Il y a ici un mensonge de peu d'importance, mais assez pieux pour
que je doive le relever. Il ne s'agit que d'une *affirmation* mise à la place
d'un *doute* ! Le texte ne dit pas : l'insuffisance *et* la méchanceté ; le texte
dit : l'insuffisance *ou* la méchanceté. Ah ! Figaro !

Ma foi est celle de l'amour de l'humanité, de la vérité et des choses honnêtes; il est assez juste que le parrain politique de MM. Jabrun et Pécoul me rejette comme n'étant pas de sa communion. Cependant, même sur ce point, son indignation, ses cris au scandale ne sont encore qu'une misérable comédie, une manœuvre de circonstance. En effet, mes chers conci- toyens, cette phrase sur la Providence qu'il exploite aujour- d'hui, elle est imprimée depuis 1833 ! Il la connaissait parfaite- ment alors qu'il venait chez moi attiré par la brochure même où elle se trouve; il la connaissait à plus forte raison lorsqu'il fit mon éloge dans sa revue. Pourquoi donc en montre-t-il maintenant une si grande horreur? C'est qu'il lui faut un prétexte à ses menées, et qu'il n'a pu rien découvrir de plus propre à frapper vos esprits.

A quoi bon relever un cri de doute qui m'est échappé? Cela est-il d'une âme chrétienne? J'ai cherché, je n'ai pas trouvé, est-ce ma faute? La foi n'est-elle pas un effet de la grâce? Doit-on maudire celui qui se sent pris par moment d'une immense désolation à la vue de ce voyage, qu'on appelle la vie, fait sur le tranchant d'un couteau, ayant un abîme sur les deux côtés et un abîme au bout? Ce n'est pas seulement la profonde misère de l'existence de chacun qui porte notre esprit à ces instants de douloureuse révolte, c'est encore le désordre, sans raison et sans but appréciables, que l'on re- marque dans les affaires du monde. Ces ruines totales de certaines nations déjà avancées, ces tristes mouvements rétro- grades chez les autres, cette perte continuelle d'expérience et de siècles dans la marche du genre humain, l'esprit de violence et d'arbitraire emportant les garanties des codes les plus sages, le faible toujours sacrifié au fort, au sein même de la civilisation; tout cela n'est-il pas fait pour plonger l'âme, à de certains jours, dans une véritable détresse? J'ai levé les yeux sur la grande scène du monde, j'ai regardé au loin, j'ai cherché de près; partout j'ai vu les mêmes erreurs, les mêmes fautes, les mêmes crimes se flétrir, se diviniser tour à tour sous des noms différents; partout j'ai vu le bien ne sortir que de l'excès du mal, et j'ai eu des heures de doute, de colère, et j'ai eu le tort de le manifester une fois publiquement, je l'avoue avec humilité; mais du moins puis-je dire pour mon excuse que ces déchirements intérieurs ne m'ont jamais fait tomber, ni dans l'indifférence ni dans l'oubli des devoirs que l'homme doit remplir envers ses semblables.

N'est-il donc pas arrivé aussi au collaborateur du *Courrier de la Martinique* de parler mal de la Providence? « Les esclaves, disait-il à propos des affaires de 1831, en référèrent à la justice divine; celle-là *est plus boiteuse encore* que celle du ministère, mais du moins elle arrive un jour (1). » Il ne croyait pas non plus que le catholicisme (2) vous eût apporté de réels bienfaits, car il écrivait : « Le gouvernement doit songer sérieusement à diriger le moral de l'esclave vers un avenir meilleur ici-bas, image de la vie future, dont lui parle UNE RELIGION *qui doit cesser de le rendre* STUPIDE ET FANATIQUE (3). » Que vous semblent, mes amis, de telles choses adressées au catholicisme par un croyant aussi fervent? Bien d'autres témoignages imprimés serviraient à établir que cet homme ne feint la dévotion que pour vous mieux tromper, et qu'à tous ses vices il joint celui de l'hypocrisie. Voyez comme il en use avec le chef de l'Église. « Bien que prêtre, M. Lamennais *a eu cet honneur*, d'être quasi *excommunié par le pape;* son livre a été tout à fait condamné, et en termes bien durs, *bien fanatiques*, qui sont un signe évident que le véritable esprit chrétien, *qui a été toujours fort rare chez les papes*, s'est entièrement retiré du saint-siége, qui croule aussi *comme toutes les vieilles institutions*. »

Ainsi, fait justement observer le *Progrès*, en empruntant cet édifiant passage à la *Revue des Colonies* de septembre 1834, ainsi, aux yeux de cet ardent converti qui communie, c'est un honneur pour un prêtre d'être excommunié, et le saint-siége est une vieille institution qui tombe en ruine ! Quel catholique !

(1) *Revue des colonies*, novembre 1834.

(2) Je ne confonds pas le christianisme qui a contribué à la destruction de l'esclavage antique avec le catholicisme qui a fondé l'esclavage des nègres aux Antilles. Je ne confonds pas les bons prêtres comme l'éloquent abbé Bergier, comme le pape Grégoire XVI, comme l'abbé Dugoujon et tant d'autres qui ont sapé la servitude des noirs, avec les mauvais prêtres comme l'abbé Rigord, l'abbé Jacquier et les élèves du séminaire du Saint-Esprit, qui en ont soutenu la légitimité.

(3) Mémoire au ministre de la marine, 1831.

Ne croyez pas, mes amis, que ces opinions irréligieuses soient d'un jour chez le *Messie colonial;* elles sont celles de toute sa vie. Et, comme il importe de le démasquer à vos yeux, après vous avoir montré ce qu'il était en 1831, en 1834, je vais prouver qu'il était encore le même en 1840 : « Vous aimez, » disait-il aux colons qui prétendent avoir découvert l'institution de l'esclavage dans la Bible, « Vous aimez *la loi sainte,* quand, « armant le législateur du désert *du glaive vengeur, il coupe la* « *tête par milliers* à une multitude qui ose se plaindre de ses « effroyables privations. Vous aimez *cette loi,* quand elle évo- « que *sur le moindre murmure* des peuples et les spectres de « l'enfer (1) et les foudres du nuage et tous les fléaux ensemble. « La *terreur* est à vos yeux le pivot indispensable de toute so- « ciété politique. Bon, mais, etc. (2) »

Je ne veux pas discuter, je dirai simplement que plus le rédacteur de la *Revue des Colonies* est devenu dévot, plus le souvenir d'avoir appelé *la loi sainte une loi de terreur* devrait lui donner d'indulgence pour ceux auxquels la contempla- tion des souffrances de l'humanité arrache une parole de désespoir et d'incrédulité.

Vous verrez plus bas que le protecteur de MM. Jabrun et Pécoul m'accuse tout simplement de vouloir couper la tête à sa femme et à ses enfants; ce n'est pour lui, à ce qu'il paraît, qu'une réminiscence de son jugement sur les décrets du mont Sinaï; Dieu lui-même, selon ce contrit personnage, est un ter- roriste! Mais que penserez-vous, quand vous entendrez le saint homme accorder aussi, tout en le combattant, que l'esclavage est d'origine divine! « Oui, dit-il, *l'esclavage est l'œuvre de Dieu;* « mais il est comme la société humaine, une œuvre périssable, « mais il doit changer avec les progrès de la raison humaine.— « *Dieu a créé l'esclavage* en laissant à la raison humaine le soin « de l'abolir un jour (3). » Blasphémateur! blasphémateur!

Cependant, direz-vous, «le *Papa,* depuis ses récents blasphè- mes, s'est converti, et toute conversion est respectable. » Oui, toute conversion sincère est respectable; mais l'emprunteur de

(1) Il ignore qu'il n'y a pas d'enfer dans le Pentateuque.
(2) *Revue des Colonies,* 1840, page 157.
(3) *Revue des Colonies,* août 1840, p. 55 et 54.

M. Lavocat, converti et devenu chrétien, ah! c'est une sacrilége dérision. Quoi! il parle de religion, c'est au nom de la fraternité évangélique, de l'oubli des injures qu'il absout le juge inique qui a brûlé ses épaules, et il ne peut m'absoudre, moi, que ses frères mulâtres et noirs chargent de leurs intérêts les plus chers; il ne peut m'absoudre d'avoir prononcé quelques mots mal sonnants à son avis, contre leur classe! Non, il n'est pas chrétien! s'il l'était, il ne mentirait pas, il ne déserterait pas la cause des faibles, il n'aurait pas de haine pour tous ceux de sa caste qui ont du mérite; enfin, après avoir insulté M. Isambert, l'infatigable et courageux défenseur auquel il doit sa légitime réhabilitation, il n'aurait pas l'ingratitude de dire: *qu'il est quitte de toute manière à son égard* (1). Si bien qu'il chante aujourd'hui au lutrin; le dévot représentant ne pourra faire que ce ne soient pas là des actions impies.

Je ne blâme d'aucune manière ceux de mes braves amis qui ont persévéré à porter à côté de moi l'homme qui me reniait, ils ont agi comme ils ont cru utile d'agir; mais ils jugeront certainement désormais que mon nom et celui « d'un chré- « tien aussi fidèle à la foi de ses pères » que le patron des incorrigibles, sont incompatibles.

Le pieux diffamateur ne me juge pas seulement indigne du suffrage « d'un *patriote ami de son pays*, d'un bon chrétien, » il me retire même le mérite d'avoir voulu étudier l'esclavage sur place. Mon voyage de dix-huit mois aux Antilles françaises, anglaises, danoises, espagnoles et en Haïti n'est plus qu'une *affaire de transpiration*, il m'a été ordonné par la faculté *pour avoir trop usé des plaisirs*. Je ne descendrais pas à relever cela si je ne voulais constater que des blancs n'ont pas eu honte de se mettre sous le patronage d'un homme capable d'inventer de pareilles choses. Bien plus, leurs journaux y sont mille fois revenus : « D'aucuns, dit le *Courrier*, en soulignant, assurent « que ce voyage fut *très-sudorifiquement* ordonné à M. Schœlcher par son médecin. » L'*Avenir* du 13 juin affirme que, « M. Schœl- « cher a bu *jusqu'à l'indigestion, au milieu du luxe asiatique de* « *ses appartements, à la coupe des voluptés parisiennes*, et que, « malade à la Martinique, il a été constamment l'objet des soins

(1) *Courrier de la Martinique*, 11 août 1849.

« de la Faculté de cette colonie. » Le 20 juin, le même journal fait de l'érudition pleine d'atticisme en me comparant à Philoctète blessé d'*une flèche qui lui a fait une plaie gangrénée;* il est en doute de savoir si c'est « la philanthropie ou la philogynie « qui m'a forcé de quitter la France. »

Les *Antilles,* qui ne se piquent pas de tant de science, arrachent, dans le numéro du 10 mai, tous les voiles à l'ignoble invention de l'ami de M. Pécoul. « On nous dit que vous avez beaucoup « voyagé et beaucoup dépensé, la morale est concluante, vous « avez besoin de 25 francs par jour, c'est clair. On nous dit en- « core que vous avez affronté des climats meurtriers ; ici la « conclusion est moins morale. Il y a de mauvaises langues « qui assurent que vos médecins avaient voté les climats chauds « contre de vieux locataires qui ne voulaient pas déloger de « chez vous, qu'on vous a envoyé les suer sous le Capricorne. « *Défends ta queue, Pierrot!* »

La rougeur me monte au front en reproduisant ces amplifications dignes du thème; mais je veux en imposer la honte aux coupables. Il faut qu'on sache que les hauts seigneurs qui prétendent avoir le monopole de la bonne éducation et représenter la civilisation aux Antilles, vont puiser dans le vocabulaire le plus ordurier des lieux obscènes pour entretenir leur polémique électorale. Que penser de ces doux fusionnaires qui traitent ainsi le candidat d'une nombreuse fraction de la population? Que penser de la moralité, de la dignité de gens capables d'user de ces armes immondes envers un adversaire absent, surtout dans un pays où ils possèdent seuls une presse périodique? En vérité, si l'on ne s'affligeait même de la dégradation de ses ennemis, je serais plus tenté de me réjouir que de me plaindre. Beaux et malheureux pays, quelle terreur n'a-t-on pas dû y organiser, quelles haines n'a-t-on pas dû y répandre pour qu'au milieu de tant de colons qui m'ont vu parcourant la Guadeloupe et la Martinique, pas un seul ne se soit chargé de couvrir les autres en disant : « Mais ce n'est pas « vrai, nous savons tous le contraire, nous avons tous reçu « M. Schœlcher, personne n'ignore qu'il était encore au Sé- « négal il y a deux ans. Vous laissez trop déteindre M. Bissette « sur nous, vous avilissez notre cause par des attaques aussi « impures. »

Poursuivons, mes chers amis : « Il publie, vous a dit encore
« le religieux allié des retrogrades, en parlant de moi, *il*
« *publie dans ses écrits* que le mariage est la première de toutes
« les immoralités humaines. »

C'est là un faux déjà édité par les journaux blancs, un faux
matériel ; vous le reconnaîtrez aux passages mêmes de mes livres qu'ils ont produits en témoignage de ce qu'ils avançaient.

« ..... Après tout, ce mariage *indissoluble*, qui a causé depuis
« des siècles tant de douleurs, de désordres, de trahisons et de
« crimes, nous avons besoin de dire que nous sommes loin de
« le regarder comme la dernière formule des rapports de
« l'homme et de la femme, comme le *nec plus ultra* de la con-
« stitution sociale à venir, notre pensée est, au contraire, que
« la raison le réprouvera, etc. (1). Le mariage *indissoluble* n'est
« pour nous qu'un élément de transition (2), etc. » (*Colonies
françaises*, pages 81, 82.)

« Ce ne sont point des instructions religieuses qu'il faut
« aux esclaves, ce sont des instructions morales. Ce qui est
« nécessaire, c'est de leur enseigner les devoirs de l'honnête
« homme et du bon citoyen, de leur inculquer le sentiment
« de la dignité humaine, le goût du mariage avec la fidélité à
« une seule femme et réciproquement à un seul homme,
« comme progrès sur la promiscuité. » (*Colonies françaises*,
pages 323, 324).

Vous le voyez, ce n'est qu'en altérant mes textes d'une manière indigne, que l'on peut m'attribuer une opinion blâmable.
Ce n'est pas le mariage en lui-même que j'ai critiqué, c'est le

---

(1) Dans le texte il y a ceci de plus : « De même qu'elle réprouve maintenant les vœux de célibat, que l'on eut la démence de regarder longtemps comme un acte méritoire. »

(2) Ils s'arrêtent là, les déloyaux citateurs, ils n'ajoutent pas le complément, l'explication de ma doctrine. « Le mariage *indissoluble* n'est
pour nous qu'un élément de transition propre à passer *de la promiscuité
ou de la polygamie* à des attaches *sévèrement régularisées par la loi, mais
libres*, qui purifieront les liens entre les deux sexes, de la contrainte, du
mensonge et de l'adultère. Si nous conseillons, si nous souhaitons aujourd'hui, pour les nègres, le mariage tel qu'il est, c'est qu'il en *sont encore*, comme hommes sociaux, *à l'état de polygamie, presque de promiscuité*, et que le mariage alors ne peut produire pour eux que des effets
moraux et salutaires. »

mariage INDISSOLUBLE, c'est le mariage sans le divorce, c'est-à-dire que, loin d'attaquer le mariage comme immoral, je ne veux que le moraliser par le divorce, par le libre consentement perpétuel. Indignes calomniateurs! ils m'accusent de prêcher la promiscuité au moment même où je la flétris « en « souhaitant pour les esclaves le mariage tel qu'il est, » c'est-à-dire même indissoluble; en demandant « qu'on leur in- « culque le goût du mariage avec la fidélité à une seule « femme et réciproquement à un seul homme. »

Que diront les gens d'honneur quand ils apprendront de plus que le passage sur lequel mes ennemis basent leur criminelle accusation est extrait d'un chapitre *exclusivement consacré au mariage*, où « je leur reproche, à eux possesseurs souverains de leurs esclaves, l'état de bestialité où ils condamnent ces malheureux; où je stigmatise le code noir défendant aux curés *de marier* les esclaves sans le consentement de leurs maîtres; où je m'indigne que des habitations de 300 esclaves ne comptent pas *une seule union légitime;* où je dis que les planteurs eux-mêmes *enseignent le concubinage* par leur exemple; où je rapporte que les mœurs coloniales sont si corrompues par l'esclavage, que la femme blanche mariée ne s'offense pas que son mari prenne une concubine *dans la couleur;* où je cite ce passage du *Voyage aux Antilles*, de Léonard, poëte créole de la Guadeloupe : «Les colons deviennent-ils chefs de « maison, pères de famille, leurs femmes délaissées sont les « tristes compagnes de la nouvelle Agar qu'ils leur asso- « cient; » où je félicite MM. Gradis d'encourager leurs noirs par des récompenses à contracter *des liens réguliers;* où j'expose que la servitude a cela de plus horrible *qu'elle rend le mariage presque impossible* pour ses victimes; où je soutiens que les nègres ont naturellement le goût de la famille, et que leurs mœurs se régulariseront d'elles-mêmes dans la liberté, comme il est déjà arrivé dans les colonies anglaises affranchies, où les émancipés *se marient tous à l'envi.* »

Voilà la vérité! Vous apprécierez mieux encore, mes chers amis, la bonne foi du complice des incorrigibles s'associant à une telle accusation, lorsque vous vous rappelerez qu'un des griefs qu'il articule contre moi est d'avoir dit dans mon livre de 1840 qu'en général, à cette époque, les femmes de couleur *ne se mariaient pas!* Les passions mauvaises ont-elles jamais fait tomber un homme dans une plus coupable contradiction ?

Maintenant, pour que l'on juge complétement de la bonne foi de l'accusation portée contre moi sur ce point, j'ajouterai que plusieurs hommes de couleur, estimés de leur classe tout entière, et entre autres M. Belleroche, M. Babeau et M. Marcellin Bance, qui vient d'être promu au grade de capitaine de lanciers, m'ont fait l'honneur de m'écrire que mes livres avaient contribué à corriger les mœurs des masses aux Antilles, sous le rapport du mariage.

Voyons, à notre tour, quelle est la moralité matrimoniale de mes adversaires. C'est l'élu de la Martinique, en personne, qui va nous la faire connaître. Répondant à M. Cicéron, de la Martinique, il lui parle ainsi :

« Je soumettrai à votre raison si éclairée, si lumineuse, un
« calcul fort simple, selon moi, et qui prouve que l'*inceste peut*
« *être l'état de prédilection de certains individus.* En effet, si, dans
« l'origine, les jeunes négresses n'eussent pas été arrachées
« du sein de leur famille et violentées, leur sang fût resté sans
« mélange. Il y eut, plus tard, *consentement mutuel, et dès lors*
« *légitimité dans toute l'acception du mot;* de là, transmission
« jusqu'à nos jours d'un état paisible, social, légal pour la
« classe de couleur. Mais les conséquences changent à l'égard
« de vos pareils, monsieur; vous autres, en nombre infiniment
« petit, boursouflés d'orgueil, musqués, puant l'ambre, crai-
« gnant de déroger par une alliance noire ou de couleur,
« vous avez préféré, *parias* de boudoir, *vous pulluler en fa-*
« *mille*, et dès lors implanter et *propager le commerce inces-*
« *tueux.* Aussi je suis, même malgré moi, porté à croire que
« cet état, que nos lois ne se contentent pas de condamner, est
« devenu pour vous tellement habituel, qu'il ne révolte pas
« votre esprit, et vous ne savez vous irriter que contre une
« bâtardise supposée (1). »

Voilà donc que, selon l'orthodoxie du religieux messie des anciens maîtres, le simple *consentement mutuel* suffit pour établir *la légitimeté* de l'union *dans toute l'acception du mot*, et que,

_____

(1) Lettre de M. Bissette à maître Cicéron, 1833.

selon lui encore, ces colons, qui me reprochent si amèrement d'attaquer le mariage indissoluble, PULLULENT EN FAMILLE. Sur ce dernier point, je suis convaincu que le messie, fidèle à sa nature, a calomnié ses nouveaux clients. Toutefois, je reste en droit d'affirmer que ceux-ci n'ont pas pour le mariage le respect qu'ils affectent.

J'en demanderai une nouvelle preuve à un homme qui possède leur plus haute estime, à un homme que le *Courrier de la Martinique* a loué souvent et qu'il ne reniera certainement pas, M. Lepelletier Duclary. Je copie :

« Veut-on que l'esclavage soit contre nature? Nous l'accor-
« dons un moment. Mais s'ensuivrait-il, lorsque cela serait,
« qu'il dût être proscrit? N'est-il pas d'autres institutions qui
« subsistent depuis bien longtemps et à qui le même reproche
« pourrait être adressé? *L'institution du mariage*, par exemple,
« *n'est-elle pas contre nature? Seulement on est en France plus fa-*
« *miliarisé avec celle-ci qu'on ne l'est avec l'institution de l'escla-*
« *vage* (1). »

J'ajoute, pour votre plus grande édification, mes amis, que M. Lepelletier Duclary, alors qu'il traitait si bien le mariage, était président du conseil colonial et de la cour royale de la Martinique; qu'il parlait au nom d'une commission composée de lui, de M. Bernard Feyssal et M. Huc, personnages encore des plus considérés parmi les colons; qu'enfin, le rapport de ces trois messieurs fut unanimement adopté par le conseil colonial ! Ne voilà-t-il pas de bien ardents défenseurs de la famille !

J'ai déjà dit comment certains colons observent les lois du mariage et les obligations de la famille pour eux-mêmes; je vais établir qu'eux seuls éloignaient leurs esclaves du sacrement. Écoutons d'abord M. Dufau : « Un libertinage sans frein
« est l'unique *dédommagement* laissé aux esclaves pour prix de
« l'abrutissement dans lequel on les maintient; les unions lé-
« gitimes sont rares parmi eux; les maîtres, loin de les favo-
« riser, *y mettent obstacle.* » — « La disposition du code, ajoute

---

(1) Rapport fait au nom de la commission chargée de répondre à celui de M. Tocqueville, touchant la proposition de M. Tracy, relative aux esclaves des colonies, page 6.

autre part M. Hillard d'Auberteuil, apologiste modéré de l'esclavage, « la disposition du code qui défend aux maîtres d'abu-
« ser de leurs négresses, *n'a jamais été exécutée et n'a pu*
« *l'être.* »

Citons encore l'opinion d'un homme qui a été longtemps
magistrat à la Guadeloupe, qui a vu les habitations de près et
dont le parti de la résistance trouve aujourd'hui beaucoup à
se louer à la Martinique où il est procureur de la République.

« ..... Un des plus odieux abus de l'esclavage, c'est *l'abrutis-*
« *sement* dans lequel, par intérêt, on cherche à maintenir les
« noirs. On ne tolère rien de ce qui peut leur révéler la di-
« gnité humaine et cette égalité à laquelle ont droit tous les
« enfants de la nature. *Le mariage y est proscrit entre nègres,*
« *comme contraire au système colonial;* si l'on en voit quelques-
« uns, c'est entre nègres créoles, que leurs maîtres ne veulent
« pas pousser au désespoir.

« Les planteurs *veulent* que les esclaves n'aient entre eux
« que des rapports de bestialité, *qu'ils ne soient unis que par des*
« *conjonctions qu'ils puissent rompre à volonté.* Plus ils sont assi-
« milés aux animaux, plus ils sont dégradés, moins ils auront
« l'idée et le désir de secouer leurs chaînes et de les briser sur
« les têtes de leurs oppresseurs. C'est d'après ce principe qu'il
« est défendu, sous des peines sévères, d'apprendre à lire et à
« écrire aux noirs.

« *Pour affaiblir l'esprit de famille et les affections de parenté,*
« les enfants sont enlevés à leurs mères dès qu'ils sont sevrés,
« et confiés à une vieille négresse qui, par sa sévérité, les fa-
« çonne de bonne heure à la vie dure et pénible à laquelle ils
« sont destinés.

« Comme il y en a fort peu qui atteignent un âge avancé, les
« maîtres ont peu de vieillards à leur charge ; et Dieu sait ce-
« pendant comment ils s'acquittent envers eux de la recon-
« naissance qu'ils leur doivent ! Cette rare longévité est péni-
« ble, semée d'angoisses et d'amères douleurs. Mieux vaudrait
« pour eux ne pas avoir poussé si loin les bornes de la vie. Du
« reste, je le répète, ces exemples sont rares : en les tuant
« jeunes, on se dispense de les nourrir vieux (1). »

(1) X. Tanc, *Revue des Colonies*, novembre 1834, p. 9.

Cette croyance dans les dangers de l'union légitime, mes honnêtes critiques y obéirent jusqu'au dernier moment. En 1838, on avait officiellement constaté que la proportion des mariages d'esclaves, relativement à leur population, était, pour la Guadeloupe, de 1 sur 6,880 individus, et pour la Martinique de 1 sur 5,577 ! Le gouvernement songea à détruire cet affreux désordre que les maîtres entretenaient parmi les hommes dont ils avaient charge d'âme ; mais le régime législatif des colonies lui faisait une obligation de consulter les conseils coloniaux sur ses projets. Il leur soumit donc ces questions : « *Est-il convenable d'encourager les mariages des esclaves ?* Si le « maître refusait son consentement au mariage entre ses es- « claves, devrait-on y suppléer par l'autorité de l'administra- « tion publique ? Convient-il d'autoriser le mariage entre les « esclaves appartenant à des maîtres différents ? Faut-il donner « des effets civils aux mariages entre les esclaves, ou n'en faire « que des actes purement religieux ? Le pécule et le rachat « forcé, s'ils ne sont admis comme mesures générales, doi- « vent-ils être établis en faveur du mariage entre esclaves et « pour les encourager ? »

Le conseil colonial de la Martinique, composé, le 2 novembre 1838, de vingt-trois membres présents, vote *au scrutin secret* sur ces différentes questions, et le scrutin secret donne vingt-trois boules noires ! Le président proclame alors que le conseil, « *à l'unanimité, n'est pas d'avis qu'il soit convenable d'en-* « *courager les mariages des esclaves par les moyens proposés.* » Et il laisse les choses dans le *statu quo !* Quels défenseurs du mariage ! quels amis de la famille !

Ce n'était pas assez de dire que j'attaquais le mariage, ils ont été plus loin. Vous avez vu tout à l'heure, mes amis, que mon heureux concurrent, dans son *appel à ses compatriotes,* a dit de moi, avec son barbare langage : « Il ne veut pas qu'un « fils soit obligé à aucun respect envers son père et sa mère ; « il ne reconnaît pas le pouvoir paternel et maternel. » Le courtier électoral des grands propriétaires sucriers est allé, sous la protection de la force armée, répandre toutes ces infamies jusqu'au fond des bourgs les plus reculés des deux îles. Je trouve dans une protestation de la commune du Robert,

contre les élections de la Martinique : « ..... Aux gens mariés,
« M. Bissette disait dans ses discours : Ne nommez pas
« M. Schœlcher, cet homme produit des enfers, car il prêche
« que le père peut cohabiter avec la fille et le frère avec la
« sœur, etc. » Parmi les signatures de cette protestation, on remarque celle du maire, l'honorable M. Marlet, blanc, grand
propriétaire sucrier.

Et M. Tracy, l'ancien abolitioniste, devenu ministre, ennemi d'un représentant montagnard, a osé dire qu'il avait accordé passage à M. Bissette parce qu'il l'avait vu manifestant
les intentions les plus conciliatrices! Que penser de M. Tracy
patronnant M. Bissette, et donnant pour un agent de fraternité
cet homme qu'il savait très-pertinemment l'ennemi personnel
des candidats des nègres et des mulâtres?

Quant aux relations de famille, le protégé de M. Tracy n'a
pas, comme pour les motifs de mon voyage aux Antilles, le
mérite de l'invention. Cette infamie, il y a longtemps que les
antiabolitionistes l'ont imaginée contre moi; leur nouvelle
recrue l'a empruntée au *Globe*, au cynique journal salarié par
les possesseurs d'esclaves pour insulter tous les amis des noirs.
Lisez le *Globe* du 16 novembre 1841, et vous y trouverez :
« M. Schœlcher a sur les droits et les devoirs de père et de fils
« des idées que la morale réprouve. »

M. Maynard avait déjà répété cela dans son pamphlet quoti-
dien. M. Bissette sait que j'ai demandé réparation au *Globe* et
que je l'ai obtenue; il sait très-bien aussi que, ne pouvant demander réparation à M. Maynard, qui m'accable noblement
d'injures à dix-huit cents lieues de distance, je lui ai écrit et
prouvé publiquement *qu'il en avait menti*. N'importe, l'ami de
M. Pécoul est descendu si bas dans sa haine folle, qu'il ramasse
les souillures des Granier Cassagnac et des Maynard. Puah!
Cette vilaine action est du moins un hommage rendu à votre
cœur, mes chers amis. Si l'on m'attribue de méconnaître le
pouvoir paternel et maternel, c'est que, n'ignorant pas combien les liens de père et de fils sont sacrés pour vous, on a
pensé que rien ne pouvait vous inspirer plus d'éloignement
pour moi.

Hélas! ces hommes qui m'imputent de méconnaître les sentiments de la famille, leur alliance est une vivante insulte à ce

que la famille a de plus sacré, au respect que nous devons à
notre mère, à notre frère, à la tendresse délicate que gardent
les âmes pures pour la mémoire de ces êtres vénérés et chéris.
Il fut un jeune homme que nous avons connu et aimé à Paris,
jeune homme d'un esprit plein de grâce, d'un cœur affectueux,
né poëte, mort à la fleur de l'âge et du talent. Or, voici quel
dégoûtant langage met dans sa bouche le rédacteur de la
Revue des Colonies (janvier 1857, *page* 300) : « Je vais parler de
« Louis Maynard de Queilhe, attention ! Je descends des anciens
« vicomtes du Quercy, *le pays de France où il y a le plus de co-*
« *chons !* » Eh bien ! M. Maynard, le rédacteur du *Courrier de la
Martinique* qui proclame M. Bissette son ami, qui dans son journal accepte son patronage, est le frère de Louis Maynard !

L'ancien mandataire des hommes de couleur avait écrit dans
une de ses brochures : « Que les premiers blancs qui vinrent
« s'établir aux Antilles étaient l'écume de la France, des flibus-
« tiers, des voleurs de mer, des va-nu-pieds, des échappés de
« prison, des hommes flétris par l'opinion (1). »

M. Cicéron de la Martinique lui répondit : « Fi du vilain
« oiseau qui salit son propre nid !… le nid où la négresse, mère
« ou grand'mère de M. Bissette, déposa l'œuf précieux qu'a-
« vaient fécondé les plus libertins et crapuleux, sans doute, des
« voleurs de grand chemin dont il parle !… et même n'aurait-
« il pas un avantage sur nous à cet égard ?… celui de descen-
« dre, peut-être, à lui seul, de tous les va-nu-pieds ensemble !! »
Cela fait frissonner. Quelle est cependant la première personne
à qui M. Bissette, rentrant dans le pays où reposent les cendres
de sa mère, quelle est la première personne à qui il va donner
la main ? M. Cicéron !… Il prétend que j'ai injurié toutes les
femmes de couleur, c'est là le motif qu'il donne à sa haine, il
ne me pardonne pas les insultes que j'aurais, s'il fallait l'en
croire, adressées aux mulâtres, et il pardonne à M. Cicéron
celles qu'il adresse à sa mère ! et c'est « en consultant ses sen-
« timents de fils » qu'il joue l'indignation, alors qu'*on accole
mon nom au sien !*

Jusqu'où peut mener l'esprit de parti, M. Cicéron a serré la
main qu'on lui tendait, bien qu'elle eût signé cette réplique :

(1) C. C. Bissette à un colon, 1830.

« Je ne vous suivrai pas, monsieur, dans les élucubrations de
« votre cerveau de légiste... mais je ne puis consentir à passer
« sous silence la partie de vos notes qui me concerne person-
« nellement; libre aux autres personnes que vous attaquez à
« vous répondre, lorsque toutefois elles daigneront descendre
« jusqu'à vous.

« Pourquoi vous livrer envers vos adversaires à de plates in-
« jures, à de basses calomnies? Pourquoi, surtout, *représenter*
« *sans cesse les malheureux noirs comme des anthropophages*
« *avides de votre sang et de votre chair?* Ceux que vous ca-
« lomniez si gratuitement vous couvriraient de honte s'ils
« savaient écrire; ils n'en seraient pas, ainsi que vous, réduits
« à des suppositions d'inclinations perverses; ils n'auraient qu'à
« faire de simples récits des mille et une cruautés que leur font
« éprouver des maîtres de votre façon, dont ils sont journelle-
« ment victimes. Pour eux, hélas! ce ne sont pas des craintes,
« mais de tristes réalités qui abrègent leur existence.

« Mes efforts à dévoiler les attentats de vos pareils vous gê-
« nent, vous torturent, et le seul moyen qui se présente à
« votre esprit pour me combattre est, non pas de me réfuter
« par des témoignages irrécusables, mais, au contraire, de vou-
« loir faire de l'esprit sur des crimes prouvés, et de chercher à
« me déconsidérer personnellement.

« Vous ne vous contentez pas de plaisanter avec peu de con-
« venance; il vous faut encore chercher à injurier mes ancêtres.
« De ce que j'ai rappelé après M. Dessales, auteur des *Annales*
« *de la Martinique,* que les colonies ont été fondées par l'expor-
« tation d'Europe de fliblustiers et de gens de mauvaise vie,
« vous arguez que la classe des hommes de couleur n'a pu
« sortir que du commerce de cette espèce de blancs et de la
« classe noire, d'où il suit logiquement, suivant vous, que je
« suis *bâtard.* En calculant ainsi, il me serait facile de prouver
« que l'espèce humaine procède en droite ligne, par Adam,
« d'incestes continus; mais, sans me jeter dans cette généralité,
« j'aurai peut-être sur vous un avantage plus direct : car, si,
« par mes aïeux, je descends d'un premier commerce illégi-
« time, je peux prouver, en en appelant au souvenir de la con-
« temporanèité de votre Martinique, que l'*inceste, dans la famille*
« *de certain avocat*, ne date pas du temps du père Loth. Vous

« dites, page 45 de votre brochure : « Fi du vilain oiseau, etc.»

« *C'est là de la belle et bonne diffamation, convenez-en.* Que
« vous avez de courage contre moi, maître Cicéron, quand
« 1800 lieues nous séparent! mais, a défaut d'autres armes qui
« me permettent de vous voir de près, je vous réponds par un
« défi de prouver qu'un seul reproche d'immoralité puisse être
« adressé à ma respectable mère. Ce n'est pas elle, toute mulâ-
« tresse qu'elle fut, *qui a offert à la société le scandaleux exemple*
« *d'une épouse vivant dans un honteux concubinage avec son frère,*
« *présentant à tous le spectacle du commerce immoral de l'inceste;*
« *élevant le produit de l'œuf précieux de ses débauches dans l'habi-*
« *tude de l'injure et de la calomnie; faisant de l'officine de son com-*
« *plice le théâtre public de ses désordres, et portant le cynisme jus-*
« *qu'à braver l'opinion, les souvenirs et les regards de la société!* Je
« ne vous demande pas, monsieur, de respecter la mémoire et
« les cendres des morts!... c'est encore une vertu qui vous est
« inconnue; mais je vous engage, dans votre propre intérêt, à
« ménager le sang qui coule *deux fois* dans vos veines (1).

« Croyez-moi, maître Cicéron, quittez ce ton de persiflage,
« ce genre de personnalité qui vous sied moins qu'à tout autre;
« *consultez plutôt vos parents;* renoncez à cette habitude de ca-
« lomnie que déblatère votre plume plutôt en style de car-
« refour qu'en langage de barreau..... marchez avec votre
« siècle; appelez au contraire, de vos vœux, un état de choses
« qui rendra plus rare, et la *bâtardise* qui provoque votre co-
« lère, et surtout l'*inceste*, plus immoral encore, *qui vous trouve*
« *muet, par conscience sans doute.*

« ..... Que votre position est triste! Il n'est pas possible que
« les blancs de la Martinique vous avouent pour leur organe,
« quand vous plaidez de cette façon une cause qui est toute de
« morale et de raison; nous, nous ne pouvons vous recon-
« naître, sous aucun rapport. Dans les différends politiques
« qui s'agitent aux colonies, vous êtes repoussé de tous les

(1) « Les naturalistes prétendent que la même race se propageant par
elle-même, perd ses qualités, et arrive à n'être plus qu'une matière
inepte. Aussi conseillent-ils le croisement pour avoir de la belle espèce.
Il y a gros à parier que le premier des Cicéron-Artaud était un homme de
sens et de raison. »

(*Note de M. Bissette.*)

« partis honnêtes : tel cet enfant qui, lancé dans le monde,
« ne peut dire ni quel est son père, ni quelle est sa mère, et
« à qui la loi interdit jusqu'à la faculté d'établir sa filiation,
« droit que cependant elle accorde aux *bâtards*. Ah ! maître
« Cicéron, renfermez-vous donc dans l'obscurité que la *nature*
« vous a donnée (1). »

M. Cicéron, après cet amas d'outrages, était venu en France
demander *des explications* à M. Bissette, la fortune l'avait
trahi, il avait été blessé, mais, en quittant le champ clos, il n'a-
vait pas tendu la main à son ennemi méprisé. Plus tard,
M. Bissette, que les affaires d'honneur n'arrêtent jamais, con-
tinua de l'injurier. Cependant M. Bissette revient à la Martinique
pour renverser la candidature d'un abolitioniste, il est aussitôt
lavé de tout aux yeux de M. Cicéron, et voici la scène qui se
passe entre les deux hommes qui se sont insultés dans leurs
pères et leurs mères!

« En 1834, *quelques dissentiments politiques* (l'expression est
jolie) avaient déterminé entre M. Bissette et M. Cicéron, avocat
en cette ville, un duel loyalement vidé au bois de Vincennes.
M. Bissette, arrivé dans la colonie, a voulu que l'une de ses
premières visites fût pour son honorable adversaire (celui qu'il
appelait récemment encore l'*Odry d'outre-mer* (2). « Lorsque
« nous nous sommes séparés au bois de Vincennes, lui a-t-il
« dit avec effusion, *nous avons oublié une formalité* dont j'ai tou-
« jours regretté l'*absence ;* je viens réparer *cet oubli de nos té-*
« *moins,* et c'est une main de paix et de concorde que je vous
« offre. »

« M. Cicéron a répondu *avec émotion* : « Je suis vivement tou-
« ché de *votre noble démarche ;* l'initiative que vous avez prise
« me fait envie, mais ne m'étonne pas. Les généreux et patrio-
« tiques sentiments qui débordent de votre cœur *depuis* la Ré-
« volution de février m'ont préparé, de votre part, à tout ce
« qui est *grand et beau. J'accepte* et presse votre main avec
« confiance et cordialité. »

« Pendant la réception et l'hospitalité tout à fait distinguée
dont M. Bissette a été l'objet *sous le toit* de M. Cicéron, il y a eu

(1) Lettre de M. Bissette à maître Cicéron, 1853.
(2) *Revue des Colonies,* février 1836, p. 543.

encore *bien de bonnes paroles et de généreuses assurances échangées, et l'on s'est séparé* (1). »

Ce premier pas fait par l'apôtre de la conciliation vers M. Cicéron, n'est point l'unique circonstance où, tout embrasé qu'il se montre maintenant de charité chrétienne, il ait foulé aux pieds les plus mortelles offenses. Dans mon livre sur les colonies françaises, j'avais cité une fort belle lettre où M. Bovis, colon de la Guadeloupe, indiquait d'excellentes dispositions pour l'affranchissement. Le conciliateur (page 59 de sa *Réfutation* de mon ouvrage) condamne impitoyablement mes rapports avec M. Bovis, et y voit une nouvelle preuve de ma trahison, de mon alliance avec *mes hôtes* les colons. Ecoutez-le :

« Dis-moi qui tu hantes, je te dirai qui tu es.» Or, M. Schœlcher nous ayant fait part de ses relations intimes avec M. Bovis, créole de la Guadeloupe, nous allons relater ici quelques passages extraits d'une brochure publiée par M. Bovis :

« Le mulâtre est un mélange *impur* du blanc et du noir.....
« vil rebut de la nature, il ne voit dans le blanc et le noir que
« la preuve incontestable de sa dégradation ! »

« M. Bovis, cet ami de M. Schœlcher, a dit encore : *La na-*
« *ture, épouvantée d'horreur* à la vue de *ce monstre appelé mu-*
« *lâtre,* empreignit sur cet être, en caractères ineffaçables, les
« *traits de la férocité joints à ceux de la perfidie.* »

Je ne connaissais pas, je ne connais pas encore la brochure d'où le nouvel ami de M. Bovis a extrait ce passage; j'avoue que ces exagérations puériles m'étonnent de la part d'un homme d'esprit. Mais si, malgré ce que j'ai pu faire pour l'abolition, *mon réfutateur* persiste à me tenir pour un ennemi de sa race, *avec lequel tout rapprochement est impossible,* parce que j'ai vu M. Bovis, on doit penser logiquement que lui, à plus forte raison, se gardera bien du contact de ce mulâtrophobe. Point du tout, M. Bovis combat ma candidature, cela suffit pour l'innocenter aux yeux du terrible M. Bissette, et, quand il passe par la Capesterre, il court se mettre en relation avec M. Bovis !...

« Dis-moi qui tu hantes, je te dirai qui tu es. »

Dois-je continuer et aller jusqu'au bout ? Oui; vous verrez, mes pauvres amis, ce que me vaut ma participation à votre dé-

(1) *Commercial,* 4 avril 1849; extrait du *Courrier de la Martinique.*

livrance, ce qu'elle a soulevé contre moi d'effroyable haine chez les partisans de l'esclavage. Ils ne m'ont pas seulement imputé de professer des doctrines immondes enfantées par le délire de leurs colères, ils ont écrit que j'étais allé les répandre d'une île à l'autre de l'archipel américain. « A la Dominique, « dit le *Commercial* du 7 mars 1849, un avocat très-distingué « reçut l'abolitioniste français. Le cynisme des principes mo- « raux de celui-ci inspira au colon hospitalier une telle répul- « sion pour son hôte, qu'il se promit de ne plus le recevoir. » Voyez si ce n'est point odieux ! c'est de M. William Blanc qu'ils parlent, ce ne peut être que de lui; il est avocat et il voulut bien me loger dans sa maison. Or j'ai conservé, à titre de souvenir, une lettre du bon M. William Blanc, datée du 10 décembre 1840 (huit mois, vous entendez, huit mois encore après mon départ de la Dominique!), dans laquelle il me dit : « .... Je puis « vous assurer que les amis que vous avez laissés dans cette île « ne vous oublient pas, nous parlons souvent de vous. Croyez- « moi, mon cher monsieur Schœlcher, à vous bien sincère- « ment. »

Hélas, je n'ai point encore vidé le calice; le *Commercial*, comme s'il s'attachait à déshonorer la cause qu'il défend, a en- core imprimé ceci le 7 mars 1849 : « A la Guadeloupe, M. Schœl- « cher fut invité, dans la commune des Abîmes, chez un des « plus honorables propriétaires. L'homme aux gants noirs ac- « cepta, et pendant le repas il développa certains principes so- « ciaux dont l'excentricité étonna les colons qui l'entouraient. « Il s'agissait de femmes. La manière irrévérencieuse dont « l'ami des noirs parlait du sexe féminin excita de la part de « l'un des auditeurs cette question : « Que pensez-vous, mon- « sieur Schœlcher, de la vertu de votre mère ? » Le philan- « thrope athée *pinça ses lèvres et passa à autre chose.* »

Est-ce assez d'horreur? ai-je besoin de me défendre contre cette hideuse inculpation! Dois-je répéter ce que j'ai déjà dit au *Globe* pour la même infamie ? « Cela est faux, et il n'y a que « l'âme la plus vile du monde qui puisse mentir ainsi. » Et cependant ils ont tant répété cette exécrable infamie, qu'elle est arrivée jusqu'au peuple, et qu'on la retrouve dans les chansons créoles des bissettistes !...

En 1815, dix pauvres esclaves nègres et mulâtres, pris à

bord d'un canot au moment où ils fuyaient la Martinique et son horrible esclavage, furent traduits devant des juges colons, sous l'accusation d'*avoir voulu ravir à leurs maîtres le prix de leur valeur ;* avec eux comparurent les mulâtresses Aï et Agnès, mère et tante de l'un *des coupables* nommé Elisée, sous l'accusation de l'*avoir recélé pendant son marronnage, d'avoir fourni à son entretien et à sa nourriture, pendant trois mois,* SOUS PRÉTEXTE DE PITIÉ.

Le 30 novembre 1815, intervint un arrêt qui condamna les dix malheureux fugitifs *à être pendus,* jusqu'à ce que mort s'ensuivît, et ordonna que *leurs corps seraient ensuite jetés à la voirie.* Ce n'est pas tout, la mère et la tante d'Elisée furent condamnées *à assister à l'exécution* pour, la tante être ensuite fouettée par la main du bourreau, marquée d'un fer rouge et envoyée aux galères à perpétuité, et la mère être reconduite en prison jusqu'à ce qu'il soit plus amplement informé contre elle (1)!!

Il s'est trouvé en 1815, à la Martinique, des monstres pour condamner à être témoin de l'exécution à mort de son fils et de son neveu, une mère et une tante coupables de lui avoir donné asile dans sa fuite ; il s'est trouvé à la Guadeloupe, en 1846, un monstre qui a forcé un fils à tenir sa vieille mère de soixante ans pendant qu'on la fouettait toute nue (2)!! Il n'y a que dans de tels pays qu'il peut se rencontrer d'autres monstres pour inventer qu'un fils a douté publiquement de l'honneur de sa mère!!

Et ils parlent de religion, d'athéisme, et ils nous accusent d'attaquer la famille ! Ah! ce sont des infâmes !

Insulter ma mère! lâches, misérables, mais vous n'avez donc pas de mère, pour le supposer. Moi j'aurais insulté ma mère! mais c'est à cette femme, véritable matrone antique, c'est à cette femme d'une austère vertu, que je dois les rigides principes grâce auxquels, malgré toute la perversité de vos désirs,

(1) On peut lire aux annexes, lettre B., le texte de cet effroyable arrêt où figure un Pécoul parmi les juges.

(2) Ce fait, d'une trop réelle authenticité, que nous avons publié dans la *Réforme*, a été porté à la tribune de la Chambre des députés, le 27 avril 1847, par notre ami M. Ledru-Rollin, et le ministre de la marine a été forcé d'avouer qu'il était vrai.

vous n'avez pu rien découvrir de répréhensible dans ma vie entière ; c'est à elle que je dois cette sévérité de conduite qui vous force à créer une atrocité, et à dénaturer quelques passages de mes écrits, pour m'aliéner l'estime des nègres, des blancs et des mulâtres honnêtes. Ah ! vous n'avez pas compris que la bassesse même d'aussi abominables mensonges les rendrait impossibles à croire, et les ferait tourner à votre seule honte !

Si des hommes capables de pousser les fureurs de la polémique jusqu'à ces monstruosités comptaient dans ce monde, je les remercierais ; car à ce que j'ai pu faire pour la sainte cause de la délivrance des captifs noirs, ils ont ajouté le baptême de la persécution et ma vie sort immaculée de leurs malfaisantes mains.

CHAPITRE III.

Calomnies politiques : article de 1830.

J'ai été l'adversaire le plus fougueux des esclaves ! — Citation sur les mœurs des esclaves perfidement tronquée. — Déloyauté. — Le mot *brutes* appliqué aux esclaves de Cuba, en 1830. — Le *Papa* traitait alors les esclaves d'idiots et parlait de leur abrutissement. — Différence de position. — L'émancipation par la mort. — Je proposais de fixer le terme de l'émancipation générale à vingt ans, et d'affranchir immédiatement les enfants nés et à naître.

J'ai fait justice des calomnies que j'appellerai morales, voyons celles que l'on pourrait appeler politiques. J'ai été présenté par la coterie Bissette et Pécoul comme un homme qui avait été jusqu'en 1838 l'*adversaire le plus fougueux des esclaves !* Ceci est écrit en toutes lettres dans le *Courrier de la Martinique* du 26 mai 1849, au moment où se posaient les candidatures. Et l'on a poussé la félonie jusqu'à prétendre en trouver les preuves dans mes propres écrits ! C'est ainsi que M. Bissette et M. Maynard donnent la phrase suivante pour appartenir à un article de moi publié, en 1830, dans la *Revue de Paris*. « La dis- « solution des mœurs, chez les *nègres*, est telle, que, pour cin- « quante sous, un mari cède sa femme à un autre pendant « huit jours. »

Il n'y a dans ces deux lignes isolées qu'un seul mot de changé, mais ce changement est si capital, que la citation n'est plus qu'un insigne mensonge. Je n'ai pas dit chez les nègres, j'ai dit chez les esclaves. La différence est immense, car en disant *chez les nègres*, c'est attaquer la race entière, tandis que *chez les esclaves*, c'est indiquer jusqu'à quel point la servitude peut corrompre les hommes. Les deux faussaires ne s'y sont pas trompés ; c'est bien pourquoi ils ont opéré la falsification. Elle serait autrement sans raison d'être, ils n'auraient pas pu autrement partir de là pour m'accuser, comme ils l'ont fait, d'avoir insulté *la race africaine*.

Cette phrase, en tous cas, qui ne s'applique d'ailleurs qu'aux esclaves de Cuba (je n'en avais pas vu d'autres alors), cette phrase, expression d'un fait dont j'avais été témoin, est le développement de l'idée que j'exposais tout à l'heure ; telle même qu'ils la rédigent, ils ne l'ont isolée de son ensemble que pour en pervertir davantage le véritable caractère. Lisez le paragraphe tout entier, mes chers amis, et vous en serez convaincus.

« .... Les esclaves *femelles* sont occupées aux champs comme
« les *mâles*, on fait à peine la différence des sexes ; pour le
« propriétaire ce ne sont que des instruments de travail.
« Ils forment bien quelques mariages légitimes, mais, aban-
« donnés à l'état de nature le plus complet, avilis, méprisés,
« presque sans connaissance du bien et du mal, devons-nous
« être surpris *que la dissolution de leurs mœurs soit telle, que*
« *pour cinquante sous un mari cède sa femme à un autre pendant*
« *huit jours!* Ce mélange des sexes produit, comme on le voit,
« une immoralité et *un concubinage* affreux, sur lequel les plan-
« teurs, *qui en sont les vrais coupables*, ferment honteusement
« les yeux, parce qu'il les enrichit. Les enfants de leurs es-
« claves leur appartiennent. »

Ainsi j'ai fait connaître par un exemple terrible quel avilissement des maîtres impitoyables entretenaient parmi leurs esclaves ; et en mutilant la phrase, après l'avoir séparée de son milieu, ils en font un outrage que j'adresserais aux hommes dont je peins l'infortune ! Dites, mes amis, ne se dégradent-ils pas de leurs propres mains, ceux-là qui cherchent à noircir un adversaire par de telles déloyautés ! Oui, ils sont en vérité bien déloyaux; car ils vous trompaient ainsi sur mon compte, parce qu'ils savaient que je n'étais pas là pour les démentir et que mes amis des Antilles, ne connaissant pas le vieil article enfoui depuis 1830 dans un recueil énorme, se trouveraient dans l'impossibilité de me défendre.

Ils ont cité encore cet autre passage du même article :

« Loin de nous la pensée de bouleverser le monde, de com-
« promettre les intérêts et la vie de tant de colons attachés à
« l'esclavage. Ceux qui *veulent l'émancipation* des noirs actuelle
« et spontanée, parlent et agissent dans un esprit d'humanité
« très-honorable sans doute; mais, soit *ignorance,* soit entraî-
« nement, ils ne tiennent pas compte d'une circonstance qui
« présente à l'affranchissement immédiat des difficultés insur-
« montables; cette circonstance, c'est l'état moral de nos *pro-*
« *tégés. Que faire de nègres affranchis?* Pour quiconque *les a vus*
« *de près,* cette question est *impossible* à résoudre. Les nègres
« sortis des mains de leurs maîtres avec l'ignorance et tous
« les vices de l'esclavage *ne seraient bons à rien,* ni pour *la*
« *société, ni pour eux-mêmes,* parce que telle est la *paresse* et
« l'imprévoyance qu'ils ont contractée dans leur bagne, où ils
« n'ont jamais à penser à l'avenir, qu'ils *mourraient peut-être*
« *de faim* plutôt que de louer la force de leurs corps ou leur
« *industrie. Je ne vois pas plus que personne la nécessité* D'IN-
« FESTER *la société* actuelle, déjà *assez mauvaise,* de plusieurs
« *milliers de brutes* décorées du titre de citoyens, qui ne se-
« raient, en définitive, *qu'une vaste pépinière de mendiants et de*
« *prolétaires.* Quant à cela (1), *laissons faire le grand maître.* LA
« MORT! et les affranchissements successifs feront disparaître
« peu à peu les restes de l'esclavage; mais la seule chose dont
« on doive s'occuper aujourd'hui, c'est d'en tarir la source
« en mettant fin à la traite. Envisager la question *autrement,*
« *c'est faire du sentiment en pure perte.* »

Ce passage, je suis forcé d'en convenir, a un caractère d'hostilité qui m'étonne, il est en contradiction avec tout le reste de

(1) Je laisse la citation avec les italiques et les majuscules qu'on y a employées, mais cela ne doit pas m'empêcher de dire qu'il y a encore ici un bouleversement de points et de virgules qui n'est pas sans perfidie. Le texte porte : « Laissons faire le temps, laissons faire le grand maître. La mort et les affranchissements successifs, etc. »

l'article. Pour que personne n'en doute et ne croie que ce que je dis est une échappatoire, je joins ici, en annexe (*Lettre C*), l'article entier reproduit *textuellement*. Chacun jugera si je n'étais pas déjà, sans intention déterminée, ce que j'ai été depuis par volonté raisonnée, un abolitioniste. On y verra que déjà je professais alors, comme aujourd'hui, « qu'il n'y a « *aucune différence* entre *l'intelligence* des noirs et celle des « blancs, que les nègres sont une variété de l'espèce appelée « hommes, et que, par la seule raison générale qu'ils sont « hommes, ils sont libres de droit. » On y verra que je qualifiais d'*affreux raisonnements* les motifs que leurs ennemis donnent pour les asservir, « *en les présentant comme des brutes* faites « pour travailler par droit de conquête, ainsi que les bœufs « et les chevaux. » Comment, après cela, ai-je pu leur appliquer moi-même le nom de brutes, je ne saurais l'expliquer que par mon inexpérience (j'écrivais pour la première fois, et j'avais vingt-cinq ans), par cette exagération de style commune aux jeunes gens qui ne savent pas encore contenir leur plume.

Il reste que, dans un travail *entièrement consacré* à peindre le malheur des esclaves, le récent ami des anciens possesseurs d'esclaves a trouvé une épithète mauvaise, et depuis cinq ou six ans, dans toutes ses publications, il n'a cessé de se faire contre moi une arme de ce mot *brutes* prononcé il y a dix-neuf ans !

Je n'ai jamais daigné répondre à ces blâmes de mauvaise foi. Mais aujourd'hui, mes chers concitoyens, que vous avez nommé M. Bissette votre représentant, je suis forcé de dire que lui, si rigide, se servait en 1831 de la *même expression*, après avoir appliqué à l'état intellectuel des esclaves le nom flétrissant d'idiotisme.

Dans son *Mémoire au ministre de la marine sur les améliorations législatives et organiques à apporter au régime des colonies françaises*, mémoire où, du reste, il vous consacre à peine *six* pages sur *quarante-huit*, on peut lire : « Comme l'esclavage « existe depuis longtemps, et qu'il a réduit à un état *presque* « *d'idiotisme* une grande partie de la population des Antilles, il « importe d'examiner les vices qui le rendent intolérable » (page 40); plus loin, page 42, il ne prononce pas le mot *brute*,

il est vrai, mais il n'hésite pas à dire : « ..... De là naissent pour
« l'esclave le dégoût de la vie, l'horreur du travail et l'*abru-*
« *tissement de ses facultés intellectuelles.*» Il y a trois ans à peine,
il écrivait encore, lui qui s'appelle fils d'esclave, sur ce ton
dégagé et essentiellement religieux :

« L'esclave qui n'a reçu aucune instruction religieuse ne
« peut juger, comme nous, des choses de la religion catholi-
« que. L'esclave qui n'est pas libre de s'éclairer des lumières
« de la religion, si son maître ne le veut pas, ne peut juger
« que par son instinct souvent grossier. Or, il arrive fréquem-
« ment que des esclaves entendant prêcher la morale *par des*
« *prêtres qui n'en ont pas*, rient et se moquent *du pasteur*, n'é-
« tant pas initiés, comme nous, dans tout le sublime de la re-
« ligion catholique, qui nous commande le même respect pour
« la parole du bon comme du mauvais prêtre. L'esclave peut-
« il être coupable de ne pas juger les choses comme nous ?
« Non, assurément, puisqu'il ne les juge *et ne les apprécie que*
« *d'après son instinct animal*, tandis que nous, nous apprécions
« et nous jugeons d'après les lumières que nous avons acquises
« dans la foi du catholicisme (1). »

De bonne foi, mes amis, celui qui n'accordait encore,
en 1846, aux esclaves que *le seul instinct animal*, est-il en droit
de faire tant de bruit d'une expression mauvaise, appliquée,
en 1830, par inadvertance à ces infortunés !

Et, pour me justifier mieux encore, quelle différence n'y
a-t-il pas dans la position des deux écrivains ? L'un est mulâtre,
il a longtemps vécu à la Martinique au milieu des noirs, il est
pour ainsi dire leur mandataire, il subsiste à Paris de leurs
souscriptions, des sacrifices qu'ils s'imposent pour le faire vivre
ici en prenant sur leur propre nourriture. L'autre, au contraire, était un voyageur sans idée préconçue, sans aucune
expérience de la matière, qui, en rassemblant ses souvenirs,
avait à lutter contre le fatal dédain qu'inspire à un jeune
homme de la race des dominateurs la vue de l'abaissement de
la race asservie.

Le *Courrier de la Martinique*, après la citation que lui a fournie
son complice, ajoute ces réflexions : « Ainsi donc, en 1830, tous

_____

(1) Lettres politiques sur les colonies, 4e livraison, p. 148; 1846.

« les noirs des colonies n'étaient, pour M. Schœlcher, que des
« BRUTES, et il ne voyait aucune *nécessité* D'INFESTER la société
« de ces milliers de BRUTES décorés du nom de citoyens ; en
« 1830, ces citoyens, qui envoient des représentants à l'As-
« semblée législative, n'étaient pas encore les *frères* et les *amis*
« de M. Schœlcher, et la seule émancipation, la seule liberté
« qu'il voulait pour eux, c'était celle de la MORT ; il s'écriait :
« *Laissez faire le grand maître*, il vous aura bientôt débarrassés
« de l'esclavage en couchant dans la tombe jusqu'au dernier
« des esclaves. Et, en 1838, M. Schœlcher passait à l'état de
« *Wilberforce français.* En 1838, il était l'ami des noirs, il tra-
« versait les mers, il sacrifiait sa fortune, sa santé, il immolait
« tout et entreprenait pour son compte l'œuvre qu'il avait pri-
« mitivemenf déléguée à la MORT. »

Le *Courrier* trompe méchamment, sciemment ses lecteurs.
Dans mon article, après avoir demandé « une convention
« européenne, une alliance que l'on pourra, sans mentir, ap-
« peler sainte, une alliance de tous les peuples qui déclare-
« raient la traite abolie pour toujours, je dis : *A une époque dé-*
« *terminée, quinze ans, vingt ans, si l'on veut,* L'ESCLAVAGE SE-
« RAIT ABOLI ; nulle part il ne pourrait plus être toléré, *car on*
« *aurait déjà proclamé l'émancipation de tous les enfants d'es-*
« *claves,* quitte à donner une indemnité au propriétaire. »
Vous vous êtes donc rendus coupables d'un mensonge, messieurs du *Courrier,* d'un mensonge prémédité, calculé, en disant que « la seule émancipation, la seule liberté que je vou-
« lusse pour les esclaves était celle de la MORT. » C'est seulement après avoir émancipé d'une manière immédiate tous les
enfants d'esclaves, que je laisse à la mort et *aux affranchisse-*
ments successifs le soin de délivrer les pères, de faire disparaître
les RESTES de l'esclavage. Est-ce que ce mot, les *restes* de l'esclavage, ne dit pas que dans mon projet on en a déjà détruit le
corps principal ? Est-ce que, d'ailleurs, je n'ajoute pas que ceux
qui survivront au bout de vingt ans seront rendus libres par
une émancipation générale ?

Et cela, je ne le demandais pas seulement pour les colonies
françaises, que je ne connaissais pas, je le demandais encore
pour les colonies de toutes les nations de l'Europe. Le projet
accuse beaucoup de jeunesse dans son auteur, mais il n'en est

pas moins d'un ami de l'abolition. Tant il est vrai que M. Félix Patron, l'un des membres les plus actifs de la résistance coloniale à la Guadeloupe, crut devoir réfuter ce simple article inséré dans une Revue! Le *Commercial* et l'*Avenir* de la Pointe-à-Pître se sont empressés, bien entendu, de répéter les découvertes de leur loyal confrère. Qu'ils le disent, M. Félix Patron aurait-il fait une brochure pour combattre un travail favorable à l'esclavage?

Le *Courrier*, malgré tout, prend acte de l'article de la *Revue de Paris* pour rappeler un des oracles du christ colonial, qui déclare « *sur son honneur et sa conscience*, devant Dieu et devant « les hommes, que M. Schœlcher n'est l'ami ni des noirs ni « des mulâtres. » Il oublie seulement d'ajouter que ce très-notable jugement a été rendu deux mois après la rétractation où son pauvre coryphée avait publiquement reconnu, devant Dieu et devant les hommes, M. Schœlcher pour un des défenseurs de la cause des noirs!

CHAPITRE IV.

Calomnies politiques : brochure de 1833.

Odieuse falsification de textes et mensonge. — Le fouet. — Attestation frauduleuse au sujet de l'exécution dont je fus témoin, en 1839. — Démenti donné par le citoyen Elysée. — Les faits exacts. — Le code pénal maritime purgé de tout châtiment corporel. — Terme de 40 à 60 ans assigné à l'esclavage, avec affranchissement immédiat de tous les enfants nés et à naître. — Mesures supplémentaires. — Pourquoi, si ces brochures étaient contraires aux noirs et à l'abolition, M. Bissette fit-il mon éloge à leur sujet, comme ami des noirs et abolitioniste ? —Il choisit, pour s'apercevoir qu'elles sont mauvaises, le moment où je demande l'émancipation immédiate.

Examinons, à cette heure, ce que M. Auguste Maynard, toujours sous l'inspiration de l'insulteur de notre ami Louis Maynard, dit de la seconde brochure par moi publiée en 1833 : *de l'Esclavage des Noirs.* Il s'agit pour lui de prouver, que, dans cet ouvrage, je me suis montré l'ami dévoué des colons, *l'adversaire le plus fougueux des esclaves!* Laissons-le parler :

« Mais ce n'est pas tout, en faisant un pas de plus dans la « conscience de M. Schœlcher,— celle de 1830, — nous allons

« voir qu'à cette date le Wilberforce français demandait que
« le FOUET fût continué comme un instrument obligé du tra-
« vail, nous allons acquérir la certitude qu'il condamnait en-
« core les esclaves à SOIXANTE ANNÉES de leur oppression. On
« lit dans ce même article de la *Revue de Paris*, et dans la bro-
« chure *de l'Esclavage des Noirs et de la Législation coloniale*:

« Nous consentons à ce que vous possédiez encore (les
« maîtres) des noirs pendant SOIXANTE ANS ; nous ne vous enle-
« vons pas le moyen de les utiliser, et, par RESPECT POUR VOTRE
« PROPRIÉTÉ, nous vous permettons un châtiment (le fouet)...
« *Vous pouvez maltraiter un esclave jusqu'à un certain degré.*
« NOUS MAINTENONS LE FOUET par respect pour le droit du maître,
« parce que, en l'*enlevant au propriétaire*, il ne *pourra plus faire*
« *travailler.* »

« Est-ce clair? — Soixante années d'esclavage réclamées
« en 1830 par respect pour la propriété des maîtres ! Mais à ce
« compte les noirs des colonies auraient encore, de par le
« Schœlcher de cette époque, QUARANTE ET UNE ANNÉES de fers
« à subir ; ils n'auraient conquis ce bien si précieux et si vanté
« depuis par le Wilberforce français qu'en **1890** ! Et il y a des
« gens qui viennent sérieusement nous affirmer que M. Schœl-
« cher a toujours voulu la liberté des noirs ! »

(*Courrier de la Martinique*, 26 mai 1849.)

Et d'abord, mes amis, disons que cette citation est dénaturée,
depuis le commencement jusqu'à la fin, avec une mauvaise
foi déshonorante pour M. Maynard ; il n'a pas laissé un mot
textuel, il savait qu'il n'y aurait là personne pour le contredire. Aux falsifications est joint un mensonge absolu. Il est
faux que j'aie jamais dit : « Vous pouvez maltraiter un esclave
jusqu'à un certain degré. » N'est-ce pas une chose triste que
d'avoir à se défendre contre de pareils adversaires ?

Avant tout, rétablissons les textes. Je soumettais au pays
un projet de législation coloniale. Dans ce projet, où je déclare (page 102) « ne poser que des principes fondamentaux
« et réglementaires, » sans entrer dans les détails, je disais :

« Art. 9. Tout propriétaire ayant maltraité un esclave *à un*
« *certain degré* sera privé de cet esclave, forcé de vendre tous
« les autres, et déclaré incapable d'en posséder à l'avenir. »
(Page 108.)

J'ajoutais immédiatement comme commentaire : « Une telle
« mesure est indispensable pour adoucir le sort de ces infor-
« tunés ; car, alors seulement les planteurs auront un véri-
« table intérêt à les ménager. C'est aussi la seule manière de
« donner force réelle à la loi ; autrement l'esclave n'osera
« jamais se plaindre, puisque le maître, pour se venger, pour-
« rait toujours trouver mille moyens de le faire doublement
« souffrir. »

Tel est le passage où M. Maynard a voulu lire : « Vous *pouvez
maltraiter un esclave jusqu'à un certain degré !* » On peut donc lui
dire : Il est bien constant que votre mensonge est prémédité.

Les mots *à un certain degré* sont en italiques dans ma brochure ; c'est-à-dire que je laisse au législateur à déterminer
les cas spéciaux où la peine sera appliquée. Quand la loi dit :
Celui qui aura tué son prochain sera puni de mort, cela signi-
fie-t-il : *Vous pouvez maltraiter votre prochain jusqu'à la mort
exclusivement ?*

Voyons l'autre paragraphe : ce que j'ai dit est tout autre
chose que ce qu'on me fait dire. Voici textuellement ce que
j'ai écrit, comparez :

« Les principes que nous avons émis dans le cours de cette
« discussion ne sauraient laisser de doute sur la manière dont
« nous envisageons les châtiments infligés aux esclaves; *ce fouet
« dont le colon est armé par la loi nous fait horreur :* mais quel-
« ques mots encore sont indispensables à l'intelligence de notre
« pensée tout entière.

« Dès que vous adoptez un mode d'existence contraire à
« toutes les lois de la nature, il faut vous résigner à sortir des
« bornes de l'humanité. — La sagesse de ce peu de paroles,
« que j'ai trouvées je ne sais plus dans quel vieux livre anglais,
« nous oblige à reconnaître, malgré ce que nous avons dit,
« que, *forcé une fois de tolérer l'esclavage pour un certain temps,*
« il faut également tolérer la punition du fouet, *toute révol-
« tante qu'elle soit.* — Enlevez ce moyen au propriétaire, il ne
« pourra plus faire travailler.

« Cela n'est que trop vrai, *et cette conséquence absolue vaut à
« elle seule tous nos discours contre l'esclavage; elle le ruine par
« sa base,* et rend plus impérieuse encore l'urgence de mettre
« au moins certaines règles à l'arbitraire des maîtres.

« Nous consentons à ce que vous possédiez encore *des hommes;* « nous ne vous enlevons pas le moyen de les utiliser ; par res- « pect pour votre propriété, nous vous permettons un châ- « timent dont l'idée seule nous indigne : mais la loi aura mis « un frein à vos rigueurs, en leur prescrivant des exceptions « nécessaires, en imposant à leur exécution une surveillance et « des lenteurs protectrices. » (Pages 123 et 124.)

Que résulte-t-il de là, mes chers amis ? Qu'encore en 1833, ne croyant pas possible l'abolition immédiate, je tolérais le fouet que je supposais indispensable au travail forcé; mais l'horreur que j'en montrais et les freins que j'entendais mettre à son usage montrent ce que je pensais. Je ne veux pas m'ex- cuser de cette concession, il fallait exiger la suppression du fouet, même au prix de la propriété des colons ; M. Maynard me l'enseigne aujourd'hui, il a raison. Mais si j'ai eu cette fai- blesse de garder un jour quelque ménagement pour la pos- session de l'homme par l'homme, du moins ne peut-on pas dire que je l'aie fait sans qu'il m'en coûtât. Vous en pourrez juger encore mieux à la fin de ce volume, où je reproduis tex- tuellement le chapitre de la brochure de 1833 spécialement consacré au châtiment corporel (lettre D.). Vous demanderez ensuite à M. Bissette, qui avait mission directe pour cela, qui recevait des subsides de vous pour vous défendre, s'il a jamais fait quelque chose d'aussi complet, de plus radical contre le fouet. Il n'en a demandé la suppression pour la première fois qu'en 1832 et n'en a jamais parlé qu'accidentellement.

On sait que la question de l'indemnité a été, jusqu'au 3 mars 1849, le principal obstacle à l'émancipation : en 1833 je voulais l'abolir sans indemnité ou plutôt sans grever le trésor de char- ges qui auraient effrayé le législateur; je proposais, comme en 1830, d'*affranchir simultanément, immédiatement tous les en- fants nés et à naître* (pages 84 et 120), et, pour gagner cette fatale indemnité qui paraissait une difficulté insurmontable, je lais- sais les adultes finir dans la servitude une vie commencée dans ses misères. C'est ainsi que j'étais amené à dire : « Nous con- « sentons à ce que vous possédiez encore des hommes, et, par « suite, à tolérer le châtiment corporel, *comme une conséquence* « *forcée de ce consentement au maintien temporaire* de l'esclavage. « C'est une nécessité de position à laquelle il faut se résigner,

« sans renoncer toutefois au droit de la rendre moins cruelle
« et *de poursuivre ardemment la réforme d'une si révoltante mons-*
« *truosité.* »(Page 125.) Vous m'accusez d'être partisan du fouet,
perfides ennemis de la liberté! Ah! cette infamie vous accuse:
elle montre trop vos regrets; vous ne me haïriez pas tant, si
vous ne saviez que c'est moi qui ai signalé le plus haut les
atrocités que vous commettiez avec le fouet, si vous ne saviez
que c'est moi qui l'ai brisé dans vos cruelles mains.

Du reste, ce n'est pas seulement une fausseté, c'est une faute
de votre part d'avoir mêlé le fouet à vos diffamations. Celle-là
est mal choisie, elle me force à vous rappeler qu'à la suite des
lois de 1845, le ministère de la marine envoya à l'examen du
conseil des délégués un projet d'ordonnance qui consistait à
rayer la fustigation, non pas même du régime des habitations
mais simplement du code pénal colonial. Le conseil des délégués se réunit et protesta à l'*unanimité* contre une pareille
mesure! Il faut dire, pour ne rien cacher, que le conseil colonial de la Martinique, sitôt qu'il apprit cette nouvelle, félicita,
par une lettre du 29 août 1846, MM. les délégués des *heureux*
efforts qu'ils avaient faits en cette circonstance. A quoi M. C.
Dupin, le président des délégués, répondit que cette approbation était pour ces messieurs la récompense la plus flatteuse
qu'ils pussent espérer !...

Le journal des anciens fouetteurs de nègres ne s'est pas borné
à ces falsifications, il a poussé la déloyauté jusqu'à publier
dans son numéro du 26 mai une lettre conçue en ces termes :

« Nous, cultivateurs de la sucrerie Perrinelle, électeurs, ci-
après dénommés : Alexis, Augustin, Raymond, Giles Assée,
Mondésir, Théophraste, Elizée et Luc, attestons la vérité du
fait suivant :

« Lors du séjour de M. Schœlcher dans cette colonie, il a
demeuré quelque temps chez M. Perrinelle. M. Joseph Giorsello,
voisin de l'habitation, vint porter plainte, en présence de
M. Schœlcher, contre Raymond, qui, la nuit, avait violé son
domicile pour un rendez-vous. M. Perrinelle demanda à
M. Schœlcher quel châtiment pourrait mériter Raymond. —
—*Ça vaut dix ans de galères*, répondit M. Schœlcher.—Pour moi,
dit M. Perrinelle, je me contenterai de deux ou trois jours de
prison et de quelques coups de fouet. Deux ou trois jours après,

Augustin, commandeur de l'habitation, fit sortir Raymond de la prison et lui infligea, en présence de M. Schœlcher, le châtiment ordonné par M. Perrinelle. Lorsque le commandeur eut fini, M. Schœlcher s'écria : *Ma foi, cela ne lui a rien fait ; si c'était moi, je lui en aurais donné davantage.*

« A cette époque M. Schœlcher ne sentait pas les coups qu'on donnait aux esclaves, il n'est devenu sensible que depuis qu'il a eu besoin d'eux. »

Ce n'était là, mes amis, vous le pensez bien, qu'une de ces dégoûtantes machines électorales dont le *Courrier de la Martinique* s'est fait le triste ouvrier. Dès le lendemain un des prétendus signataires de cette lettre adressa à la feuille des incorrigibles la réponse suivante, insérée dans le *Journal des Antilles.*

A Monsieur Masson de Bellefontaine, *rédacteur du* Courrier de la Martinique.

Saint-Pierre, le 28 mai 1849.

Monsieur,

Je viens protester contre mon nom mis en tête d'un récit publié dans votre dernier numéro, dans l'intention de nuire à l'un des bienfaiteurs de la race africaine.

Ne vous connaissant pas et ne vous ayant jamais vu, je n'ai donc pu rien vous attester contre M. SCHŒLCHER.

Permettez-moi de vous dire que cette manière de procéder n'est pas loyale, et que c'est mal servir votre cause que de faire sortir de pauvres cultivateurs des *rangs* pour calomnier dans votre journal.

J'espère que vous voudrez bien, monsieur, donner place à ma réclamation dans votre prochain numéro.

J'ai l'honneur d'être, monsieur,

Votre très-humble serviteur,

ÉLIZÉE.

De l'habitation de M. PERRINELLE.

Le *Courrier,* avec sa mauvaise foi ordinaire, refusa d'insérer la lettre du citoyen Elizée, mais il fut obligé par l'évidence de confesser dans son numéro du 30 mai « que la déclaration des « cultivateurs de l'habitation Perrinelle *ne lui avait pas été remise* « *par eux-mêmes,* qu'il ne connaissait aucun de ceux qui l'avaient

« signée, et qu'elle lui avait été apportée par MM. Ilyde, Eusèbe
« et Charles Hélène. »

Une pareille note ne sauve pas l'honneur de M. Maynard; elle
n'est qu'une défaite, elle ne rétracte rien et laisse subsister
l'une des choses qui pouvaient me nuire davantage dans l'esprit
des cultivateurs, au moment même où allaient se faire les élections. Qui sait même si ce n'est pas une nouvelle forfaiture de
M. Maynard, un de ces mensonges qu'il ose excuser en les appelant pieux. Les sieurs Ilyde, Eusèbe et Charles Hélène exis-
tent-ils? En tous cas la lettre du courageux citoyen Elizée
prouve qu'ils auraient, comme des faussaires, pris son nom et
celui de ses camarades pour m'imputer un mot odieux.

Cette triste affaire est consignée tout entière dans mon
livre des *Colonies françaises*; la voici telle qu'elle s'est passée :
M. Perrinelle, chez qui il est faux que j'aie jamais demeuré, est
à la Martinique, il pourra dire si mon récit n'est pas scrupu-
leusement exact, et l'on jugera l'incroyable effronterie du
Courrier soutenant que « la sincérité du *fait qui lui est repro-*
« *ché* par les cultivateurs de l'habitation Perrinelle, M. Schœl-
« cher l'a avouée, racontée et enregistrée dans son livre ! »

« Nous avons assisté à une de ces ignobles exécutions; c'est
« *de visu* que nous en pouvons parler. Nous nous trouvions chez
« M. Perrinelle, lorsqu'on vint lui porter une accusation des
« plus graves contre un de ses nègres. Cet homme était entré
« la nuit dans la case d'une femme appartenant à un petit ha-
« bitant voisin; il avait brisé la porte, et s'était jeté sur elle.
« Les cris de la négresse, en attirant du monde, l'avaient seuls
« préservée des violences de ce furieux. Il fut condamné au
« maximum de la peine.

« On l'attacha sur une échelle couchée à terre, les bras et les
« jambes allongés; on lui assujettit également le corps en tra-
« vers des reins, précaution indispensable pour le préserver des
« accidents qui pourraient arriver, si en se remuant, il donnait
« au fouet facilité d'atteindre le bas-ventre. Ainsi amarré, et le
« corps mis à nu, l'exécution commença. L'instrument du
« supplice est un fouet à manche très-petit et à lanière très-
« longue, dont chaque coup faisait grand bruit. Ces coups fu-
« rent-ils plus modérés que d'ordinaire, le commandeur en

« voulut-il ménager la force devant un étranger (1)? Nous le
« pouvons croire, car le patient ne faisait qu'un léger mouve-
« ment, et il ne sortit pas le moindre cri de sa bouche, sauf
« cette ignoble exclamation : « Pardon, maître ! »

« Je me retirai avec M. Perrinelle, et nous étions encore dans
« une petite cour, non loin du lieu de l'exécution, lorsque deux
« minutes après (le temps à peine de détacher les cordes qui le
« tenaient sur l'échelle) le nègre se présenta droit, ferme, la dé-
« marche tranquille, le visage calme, et dit d'une voix non alté-
« rée : Maître, on a donné des rechanges aux autres, pendant que
« j'étais au cachot : voulez-vous me faire donner la mienne. »
« Ce malheureux évidemment, au physique, ne souffrait pas, et
« au moral n'avait aucune idée de la dégradation qu'il venait
« de subir. Voilà ce que l'esclavage fait des hommes !

« A prendre le fait dans sa nudité, on est tenté de dire que
« ce nègre fut puni bien légèrement pour un crime qui, à la
« cour d'assises, le pouvait conduire aux galères, surtout quand
« on se représente que, pour une faute à peine punissable selon
« la loi, il est exposé au même châtiment. Mais le degré de cul-
« pabilité de nos actes veut être apprécié en raison du milieu
« où ils se commettent. Cet esclave, vivant dans la promiscuité
« bestiale à laquelle on les abandonne, n'était pas, cela est
« clair, la millième partie aussi coupable que nous l'aurions
« été en faisant ce qu'il fit. Il ne méritait pas le bagne, c'est
« pourtant ce qui serait arrivé, si M. Perrinelle avait livré son
« noir à la justice, au lieu de le juger lui-même ! — En vérité,
« celui qui cherche à étudier cette société monstrueuse se perd
« à chaque pas en un dédale inextricable, et le désordre moral
« des institutions qu'il examine le jette lui-même de contradic-
« tion en contradiction. A peine vient-il de maudire l'arbitraire
« laissé au maître, qu'il lui faut se reprendre et s'en réjouir.

(1) « C'est toujours le commandeur qui remplit les fonctions de bour-
« reau. On a fait remarquer que c'était là un vice particulier à l'escla-
« vage. Le commandeur est un nègre, un esclave, il est mêlé à la vie
« commune et participe à toutes les passions qui agitent une réunion
« d'hommes. Que de mal ne peut-il pas faire? Que de vengeances per-
« sonnelles ou de famille ne peut-il couvrir du nom de juste punition ;
« et lorsqu'il est bourreau, combien de fois la haine de celui qui châtie
« n'a-t-elle pas augmenté le châtiment? »

« Le pourrait-on croire, en effet, les esclaves qui comparaissent
« devant les tribunaux aux colonies, y sont jugés avec le code
« français! On les tient à l'état d'animaux domestiques, ils ne
« sont rien par eux-mêmes, la loi les livre à leurs possesseurs,
« ne leur donne pas de garantie, ne leur sert en aucun cas de
« défense; pour elle enfin, ils sont des choses mobilières; puis
« commettent-ils une faute, un crime, elle s'empare d'eux, leur
« intente un procès en règle, et les condamne au nom de ce
« code fait pour des citoyens qui ont la responsabilité de tous
« leurs actes, parce qu'ils en ont toute la liberté!

« On vient de voir un propriétaire juger et condamner sou-
« verainement son nègre pour un crime capital. Il y a trois
« cents êtres humains dont M. Perrinelle peut ainsi disposer
« presque à son gré! Mais nous n'hésitons point à confesser la
« vérité tout entière; il instruisit la cause avec un soin extrême
« et non pas en homme gâté par le pouvoir absolu. Il fit venir
« la négresse attaquée, celle que l'on prétendait aller trouver,
« et le petit propriétaire blanc aussi; il les entendit contradic-
« toirement avec l'accusé, et sa conviction put être complète!»
(*Des Colonies françaises*, page 86 à 88.)

Après ce qu'on vient de lire, après le chapitre de seize pages
que j'ai consacré au fouet dans mon volume des *Colonies françaises* (page 83 et suivantes), après l'énergie que j'ai mise à
poursuivre ses atroces résultats et à demander sa suppression
(voir *Histoire de l'Esclavage*), que penser de M. Maynard et de
son acolyte qui osent imprimer : « C'est une vieille marotte
chez M. Schœlcher que sa passion pour le fouet!! » (Page 28 de
la *Réfutation*.) Ah! les malheureux ! ils ne feront pas, malgré
tous leurs mensonges, qu'à peine entré comme sous-secrétaire
d'Etat au ministère de la marine, M. Arago ne m'ait laissé la
gloire de rédiger ce décret rendu par le gouvernement provisoire, le 12 mars 1848.

« Le gouvernement provisoire,

« Considérant que le châtiment corporel dégrade l'homme;

« Qu'il appartient à la République d'effacer de la législation
tout ce qui blesse la dignité humaine;

« Que c'est un bon exemple à donner au monde;

« Que la suppression des peines corporelles, en affermissant
dans la marine le sentiment de l'honneur, ne peut que donner

aux matelots une idée plus haute de leurs devoirs, et leur inspirer plus de respect encore pour eux-mêmes et pour les lois
de la discipline ,

« Décrète :

« Les peines de la bouline, de la cale et des coups de corde
sont abolies; jusqu'à révision complète du Code pénal maritime,
elles seront remplacées par un emprisonnement au cachot de
quatre jours à un mois. »

Ce décret réhabilite le Code maritime de la France aux yeux
de la civilisation ; grâce à lui, nos braves matelots échappent
pour toujours à l'ignoble châtiment des coups de garcettes.
Penser à cela est après tout un bonheur qui peut me consoler
d'être signalé comme un partisan du fouet, par les donneurs
de quatre piquets.

Venons maintenant à ce prétendu terme de soixante ans que
j'aurais fixé en 1833 à l'esclavage, et que le *Courrier de la Martinique* présente sous un jour faux, comme tout ce qu'il touche. Il
n'est pas vrai, mes chers amis, que j'aie simplement, tranquillement donné soixante années de durée à votre servitude.
Vous allez lire textuellement ce que j'ai écrit : « Nous persis-
« tons à croire qu'il n'y a qu'un seul moyen d'en finir : c'est
« de déclarer qu'à un temps donné, à partir de cette déclara-
« tion, *quarante ans, cinquante, soixante ans,* si l'on veut (je con-
« sens à ce que les propriétaires ne perdent rien), tous les es-
« claves seront libres de droit et de fait. — Alors, les noirs que
« les colons possèdent actuellement mourant dans les fers de
« leur mort naturelle, ceux-ci ne pourront crier à la spoliation,
« *puisqu'on leur payera au prix courant tous les enfants d'es-
« claves qui naîtront, à partir de la promulgation de la loi,* et
« dont ils auront dû faire constater la naissance sur leur pro-
« priété. » Je ne fixais donc l'émancipation générale à soixante
ans, *en affranchissant à l'heure même tous les enfants,* que pour
épargner des cruautés intolérables aux survivants. «Je fixerais,
« disais-je, plutôt soixante ans que quarante, parce que je
« pense que tous les esclaves seront morts dans cet espace de
« temps; il *serait à craindre que le propriétaire, vers l'expiration
« du terme, n'accablât démesurément de travail* le noir à la con-
« servation duquel il ne serait plus intéressé (page 84). »

C'était une combinaison erronée, il est vrai; mais qui peut nier que l'intention ne fût bonne ?

A mon tour, je vous le demande, mes amis, qui dit la vérité, ou de ceux qui affirment que M. Schœlcher *a toujours voulu la liberté des noirs*, ou de M. Maynard et de l'insulteur de son frère, qui le contestent ensemble? Et je vous le demande encore, les gens qui dénaturent des textes au point de faire dire à un écrivain le contraire précisément de ce qu'il a voulu dire, ne méritent-ils pas la flétrissure de tout honnête homme?

Notez de plus que, dans cette brochure, j'exigeais pour ceux qui restaient sous le joug: « un protecteur d'esclaves « chargé de veiller sur eux, de les questionner sur leurs « besoins (page 86); de recevoir leurs plaintes et de se porter « partie civile en leur nom (page 109). Je voulais, en outre, des « écoles, des caisses d'épargne et le rachat forcé (page 110) ; « l'interdiction pour les affranchis de posséder des esclaves « (page 115); la suppression de l'impôt de capitation (page 115), « et enfin un conseil des colonies institué en France, pour juger « les réclamations des victimes de l'autorité locale (p. 120). » Avec ces institutions, et l'*affranchissement de la génération nais-sante*, qu'on me réponde, l'esclavage eût-il duré jusqu'en 1890, comme le prétend le *Courrier de la Martinique?*

Au surplus, je le répète, si mes premiers essais sur l'escla-vage, si ces brochures de 1830 et 1833 étaient hostiles aux noirs et à l'abolition, si j'y traitais véritablement les nègres de brutes, si j'y préconisais le fouet, si enfin je ne m'y mon-trais que « l'adversaire le plus fougueux des esclaves, » com-ment se fait-il donc que le *Papa*, après les avoir lues, ait cher-ché à me connaître? Comment se fait-il donc qu'il me consi-dérât alors comme négrophile, comme abolitioniste, au point qu'il croyait devoir m'avertir des injures dirigées contre moi par les colons du *Globe*, au point que son ami, M. Houat, avouait que, avant mon livre de 1842, « je m'étais placé au rang des meilleurs amis des noirs et des mulâtres, que j'avais acquis leur estime et leur reconnaissance, et que, pour sa part, il ne citait mon nom qu'avec orgueil (1). »

(1) *Deux mots sur une note de M. V. Schœlcher*, par C. A. Bissette, page 15.

Quoi ! M. Bissette écrit encore au commencement de 1842 « que je suis un ami de la cause des noirs, un abolitioniste dont il estime le caractère et la personne, » alors qu'à ce titre je n'ai absolument d'autre droit que mes publications de 1830 et 1833 ; et en 1834 il vient dire : « que ce sont ces mêmes écrits qui ont paralysé les efforts des mulâtres abolitionistes ! » (Page 89 de sa *Réfutation.*) N'est-ce pas de l'aberration ? Mes écrits, évidemment, n'avaient pas changé, il n'y avait donc que ses sentiments personnels de modifiés. Et quelle heure cet ami de l'émancipation choisit-il pour découvrir tout à coup en moi un ennemi caché des opprimés, un ami déguisé des oppresseurs, un faux abolitioniste enfin ? Celle où, progressant dans mes idées après avoir vu l'esclavage de nos colonies, je publie un livre où je demande hardiment envers et contre tous l'*abolition immédiate et spontanée* en ces termes :

« Ce n'est point d'un zèle fanatique que ma philanthropie reçoit ses inspirations, ce n'est point d'enthousiasme que je veux l'abolition spontanée, ce n'est point pour obéir au principe sacré que, ému d'un désir passionné, je veux inflexiblement soumettre à l'heure même la société à ce principe, quelque déchirement qu'elle en puisse éprouver. De longues réflexions m'ont amené là, je ne suis pas arrivé du premier coup à l'émancipation immédiate et absolue. Dans la brochure de 1833 dont j'ai cité des extraits, je proposais un demi-siècle d'apprentissage. Si je demande aujourd'hui la libération spontanée, c'est que, en étudiant les choses, j'ai acquis la conviction que le problème de la conciliation du travail et de la liberté se peut résoudre avec moins de danger par cette voie que par tout autre.

« L'élargissement en masse de tous les pauvres captifs noirs ne nous ravit pas seulement par son caractère d'immense charité, il se présente à nos yeux avec tous les avantages politiques et matériels d'une entreprise pratique. » (*Des Colonies françaises*, page 572.)

« Le nègre qui rompt ses chaînes, à quelque prix que ce soit, redresse une injustice et honore la morale universelle tout entière offensée dans l'asservissement de sa personne.

« Celui qui prétend avoir le droit de garder des hommes en servitude, parce qu'on ne trouverait pas de bras libres pour planter des cannes, et celui qui soutiendrait qu'on a le droit de voler parce qu'on n'a pas d'argent, sont à mes yeux deux fous ou deux scélérats absolument pareils.

« Autant que qui ce que soit, nous apprécions la haute importance politique et industrielle des colonies, nous tenons compte des faits, nous n'ignorons pas la valeur attribuée à ce qui se passe autour de nous, et cependant, c'est notre cri bien décidé : *Pas de colonies si elles ne peuvent exister qu'avec l'esclavage.* » (Page 384.)

Mes amis, au moment où je parlais ainsi, mon réfutateur disait dans la *Revue des Colonies*, septembre 1840, page 90, « que, moins que personne, il ne voulait brusquer la réforme.» Si farouche qu'il se prétende à l'endroit de votre délivrance, il faisait aux nécessités *de sages concessions*. Quant à moi, je n'en faisais plus.

CHAPITRE V.

Le Martyr malgré lui.

M. Bissette prétend aujourd'hui qu'il a conspiré en 1823. — Il fait compliment à un de ses juges de l'avoir condamné. — C'est une victime négative. — L'arrêt même prouve son innocence. — Il n'était pas coupable, il l'a toujours dit après comme avant sa condamnation. — Il quitte la tombe à peine fermée de sa mère pour marcher contre les esclaves révoltés au Carbet. — Il réclame les droits politiques des libres, en 1826, en récompense des services rendus par quelques-uns aux maîtres contre les nègres insurgés.—Il dit aux anciens esclaves, en 1849, qu'il risquait, en 1823, sa vie et sa liberté pour les racheter.—Il se bornait encore, en 1830, à solliciter, en passant, l'amélioration de leur sort. — Il faisait aux maîtres la concession de ne pas demander l'émancipation tout d'un coup. — En 1831, il ne proposait que la résurrection des édits de Louis XIII et de Louis XIV. — Il s'en remettait au rachat forcé pour abolir l'esclavage. — Jusqu'en 1832 il n'a parlé qu'incidemment des esclaves.

Dans le passage cité de mon article de la *Revue de Paris*, je parle « de ceux qui veulent l'émancipation des noirs actuelle et spontanée. » Je ne sais trop à qui je pouvais faire allusion, car ma mémoire me sert peut-être mal, mais je ne me rappelle pas qu'à cette époque personne eût encore émis une telle opinion. En tout cas, ce n'est pas mon terrible réfutateur.

C'est ici, mes chers amis, le moment d'éclaircir un point essentiel de l'histoire coloniale. M. Bissette a subi, en 1823, une peine effroyable, et il se fait passer aujourd'hui, auprès de vous, comme ayant encouru cette peine en défendant votre cause. Rien au monde de moins vrai.

Le condamné de 1823, se rendant il y a quelques mois chez un de ses juges, M. Dessales, lui a tenu ce langage *à haute et intelligible voix,* c'est son digne collègue, M. Pécoul, qui le rapporte :

« Je conspirais contre l'ordre établi dans le pays. J'avais raison de conspirer, puisque cet ordre de choses était oppresseur et humiliant pour les hommes de ma race; mais, comme magistrat, vous étiez chargé de défendre cet état social; *en me condamnant, vous n'avez fait que votre devoir.* Je n'en conserve aucun ressentiment. »

Comédie ! comédie ! le compagnon de Fabien et de Volny se vante, il ne conspirait pas, il n'a jamais conspiré : il est la victime négative d'un système social qui avait besoin de la terreur pour se soutenir; une affreuse iniquité l'a élevé à une position qu'il n'a pas eu l'honneur de rechercher. On peut l'appeler le martyr malgré lui.

Les faits sont là : en 1823, les libres, mulâtres et nègres, étaient encore dans la condition la plus avilissante vis-à-vis des blancs; pour tout dire, en un mot, on ne leur donnait pas même le titre de *monsieur.* Une brochure intitulée : *De la situation des hommes de couleur,* parut alors en France, qui dévoilait cet horrible état de choses et revendiquait pour les hommes libres les droits politiques. Cette brochure, M. Bissette la lut et, comme plusieurs de ses concitoyens, la fit lire à d'autres.

Voilà toute sa conspiration. L'oligarchie coloniale frémit de colère en voyant un tel ouvrage dans les mains des mulâtres; elle voulut, par un coup terrible, comprimer ces espoirs d'émancipation politique : plus de cinq cents personnes, c'est M. Bissette lui-même qui nous l'apprend, furent arrêtées, déportées sans jugement ou forcées simplement de quitter la Martinique. MM. Volny, Fabien et Bissette, entre autres, furent traduits devant la cour royale, et bientôt intervint l'épouvantable arrêt suivant, que l'innocent condamné félicite aujourd'hui un de ses juges d'avoir rendu :

. . . .

« ..... En ce qui concerne *Bissette,*

« Attendu qu'il résulte des pièces du procès, notamment de ses interrogatoires, la preuve *qu'il aurait colporté un libelle* conçu de manière à émouvoir les esprits et à soulever les hommes de couleur contre les blancs, contenant aussi *des expressions outrageantes et calomnieuses* contre les tribunaux de la colonie, et qu'il résulte également des pièces du procès *de violents soupçons que ledit Bissette aurait contribué à la distribution clandestine de ce libelle*, d'un autre côté, il aurait été trouvé parmi les pièces plusieurs mémoires contenant *des diatribes* contre la classe blanche, et *des calomnies* atroces contre les tribunaux de la colonie;

« En ce qui touche Volny, etc.; En ce qui touche Fabien, etc.;

« Pour réparation de quoi,

« *Ordonne* que les accusés Cirille-Charles-Auguste *Bissette*, Jean-Baptiste *Volny*, Louis *Fabien* fils,

« Soient tirés des prisons et conduits par l'exécuteur des hautes œuvres sur la place du marché de cette ville, au pied de la potence, *pour y être marqués des trois lettres G. A. L.*, et être ensuite envoyés *dans les bagnes* de la métropole, *pour y servir le roi à perpétuité.*

« Ile Martinique, le 12 janvier 1824. »

M. Bissette a donc subi un jugement monstrueux, mais il n'avait rien fait pour le mériter. Il s'est toujours et constamment défendu d'avoir été coupable; avant comme après sa condamnation, avant comme après sa réhabilitation, il n'a cessé de protester qu'il n'était *coupable que d'avoir lu une brochure politique.*

Tous ses écrits l'attestent :

« Nous avons été condamnés *sous prétexte d'une conspiration* « *qui n'a jamais existé* (1). Et nous, *pour avoir reçu quelques* « *exemplaires* d'une brochure, pour l'avoir *lue et communiquée* « *à plusieurs* (C'EST LA TOUT NOTRE CRIME); pour avoir confié à « M. le général *Donzelot* et aux autorités de la Martinique nos « suppliques et nos espérances pour une amélioration *dans le* « *sort des hommes de couleur;* nous sommes traités de conspi- « rateurs, d'incendiaires, et condamnés aux galères à perpétuité « et à être marqués (2). »

« *Notre crime,* comme nous l'avons dit, *n'est pas autre que* « *d'avoir lu un écrit qui peignait la situation malheureuse de nos* « *concitoyens sous des couleurs vraies, mais insuffisantes* (3). »

(1) *Pétition à la Chambre des pairs,* 26 avril 1826.
(2) *Pétition des hommes de couleur libres de la Martinique,* 22 mars 1826.
(3) *Réponse des condamnés de la Martinique, Bissette, etc.* 1826.

Et que l'on ne pense pas que ce ne soit là qu'un moyen de
défense; ce qu'il disait avant, le condamné l'a répété mille fois
après sa réhabilitation. « Je sais ce que m'a valu de barbares
« traitements la simple lecture d'une brochure inoffensive
« qui n'était pas de moi (1). » En 1843, il répétait encore :
« J'ai été marqué d'un fer rouge, marqué de la main du bour-
« reau et condamné aux galères à perpétuité, *pour avoir lu et*
« *fait lire à mes amis une brochure politique* (2). »

Que M. Bissette pardonne à ses juges, qu'il oublie les malédic-

(1) Réponse à la *brochure de M. Fleuriau, par Bissette*, 1851.
(2) *Deux mots sur une note de M. V. Schœlcher*, 1843.

A tant de preuves fournies par le martyr malgré lui, je puis joindre
ici un nouveau témoignage qui m'arrive de la Martinique : « Non, on ne
« conspirait pas en 1825; cette idée émise de nos jours est un anachro-
« nisme *honteux.* Cette conspiration supposée fut le rêve affreux de
« l'aristocratie coloniale dont la frayeur exaltait les actions les plus
« simples *. »

* *A M. V. Daney Marcillac. Réponse à l'esquisse de M. Bissette en ce*
qui touche MM. Volny et Fabien, par L. Fabien. Saint-Pierre-
Martinique, 1849.

M. V. Daney Marcillac paraît avoir pour M. Bissette une estime qui
donne de lui, M. Marcillac, la plus haute opinion. Afin de mieux convaincre l'univers qu'il a perdu tout préjugé de couleur, lui de haute
lignée patricienne, il a voulu chanter, dans une esquisse biographique,
l'affranchi qui a maintenant les patriciens pour clients. Cette esquisse,
M. Daney me l'a dédiée par cinq ou six lignes d'une ironie dont la finesse
n'est pas le principal mérite; ses amis ne pourront lui savoir gré que de
l'intention. Quoi qu'il en soit, le pauvre M. Marcillac n'a pas manqué, en
fidèle historien, de se mettre à l'ordre du jour, et de dire aussi, pour
mieux illustrer son héros, que celui-ci conspirait en 1823. Il n'a eu
qu'un tort de plus, c'est de vouloir rapetisser Fabien et Volny, les compagnons d'infortune de M. Bissette. Cela n'était pas nécessaire pour
grandir la victime de ses pères.

Volny est mort, le malheureux Fabien, hélas ! n'est plus en état de
se défendre ; mais son frère, qui reste, s'est indigné de voir M. Bissette
se faire faire, par M. Daney, « un piédestal du labeur des autres ; » il a
rétabli la vérité et noblement protesté contre la faiblesse qu'on osait
prêter à la seconde victime de 1823. Ah ! M. Marcillac, pourquoi
avez-vous remis en présence ces deux hommes qui souffrirent ensemble
et qui se ressemblaient si peu? Pourquoi avez-vous remis l'honorable
Fabien en face de M. Bissette? Vous avez rappelé à tout le monde que
celui-ci écrivit contre son compagnon d'infortune un mémoire si horrible,
qu'il s'est borné à le faire circuler manuscrit à la Martinique, reculant
lui-même devant la honte de le livrer à l'impression.

tions qu'il a si souvent lancées contre eux, qu'il oublie que, marchant un jour avec son jeune fils, et rencontrant un de ses juges, il dit à l'enfant : « regarde, mon fils, voilà un des bourreaux de ton père! » qu'il oublie tout cela, rien de mieux, il n'est personne au monde qui ne l'en glorifie; mais qu'il vienne dire à M. Dessales : « *En me condamnant vous n'avez fait que votre devoir,* » c'est ce dont personne au monde ne l'excusera. Car il était innocent, et M. Dessales seul est coupable d'un effroyable attentat juridique.

Non, mes amis, celui que vous venez de nommer représentant ne défendait pas votre cause en 1823. Hélas! loin de là, il était alors *parmi vos ennemis*, et si ardemment, qu'il quittait la tombe encore toute fraîche de sa mère pour aller combattre vos frères du Carbet, qui cherchaient héroïquement dans la révolte la conquête de leur liberté. Ce n'est pas possible, dites-vous, toute révolte d'esclaves est légitime, et notre *Papa* n'a jamais pris les armes contre des esclaves noirs et mulâtres en insurrection. Ah! il faut vous détromper, ce que j'avance est incontestable; en voici la preuve écrite de la propre main du *Papa* :

« Brest, 9 juillet 1824.

« A M. Isambert,

« Ce que vous dites de moi, monsieur, n'est que trop vrai, et « me rappelle, hélas! de tristes souvenirs!... 14 octobre 1822, « époque de douloureuse mémoire!... Le 14 octobre 1822, au « même moment que parvient au Fort-Royal la nouvelle de « l'événement du Carbet, ma pauvre mère expirait dans mes « bras; je recueillais ses derniers soupirs... Le coup terrible « qui venait de me frapper si cruellement *était un puissant mo-* « *tif qui dût m'exempter de cette campagne; vu encore que la classe* « *des créoles qui était la victime de cette révolte ne marchait pas.* « Cependant ces considérations ne m'arrêtèrent point. *A* « *peine avais-je rempli les derniers devoirs de fils;* à peine, dis-je, « avais-je pleuré cette mère qui venait de quitter ce monde et « se séparer pour toujours d'un fils qu'elle affectionnait et « qu'elle chérissait tendrement, *que je volai aussitôt au Carbet* « pour partager, avec mes amis, les dangers et les fatigues « de cette cruelle campagne. Je fus placé à l'avant-poste du « camp Ganat. (M. Ganat fut le premier habitant blanc du

« Carbet qui fut massacré.) Ce poste n'était pas le moins ex-
« posé, *et ce ne fut qu'à mon retour du Carbet que je fis achever*
« *les cérémonies et les dernières prières pour cette mère chérie.*

« Ayant rempli les devoirs que je devais à mon pays, comme
« citoyen, *comme propriétaire et comme sujet fidèle du roi*, je
« n'ai point cru devoir m'en faire un mérite dans ma défense,
« ni même rappeler cette circonstance dans les notes et mé-
« moires que j'ai fournis pour ma justification. Cette particu-
« larité était assez connue à Fort-Royal, lieu de mon domicile.
« Si je me permets d'en parler aujourd'hui, c'est moins pour
« en faire parade que pour autre chose. Mon unique but est de
« certifier la vérité de ce que vous dites de moi à ce sujet dans
« votre brillant mémoire (1). »

Tel est l'homme dont les protégés ont l'effronterie de dire,
dans le *Constitutionnel* du 15 juillet 1849, qu'il fut condamné
en 1824 pour « avoir protesté au nom de sa race contre l'esclavage. »

Deux années plus tard le *Papa* disait encore dans la *Pétition
des hommes de couleur libres de la Martinique, 26 mai 1826* : « On a
« parlé d'insurrections dans la classe des esclaves à la Barbade
« ou à la Jamaïque; mais *qu'a de commun la révolte des esclaves*
« *dans des colonies étrangères avec les hommes de couleur libres de*
« *la Martinique?* N'avons-nous pas pris la défense des créoles
« blancs, alors que la vie de ceux-ci était menacée ? *Loin de*
« *vouloir nous insurger contre l'ordre établi*, nous nous sommes
« armés pour la sûreté de la colonie. » Et le malheureux qui
écrivit cela, dit à cette heure : « *Je conspirais contre l'ordre
établi!* » Et celui qui se vante si haut d'avoir rempli *ses devoirs
de propriétaire* contre des esclaves insurgés, celui qui demande
son émancipation politique au nom de la parricide assistance
qu'il a *prêtée aux blancs contre les noirs* (2), ose dire aux affranchis
de la Guadeloupe, en leur rappelant cette époque : « J'ai risqué
une fois ma vie et ma propre liberté contre la loi et le bourreau pour vous racheter ! ! ! » Martyr du despotisme, martyr de
sa propre vengeance, le voilà de plus martyr de la vérité !

(1) Mémoires pour les hommes de couleur, tome I, p. 53.
(2) C. C. A. Bissette à un colon sur l'émancipation civile et politique
appliquée aux colonies. Paris, 1830, p. 22 et 23.

Je vous disais, mes amis, que personne, en 1830, ne songeait à l'abolition immédiate : l'élu de la Martinique, qui, à force de s'être imbu des idées de la France, commençait à oublier un peu ce qu'il appelait *ses devoirs de propriétaire*, était loin cependant de demander l'abolition, même à vingt ans de date, comme je le faisais; il s'en tenait à solliciter des *améliorations dans le sort* des esclaves : « En vain, se bornait-il à dire : les colons prétendent que le moment n'est pas opportun, et que le gouvernement manquera le but qu'il se propose en prononçant maintenant l'*émancipation civile et politique des hommes de couleur*, *et en améliorant le sort des esclaves.* Notre planteur de la Guadeloupe insinue que l'émancipation civile et politique des uns, et l'*amélioration du sort des autres*, sera le signal « du bouleverse- « ment des colonies qui ne présenteront plus qu'un amas de « ruines, de cendres et de cadavres. » Quoi! parce que le *sort des noirs et des mulâtres deviendra plus doux*, ils deviendront plus dangereux ! Un peu de bien chez les esclaves sera l'avant-coureur d'une position plus douce encore, et dans un avenir *éloigné, incertain pour beaucoup*, mais réel pour un plus grand nombre, se dessineront d'*abord l'affranchissement simple et ensuite l'entière émancipation.* Alors ils cesseront de voir dans leurs maîtres des bourreaux inviolables et éternels; leur crainte, leur respect des blancs, se changeront en reconnaissance et dévouement sincères. Il n'est qu'un moyen d'éviter les maux que rêve notre planteur anonyme, c'est, *non pas d'émanciper tout d'un coup les esclaves, je lui fais encore, et contre les désirs de mon âme, cette sage concession*, mais de commencer à les habituer à plus de douceur, et à un régime légal et protecteur (2). »

On voit assez, j'espère, que le *Papa* n'était pas, en 1830, un abolitioniste quand même, comme il voudrait le donner à croire. — En définitive, on peut concevoir qu'un jeune homme de vingt-trois ans, élevé en Europe, n'ayant vu que les esclaves de Cuba, n'ayant point encore appris que la servitude nous fait perdre la moitié de notre intelligence et de nos vertus, ait regardé comme dangereux de lancer sans initiation, sans préparation, des esclaves dans la liberté. Mais M. Bissette était-

(1) Lettre à un colon sur l'émancipation civile et politique appliquée aux colonies françaises, 1830.

il dans le même cas? Fils d'esclave, encore tout saignant des stigmates de la fureur coloniale, il avait vu les nègres de nos colonies, il avait pu juger leur degré de civilisation supérieur à celui des esclaves des colonies espagnoles ou même anglaises, et cependant il sollicitait seulement pour eux *un peu plus de douceur!* Mais ces adoucissements dont il parle, en quoi les faisait-il consister? Vous aurez peine à le croire, mes amis, dans les bienfaits des édits de Louis XIII et de Louis XIV! Vous vous récriez; c'est impossible, dites-vous encore; lisez : « *Il ne s'agit donc aujourd'hui que* de faire revivre cette partie des ordonnances qui était favorable aux esclaves, et de la rendre obligatoire pour tous, ainsi que les nouvelles garanties qu'il faut leur assurer par une loi (1). » Ces nouvelles garanties sont formulées dans la pétition qu'il signa le 5 décembre 1833 avec ses collègues, MM. Fabien et Mondésir-Richard. Elles se renferment dans ces termes :

« Les améliorations principales que nous signalons à la
« Chambre, comme les premières bases d'un meilleur régime
« pour les esclaves sont les suivantes :

« 1° Le recours en cassation en matière criminelle ;

« 2° Le droit de se rédimer;

« 3° La suppression du supplice du fouet et de la chaîne de
« police :

« 4° L'inviolabilité de la liberté dans la personne de ceux qui
« sont devenus libres par accession du sol métropolitain;

« 5° L'abolition de la taxe des esclaves suppliciés;

« 6° La faculté d'hériter du maître. »

Y a-t-il rien là de définitif au point de vue de la délivrance réelle ?

Il est bon d'ajouter que, à cette date, toutes les brochures de l'innocent condamné de 1824 sont exclusivement consacrées à la défense des *libres* dont il avait reçu le mandat, il ne prend jamais la plume que pour réclamer leurs droits civils et politiques; quant aux frères, aux pères, mères, aux sœurs en servitude, ils ne tenaient qu'une place accessoire, incidente, dans ses travaux obligés. Je le défie, vous entendez, je le défie de

_____

(1) Mémoire au ministre de la marine sur les améliorations législatives et organiques à apporter au régime des colonies françaises. Paris, 1831.

citer quoi que ce soit de lui exclusivement et directement consacré aux esclaves, avant la courte pétition de 1832, signée en commun avec ses collègues. Comprenez bien, mes amis, je ne prétends pas amoindrir le zèle que M. Bisette a pu mettre depuis à défendre votre cause, la passion n'altère point ma bonne foi; je veux seulement montrer qu'à cette époque la question n'était pas assez avancée dans l'opinion publique pour qu'on ne puisse expliquer mes réserves même de 1833.

Ainsi, en 1832, le patron actuel des colons n'exigeait pas autre chose, pour les esclaves, que le retour à *l'exécution sincère du Code noir*, et il me reproche de n'avoir pas demandé l'abolition immédiate en 1830! Le *Papa* de 1849 ne voulait alors l'abolition ni immédiate, ni, comme moi, à vingt ans ou soixante ans de date avec le rachat des enfants, il s'en remettait, pour éteindre l'esclavage, à *l'introduction du rachat forcé dans la législation coloniale*. « La commission, disait-il, *doit « bien se persuader* que chaque noir pouvant se racheter et cessant d'être maltraité, on arrivera, *imperceptiblement, sans « secousse, sans froisser les intérêts des planteurs, à l'abolition de « l'esclavage* (1). »

Cet homme intraitable qui me dénonce comme antinégrophile, parce que je ménage pour un temps la propriété des colons, il leur fait, lui, *la sage concession* de s'en remettre, pour la grande délivrance, AUX RACHATS-FORCÉS, afin *de ne pas froisser les intérêts des planteurs!* Je fixais l'abolition à la mort du dernier esclave vivant, il se contentait de l'ajourner, même pour ceux à naître, dans un *avenir* indéterminé, *éloigné, incertain!* Jugez, mes amis, qui de nous allait le plus loin et le plus vite. Jugez, si, dans la question propre de l'émancipation des esclaves, il m'avait devancé de longues années! s'il y est, comme disent ses amis de l'*Avenir* (11 juin), « le vétéran et M. Schœlcher le « soldat novice.»

Ce n'est pas sans dégoût que j'ai analysé aussi longuement le passé abolitioniste du représentant de la Martinique. Pourquoi faut-il que, en le nommant, en donnant à sa parole l'autorité d'un si grand titre, vous m'ayez condamné à répondre à ses attaques, à le discuter et à le confondre !

(1) *Mémoire au ministre de la marine,* cité plus haut.

CHAPITRE VI.

Jugement sur la classe de couleur.

Véritable caractère de mon jugement. — Son développement. — Tout le mal est attribué au milieu social. — Justice hautement rendue aux mulâtres. — Même chose pour les mulâtresses. — La pauvreté solidaire. — Comparaison avec les ouvrières d'Europe. — Valeur relative du mot *toutes*. — Les familles libres mises au niveau des meilleures familles blanches. — Devoirs de l'ami véritable. — Heureuse influence de mes critiques. — Les mulâtres éclairés m'ont rendu justice. — Une assertion fausse de M. France. — Remarque de M. Dutrône, le secrétaire général de la Société d'abolition.

Continuons cette triste bataille, aussi bien la circonstance est bonne pour examiner des reproches mal fondés, que l'on cherche de nouveau à exploiter.

On a dit que, dans mon livre des *Colonies françaises*, j'avais parlé avec mépris des mulâtres et des mulâtresses, et beaucoup de personnes de cette classe, je le sais, en ont conservé un ressentiment que les choses mêmes qui viennent de se passer n'ont pu dissiper. Je vais m'expliquer ; et, si je parviens à les convaincre, je remercierai mes ennemis de m'avoir donné, en revenant là-dessus, une occasion de rétablir la vérité. Mes paroles ont pu être trop sévères, ma volonté n'a jamais cessé une minute d'être bienveillante. Et d'abord, je n'avais aucune espèce de raison au monde pour blesser les mulâtres; loin de là, tous ceux que j'avais vus, fréquentés, pratiqués dans mon voyage, avaient fait naître en moi des impressions d'amitié et d'estime : je ne pouvais donc vouloir avilir leur classe ni la rendre odieuse, j'ai cru seulement qu'il était indispensable de lui dire la vérité, toute la vérité.

Or, que m'a-t-on le plus reproché? c'est ce passage; je ne veux rien dissimuler :

« De là, l'oisiveté qui dévore et avilit cette race *victime d'une mauvaise organisation sociale*. Sa médiocrité, ses moyens d'existence toujours problématiques, son inutilité, ses mœurs répréhensibles, son manque de dignité et le peu d'estime que mérite la majorité de ceux qui la composent, expliqueraient jusqu'à un certain point l'orgueil des blancs, s'ils avaient eu assez d'intelligence philosophique pour séparer le bon du mauvais grain, s'ils ne se montraient pas aussi indulgents envers les dépravés de leur caste qu'impitoyables pour les autres. »

Il est vrai que j'ai écrit cela, et je regrette vivement de m'être exprimé d'une manière aussi cassante, aussi générale ; mais n'ai-je pas rendu à ma pensée son véritable caractère par les développements nombreux que je lui ai donnés ? n'ai-je pas dit immédiatement :

« Sous l'empire de l'éternelle flétrissure qui pèse sur eux, et par le fait de leur éloignement de toute fonction publique, LE MAL *n'est-il pas pour ainsi dire imposé aux gens de couleur?* Il leur arrive ce qui arrivait, il n'y a pas encore bien longtemps en Europe, aux comédiens. Voués au mépris, quoi qu'ils fissent, ceux-ci justifiaient l'anathème par leur conduite. On ne voulait pas comprendre que leurs vices venaient de l'anathème ; et, en effet, depuis que l'absurde réprobation qui les démoralisait commence à s'effacer, on les voit femmes et hommes commencer tous à s'élever, à gagner les degrés de la considération qu'on leur rend. Allez, la société est toujours de moitié dans les crimes des individus. Les éléments sont bons, elle seule presque toujours est coupable quand ils se pervertissent (page 190). »

N'avais-je pas cité encore, pages 175, 176, 177, une longue série des ordonnances vexatoires « sous lesquelles, disais-je, « le délire du despotisme avait courbé la malheureuse classe « des libres (page 188). »

Ne m'exprimais-je pas ainsi : « La misère des sangs-mêlés « s'explique par deux causes : d'abord leur naissance, leur *dé-* « *chéance sociale* ; ensuite la politique de l'ancien système, « qui, voulant leur abjection et craignant qu'ils n'acquissent « trop de force par l'argent, leur ferma les portes de l'éduca- « tion et des richesses, en les déclarant inhabiles à hériter des « blancs et à recevoir des donations. Quel abominable amas « d'iniquités que tout cela ! » Page 189, je dénonce les lois par lesquelles la couronne impériale de France « fortifia cette lé- « gislation barbare ; » puis, page 190, en citant une phrase de MM. Sturge et Hervey, qui jettent sur les hommes de couleur des îles anglaises le même blâme que moi sur ceux des îles françaises, j'expose encore de la manière la plus explicite que :
« le préjugé éloigne les mulâtres du travail de la terre, parce

« que c'est un travail d'esclave. » Je dis, de plus, page 192 :
« *Encore une fois*, la classe de couleur n'a de mœurs particu-
« lièrement reprochables que parce qu'elle est déclarée sans
« mœurs : estimez les hommes, si vous voulez qu'ils soient
« estimables; respectez les femmes, si vous voulez qu'elles
« soient respectables. » Enfin, page 198, j'insiste « sur le dé-
« plorable soin avec lequel les mulâtres sont repoussés, même
« par un procureur général, des écoles et de toute in-
« struction. »

Peut-on faire ressortir davantage les causes du mal que l'on
observe ; peut-on s'attacher davantage à en faire remonter la
responsabilité au milieu dans lequel il existe? Après tout, comment aurais-je négligé un pareil moyen de défense pour des
hommes issus de la race nègre, puisque, dans mes opinions
philosophiques et anthropologiques, je crois toutes les races
égales, absolument égales, en bien comme en mal. Tout en
parlant ainsi, d'ailleurs, je ne manquais pas de faire ressortir
« que, malgré les entraves imposées à la classe de couleur,
« malgré les dégoûts dont on l'avait toujours abreuvée, elle pou-
« vait montrer avec orgueil *des sujets d'élite dans tous les rangs*
« *de la société*. » Ainsi, page 185, je note « qu'il se trouve au
« barreau des colonies des sangs-mêlés pleins de mérite; qu'il
« en est d'autres dans le commerce également distingués et
« d'une probité intacte, etc. » On rencontre la même idée,
page 443 du 2ᵉ volume de mes *Colonies étrangères :* « Tous les
« postes sont occupés par des blancs, les mulâtres n'ont aucune
« part aux préférences du ministre trompé, bien que la classe
« de couleur puisse fournir beaucoup de sujets éminents. » —
Je ne conteste pas que je n'aie publié de vives critiques, je
veux seulement bien établir que je ne les ai pas publiées en
ennemi, mais en ami ; mettant toujours l'amendement à côté
de la condamnation.

Il est si peu exact que j'aie jamais eu dans le cœur ou dans
l'esprit aucune malveillance pour les mulâtres, il a toujours
été si loin de moi de ne vouloir pas leur tenir compte de tout,
que j'exalte (page 203 des *Colonies françaises*) « la conduite
« des sang-mêlés de Philadelphie, *jurant de ne se séparer jamais*
« *de la population esclave de leur pays;* noble serment qui a
« provoqué contre eux les sauvages lois de la Louisiane. »

Autre part, page 208, je fais remarquer que, « dans les écoles « gratuites du dimanche, aux îles anglaises, les membres de « la classe de couleur se distinguent par leur zèle, et leur dés- « intéressement à remplir les graves fonctions d'instituteurs « auprès des pauvres. » Est-ce là le langage d'un ennemi ?

On m'a encore fait un crime d'avoir non pas dit, mais ré- pété : « Un mulâtre hait son père et méprise sa mère. » On sait bien pourtant que cela n'était pris qu'au point de vue général, pour le mulâtre né d'un blanc qui le renie, qui le laisse même parfois dans la servitude, ou le vend comme un autre de ses esclaves, et d'une négresse qui reste plongée dans les avilissements et les mauvaises mœurs de l'esclavage.

Les journaux de la faction des incorrigibles, vous le savez, mes chers amis, sont revenus avec insistance, à l'époque des élections, sur ce que j'ai écrit des femmes de couleur, et ils les ont fort irritées contre moi, en présentant mon texte, selon leur habitude, sous une face mensongère. Voyons ce qu'ils me font dire :

« Les femmes de couleur, par exemple, qui vivent toutes en « concubinage ou dans la dissolution, parmi lesquelles les « blancs viennent chercher leurs maîtresses comme dans un « bazar, contribuent certainement par leur libertinage à entre- « tenir l'abaissement de la race qu'elles déshonorent... Les « hommages de la caste privilégiée les flattent, et elles aiment « mieux se livrer à un blanc vieux, sans mérite et sans qua- « lités, que d'épouser un sang-mêlé. Les exemples ne manquent « pas de ce déplorable effet de la corruption.

« Les femmes libres, aux colonies, n'ont pas même le peu « de ressource que possèdent leurs pères, pour échapper à la « misère. Leur principal moyen d'existence honnête, la cou- « ture, est fort limité. Elles n'ont que les raccommodages et les « costumes du pays, ou bien les fonctions de blanchisseuses, « gardiennes d'enfants, etc. Elles se trouvent obligées de sup- « pléer à ce qui leur manque par des *moyens déshonorants.* »

(*Courrier de la Martinique*, 26 mai 1847.)

Je vais rétablir le texte véritable, et l'on verra qu'au moyen de suppressions et de coupures faites avec plus d'habileté que de probité, on a ôté à mes énonciations leur véritable sens. J'ai écrit :

« Les femmes de couleur, par exemple, qui vivent presque toutes en concubinage ou dans la dissolution, parmi lesquelles les blancs viennent chercher leurs maîtresses comme dans un bazar, contribuent certainement par leur libertinage à entretenir l'abaissement de la race qu'elles déshonorent. *Mais il faudrait savoir si le malheur qui les saisit en naissant n'est pas une des sources de la licence?* Ne pouvant espérer aucune considération, toujours méprisées, il est naturel qu'elles ne fassent rien pour mériter le respect. Le préjugé enfante le mépris, le mépris la démoralisation, et la démoralisation la prostitution, prostitution qui légitime le mépris par lequel s'entretient le préjugé. Affreux et cruel enchaînement où le mal s'explique par le mal. *Les pauvres créatures, d'ailleurs, n'ont pu échapper à l'action délétère des idées au milieu desquelles elles sont élevées.* Les hommages de la caste privilégiée les flattent, et elles aiment mieux se livrer à un blanc, vieux, sans mérite et sans qualités, que d'épouser un sang-mêlé. Les exemples ne manquent pas de ce déplorable effet de la corruption *que certaines erreurs peuvent jeter dans notre esprit. Il entre beaucoup de vanité dans l'amour des femmes, comme dans celui des hommes* (page 192). »

Sur ce dernier point, je me trouve d'accord, pour me défendre, avec un mulâtre qui a donné d'incontestables gages de dévouement à sa race, avec M. Saint-Rémy, d'Haïti, qui, traitant le même sujet, s'énonce ainsi : « Elles rencontrent une sorte d'honneur dans leur déshonneur même. »

« *On est,* disais-je encore en poursuivant, *on est autorisé à se demander, en outre, si la pauvreté n'entre pas pour beaucoup dans ces désordres;* les femmes libres aux colonies n'ont pas même le peu de ressources que possèdent leurs frères pour échapper à la misère. Leur principal moyen d'existence honnête, la couture, est fort limité, *car tout vient confectionné d'Europe.* Elles n'ont plus pour elles que les raccommodages, les costumes du pays, ou bien les fonctions de blanchisseuses, gardiennes d'enfants, *mais, comme en Europe, celles qui veulent et peuvent travailler, sont si mal rétribuées,* qu'elles se trouvent *obligées* de suppléer à ce qui leur manque par des moyens déshonorants. Aux femmes libres qui n'ont pas un esclave pour les faire vivre de son labeur, il ne reste véritablement, *comme aux ouvrières d'Europe,* n'hésitons pas à le dire, il ne reste que la prostitution. *Il est exactement vrai de dire que le fait social lui-même organise la dépravation de ces belles et misérables créatures* (1). »

Maintenant vous pouvez en juger, mes amis: est-ce ainsi que parle un écrivain qui veut flétrir toute une race, comme on l'a prétendu? ne voit-on pas à chaque mot que j'attribue le mal *à la misère, au fait social* et non *à la race*. Les ouvrières d'Europe, autrement, n'auraient-elles pas le droit de dire à tous les moralistes, à tous les économistes, aux Pierre Leroux, aux Louyer-Villermé, aux Parent-Duchâtelet, aux Buret et autres qui ont constaté pour elles cet horrible état de choses, qu'ils ont voulu les calomnier, les déshonorer toutes à plaisir.

Quant au mot *toutes*, que je regrette, il est évident qu'il signifie un grand nombre, comme cela était malheureusement vrai alors; il n'y a que la plus insigne mauvaise foi qui puisse y attacher un autre sens, et il est d'autant moins permis de s'y tromper que je ne tarde pas à lui donner sa valeur relative. N'ai-je pas dit en effet (page 207), en parlant des mulâtresses reçues chez les gouverneurs des *West-Indies*: « Et qu'on ne croie pas que les administrateurs anglais n'aient pu tenter ce grand coup qu'en associant de force des éléments hétérogènes. Notre voyage nous met à même de certifier le contraire. Nous avons eu l'honneur d'être admis *dans plusieurs familles libres dont la distinction ne le cédait à nulle famille blanche*. A la Dominique, nous avons assisté à un bal de cette classe, et nous pouvons assurer que dans aucune société de l'autre classe nous n'avons rencontré *plus de jeunes filles* dont la modestie et la retenue nous aient garanti la pureté du présent et la moralité de l'avenir. Les îles françaises de même, où tant de causes pourraient s'opposer à ces heureuses exceptions, *possèdent des*

(1) Si je voulais relever toutes les indignes tromperies du *Courrier de la Martinique*, ou plutôt de M. Bissette, car les extraits du *Courrier* sont textuellement copiés dans sa *Réfutation*, il faudrait m'arrêter à chaque mot. Ainsi, lorsqu'il rapporte ce passage, il supprime le premier correctif: *on est encore autorisé*, etc.; il passe après gardiennes d'enfants : *mais, comme en Europe, celles qui veulent et qui peuvent travailler, sont si mal rétribuées*, etc.; ensuite il s'arrête tout court *aux moyens déshonorants*, laissant de côté l'assimilation avec ce qui a lieu en Europe. Ces hommes-là ont bien raison de s'appeler eux-mêmes *honnêtes gens*, car personne assurément ne leur accorderait un pareil titre. Heureux ceux que de pareils honnêtes gens appellent *les ennemis du pays*.

familles de couleur qui ont droit à toute la considération imagina-
ble. » Et, page 208 : « Quelque sévère qu'ait été notre jugement,
il n'en est pas moins vrai que les sangs-mêlés, depuis qu'ils
sont devenus citoyens, se sont beaucoup améliorés. *Le mariage
légal*, qui leur était presque inconnu, *se répand*, et la tendance
à une vie régulière se manifeste d'une manière sensible parmi
eux. »

Vous le voyez, mes chers amis, j'ai fait constamment la part
du bien et du mal ; ma critique est très-loin d'avoir la généralité absolue que mes ennemis et les vôtres ont voulu lui prêter
pour nous diviser ; tout en jugeant nécessaire de révéler l'existence du mal, je l'ai entouré de toutes les excuses que l'on
pouvait, que l'on devait légitimement lui donner. Mais ce mal,
n'était-il pas nécessaire de le publier enfin ? Quelqu'un ne de-
vait-il pas avoir le courage de découvrir une plaie qu'il fallait
cependant bien débrider pour y porter la guérison ? Je me
suis exposé à des inimitiés, à des injustices, en faisant cela ; je
m'y attendais, mais j'ai la conscience d'avoir rempli le rôle
d'un ami véritable, dont le devoir est de montrer le vice dans
son étendue pour en inspirer l'horreur à ceux qu'il aime.

Après tout, l'expérience n'est-elle pas venue prouver que
j'avais eu raison ? Osera-t-on nier que mon livre n'ait eu une
heureuse influence sur l'amélioration des mœurs, et qu'il n'ait
amené beaucoup de mariages dans l'ancienne classe des libres. S'il me fallait des témoignages, je rappellerais ceux de
MM. Belleroche, Babeau et Marcellin Bance, cités un peu plus
haut.

Ce n'est donc qu'au moyen de textes déloyalement falsifiés
qu'on a pu me présenter à la classe de couleur comme l'ayant
outragée de propos délibéré ; mon énergique franchise est,
au contraire, la marque de mes sympathies pour elle, et
n'eussé-je pas été guidé en cette grave circonstance par l'a-
mour du bien, j'aurais été entraîné par des sentiments de
bonne politique : je considérais les mulâtres comme les auxiliaires naturels de l'émancipation, je ne pouvais vouloir leur
donner à se plaindre d'un abolitioniste.

Je souhaite ardemment que ces explications ramènent à de
plus saines appréciations ceux qui voient encore en moi un
ennemi ; mon espoir le plus doux est qu'elles auront cet ef-

fet. Grâce au ciel, je ne parle ici que pour un très-petit nombre, car l'immense majorité des mulâtres m'ont déjà rendu
justice, et c'est pour moi un fait dont je me glorifierai toujours,
que d'avoir trouvé parmi eux, parmi ceux qui avaient courageusement travaillé à l'abolition, mes premiers défenseurs
contre les calomnies de vos ennemis. C'est ainsi que pour me
prouver qu'ils n'y croyaient pas, ils m'ont envoyé une lettre de
M. France, le chef d'escadron de gendarmerie, où il s'avisait de
dire : « Vous n'ignorez pas que je me suis séparé de M. Schœlcher depuis qu'à une des séances de la Société d'abolition il est
venu soutenir que les hommes de couleur ne désiraient pas
l'émancipation. »

On a peine à croire que les hommes qui veulent faire du
mal y mettent autant de grossière maladresse. M. France igno-
rait-il donc que tous les membres de la Société, où je me reproche de l'avoir fait entrer, seraient là pour lui donner un
éclatant démenti ? J'ai communiqué sa lettre à l'honorable
M. Dutrône, secrétaire de la Société, qui m'a répondu : « Mon
cher collègue, j'ai assisté à toutes les séances où vous êtes
venu, et je puis affirmer que vous n'avez jamais soutenu pareille thèse. Votre rupture avec M. France m'a paru être la conséquence de ce qu'il avait présenté M. *** pour devenir membre
de notre Société. »

CHAPITRE VII.

Revirement.

Le *Conciliateur* a annoncé, en 1842, que le préjugé de couleur ne céderait pas du premier coup ; — que les incorrigibles chercheraient à éloigner les noirs des mulâtres en se servant de mon livre. — Ils l'essayent en invoquant les discours de M. Bissette ! — Celui-ci a écrit d'avance la condamnation du rôle qu'il remplit aujourd'hui. — Souvenirs de 1792 et de 1793. — Tendance de toutes les aristocraties vaincues. — L'ancien proscrit entouré des hommes les plus hostiles à l'émancipation, — prônant des candidats rétrogrades. — M. Pécoul abolitioniste. — Soupçons naturels. — M. Bissette publie les lettres de ses anciens amis, — il est abandonné de tous ses frères d'armes en abolition, même de ses parents. — A-t-il seul l'intelligence de la situation ? — L'émancipation est irrévocable, mais il reste la manière de l'appliquer. — Les incorrigibles et M. Dain. — M. Bissette et M. Bovis.

Étrange revirement de certains caractères, mes chers amis ! Parce que dans mon livre des *Colonies françaises* je n'ai pas dit, comme disait, en 1831, l'ami actuel des colons : « *La justice ne pourra jamais* comprimer la férocité des co-« lons (1) ! » parce que j'ai reproché à quelques-uns de nos frères libres de n'être pas tous alors assez abolitionistes ; celui que vous avez élu représentant de la Martinique a dit que que mon livre « avait été fait *pour diviser les noirs des mulâtres,* « pour en former deux camps, afin que les noirs se rattachassent « aux colons par la reconnaissance après l'abolition de l'escla-« vage (page 58), afin de perpétuer *le règne de mes hôtes blancs.* » (Page 70 de la prétendue *Réfutation.*)

Or, il se trouve aujourd'hui que je suis avec l'élite des nègres et des mulâtres pour lutter contre les hommes du passé, tandis que mon farouche réfutateur est avec ceux dont il disait dans cette même *Réfutation* (page 81) :

« Comme nous avons promis de parler avec franchise, nou ne devons pas hésiter à dire, en terminant, tout ce que nou voyons dans le livre de M. Schœlcher.

« *Ne nous dissimulons pas que l'abolition de l'esclavage accomplie, les colons, malgré leur opposition, forcés de la subir,*

(1) Lettre au ministre de la marine et des colonies, 1831.

s'arrangeront de manière à exercer sur les nouveaux affranchis une influence qui leur assure une certaine domination sur les deux classes nègres et mulâtres ; car le préjugé de couleur et les rivalités de castes ne disparaîtront pas tout à coup, à l'aide d'une baguette magique. Les colons feront donc, auprès des esclaves devenus libres, ce qu'ils ont tenté vainement de faire auprès des hommes de couleur, depuis que ceux-ci ont obtenu leur émancipation politique. N'ont-ils pas cherché à persuader aux colonies, n'ont-ils pas publié en France, que les hommes de couleur ne devaient leur émancipation politique qu'à la volonté des colons, que les amis des mulâtres, que les libéraux auraient tout compromis, après la révolution de juillet, sans leur généreux concours, eux qui repoussaient toutes nos réclamations, eux qui combattaient toutes nos propositions, eux qui nous disputaient le terrain pied à pied ?

« Eh bien ! ce que les colons ont vainement tenté auprès des hommes de couleur, ils le tenteront avec bien plus de succès auprès des noirs, après l'abolition de l'esclavage, et, le livre de M. Schœlcher à la main, ils se présenteront aux noirs affranchis, et ils leur diront :

« Voyez ! les mulâtres sont vos fils, vos frères, et ils n'ont « rien fait pour vous faire sortir de l'esclavage. Tenez ; lisez « ce qu'a écrit M. Schœlcher : *c'est un ami de votre cause,* un « blanc d'Europe, qui a été témoin de vos souffrances, mais « qui a rendu justice à nos efforts pour les alléger ; tandis que « vos fils, vos frères, ne faisaient rien en votre faveur. *Votre ami* « M. Schœlcher a fait connaître au monde entier l'abandon « où vous laissaient vos fils insolents !

« Unissez-vous donc à nous, et vous trouverez sur nos habi-« tations le travail qui honore l'homme, puisqu'il le fait vivre! « Avec nous, vous n'aurez jamais à rougir d'avoir été *aban-* « *donnés,* sacrifiés par notre orgueil, et nous ne rougirons « pas de vous, puisque nous sommes blancs; mais les mulâtres « vos fils rougissent de leur origine ; ils rougissent de vous : « ne pouvant être blancs comme nous, *ils nous haïssent et vous* « *méprisent.* »

« Alors les noirs, devenus libres, liront-ils le livre de M. Schœlcher? Ils y trouveront écrits en toutes lettres ce discours des blancs. Habilement excités par les colons appuyés du livre de M. Schœlcher, les noirs se sépareront-ils des mulâtres, et le règne des blancs continuera-t-il, même après l'abolition de l'esclavage ? »

Le proscrit de 1824 connaît bien, je ne dis pas tous les colons, mais les incorrigibles : tout ce qu'il avait annoncé est arrivé, il n'y a que le prophète qui ne s'en soit pas aperçu ! Écoutons-les, voici littéralement leurs discours aux nègres : « Courage, mes enfants, la liberté va venir, vous la méritez. Ce sont de bons maîtres *qui l'ont demandée pour vous ;* tous ceux qui se trouvent à Paris se sont réunis et ont demandé votre liberté au gouvernement, qui y a consenti. Louis-Philippe n'est plus roi ! c'est lui qui enrayait votre libération (1). M. Pécoul s'est distingué au premier rang des abolitionistes de bon aloi ; le nom de M. Jabrun était devenu le drapeau de l'émancipation (2). Le jour où, par une suprême consécration du principe de la liberté humaine, *les colons, d'un élan unanime, inaugurèrent la révolution par l'abolition de l'esclavage,* ce jour devait être un gage éternel de la réconciliation, de l'oubli du passé (3). Voyez : les mulâtres, vos fils et vos frères, vous ont abandonnés, ils n'ont rien fait pour votre délivrance, ils ont possédé et vendu des esclaves (4). Cette catégorie d'hommes n'a vu dans le triomphe des idées démocratiques que le signal de leur propre avénement ; ils vous soufflent la haine et la défiance, ils vous

(1) Louis-Thomas Husson, directeur provisoire de l'intérieur, aux cultivateurs esclaves, Saint-Pierre, 31 mars 1848.

(2) L'*Avenir* de la Pointe-à-Pître, 13 juin 1849.

(3) Le *Commercial* de la Pointe-à-Pître, 14 juillet 1849.

(4) « Depuis quelques jours une nouvelle tactique a été inventée. On essaye de désunir les deux membres de cette population tant haïe, et pour cela on reproche aux anciens libres d'avoir possédé et vendu des esclaves. Oui, nous convenons avoir été obligés de subir l'effet des lois que l'on faisait pour les colonies. Oui, nous avons acheté et vendu des esclaves ; mais ce qui sera notre gloire et votre honte, c'est que, quoique nous en fussions propriétaires, nous avons constamment demandé l'émancipation avec instance à la métropole. Un grand nombre des nôtres avaient toujours été en correspondance avec les abolitionistes de France pour stimuler leur zèle et leur donner les moyens de combattre cette lèpre hideuse. Vous vous efforciez, au contraire, de maintenir cet horrible système, en rétribuant des délégués et des journaux pour le défendre. » (Le *Progrès*, 24 juillet 1849.)

Je puis personnellement affirmer la vérité de ce que dit ici le *Progrès,*

inspirent l'horreur du travail pour faire de vous un levier à leurs passions ambitieuses surexcitées par la révolution (1); ce sont les imitateurs de ces hommes qui, à Haïti, ont commencé la révolution par le massacre des blancs, et l'ont perdue *en voulant se substituer à l'oppression* qu'ils venaient de détruire (2). Ils ont gardé tous les préjugés du passé; à un bal donné par des jeunes gens de couleur on invite un jeune noir, jouant du cornet à piston. Il se rend à l'invitation; il joue des quadrilles, il joue des valses, il fait danser tout le monde. Il se présente ensuite pour danser à une gracieuse jeune fille... de couleur, il est refusé; à une autre, même échec. Enfin, devinant qu'il y a quelque anguille sous roche, il demande à l'un de ses amis... de couleur la cause de ces refus réitérés. « Comment, lui répond l'ami... de couleur, tu ne devines pas? regarde donc dans la glace, on craint sans doute que ta peau ne déteigne. » — On l'avait invité comme musicien, mais non pas comme danseur. — Voilà la fusion que les mulâtres veulent faire avec vous (3)! Unissez-vous donc à nous, à des hommes qui vous appellent à eux, à des frères qui vous tendent la main; unissez-vous à nous, car nos intérêts sont les vôtres, et nous

ce sont les relations contractées en 1840, aux Antilles, avec des mulâtres, qui m'ont donné les moyens de faire, dans la presse, la guerre à la servitude. J'ajouterai que je fus chargé, en 1847, de transmettre à la Chambre des députés une pétition *pour l'abolition immédiate de l'esclavage*, chargée de 144 signatures de mulâtres, parmi lesquels 62 *étaient propriétaires d'esclaves*.

(1) L'*Avenir* du 25 juillet.

(2) Le *Commercial*, 25 juillet 1849.

(3) Le *Commercial*, 25 juillet 1849.—Autrefois ces nouvelles mensongères, faites pour rendre les mulâtres suspects aux noirs, passaient sans réplique possible et allaient empoisonner les esprits de tous les lecteurs : les loyaux porte-plumes des rétrogrades refusaient toute rectification ; ils refusent même encore aujourd'hui. M. Al. Desir, désigné dans la note ci-dessus, n'a pu faire accueillir une réponse par le *Commercial*. Mais heureusement le *Progrès* a été fondé, et il a inséré dans son numéro du 19 juillet le démenti le plus formel, sur tous les points, à l'article du *Commercial*, en ajoutant : « Diviser pour régner, telle est la devise d'un parti dont le *Commercial* s'est trop fréquemment fait l'organe. Je comprends facilement que l'union des noirs et des mulâtres fatigue ce parti, et qu'il emploie les moyens les plus extravagants pour arriver à une scission. Cette rectification ne sera pas, probablement, la dernière, car mes amis et moi nous connaissons la tendance de ces messieurs. »

n'avons pas de besoins qui ne nous soient communs (1). C'est un ami de votre classe, votre *Papa*, M. Bissette, *qui est venu pour vous dire que jamais, ailleurs que chez les propriétaires, vous ne trouverez sécurité, respect de vos droits et solide appui* (2). »

Ce discours, mes chers amis, est donc bien tel que l'avait prophétisé mon réfutateur; mon nom seul ne s'y trouve pas. Les ex-défenseurs de l'esclavage sont bien ingrats! ils n'ont jamais voulu croire que je fusse leur complice secret, que je voulusse perpétuer leur règne; ils ne m'ont jamais pardonné un livre écrit à leur gloire et à leur profit. Loin de vous donner cet ouvrage à lire, pour vous détacher des mulâtres comme celui d'un ami, vous le savez, ils vous disent que je suis votre ennemi. Et qui invoquent-ils pour appuyer toutes ces tromperies, qui? M. Bissette ! si bien qu'un certain nombre de noirs, à la Martinique, *se sont divisés des mulâtres*, pour parler comme la *Réfutation*. Je le demande à mon tour : « Le règne des blancs (j'entends par là la suprématie rêvée par quelques aveugles) continuera-t-il même après l'abolition de l'esclavage, et, si cela arrive, sera-ce la faute de M. Schœlcher? »

En vérité, le protecteur de M. Pécoul a trop oublié qu'il avait écrit d'avance en ces termes la condamnation du rôle même qu'il joue aujourd'hui. —Les anarchistes qui nous donnent chaque jour le nom mortel d'*ennemis du pays*, ne trouveront pas mauvais que nous rappelions comment ils en sont les amis; ceux qui rampent aujourd'hui aux pieds de M. Bissette et qui exaltent sa parole de vérité, nous sauront gré de leur remettre sous les yeux ce qu'il pense d'eux au fond du cœur :

« Il est difficile de se dissimuler l'issue que doit avoir la lutte, depuis longtemps établie, entre les abolitionistes et les partisans de l'esclavage des noirs ; ces derniers se défendent aujourd'hui comme des hommes qui ont le pressentiment de leur prochaine défaite. Force a été pour eux de recruter leur milice déjà ébranlée, et il est curieux d'apprendre *dans quels rangs ils cherchent des auxiliaires.*

« Pendant plus d'un siècle l'aristocratie coloniale a tenu les

---

(1) *Courrier de la Martinique*, 19 mai 1849.

(2) *Courrier de la Martinique*, 25 mai 1849.

hommes de couleur dans un état de dégradation complète; aujourd'hui elle veut faire croire qu'elle reconnaît pour ses égaux ces hommes qu'elle a cru flétrir de son mépris. Elle a été longtemps fière et injuste; la voilà qui devient fausse et insidieuse; c'est-à-dire qu'elle change aujourd'hui de langage, parce qu'elle conserve, nous ne disons pas les mêmes préjugés, mais les mêmes sentiments d'égoïsme et les mêmes projets de domination. Eh bien! nous n'hésitons pas à dire à cette aristocratie incorrigible : Votre bienveillance n'est qu'une imposture; vous mentez aux autres comme à vos propres convictions. Nous dirons aux hommes de couleur : *Gardez-vous de croire à des flatteries commandées par les circonstances, et qui cachent un piége, où vous ne pouvez tomber sans devenir un objet de risée en même temps qu'un objet de pitié.*

« Il est de notre devoir de signaler la perfidie de nos adversaires, et de prouver que leurs cajoleries, à l'égard des hommes de couleur, ne sont qu'un acte d'hostilité déguisée, une ruse de guerre contre les malheureux esclaves. Et qu'on ne vienne pas nous dire que nous allons fouiller dans les documents du passé, pour satisfaire et exciter à la fois des passions haineuses. *Ces vaines allégations ne sauraient nous intimider, et nous faire oublier ce que réclament de nous l'intérêt de la vérité, l'honneur de nos compatriotes et la sainte cause de l'humanité.*

« Rien de plus évident, les aristocrates de la race blanche cherchent aujourd'hui à se créer des auxiliaires parmi les hommes de couleur, et le but de cette ligue monstrueuse, c'est le maintien de l'esclavage des noirs. Qui oserait nous taxer d'erreur ou de calomnie! *On n'abjure pas subitement un vieil esprit de caste et d'orgueilleuses prétentions de suprématie;* on ne dépouille pas en un jour des haines profondément enracinées...

« En effet, en 1823, les hommes de couleur de la Martinique demandaient au gouverneur de la colonie l'abrogation de ces ordonnances qui les frappaient d'une incapacité sociale. « Nous demandons avant les mulâtres, s'écrièrent alors les « blancs, que ces ordonnances soient maintenues, et nous « sommes prêts à seconder de tous nos moyens les mesures « que Votre Excellence sera dans le cas de prendre, pour faire « rentrer dans le rang qu'elles leur ont assigné ceux qui veu- « lent s'en écarter. *Les blancs ne consentiront jamais à se voir les*

« *égaux d'hommes qui*, comme la plus grande partie des mulâ-
« tres, *ont des parents très-proches dans nos ateliers.* Nous de-
« vons dire à Votre Excellence que les blancs de la Martinique
« sont *unanimement décidés à maintenir et à défendre, à quel-*
« *que prix que ce soit*, l'état actuel de la législation, et à ne
« jamais laisser porter aucune atteinte aux règlements colo-
« niaux, etc. »

« Ces opinions, que nous avons toujours combattues, et dont
nous venons de donner un exposé complet, n'ont pas été seulement le texte de quelques discussions écrites, elles ont servi
de base à des arrêts de justice, elles ont motivé des condamnations à des peines infamantes, et c'est ce qui nous autorise à
dire qu'elles sont l'*expression d'une conviction intime et profonde*,
et doivent être considérées *comme les dogmes inaltérables et
comme la foi religieuse de l'aristocratie d'outre-mer.*

« ..... Du reste, ce n'est pas de nos jours seulement que
l'aristocratie coloniale a eu recours à une politique tortueuse
et machiavélique. En mars 1792, l'Assemblée nationale décréta
l'égalité politique des hommes de couleur et nègres libres. Ce
décret, parvenu aux colonies, reçut de la part de l'assemblée
coloniale de la Martinique l'adhésion la plus complète et la
plus franche en apparence. Cette assemblée, présidée par
MM. Gallet-Charlery et Dubuc, prit à témoins de sa bonne foi
Dieu et les hommes.

« Voici dans quels termes elle s'exprimait :
« Considérant qu'il importe essentiellement à la tranquillité
« des gens de couleur et nègres libres, et à la stabilité de leur
« état politique, que cet état soit établi sur des bases constitu-
« tionnelles ;

« Considérant enfin, que le Roi a déjà manifesté sa volonté
« concurrente avec les intentions favorables de la colonie de
« la Martinique pour les gens de couleur et nègres libres, par
« la sanction qu'il a donnée au décret de l'Assemblée nationale
« du 28 mars dernier ;

« Déclare que les hommes de couleur et nègres libres de la
« Martinique jouiront des mêmes droits que les colons blancs de
« cette île, et qu'elle étend à cette classe l'article 4 des instruc-
« tions de l'Assemblée nationale constituante du 28 mars 1790.»

« ..... Voilà ce qui se passait en 1792; voici ce qui eut lieu en 1793.

« M. le chevalier Dubuc, lui-même, alors président de l'assemblée de la Martinique, fut délégué par les colons pour aller chercher les Anglais ; il les conduisit dans la colonie, dont ils firent la conquête en 1794, et le premier résultat de cette conquête fut de replonger les hommes de couleur dans l'état d'ilotisme d'où l'on venait à peine de les retirer. Ce n'a été qu'après une nouvelle révolution, et par suite des *erreurs révolutionnaires* de 1830, qu'ils ont été réintégrés dans leurs droits natifs (1). »

Je ne crois pas, je ne crois nullement que l'on puisse avoir toutes les craintes que manifestait l'inexorable mandataire des hommes de couleur; cependant, sans aller jusque-là, il est permis de redouter, sinon d'absurdes espérances, au moins de mauvais regrets. Pourquoi donc le patron actuel de l'oligarchie coloniale a-t-il accepté le rôle qu'il a si énergiquement stigmatisé?

Sans prêcher ni la division, ni l'antagonisme, sans propager de détestables soupçons, il était sage de se tenir en garde contre les tendances de toute aristocratie à reconquérir ses priviléges; la réaction devait être d'autant plus ardente aux colonies, qu'elle est toujours en raison directe de ce que perdent les vaincus du progrès et de la justice. Tout cela est évident comme la lumière. L'immense majorité à la Guadeloupe, et la minorité à la Martinique, ont donc eu raison de ne plus voir un ami dans le coryphée de la coterie des incorrigibles.

En effet, comment l'apôtre de la conciliation s'est-il présenté pour accomplir sa mission? Est-ce en donnant la main aux notabilités sérieuses de l'aristocratie? aux colons généreux et intelligents qui, plus amis de l'humanité que de leur orgueil, veulent la liberté pure? Non, c'est entouré de ceux qu'il avait toujours désignés lui-même comme « formant ce vieux parti « colon, type de tous les préjugés de castes, et ennemi de tous « progrès, qui avait inscrit sur son drapeau, en 1845 : Résis- « tance partout, résistance toujours, concessions jamais (2). »

(1) Lettre sur les colonies, 4ᵉ livraison, p. 115.
(2) *Revue des Colonies*, février 1836.

Hommes sans raison ni sagesse, qu'on a vus, après comme avant l'émancipation, à la tête de la résistance ; bornes de la société coloniale, fanatiques du passé, sans lien dans le présent, qui ont, à toutes les époques, fait le malheur de leur pays par leurs turbulentes exagérations. Quels étaient effectivement ses aides de camp à la Martinique ? MM. Gosset, Delhorme, Cicéron, Colson, Masson Bellefontaine, Maynard ; et à la Guadeloupe, pour n'en nommer que trois, M. E. Richard, le fameux M. Rochoux, et le plus fameux M. Reizet. M. Richard, jeune homme très-imprudent ; M. Rochoux, écervelé d'âge mûr, connu par l'ardeur de ses vieilles idées coloniales (1) ; M. Reizet, qui demandait encore, le 27 avril, au gou-

(1) Le 26 mai 1848, en apprenant les événements de la Martinique, M. Rochoux demanda au conseil municipal de mettre la Guadeloupe en état de siège au lieu de proclamer l'affranchissement !—Voici deux traits qui feront bien connaître lui et M. Richard ; nous les puisons dans une lettre d'un colon pur sang qui occupe aujourd'hui une des premières places de l'administration de l'île ; ils sont d'ailleurs de notoriété publique. La lettre est datée du 9 juin 1848, quelques jours après la proclamation de la liberté ; nous en reproduisons les principales parties qui reflètent les idées de cette époque, c'est presque déjà de l'histoire. Ah ! si l'on pouvait publier toutes les lettres des colons, à cette date, que de précieux documents ! et combien ceux qui les tracèrent de leur main seraient eux-mêmes étonnés des pas qu'ils ont malheureusement faits en arrière.

« Le dimanche soir nous avons illuminé ; nous ne voulions pas paraître moins joyeux de l'événement qui venait de s'accomplir (la proclamation de la liberté) que les hommes de couleur, et de fait *chacun de nous se félicitait sincèrement* d'être débarrassé de ce poids, qui, depuis quelque temps, pesait si lourdement sur nous. Tu sais par toi-même quelle était l'opinion de beaucoup d'entre nous. . . . .

« *Le travail avait déjà repris sur plusieurs habitations* ; sur le plus grand nombre les nègres avaient demandé jusqu'au lundi suivant pour fêter la liberté ; rien de plus naturel. Nous étions donc parfaitement tranquilles, lorsque, dans la soirée du jeudi, jour de l'Ascension, une nouvelle se répand : tous les ateliers du Petit-Bourg, du Lamentin, de la Baie-Mahaut réunis, marchent sur la ville ! Tu t'imagines la terreur ! On s'arme, on veille, on fait des paquets, on attend. . . . .

« Bref, la nuit s'est passée fort tranquillement. C'était une panique, une panique complète. . . . .

. . . .

« Ce fait n'en a pas moins été très-fâcheux ; les esprits ont commencé à s'aigrir ; les défiances, un moment apaisées, se sont ravivées ; on s'accusait de part et d'autre, les blancs croyaient voir la main des hommes

vernement provisoire de ne pas signer immédiatement l'abolition ! — Qui a-t-il fait nommer à la Martinique par sa seule et
unique influence? M. Pécoul, de préférence à M. Husson, le
fusionnaire de la veille et du lendemain ; M. Pécoul, le candidat
de la gothique majorité du conseil colonial, un des *légitimistes*

de couleur ; ceux-ci, un instant, se sont laissé dire que le massacre
était organisé contre eux par les blancs, s'appuyant sur des nègres ! Il
faut leur rendre, toutefois, cette justice, que cette belle explication n'a
eu ni écho ni durée. . . . .

. . . .

« Dans cet état des esprits, ne voilà-t-il pas Éd. Richard, qui, *par plai-
santerie*, s'amuse à faire crier à un nègre, en pleine rue, à haute voix :
Vive Soulouque ! Un homme de couleur passe, entend ce cri, appelle le
nègre, lui parle à voix basse, et ce dernier revient furieux, disant qu'on
lui a fait proférer un cri infâme. Le lendemain, la chose s'ébruite, tous
les hommes de couleur prennent feu, voyant dans ce cri une provocation contre eux, en présence des événements récents de Saint-Domingue.
Richard s'explique, il dit qu'*il a voulu s'amuser*, on parvient à les calmer,
mais sans que les esprits raisonnables, de part et d'autre, n'aient reconnu combien de pareils faits étaient de nature à entretenir la défiance.
« ..... M. Gatine nous est arrivé. Il a été salué par les acclamations de
tous. C'est la main de la République, la main de la loi qui s'étend sur
nous ; *il était temps*. Mais la tâche est grande, bien des difficultés attendent notre commissaire général. . . . .
« Les décrets sont promulgués, *ils contiennent d'excellentes dispositions* ; reste à les exécuter, reste à savoir comment les recevront nos travailleurs. Une difficulté va surgir ; tous les nègres sont convaincus que la
case et le jardin leur appartiennent et que jamais on ne pourra les dé-
posséder. Or, les décrets *constatent nettement les droits des propriétaires à cet égard*, et beaucoup voudront exercer ces droits. Il y a là,
peut-être, un germe de désordre. — (La sage disposition du décret a
prévenu tous les désordres que l'on craint ici.)
« En attendant, l'arrivée de M. Gatine a été signalée *par un nouveau
fait qui a dû combler la mesure du mécontentement de la classe de couleur.*
M. Rochoux, hier, en présence de MM. Jarry, Magloire, Babeau, etc.
(mulâtres), a dit à M. le commissaire général « que l'ordre et la tran-
« quillité ne pouvaient régner ici qu'en déportant cinq ou six mulâtres
« fauteurs de troubles, et entre autres, M. Corentin Belleroche. » Tu t'imagines l'effet de cette sortie ! C'est vraiment un fait inqualifiable. Le soir
M. Belleroche a fait réunir le conseil municipal, dont lui et M. Rochoux
font partie, et il a reçu un bill d'indemnité. M. Champy, notre maire, a
lavé la tête à M. Rochoux. L'impression de cette scène sur M. Gatine n'a
pu être que très-fâcheuse. « Toujours les mêmes hommes, a-t-il dit plus
« tard à M. Magloire, *ils sont incorrigibles.* »

de l'esclavage. Le patronné de M. Bissette prétend aujourd'hui avoir toujours été « un ami zélé et sincère de l'émancipation. » Il va même jusqu'à « se glorifier d'avoir été en première ligne parmi ceux qui demandaient l'abolition de l'esclavage. » C'est un peu hardi, mais il a le goût de ces hardiesses. Vous devriez bien demander, mes chers amis, à celui que vous avez honoré de vos suffrages, de dire sérieusement une fois ce qu'il a fait pour l'abolition? Je croyais connaître tous ceux qui se sont placés en première ou en seconde ligne parmi les abolitionistes, et je suis obligé de dire que, pour mon compte, je n'ai jamais rencontré M. Pécoul sur aucune des voies de l'émancipation. Jusqu'ici, il n'avait passé que pour un des propriétaires les plus riches de la Martinique, traitant remarquablement bien ses esclaves sous le rapport matériel, mais ayant en même temps un régime d'une grande sévérité. En fait d'abolition, on ne sait guère de lui que trois actes : le premier, c'est d'avoir rigoureusement exigé, à l'époque du rachat forcé, 3,500 fr., sans en rien rabattre, pour rendre à la liberté un cultivateur de 55 ans et une cultivatrice de 37 ans!! Le second, c'est d'avoir mis tout en œuvre pour enlever le gouvernement de la Martinique à M. Perrinon, *parce que celui-ci est mulâtre ;* le troisième, c'est d'avoir signé, en 1847, la protestation de quelques colons contre les flétrissures prononcées par la presse et par la Chambre des députés lors de la révélation à la tribune des barbaries de l'esclavage ; dans cette mémorable session où M. J. Lasteyrie s'était écrié : « Aux colonies, on appelle sévices le meurtre et l'assassinat ; on correctionnalise les crimes, et la disproportion monstrueuse entre l'énormité des attentats et l'exiguïté des peines révolte l'humanité. » Est-ce en protestant contre de tels jugements que le protégé du *Papa* s'est distingué parmi les amis zélés de l'émancipation ?

Quoi qu'il en soit, les classes de couleur ne portent pas moins d'aversion *aux abolitionistes de bon aloi* comme M. Pécoul, que certains colons *aux faux abolitionistes* comme M. Schœlcher. Présenter un pareil candidat était une chose si énorme, que le courtier électoral hésita longtemps avant de se croire assez sûr des noirs de la campagne pour oser le proposer. On ne niera pas cela ; le *Courrier* du 9 juin, chantant

les glorieux travaux de son héros, l'avoue formellement.
« Cette heureuse propagande a eu ses phases et *ses progrès*.
N'avons-nous pas vu *peu à peu* le nom de M. Bissette effacer
celui de M. Schœlcher, *puis* abriter celui de l'honorable *candidat des propriétaires*. » Le nom du *candidat des propriétaires* ne
parut pour la première fois *que le 12 mai*, dans le *Courrier*.

A peine le bruit de cette candidature parvint-il à la Guadeloupe, que les plus chauds amis du *grand agitateur de la conciliation* se crurent obligés de l'en défendre. On lit dans une
lettre de M. A. Blondet, datée du 20 mai et adressée à l'*Avenir* :
« Les détracteurs de M. Bissette s'étayent de deux articles publiés par le *Courrier de la Martinique*, et par lesquels on prétend que cet homme généreux a trempé dans une conspiration
qui ne tend à rien moins qu'à compromettre ici la cause de la
démocratie, *en mettant à côté de son nom celui de M. Pécoul* pour
la représentation de la Martinique, *celui de M. Jabrun à côté de
celui de M. Servient*, pour celle de la Guadeloupe.......... Nous
voulons prouver hautement que l'élu de la Martinique est
resté jusqu'à présent *pur de tout reproche*. En effet, dans les
articles du journal cité plus haut, *est-il possible d'apercevoir
qu'il ait posé ou soutenu des candidatures qui portent ombrage*.
Que le rédacteur du *Courrier de la Martinique* ait posé comme
candidats Bissette et Pécoul, Servient et Jabrun, à l'exclusion
d'autres candidats, les détracteurs de M. Bissette pourront-ils
prouver *qu'il a dirigé l'esprit du journaliste*? etc. »

Cela n'est-il pas significatif? cela n'indique-t-il pas que
l'apôtre de la fusion adoptait, non point un homme de transition, mais un drapeau de réaction. Malgré tout, à notre grand
étonnement, nous l'avouons, grâce au prestige de son martyre involontaire de 1824, et à l'appui officieux de M. Tracy,
ministre de la marine, grâce aussi à des manœuvres déloyales
employées par lui et les siens, grâce à des fraudes, à des violences funestes pour l'esprit public, il triompha à la Martinique.

Un succès si extraordinaire ne manqua pas de l'éblouir.
Aussi, qui présenta-t-il du premier coup en arrivant à la Guadeloupe? M. Jabrun! l'ancien agent des possesseurs d'esclaves, l'homme progressiste de 1840, depuis longtemps rentré
au fond de l'ornière oligarchique, le second de M. Reizet,

dans la démarche antiabolitioniste tentée auprès du gouvernement provisoire !

Est-il bien étrange que bon nombre d'électeurs, trouvant le rédacteur de la *Revue des Colonies* en communauté avec les ennemis les plus marqués, les plus persévérants de l'abolition, aient pensé qu'en se convertissant à ces hommes, il s'était converti à leurs doctrines? D'un côté, ils le voient combattre avec acharnement la candidature de ceux qui ont tout fait pour leur donner la liberté ; de l'autre, appuyer celle de gens qui ont tout fait *jusqu'au dernier moment* pour qu'on ne la leur donnât pas. Quoi d'extraordinaire qu'ils le soupçonnent de n'être plus animé d'une grande passion de la leur conserver intacte !

MM. Baffer, Conquérant, Peluche, tous ces loyaux officiers du ministère public de la Guadeloupe ne poursuivent pas M. Bissette qui parcourt l'île entière, disant à tous les électeurs rassemblés par la voix des maires : « Ne nommez pas M. Schœlcher; il veut faire couper la tête à ma femme et à mes enfants; il veut que le père cohabite avec la fille, et le frère avec la sœur, il dit que les nègres sont des brutes! » et ils ont poursuivi un cultivateur, un électeur qui avait dit, non dans un club, non dans un lieu public, non à des centaines de citoyens réunis, mais dans une case, à une femme et à deux hommes : « Nous ne devons pas nommer M. Bissette, c'est le rétablissement de l'esclavage. »

Personne aux colonies, et M. Bissette moins que qui ce soit au monde, ne voudrait reconstituer l'esclavage; mais, comment faire un crime aux hommes qui en sortent d'en appréhender le retour? Et, lorsqu'un d'entre eux, voyant leur ancien mandataire si bien avec les anciens délégués de l'esclavage, manifeste ses doutes dans un cercle particulier, y a-t-il de quoi le traduire devant les tribunaux? Est-ce que Barbès lui-même ne passerait pas pour un traître, si tout à coup, s'éloignant de ses amis, vivant avec les légitimistes, il venait proposer aux démocrates de nommer M. Larochejacquelein ou M. Berryer, quoiqu'ils aient juré l'un et l'autre fidélité à la République démocratique? Eh bien! c'est ce qu'a fait M. Bissette en patronnant M. Pécoul et M. Jabrun. Ceux-ci sont aux affranchis ce que M. Larochejacquelein et M. Berryer sont aux démocrates. Nous citerons à ce propos un mot spirituel et caractéristique que l'on attribue à M. Northun-Percin, colon de vieille roche, qui a pris son parti de l'émancipation, tout en trouvant que la métropole n'a pas le sens commun de croire que la liberté soit un bien pour des nègres. Les cultivateurs de son habitation revenaient du scrutin : « Eh bien ! mes enfants, leur dit-il, pour qui avez-vous voté ? — Pour Bissette et Pécoul. — Bon, mes enfants, *corde gname maré gname*. La corde (les branches) de l'igname attache l'igname ; » c'est l'équivalent de notre proverbe : Donner des verges pour se fouetter.

Tout, d'ailleurs, ne venait-il pas corroborer de tels soupçons? Le conciliateur ne trahissait-il pas en même temps plusieurs de ses vieux amis, ne livrait-il pas à la publicité les lettres de MM. Perrinon et Belleroche, l'expression amère de leurs moments de découragement ? Et celui qui commettait cette indignité écrivait le 11 juillet 1842 à M. Jollivet, coupable d'avoir imprimé des fragments de sa correspondance avec M. Lériché : « Je suis obligé de vous dire que c'est là *une inconvenance*. La « publicité que vous venez de donner à ces lettres confiden- « tielles *est sans excuse.* Vous ne songez pas à la chose publique, « vous avez obéi à un instinct d'égoïsme, rien de moins, rien « de plus. Je ne publierai pas quelques-unes des lettres que vous « écriviez au sujet des assassinats juridiques commis par les « hommes que vous représentez maintenant comme délégué, « *je ne me crois pas autorisé par votre exemple.* Je tiens essen- « tiellement à ne pas vous imiter, mais sans user de représail- « les, etc. »

Ne le remarquez-vous pas, mes amis, c'est toujours par le Bissette d'autrefois que le Bissette d'aujourd'hui est le plus sévèrement apprécié ! En 1842, il jugeait si *inconvenant* de publier des *lettres confidentielles*, qu'il ne voulait pas *user de représailles* même envers M. Jollivet ! Et voilà que, sans avoir l'excuse de représailles à exercer, il jette au grand jour les lettres intimes de ses anciens correspondants d'abolition !

Enfin, quels journaux a-t-il choisis pour recevoir ces malheureuses confidences, quels organes emprunte-t-il pour compléter son œuvre de conciliation? le *Courrier*, l'*Avenir*, le *Commercial*, qui attaquent tous les jours la classe entière des mulâtres avec frénésie, et qui appellent les nègres de Marie-Galante des cannibales et des assassins.

N'y a-t-il pas dans cette série de faits tous les caractères de l'apostasie politique? Quoi d'extraordinaire, alors, que les mulâtres et les noirs, connus pour avoir activement, courageusement participé à l'œuvre de l'émancipation, aient achevé de rompre avec lui? A la Martinique, MM. Pory-Papy, Clavier, C. Jouannet, P. Laurent, Cochinat, Procope, Gaubert, Verdier, etc.; à la Guadeloupe, MM. Belleroche, Babeau, Magloire, Reaux, Merentier, V. Jouannet, Louisy Mathieu, A. Bloncourt, Guercy, Bajeux, Sénécal, etc.; ses parents eux-mêmes, MM. Waddy, Duparquet, Baron, se sont éloignés de lui. Et, en effet, n'ont-ils pas dû juger qu'il avait changé, en le retrouvant l'idole du parti qui le haïssait tant autrefois.

A voir tous ces hommes qui furent abolitionistes au sein même de l'esclavage, qui furent les frères d'armes du *Messie colonial* dans la milice de l'émancipation, le repousser d'une manière éclatante, on peut s'étonner que la majorité des nouveaux citoyens de la Martinique ait gardé confiance en lui, mais non pas que ceux de la Guadeloupe l'aient perdue.

Tant de nègres et de mulâtres honorables, éclairés, qui n'auraient pas moins à perdre à un bouleversement que les blancs les plus rétrogrades, sont-ils devenus tout à coup des fous furieux qui veulent l'extermination de la race européenne? Leur ancien allié est-il seul ami de l'ordre et de la concorde; a-t-il seul la grande et véritable intelligence de la situation? Mais, prétend-on, il ne doit plus y avoir d'abolitionistes, puisqu'il n'y a plus d'esclaves. Qui dit cela se trompe, ou veut tromper les autres : le principe demeure souvent, bien que la chose disparaisse; la queue du serpent vit encore, lors même que sa tête est écrasée. Osera-t-on dire qu'il n'y a plus de royalistes en France, parce que la royauté est ensevelie? Ce n'est point que nous veuillons donner à entendre qu'un parti songe, aux Antilles, à revenir sur l'abolition de l'esclavage, on sait qu'on y jouerait trop gros jeu; très-sincèrement nous ne croyons pas que personne pousse la démence jusque-là; l'émancipation est irrévocable pour tout le monde, mais il reste la manière de l'entendre, de la fonder, d'envisager les droits des nouveaux citoyens. Aussi bien, entre l'esclavage et la liberté absolue, il y a place pour beaucoup de contrainte. Or, sur ce point capital, il est évident que tout le monde n'est pas d'accord, puisqu'il y a deux partis.

Chose au moins étrange, les meneurs de la résistance crient à tue-tête que si les noirs de la Guadeloupe se sont méfiés du grand *conciliateur*, sous prétexte qu'il s'est uni avec les chefs du parti rétrograde, c'est que les mulâtres les ont trompés en leur disant qu'il les trahissait. Mais comment se fait-il donc que ces meneurs aient traité M. Dain de *renégat*, parce qu'il s'est lié avec les hommes de l'émancipation! Est-ce que quelqu'un est venu leur dire que M. Dain les trahissait? Pourquoi trouvent-ils si peu naturel chez les cultivateurs une idée qui est venue si naturellement aux propriétaires? Ont-ils seuls le privilége de penser et de comparer? Les passions politiques en sont arrivées là qu'on suppose un ennemi dans celui qu'on ne trouve plus au nombre de ses amis; à qui la faute?

En définitive, pour renier leur ami d'autrefois en le voyant s'associer avec M. Bovis, les classes de couleur de la Guadeloupe n'ont eu qu'à se rappeler ce qu'il avait dit lui-même : « *les* « *nègres et les mulâtres répudieront ceux qui, se posant comme* « *leurs patrons* (ou leur *papa*), s'associent *pour les défendre à leurs* « *ennemis, MM.* Bovis, *Guignod et autres.* Ils diront comme ce « vieux proverbe créole : *trapé montré connaît.* Etre attrapé nous « donne de l'expérience; chat échaudé craint l'eau chaude ; « vous m'avez tout l'air de nous vouloir jeter dans un guépier.» (Page 74 de la *Réfutation.*)

Avant de finir ce chapitre, j'ai besoin de le redire encore, j'éprouve une excessive répugnance à m'occuper aussi longtemps d'un personnage taré comme M. Bissette; mais, si indigne qu'il soit de son immense popularité à la Martinique, il est impossible de se dissimuler cette popularité. La critique est bien forcée de se mesurer à l'importance que l'on a donnée à un pareil homme.

CHAPITRE VIII.

Coalition des haines.

Les colons se servent de leur nouvel allié sans l'estimer. — Ils le repoussaient encore à la Révolution de février. — Il fut aussi repoussé de la commission d'affranchissement. — Son adresse du club des *Amis des Noirs*, hostile aux colons et à l'indemnité. — La coalition. — Pétition du club pour l'organisation du travail. — Qu'est-ce que l'organisation du travail? — Mission d'amour. — Les coalisés ont échangé pendant vingt ans des injures pleines de mépris. — Ce n'est pas avec du fiel dans le cœur qu'on fait de la conciliation.

Il ne faut pas vous y tromper, mes amis, les meneurs incorrigibles n'ont accepté le condamné de 1824 dans leurs rangs que pour mettre à profit l'influence de son passé sur les cultivateurs; mais au fond ils ne l'estiment pas, ils ne peuvent pas l'estimer, ils le connaissent : ils ne se méprennent pas sur les mobiles de sa conduite, ils savent bien que sa récente sympathie pour eux n'est composée que de son antipathie contre M. Perrinon et contre moi : eux et lui sont des ennemis coalisés pour assouvir une vengeance commune, rien de plus; c'est une alliance également immorale de part et d'autre.

En effet, lorsque, immédiatement après la Révolution de février, les colons qui se trouvaient à Paris ont senti la nécessité de se rapprocher des mulâtres, de faire un acte de fusion, est-ce à leur patron actuel qu'ils ont pensé? Non, ils l'ont laissé de côté, ils ne voulaient rien de commun avec lui; c'est M. Perrinon qu'ils sont allés chercher. Le débiteur de M. Lavocat, de M. Droz, de M. France et de mille autres, dédaigné des blancs, ne l'était pas moins des abolitionistes. Dès que la commission d'émancipation fut formée, le 4 mars, sous ma présidence, il fit solliciter l'honneur d'y entrer : le ministre de la marine, qui appréciait le personnage à sa valeur aussi bien que moi, ne répondit pas même à la lettre de recommandation qu'on lui adressait en sa faveur. M. Bissette, furieux, forma alors un club qu'il appela le *club des Amis des Noirs*, et lui fit lancer une adresse au Peuple Souverain. A ce moment, le président du club, bien que l'abolition fût décrétée depuis le 4 mars, ne songeait guère à sa fameuse mission de conciliation,

7

il disait, d'un air fort agressif pour ses futurs clients : « Citoyens libres de France, en brisant les chaînes des pauvres nègres, pensez à leur avenir, à leur bien-être, et ne *les livrez pas à la merci des propriétaires*. Les noirs ne pourront, ne voudront plus être esclaves, *ni sous une forme, ni sous une autre.* »

Ce qui préoccupait le plus les maîtres, c'était l'indemnité; ils ne voyaient que cela, et ils voulaient qu'on renvoyât l'émancipation à la Constituante, pour que les deux choses, disaient-ils, fussent réglées ensemble. C'était toujours du temps de gagné. Le président du club des *Amis des Noirs*, encore peu porté vers la conciliation, traita leurs réclamations avec un radicalisme d'une bienveillance au moins douteuse :

« Ces maîtres, dit l'adresse , ces maîtres dépossédés réclameront une indemnité : *elle ne leur est pas due* , selon la rigueur du droit ; la propriété de l'être humain est un privilége créé par la loi et non antérieur à la loi; elle n'a jamais pu être assimilée à la propriété de la terre ou d'un établissement industriel. Le seul droit absolu, c'est la liberté de l'esclave. *La suppression d'un privilége abusif ne peut donner lieu à aucun dédommagement.* On n'a pas indemnisé les nobles quand on leur a ôté, en 1789, le bénéfice des derniers restes de leur pouvoir féodal.

« Le droit rigoureux ne doit pas être seul consulté. Les ex-maîtres seront appauvris, il faut le reconnaître, par l'émancipation. Mais la France n'est-elle pas là pour régler amiablement tous les intérêts sous l'inspiration d'une mutuelle bienveillance? »

On conviendra qu'il n'y avait guère de fraternité dans tout cela.

Cependant, les colons de Paris avaient trouvé la commission inflexible; elle faisait son œuvre avec prudence, avec une égale sollicitude pour tous, mais sans faiblesse pour personne; les colons, selon leur usage, ne virent bientôt plus que des *ennemis* dans ses membres, et leurs meneurs, qui n'y regardent jamais de bien près pour satisfaire leurs mauvaises passions, songèrent au président du *club des Amis des Noirs*. Ils allèrent, en désespoir de cause et malgré ses idées sur l'indemnité, lui proposer de marier leurs rancunes à celles qu'ils lui connaissaient. Ils trouvèrent des oreilles d'autant plus complaisantes que le proscrit de 1823 goûta le *bonheur* de la vengeance, en voyant ses méprisants ennemis rechercher son assistance ; la coalition se forma. Ceux qui y sont entrés n'auront pas à s'en féliciter.

Cette affection de circonstance, fondée sur des raisons où l'honneur est étranger, disparaîtra avec les causes qui l'ont fait naître ; ils n'ont allié que des ambitions et des rancunes sous le manteau de la fraternité ; ils veulent régner l'un par l'autre, et le jour de la scission est peut-être prochain.

La première manifestation de la coalition eut lieu peu après la promulgation des décrets régulateurs de l'émancipation définitive.

Signés le 27 avril, ces décrets parurent au *Moniteur* du 3 mai ; et, le 11, le club des *Amis des Noirs* adressait à la Constituante la pétition suivante, écrite de la main de M. Bissette et portant une douzaine de noms :

« Le club des *Amis des Noirs*, pénétré de l'importance de l'organisation du travail aux colonies françaises, cette expression comprenant l'ensemble des questions qui se rattachent au sort de tous les citoyens et à la prospérité des colonies, et non la question exclusive des salaires, s'adresse à l'Assemblée nationale, pour la prier d'ordonner la formation d'une commission spécialement chargée de traiter cette question. La commission, instituée dans ce but pour la France, ne peut la résoudre pour les colonies : la situation est toute différente : *là ce* sont LES FORCES QUI MANQUENT AU TRAVAIL, *ici c'est le travail qui manque aux bras.*

« L'émancipation a rendu à l'homme sa dignité, sa liberté intellectuelle ; le travail doit émanciper l'humanité de l'esclavage du besoin.

« C'est plein de confiance dans la devise de la République que le club des *Amis des Noirs* attend de l'Assemblée nationale et du pouvoir exécutif, dans l'intérêt de ses frères ouvriers d'outre-mer, le même concours qu'il a prêté à ses frères ouvriers de France. »

Il faut que vous sachiez, mes amis, que l'*organisation du travail* était l'idée dominante des délégués des colons, qui se présentèrent devant la commission d'abolition. Que voulaient-ils par là ? des lois de contrainte pour vous. La commission s'y refusa constamment. Ils avaient été plus heureux au club Bissette, et c'était un trait digne de leur adresse habituelle que de faire demander par la société des *Amis des Noirs* des mesures de compression à l'égard des affranchis. En effet, si embrouillée, si obscure que soit la pétition, on en dégage ceci : qu'elle sollicite l'organisation du travail aux colonies, *par la raison* que, dans ces heureux climats, *les bras manquent au travail.* Ne pensez-vous pas avec moi que c'est indiquer qu'il faut *forcer* d'une manière quelconque les bras à se livrer? Vous pourrez obliger le *Papa* à s'expliquer. Si je me trompe, tant mieux.

Quoi qu'il en soit, cette pétition, qui n'eut pas même les honneurs d'une discussion à la Constituante, cimenta la coalition. MM. Reizet, Jabrun, Pécoul et autres furent en relation avec le président du club, et celui-ci, muni de leurs lettres de recommandation et de celles de M. Tracy, ministre de la marine, se rendit à la Martinique, aux frais du ministère, qui paya son passage et celui de sa famille, pour y *concilier les partis,* pour y combattre les candidats des abolitionistes, pour y faire triompher ceux des rétrogrades !

Pauvre humanité ! les hauts et puissants barons des Antilles ne trouvaient pas dans la langue assez de termes de répulsion pour cet homme, et les voilà qui se font ses clients et lui dressent des autels ! Ils courbent humblement leur orgueil sous son grossier protectorat; ils le proclament l'arbitre de leurs destinées ! Que n'ont-ils pris exemple sur la dignité de conduite des Perrinelle, des Telliam-Maillet, des Latuillerie, des Mauny, des Northum-Percin, des Gandelat, des Beissac, des Maxwel, etc. Ceux-là, pour la plupart, sont aussi nos adversaires; mais, gardant le respect d'eux-mêmes, ils n'ont pas voulu d'un rapprochement de haine avec celui qui fut l'offenseur de leur race.

N'est-ce pas un pénible spectacle de voir des hommes, hier si pleins des préjugés serviles qu'ils refusaient de manger avec un mulâtre, se mettre aujourd'hui à la suite de M. Bissette, avec lequel ils ont échangé, pendant vingt ans, des injures imprégnées réciproquement du plus profond mépris? N'est-il pas triste de les entendre appeler *homme providentiel* (1) celui qui leur criait autrefois avec trop de raison : « Vous n'avez de « conscience que votre intérêt. » O pudeur ! ô dignité !

Leur dessein, ont-ils osé imprimer ici et là-bas, était de faire de la fusion; leur courtier électoral, à les entendre, n'avait d'autre but que de rapprocher les partis. Qui voudra, qui

(1) L'*Avenir*, 13 juin 1849.

pourra les croire sincères? Il y a deux candidats dont ils ne veulent pas, à tort ou à raison. Essayent-ils de les renverser par des moyens loyaux!, raisonnables, par la discussion, la persuasion? non, ils vont chercher une de leurs anciennes victimes qu'ils savent ennemi personnel de ces deux candidats, et ils le lancent à travers les campagnes avec le cœur plein de fiel pour ramener l'amour dans celui des autres. Si bien que le missionnaire de paix s'en va sous leurs auspices, escorté de leurs milices, assisté de leurs maires, semant partout les plus basses diffamations, les plus atroces calomnies contre ses antagonistes ; disant, par exemple : « Que M. Perrinon, après avoir « eu, en France, un enfant avec une esclave de sa mère, avait « ensuite vendu son propre enfant et la femme, deux pauvres « créatures qui étaient cependant devenues libres, en raison « de leur séjour dans la métropole ! » (*Commercial*, 23 juin « 1849.) « Que M. Schœlcher voulait faire renvoyer de la colonie « tous les prêtres, empêcher les citoyens de se marier et de faire « baptiser leurs enfants, et prônait l'inceste. » (Citation du *Progrès*, 21 juin 1849.)

Ces dégoûtantes inventions, qui trouvent parfois créance auprès d'hommes encore peu faits aux audaces du mensonge, ceux qu'à mon tour je traduis devant les grandes assises de l'opinion publique en sont les seuls coupables ; car, après tout, M. Bissette obéissait à sa nature, en calomniant ses ennemis ; mais eux, ils savaient parfaitement qu'il calomnierait, ils le savaient par leur propre expérience. Qui donc pourra les excuser ?

Et d'ailleurs, il faut bien le dire, quoique nous en rougissions, l'apôtre de la conciliation n'a pas été seul à vociférer de telles infamies, nous l'avons assez prouvé, elles salissent *tous* les numéros des journaux blancs.

Et ici, *notons bien* une chose, pour la moralité des partis, c'est que les journaux des fils aînés de la France ont traîné deux mois durant, dans la fange et dans le sang qu'ils ont répandu, les candidats des noirs et des mulâtres, tandis que le journal des nouveaux citoyens n'a pas dit un mot, pas un mot contre MM. Pécoul et Mondésir-Richard. Dans cette lutte acharnée qui s'est livrée aux Antilles, sur l'arène électorale, la bonne foi, la dignité et la décence sont du côté des *Africains*.

Mais notre concurrent n'eût-il pas été dans la situation particulière où il se trouve vis-à-vis des candidats de la majorité,
le choix qu'on a fait de lui reste toujours une circonstance ag-
gravante des malheureuses intrigues qui ont affligé les Antilles
françaises. Ce choix montre assez qu'on n'avait d'autre but que
d'agiter la population coloniale, de faire du désordre, de la division. C'est ce qu'a très-bien exprimé le *Progrès* du 12 juillet
dans les réflexions suivantes :

« A Dieu ne plaise que nous contestions la pensée et encore
« moins le droit d'une candidature, choix de la fraction blan-
« che; mais qui, la main sur la conscience, n'avouera pas qu'il
« y avait démence à vouloir populariser à la Martinique le
« nom de M. Pécoul, à la Guadeloupe, celui de M. de Jabrun,
« par qui? par M. Bissette, celui-là même au souffle duquel
« fermentaient encore, dans le sein de la population mulâtre et
« noire, des sentiments de défiance profonde contre la partie
« de la population à laquelle appartiennent ces deux anciens
« propriétaires d'esclaves, avec qui personnellement, corps à
« corps, pendant vingt ans, cet *ami* d'aujourd'hui n'avait pas
« cessé de lutter, cet ami qui porte encore sur l'épaule les
« stigmates de leur justice prévôtale! Oui, il y avait, dans le
« choix de l'*apôtre* de la conciliation, une énormité, une im-
« moralité profonde qu'on eût dû comprendre! Raisonnable-
« ment pouvait-on espérer que les frères, les anciens amis de
« M. Bissette suivraient ainsi, du jour au lendemain, dans sa
« conversion politique, fût-elle bonne et sincère au fond, celui
« qui, lâche transfuge, livrait aux ennemis communs des
« armes communes, entre autres cette correspondance intime
« qui pouvait devenir dans les mains de ceux-ci une arme re-
« doutable? Non, ce n'était pas possible; l'homme n'est pas ainsi
« fait.

« Nous le disons donc, le patronage sous lequel les candi-
« datures de MM. Pécoul et de Jabrun étaient placées avait le
« double tort de provoquer une résistance ardente contre ces
« candidatures, de rouvrir des plaies non encore cicatrisées, et
« de raviver des divisions qui ajournent de plus de vingt
« ans peut-être la conciliation au nom de laquelle s'est faite
« l'agitation à laquelle nous avons eu la douleur d'assister.
« Oui, la présence de M. Bissette était un appel, une provoca-

« tion à la guerre civile. Il n'est pas un homme de bien qui ne
« regrette vivement et ne flétrisse les odieuses machinations
« qui devaient avoir les sanglantes conséquences dont nous
« avons été les témoins, et dont la responsabilité pèsera d'une
« manière bien lourde sur celui qui les a provoquées. »

A ce jugement je n'ajouterai qu'un mot, c'est que la commission de l'Assemblée législative chargée de la vérification des
élections de la Guadeloupe n'a pu s'empêcher de dire, malgré
son évidente partialité contre nous, « que le voyage de M. Bissette aux Antilles était un événement malheureux.» Pour ceux
mêmes qui savent l'extrême réserve du langage parlementaire, cet arrêt ne paraîtra pas trop sévère.

L'Assemblée, néanmoins, n'a pas voulu valider nos élections,
tandis qu'elle avait validé celles de la Martinique, sans attendre
même les protestations annoncées. Toutefois elle en avait su
assez pour flétrir le triomphe qu'elle accordait à nos adversaires, en appliquant les noms de *blâmables* et de *déloyaux* aux
moyens qu'ils avaient employés! On se console aisément de ne
pas être vainqueur à ce prix.

Il était dit que l'abolition subirait cette épreuve, d'être repré-
sentée à la Martinique par un homme dont la conduite publique
et privée est un scandale. Vous avez été trompés, mes amis ;
vous ne tarderez pas à le reconnaître. Vous avez cru que c'était
au proscrit de 1823 que vous deviez la liberté, bientôt vous
remarquerez qu'il n'y a eu que lui et les éternels ennemis de
votre indépendance pour le dire; vous remarquerez qu'il y a
un vœu de compression contre vous dans la pétition du club
des *Amis des Noirs*, rédigée de sa main ; vous remarquerez qu'il
n'a employé votre confiance qu'à semer la division et le désordre. Tout cela vous frappera à la fois un jour, d'un seul coup,
comme il arrive lorsque tombe une illusion; et le rôle d'un
Papa indigne de vous sera terminé et l'immense puissance
que votre seule affection lui donne s'évanouira. Il est donc
bon, après tout, qu'il soit venu, son passé faisait de lui le
bâton flottant de la fable, vous saurez que ce n'est rien de plus.
M. Bissette, aux Antilles, était une de ces choses qu'il faut ex-
périmenter et laisser se détruire par elles-mêmes.

CHAPITRE IX.

La Division.

Pourquoi les incorrigibles m'appellent le candidat de la division. — C'est une vieille et banale accusation dans leur bouche. — J'avais tout à perdre à la division. — Ils avaient tout à y gagner lors des élections. — Absurdité de l'accusation. — Ce sont les prétendus fusionnaires qui ont amené la division. — Acreté des passions soulevées. — Traitement infligé à M. Caillard. — Excès des amis de l'ordre. — La discorde a pénétré jusqu'au sein des familles. — Les deux frères Procope. — Défi de citer un mot de moi qui tende à l'antagonisme des classes. — Ce sont les meneurs de la résistance qui ont refusé la paix. — M. Pécoul l'avoue à la tribune. — Quatre fois les classes de couleur m'ont porté pour leur candidat, et quatre fois les amis de la conciliation ont dit : Non. — Repousser cette candidature ainsi posée, c'était repousser la conciliation. — Aux dernières élections de la Martinique, les schœlchéristes ont accepté le candidat des bissettistes, ceux-ci n'ont pas imité cet exemple. — Représentant spécial pour la grande propriété. — Délégués de la *propriété* nommés à côté des élus du suffrage universel. — Les seuls anarchistes sont les incorrigibles. — MM. Papy et Perrinon déclarés aussi des ennemis du pays. — Les schœlchéristes ont nommé à la Constituante un colon par esprit de fusion. — Ses frères de race l'ont aussitôt répudié. — Les bissettistes n'ont pas proposé de liste de fusion. — Les nègres français appelés africains. — Les nègres et les mulâtres ne sont que les enfants adoptifs de la France ! — Attaque contre les jurys cantonaux. — C'est une bonne institution. — Suppression des gardes ruraux demandée.

« M. Schœlcher, a dit le *Courrier de la Martinique* (23 mai), est le candidat de la désunion et de la haine, il s'est constamment attaché à diviser les classes de la société coloniale, à les armer les unes contre les autres. » On ne peut porter une accusation plus terrible. Des gens qui se respecteraient ne l'énonceraient pas sans administrer des preuves. Le *Courrier* s'en dispense pour une bonne raison, mes chers amis, c'est qu'il me juge ainsi, uniquement parce que j'ai soutenu que vous n'étiez pas les seuls coupables du 22 mai, parce que j'ai dévoilé, combattu ses funestes doctrines, parce que j'ai signalé sa persévérance à revendiquer, pour une classe de la population des Antilles, le privilége d'être à la tête de la société coloniale. Croit-il que l'on ne sache pas que revendiquer un privilége, c'est précisément créer un antagonisme entre les citoyens.

Je me suis attaché à semer la division ! Cette accusation est bien vieille, bien banale dans la bouche des oligarches coloniaux, ils l'ont éternellement dirigée contre tous ceux qu'ils voulaient perdre. Pourquoi les martyrs de 1824 eurent-ils les épaules brûlées par le fer rouge du bourreau et furent-ils envoyés aux galères à perpétuité ? « Pour avoir colporté un libelle conçu de manière à émouvoir les esprits et *à soulever les hommes de couleur contre les blancs.* » (Arrêt du 12 janvier 1824.) Quel malheur que, grâce au décret du 27 avril, ils ne soient plus les seigneurs des îles, ces grands professeurs de fraternité m'enverraient modérément au bagne, « comme chef du parti de la désunion, de la discorde et de la substitution des mulâtres aux blancs. »

Moi vouloir perpétuer l'hostilité des diverses classes de la population coloniale ! Mais dans quel but ? Quel intérêt pouvais-je y trouver ? Pour satisfaire mon ambition, disent les ennemis de la liberté. Mais, si perverse que l'on veuille supposer cette ambition, elle n'aurait pas agi contre elle-même. N'est-ce pas au moyen de la division que l'on a pu obtenir mon échec électoral à la Martinique ? Si les trois classes avaient fraternisé, n'étais-je pas nommé d'emblée, moi qui avais obtenu l'insigne honneur d'une double élection à la Guadeloupe et à la Martinique ? Ils m'accordent une certaine valeur, puisqu'ils prétendent que mes seuls ouvrages allument la guerre civile chez eux. Eh bien, n'eût-ce pas été de l'idiotisme d'aller semer la discorde, là où, précisément, le premier soin de mon insatiable ambition devait être d'implorer un rapprochement général ? De toute éternité, c'est par l'intérêt personnel que se sont expliquées les mauvaises actions des hommes ? Or, qui d'eux ou de moi pouvait trouver profit à la division ? J'avais tout à y perdre, ils avaient tout à y gagner ; je prie les honnêtes gens de le bien remarquer. Encore un coup, mon intérêt, comme un des promoteurs de l'émancipation, mon plus grand intérêt était que l'émancipation réussît sans aucun trouble. C'est pour cela que, tout en combattant les tendances réactionnaires, je n'ai cependant jamais eu que des paroles de paix pour amener la fusion (1). Il m'était facile de comprendre que là est le salut des colonies, là est l'heureux épanouissement de tous les

_____

(1) On peut en juger par ce que j'ai dit publiquement aux colonies depuis l'émancipation. On trouvera les pièces aux annexes, lettre *E*.

bienfaits de l'émancipation; je n'étais pas aveuglé, moi, par de pitoyables regrets, je ne pouvais être de ceux qui sont dans l'immense erreur de croire que la division des noirs et des mulâtres est pour les blancs une loi de salut.

La division, hélas! oui, elle existe, vivace, désolante; mais ce sont les manœuvres, les préjugés des jongleurs de la fusion, leurs perpétuelles diatribes contre tous les mulâtres en place et contre tous les fonctionnaires amis des noirs qui l'ont ramenée; puis les discours, les tournées électorales de leur vindicatif apôtre sont venus l'augmenter, la porter jusqu'à l'exaspération.

N'a-t-on pas vu, ne voit-on pas encore tous les jours nos amis, qui sont en minorité à la Martinique, ceux qui veulent bien soutenir ma candidature, insultés, hommes et *femmes*, provoqués, battus, assassinés par des malheureux que fanatise le nouvel allié des rétrogrades? Je pourrais citer mille actes de violence, je me bornerai à en rapporter un seul. M. Caillard, avocat européen, va au bourg du Saint-Esprit (Martinique) pour y appuyer mon élection. Au moment où il parle, nos adversaires, en présence même de leur chef, se précipitent sur lui et le laissent meurtri sous leurs coups, insensible, en état de léthargie. Son corps est transporté dans la maison du maire. Mais M. Caillard est venu défendre la candidature de M. Schœlcher, c'est dès lors un propagandiste de la désunion des classes! Le juge de paix, M. Peux, grand bissettiste, ne le trouve pas assez puni; il ordonne d'arracher le corps insensible de la maison où il est déposé, et le livre à la gendarmerie, qui le porte à la prison cen trale de Fort-de-France (quatre ou cinq lieues de distance)! Le lendemain matin, M. Mosse, le procureur de la République, est averti; M. Mosse, heureusement, n'appartient qu'au parti de l'humanité; il est indigné, et fait transporter aussitôt à son domicile le malheureux M. Caillard, toujours plongé dans un état de complète insensibilité. On va chercher M. Fazeuille, médecin au rapport, pour donner des soins au malade et constater les faits; M. Fazeuille est du parti contraire à M. Caillard, il ne veut pas d'abord se rendre auprès de lui, à moins d'un ordre signé du magistrat, il ne se ravise que par réflexion, et, quand il arrive, il trouve l'honorable docteur Brou, que l'on avait été obligé d'aller requérir, à son défaut. M. Caillard ne revint à la vie que le soir.

Tous ces faits, tout cet acharnement contre un cadavre vivant, sont consignés dans une plainte déposée au parquet du procureur général. N'y voit-on pas, nous le demandons, ce quelque chose d'impitoyablement haineux qui caractérise les guerres intestines, et n'est-ce pas une odieuse hypocrisie de présenter comme le messie de la paix et de la fraternité l'homme qui a donné aux passions ce degré d'âcreté ?

Ceux qui, par leur éducation, leurs richesses, pouvaient avoir le plus d'empire sur les masses que remuait « le grand agitateur de la conciliation » (*Courrier*, 13 mai 1849), ont-ils fait quoi que ce soit pour apaiser la discorde ? Loin de là ; ils ont au contraire encouragé les manifestations bruyantes, les écarts publics les plus irritants, les excès les plus criminels de leurs adhérents. Est-ce que ce n'est pas sous leurs yeux que, après leur victoire électorale à la Martinique, leurs hommes ont placé un mannequin me figurant sur un brancard couvert de guenilles, et l'ont promené dans les rues de Saint-Pierre, en hurlant des chansons injurieuses, en criant : « Schœlcher est mort, » et en procédant avec des scènes burlesques à mon enterrement, pour lequel ils avaient envoyé des billets d'invitation à mes partisans ? Est-ce qu'il n'a pas fallu que M. Agnès, le maire de la ville, fût bien aveuglé par son opinion de parti pour tolérer une scène aussi provoquante ? Est-ce que ce n'est pas un des leurs, un des correspondants du *Courrier du Havre*, qui ajoute, en lui rendant compte de la scène avec des éclats de joie : « On ne dira pas, *requiescat in pace* ; car il n'y a pas de repos pour de pareils hommes, même dans la tombe ! »

Les *anarchistes* de la Guadeloupe ont-ils présenté le même spectacle dans leur triomphe ? Ils en ont montré leur mépris en n'usant pas de représailles. Les amis du désordre ont donné une leçon de décence politique *aux amis de l'ordre*. Est-ce que ce ne sont pas les plus élevés dans la hiérarchie sociale, parmi les bissettistes, qui à la Guadeloupe ont failli mettre les deux classes aux mains, en accompagnant, en assistant un jeune homme (un jeune homme de 16 ans !) qui avait menacé de donner des coups de cravache en pleine rue à un schœlchériste, menaces qu'il a fallu braver sous peine de déshonneur? Est-ce qu'à la Martinique on n'a pas reconnu des blancs parmi les gens égarés qui ont assailli la maison du procureur général, du chef de la justice! et ne se sont arrêtés, effrayés de la gravité de leur acte, que sur le seuil de sa porte enfoncée, brisée, jetée à terre par leur fureur? Est-ce qu'en même temps on n'a pas vu des chefs de corps comme le colonel Vassoigne; des chefs, d'administration comme MM. Ruthy-Bellacq et Lagalernerie ; des avocats comme MM. Lemerle et Becker, donner en personne une sérénade à M. Bissette, à celui dont M. Lavocat déclare avoir été la *dupe*, que M. Droz appelle un Robert-Macaire, et que la légion d'artillerie chasse de son sein? Est-ce que le rédacteur de l'*Avenir*, en voyage à la Martinique, ne raconte pas à son journal, d'un air approbateur, que l'*homme qui remplit à Saint-Pierre les fonctions de procureur de la Républiqu* ayant fait relâcher un schœlchériste qu'il ne jugea pas coupable, « *le peuple indigné* s'ameuta contre ce magistrat, et le conduisit de la place Bertin jusque chez lui, au milieu d'un charivari épouvantable (1)? » Est-ce que le messie de la paix, l'homme à qui le titre de représentant du peuple donne une force que l'on ne peut nier, si mal justifiée qu'elle soit, lui qui devrait s'imposer la plus austère réserve de conduite, n'a pas été à Fort-de-France braver la justice, en donnant le bras, au milieu des gendarmes, à des accusés que l'on menait à la geôle? Est-ce qu'il n'a pas soulevé par cette démonstration une émeute où le sang a coulé ? Nous aurions, si nous voulions, un volume de faits semblables à enregistrer.

Et ceux qui agissent ainsi se nomment les modérés ! !!

J'en appelle à tout homme de bonne foi; qu'il le dise, avant l'arrivée de « l'ange de la paix, » les partis étaient-ils aussi profondément acharnés qu'ils le sont aujourd'hui les uns contre les autres? La discorde était-elle dans leur propre sein? les mulâtres et les nègres étaient-ils séparés entre eux, la guerre civile gagnait-elle jusqu'à la famille? Le 8 août, au moment où M. François Procope, commissaire de police de Saint-Pierre, quittait cette ville, sa femme et ses enfants, pour se rendre en exil à Fort-de-France, son frère, M. Eugène Procope, dînait chez M. Cicéron avec M. Agnès et M. Bissette, auteurs de l'ex-

(1) L'*Avenir*, 1er août 1849.

pulsion du commissaire de police. Pour aller s'embarquer, M. François Procope passa devant la maison où M. Eugène Procope trinquait avec les persécuteurs de son frère ! Voilà où en sont aujourd'hui la Guadeloupe et la Martinique. Ai-je fait, ai-je pu faire quoi que ce soit pour conduire les choses à cette affreuse extrémité? Ah! quand donc la partie saine des trois races, et surtout de la race blanche, se soustraira-t-elle au funeste empire que les prétendus fusionnaires exercent sur les destins des Antilles?

A vous, meneurs de la faction que je combats, j'ai dit, *le* 30 *juillet* 1849 :

« L'accusation que vous portez contre moi, cette accusation « de vouloir perpétuer l'ancienne hostilité des différentes classes « de la population coloniale, je la repousse de toute mon éner- « gie, ce n'est qu'un mensonge imaginé pour couvrir l'ini- « quité d'attaques injustifiables. Au surplus, je vous mets au « défi de citer une phrase, une ligne, un mot de moi, où se « puisse trouver l'ombre de l'exécrable pensée que vous me « prêtez. Vous n'avez toujours produit à cet égard que des allé- « gations; pour votre honneur il est temps que vous apportiez « une preuve quelconque à l'appui. Les événements qui vien- « nent de se passer à la Guadeloupe rendent la situation grave; « vous voulez charger ma tête de l'énorme poids du sang « des nègres répandu. Il faut s'expliquer nettement, il « faut enfin que le public sache si je suis l'un des plus « grands coupables du monde, ou si les hommes qui sèment « contre moi des bruits sanglants, dans le vague de la polé- « mique, sont de lâches calomniateurs. Peut-être, il est vrai, « ne sont-ils seulement que des malheureux aveuglés par des « préjugés déplorables (1). »

Nous sommes aujourd'hui *le* 20 *novembre*, vous n'avez pas encore répondu! J'espère que les hommes de bonne foi aux Antilles le remarqueront, et tireront de votre silence de légi- times conséquences en ma faveur.

Pour mieux convaincre eux et tout le monde, je vais prouver, moi, que c'est vous, vous seuls qui avez toujours refusé la paix.

_____

(1) *Bulletin colonial.*

Il est une première circonstance sérieuse où elle pouvait se sceller, vous ne l'avez pas voulu. — A peine le général Cavaignac fut-il nommé chef du pouvoir exécutif, vous êtes allés intriguer auprès de lui, comme vous aviez fait auprès du gouvernement provisoire, comme avant, auprès de Louis-Philippe, comme depuis auprès du président de la République. Vous cherchiez à obtenir du général le rappel de M. Perrinon, commissaire général de la Martinique. Pourquoi ? parce que votre orgueil ne pouvait souffrir qu'un mulâtre fût gouverneur d'une colonie ! Là-bas, où l'on était encore sous les fraternelles impressions de la Révolution, où tout le monde comprenait les services que M. Perrinon pouvait rendre par l'influence naturelle que lui donnait sur les nouveaux citoyens sa qualité de petit-fils d'esclave ; là-bas, dis-je, il fut reçu avec enthousiasme par tous les hommes raisonnables de votre caste, et le *Courrier* lui-même fêta son arrivée. Mais vous, funestes meneurs, qui avez éternellement sacrifié votre pays à vos mesquines et impérissables vanités, vous ne vouliez pas de lui. Ce n'était point ses actes que vous critiquiez ; il venait d'arriver à son poste, on ne savait encore rien de ce qu'il avait fait. Quelles prémices de fusion vous donniez là ! Le général Cavaignac vous refusa de remplacer M. Perrinon, par la raison que vous n'articuliez rien contre lui *que sa couleur* ; mais il vous invita à une conférence avec moi, chez lui. Là, il parla longuement des avantages d'un rapprochement, il vous y engagea chaleureusement ; il avait senti combien cette union, faite ici, aurait contribué à fonder la paix sur des bases solides au sein des colonies.

Je pouvais être considéré là comme le représentant des intérêts nouveaux, et j'adhérai par mon silence aux propositions conciliatrices du général. MM. Jabrun et Pécoul étaient là aussi, ils refusèrent tout !

Ce fait, porté par moi à la tribune, dans la séance du 17 octobre 1849, a été pleinement confirmé par le général Cavaignac, après lequel M. Pécoul donna cette explication textuelle :« Dans « la position où nous étions, il n'y avait pas moyen de songer « à une réconciliation entre M. Schœlcher et les *colons*. « M. Schœlcher venait, par tous ses actes, de montrer une telle « disposition à ce qu'il appelait des représailles.... »

Ces mots impliquaient encore une des inventions trop ha-
bituelles à M. Pécoul; je me permis de l'interrompre pour dire :
« Je n'ai jamais parlé de représailles. » Il ne persista pas dans
son étrange assertion et reprit : « L'esprit de représailles résul-
« tait tellement de tous vos actes, qu'il n'était pas possible à
« nous, colons, de croire à une réconciliation avec vous; la
« réconciliation s'est faite là-bas, mais par un autre homme
« que vous. »

Que M. Pécoul ait vu dans mes actes un caractère de représailles, libre à lui, je m'en inquiète peu, car il n'y a que lui
pour le penser. Que la réconciliation soit faite là-bas, il n'y a
encore que lui au monde pour le dire, en présence des actes de
guerre civile et de l'antagonisme violent des journaux; mais
toujours reste-t-il constant, de son propre aveu, qu'il s'est
offert une occasion solennelle de rapprochement, et que ce
sont les haineux meneurs parisiens qui ont refusé. Les colons
justes pèseront ce fait.

Depuis, deux fois à la Guadeloupe, deux fois à la Martinique,
les comités électoraux des classes de couleur m'ont fait l'insigne honneur de me mettre au premier rang de leurs candidats. N'avez-vous pas toujours constamment combattu cette
candidature à outrance? L'auriez-vous fait, si vous aviez voulu
réellement la conciliation? Si ce n'est pas par la raison même
que j'étais le candidat des classes de couleur, dites pourquoi
vous m'avez repoussé, dites donc ce que vous me reprochez,
formulez enfin votre accusation en termes précis. Il y a assez
longtemps que je vous y convie. Mais eussiez-vous quelque
grief réel contre moi, ce que je ne crois pas, j'ajouterai qu'il
fallait encore accepter par esprit de conciliation.

J'insiste donc, quoique ma personnalité soit ici engagée, et
au risque de passer pour avoir le mauvais goût de lui donner
trop de place; j'insiste parce que les choses m'apparaissent très-
graves, parce qu'il y a une grande responsabilité encourue vis-
à-vis des colonies, parce qu'il faut démontrer jusqu'à la dernière évidence que c'est vous, vous seuls, qui avez fomenté la
division. A tort ou à raison, les comités électoraux me consi-
déraient comme le principal auteur des décrets d'abolition,
c'est pour cela qu'ils m'avaient choisi; c'est pour cela que la
classe de couleur avait généreusement oublié la sévérité qu'elle

croyait pouvoir me reprocher. Me repousser comme vous l'avez fait, n'était-ce pas en quelque sorte protester contre l'abolition dont la race émancipée, à tort ou à raison, je le répète, me faisait le représentant? Voyez, sur ce point, s'il y a un seul mot à répondre aux réflexions du *Progrès* du 12 juillet 1849.

« L'élection de M. Schœlcher à l'Assemblée constituante « avait été couronnée, à la Martinique, par un suffrage de « 19,000 voix. A la Guadeloupe, la popularité du nom de l'abo- « tioniste fut glorifiée par un vote non moins unanime. Réagir « contre un nom sorti si victorieux de l'urne électorale, n'était- « ce pas engager un combat personnellement avec chacun des « nombreux électeurs, et ainsi compromettre sa responsabilité « d'une manière d'autant plus grave, que c'est à un sentiment « noble qu'il fallait s'attaquer, celui de la reconnaissance dans « le cœur de ceux dont le décret d'abolition, cette généreuse « hardiesse d'un seul homme, sans laquelle ils gémiraient peut- « être encore dans l'esclavage, avait fait tomber les fers? Armés « par la constitution du seul moyen (le vote universel) de re- « connaître d'une manière digne de son auteur, lui qu'on ne « pouvait récompenser avec de l'or, ce bienfait sans égal, n'é- « tail-il pas naturel qu'ils en usassent?

« Au point de vue et sous la réserve de nos appréciations ul- « térieures sur les manœuvres criminelles, les lâches calomnies, « l'intimidation armée dont les élections dernières ont été tra- « vaillées, nous n'hésitons pas à le dire : la propagande contre « la candidature de M. Schœlcher a été impolitique, impie : la « France la blâmera, nous en sommes sûrs. »

Que s'est-il passé aux dernières élections de la Martinique? Deux partis, bien tranchés malheureusement, étaient encore en présence. Vous avez dit vous-mêmes que je représentais l'un des deux, aussi ce parti s'appelait-il les schœlchéristes, de même que le vôtre s'appelait les bissettistes, dénominations si accentuées qu'elles ont pris place dans la polémique des journaux de la localité. Eh bien! les schœlchéristes ont accepté M. Bissette ; pourquoi les bissettistes ne m'ont-ils pas accepté à titre d'oubli de toute rivalité de race? Vous allez dire que les schœlchéristes ont adopté M. Bissette parce qu'il réunissait une incontestable majorité, parce qu'ils ont reconnu qu'il leur était impossible de l'évincer. Cela se peut, mais que n'avez-vous montré la même sagesse à la Guadeloupe? Les résultats prouvent que vous deviez avoir la même conscience de votre infériorité. S'il est vrai que le candidat des schœlchéristes n'a eu que 3,600 voix à la Martinique, il n'est pas moins vrai que celui des bissettistes n'en a eu que 4,200 à la Guadeloupe. La proportion n'est-elle pas égale? Le parti qui voulait me nommer n'avait-il pas assez nettement formulé son vœu, lorsque, après m'avoir honoré d'une double élection l'année dernière, me voyant battu cette fois à la Martinique, il me reportait spontanément à la Guadeloupe, bien que, par un sentiment de réserve, je ne m'y fusse pas présenté? Au résumé, je dis qu'en bonne politique, à ceux qui avaient accepté votre principal candidat à la Martinique, vous deviez rendre un gage de paix en accueillant le leur à la Guadeloupe.

La fusion sociale, tout le monde le reconnaît, ne se peut opérer que par la fusion politique, et celle-ci évidemment ne saurait être réelle qu'autant que les deux partis seront représentés pour former l'unité? Comment se fait-il donc, si vous êtes sincères; que vous ayez quatre fois repoussé l'homme que vos adversaires ont quatre fois porté? Cet homme vous est antipathique, dites-vous; mais n'est-ce pas précisément le sacrifice de ces antipathies qui constitue essentiellement l'esprit de fusion? Croyez-vous que vos préférés soient moins antipathiques à vos adversaires, et pouvez-vous demander à ceux-ci une abnégation que vous ne montrez pas?

Vous étiez devenus très-conciliants, en présence de l'urne électorale; vous ne parliez que d'union, et vous prodiguiez le nom de frères aux noirs. A vous entendre, il n'y avait plus, comme nous le voudrions, de nègres, de mulâtres, ni de blancs aux colonies, il n'y avait que des Français égaux. Rien ne paraissait plus édifiant qu'une aussi heureuse conversion. Malheureusement, loyaux fusionnaires, vous ne changiez que le nom des choses ; votre soif d'union se bornait à remplacer les distinctions de couleur par les distinctions sociales, les désignations de blancs et nègres par celles de propriétaires et cultivateurs. Or, pour mieux « prouver que « les uns et les autres n'ont qu'un même intérêt, pour mieux « fonder la confiance mutuelle, » vous déclariez « que les uns « et les autres doivent avoir leur représentant spécial. » (*Courrier*, 19 mai.) Tout mulâtre assez hardi pour dire qu'il était bon que les nouveaux citoyens ne fussent pas représentés par un ancien ennemi de l'abolition, était « un fauteur de discorde. » Vous, au contraire, vous ne vouliez que la fraternité et l'oubli du passé en signifiant : « qu'il n'y a pas de bonne et de réelle représentation, si la propriété n'y compte pas un mandataire. » (*Courrier*, 9 mai 1849.) Vous repoussiez même M. Husson, parce que selon vous « la propriété ne pouvait pas avoir en lui l'homme qui lui convient. » (*Même journal*, 23 mai.) M. Husson n'était pas assez propriétaire pour vous ; c'était *un grand sucrier* qu'il vous fallait. Traduction : M. Husson est encore trop libéral. Vous avez constamment soutenu cette thèse, assez peu fusionnaire, il me semble ; vous y avez mis une insistance très-significative ; le 25 août, le *Courrier* appelait encore M. Pécoul *le candidat de la propriété*, en disant que « de gré ou « de force, la majorité devait l'accepter. »

La Martinique est une Californie pour le conciliateur, les cadeaux des affranchis l'ont, dit-on, rendu propriétaire de plus de 150,000 fr. ; malgré cela, vous n'avez pas non plus jugé qu'il représenterait convenablement *la propriété*, vous avez voulu avoir à côté de lui un planteur, type du grand sucrier, vous y avez réussi ; M. Pécoul a été nommé, c'est très-bien. Je vous demande seulement de me dire où vous mettez la fusion. Vous avez renié les élus de 1848, *parce qu'ils ne représentaient pas l'élément colon* ; aujourd'hui vous avez exigé de votre courtier de produire M. Pécoul, *parce qu'il est colon*. Vous entendez donc toujours qu'il y ait un homme exclusivement pris parmi vous ? Mais il y a trois classes aux colonies : si chacune d'elle émet la même prétention, si chacune d'elles veut avoir comme vous son mandataire, qu'arrivera-t-il ? — M. Bissette, plus M. Pécoul ; vous voulez tout pour vous.

N'aviez-vous pas, d'ailleurs, arrogamment annoncé d'avance que si vous succombiez, vous nommeriez immédiatement un délégué à votre usage particulier ? (Voir, entre autres, l'*Avenir* du 20 juin 1849.) Etait-ce là manifester des dispositions pacifiques, conciliatrices ? Est-ce avec des prétentions aussi absolues, une ligne de conduite aussi blessante, que vous espérez combler la séparation des classes ? N'aviez-vous pas déjà commis cette énorme faute politique pendant la Constituante, si bien que les vaincus d'aujourd'hui sont parfaitement autorisés

à nommer à leur tour un mandataire spécial pour eux? Vous
n'avez point respecté les décisions du suffrage universel quand
elles vous étaient contraires, sont-ils tenus à les respecter davantage lorsqu'elles tournent contre eux, lorsque de majorité
ils deviennent minorité? Vous hommes d'ordre et de fusion!
quelle pitié! Vous n'êtes que des anarchistes, et de la pire espèce,
des anarchistes hypocritement couverts du masque de l'ordre!
Vous, amis de l'ordre! Le 26 juillet 1849, ne reprochiez-vous pas
encore dans un de vos journaux, à l'amiral Bruat, ici même, en
face du pouvoir central, d'*être courbé devant la volonté des bureaux,
de reculer devant toute initiative!* Que signifie cela, sinon que vous
lui reprochiez d'obéir aux prescriptions ministérielles, et de ne
pas faire de l'arbitraire? Vous le voyez bien, vous n'êtes que
des anarchistes. Oui, des anarchistes, car vous avez donné
l'exemple de la révolte la plus anarchique qui fût jamais dans
un pays d'élection!

Vous n'avez pas voulu reconnaître les élus de 1848, vous af-
fectiez même assez puérilement, quand vous parliez d'eux, de
dire : « les représentants *officiels* des colonies, » comme si vos
délégués étaient les représentants réels. Est-ce en vous con-
duisant avec un orgueil si maladroit que vous comptez effacer
les distinctions?

Et après cela, après avoir poussé la fureur de l'antagonisme
jusqu'à lever le drapeau de la *propriété* à côté du drapeau du
suffrage universel, après avoir proclamé vous-mêmes que les
propriétaires et les non-propriétaires ont des intérêts différents,
vous osez reprocher aux autres l'esprit d'antagonisme! En vérité, votre audace est grande! Rentrez en vous-mêmes. Je
discute ici, je crois devoir en appeler à votre propre raison.

Continuons. Vous voulez la fusion, et si vous ne m'avez pas
accepté, c'est, dites-vous, que je vous suis antipathique, sans
que, du reste, on puisse parvenir à vous faire préciser pour
quels motifs. Soit. Mais vous avez repoussé également M. Pory-
Papy, M. Perrinon; vous avez donc aussi des raisons particulières d'antipathie contre eux? Que ne prenez-vous au moins
la peine d'exposer ces raisons? Il le faudrait, ou bien tout le
monde pensera que vous entendez la fusion d'une manière un
peu trop égoïste.

Vous ne vous êtes jamais expliqués, vous avez osé dire seule-

ment que nous étions des *ennemis du pays*. Ah ! vous êtes bien
toujours les hommes d'autrefois : je reconnais votre langage
outrecuidant, vous appelez ennemis des colonies quiconque fait
obstacle à l'influence de votre petite et turbulente coterie.
M. Perrinon, M. Papy, moi, des ennemis des colonies ! Dites
donc pourquoi ? Est-ce parce que nous avons combattu l'esclavage corps à corps pendant vingt ans ? Est-ce parce que M. Papy s'est fait membre de la Société d'abolition, en face même de
la servitude ? Est-ce parce que le gouvernement provisoire m'a
laissé la gloire d'écrire l'arrêt de mort de l'esclavage ? Est-ce
parce que M. Perrinon et moi nous avons participé à la rédaction des décrets d'émancipation qui ont donné aux colonies l'indépendance pour tous leurs habitants avec le suffrage universel et la liberté de la presse ? Est-ce parce que nous voulions
en même temps y créer des caisses de crédit ? Est-ce parce
que M. Papy a sauvé la Martinique, le 22 mai, de l'aveu du
Courrier? Est-ce parce que tous trois, à la Constituante, de
concert avec nos collègues des Antilles, nous avons demandé
le droit commun de la métropole pour les départements
d'outre-mer? Est-ce parce que nous avons fait aboutir, grâce
à notre insistance, la discussion de la loi d'indemnité, et que
nous avons voté le chiffre de 120 millions? Est-ce parce que
nous avons fait adopter l'amendement des banques coloniales,
qui sert tout le monde sans nuire à personne ? Est-ce parce que
nous avons obtenu la régularisation des charges publiques aux
îles, que l'on sollicitait depuis quinze ans sans y parvenir ?
En vérité, si tout cela n'avait été naturellement notre devoir,
nous traiterions d'ingrats ceux qui nous traitent d'ennemis.

Prenez-y garde, si vous ne vous expliquez pas, on pensera que
c'est notre qualité d'abolitionistes et, de plus, pour mes deux
amis, celle de mulâtres, qui font à vos yeux toute notre indignité; on pensera que vous avez de bien mauvais desseins
puisque vous tenez pour ennemis des blancs tout ami des
noirs.

Vos adversaires sont loin d'avoir montré cet esprit illibéral ;
voilà ce qu'ils vous ont dit dans le *Progrès* du 29 juillet 1849,
sans que vous ayez pu leur répliquer un mot : « Notre premier
pas dans la vie politique fut-il, comme vous l'avez écrit jusqu'à
satiété, un acte de haine et d'exclusion ? Esclaves et opprimés

d'hier, nous donnâmes un exemple d'oubli et de générosité que vous n'avez pu comprendre ni imiter, car il n'a jamais été dans vos cœurs. Nous acceptâmes, au club de la Concorde, la candidature de M. Ch. Dain, créole blanc, ex-propriétaire d'esclaves; nous lui fîmes une place dans la représentation en écartant M. Bissette, que soutenaient quelques-uns de nos amis. Pourquoi cette conduite qu'aujourd'hui nous sommes heureux d'avoir tenue ? N'était-ce pas pour que vous fussiez représentés ? Maintenant, si M. Dain a été un noble cœur, s'il a eu l'intelligence de comprendre l'absurdité de vos passions et de n'avoir pas voulu s'en faire l'organe, est-ce notre faute ? Vous avez dit depuis que M. Dain n'avait jamais été votre candidat; mais rappelez-vous donc que c'est le *Commercial*, le premier, qui a posé, prôné, défendu sa candidature, et qu'au club de la Concorde elle a été soutenue par plusieurs d'entre vous, notamment par un honorable membre du barreau de la Pointe-à-Pître, M. Darasse. »

Cette année encore, l'honorable M. Dain avait, à juste titre, un fort parti; il semblait à beaucoup de mulâtres qu'en le nommant ils donneraient de nouveau un gage de leur désintéressement de caste; c'est à ce point de vue qu'ils le portaient de préférence à leur frère de couleur, M. Perrinon, tout en reconnaissant que celui-ci avait rendu autant de services à la cause des colonies que son collègue blanc, pendant la session de la Constituante. Vous savez pourquoi ils se sont ralliés à la candidature de M. Perrinon; c'est vous, on peut le dire, qui les y avez contraints (1).

M. Dain était de votre caste, il appartenait à une honorable et nombreuse famille d'anciens maîtres, il pouvait ainsi devenir un trait d'union, comme il l'a dit, entre les trois classes; loin de là, vous en avez fait aussi un *ennemi du pays*, parce qu'il avait obtenu la confiance des hommes de couleur, et vous l'avez ensuite appelé du nom affreux de *renégat*, parce qu'il les a défendus à la tribune ! Est-ce donc, encore un coup, qu'à moins de servir exclnsivement vos intérêts, à moins d'être ennemi

(1) Voir aux annexes, lettre *F*.

des sangs-mêlés, vous ne pensez pas qu'on puisse être l'ami des blancs? Répondez.

Vous aurez beau répéter que vous voulez l'union, et que nous voulons la désunion, vous ne le ferez croire à personne, puisque vous avez été les premiers à refuser l'acte de fusion le plus significatif. De quelle manière entendez-vous donc la conciliation, si vous en retranchez impérativement un des éléments? Tirez-nous de ce doute, nous ne vous comprenons pas. Est-ce à dire que vous prétendez à une concession sans vouloir en faire? c'est impossible. Vous accusez, et c'est vous qui vous claquemurez dans l'*exclusivisme* en repoussant jusqu'à vos propres frères de sang, dès qu'ils montrent de la bienveillance pour la population autrefois opprimée.

Si encore, animés d'un désir véritable de fraterniser, vous aviez proposé à ceux qui portaient M. Perrinon et moi d'abandonner l'un de nous pour faire une liste de fusion; si vous aviez tenté cela et qu'on eût refusé, on pourrait concevoir vos plaintes; mais vous n'avez agi de la sorte ni à la Martinique ni à la Guadeloupe, vous avez impérieusement voulu avoir *ou vous-mêmes, ou des hommes à vous,* car M. Mondésir-Richard et M. Bissette ont tourné de votre côté, et vous venez ensuite crier à la France qu'on a refusé la conciliation! La France vous jugera.

Tenez, voyez si vous avez courageusement dépouillé vos vanités, énergiquement étouffé, brisé, foulé aux pieds vos préjugés. Qu'on lise les journaux de la métropole, dont les articles sur les colonies sont assez violents pour qu'on puisse juger qu'ils viennent de vous, on verra qu'avant les élections les nègres y étaient traités avec convenance, M. Pécoul daignait même les appeler ses concitoyens; depuis, vous les traitez de *sauvages*, de *cannibales*, à propos des derniers malheurs de la Guadeloupe, où pas un des vôtres n'a succombé, où nombre des leurs sont restés sur le carreau, et vous ne les désignez plus que sous le nom d'Africains (1)! Vous oubliez

(1) Les gens de mauvaise foi nient jusqu'à leurs propres paroles quand ils ont à les regretter. On a dit qu'on n'avait pas appelé les nègres Africains, je me bornerai à rappeler la pétition des négociants armateurs et colons du Havre, où il est dit : « Si vous temporisez, vous livrez la race européenne aux coutelas des *Africains.* » (*Courrier du Havre du*

que les nègres de la Martinique et de la Guadeloupe ne sont pas plus des Africains, que les blancs de ces îles ne sont des Américains. Les nègres des départements d'outre-mer sont des Français comme vous et nous; et c'est un acte de séparation, d'hostilité, d'antagonisme, que de les appeler Africains.

A cet égard, il a été professé à la Guadeloupe, dans le journal l'Avenir (20 juin), les doctrines les plus fausses en principe, les plus mauvaises en fait, les plus mortelles à l'esprit d'unité. L'apôtre de la conciliation a osé dire aux nègres et aux mulâtres : « Ne l'oubliez pas, vous n'êtes que les enfants adoptifs de la France, les blancs sont ses enfants naturels, ceux de son sang, de sa race. » Non, cela n'est pas; les Français blancs des colonies ne sont pas plus du sang de la France que les Français jaunes et noirs de ces mêmes colonies, autrement il n'y aurait pas de raison pour ne pas dire que les blancs du département de la Seine sont plus du sang de la France que ceux du Haut ou du Bas-Rhin. Où voulez-vous donc en venir en publiant de telles choses ? Avec ce système, faux comme tous ceux que l'on invente pour soutenir une mauvaise cause, on tomberait dans des catégories inextricables, les divisions de castes s'éterniseraient. Nous ne croyons pas réellement que les nègres et les mulâtres, qui sont de père en fils depuis trois cents ans dans nos îles, et dont plusieurs sont établis dans la métropole depuis un ou deux siècles, ne soient que des *enfants adoptifs* de la France. Les nègres et les mulâtres de la Guadeloupe, particulièrement, n'ont-ils pas, lors de l'invasion des Anglais, il y a cinquante ans, prouvé qu'ils étaient bien Français par la vaillance avec laquelle ils ont défendu le drapeau national! Les enfants *adoptifs* de la mère-patrie ne se montrèrent-ils pas alors plus dignes d'elle que les enfants de *son sang?* Nous le répétons, de pareilles distinctions entre les Français d'outre-mer sont excessivement dangereuses; elles tendent à rétablir une suprématie de race et à perpétuer les préjugés de couleur. Un nègre est autant qu'un blanc; il n'y a pas un blanc qui,

---

28 *juillet.*) Le *Constitutionnel*, entre autres, se sert du même mot et prodigue ceux de *sauvages* et de *cannibales* en faisant le récit des événements de la Guadeloupe ; il dit de plus, d'après sa correspondance coloniale, que, dans l'émeute de Port-Louis, les cultivateurs demandaient à *manger la chair et à boire le sang de M. Bissette !!...*

devant la République, soit plus qu'un nègre. Il n'y a de distinction entre les uns et les autres que celle du mérite. Voilà ce qui est vrai, voilà ce qu'il faut que les blancs et les nègres sachent bien tous.

Ainsi vous parlez de fusion, et vous déniez déjà aux nègres, un mois après que l'urne électorale est fermée, le titre de Français dans toute l'acception du mot!

Vous parlez de fusion, et tous vos actes tendent à empêcher les races autrefois déchues de monter jusqu'à vous. Pourquoi, par exemple, sapez-vous les jurys cantonaux et en demandez-vous la suppression? N'est-ce donc pas parce qu'il y entre des nègres, des mulâtres, des cultivateurs, parce que cette institution démocratique abaisse les distances, relève tous les citoyens sans distinction, leur inspire les sentiments de dignité attachés à la noblesse des fonctions de juge ; enfin, parce qu'elle donne aux nouveaux affranchis le goût et la pratique des affaires publiques qu'il importe, pour opérer la fusion, de ne point laisser exclusivement dans vos mains?—Il serait bien fâcheux qu'on vous écoutât. Cette institution est vraiment bonne. Les nouveaux libres ont ressenti beaucoup d'orgueil à se voir chargés de rendre la justice, et ils se sont montrés dignes de cette haute mission par l'excellente tenue et l'intelligence qu'ils y ont apportées. On a remarqué le bon sens de leurs décisions, auxquelles on ne peut reprocher que d'être parfois trop sévères. Après tout, les jurys cantonaux ne sont autre chose que les conseils de prud'hommes appropriés aux colonies.

Il n'est pas jusqu'aux pauvres gardes ruraux que vous ne veuilliez remplacer par un corps de gendarmerie à pied. Quel avantage y trouvez-vous? Quels peuvent être vos motifs? Les gardes ruraux sont noirs et mulâtres, les gendarmes seraient blancs. Est-ce là le secret de vos vœux à cet égard? Mais ce n'est pas de la fusion, c'est de la substitution, ou il n'en fut jamais. Vos seuls ennemis, ce sont vos pratiques, vos doctrines et vos journaux.

Nous venons de vous dire vos faits, dites les nôtres, que le public juge enfin en connaissance de cause, et que les ennemis de la fusion soient confondus.

CHAPITRE X.

Là Substitution.

Je veux la substitution des opprimés aux oppresseurs ! — Aucune classe ne disparaî-
trait sans porter un coup mortel aux survivantes. — Défi de citer un mot de moi
en faveur de la prépondérance d'une race sur l'autre. — J'ai laissé partout les
blancs en majorité. — C'était un devoir de faire monter les mulâtres aux emplois
publics. — Comment M. Perrinon a fait de la substitution. — Tableau comparatif
des blancs, des mulâtres et des nègres fonctionnaires à la Guadeloupe. — On ne
pouvait inaugurer la liberté avec les hommes de l'esclavage. — On n'a laissé que
trop de ceux-ci. — Tous les mulâtres en place conspués. — Substitution des
blancs aux fonctionnaires de couleur à la Guadeloupe. — Les mulâtres que l'on
attaque le plus violemment sont ceux qui ont rendu le plus de services à l'heure
du danger. — M. Guercy. — M. Babeau. — M. Procope. — M. Waddy. — Ingratitude. — Si les mulâtres avaient voulu se substituer aux blancs ils auraient laissé
faire les esclaves révoltés. — On les accuse d'un complot impossible. — On donne
le change en parlant du communisme. — La question est une lutte de couleur. —
Les mulâtres ne veulent que l'égalité. — La classe mixte tout entière incriminée.
— Polémique incendiaire des journaux blancs. — Il n'y aura de fusion que dans le
partage des emplois publics. — Tous les fonctionnaires abolitionistes révoqués. —
Le ministère donne aux colons plus même qu'ils ne demandent. — Les magistrats
anti-abolitionistes substitués aux abolitionistes. — Le ministère a deux poids et
deux mesures. — Les meneurs colons exigent maintenant le rappel de l'amiral
Bruat. — Leur triomphe leur sera funeste. — Les schœlchéristes n'ont pas répandu le bruit du rétablissement de l'esclavage. — Cette crainte est naturelle à
ceux qui connaissent l'histoire. — D'anciens maîtres rêvent le travail forcé. —
Propos dangereux des incorrigibles. — Attaque contre le suffrage universel. —
On parle de la suprématie naturelle de la classe blanche. — Aveuglement des
aristocraties vaincues. — Deux heures d'école pour les gens de la campagne ! —
L'impôt de 20 fr. sur les terres cultivées en vivres. — Les cartes de sûreté, premier jalon de la glèbe. — Les discours imprudents des incorrigibles ont seuls
pu faire naître des soupçons. — Plus de baïonnettes pour la liberté que pour l'esclavage. — Renforcer les garnisons serait accroître les prétentions de la faction
rétrograde. — Tout système de compression mènera aux désastres de Saint-
Domingue.

La vigilance que j'ai mise à défendre les émancipés de 1830
et de 1848 a fourni un nouveau sujet de calomnie. On a prétendu que je voulais leur prépondérance sur les blancs, la
substitution des opprimés aux oppresseurs. On a dit cela, non
pas une fois, mais dix, mais cent fois pendant la tourmente
électorale, et dans des termes comme ceux-ci : « M. Schœlcher
veut la substitution des mulâtres aux blancs, par l'intimidation,
par la désorganisation et le meurtre. » « Il enseigne dans ses
livres l'oppression d'une classe par l'autre. »

Je suis bien obligé de le dire encore, ce n'est là qu'une absurdité dont on me charge bénévolement. Sans compter qu'à
moins de massacrer, une belle nuit, tous les blancs, il serait
assez difficile de les faire disparaître, il ne faut pas être un
grand homme d'État, ni avoir une connaissance bien profonde
des choses coloniales pour savoir que l'élément blanc, l'antique générateur de la civilisation, est aussi indispensable aux
îles que les éléments noir et jaune. Tout cataclysme politique
qui ferait disparaître un des trois serait le plus grand des
malheurs, pour celui qui resterait vainqueur ; cela saute aux
yeux du plus vulgaire bon sens. Les trois classes ont un égal
besoin de la prospérité de chacune d'elles. Il ne s'agit pas d'en
faire dominer une au détriment des autres, il ne s'agit que de
les rapprocher dans l'égalité. C'est précisément parce qu'on
éloignerait à toujours cet heureux résultat, qu'au point de vue
de l'intérêt commun, je m'oppose à quelque suprématie que
ce soit. J'ai voulu l'égalité, voilà tout mon crime. Mes ennemis
m'accusent du contraire, qu'ils s'expliquent donc enfin catégoriquement; plus de simples allégations, des faits; je les somme
de citer mes discours, mes écrits, mes actes, d'établir la vérité
de ce qu'ils avancent. Je les ai déjà mis en demeure de préciser
leurs plaintes, ils se sont tus ; il faut qu'ils répondent, ou ils
garderont le nom de calomniateurs, et je leur répéterai ce que
j'ai dit publiquement à M. Pécoul : « En m'imputant de vouloir
élever les mulâtres *au-dessus* des blancs, vous ne trahissez que
votre dépit de voir qu'ils ne sont plus *au-dessous.* »

Ils ont dit et redit à satiété que j'avais sacrifié les fonctionnaires blancs, mais ils ne l'ont jamais prouvé et ils ne le prou-
veront jamais: car c'est le contraire de la vérité. Je les somme
encore de démontrer que j'aie placé plus de dix sangs-mêlés
dans toute la série des emplois publics (1), et que je n'aie
pas laissé partout les blancs en majorité. N'était-ce point d'ailleurs un devoir de la Révolution de faire enfin monter dans
les offices publics les hommes capables d'une race qu'elle
élevait au grand niveau social ? La confiance qu'ils inspiraient

---

(1) MM. Perrinon, Pory-Papy, Clavier, Franklein, Cochinat, Millet,
Babeau, Bothérel, Deproge, Urseleur. (MM. Pory-Papy et Urseleur n'ont
pas accepté.)

aux noirs ne devait-elle pas aussi être utilisée pour le bien général ? Fallait-il donc dire à cette race : Tu resteras encore déshéritée ? Etait-ce des ennemis de l'abolition qu'il fallait choisir pour organiser la liberté ? Mais, je le répète, je mets au défi mes accusateurs de nier que je n'aie, dans tous les ordres de l'administration, laissé les blancs en grande majorité.

On a attribué à mon ami, M. Perrinon, les mêmes idées de substitution, pendant qu'il était commissaire général à la Martinique. Soixante-deux nominations administratives, civiles, judiciaires, municipales sont émanées de lui ; les blancs y comptent pour trente-six, les mulâtres et les noirs, qui forment les trois quarts de la population, n'y comptent que pour vingt-six (1) ! Quant à la Guadeloupe, les colons ne sont-ils pas bienvenus à se plaindre de l'envahissement des mulâtres ? Sur QUATRE CENT SOIXANTE-SEIZE fonctions publiques, grandes, petites, municipales et autres, les mulâtres en remplissent CINQUANTE ET UNE, et sur ce nombre dix-sept étaient pourvus de leur emploi avant la Révolution (2). Quelle substitution !

On me reproche encore d'avoir fait trop d'éliminations. Si j'étais aussi méchant qu'on feint de le croire, je me reprocherais de n'en avoir pas fait assez. Ce fut une faute de laisser, pour inaugurer le régime de l'émancipation, tant d'hommes attachés au système de l'esclavage. Mais, si amoureux que je sois de la logique, si révolutionnaire que l'on veuille me représenter, attentif à ne pas désorganiser des services, j'ai laissé en place beaucoup d'hommes dont je doutais, et l'expérience a suffisamment prouvé que ces doutes étaient fondés. Je ne m'en cache pas, j'ai eu peur aussi de briser des existences ; j'ai cru à des conversions possibles, j'ai cru que certains hommes tiendraient compte de cette réserve ; j'ai cru que, maintenus dans leurs places après la Révolution, ils se feraient scrupule de demeurer les agents du passé. Si j'avais été plus rigoureux, il n'useraient point aujourd'hui de leur position pour s'accrocher par derrière aux institutions nouvelles et empêcher leur heureux développement. Le tort est à eux plus encore qu'à moi.

(1) Voir aux annexes, lettre *G.*
(2) Voir aux annexes, lettre *H.*

Il est heureux pour un homme qui fut puissant deux mois, quand il se juge au sévère tribunal de la conscience que chacun porte en soi-même, de n'avoir à regretter que trop de bonté dans l'exercice de son pouvoir. Je ne crains pas de parler de la sorte. Il est deux magistrats déplacés par moi, sur lesquels j'ai pu penser m'être trompé; je l'ai dit bien haut au ministère de la justice, et peut-être ai-je ainsi contribué à les faire réintégrer. S'il est d'autres fonctionnaires qui se croient en droit de m'imputer une injustice à leur égard, qu'ils se lèvent, je suis prêt à répondre.

Poursuivons. Cette grave question est celle de l'avenir heureux ou funeste des colonies. Nos adversaires crient sans cesse à la substitution; mais comment donc se fait-il qu'ils aient conspué successivement tous les mulâtres qui ont pris une part quelconque aux affaires publiques. MM. Perrinon, Pory-Papy, Remy-Neris, Jouannet, Waddy, Clavier, Cochinat, Procope, Belleroche, Babeau, Sénécal, Dupré, tous, tous; à peine pourrait-on en citer deux ou trois, comme M. Agnès, qui aient échappé à leurs hostilités systématiques en se donnant à eux corps et âme. Quelle impitoyable guerre ne fait-on pas aujourd'hui au très-petit nombre de sangs-mêlés qui avaient obtenu des emplois. Les colons prennent leurs places avec une avidité désordonnée, tout en parlant de l'ambition déréglée des hommes de couleur! Sous prétexte de réorganiser la police, M. Tracy l'a mise à leur discrétion, il s'y trouvait *sept* mulâtres, ils en ont chassé *six* d'un seul coup : M. Babeau, commissaire central, M. Bajeux, son secrétaire, MM. Botherel, Dupré, Surville et Jérôme, commissaires de police! Ils n'ont gardé que M. Turlet. Il est vrai que M. Turlet est un homme violent, frappé en police correctionnelle d'une condamnation à deux mois de prison. C'était, à ce titre, le seul qui méritât d'être réformé, mais il est bisseltiste forcené, on a oublié le reste. Quant aux autres, on les a remplacés par cinq colons et par un mulâtre *ami de l'ordre*. Est-ce juste, n'est-ce pas de la substitution au premier chef. A la Martinique, même chose; malgré les excellentes dispositions de M. Bruat, ils ont obtenu la révocation de M. Laroche et de M. Procope, commissaires de police, et ils demandent avec impétuosité celle de M. Waddy. Ce sont toujours les mêmes hommes dont la conduite a fait dire

à M. Layrle : « Les torts ne sont pas du côté de la classe de couleur. L'exclusion sociale dont elle est frappée peut faire naître
en elle des idées de vengeance. Les progrès des mulâtres n'at-
ténueront pas les fâcheux dissentiments que les prétentions injustes de nos colons ont fait naître. » (*Abolition de l'esclavage
dans les colonies anglaises*, page 273.)

Une chose frappe péniblement dans cette guerre aux mulâtres, qui amènera les plus grands malheurs, si l'on n'y met un
terme, en restaurant le règne de l'équité, c'est que les hommes
que l'on poursuit aujourd'hui avec le plus d'acharnement
sont ceux-là mêmes qu'on louait avec le plus de chaleur il y a
quelques mois ; ceux-là qui, à l'heure des crises, ont montré
le plus de courage et de générosité ; ceux-là qui ont rendu les
plus grands services à leurs persécuteurs du jour.

M. Bayle Mouillard a dit : « .... Justice a été faite à tous.

« Ceux pour qui cette justice était presque une nouveauté
(les mulâtres) en ont gardé bon souvenir, et leur reconnaissance n'a pas été étrangère au maintien de l'ordre, quand
la révolution républicaine est venue nous surprendre presque
sans forces, presque sans autorité, en face de Saint-Domingue
et à quinze cents lieues de la France. »

Oui, ces hommes qui complotent à cette heure, dit-on, l'extermination de la race blanche, ils étaient en face de Saint-
Domingue, à quinze cents lieues de la France, dans un moment où les colonies étaient sans force, le gouvernement sans
autorité, et ils ont maintenu l'ordre! Rappelons-nous ce que
le *Commercial* disait, le 25 avril 1849, des classes qu'il montre
aujourd'hui toujours prêtes au meurtre et au pillage : « *La po-
« pulation tout entière s'est admirablement comportée* dans le si-
« nistre, et nous a convaincu de sa bonté et de son courage
« vis-à-vis le malheur. *Heureux le pays qui possède de tels habi-
« tants!* » Le 3 juin 1848, c'est encore le *Commercial* de la
Pointre-à-Pître qui rapporte le fait suivant, avec ces réflexions:

« Un fait déplorable a eu lieu dans notre ville, pendant la
nuit du 29 au 30 mai. Pour une futilité regrettable, une valse
et une polka, il s'est élevé dans un bal une discussion entre
deux hommes. Un assassinat a été le triste dénoûment de
cette querelle. Le meurtrier a été arrêté. *L'esprit de la population*, que cet événement avait entraînée, *a été admirable de bon*

sens, l'arrestation du coupable s'est faite malgré la résistance du père de l'auteur du crime, aux cris de : *Vive la gendarmerie.* C'est un fait que nous aimons à signaler, car ce peuple esclave, qui avait jeté des pierres aux militaires de ce corps, a su les respecter quand il a compris que, devenu citoyen, il devait prêter appui à la force publique. »

Le même journal signalait encore (25 avril 1849) à la reconnaissance publique, le brave citoyen Adrien Guercy : « Le ci-« toyen Adrien Guercy mérite aussi nos hommages ; que nos « gouvernants ne l'oublient pas. » M. Baffer s'en est effectivement souvenu, il ruine aujourd'hui cet honorable père de famille, en le tenant depuis quatre mois en prison, parce que M. Bissette a trouvé bon de répondre à un cartel par une accusation de provocation à l'assassinat ! M. Guercy assassin, non, pire encore, instigateur d'assassinat !

C'est comme M. Babeau, que l'on vient de sacrifier aux fureurs mulatrophobes de l'*Avenir* ; il y a treize ou quatorze mois que le même journal (numéros des 5 et 15 juillet, du 12 août et du 27 septembre 1848) ne tarissait pas d'éloges sur les services qu'il rendait pour la reprise du travail. Il est bon d'en citer quelques extraits, on y verra ce qu'en treize mois la reconnaissance peut faire de pas en arrière aux colonies :

« ..... Ceci dit, nous ne faisons pas difficulté de reconnaître que, dans la mission épineuse dont il a été chargé, M. Babeau a tenu une conduite qui a été généralement approuvée, et qu'il a été assez heureux *pour rendre des services au pays.* Nous avons vu *beaucoup* de propriétaires qui nous ont déclaré qu'il avait été utile dans leurs communes, et nous sommes bien aises de trouver l'occasion de répéter les éloges que nous avons recueillis de leur bouche. Quelles que soient nos divergences d'opinions sur un point, nous ne nous départirons jamais de ce principe : *A chacun selon ses œuvres.*

« On nous adresse la lettre suivante :

« Lamentin, 12 juillet 1848,

Monsieur le rédacteur de l'*Avenir*,

« Nous venons offrir publiquement, par la voie de votre journal, nos remercîments à M. le commissaire central, pour les soins et les peines qu'il a eus dans notre quartier à concilier les intérêts des propriétaires et des cultivateurs. Si les promesses qui lui ont été faites répondent à ses vœux et à notre attente, nous aurons à nous féliciter *de l'intervention éclairée de ce magistrat, qui sait si noblement remplir sa mission.*

> « *W. Darasse; — C. Lamoisse ; — X. Reiset, Biroulet, J.-B. Baimbrige, Bonfils, Caillou.* »

« Nous devons ajouter que nous avons eu sous les yeux trois lettres émanées d'habitants de Port-Louis, qui toutes trois témoignent des bons résultats obtenus chez eux par l'intervention de M. le commissaire central.

« On nous communique la lettre suivante, adressée à M. Babeau, par l'un des propriétaires de Marie-Galante, où M. le commissaire central a été faire une tournée qui paraît avoir eu les plus heureux résultats, en calmant les inquiétudes réelles qui agitaient le pays et en facilitant la reprise du travail là où il avait été abandonné. Nous éprouvons une vive satisfaction de pouvoir rendre publiquement témoignage *du zèle et de l'intelligence dont M. Babeau a fait preuve dans l'accomplissement de la mission qui lui était confiée,* et que s'accordent à reconnaître plusieurs lettres particulières que nous avons reçues. »

M. Babeau est aujourd'hui rangé au nombre des ennemis du pays ! Serait-ce qu'il a changé ? Non, car tous les mulâtres sont dans le même cas que lui. M. François Procope, de la Martinique, a-t-il donc changé aussi ? Ce commissaire de police que la coterie pécouliste a d'abord fait exiler de Saint-Pierre, et peu après révoquer comme un fauteur de désordre et d'antagonisme de races, n'est-ce donc pas le même que celui auquel les blancs de Saint-Pierre présentaient, le 30 mai 1848, l'adresse suivante :

« Citoyen commissaire de police,

« Au nom des habitants du Mouillage, de nos *femmes,* de nos « *enfants, protégés et sauvés par vos soins* dans la douloureuse nuit « du 22 mai, nous vous prions d'agréer le tribut de notre pro-« fonde reconnaissance. Si votre *prudence* s'est plue à taire les « mesures sages et hardies à l'aide desquelles vous avez dominé « une situation si critique, nos cœurs les ont devinées, quand « nous n'avons trouvé que *secours et protection* là, où, sans « elles, nous n'eussions trouvé, peut-être, qu'hostilités et dan-

« gers. Nous vous rendons grâces, commissaire, ainsi qu'à *tous*
« *ces nombreux citoyens qui ont si noblement mis en pratique, et*
« *quelquefois au péril de leur vie, la mémoire de* FRATERNITÉ *qu'ils*
« *tenaient de vous :* soyez notre interprète auprès d'eux. Pour la
« *plupart*, ils se sont dérobés à nos remercîments, ne voulant
« que le témoignage de leur conscience. Qu'ils en jouissent
« donc dans le secret d'une noble fierté, et puisse Dieu récom-
« penser tant *de grandeur et de dévouement !*

« Salut et fraternité :

« *Wenter-Durennel, juge de paix ; — Coutens ; — G.*
« *Borde ; — J. Borde ; — C. de la Rivière ; — Artaud*
« *fils ; — Legrand ; — Cicéron, avocat ; — E. Porry ;*
« *— Giraud ; — E. St-Vel ; — Alp. St.-Vel ; — Clé-*
« *ment de Caton ; — Glandut ; — Th. Surlemont ; —*
« *Cassé de Lauréat de Ste-Croix ; — R. Boutéreau ;*
« *— J. Bonnet ; — A. Lepelletier ; — R. O'Shangh-*
« *nessy ; — Bourrouët ; — Carlhan.* »

Quoi ! ce mulâtre qui, au 22 mai 1848, a sauvé *les femmes
et les enfants* des blancs, veut aujourd'hui opprimer, expulser
les maris et les pères ! Quoi ! il les a protégés *avec grandeur et
dévouement*, pour ensuite souffler la haine contre eux ! Évidemment c'est impossible. Et ces nombreux citoyens *qui ont mis la
fraternité en pratique au péril de leur vie*, auprès desquels on n'a
trouvé que *secours et protection* lorsqu'on s'ATTENDAIT à ne trouver qu'*hostilité et danger*, ne sont-ce pas les nègres et les sang-
mêlés que l'on représente à cette heure comme « des Africains
« éclairant par l'incendie des tueries inconnues parmi les
« hordes qui habitent les contrées les plus sauvages (1). »
Ingrats !

Encore un trait. Le *Courrier de la Martinique*, dans son iné-
puisable vocabulaire d'injures, n'en trouve pas d'assez boueuses
pour les jeter à la face de M. Waddy. Or, il disait de lui, le
3 juin 1848 : « .... Il était impossible d'exprimer en plus beau
« style, de plus nobles sentiments. Honneur ! honneur à
« M. Waddy ! Voilà la langue que parlent le véritable esprit de
« conciliation, le sincère désir de l'union, les natures nobles et

(1) Pétition des colons résidents du Havre au Président.

« généreuses, les esprits d'élite, qui, à l'heure des désastres
« publics, ouvrent leurs cœurs à la générosité, au patriotisme
« et le ferment aux exagérations d'une haineuse ambition.
« Honneur à M. Waddy ! la vie politique s'ouvre pour lui sous
« de nobles auspices : le premier des biens, quoi qu'on en puisse
« dire, sur cette route périlleuse, c'est un cœur droit et une
« conscience honnête. »

Comment admettre que celui que l'on appelait en ces termes
à la vie politique soit devenu tout à coup, dès qu'il y est entré,
un homme de discorde, de haineuse ambition, sans cœur, sans
conscience et sans patriotisme ? Je réponds encore que cela est
impossible. — C'est au moins une présomption bien fâcheuse
contre nos adversaires que des hommes si bons, si sages au
jour où la race blanche était en péril, soient accusés d'être ses
plus cruels ennemis, maintenant que, grâce à eux, elle ne
court plus aucun danger.

Quant à moi, je n'hésite pas à le dire, il y a de l'ingratitude,
et je donne au mot toute sa valeur, oui, de l'ingratitude à
charger aujourd'hui la classe de couleur d'un complot de basse
envie contre les créoles de race européenne. Les mulâtres se
sont conduits avec une abnégation admirable, une fermeté,
une maturité que l'on pouvait ne pas attendre d'une caste longtemps asservie. Ils ont tout fait à la Guadeloupe pour y maintenir l'ordre malgré les récentes provocations d'une faction
insensée ; ils ont affronté, à la Martinique, les dangers d'une
intervention périlleuse. Ils ont été de véritables conservateurs.
L'histoire leur tiendra compte d'avoir défendu les anciens
maîtres contre les esclaves prêts à se déchaîner, et les nouveaux affranchis contre la tyrannie aussitôt renaissante de
l'oligarchie. Eh ! mon Dieu ! s'ils avaient voulu la perte des dominateurs, ils n'avaient qu'à laisser faire, le jour où la situation
« fut si critique, » comme disent les rédacteurs de l'adresse à
M. Procope ; ils n'avaient qu'à laisser tomber, le 22 mai, le
bras déjà levé des ilotes de Saint-Pierre, criant vengeance pour
deux siècles de souffrances, de tortures, de servitude. L'a-t-on
déjà oublié ?

Oui, sans doute, car la faction de la haine est implacable en
ce moment à la Guadeloupe. Dans cette île paisible, jusqu'au
jour où son messie y a mis les pieds, le sang, non pas celui

des blancs, mais des noirs, vient de couler, et ceux qui l'ont
répandu en usent pour incriminer toute la classe de couleur,
pour lui imputer un complot absurde, impossible, une conspiration contre la race blanche! Cent cinquante citoyens sont
aujourd'hui à la geôle sous le poids de cette extravagante accusation. Nous ne craignons pas que ce procès, troisième édition
de ceux de 1823 et 1831, ait une fin aussi horrible que celle
de ses aînés. Nous n'avons nulle inquiétude sur le sort des prétendus conspirateurs. Trouvât-on des juges, aux Antilles, pour
les condamner, la cour de cassation est là, maintenant, pour
faire reconnaître leur innocence. Mais on aura tenu en prison
près de deux cents mulâtres et nègres; pendant cinq ou six
mois on aura effrayé, désolé leur famille, ruiné leurs affaires.
La chose n'est pas à dédaigner, c'est une leçon pour ceux qui
se veulent mêler de politique! Puis, afin d'exciter contre eux
les passions de la majorité législative, on les taxe de démagogues, on donne perfidement à croire que la propriété est
menacée dans les îles par les doctrines du communisme, du socialisme, et de ce ridicule épouvantail que l'on appelle la République rouge! Cependant, il n'y a pas plus de communistes
que de socialistes aux Antilles. Les idées qui agitent la métropole ne sont pas celles qui troublent fatalement encore nos départements d'outre-mer. En définitive, c'est toujours la même
question qui s'y débat; c'est toujours le funeste legs de la servitude noire, le préjugé de couleur. Socialistes, démocrates,
démagogues, schœlchéristes; aristocrates, conservateurs, amis
de l'ordre, bissettistes, au fond ce ne sont toujours que les mulâtres et les blancs en présence. Dire le contraire, c'est manquer de bonne foi, c'est essayer de donner le change? Les
anciens opprimés ne demandent, ne recherchent que l'égalité,
le droit commun, les conséquences de l'abolition; enfin l'ordre
et le travail, mais l'ordre et le travail dans la liberté et non
dans la compression.

Dira-t-on que ce sont des individus seuls qu'on signale, et
que nous avons tort même de nous servir de la dénomination
de mulâtres! Eh! il le faut bien, car, en franchise, c'est bien eux
qui sont désignés. Les expressions employées signifient cela ou
ne signifient rien. Lorsque le *Commercial* du 11 juillet dit :
« Nos ennemis, » de qui parle-t-il, sinon des mulâtres, relati-

vement aux blancs? N'ajoute-t-il pas, trois ou quatre lignes plus bas, que ces ennemis « ont du sang africain dans les veines ? »

L'*Avenir* disait, le 25 juillet 1849 : « Mais, en même temps « qu'elle avait brisé les fers des esclaves, la Révolution avait « surexcité les passions ambitieuses d'une *catégorie d'hommes* « qui n'avaient vu, dans le triomphe des idées démocratiques, « que le signal de *leur propre avénement,* et qui pensaient que le « moment était venu *où ils devaient dominer la société coloniale.*

« Pour s'en faire un levier, ces hommes soufflèrent la haine « et la défiance dans l'esprit des nouveaux citoyens, ils leur « inspirèrent l'horreur du travail, etc. »

Si ce n'est pas la classe de couleur que l'*Avenir* met sous le nom de la *catégorie d'hommes* qui ont vu leur *propre avénement* dans le triomphe de la République, qu'est-ce donc?

Le *Commercial* soutiendra-t-il que ce ne sont pas les mulâtres qu'il montre au bout de sa plume, quand il s'écrie, le 14 juillet suivant :

« Mais les événements nous ont bien vite démontré quelle « était notre crédulité, et combien avait été naïve notre bonne « foi. *Nos faux amis* se sont bientôt démasqués. Forts de leur « nombre, confiants dans la perpétuité du pouvoir confié à l'un « de leurs apôtres, instinctivement excités *par leur haine de* « *caste, ivres de cette popularité de circonstance que leur don-* « *naient dans les masses les mêmes goûts, les mêmes habitudes, les* « *mêmes passions*, ils ont, parjures à tous leurs serments, infi- « dèles à tous leurs devoirs, traîtres envers leur pays, renié « cette alliance solennellement consentie sous les auspices de « la liberté. » Et, le 25 juin 1849, le même journal ne disait-il pas encore :

« Quels sont donc ces démocrates, si ce ne sont les imita- teurs *de ces hommes* qui, à Haïti, ont commencé la Révolution *par le massacre des blancs,* l'ont perdue en voulant se substituer dans l'oppression qu'ils venaient de détruire, et qui, par la plus terrible des catastrophes, ont expié naguère leur orgueil, leur aveuglement et leur ambition. »

Les armes de ce coupable pamphlet appelé *le Commercial* ne sont pas seulement empoisonnées, ce sont des poignards à deux tranchants. Lorsqu'il tentait d'éloigner les mulâtres des nègres, lorsqu'il essayait de les ameuter contre moi, il leur disait que, soulevant *la barbarie africaine*, j'avais fait massacrer par les nègres les jaunes qui gardaient encore le flambeau de la civilisation en Haïti. Maintenant il s'agit d'animer les noirs contre les mulâtres, et l'on vient dire que ceux-ci, lors des derniers désastres de cette île, *ont expié leur orgueil, leur aveuglement et leur ambition, parce qu'ils voulaient se substituer dans l'oppression qu'ils venaient de détruire!* Et les écrivains qui font ainsi d'un jour à l'autre pivoter les événements au gré de leurs mauvaises passions, les écrivains qui se servent ainsi des mêmes malheurs pour exciter à la haine, hier les mulâtres contre les noirs, aujourd'hui les noirs contre les mulâtres, n'ont à la bouche que le mot de conciliation! Et ces choses terribles, on les dit tous les jours.—Parler ainsi de conciliation, c'est crier aux blancs : Tenez-vous sur vos gardes, défiez-vous des mulâtres qui s'adressent aux cultivateurs, ils veulent vous faire massacrer pour vous remplacer. Aux nègres : Méfiez-vous de vos frères de couleur qui défendent vos droits, ils veulent nous chasser pour vous mieux asservir ensuite ! Qui osera nier que ce ne soit pas là exciter les citoyens à la haine des uns contre les autres, chercher à aigrir l'antagonisme des classes, souffler la peur et la terreur? Et le parquet, dirigé par MM. Baffer et Mittaine, laisse à ces menées impies leurs coudées franches, pendant qu'il traduit le *Progrès* devant la cour d'assises au moindre mot!

Le *Commercial* du 7 juillet 1849 n'a-t-il pas dit encore, dans un article adressé *à l'Assemblée législative et à la France :*

« Mais pendant que l'apôtre de la paix accomplissait son œuvre humanitaire à la Martinique, *les hommes de couleur, à la Guadeloupe, mus par la pensée de domination*, travaillaient les populations de leur île et les préparaient à résister à l'influence de Bissette, qui se proposait de passer à la Guadeloupe pour y *diriger les élections* dans le sens de la conciliation.

« Malheureusement ils avaient eu le temps nécessaire pour exercer leur propagande, et lorsque Bissette arriva, au lieu d'hommes qui devraient l'adorer, il ne trouva plus que des tigres altérés de son sang. » Ainsi donc, on dit nominativement, directement *aux mulâtres de la Guadeloupe que leur propagande* a transformé les nègres *en tigres altérés de sang!* Quel esprit de conciliation! Bien plus, on en a fait des antropophages! Il est bon de constater ces choses pour que la France, juge les partis dont la lutte déchire nos colonies, et sache à qui sont les torts. Oui, ces hommes, qui ne méritent que trop le nom d'incorrigibles, ont formellement, sérieusement appliqué à leurs adversaires l'épithète de cannibales!...

« Le parti du *progrès* continue à faire des siennes; il nous reporte, par ses actes barbares, à une époque déjà bien reculée.

« Il y a quelque temps, *c'est à la lettre, on mangeait un agent de police* qui faisait son devoir; ces jours derniers, *on dévorait un citoyen paisible* dont le grand tort était de s'être rallié au parti des hommes de la fusion. Est-ce qu'à la suite d'une certaine période de temps les instincts primitifs reprendraient le dessus? Nous laissons à messieurs les savants le soin de prononcer sur ce point remarquable. Quant à nous, ce que nous pouvons affirmer, c'est que nous nous sommes crus transportés *au milieu d'une horde de cannibales.*

« Allons, *messieurs du* PROGRÈS, *soyez moins sanguinaires;* ne nous forcez pas à croire que, faute de pouvoir nous mordre par votre style, *vous voulez, en réalité, nous déchirer à belles dents.* »

(*Commercial* du 1er août.)

Ce serait bien ridicule si ce n'était odieux!

Mais il n'est aucune sorte d'outrages qu'on ait épargné aux sangs-mêlés, pas même ceux que la vanité humaine a le plus de peine à pardonner. C'est l'*Avenir* qui leur a jeté cette galanterie à la face, le 11 août 1849 : « Le *Progrès* pense-t-il que la fonction est faite pour l'homme, ou, au contraire, que l'homme est fait pour la fonction. La première opinion sent l'*aristocrate*, et le *Progrès*, on le sait, est un *démocrate* pur sang. Mais alors, pourquoi se plaint-il que l'on n'ait octroyé à ses frères et amis que que quelques fonctions de gardes de police, de greffiers de certaines justices de paix, de gardes champêtres et d'allumeurs de réverbères? » — Les colons, qui sont encore dupes des protestations de fusion de gens qui remplissent quotidiennement leurs feuilles de ces irritantes injures, adressées à une classe toute entière, n'échapperont pas au reproche de laisser conduire leur pays à la guerre civile.

Puissent-ils arrêter cette polémique incendiaire! elle rend

les partis irréconciliables, elle accroît les ressentiments, elle envenime les rancunes, elle attise les haines, elle sème de la poudre sur les chemins! Les leçons de l'histoire, même la plus voisine, seront-elles toujours perdues pour l'humanité?

Il n'y aura pas de fusion, c'est-à-dire d'ordre, de paix, de travail, tant qu'une classe conservera, manifestera de pareils sentiments; il n'y aura aux colonies que divisions, mortelles divisions, tant que les noirs et les mulâtres ne seront pas à côté des blancs dans les emplois qu'ils peuvent remplir, soit comme subordonnés, soit comme chefs. Les blancs, autrement, se trouveront toujours vis-à-vis d'une population nombreuse, légitimement jalouse de leurs priviléges, légitimement froissée de voir déçues ses ambitions naturelles. Qu'on ne se fasse point illusion, on n'est plus en 1823 ni en 1831; la voix des colonies porte maintenant jusqu'en France. C'est vainement qu'on essayerait de l'étouffer par quelque moyen que ce soit. Les affranchis ont beaucoup appris! Ils sont citoyens de la République française, ils savent que les temps de l'égalité sont venus, que les prétentions aristocratiques de nom, de peau et d'intelligence, sont les unes fort mal justifiées, les autres souverainement ridicules, et ils sont bien résolus à n'abandonner rien de leurs droits. En leur refusant leur place entière au soleil, on ne fera que prolonger leurs efforts, et avec leurs efforts le malaise de toute agitation sociale, de toute situation anormale. Je dis cela avec conviction, parce que je ne suis ici que l'écho de leurs nombreuses correspondances; on pourrait dédaigner ma parole comme celle des faux prophètes, il faut écouter le cri d'un peuple. Je le répète, il n'y aura que perpétuels conflits tant que l'une des trois classes voudra dominer les deux autres, tant qu'elles ne se rapprocheront pas par des concessions politiques. Et les concessions politiques, je n'hésite pas à le dire, les blancs ont à les faire toutes, car en ce moment ils possèdent tous les avantages, le beau rôle est à eux.

Les injures que leurs journaux prodiguent au ministre de la marine, au directeur des colonies, quoi qu'ils fassent pour eux, leur ont malheureusement réussi à merveille.

Il y a un an qu'ils demandaient la révocation de M. Meynier, le procureur général de la Martinique; il n'y avait pour le rappeler d'autre motif que leur aversion pour lui. Le 20 juin, le *Courrier de la Martinique* se plaint de nouveau, dans son style épileptique, qu'on ne l'ait pas encore délivré de ce haut fonctionnaire ; il redouble de violence et d'insultes : « On le voit, dit-il, *nous* n'avons rien à espérer de *nos protecteurs naturels ;* le plus haut placé de *nos défenseurs* au ministère de la marine est *le plus lâche et le plus indigne des transfuges.* » C'est de M. Mestro, le directeur des colonies, que l'on parle ainsi, et le 1er août, M. Meynier est remplacé ! Il semble, en vérité, qu'on accepte ces insolentes, ces incroyables lamentations, qui font du ministère de la marine et des colonies le *protecteur naturel,* le *défenseur* des amis du *Courrier,* c'est-à-dire l'auxiliaire obligé d'une classe contre l'autre.

M. Mestro espère, par ces nouvelles complaisances envers les forts du jour, faire oublier le concours très-libre, nous lui rendons cette justice, qu'il a prêté aux auteurs de l'abolition. Il se trompe, il n'y parviendra pas. On ne le lui pardonnera jamais, quoiqu'il fasse maintenant, on le traitera toujours en *bonnet rouge.*

Il y avait ici deux employés supérieurs de la Guadeloupe, MM. Gérard et Gaumont, que M. Fiéron, huit jours après son arrivée, avait embarqués pour la France, sans même les connaître, et uniquement parce que les rétrogrades le voulaient. Une commission d'enquête, chargée d'examiner leur conduite, avait déclaré que cette violence n'était pas justifiée ; si bien qu'on paraissait résolu à leur donner un emploi au moins dans d'autres colonies ; ils attendaient leur destination. La *Patrie* dit, le 26 juin : « Les scènes *sanglantes* de Marie-Galante ne se « seraient pas produites si les fonctionnaires *socialistes,* qui « pullulent dans ces malheureux pays, n'étaient *maintenus* « *dans leurs fonctions et encouragés dans leurs actes* par des hom- « mes qui entraînent nos colonies à une perte certaine. » Certes, M. Tracy, le ministre d'alors, était au-dessus d'attaques de cette nature, et, cependant, quelques jours après, MM. Gérard et Gaumont sont renvoyés du service colonial et même du ministère de la marine ! Mlle Mazzulime est aussi révoquée de ses fonctions d'institutrice à Fort-de-France. Mlle Mazulime a reçu les plus hauts grades de l'enseignement, c'est une personne très-intelligente et d'une conduite irréprochable, mais elle est mulâtresse ! Quiconque, à ce qu'il semble, a du sang noir dans les veines ne peut occuper une place aux Antilles. On dirait aussi qu'il suffit d'être abolitioniste pour être disgracié ou exclu. Ainsi vient-il d'arriver, pour la Martinique, malgré leur qualité d'Européens, à M. Crepin Larivière, juge de paix, et à M. Castelli, préfet apostolique; pour la Guadeloupe, à M. Cherest, commissaire de police, et à M. Hardouin, président de la cour d'appel!

Que peut-on leur reprocher à tous? Rien; leur conduite comme individus, comme magistrats, comme prêtres, ne donnait pas l'ombre d'un prétexte à des rigueurs où l'on trouve trop souvent les caractères de la brutalité. Ces hommes, de tous points honorables, portent le châtiment de leur origine abolitioniste, de leur fidélité aux principes de l'émancipation, de leur dévouement à l'humanité. Ce n'est pas le procureur général que l'on frappe dans M. Meynier, c'est l'ancien président du tribunal civil, qui a lutté contre la magistrature coloniale presque tout entière, pour maintenir aux esclaves les bénéfices de l'article 47 du code noir. Ce n'est pas le président que l'on veut humilier dans M. Hardouin, c'est l'intrépide juge d'instruction des affaires Thoré, Jaham, Havre, Sully-Vivier, etc. Et pendant que l'on montre tant d'injustice contre des agents irréprochables, on garde tous ceux du parti contraire, si reprochables qu'ils puissent être.

Ce n'est pas le moindre des périls, pour les colons, que la condescendance du ministère à leur donner plus même qu'ils ne demandent. Ils se contentaient, par respect humain, de solliciter la substitution d'*Européens* aux fonctionnaires mulâtres ou abolitionistes. Le ministère ne garde pas ces ménagements. Il refuse de confirmer M. Quiqueron, mulâtre, dans ses fonctions de procureur de la République, et il fait revivre, pour M. Bourgerel, une place de conseiller qui, d'après une dépêche antérieure, était supprimée! pour M. Bourgerel, que la cour de la Martinique aurait refusé d'admettre dans son sein, si elle avait eu le sentiment de sa dignité (1)! Il ôte la présidence de la

_____

(1) Pour qui serait curieux de savoir la valeur morale de certains magistrats, dont la direction des colonies fait des conseillers de cour d'appel, nous rappellerons ce passage du réquisitoire de M. Dupin, procureur général, dans l'affaire Turpin de Jouhé, 17 juillet 1832 (*Journal du Palais*, p. 1281) :

Guadeloupe à M. Hardouin, pour la donner à qui? à M. Beausire, créole de vieille roche, dont le principal titre à une telle faveur est d'avoir acquitté, de complicité avec M. Bourgerel, le commissaire de police Boréa, convaincu d'avoir fouetté de sa propre main une femme enceinte, au point de lui laisser douze plaies sur le corps (1)! De pareils magistrats peuvent-ils passer pour des *hommes nouveaux*, ainsi qu'on disait qu'il les fallait?

Les meneurs coloniaux sont du parti qui gouverne, car ils sont toujours de ce parti-là, et le pouvoir doit des satisfactions à ses amis. On ne s'étonnerait donc point de ces nominations, si elles ne blessaient pas autant la morale; mais fussent-elles plus dignes, elles n'affligeraient pas moins profondément; elles affaiblissent le respect dû à l'autorité métropolitaine. On voit trop que le ministère a encore, comme autrefois, deux poids et deux mesures! Quoi, il révoque M. Meynier et autres, parce qu'ils *sont compromis dans les anciennes querelles*, selon l'expression du *Journal des Débats;* il ne veut, pour la même raison, renvoyer à la Guadeloupe ni M. Bayle-Mouillard ni le préfet apostolique, M. Dugoujon, et il replace ou élève des magistrats comme MM. Bourgerel, Beausire, dont le seul mérite est d'avoir acquitté ou favorisé les criminels de l'esclavage! Nous le disons en vérité, ce n'est pas avec d'aussi malheureux remaniements

« Quel est donc cet agent du gouverneur choisi par lui avec prédilection, son commissaire confidentiel, c'est M. de Bourgerel, *qui s'est avili par des dénonciations calomnieuses.* Et qu'on ne vienne pas prétendre, ce qui d'ailleurs est inexact, que M. de Bourgerel était revêtu d'un caractère officiel, et qu'alors il doit être placé sous le manteau de l'inviolabilité; lors même que les magistrats agissent dans les limites de leurs fonctions, leur mandat n'est pas la calomnie.

« Qui ne remarquera, dans le rapport de M. de Bourgerel et dans sa déposition, l'intention de calomnier M. Turpin? L'imputation de flétrissure est dans le rapport ; et quand on demande à M. de Bourgerel s'il a réellement voulu parler de la marque, il répond : Oui, avec un fer chaud. Mot cruel qui dépeint toute la méchanceté de celui qui le prononçait. Il semblait, en mettant dans ses paroles l'âpreté du supplice, vouloir imprimer lui-même le stigmate de l'infamie sur sa malheureuse victime ! »

(1) *Histoire de l'esclavage pendant les deux dernières années*, t. I, p. 158. On verra, p. 326 du même volume, un acquittement non moins scandaleux, qui peut encore justifier la faveur dont jouit M. Beausire au ministère de la marine. Il a du reste beaucoup de titres du même genre. Et l'on se plaint ensuite des embarras que donnent les colonies !

qu'on apaisera les passions qui grondent aux colonies, on ne fait au contraire qu'enflammer davantage les jalousies de castes.

La science gouvernementale des colonies, c'est d'amener toutes les fractions de leur population à vivre ensemble pacifiquement, à se fondre fraternellement. Le ministère de la marine n'en paraît pas suffisamment convaincu. Il croit gouverner en destituant les fonctionnaires indépendants que l'on appelle *socialistes* pour les vouer à ses rigueurs, il s'occupe plus des prétendus griefs des *victimes de l'émancipation*, contre tel ou tel magistrat intègre, que des fermes modèles, des écoles primaires, des hospices, des encouragements agricoles, de la loi des sucres. C'est ne pas voir à deux pas devant soi.

Le fait est qu'au fond le ministère de la marine est plus coupable encore que les meneurs coloniaux ; ceux-ci, vaincus sur la question de l'esclavage, cherchent à prendre leur revanche, à obtenir la chute des hommes qui ont le plus contribué à la ruine de leur monstrueuse domination. C'est une faute qui paraît tenir à la faiblesse de l'esprit humain, car elle est commise par toutes les aristocraties. Ils ne comprennent pas que plus ces hommes avaient travaillé à l'abolition, plus ils étaient intéressés à la faire réussir, à se dévouer activement aux diverses classes qui s'agitent sur le nouveau terrain. La tâche d'un pouvoir intelligent et moral est donc d'éclairer, de convaincre, d'arrêter ces *regretteurs*, d'encourager les progressistes, par la bienveillante fermeté de ses décisions. Au lieu de cela, les départements de la marine et de la justice se laissent aller à servir des rancunes déraisonnables, et par là nuisent à tout le monde. Ils semblent n'obéir eux-mêmes qu'à une sorte de sentiment de mesquine vengeance. Le soin qu'ils mettent à détruire dans le personnel des colonies tout ce que le gouvernement provisoire a fait, est poussé jusqu'à la puérilité ; chaque célébrité de la servitude qui avait été éloignée est remise à la place même qu'elle occupait, comme si l'on oubliait que les choses ont changé, comme si l'on voulait seulement faire pièce à la Révolution. On ne fait pièce qu'à l'œuvre de la régénération.

Nous le pouvons dire en toute sécurité de conscience, le gouvernement de Février, en faisant les changements qu'il a opérés dans le personnel administratif et judiciaire des colonies, n'a obéi, et encore avec une extrême réserve, qu'aux nécessités les plus impérieuses d'une rénovation qui changeait la société de face. Mais admettons qu'il n'ait pas eu cette sagesse, supposons qu'il ait mis, volontairement ou non, dela passion dans cette entreprise difficile ; pourquoi ne pas profiter de l'expérience d'une telle erreur ? Est-il gouvernemental de mettre la même passion dans l'œuvre contraire, aujourd'hui surtout que l'on ne saurait alléguer pour excuse les effervescences révolutionnaires. Les conséquences de ce que j'appellerais un système de représailles, s'il y en avait eu à exercer, sont déplorables; on transforme ainsi les fonctionnaires, les magistrats réintégrés en hommes de parti, et ils perdent leur premier apanage, la foi des justiciables, le respect des administrés ; une classe compte sur eux comme sur des complices, une autre les redoute comme des ennemis. On livre ainsi les colonies à des tiraillements perpétuels, on engage leur avenir autant que l'on trouble leur présent. Et en effet, lorsque le pouvoir reviendra à ceux auxquels il appartient, ils se verront condamnés à repousser de nouveau des fonctionnaires qui ne sont plus que les séides d'une faction. Est-il rien de moins favorable au bon ordre que de préparer ces inévitables revirements? Si vous ne vouliez pas, en dépit de la logique, les hommes de l'émancipation pour diriger la société affranchie, vous deviez au moins ne pas lui imposer les hommes de l'esclavage. Vous provoquez en pure perte les populations.

La voie suivie en ce moment par le pouvoir n'est pas seulement regrettable au point de vue de l'équité, elle l'est aussi au point de vue politique, si toutefois il y a une différence entre l'équité et la politique. Ces révocations, ces disgrâces imméritées ont porté leurs fruits naturels, on en peut déjà considérer les tristes effets. Elles ont été envisagées sur les lieux comme des faveurs accordées à un parti; et il s'est trouvé un secrétaire général du ministère de la justice, M. Jallon, qui, pour mieux fortifier cette idée, n'a pas craint d'autoriser M. Pécoul à *annoncer d'avance* le remplacement de M. le procureur général Meynier! C'est revenir à ce que l'on appelait, en termes parlementaires, l'abus des influences. D'un autre côté, ces faveurs scandaleuses ont fait croire que la vieille oligarchie allait avoir sa restauration, et elles ont été une cause réelle d'intimidation pour la magistrature locale. Jamais, certainement, MM. Rufi-Pontevès et Barradat n'auraient présidé les assises du mois d'octobre 1849, à Saint-Pierre et à Fort-de-France, avec la révoltante partialité qu'ils y ont mise, s'ils n'avaient jugé que l'indépendance des magistrats n'était pas leur premier mérite aux yeux du ministère, et que l'on s'exposait à tomber en ne donnant pas de gages *aux amis de l'ordre*. Ne serait-ce pas aussi ce qui a conduit le gouverneur, M. Fabvre, d'abord impartial, à destituer M. Babeau, à signer la dernière razzia de fonctionnaires mulâtres que lui proposait l'honnête M. Blanc, enfin, à prêter une gravité énorme aux émeutes électorales de Sainte-Rose et du Port-Louis qu'il avait primitivement jugées insignifiantes. Si le ferme amiral Bruat lui-même n'eût pas craint de blesser les prédilections si marquées du ministère de la marine, aurait-il souffert que le chef d'un parti osât rivaliser de puissance avec l'autorité constituée et lui donner un démenti public en déclarant qu'une note spéciale du journal officiel ne méritait aucun crédit (1) !

Il est temps que l'administration reconnaisse qu'en protégeant aussi ouvertement une coterie sans générosité ni grandeur, elle livre nos Antilles à l'anarchie.

Le rôle que vient de jouer M. Mittaine à la Guadeloupe est un exemple frappant du danger de ces revirements où le ministère semble prendre fait et cause pour un parti. M. Mittaine, du moment qu'on lui rendait sa position de premier substitut du procureur général, ne pouvait manquer de sévir contre les

(1) « Le représentant de la Martinique, désireux de faire partager à ses concitoyens *la confiance que lui inspire* le caractère bien connu de M. de Tracy, avait fait insérer au *Courrier de la Martinique* l'analyse d'une dépêche qu'il a adressée au gouverneur de la Guadeloupe, et dans laquelle ce ministre témoigne de ses bonnes dispositions à l'endroit des colonies : devant les dénégations du *journal officiel*, tendant à détruire la confiance qui pourrait naître de cette insertion, M. Bissette nous écrit pour nous prier de déclarer à ses commettants que la note du *journal officiel* NE MÉRITE AUCUN CRÉDIT, et que l'extrait publié de la dépêche dont il s'agit est vrai en tous points, et ne fait que confirmer, du reste, les dispositions bienveillantes *qu'il connaît* à M. de Tracy en faveur des colonies. » (*Courrier de la Martinique.*)

Nous renvoyons aux annexes (lettre I) une épitre de M. Bissette qui montrera quelles allures dictatoriales le confident des dépêches de M. Tracy se croyait permis de prendre.

amis de l'ancien sous-secrétaire d'Etat de la marine, qui l'avait révoqué pour des causes sérieuses (1). Si aveuglé qu'il soit, même à son insu, par ses désirs de vengeance, eût-il encore dernièrement offensé les plus vulgaires notions du droit et de la justice, s'il ne s'était cru tout permis, en voyant écraser les magistrats et les fonctionnaires indépendants? Consignons le fait, afin qu'on sache à quelle profondeur est arrivé le désordre moral.

M. Leroy, conseiller à la cour d'appel, était appelé, par l'effet du roulement semestriel, à présider la cour d'assises qui doit juger le fameux complot des mulâtres. Mais M. Leroy est un homme intègre, il ne condamnera pas quand même, et l'on veut une condamnation. M. Mittaine va trouver le gouverneur intérimaire, M. Fabvre, et lui demande de faire permuter M. Leroy avec un magistrat de la Martinique ! Il ne lui dit pas que ce qu'il sollicite est une énormité dont il n'y a guère d'exemples dans les annales judiciaires : il obtient son consentement. Il faut, de plus, la sanction du gouverneur général; M. Mittaine ne se fie à personne pour la gagner; il quitte les soins de son cher procès, se rend à la Martinique, il circonvient de même M. Bruat, en l'absence du procureur général, M. Meynier; le brave marin croit assurer bonne justice, il signe la mesure d'iniquité, et M. Mittaine revient triomphant à la Guadeloupe avec un arrêté du gouverneur général des Antilles, qui arrache à cent cinquante détenus politiques un juge qui leur était acquis! Triste victoire, fâcheuse pour le magistrat qui l'obtint. — Elle ne fut heureusement pas de longue durée. Le ministre de la justice, instruit par M. Perrinon de cette violation des plus simples garanties accordées par la loi aux justiciables, ordonna de rétablir aussitôt l'honorable magistrat sur son siège. Mais, chose étrange, en une telle occurence, ce n'est pas contre les auteurs d'une telle monstruosité judiciaire que

(1) M. Mittaine faisait payer, sur les fonds du rachat forcé, des esclaves authentiquement libres en vertu de l'article 47 du code noir. On peut voir, pour ces actes blâmables, *Histoire de l'esclavage pendant les deux dernières années*, t. I, p. 33 et 114. Disons, afin de mieux expliquer encore les droits de M. Mittaine à remonter à la seconde place du ministère public, qu'au mépris de la loi qui oblige les magistrats à ne pas s'occuper d'affaires, il est chargé de nombreuses procurations de propriétaires absents, à l'aide desquels il se fait, pour commissions, un revenu assez considérable.

M. le ministre de la marine a prononcé un blâme : c'est pour la victime ! Il n'a pas craint de dire à la tribune, «que M. Leroy « n'avait point, dans des circonstances récentes, manifesté « toute l'impartialité désirable ! » Et c'est d'un de ses subordonnées, d'un magistrat *amovible* qu'il parle ainsi ; c'est sous le coup d'une pareille observation qu'il lui rend la présidence des assises ! Nous en avons l'intime conviction, l'honorable M. Leroy ne courbera pas le front devant le mécontentement ministériel ; il ne se croira pas dans la nécessité de condamner quand même, pour *montrer l'impartialité désirable*. Vingt-deux années de loyaux services sont là pour assurer qu'il préférera son devoir à sa haute position. Mais nous le demandons, les imprudentes paroles de M. de Tracy ne sont-elles pas de nature à porter atteinte à l'indépendance du magistrat, à violenter sa conscience ?

Plus les bureaux de la marine accordent, plus on leur demande ; plus ils font de concessions, plus on a d'exigences. Ils ne semblent pas savoir qu'ils ont affaire à un parti aveugle, insatiable, implacable. Peut-être ne s'y trompent-ils plus, en voyant ce parti arriver à demander hautement le rappel du gouverneur général. L'amiral Bruat n'a pas consenti à se faire le complaisant de la faction dominante, elle a résolu de le renverser, et pour cela, selon son usage, elle ne recule devant rien. Le *Courrier de la Martinique* (numéro du 6 octobre 1849) vient de couronner une longue série d'attaques, en l'accusant d'un *outrage aux mœurs* (1) ! Que l'on juge par là des excès que peut commettre cette faction et de l'audace qu'elle puise dans la faiblesse du ministère. Une insulte d'une telle nature, adressée au gouverneur général des Antilles, permet d'apprécier la valeur des attaques dirigées par les mêmes mains contre MM. Castelli, Dugoujon et autres.

(1) « Hier M. le contre-amiral Bruat s'est livré, avec deux de ses aides de camp, aux plaisirs du bain, dans un *costume tel* que plusieurs honorables mères de famille, qui se trouvaient en partie, avec leurs jeunes demoiselles, à la *Rivière Monsieur*, ont été obligées de prendre la fuite. La pudeur ne leur a pas permis d'assister à un spectacle qui peut convenir chez les peuplades sauvages, mais qui, chez les nations civilisées, est non-seulement un outrage aux mœurs puni par la loi, mais encore une inconvenance que repousse la dignité personnelle. Que peut-on attendre des masses lorsque celui qui a reçu mission de les diriger leur donne de tels exemples ? »

— 143 —

Le journaliste va maintenant broder ce beau thème quotidiennement, il y reviendra chaque jour; pas un de ses numéros
ne paraîtra sans exploiter *l'outrage aux mœurs* commis par le
chef des Antilles, sans exhaler de nouvelles plaintes que les complices d'ici feront soutenir par leurs journaux; c'est un système monté, organisé, on appelle cela « rendre un homme
impossible. » A la fin, on s'en prendra au nouveau ministre,
comme on a fait à l'égard de M. de Tracy, dans le cas où il résisterait; on s'indignera qu'il laisse à la tête de la Martinique
un homme coupable d'un outrage aux mœurs (dans le système
de ces honnêtes gens, toute calomnie lancée devient un fait
établi), on ajoutera (le moyen a réussi) que M. Bruat est un
rouge, un démagogue, un adepte du socialisme, ce moderne
Croquemitaine des grands enfants; on répétera qu'il protége
les montagnards (1). Au besoin, on en dira autant de l'amiral
Romain-Desfossés, et, s'il n'a pas la tête plus forte que M. de
Tracy, on gagnera encore cette dernière partie.

Pour dire vrai, nous en avons peur, car le nouveau ministre,
à peine entré au pouvoir, vient de faire aux incorrigibles une
concession qui égale en gravité tout ce qu'ils avaient obtenu
de son débile prédécesseur, il a *rendu* le colonel Fiéron à la
Guadeloupe! C'est à ne pas croire. Voilà un gouverneur qui
s'est fait chef de parti: il n'a pas su administrer, sans exiler, au

(1) « La Guadeloupe en feu, la Martinique sans cesse inquiétée sont les
effets de la double investiture de M. Bruat. Mais ce malheur prouve du
moins qu'il n'existe pas, dans la marine et dans l'armée, deux officiers généraux auxquels la direction des colonies ait cru pouvoir confier les deux
machines à élire encore des montagnards. » *Courrier de la Martinique*,
8 septembre 1849.) M. Bruat montagnard, qui s'en serait douté?

Le *Courrier de la Martinique* vient de montrer combien sont sincères
toutes ces réprobations affectées pour le parti politique auquel j'ai l'honneur d'appartenir. Pure machine de guerre. Il prétend qu'on me doit
repousser parce que je suis de à ce parti montagnard qui veut tout
renverser, tout briser, famille, propriété, société. Je ne suis digne d'aucune confiance, parce que je suis socialiste. Et voilà qu'il recommande
chaudement aux colons une correspondance coloniale que leur propose
M. Jules Lechevalier. Or, M. Jules Lechevalier, qui lui paraît digne de
toute confiance, a des opinions peut-être encore plus avancées que les
miennes. Ses lettres sont datées de la terre d'exil, où il gémit à titre de
montagnard et de socialiste.

mépris des instructions ministérielles, tout fonctionnaire qui ne partageait point ses passions ; il en a embarqué cinq en trois mois ; la haute commission administrative instituée au ministère de la marine, sous la présidence de M. Macarel, et dont les membres ne sont pas du tout *socialistes*, a taxé d'abus de pouvoir son dernier ordre d'embarquement ; il a été condamné sur les lieux mêmes (1830) en police correctionnelle, pour voie de fait envers un fonctionnaire dans l'exercice de ses fonctions ; et aujourd'hui, on lui rend le gouvernement de la colonie, d'où on le retirait il y a trois mois pour ses actes d'arbitraire ! Que s'est-il donc passé ? Ses fautes sont-elles devenues des mérites, et ses violences des vertus ?

Le *Progrès* du 30 septembre 1849, alors qu'il ne pouvait se douter de la nouvelle investiture de M. Fiéron, disait de lui, au milieu d'une polémique toute locale :

« Il est vraiment par trop curieux qu'on aperçoive un danger
« dans l'initiative que prend un gouverneur pour l'accomplis-
« sement des lois de l'État. L'*Avenir* craindrait que plus tard *il*
« *ne se crût en droit, usurpant son pouvoir souverain, de s'engager*
« *dans des complications extrêmes.* Mais comment se fait-il donc
« que *sous le régime arbitraire de M. le colonel Fiéron, où les ri-*
« *gueurs inutiles, le mépris et l'insulte n'ont pas manqué aux nou-*
« *veaux et aux anciens affranchis ; où presque tous les actes de l'au-*
« *torité prenaient le caractère d'une véritable dictature*, l'*Avenir*
« n'ait pas eu la crainte des complications et d'une usurpation
« de pouvoir ? C'est qu'alors on rêvait un ordre de choses qui
« prenait sa source dans des idées de violence ; c'est qu'on vou-
« lait faire entendre à la France que tous les mulâtres conspi-
« rent perpétuellement contre la paix publique et la propriété,
« thème qu'on exploite encore aujourd'hui avec impudence ;
« c'est qu'on voulait rétablir la compression morale et maté-
« rielle, sous la forme d'une tutelle soi-disant bienveillante ;
« c'est qu'enfin, pour rester fidèle au principe établi, que les
« lois européennes perdent leur force par le baptême du tropi-
« que, *on organisait les relations des propriétaires et des travail-*
« *leurs de manière à frapper ces derniers par l'arbitraire.* »

Telles sont les idées que M. Fiéron représente à la Guadeloupe, tels sont les souvenirs qu'il a laissés parmi les mulâtres et les noirs, en favorisant une classe au détriment des deux

autres. Quel bien dès lors pourra-t-il faire? Il ne sera qu'un élément de plus de discorde. En le revoyant on croira que le gouvernement adopte un parti et déclare la guerre à l'autre, et sérieusement il est difficile de penser autre chose. Cela n'est ni
juste ni habile. On voudrait réellement provoquer, exaspérer
les classes de couleur; on voudrait intimider les électeurs qui
nomment des abolitionistes, qu'on ne s'y prendrait pas autrement. Sans compter qu'à l'incapacité éprouvée du colonel
Fiéron, va se joindre la préoccupation de se venger de ceux
qui ne lui ont pas épargné les marques de désaffection.

Pauvres Antilles! M. Tracy leur expédie, aux frais de la République, un *conciliateur* qui soulève partout le trouble, la division, l'émeute, dont la présence et les discours y font couler le
premier sang répandu depuis qu'elles sont libres, et voilà maintenant, M. Romain-Desfossés qui impose pour gouverneur à la
Guadeloupe, à un pays déchiré par deux factions, un homme
révoqué il y a trois mois pour l'excès de sa partialité envers
une des factions!

Un bureau de l'Assemblée législative a déclaré que le voyage
du protégé de M. Tracy « était un événement malheureux (1). » Nous souhaitons que la législative n'ait pas encore
à dire : « la restauration de M. Fiéron au gouvernement de la
« Guadeloupe fut un événement malheureux! »

Ce sont là des revers pour notre cause ; toutefois ils n'ébranlent pas ma confiance; je n'y vois qu'une halte dans le développement de l'égalité aux Antilles; mais la liberté est toujours
acquise! Et, il importe de le dire, ces triomphes sont funestes
pour les colons! Dans leur intérêt même, il serait à désirer
qu'on résistât davantage aux manœuvres, aux intrigues des
meneurs qui ne cherchent en tout ceci que l'assouvissement
de leurs rancunes. Quand les anciens propriétaires d'esclaves
seront redevenus maîtres de toutes les positions, ils en abuse-
ront d'autant plus, que ce sera une véritable victoire remportée
sur des antagonistes. Ils sont hommes, ils n'échapperont pas à
la loi fatale de l'enivrement du pouvoir. C'est un grand, un
réel danger.

Le gouvernement devrait y réfléchir, la chose en vaut la

(1) *Rapport sur les élections de la Guadeloupe*, séance du 17 octobre 1840.

peine. De la conduite qu'il tiendra dépend le salut des colonies. Qu'il subisse l'influence des hommes du passé, qu'il mette la force armée au service de leurs désirs, de leurs préjugés, de leurs propagandistes, qu'il pèse sur la majorité au profit de la minorité, et l'on ne peut prévoir à quelles catastrophes nos îles sont réservées.

Les colonies anglaises ont diminué toutes leurs garnisons après l'émancipation, les incorrigibles demandent qu'on double les nôtres; ils repoussent, comme candidats et même comme élus à la représentation nationale, des hommes qui ont contribué à rendre à la vie *les créatures humaines* dont la loi faisait des *objets mobiliers* entre les mains des colons; ils traquent tous les fonctionnaires indépendants qui restent çà et là aux Antilles malgré les épurations déjà faites; ils cherchent à amoindrir politiquement la classe de couleur en l'éloignant de tout emploi public. En faut-il davantage pour exciter des soupçons sur leurs projets et leurs vues? Après les dernières élections de la Guadeloupe, on a dit que des émissaires schœlchéristes avaient répandu le bruit, dans les campagnes, que si les nègres ne nommaient pas MM. Schœlcher et Perrinon, les blancs les remettraient en servitude. Il y a bientôt dix-huit mois qu'on parle de ces obscurs agitateurs, et, malgré le zèle passionné du parquet, il n'en a jamais pu saisir un seul. Pourquoi donc imaginer de prétendus émissaires de désordre? Une telle pensée n'a-t-elle pas pu très-bien venir à l'esprit des nouveaux affranchis sans leur être suscitée? Elle se conçoit parfaitement chez des hommes qui sortent à peine de servitude. Il ne manque pas, parmi les noirs, de vieillards pour leur dire ce qui advint à la Martinique en 92 et 93, pour leur raconter que leurs pères, autrefois affranchis à la Guadeloupe, le 17 pluviôse an II, ont été, au bout de huit ans, le 30 floréal an X, après de sanglants combats où la fortune trahit leur courage, chargés de nouvelles chaînes par le consul époux d'une créole. Ne peuvent-ils pas redouter la même chose?

Personne, je m'empresse de le répéter, personne aux colonies ne désire le rétablissement de l'esclavage; tout le monde en est d'accord, l'abolition est irrévocable; l'Assemblée législative elle-même le voulût-elle, ce que je ne lui fais pas l'injure de croire une minute, elle ne pourrait ressusciter la servitude; la

Constitution le lui défend. Mais il est permis à des nouveaux affranchis d'en douter encore ; il faut cependant bien compter avec la nature humaine, le fatal souvenir du passé ne peut sortir si facilement de l'esprit d'hommes libres d'hier.

D'ailleurs ils n'ont point uniquement le passé, ils ont aussi le présent pour les mettre en défiance ; seulement leurs appréhensions vont plus loin qu'ils n'ont à craindre.

Il est trop certain que la faction des incorrigibles n'a pas montré pour la liberté tout le respect nécessaire et caresse l'espoir d'un ordre quelconque de choses qui n'exclurait pas la compression. Un homme grave et de hautes lumières, témoin des commencements de l'émancipation, M. Bayle-Mouillard, à qui M. Fiéron a fait un piédestal de persécution, s'est expliqué ainsi dans son discours d'installation comme procureur général à Douai : « D'anciens maîtres demandant une contrainte impos- « sible, rêvent je ne sais quel système de travail forcé, et s'em- « portent contre le magistrat qui refuse de remplacer le fouet « du commandeur par la verge de la justice déshonorée. » Il faut que les hommes qui ont les colonies dans leurs mains pèsent ces paroles, elles sont très-sérieuses et partent d'un homme sérieux.

Ce n'est malheureusement pas là, en effet, une pure allégation ; il est facile de prouver que les rétrogrades conspirent, non pas, encore une fois, contre l'abolition de l'esclavage, mais contre la parfaite indépendance des nouveaux citoyens. Je trouve, par exemple, dans le *Commercial* du 1er novembre 1848, cette phrase significative : « *Les nouveaux affranchis* ont « trop besoin de la tutelle gouvernementale *pour être livrés sou- « dainement à la liberté dont tous les membres de la société fran- « çaise jouissent,* aux exigences de tous les droits et devoirs de « citoyens français, sans exposer la société coloniale à de terri- « bles perturbations. » Or, les affranchis de la Répuqblique sont en possession de la même liberté que celle de tous les membres de la société française : émettre devant eux la pensée qu'ils n'en peuvent jouir sans tutelle, n'est-ce pas leur donner à craindre qu'on ne veuille leur en retirer une partie ? A chaque instant quelque mot d'impatient vient trahir ces dangereuses visées ; le *Journal des Antilles*, dans l'enivrement du triomphe électoral de son parti à la Martinique, disait, le 8 sep-

tembre 1849, avec beaucoup d'imprudence : « Il faut mainte-
« nant que la France nous vienne en aide, qu'elle nous donne
« des lois répressives qui obligent au travail. » Et l'*Avenir* s'est
empressé de répéter cela à la Guadeloupe le 19 septembre !
Des lois répressives qui obligent au travail ! Qu'est-ce, s'il vous
plaît, autre chose que ce travail forcé rêvé par plusieurs?

En mainte occasion ils ont laissé voir leur peu de prédilection pour les droits acquis des nouveaux citoyens; le 27 juin
1849, le *Commercial* priait naïvement, et sans le moindre souci
de la Constitution, l'Assemblée législative « de priver pendant
« quelques années la Guadeloupe de son droit d'élection pour
« la punir d'avoir mal usé du suffrage universel !» Un mois
après, le 28 juillet, les colons résidents du Havre disaient pis
encore dans leur fameuse adresse au président de la République. Pense-t-on que les susceptibilités naturellement très-
ombrageuses d'une population récemment émancipée ne s'é-
meuvent pas à entendre proposer crûment de leur retirer un
droit inhérent à la qualité de citoyen français? Si l'on trouve,
dit-elle, aussi simple de nous en enlever un, pourquoi ne ten-
terait-on pas de nous enlever les autres quand on le jugera
opportun, « pour nous punir d'en avoir abusé? » Croit-on,
par hasard, que les nègres et les mulâtres ne sachent pas
donner aux mots leur véritable signification? On se trompe-
rait fort.

Comment veut-on qu'ils n'éprouvent pas les plus fâcheuses
impressions? Le 24 mars 1849 ils entendent dire au *Courrier
de la Martinique* : « Les auteurs des décrets ne se sont point
aperçus que, pour assurer le succès de notre transformation
sociale, *il était indispensable de maintenir les blancs* A LA TÊTE *du
mouvement.* » Et puis, le 30 juillet, le *Courrier du Havre*, répété
sans commentaire par le *Commercial* du 29 août, s'en vient annoncer, d'un ton où la légèreté le dispute à l'insolence : « Des
représentants ont obtenu du ministre que l'ordre fût expédié
à la Guadeloupe de prendre des mesures pour rétablir la *suprématie naturelle* de la race européenne. »

Nous savons bien ici que cela n'est pas vrai, que le ministre
n'a pas pu donner cet ordre qui le couvrirait de honte, qui le
rendrait responsable d'une révolution immédiate; mais aux
Antilles, où le passé touche encore de si près au présent, les

esprits s'ouvrent avec plus de facilité à des inquiétudes que l'audace même de pareils propos autorise.

En vérité, nos adversaires sont frappés de cet aveuglement qui saisit toutes les aristocraties en dissolution; parce que la grande lumière de la liberté éblouit leurs yeux accoutumés aux ténèbres de la servitude, ils croient qu'il fait nuit; ils ne voient rien, n'entendent rien; ils se suicideraient pour prouver qu'hier valait mieux qu'aujourd'hui. Qu'on ne les arrête pas, et ils iront, d'erreur en erreur, d'abus en abus, de faute en faute, vers le cataclysme de Saint-Domingue, vers ces fins malheureuses où les contempteurs de la liberté viennent tous se briser contre les indignations et les colères populaires.

Le travail serait long si l'on voulait relever, dans les journaux blancs, tout ce qu'y recueillent les intéressés, tout ce qui provoque leur sourde agitation en excitant leurs alarmes. La feuille de Paris qui a remplacé le *Globe* pour les colons, l'*Assemblée nationale*, disait encore dans son numéro du 14 juin 1849: « Si la France *entend assurer aux populations affranchies la libre jouissance de* LEURS DROITS NATURELS *et l'entier exercice de* LEURS FACULTÉS, elle ne va pas cependant jusqu'à placer sa propre race dans la dépendance. » *La libre jouissance de leurs* DROITS NATURELS, *l'entier exercice de* LEURS FACULTÉS, c'est à quoi on limite les nouveaux citoyens! Franchement, ce n'est pas assez. Et le 19 septembre, dans un article spécialement consacré à l'instruction aux colonies, article par conséquent raisonné, non improvisé, l'*Avenir* avançait hardiment : « que deux heures d'école par jour suffisaient pour les gens de la campagne! » Franchement encore, ce n'est point assez! Leur intention, pensent les cultivateurs en apprenant cela, leur intention est donc de nous maintenir dans la sujétion, puisqu'ils prétendent nous parquer dans notre ancienne ignorance? Est-ce pour concourir au même but que le gouverneur, qui s'était fait leur instrument, M. Fiéron, a voulu déjà nous rendre la petite propriété impossible en frappant d'un énorme impôt de vingt francs par hectare toute terre cultivée en vivres?

Et pendant qu'ils font ces tristes réflexions, le 26 septembre, le *Commercial* renouvelle la proposition de créer des cartes de sûreté pour tous les habitants de la Guadeloupe ! Il trouve mauvais qu'un homme de la campagne puisse venir se loger en ville sans ce qu'il appelle une régularisation légale, et il démontre que *cette mesure ne serait pas arbitraire* par le motif péremptoire « que les besoins de l'île en réclament impérieusement l'exécution. » Faut-il être bien avisé pour comprendre que les cartes de sûreté supprimeraient la libre locomotion, ne laisseraient plus à chacun le droit de se fixer là où il veut, droit imprescriptible tant qu'on ne fait de tort à personne, tant qu'on ne s'installe pas de force sous le toit ou sur la terre d'autrui? Faut-il donc être bien expérimenté pour voir qu'il y a là l'intention flagrante d'attenter à l'indépendance des affranchis, de les séquestrer sur les habitations, de les tracasser chaque fois qu'ils en sortiront. Et en effet, de tous les *blancs*, de tous ceux qui portent des habits, on n'exigera jamais l'exhibition de la carte de sûreté, mais, quelque part qu'on rencontrera un prolétaire, un homme pauvrement vêtu, on la lui demandera et on le mènera en prison s'il ne la présente pas. Il n'est pas besoin d'être docteur pour juger que les cartes de sûreté seraient le commencement de la glèbe et pour se méfier dès lors des intentions de ceux qui en proposent l'établissement.

Et quand les incorrigibles tiennent à journaux ouverts un langage aussi menaçant à l'égard d'hommes naguère encore esclaves, ils reprochent aux mulâtres d'inspirer à ces hommes des craintes chimériques! En conscience, est-ce juste? Si les cultivateurs redoutaient réellement quelque chose pour leur parfaite indépendance, il faudrait s'en prendre non pas à de mauvais conseillers imaginaires, mais aux imprudents discours des accusateurs.

En résumé, ceux-ci conseillent les rigueurs, ils demandent des troupes, des vapeurs armés en guerre : ils ont tort, ils ne font qu'accroître les ressentiments par ces démonstrations blessantes. Les mulâtres pas plus que les nègres n'en veulent à la vie des blancs! ils n'exigent que le droit, l'égalité; mais ils prennent dans les mauvais desseins qu'on leur prête, le droit de concevoir, à leur tour, des soupçons injurieux. Ils se demandent pourquoi on veut les effrayer.

Renforcer les garnisons! Où, dans quelles circonstances a-t-on vu qu'elles ne fussent pas suffisantes ? Quoi! il faudrait plus de baïonnettes pour garder la liberté qu'il n'y en avait pour maintenir l'esclavage! Cela ne servirait qu'à augmenter les prétentions de certains colons, leurs dispositions à la tyrannie, en leur inspirant plus de certitude de briser aussitôt toute résistance. Sans doute, quand ils auraient jeté les nègres hors des bornes par l'arbitraire, ils en viendraient aisément à bout, ils les vaincraient facilement à l'aide de troupes réglées ; l'esclavage d'où sortent les noirs ne leur a donné aucune habitude de combat ; mais la torche est une arme terrible que l'on ne pourra pas arracher à leurs bras égarés par la colère et l'indignation ; vous auriez dix mille soldats dans chaque colonie qu'ils n'y feraient rien.—Je sais bien qu'à cette phrase ils vont crier que je conseille l'incendie aux nègres. Je les connais, je suis accoutumé à l'infâme perfidie de leurs insinuations, à la méchanceté de leurs commentaires analytiques, mais je ne m'en inquiète plus ; toute ma vie répond pour moi. J'expose loyalement ce que je pense ; les gens honnêtes me liront comme j'écris ; et, je le dis avec une conviction profonde, si l'on applique, à la Martinique et à la Guadeloupe, le système de terreur que les meneurs recommandent, ces îles sont perdues. Que les colons y songent : la plus grande de toutes les aberrations est d'imaginer qu'on puisse sauver un pays par la compression de la majorité de ses habitants. La justice, l'impartialité, le respect des droits de tous et de chacun, voilà dans toutes les contrées de la terre les meilleures garnisons.

CHAPITRE XI.

Terroriste.

Je n'ai pas fini, mes chers amis, avec tout ce qu'ont dit et fait vos ennemis, contre moi. Vous ne l'avez pas oublié, ils m'ont appelé TERRORISTE. C'est l'épithète que le pieux menteur du *Courrier de la Martinique*, M. Maynard, appliquait à mon nom dans la première nomenclature qu'il dressait des divers candidats. Je ne devrais peut-être pas m'inquiéter de cela. Ces faux modérés ne regardent guère à ce qu'ils disent, pourvu qu'ils disent du mal; les expressions les plus violentes leur sont familières, et ils ont un certain nombre d'injures, qu'ils adressent indistinctement à tous ceux qui ne se font pas leurs complices. Terroristes, anarchistes, ennemis du pays, sont de leurs aménités courantes. Ne se souvient-on pas qu'un de leurs grands chefs, M. Lepelletier Duclary, parla ainsi du patronage institué en 1845. « Quant au patronage des esclaves, on peut le consi- « dérer comme un nouvel enfantement du génie révolution- « naire de 93, ressuscité dans les journées de juillet 1830. « Continuateurs de 93, disait-il, à ce propos, *aux ministres de* « *Louis-Philippe*, vous serez fidèles à votre nature, vous ne « produirez que l'anarchie. »

Malheureusement ces gens-là portent dans leurs actions la même exagération que dans leur langage ; ils ne parlent si facilement aujourd'hui de terreur que pour s'y être accoutumés en lisant leur propre histoire; ils me forcent à leur rappeler que les terroristes aux colonies, ce sont les maîtres cruels qui épouvantèrent le monde civilisé par leurs atrocités, et les magistrats créoles ou créolisés qui les acquittèrent. Les terroristes, ce sont les quelques possesseurs d'esclaves, auxquels leur délégué lui-même, M. Ch. Dupin, était obligé de dire, en s'adressant au conseil colonial de la Martinique : « Il est possible qu'un certain nombre de colons, en réfléchissant sur le déplorable parti que l'on tire contre eux, en général, de tout délit, de tout crime constaté par jugement, *soient excités à l'absolution ;* il est possible qu'ils soient tentés, comme en France, de trouver des circonstances atténuantes, *quand elles ne s'y trouvent pas.* Il en résulte un mal infini.

« Il faut le dire, les juges et les assesseurs, lorsqu'ils innocentent un coupable, condamnent par là les colonies mêmes, *ils condamnent le caractère colonial ;* ils le condamnent à la calomnie, au mépris, à la haine qui s'ensuivent contre eux, dans la mère-patrie; et cela dans le moment où votre fortune, votre avenir, votre existence sont en jeu?

« Voilà, Monsieur le président et Messieurs les conseillers, voilà ce qu'il faut faire entendre à tous vos concitoyens, à tous les juges, à tous les assesseurs.

« Je voudrais, quand un homme a prouvé qu'il appartient à la catégorie, malheureusement inévitable dans toute agglomération d'hommes, à la catégorie des êtres cruels, je voudrais que vous vous réunissiez pour l'expulser de gré ou de force de la colonie. Vous êtes dignes de ne compter, sur le sol que vous honorez par votre caractère, que des hommes humains comme vous, et qu'à ce titre vous puissiez appeler vos semblables. » (Jamais ce bon conseil n'a été suivi !)

Les terroristes des colonies, ce sont les Prouzat, les Pécoul, les Dastorg, qui pendaient des esclaves, en 1815, pour *crime d'évasion !* Les terroristes, ce sont les hommes qui, après l'insurrection du Carbet, en 1822, prononcèrent **60** condamnations, dont 21 à mort, toutes exécutées, 7 par la décapitation, 14 par la strangulation ! Les terroristes, ce sont les juges qui condamnèrent, en 1824, à la marque et aux galères à perpétuité Fabien Volny et Bissette, coupables d'avoir lu une brochure publiée en France, et qui, pour le *même complot,* proscrivirent plus de 300 mulâtres ! Les terroristes, ce sont les juges colons qui, en 1831, au moyen d'un procès que M. Th. Lechevalier lui-même qualifie d'*infâme*, ont mis en un seul jour à mort **24** nègres héroïques, auxquels on ne pouvait reprocher une seule mort d'homme ! Les terroristes, ce sont les possesseurs d'esclaves qui ont sacrifié ces hécatombes humaines sur l'autel de leur peur, sans même attendre le recours en grâce, tant ils étaient pressés, comme dit encore leur compatriote M. Th. Lechevalier, d'*inspirer la terreur* (1). Les terroristes, ce sont les juges colons qui, dans l'affaire de la grande Anse, en 1833, où il n'y eut de sang versé que celui des prisonniers, fusillés par une horde de sauvages (2), prononcèrent QUINZE condamnations à mort, NEUF aux travaux forcés à perpétuité ou à temps, VINGT-TROIS au bannissement, SEIZE à la surveillance de la haute police. Cette fois, heureusement, la métropole arracha toutes ces victimes à l'ogre de l'esclavage, et, après diverses commutations successives, remise entière de toutes les peines fut prononcée au mois de décembre 1836 !

Les terroristes, ce sont les ennemis de l'honneur colonial, souillés de ces longs massacres juridiques ; ce sont les hommes dont M. Th. Lechevalier a pu parler ainsi : « On dira « que, fort de mon innocence, j'aurais dû me présenter aux « assises, me laver par un jugement, etc., etc. Non, messieurs ; « vous en parlez fort à votre aise, comme si, à la Martinique, « en fait de magistrats, il n'y a que MM. Bourke et de La Calle « qui aient de la *sagesse* ; on voit bien que vous n'avez jamais « été mis en prison. Je livre mon effigie à toute la colère co- « loniale ; il sera toujours temps de revenir au port après « l'orage. Il y a bien des jurés que l'on tire au sort, mais je « n'aime pas les hasards de la Martinique ; sur une liste de « trente jurés qu'on m'a fait parvenir, il y a dix-sept noms qui « ne sont jamais sortis de l'urne. D'ailleurs, on n'est pas maître « de la peur, et j'avoue franchement que j'ai *peur* des juges, « sans savoir encore ceux qu'on désigne ; *peur* des témoins, « *peur* des jurés ; et ces mots *artifice coupable* ayant peut-être « une signification particulière en justice, j'ai *peur* que l'on ne

(1) Le géreur *blanc*, un des accusés du procès de 1831, a été acquitté. Il n'a échappé à une condamnation que parce qu'il eût porté ce procès devant la cour de cassation et que la France l'aurait connu. *Ce sujet d'alarmes* était aussi important à détruire que les autres. (A. Gatine.)

(2) *Polémique sur les événements de la grande Anse*, par Bissette.

« finisse par trouver un moyen de me glisser dans le complot.
« Il y a bien appel en cassation, mais j'ai *peur* d'une forme
« oubliée, d'un délai qui se passe sans qu'on y prenne garde.
« *Je suis né à la Martinique ; je sais comment tout cela s'y*
« *arrange ;* on me rendra bien probablement justice en France,
« mais, vu la distance des lieux, j'aurai le temps de faire un
« ou deux ans de geôle ; je serai ruiné, forcé de quitter la
« colonie, et c'est ce que demandent ces colons insensés, qui
« ne se doutent pas qu'enfin un homme juste et généreux dé-
« voilera les iniquités qui sont la base de leur système. Je me
« rappelle que, dînant un jour sur une habitation, on annonça
« que trois malheureux, accusés d'avoir voulu assassiner un
« de ces nobles colons, avaient été arrêtés, et que l'informa-
« tion avait totalement prouvé leur innocence. *C'est égal*, dit
« un des convives, on aurait *dû pendre un innocent*, pour
« l'exemple. Cet homme avait une idée exacte de la manière
« dont la faction coloniale entend la justice : je m'en suis sou-
« venu et je cours encore.

« Th. LECHEVALIER (1). »

Les terroristes, ce sont les meneurs qui, fidèles à ces effrayantes traditions, viennent de profiter des désordres de la Guadeloupe, pour attribuer à la classe de couleur un complot impossible contre la classe blanche, et qui ont déjà pris dans ce
monstrueux filet plus de cent cinquante accusés, au nombre desquels ils ont mis les mulâtres les plus considérables de l'île. Les
terroristes, ce sont les anarchistes dont le journal préféré con-
seillait encore dernièrement au gouvernement l'emploi des dé-
portations en masse, en lui disant : « Faites arrêter *cinquante*
« *meneurs* aux Antilles, envoyez-les juger en France, et tout
« s'apaisera. » Les terroristes, ce sont les furibonds qui écrivaient, dans le *Courrier de la Martinique* du 20 juin 1849 : « Il
« est du droit et du devoir du gouvernement *si petits que*
« *soient ses ennemis, de les écraser sous ses pieds* pour éviter leurs
« morsures. » Les terroristes, ce sont les magistrats colons
condamnant en masse et solidairement pour défaut de culture,

_____

(1) *La Martinique en* 1831.

à 30,000 fr., à 61,000 fr. de dommages et intérêts (1), de pauvres noirs auxquels il revient 50 ou 60 centimes par jour dans leur association avec un propriétaire.

(1) Extraits des jugements rendus par M. Peux (Numa), juge de paix, propriétaire au Saint-Esprit (Martinique).

« 27 avril 1849.— Gravier Sainte-Luce, propriétaire au François, contre 82 cultivateurs associés. — Le Tribunal prononce la dissolution de la société, déboute les cultivateurs de leur demande en indemnité, et les condamne SOLIDAIREMENT à payer :

« 1° 2,980 fr. pour loyers de leurs cases et jardins,

« 2° 61,630 fr. à titre de dommages-intérêts pour défaut de culture.

« *Même date*. Jugement condamnant les travailleurs de l'habitation Boullet, rivière Salée, à payer 18,000 fr. à la dame Félix Deslandes, séparée de biens avec son mari, pour dommages-intérêts, résultant du défaut de culture.

« *Même date*. Gabriel Desvergers de Saubis, propriétaire absent de la colonie, y représenté par Joseph Sainte-Rose Courvigne, contre les 55 cultivateurs associés pour l'exploitation de l'habitation Bellevue. Ceux-ci sont condamnés à 18,180 fr. de dommages-intérêts pour défaut de culture. »

Ces chiffres sont si fabuleusement exagérés, que nous avons peine à y croire. Mais ils nous sont donnés par une personne d'un caractère sérieux, dans laquelle nous avons pleine confiance. Nous n'hésitons pas à prendre la responsabilité de leur publication.

Voilà donc 82 nègres qui pendant toute leur vie ne pourront plus gagner un sou sans que M. Gravier Sainte-Luce, vienne leur dire au nom de la loi : Donnez-moi cet argent à compte sur les 61,000 de dommages-intérêts que vous me devez solidairement avec vos camarades. Quel encouragement au travail et à l'association !

Les juges de paix ne sont pas seuls à rendre de pareils jugements, à la Martinique. En voici un autre du même goût, rendu par M. Daney, juge du tribunal de première instance.

« Entre le sieur Charles-Bernard Kiquandon, avoué, demeurant à Fort-de-France, appelant, comparant par lui-même, d'une part,

Et les sieurs Montout et consorts, cultivateurs de l'habitation dite Caverot, située au Diamant, y demeurant ; intimés comparant par Me Lamotte, avoué, d'autre part ;

Le Tribunal : ouï, etc.

En ce qui touche les loyers des cases et des jardins ; Attendu que la jouissance des cases et des jardins n'était donnée aux cultivateurs qu'en raison du contrat d'association ; que ce contrat s'anéantissant pour faire place au salaire, les cultivateurs doivent tenir compte aux propriétaires du prix de cette jouissance, puisque ceux-ci leur tiennent compte du prix des travaux par eux exécutés ;

Attendu que l'appréciation faite par les experts, pour le prix des loyers des cases et des jardins, paraît juste et équitable, et qu'il y a lieu de l'adopter ; qu'ainsi les cultivateurs restent devoir aux propriétaires la somme

Et les gens qui ont derrière eux un tel passé, les gens qui
professent encore chaque jour de telles opinions m'appellent

de *deux mille cinq cent quatre-vingt francs quatre-vingt-seize centimes* (1);

En ce qui touche la fixation du prix de la journée de travail, abstrac-
tion faite de la jouissance des cases et des jardins :

Attendu que le chiffre d'un franc vingt-cinq centimes pour les cultivateurs et celui de soixante-quinze centimes pour les gardiens d'animaux
sont ceux généralement adoptés dans le quartier du Sud; que ces deux
prix sont en rapport avec la somme de travail fourni; qu'il y a donc lieu
d'admettre en faveur des cultivateurs, ainsi que l'ont fait les cultivateurs
et les experts nommés par le tribunal, le chiffre net de deux mille deux
cent quatre-vingt dix-sept francs soixante centimes, pour journées de
travail dues;

En ce qui touche les dommages-intérêts :

Attendu que quelque récente que soit l'entrée des cultivateurs dans la vie
civile et le peu d'habitude qu'on peut leur supposer dans la pratique des
actes et des obligations de cette nouvelle vie, on ne peut pas dire cependant qu'ils ont contracté dans l'ignorance de ce qu'ils faisaient; qu'ils ne
stipulent dans l'acte d'association qu'assistés de conseils choisis par eux;
que ceux-ci ont dû leur expliquer la nature et la portée de leurs engagements, les avantages qui en résulteraient s'ils les exécutaient, les pertes
qu'ils encourraient s'ils les transgressaient; qu'on doit donc au contraire
présumer qu'ils ont contracté en pleine connaissance de cause, et que
l'inexécution des obligations qui donne aujourd'hui ouverture aux dommages-intérêts est le résultat d'une volonté librement exprimée et sciemment
exercée, et non d'un défaut d'intelligence de ce à quoi ils s'obligeaient.

Attendu que le montant de ces dommages-intérêts se trouve évalué par
les experts à une somme de TRENTE MILLE FRANCS; *que ce chiffre paraît
équitable* en raison des journées de travail non fournies et de l'abandon
presque complet des cultures;

Par ces motifs, émendant le jugement dont appel :

Fixe à *deux mille cinq cent quatre-vingt francs quatre-vingt seize
centimes* le prix de la jouissance des cases et des loyers dû aux propriétaires par les cultivateurs; fixe à deux mille deux cent quatre-vingt dix-
sept francs soixante centimes le montant des journées dues aux cultivateurs, ainsi que l'a établi le jugement dont est appel; fixe à TRENTE MILLE
FRANCS LES DOMMAGES-INTÉRÊTS dus par les cultivateurs aux propriétaires; et,
défalquant des sommes dues aux propriétaires celle de deux mille deux
cent quatre-vingt dix-sept francs soixante centimes en faveur des cultivateurs, condamne ceux-ci, ainsi qu'ils sont dénommés dans l'exploit in-
troductif d'instance, à payer aux demandeurs la somme de trente mille
deux cent quatre-vingt-trois francs trente-cinq centimes, avec les inté-

(1) Assurément toutes les cases ensemble de M. Kiquandon ne valent pas
2,500 francs.

terroriste ! Qu'ils se regardent donc, les malheureux, avant de
de chercher à me déshonorer par une épithète qui soulève
tous mes sens d'horreur !

Moi, terroriste ! Le gouvernement provisoire et M. Arago,
son illustre ministre de la marine, m'ont fait cet honneur,
de me laisser, sous leur surveillance, un jour maître des
colonies. Comment ceux que je m'étais associés et moi avons-
nous usé de la puissance? Quant aux hommes, nous avons
seulement déplacé quelques-uns des plus compromis avec l'esclavage. Quant aux institutions, la liberté de la presse était en-
chaînée aux Antilles, nous l'avons déchaînée, nous l'avons
rendue illimitée. Nous savions que les anciens maîtres seuls
avaient des journaux, qu'il serait presque impossible à nos amis
politiques d'en créer (et effectivement il leur a fallu plus de
quinze mois, à la Guadeloupe, pour faire les frais d'un seul ; à
la Martinique ils n'en ont pas encore). Nous devions craindre
naturellement, sinon les calomnies, du moins les attaques de
nos adversaires, nous pouvions redouter les entraves que cette
influence énorme de la plume exercée par eux seuls apporte-
rait, surtout dans les premiers moments, à l'œuvre de l'émancipation, ce qui est arrivé enfin ; on nous accordera bien assez
d'intelligence pour supposer que nous l'avions prévu, et cependant nous n'avons pas hésité, parce que l'émission libre de la
pensée est à nos yeux un droit souverain pour l'homme libre.
Appelez-moi donc encore terroriste !

C'est grâce à nous que depuis dix-huit mois les trois journaux blancs ont parlé seuls. Ils ont soutenu leurs opinions, leurs
doctrines, avec une violence inouïe, dont heureusement on n'a
presque pas d'exemple en Europe. Ils ont versé à plein bord le
mensonge et la calomnie, ils nous ont appelé terroristes dans
chacun de leurs numéros, ils ont dit quotidiennement qu'une
classe de la population voulait le massacre de l'autre, promet-

rêts de droit ; les condamne également aux dépens liquidés à. . . .
Ainsi jugé et prononcé au Palais de justice du tribunal de première
instance de Fort-de-France, île Martinique, en l'audience publique du
15 juin 1849, par M. Daney de Marcillac, juge de première instance, qui a
pris l'avis de M. Ligonier, juge auditeur, et qui a signé avec le commis
greffier.

Signé : C. DANEY.

tait aux pauvres les biens des riches, et corrompait par de perfides conseils les nouveaux affranchis. Ces accusations sont allées trouver le colon des campagnes et des villes qui veut le repos et l'union; répétées sans cesse, chaque jour, avec un acharnement fiévreux, elles ont jeté dans son esprit la défiance, l'effroi et la colère. Les grands *fusionnaires* ont applaudi.

Mais la classe tant injuriée ne s'est point laissé abattre, elle a gardé sa foi et ses espérances ; à force de sacrifices, elle a pu enfin créer un organe pour se défendre, pour confondre les imposteurs, pour dévoiler leurs trames, pour venger les outrages dont l'accablait une faction sans frein, pour protester contre les infâmes pensées qu'on lui prêtait, pour faire connaître ses principes, ses désirs, ses vœux et ses tendances, pour éclairer en un mot l'opinion publique en rétablissant la vérité. Aussitôt les *honnêtes gens* se sont indignés, et ils ont écrit à la *Patrie*: « Nous avons un élément de désordre de plus, un jour-
« nal de plus ; le *Progrès*, de la couleur de la *Réforme*, excite
« encore la population.

« Le suffrage universel et la liberté de la presse sont deux
« épices auxquelles la constitution des colonies s'habituera
« difficilement, quoi que l'on dise. »

Insensés ! à peine trouvent-ils un contradicteur qu'ils veulent remettre la lumière sous le boisseau, quitte à s'y enfermer eux-mêmes. Plus de liberté de la presse, plus de suffrage universel pour les colonies ! Si, par impossible, ils réussissaient, ils feraient encore des colonies des pays d'exception, avec une législation à part; ils les placeraient en dehors de la mère-patrie; ils leur continueraient le rôle et le caractère de simples *possessions*. En pleine république, ils les replongeraient dans le bon plaisir des gouverneurs !

Tous nos efforts, au contraire, tendent à les assimiler complétement à la métropole, à en faire des départements d'outre-mer comme la Corse. Que les planteurs de bonne foi jugent quels sont les terroristes, entre ceux qui donnèrent la liberté de la presse et ceux qui veulent déjà l'étouffer?

On a encore fait de moi un terroriste en disant que j'avais donné des pouvoirs illimités aux commissaires généraux envoyés aux colonies, que j'en avais fait des proconsuls. Erreur ou mensonge. Les commissaires généraux n'ont jamais eu d'autres pouvoirs que ceux qui sont conférés encore aujourd'hui aux gouverneurs par les ordonnances organiques.—Cette législation leur donnait le droit monstrueux d'expulser des îles qui leur plaît. Il pouvait me sembler bon de profiter d'un abus existant; au moment où nous opérions la rénovation de la France d'outre-mer, il pouvait me paraître utile de se débarrasser ainsi de ceux des anciens dominateurs du pays qui nous gêneraient. Républicain de cœur et de doctrine, je n'ai pas voulu laisser à la merci d'un seul homme la liberté, la fortune ou l'avenir des citoyens; une instruction ministérielle signée Schœlcher, pour le ministre de la marine, parle ainsi aux commissaires généraux :

« En ce qui touche les citoyens, les ordonnances organiques ont créé des attributions exceptionnelles qui ne sauraient survivre à l'établissement de la liberté : vous voudrez donc *considérer ces pouvoirs comme expirant de droit* au moment où les esclaves deviendront libres.

« A l'égard des fonctionnaires, des membres de la magistrature et du clergé, les mêmes ordonnances donnent, dans les cas graves :

« 1° Le droit de suspension pour ceux dont les titres de nomination émanent du gouvernement de la métropole;

« 2° Le droit de révocation pour ceux qui ont été institués par l'autorité locale.

« L'exercice du premier de ces droits (la suspension), est entouré de formes et de garanties déterminées. Si vous croyez avoir à en faire l'application, *ce sera sous votre responsabilité*, avec la plus grande réserve, avec une ferme impartialité, *en vous préservant de tout arbitraire*, comme aussi en vous plaçant toujours au point de vue de la nécessité d'être entouré d'hommes dévoués au succès des mesures dont le gouvernement provisoire de la République vous a confié l'exécution.

« Les changements qui viennent d'être introduits dans le haut personnel ont satisfait, d'après mes premières appréciations, à la nécessité dont je viens de parler. *J'ai donc lieu de compter que vous n'aurez à procéder à aucune mesure d'urgence*, et que vous vous en tiendrez à des propositions qui devront être appuyées de tous les renseignements propres à éclairer la décision du gouvernement, *propositions dont vous attendrez le résultat.* »

Il est donc de la dernière évidence que le droit de prononcer le bannissement à temps ou illimité, contre un habitant, a été retiré par nous aux commissaires généraux des colonies, et que, dans aucun cas, l'embarquement forcé des fonctionnaires n'a été autorisé. Quel terroriste !

Les commissaires généraux des Antilles, fidèles à leurs instructions, n'ont prononcé aucun arrêt d'exil, ou du moins un seul a été prononcé par celui de la Guadeloupe, mais contre un fonctionnaire qui l'avait accompagné. Ceux qui m'appellent terroriste, au contraire, dès qu'ils sont redevenus maîtres du terrain, déchirant les instructions ministérielles, sont aussitôt rentrés dans l'ornière des embarquements forcés, et leur ami, le colonel Fiéron, qui tient à eux par une nombreuse parenté, a banni révolutionnairement, comme je le disais plus haut, cinq personnes « qui leur faisaient obstacle. »

Moi, terroriste, non, mes chers concitoyens, ne le croyez pas, le mot seul me révolte; on ne trouvera pas une syllabe de votre ami tracée avec du sang. Toute ma vie, au contraire, j'ai parlé, j'ai écrit contre la peine de mort et les châtiments corporels (1). Naguère encore, dominé par ce sentiment, je m'inscrivais publiquement même contre l'exécution des infâmes assassins du général Bréa.

Ah !... le martyre du général Bréa, nos ennemis en ont fait aussi un instrument d'ignominie contre moi !

Le 20 mars 1849, à la Constituante, j'ai dit ceci : « Nous ne « défendons pas un crime exécrable et exécré, mais nous disons « que c'est un crime politique, et que vous avez relevé l'écha- « faud politique ! »

Pas un mot de plus ni de moins. Dans un discours que j'avais prononcé, le 22 février précédent, en faveur de l'amnistie pour les déportés de juin 1848, j'avais fait cette réserve : « Poursuivez « les assassins qui se sont glissés au milieu des insurgés, mais « que l'amnistie soit accordée aux combattants ! » Eh bien, ouvrez les journaux blancs des deux îles à l'époque des élections, et vous y lirez vingt fois répété : « Que je me suis fait le « panégyriste du plus lâche guet-apens; — que j'ai défendu les

_____

(1) Je renvoie aux annexes, lettre *J*, ma dernière protestation contre la peine de mort.

« assassins du général Bréa ; que j'ai *voté*, oui, que j'ai *voté* leur
« mise en liberté. » (*Courrier*, 19 mai.) N'est-ce pas, mes amis,
qu'ils sont bien à plaindre, ceux qui, dans un misérable intérêt
électoral, transforment de la sorte une nouvelle protestation
contre la peine de mort en un panégyrique d'assassinat?
N'est-ce pas, qu'il faut terriblement regretter l'esclavage pour
tant haïr un abolitionniste?

Les gens du *Courrier* et leur nouvel allié sont bien d'accord.
Ils le suivent dans ses plus repoussantes vilenies, il les suit
dans leurs plus odieux mensonges. Ils avaient répété que j'avais
fait mon voyage aux Antilles pour cause de santé, il a voulu
répéter que j'étais un terroriste ; il a imaginé ce que vous allez
lire ; ce n'est plus l'égarement de la haine, c'est de la folie :

Lettre de M. Bissette.

« Robert, 14 mai 1849.

« Mon cher Duparquet,

« Hier matin, avant de partir du Fort-de-France pour le Lamentin,
j'ai lu dans le journal *Les Antilles* un appel aux électeurs, à propos des
élections qui doivent avoir lieu à la fin de ce mois. Je n'ai pas été sans
éprouver une vive surprise de trouver votre nom parmi les signataires de
cette pièce.

« Vous recommandez la candidature de M. Schœlcher et vous accolez
le nom de *ce méchant homme* au mien ; si vous ignorez que M. Schœlcher
est mon plus cruel ennemi, si vous ignorez qu'il a dit, à Paris, à M. Linstant, son ami, et à un vénérable ecclésiastique, qu'il fera *brûler ma maison et fera couper la tête de ma femme et de mes enfants, pour être portée
en triomphe au bout d'une pique,* si j'ose combattre son élection, soit à
la Martinique, soit à la Guadeloupe; si vous ignorez cela, vous avez raison
d'appuyer la candidature de M. Schœlcher, car vous êtes libre de porter votre suffrage sur qui il vous plaît.

« Mais, si vous savez que cet homme a tenu ce propos sanguinaire
sur ma famille, à laquelle vous êtes allié, alors je ne saurais expliquer
votre conduite, et je saurai celle que je dois tenir envers vous.

« Je sais qu'il y a dans la ville du Fort-de-France, et peut-être parmi
vos amis signataires de cet appel, *plus d'un mulâtre qui voudraient voir
au bout d'une pique la tête de mes enfants,* pour faire plaisir à leur maître
Schœlcher, mais j'ignorais jusqu'à présent que vous fussiez du nombre
de ces personnes. Je vous mets à même de vous expliquer. Il n'y a pas
de terme moyen entre ma proposition. Ou vous voulez récompenser
l'homme *qui se déclare le bourreau de ma famille,* en le recommandant
aux suffrages de vos compatriotes, ou vous avez agi par ignorance.

« Si vous avez voulu donner à M. Schœlcher un témoignage de votre reconnaissance, à l'occasion de ses sentiments pour ma famille, vous ne devez pas me voir, ni moi, ni ma femme, ni mes enfants.

« Si, au contraire, vous avez été entraîné, comme tant d'autres, par ignorance des faits, vous devez le déclarer publiquement, comme votre recommandation dans *les Antilles*.

« Je n'entends nullement faire violence à votre conscience ; vous êtes libre de voter pour qui il vous convient ; mais je puis vous prier de ne pas mettre mon nom à côté d'*un bourreau*. Dispensez-vous d'écrire mon nom sur votre bulletin, et je vous en saurai gré, si celui de M. Schœlcher doit y figurer.

« Vous pouvez communiquer cette lettre à Sannom, car ce que je vous dis le concerne au même titre que vous, lui aussi est oncle par alliance de mes enfants.

« Dans la pensée que vous êtes abusé, que vous êtes trompé, je vous salue d'amitié et fraternellement, jusqu'à ce que je reçoive votre réponse et votre désaveu.

« Votre frère,

« BISSETTE. »

Le grand agitateur de la conciliation a écrit la même chose à plusieurs de ses parents, et entre autres à M. Baron, auquel il dit, avec variantes :

« ... M. Schœlcher, que vos amis et vous recommandez aux électeurs, a *déclaré*, à *Paris*, que, si j'osais combattre son élection, soit ici, soit à la Guadeloupe, il ferait brûler ma maison par les noirs qu'il a affranchi (*sic*), couper la tête de ma femme et de mes enfants pour être portée (*sic*) en triomphe au bout d'une pique. Il a ajouté que les ordonnateurs de cette fête serait (*sic*) les mulâtres ses amis. Je n'ignore pas qu'il ait (*sic*) des mulâtres parmi vous qui verraient avec plaisir s'accomplir les menaces sanguinaires de M. Schœlcher, et je me plais à leur rendre cette justice, que ce serait un beau jour pour eux que celui où ils se verraient décoré (*sic*) de l'écharpe rouge d'ordonnateur (*sic*) de cette fête. Que ceux-là recommandent la candidature de M. Schœlcher, c'est tout naturel, puisque le pouvoir qu'ils veulent lui donner peut, dans un cas donné, hâter cette saturnale d'iniquités. Mais vous, mon cher Baron, vous qui m'avez accueilli, à mon arrivée de mon exil (*sic*), je ne conçois pas que vous ayez signé une pièce de votre nom (*sic*), dans laquelle vous recommandez, de toutes vos sympathies (*sic*), *le bourreau* et le père *des victimes futures*.

« Je dois croire que vous êtes abusé *comme tant d'autres*, et que vous ignorez les bons sentiments de votre recommandé pour moi et pour ma famille. Veuillez me faire le plaisir de faire biffer mon nom, que vos amis ont inscrit à côté de celui de M. Schœlcher, et faire cesser cette cruelle ironie, par trop sauvage dans *un pays chrétien* comme le nôtre, etc.

« BISSETTE. »

Le sacrilége ! Il parle encore de religion au moment où il lance ces sanglantes faussetés, ces atroces niaiseries !—Il n'a pas osé les imprimer, c'est de vive voix et par correspondance qu'il les a répandues. Il espérait que cela ne parviendrait ni jusqu'à moi, ni jusqu'à M. Linstant, dont il avait l'audace d'invoquer le témoignage ; il s'est trompé : ses parents révoltés m'ont envoyé ses lettres, et M. Linstant, en apprenant qu'on voulait faire servir son nom à une imposture, m'a écrit tout indigné :

Lettre de M. Linstant.

Paris, 3 juillet 1849.

« Mon cher Schœlcher,

« J'ai lu, avec le sentiment de dégoût qu'inspirent le mensonge et la calomnie, la lettre que M. Bissette a adressée à M. Duparquet, son parent, relativement aux élections de la Martinique, lettre que vous m'avez communiquée, et d'où j'ai extrait les lignes suivantes, soulignées telles qu'elles sont dans l'original.

« Si vous ignorez qu'il (Schœlcher) a dit à Paris, à M. Linstant, son « ami, et à un vénérable ecclésiastique, qu'il fera *brûler ma maison et* « *couper la tête de ma femme et de mes enfants pour être portée en* « *triomphe au bout d'une pique,* si j'ose combattre son élection soit à la « Martinique, soit à la Guadeloupe, etc., etc. »

« M. Bissette a commis là un impudent mensonge ; jamais vous ne m'avez tenu les propos qu'il vous attribue ; je n'ai pas pu, par conséquent, les répéter ; mais je vais plus loin, je soutiens que personne d'honnête n'a pu faire à M. Bissette pareille confidence.

« M. Bissette est d'autant plus criminel d'avoir eu recours, pour appuyer son élection, à la calomnie, ce moyen odieux employé aux plus mauvais jours de la corruption monarchique, que sa candidature se trouvait déjà entourée d'une auréole de malheurs qui la recommandait suffisamment aux électeurs de la Martinique.

« Ne vous étonnez pas de cette attaque nouvelle de vos ennemis ; n'avez-vous pas déjà été accusé, et ces accusations n'ont-elles pas trouvé au delà de l'Atlantique des échos bénévoles, — n'avez-vous pas déjà été accusé, par des hommes qui auraient été bien aises de trouver la cause de leurs infortunes ailleurs que dans leurs fautes et leurs méfaits, d'avoir, par vos discours et vos écrits, provoqué les révolutions qui ont, pendant quelque temps, ensanglanté le sol d'Haïti ? C'est le sort de tous ceux qui s'occupent du bonheur de l'humanité, de voir leurs intentions dénaturées ainsi par la haine, l'ignorance et l'envie; mais en Haïti comme ailleurs, les yeux se dessillent, le jour de la justice arrive pour vous.

« La population régénérée des Antilles ne se laissera pas, j'espère, détourner de la bonne voie par les prédications calomnieuses de M. Bissette, qui, certes, dans ses pérégrinations électorales, aurait fait acte de bon citoyen, s'il avait donné à ces hommes, nouvellement rendus à la liberté, l'exemple de la moralité, plutôt que celui de l'iniquité et du mensonge.

« J'ai saisi avec plaisir, mon cher Schœlcher, cette occasion de vous exprimer de nouveau ma pensée. Vous pouvez faire de ma lettre l'usage que vous jugerez convenable.

« Salut et fraternité,

« LINSTANT. »

Mais je ne suis pas le seul auquel la haine délirante du martyr malgré lui prête les plus monstrueuses idées, sa fécondité dans ce genre n'a d'égale que la noirceur de ses inventions. Le 4 août dernier, on lisait dans le *Courrier de la Martinique :*

« Saint-Pierre, 3 août 1844.

« Monsieur le rédacteur,

« Je porte à la connaissance de la Martinique, de la Guadeloupe, de toutes les colonies, de la France, et de mes généreux défenseurs de 1824; à la connaissance de mes amis et même de mes ennemis politiques, que quelques mulâtres de Fort-de-France, parodiant le drame qui s'est autrefois dénoué sur la place du marché de cette ville, ont jugé, condamné un mannequin à mon effigie, l'ont livré à un bourreau de bonne volonté, qui l'a marqué d'un fer rouge à l'épaule.

« Je porte à la connaissance de tous les honnêtes gens que, dans le programme de cette fête ignominieuse, le mannequin, promené de porte en porte, chez *tous les amis*, devait être, enfin, jeté dans ma maison, au milieu de ma femme et de mes filles !...

« L'exécution de 1824 !... parodiée en plein Fort-de-France, et par ceux-là mêmes qui en ont été la cause et en ont recueilli les effets !...

« La voix publique accuse les citoyens Baron cadet, Desanges, Bonamy, Quiqueron, Dorville-Jouannet, Eugène Clavier, Georges Waddy, Sainte-Luce, Cochinat, Petit-Choule, etc., etc., et enfin Merlin !

« L'honneur leur défend d'accepter cette accusation.

« J'espère qu'ils sauront la repousser.

« Agréez, etc.,

« BISSETTE. »

Que dire après cela?

Des hommes aussi honorables devaient-ils repousser une pareille accusation? Plusieurs ne l'ont pas pensé : ils se sont bornés à demander immédiatement à l'Assemblée législative l'autorisation de poursuivre en calomnie l'homme que votre suffrage, mes amis, a rendu inviolable. Les autres, tout en se réservant la même action devant justice, ont daigné répondre par cette lettre que le *Courrier* inséra avec des commentaires propres à l'esprit de ce journal.

Fort-de-France, le 6 août 1849.

Monsieur le rédacteur,

Nous venons de lire dans votre dernier numéro une nouvelle diatribe de M. Bissette lancée contre nous. Nous nous serions abstenus d'y répondre si votre journal ne devait être lu qu'à la Martinique, où nous sommes connus ; mais comme sa publicité s'étend au-delà des limites étroites du pays où nous vivons, nous comptons, monsieur le rédacteur, sur votre impartialité pour accueillir dans vos colonnes notre réponse à cette monstrueuse accusation.

L'honneur, ainsi que le dit M. Bissette, nous défend de l'accepter ; aussi y répondrons-nous par l'expression d'une profonde et légitime indignation ; nous faisons mieux, nous en appelons, à notre tour, à toutes les consciences honnêtes, à tous les amis politiques de celui qui déverse avec tant de fiel, sur des réputations irréprochables, l'injure et la calomnie ; enfin, nous défions M. Bissette de nous en fournir la preuve.

Nous parodier l'exécution de 1824 ! l'acte pour lequel nous avons conservé si longtemps, à l'homme qui nous outrage aujourd'hui, notre plus vive, notre plus sincère affection !

Nous parodier l'exécution de 1824 ! Mais aurions-nous perdu la mémoire du cœur au point d'oublier nos infortunés compatriotes, Fabien et Volny, si haut placés dans notre estime et si dignes de notre admiration?

Vainement, monsieur le rédacteur, l'homme auquel nous répondons chercherait à donner le change à l'opinion publique ; les généreux défenseurs à la connaissance desquels il porte les faits odieux qu'il nous impute sont trop désabusés pour accorder le moindre crédit à ses doléances. Et peut-il en être autrement, quand chacun sait que celui qui a attaché, comme avocat, son nom à cette époque mémorable, qui a défendu M. Bissette comme un frère défend un frère, a reçu de ce dernier, pour prix de ses nobles efforts, l'épithète d'INFAME dans une feuille livrée à la publicité.

M. Bissette ajoute que nous avons recueilli les effets de l'exécution de 1824. Oui, monsieur le rédacteur, nous en avons recueilli les effets, sans cela nous n'aurions pas gémi sur la position qu'il nous fait aujourd'hui. Que M. Bissette le sache bien ! de toutes les victimes des iniquités d'alors, il est le seul dont la modeste fortune n'ait pas subi la plus légère atteinte, loin de là. Il est vrai qu'il a renoncé à sa politique d'alors et abandonné ceux qui ont constamment combattu avec lui.

Agréez, monsieur le rédacteur, nos salutations empressées.

Sainte-Luce, Desanges, J.-L. Bonamy,
T. Merlin, Petit-Choule.

En même temps que le dévot collaborateur de M. Maynard travaillait de cette honnête façon la matière électorale auprès de vous, mes chers amis, ses alliés ne restaient pas inactifs ici ; ils usaient des mêmes moyens. Vous vous rappelez les lamentables événements de Saint-Pierre et du Prêcheur. L'esclavage finit là, comme il avait vécu, dans les larmes, l'incendie et le sang. A ce sujet, un ministre, brave et loyal marin, trompé par ses bureaux, fit tomber sur vous, à la tribune de l'Assemblée nationale, toute la responsabilité du mal. Le *Papa* était alors à Paris ; il ne se chargea pas de vous venger, il avait déjà fait alliance avec les incorrigibles. Moi, qu'il vous dépeint en ennemi, je pris votre défense, parce que cela me parut juste. Je ne m'en prévaux pas comme d'un titre à votre reconnaissance, car on ne doit jamais se vanter de ce qu'on a fait par amour de la vérité et de la justice; mais la discussion m'amène à le constater. Aussitôt les antinégrophiles se déchaînèrent contre moi, et votre second représentant osa, dans une correspondance que vous trouverez en annexe avec mes répliques (1), osa m'accuser d'avoir été le promoteur des malheurs du 22 mai, pour avoir écrit le 4 mars votre acte d'éternelle libération. Vous verrez comme j'ai répondu.—A l'abolitioniste de vingt ans qui vous lavait naguère encore d'odieuses imputations, vous avez préféré, mes chers amis, un ancien maître qui la veille vous chargeait de crimes! Il y a dans la vie politique, comme dans la vie privée, des choses bizarres et surprenantes.

Cette hideuse calomnie n'a pas été produite aux Antilles, elle y était vraiment impossible; mais on en a trouvé une autre

(1) Voyez lettre K, *Polémique sur les événements du 22 mai.*

à peu près semblable. De même que, pour me perdre chez les blancs, la coterie Bissette et Pécoul me disait radicalement opposé à l'indemnité; elle s'avisa, pour me ruiner dans l'esprit des mulâtres, de me donner comme le provocateur des massacres qui ont désolé la République d'Haïti. « Et maintenant, « dit le *Courrier de la Martinique* du 19 mai, oserons-nous par- « ler du livre de M. Schœlcher sur Haïti, de ce livre qui a « porté des fruits si funestes? Oserons-nous toucher à ces « pages brûlantes et terribles *qui contenaient en préceptes* la « sanglante exécution dont Port-au-Prince a été le théâtre?» Puis, le 25 mai : « En Haïti, ses sombres doctrines ont servi de « drapeau *à l'assassinat.* » Ces affreuses accusations ont été ressassées cent fois pendant les élections des deux îles. L'*Avenir* du 30 mai a dit entre autres choses : « Eh quoi! il serait un « gage d'union, celui dont le nom ne nous rappelle que le « chaos, l'anarchie, la guerre intestine et les derniers désas- « tres de Saint-Domingue! » Diffamation, infâme diffamation. Ma défense sur ce point ne sera pas longue, il me suffira, mes amis, de vous rappeler ce passage de la lettre de M. Linstant, que vous avez lue plus haut.

« Ne vous étonnez pas de cette attaque nouvelle de vos en-
« nemis; n'avez-vous pas déjà été accusé, et ces accusations
« n'ont-elles pas trouvé au-delà de l'Atlantique des échos béné-
« voles, —n'avez-vous pas déjà été accusé, par des hommes qui
« auraient été bien aises de trouver la cause de leurs infor-
« tunes ailleurs que dans leurs fautes et leurs méfaits, d'avoir,
« par vos discours et vos écrits, provoqué les révolutions qui
« ont pendant quelque temps ensanglanté le sol d'Haïti? C'est
« le sort de tous ceux qui s'occupent du bonheur de l'huma-
« nité, de voir leurs intentions dénaturées par la haine, l'igno-
« rance et l'envie ; mais en Haïti comme ailleurs, les yeux se
« dessillent, le jour de la justice arrive pour vous. »

A ce témoignage, je joindrai celui de M. Saint-Remy (des Cayes), écrivant spontanément à la *Réforme*, lorsque les accusations de la Martinique vinrent à sa connaissance :

« 25 janvier 1849.

« Citoyen rédacteur,
« Jusqu'ici les cœurs honnêtes avaient assisté avec un profond sentiment de pitié à toutes les agressions, à toutes les diatribes

dont le nom de M. Schœlcher a été l'objet, à l'occasion des livres qu'il publia, il y a quelques années, sur les colonies et sur Haïti; il était raisonnable de penser que le temps ferait justice de pareilles accusations.

« Mais le *Courrier de la Martinique* du 10 octobre dernier, racontant les douloureux événements dont l'ancienne Saint-Domingue a été le théâtre l'an dernier, reproduit encore les mêmes calomnies. C'est un devoir pour un homme de la race noire, pour un enfant d'Haïti, de rétablir la vérité.

« La relation qu'a publiée le *Courrier de la Martinique*, après avoir fait le tableau de la situation des esprits en Haïti, avant la révolution de 1843, qui renversa le président Boyer, dit que « le livre *fatal* de M. Schœlcher est venu convertir en théorie « le levain de discorde qui existait entre les noirs et les jaunes »

« Ici constatons d'abord, avec l'assentiment du *Courrier de la Martinique*, le levain de discorde qui existait en Haïti entre les noirs et les jaunes. Ce levain de discorde devait déborder avec d'autant plus de violence, qu'aucun des gouvernements qui ont régi notre pays ne s'était appliqué à l'éteindre, en répandant parmi les masses les lumières de l'instruction, les saines notions du juste et de l'injuste, en créant, en un mot, entre les deux castes l'émulation du bien public. Loin de prendre cette marche, les chefs s'étaient appliqués, avec une couardise impardonnable, à se dissimuler le mal sourd qui rongeait cette société jusque dans les os, comme l'autruche qui croit éviter le plomb meurtrier du chasseur, en se cachant la tête sous ses ailes.

« Qu'a fait le livre de M. Schœlcher? Il est venu dévoiler l'immensité du mal, l'imminence du danger.

« Sans doute de fausses données ont égaré souvent le jugement de l'écrivain abolitioniste dans l'appréciation de plusieurs phénomènes historiques; sans doute M. Schœlcher est souvent passionné, même inflexible à l'égard de certains noms qui appartiennent à l'histoire; mais cela tient à l'infidélité des données qu'il avait recueillies. En tous cas, est-ce à la vigie qui a signalé l'écueil vers lequel courait la nationalité haïtienne, qu'il faut faire remonter la responsabilité du péril?

« En d'autres termes, n'est-il pas de la plus insigne mauvaise foi d'attribuer à la parole de M. Schœlcher la moindre influence sur les odieux événements qui ont ensanglanté l'ancienne colonie française? Celui qui dévoile l'intensité du mal et qui indique le remède à y appliquer, n'a rien à se reprocher.

« Pour nous, citoyen et proscrit d'Haïti, pour nous qui avons suivi attentivement toutes les phases révolutionnaires de notre patrie, le temps n'est pas éloigné où nous dévoilerons les véritables causes de l'état de marasme et de crise au milieu duquel se débat la république noire.

« Mais, aux accusations dont M. Schœlcher est l'objet, les moins clairvoyants ne se méprendront pas. Les colons qui, dans les anciennes possessions à esclaves, insultent le nom de M. Schœlcher, ont un autre but que celui de plaindre le sort des Haïtiens. Quel est celui d'entre les hommes noirs ou jaunes qui n'y verra le bout de l'oreille de la fable? Sous-secrétaire d'Etat au département de la marine et des colonies, M. Schœlcher, avec un entraînant enthousiasme, a contribué au décret qui brise les fers des noirs; il a fait combler la distance qui séparait les jaunes des blancs; on ne lui pardonne pas la pacifique révolution coloniale; on connaît la popularité qui porta son nom à la représentation nationale; on voudrait attaquer cette popularité, afin d'empêcher ce nom de sortir de nouveau de l'urne électorale.

« Oh! nos frères des Antilles ne seront pas dupes de ces stratagèmes usés; ils respecteront toujours l'homme qui n'a pas moins que les autres abolitionistes glorieusement accompli sa tâche; ils savent que sans l'énergie de volonté de M. Schœlcher, peut-être, à l'heure où nous écrivons ces lignes, le bruit du fouet affligerait encore la terre des colonies françaises.

« Saint-Remy (des Cayes) (1). »

(1) Après cette lettre on appréciera mieux encore l'attaque suivante :
« On prétend que Soulouque, qui ne sait pas pas lire, mais pour qui on lit, a puisé ses doctrines et ses inspirations dans un des évangiles publiés par le citoyen Schœlcher, apôtre patenté et privilégié des noirs, car il n'y a que lui qui ait le monopole des excentricités les plus drolatiques et parfois les plus tragiques à l'endroit des enfants de l'Afrique, si dignes de la sollicitude des âmes honnêtes et nullement des excitations de l'orgueil et de l'ambition.
« A leur sujet, il a juré, par écrit imprimé et relié, que toute la chaîne des petites Antilles serait, à l'instar d'Haïti, transformée en république noire; république où l'élément noir non-seulement prédominerait, mais respire-

Cette justice, qui m'est rendue par des Haïtiens aussi éclairés que MM. Linstant et Saint-Remy, par des hommes qui ont occupé de hautes fonctions dans leur pays, qui ont été mêlés à ses troubles, cette justice répond pour moi. M. Saint-Remy compte parmi les victimes des fatales dissensions de la république noire, il pleure la patrie qu'il aime avec la passion des exilés, et à ce titre sa parole surtout est d'un poids que personne ne sera tenté de méconnaître. Ma conscience me disait haut et ferme, sans la moindre hésitation, qu'en publiant mon livre sur Haïti, je n'avais voulu, je n'avais cherché que le bien; l'opinion de MM. Saint-Remy et Linstant ajoute à la conviction où j'étais de n'avoir pas fait de mal. J'ai hâte d'ajouter, car, si tranquille que soit la conscience, c'est un bonheur de se voir rendre justice; j'ai hâte d'ajouter que les mulâtres des Antilles sont les premiers à répudier les opinions si loyalement émises par les journaux blancs, pour jeter la désunion entre nous. L'extrait suivant du *Progrès* (10 octobre 1849) montre en fort bon style que leurs mauvais projets sont percés à jour, et qu'ils n'auront que la honte de les avoir conçus :

« L'avénement de Souloque au trône impérial d'Haïti est, à ce qu'il paraît, une bonne fortune pour l'*Avenir*, à en juger par la manière dont il cherche à exploiter cet événement.

« La Discorde ne s'était pas promis plus de jouissances, à l'aide de la pomme fatale jetée au milieu des déesses, que ne semble s'en promettre l'*Avenir* à la nouvelle de l'intronisation du Caligula haïtien. A l'entendre, ce serait après une longue

rait exclusivement l'air ambiant de ce beau ciel. Cet empire africo-américain devra être, dans son utopie, la réparation du crime anti-humanitaire de la traite et de l'esclavage. *Ses vues sont maintenant consacrées à cette œuvre.* Nous devons marcher et il est possible que nous marchions à ce résultat; car le maître, *magister*, l'a dit. Le premier acte du drame a été représenté en Haïti. » (Le *Commercial*, 6 janvier 1849.)

Le *Courrier de la Martinique* et l'*Avenir* de la Guadeloupe parlent aussi de mon rêve de la république fédérative des Antilles, où *dominerait exclusivement l'élément noir, avec Souloque pour président.* (Voir entre autres numéros le *Courrier* du 28 octobre 1848 et l'*Avenir* du 10 janvier 1849.) Quels honnêtes gens ! Ils prêtent l'idée de créer une république *noire* fédérative des Antilles à un homme qu'ils voient, dans les procès-verbaux de la commission d'abolition, opposé à toute introduction de nègres de la côte d'Afrique dans nos colonies !

et pénible perplexité que nous nous serions résolus *à jeter le blâme sur* L'EMPEREUR DES NOIRS.

« Insinuation machiavélique, pleine d'artifice !

« La tyrannie n'est d'aucun pays, n'est d'aucune couleur. L'exécration universelle n'est pas moins acquise aux crimes qui souillent les trônes occupés par des tyrans à la peau blanche, qu'elle ne l'est au sang qui teint le sceptre d'un usurpateur à la peau noire. Dans l'un et dans l'autre cas, l'humanité est toujours déshonorée.

« Bien que nous nous soyions familiarisés depuis longtemps avec le rôle que joue l'*Avenir* dans la politique du pays, toutefois, nous ne nous attendions guère qu'à l'occasion du sceau réprobateur imprimé au front impérial de Soulouque, comme un second diadème, pour prix de ses forfaits, nous dussions voir, dans cette feuille, notre intention sophistiquement interprétée, à l'aide d'une méchanceté perfidement calculée ; que nous dussions, surtout, voir surgir dans un article le nom de M. Schœlcher, comme dans une embuscade, pour y recevoir quelques coups de stylet de plus.

« Ce n'est pas d'aujourd'hui que l'*Avenir* et le *Commercial* accablent de calomnies, d'injures et d'outrages M. Schœlcher ; il y a longtemps qu'ils s'efforcent de nous faire partager cette opinion que, M. Schœlcher est l'auteur et l'inspirateur de tous les massacres qui s'exécutent en Haïti, le grand-prêtre farouche, nous ne savons de quel Moloch moderne, aux exhortations duquel des milliers de victimes sont capricieusement immolées.

« Il y a des convictions haineuses que les cœurs honnêtes refusent de partager ; il y a des esprits sataniques dont on est heureux de ne pas comprendre l'organisation ; il y a des désordres d'imagination que le délire des passions seul peut enfanter.

« Ce n'était pas assez d'attribuer à M. Schœlcher les immolations qui déshonorent la civilisation en Haïti; les organes de la résistance cherchent encore à accréditer, dans l'esprit de la France, l'opinion que tous ses rêves d'améliorations politiques et sociales pour nos colonies tendent à la substitution de la race africaine à la race européenne.

« Étrange aveuglement des passions ! quand les procès-ver-

baux dressés devant la commission instituée par le gouvernement provisoire, à l'effet de statuer sur l'abolition de l'esclavage,
attestent que son président, M. Schœlcher, a déclaré que ce
serait un avantage, à tous égards, que d'introduire dans les
colonies des travailleurs européens! »

Un dernier mot aux hommes de bonne foi : Que l on consulte le commandant Layrle, *Abolition de l'esclavage dans les
colonies anglaises* 1842, et on le verra, quoique placé à un
point de vue tout différent du mien, prédire en 1841, annoncer pour une époque prochaine la guerre de caste que devait
enfanter, dans la malheureuse Haïti, la politique du président
Boyer. Je donne, aux annexes (lettre *L*), l'opinion de M. le
capitaine de vaisseau Layrle.

CHAPITRE XII.

Fausses lettres, Fausses nouvelles.

Je suis le chef du complot des mulâtres contre les blancs ! — Les élections à tous prix. — Fausse lettre. Ma candidature portée à la Guadeloupe parce que j'avais échoué à la Martinique. — Adresse du comité démocratique de la Pointe-à-Pître. — Misérable défaite d'un accusateur. — Candidature de M. Husson et de M. Pécoul. — Petite machination de M. Pécoul, à propos de la candidature de M. Husson. — Lettre de celui-ci. — M. Crémieux dément un propos que lui attribue M. Pécoul.

Qu'a-t-on dit encore? Vous le savez, mes amis, après les conflits qui ont précédé et suivi les dernières élections de la Guadeloupe, ceux qui en sont les seuls coupables, parce que leur courtier électoral en est le seul provocateur, ont voulu y voir l'explosion d'un projet de Saint-Barthélemy des blancs. Cette conjuration imaginaire, déplorable réminiscence de celles de 1823, 1826 et 1831, ils m'en ont fait le chef, moi qui n'ai pas quitté Paris (1). Et, parlant *de massacres*, ils ont ajouté : « Aussi avait-on écrit de Paris à des correspondants dévoués de la Basse-Terre et de la Pointe-à-Pître : *Il faut que les élections se fassent à tout prix.* » Cette phrase, avec l'horrible sens qu'on lui attribuait, se retrouve à chaque ligne de leur polémique électorale, elle est allée grossir l'animadversion traîtreusement soulevée chez les planteurs contre moi. Le fait est maintenant accompli, mais je veux le relater ici, pour flétrir au moins l'immoralité des moyens de nos adversaires. Ceux qui ne peuvent supposer que l'on ait la hardiesse d'inventer de pareilles choses sont aujourd'hui persuadés, à force de l'avoir entendu dire, que j'ai écrit à mes amis : « Faites-moi nommer quoi qu'il en coûte ! »

Quand l'effet a été produit, quand l'élection fut consommée, l'*Avenir* du 14 juillet est venu, d'un air de bonne foi, publier l'article suivant :

« On fait courir dans la ville des copies d'une lettre écrite, dit-on, par M. Schœlcher, et dans laquelle se trouveraient

(1) Voir aux annexes, lettre *M.*

quelques passages bien compromettants pour son auteur, s'ils sont en effet dans la lettre qu'on cite.

« Quant à nous, c'est sous toute réserve et dans le seul intérêt de la vérité que nous demanderons à M. Schœlcher s'il a en effet écrit ceci : « Employez tous les moyens pour faire triom-
« pher ma candidature, même l'intimidation, si ce moyen est le plus sûr.

« Si je suis nommé je vous promets de faire renvoyer M. Du-
« goujon à la Guadeloupe. » Les perfides !

Non, je n'ai point écrit cela, ni cela, ni rien de semblable, parce que j'ai horreur de l'intimidation pour les autres comme pour moi, parce que je sais qu'un représentant de la Guadeloupe n'est pas ministre des cultes.

Je n'ai même rien pu écrire à la Guadeloupe qui touchât à mon élection dans cette île. En effet, mes amis, je ne me suis présenté qu'à la Martinique: la profession de foi que je vous ai adressée le constate (1). Je défie que l'on montre qu'elle soit collective pour les deux îles, je défie qu'on en trouve une autre adressée aux électeurs de la Guadeloupe. Dois-je l'avouer, au risque d'être taxé de présomption ? Bien que l'événement m'ait cruellement déçu, j'avais si bien la conviction d'avoir loyalement rempli mon mandat, d'être toujours en 1849 l'homme de 1848, que ma nomination à la Martinique ne me semblait pas douteuse. Aussi mon élection à la Guadeloupe est-elle à mes yeux un double honneur qui augmente mes devoirs. Le parti du progrès m'a porté dans cette île, quoique je ne m'y fusse pas présenté, parce que ma candidature avait échoué chez vous. C'est ce qui se trouve parfaitement exprimé dans l'adresse du comité électoral démocratique de la Pointe-à-Pître (2).

Revenons à l'article de l'*Avenir*. Personne ne sera dupe de ses apparences de réserve. On n'ignore pas qu'un journal honnête ne pose ces sortes de questions, surtout à dix-huit cents lieues de distance, qu'autant qu'il est sûr du fait; qu'il ne se rend jamais l'écho de pareils bruits à moins d'en avoir la preuve. Était-il donc si difficile de dire tout de suite à qui j'avais écrit et qui

(1) Voir Lettre *E* des annexes.
(2) Voir aux annexes, lettre *N*.

avait lu ce qu'on rapporte? La Pointe-à-Pître est-elle une ville si grande, ses habitants sont-ils si inconnus les uns aux autres qu'on ne puisse aisément remonter à la source de pareilles rumeurs?

Au surplus, le mensonge est maintenant confondu. Ils lui ont fait passer la mer. Un des journaux de leur couleur, l'*Assemblée nationale*, l'a osé mettre dans ses colonnes. Je me suis empressé d'écrire au rédacteur en chef:

« Y avez-vous bien songé, Monsieur, ne sentez-vous pas que vous faites de l'écrivain de Paris un instigateur d'assassinats, et que vous le livrez à la réprobation, à l'horreur de toutes les âmes honnêtes? Mais il vaut mieux que ce soit ainsi; ce n'est plus une allégation, une accusation générale, il y a un fait précis, un texte cité. Il faut prouver, Monsieur, il faut nommer l'écrivain de Paris, nommer ses correspondants de meurtre, il faut produire les pièces. *Je somme de le faire* celui qui vous a fourni votre article. Pourquoi, au reste, n'avoir pas donné les noms tout de suite, sans réticence? *Est-ce fin d'avoir les bénéfices d'une exécrable calomnie, en se cachant derrière un* ON! Je ne veux pas laisser ce honteux avantage à un ennemi. A vous donc, qui que vous soyez, qui avez dit cela, *je donne le démenti le plus formel, le plus catégorique,* si c'est M. Perrinon ou moi que vous entendez indiquer comme auteur de la phrase homicide soi-disant adressée de Paris à la Basse-Terre et à la Pointe. »

Pitié! celui à qui je disais qu'il s'était caché derrière un *on* pour avoir les bénéfices d'une exécrable calomnie, celui à qui je donnais le démenti le plus formel et le plus catégorique, voilà comme il a répondu dans l'*Assemblée nationale* du 17 août 1849 :

« M. Schœlcher nous demande pourquoi nous avons dit ON *écrit,* et
« nous somme de désigner autrement l'écrivain. M. Schœlcher doit le
« savoir; il n'est pas dans nos usages d'obtempérer à une sommation vio-
« lente. Au reste, nous devons déclarer que MM. Schœlcher et Perrinon
« sont, en tant que de nom, *hors de toute désignation de notre part,*
« et que les renseignements que nous avons reçus à cet égard accusent
« *un parti et non pas un homme* ; de plus, la phrase que nous avons ci-
« tée est *le sens d'une correspondance, sans en être la lettre,* ceci pour
« éviter toute ambiguïté. »

Ainsi, vous l'entendez, mes amis, le défenseur européen des incorrigibles déclare que *ce n'est pas nous qu'il a désignés!* qu'il accuse *un parti et non pas un homme*, que la phrase citée est *le sens et non pas la lettre d'une correspondance* ! Si bien que c'est *un parti qui a écrit dans le sens* d'une phrase rapportée d'une manière parfaitement précise. Peut-on fuir plus honteusement ? Quand j'ai lu cela, je me suis trouvé dispensé de répliquer. Comment discuter avec un homme qui prétendait aussi que M. Maynard était indirectement *dans ma dépendance* au mois de juin 1848, et que l'apologie faite par lui des décrets d'abolition *a été composée par moi !* On reconnaît bien là un serviteur de tous les partis triomphants, et M. Maynard sera certes fort étonné d'apprendre qu'il ait été jamais contraint de faire ou de *subir mon éloge* dans sa feuille.

Pendant qu'on me prêtait des lettres jamais écrites, pendant qu'on faisait courir de mains en mains des extraits apocryphes de ma correspondance, M. Pécoul, de son côté, s'ingéniait à aider son digne protecteur électoral. Il faut conserver, pour le souvenir *des honnêtes gens*, une petite machination qu'il a conduite avec une loyauté extrêmement rare.

Le premier candidat des blancs à la Martinique, rendons-leur cette justice, fut M. Husson. M. Husson, du temps de l'esclavage, avait consenti à manger avec des mulâtres ; cette hardiesse lui avait fait légitimement une réputation d'homme libéral, c'est un fusionnaire très-sincère. Son choix devenait ainsi, pour les véritables modérés, un sage élément de transition, un témoignage de leurs bonnes dispositions. Les comités blancs de Fort-de-France et de Saint-Pierre furent donc d'avis de l'adopter si M. Bissette daignait l'agréer. M. Bissette ayant bien voulu manifester que M. Husson ne lui déplaisait pas, celui-ci n'hésita plus à se porter ouvertement. Mais cela ne faisait pas le compte de la faction des incorrigibles ; ils avaient choisi un représentant à leur image, M. Pécoul ; leur courtier électoral venait enfin d'oser l'avouer ; ils y tenaient passionnément. Le *Courrier de la Martinique* s'arma de toutes pièces, il lança son cri ordinaire « à la division », il attaqua jusqu'au caractère du candidat modéré, et lui dit avec son urbanité habituelle (numéro du 26 mai 1849) :

Du reste, si nous sommes bien informés, M. Husson, sans qu'il s'en doute (*sans qu'il s'en doute* est galant), *est le pis-aller de la faction schœlchérienne*, le moyen dont elle se sert pour arriver à l'exclusion du can-

12

didat choisi par les propriétaires, et peut-être à celle de M. Bissette lui-même. Des lettres de Paris, reçues ici *avant qu'il ne fût question de sa candidature*, annonçaient que *le comité de la faction, séant à Paris, avait décidé que, pour détruire l'influence Bissette, il fallait porter à la représentation M. Husson, nommément désigné.* Pour donner une preuve incontestable de la réalité de cette manœuvre, qu'il nous soit permis de transcrire ici un paragraphe de la dernière lettre de M. Pécoul. Cette lettre, arrivée par le dernier steamer, est à la date du 14 avril; elle fera voir que cette candidature de M. Husson, qui ne s'est produite à la Martinique que dans les premiers jours de mai, était connue à Paris à cette date, le 14 avril.

« Voici le passage en question :

« J'ai découvert ici que MM. Schœlcher, Papy, Perrinon et Mestro, voulant diviser les électeurs, ont imaginé de susciter la candidature de M. Husson. Si ce dernier paraissait avoir plus de chances, il ne faudrait pas hésiter à reporter sur lui toutes les voix que des électeurs bienveillants pour moi m'auraient d'abord destinées. Quelque flatteur que soit le mandat de représentant, quelque honoré que je me sentisse d'en être chargé, comme ce n'a jamais été pour moi un but, et que je place avant tout l'avantage de mon pays, permettez-moi, monsieur, de vous prier de faire connaître à tous mes concitoyens que je serais désolé qu'en persistant à me donner par leurs votes un noble témoignage d'estime et de confiance, ils compromissent le salut du pays, si cette division pouvait faciliter le triomphe de ceux que je regarde comme ses ennemis. »

La phrase est horriblement longue et barbare, mais le coup était habile, il porta. Les raisonnables se laissèrent conduire, comme toujours, par les actifs rétrogrades, par l'ancienne majorité du conseil colonial; ils cédèrent, et M. Husson, pour ne point jouer le rôle de *mannequin des schœlchéristes* que ses rivaux lui préparaient, trop *bon colon* d'ailleurs, pour ne pas préférer mille fois M. Pécoul lui-même à un abolitioniste, se désista « afin de ne pas diviser les électeurs ». Le tour de main n'eut pas autant de succès à Paris. Dès que j'en eus connaissance, je fis insérer cette note dans le *National* du 23 juin :

« Le *Courrier de la Martinique* du 26 mai rapporte le passage suivant d'une lettre de M. Pécoul, en date de Paris, 14 avril : « J'ai découvert ici que MM. Schœlcher, Papy, Perrinon et Mes- « tro, voulant diviser les électeurs, ont imaginé de susciter la « candidature de M. Husson. »

« M. Schœlcher nous prie de donner le *démenti le plus catégori-*

que à cette assertion. Jamais rien de pareil à une telle combinaison n'est venu à l'esprit des anciens représentants des Antilles, et *ils mettent M. Pécoul au défi* de faire preuve matérielle ou même morale de sa *découverte.*

«M. Pécoul savait très bien que M. Husson avait été le candidat des blancs aux dernières élections ; il devait être instruit, au mois d'avril, qu'on proposait encore à M. Husson de le porter ; il a tout simplement voulu compromettre ainsi les chances de son rival. *C'est une manœuvre qui a réussi, mais que flétriront les honnêtes gens de tous les partis.* »

La position était embarrassante, l'ami de M. Bissette s'en tira fort mal. Voici sa réponse.

« Monsieur le rédacteur,

« A propos d'une citation de ma correspondance faite par le *Courrier de la Martinique* du 16 mai dernier, le *National* contenait hier un article que je ne puis laisser passer sans réponse.

« *Un de mes amis,* en qui j'ai la confiance la plus entière, m'avait rapporté des *paroles de M. le directeur des colonies, desquelles il résultait* que *les représentants de la Martinique* fondaient de grandes espérances sur la candidature de M. Husson. Je crus utile de donner connaissance de ce fait au comité avec lequel je correspondais comme délégué des propriétaires de la colonie.

« Il a plu à M. Schœlcher de représenter ma conduite en cette circonstance comme une *manœuvre* imaginée *pour compromettre les chances de M. Husson.* Pour rétablir la vérité, il suffira d'achever la citation, dont l'article auquel je réponds n'a donné que le commencement.

« Après avoir signalé le projet dont je venais d'entendre parler, je disais : « Si cette candidature paraissait avoir plus de « chances que la mienne, etc. »

« Ce qui prouve qu'à l'époque où j'écrivais, l'expédient que je signalais n'avait encore occupé personne à la Martinique, c'est la surprise exprimée par le *Courrier* de ce qu'une candidature qui ne s'est produite qu'en mai dans cette colonie fût connue en avril à Paris.

« Au reste, M. Husson, qui a renoncé loyalement à sa candidature dès qu'il s'est assuré qu'elle causerait une diversion nuisible, a si peu pensé que j'eusse cherché à lui nuire, qu'il m'a écrit, à la date du 27 mai, une lettre pour m'expliquer comment il avait un moment laissé appuyer sa candidature. Il m'exprime à cette occasion les sentiments les plus affectueux et les plus dévoués.

« M. Schœlcher déclare que jamais les anciens représentants des Antilles n'ont eu la pensée d'une combinaison comme celle dont il est question. Je le veux bien ; mais toujours est-il que *je devais donner avis au comité de tout ce que j'entendais dire, et le tenir au courant de ce qui se passait.* Il n'y a donc eu aucune manœuvre de ma part ; *je n'ai fait que remplir un devoir,* et je ne redoute en aucune manière le jugement des honnêtes gens.

« Veuillez recevoir, Monsieur, l'expression de mes sentiments distingués.

« Paris, le 29 juin 1849.

« A. PÉCOUL. »

« Donc, répliquai-je aussitôt (*National* du 5 juillet), donc « M. Pécoul, apprenant que M. Mestro aurait *prononcé des paroles* « *desquelles il résultait que MM. Schœlcher et Papy fondaient de* « *grandes espérances sur une candidature,* » a cru pouvoir écrire « que MM. Schœlcher, Papy, *Perrinon et Mestro* (et Mestro!) (1) « avaient *imaginé de la susciter pour diviser les électeurs!.... »* Je le demande, cela est-il fondé ?

« Maintenant j'ajoute qu'*il est faux* que les représentants de « la Martinique aient jamais adressé à M. Mestro même les « paroles que l'on suppose. Qu'importait à M. Papy et à moi « qu'il se fît ou ne se fît pas une diversion à la candidature Pé- « coul ? Le succès d'une telle candidature à la Martinique nous « a toujours paru impossible, car, nous aussi, avec tous nos « amis de cette île, nous considérons M. Pécoul comme un en- « nemi du pays.

« M. Pécoul a étendu ses explications en ces termes : « Ce qui

(1) C'est là le comité directeur séant à Paris, dont parle le *Courrier.* M. Pécoul a une grande antipathie pour M. Mestro ; il me l'associe toujours dans l'intention perfide de lui nuire en le montrant lié avec un montagnard. Et cependant M. Pécoul ne peut pas ignorer que je n'ai aucune espèce de rapport avec M. Mestro ; je le lui livre.

« prouve qn'à l'époque où j'écrivais, l'expédient que je signa-
« lais n'avait encore occupé personne à la Martinique, c'est la
« surprise exprimée par le *Courrier* de ce qu'une candidature
« qui ne s'est produite qu'en mai dans cette colonie fût con-
« nue en avril à Paris. »

« Il n'y a d'expédient ici que la surprise du *Courrier* et la foi
« que feint d'y prêter M. Pécoul, dont la candidature ne s'est
« non plus produite qu'en mai. J'en trouve la preuve dans ce
« passage d'une lettre que M. Husson a fait insérer au journal
« *les Antilles*, en date du 21 mai.

« Je pense que ce qu'il y a de plus sage, c'est de laisser conduire les
« élections par M. Bissette comme il l'entendra. Il est certain que M. Bis-
« sette assurera le meilleur résultat qu'il lui sera possible. C'est ce sen-
« timent de confiance aveugle en M. Bissette qui m'a induit à émettre ma
« profession de foi. *Pendant deux mois et tant* que j'ai ignoré que ma
« candidature lui fût agréable, je me suis abstenu d'accepter les *instances*
« *qui m'étaient faites.* (1) »

« Que résulte-t-il clairement de ceci? C'est qu'au 21 mai
« M. Husson déclarait à la Martinique que la candidature *lui*
« *était offerte avec instance depuis deux mois et tant*, c'est-à-dire
« depuis le mois de mars. On pouvait, par conséquent, très-
« bien le savoir à Paris le 14 avril, *quand M. Pécoul écrivait que*
« *nous avions imaginé ici de la susciter.* »

« A vous, V. SCHOELCHER. »

M. Pécoul ne dit plus un mot. Il est évident que « son ami,
digne, de la plus entière confiance, » n'existe pas; cet ami, autrement, aurait voulu justifier son assertion taxée de *fausse* ; il est
évident que M. Pécoul venait d'être instruit des offres de candidature faites à M. Husson, lorsqu'il écrivit, le 14 avril; autrement, comment aurait-il eu l'idée de dire que *nous la suscitions*,
quand il est maintenant forcé d'avouer que cela n'est pas vrai?
Quelle apparence, d'ailleurs, que nous, détestés de ses partisans, nous ayons cru pouvoir leur faire agréer qui que ce soit?

(1) La lettre de M. Husson est un véritable document pour l'histoire
électorale des Antilles; elle montre dans quelle profonde humilité les
blancs se tenaient devant l'emprunteur de MM. Lavocat, France et Droz,
devant l'homme à la rétractation, devant l'expulsé d'une légion de la
garde nationale de Paris. On la trouvera *in extenso* aux annexes (lettre *O*).

Au résumé, un seul de nos amis de la Martinique a-t-il porté M. Husson? Ou bien était-ce les deux comités blancs de Saint-Pierre et de Fort-de-France, qui le patronèrent d'abord, qui furent nos complices? Tout cela n'est pas soutenable. « J'engageais, dit ensuite le collègue de M. Bissette, j'engageais mes amis à m'abandonner, si mon concurrent avait plus de chances. » Quel désintéressement! Quelle sincérité! Après cela, que M. Husson, s'étant une fois retiré, dans l'intérêt de son parti, ait continué ses relations avec M. Pécoul, je le veux bien ; il pense, sans doute, que son rival a moins « cherché à lui nuire» qu'à se servir soi-même.

Il faut bien convenir que M. Pécoul n'a pas pour la vérité un respect assez religieux. Aux preuves que j'en ai déjà fournies, j'ajouterai celle-ci : dans une brochure qu'il publia au mois de février sur l'indemnité, il faisait dire à M. Crémieux, rapporteur de la loi : « La Convention, en abolissant l'esclavage sans dédommagement, vous (les colons) a volés. » Je connaissais trop bien les opinions de M. Crémieux pour n'être pas sûr qu'il n'avait pu qualifier d'une manière aussi outrageante le glorieux décret de la Convention ; je m'adressai à lui, et voici la réponse qu'il me fit :

« J'avoue, mon cher collègue, que j'ai été *profondément étonné* de lire, dans l'écrit de M. Pécoul, ces mots que je lui aurais « dits : *La Convention vous a volés.* »

« J'ai beau rappeler mes souvenirs, rien de pareil ne s'y trouve. J'ai probablement tenu à M. Pécoul le langage de mon rapport ; mais ce mot de *vol*, appliqué à l'acte de la Convention par le rapporteur du projet actuel, est évidemment l'expression d'une pensée de M. Pécoul, non de la mienne. M. Pécoul AURA CONFONDU SES PAROLES AVEC LES MIENNES ; *c'est une erreur de mémoire.*

« Paris, 30 janvier 1849.

« A VOUS, AD. CRÉMIEUX. »

Après une dénégation aussi formelle, M. Pécoul répondit : « J'en suis fâché pour M. Crémieux, mais j'affirme l'exactitude « absolue de ce que j'ai avancé. Je ne suis pas d'ailleurs le seul « qui ait entendu ces paroles. M. Jabrun, qui m'avait accompa- « gné chez M. Crémieux, affirme, comme moi, qu'elles ont été « textuellement prononcées. » M. Jabrun n'a rien affirmé publiquement, mais son attestation vînt-elle aider M. Pécoul, on ne pourrait manquer de la suspecter, car M. Jabrun non plus n'en est pas à faire parler pour la première fois ses adversaires autrement qu'ils ne parlent; nous verrons au chapitre INDEMNITÉ que ce ne serait pas son unique *erreur de mémoire*, comme dit spirituellement M. Crémieux.

CHAPITRE XIII.

Les Partageux et les Assassins.

Le partage des terres au moyen d'un texte falsifié. — Hideuse insinuation au sujet des prétendus massacres de Marie-Galante. — Amas d'injures affreuses. — Contradiction des meurtriers de l'honneur. — Je hais les blancs ! — Pas un colon ne proteste contre des accusations absurdes. — Les colons honnêtes trompés. — Mon ambition. — La retraite après une grande chose accomplie eût été le calcul d'un ambitieux. — Dédain du pouvoir. — Chacun doit payer sa dette à l'humanité. — Ma conscience est tranquille.

Disons-le, mes chers amis, ces bruits, que je viens d'analyser dans leur vilaine nudité, n'ont été que d'indignes manœuvres employées par la faction des incorrigibles, pour nuire aux candidats du progrès. Fabricateurs de fausses nouvelles ici, fabricateurs de fausses lettres là-bas, tout est bon à ces éternels ennemis de l'ordre aux colonies, pourvu qu'ils réussissent dans leurs desseins ; ils sont, en vérité, bien coupables. C'est à l'aide de pareils moyens qu'ils ont trompé les colons de bonne foi, qu'ils les ont ameutés contre nos partisans et contre nous ; c'est en nous faisant dire et écrire ce que nous n'avons jamais dit ni écrit, c'est en nous attribuant des propos odieux, des idées monstrueuses, c'est en répétant chaque jour ces détestables mensonges qu'ils ont égaré les blancs, irrité les mulâtres, inquiété les noirs et divisé toutes les classes de la population coloniale.

Enregistrons un nouvel exemple de leur improbité, voyons comment ils ont cherché à faire croire qu'il y avait aussi des *partageux* aux Antilles, comment ils ont persuadé aux colons des campagnes que les collisions de Marie-Galante sont dues à l'impatience des nègres, auxquels on aurait promis ce qu'on appelle la loi agraire.

Ils m'avaient déjà fait coupable d'avoir attaqué la religion et la famille, il fallait bien compléter la phrase en montrant que je n'avais pas plus ménagé la propriété. Voici comment ils s'y sont pris.

J'ai dit, dans le rapport de la commission d'émancipation générale présenté au gouvernement provisoire :

« Pour assurer le travail aux colonies, une chose a paru tout
« d'abord indispensable à la commission : c'est de rétablir la
« propriété sur ses véritables bases par l'application de la loi
« de l'expropriation forcée. Personne n'ignore que la terre aux
« colonies est aujourd'hui entre les mains de maîtres à qui elle
« ne doit plus appartenir. C'est un gage grevé d'une hypothèque
« dont la somme dépasse la valeur engagée. »

Ceci est bien clair, personne au monde ne peut s'y tromper ;
il s'agit seulement de faire passer les biens grevés des mains du
débiteur dans celles du créancier hypothécaire. Maintenant,
recherchez le *Courrier de la Martinique* du 30 mai, huit jours
avant les élections, vous trouverez : « M. Schœlcher a sacrifié
« de saints et honorables devoirs à de haineuses inspirations, à
« une soif ardente de popularité de carrefour. *Personne n'ignore*
« *que la terre aux colonies est généralement aujourd'hui entre les*
« *mains de maîtres à qui elle ne doit plus appartenir.* Ce vœu
« qu'il a formulé dans un rapport fameux, nous allons le voir
« s'accomplir ! » Lisez ensuite le *Commercial* de la Pointe-à-
Pître (4 juillet) : « *La terre est à vous*, ont dit les schœlchéristes
« aux émancipés, *l'indemnité vous appartient*, etc. *Ces théories,*
« *puisées dans le rapport* de la commission d'abolition, *signé*
« Schœlcher, portent aujourd'hui leurs fruits ; Marie-Galante
« est là avec ses ruines ! » L'*Avenir* de la Pointre-à-Pître (27
juin) soutient également que « l'on a mis aux cœurs des nou-
« veaux libres cette pensée infernale, qu'en leur donnant la
« liberté, la France leur a aussi donné droit au partage des
« terres ! » Le même journal avait dit le 13 juin : « On sait les
« promesses fastueuses des premiers nés du scrutin électoral :
« *Participation aux mêmes biens par la vertu du socialisme.*» L'un
de ces journaux dit encore : « A la Guadeloupe, de funestes
« promesses, de fatales espérances ont complété les excitations
« électorales. Entre les élus montagnards et les électeurs, le
« pacte est bilatéral.

« Les électeurs ont rempli leur obligation ; ils ont élu. A
« votre tour, Messieurs les élus, à vous acquitter. A quand donc
« *le partage des terres* et la distribution des places ? »

En vérité, ces gens-là sont bien éhontés ! Et, peut-être, faut-

il plus les plaindre encore que les maudire. La flagrante violation des saintes lois de la vérité, poussée à ce point, est une
véritable maladie morale. — J'ai prêché le partage des terres!
Et cela, ils le trouvent dans le rapport de la commission que
je présidais ! Or, ils ont lu ce rapport, ils ont lu le volume des
procès-verbaux de la commission où il se trouve; et voilà
ce qu'ils y ont lu en même temps (page 120, séance du
23 mars) :

« Quoique la loi du vagabondage s'applique, dès à présent,
de plein droit partout, le citoyen V. Schœlcher propose de la
rappeler spécialement dans les instructions qui seront données
aux commissaires du gouvernement : ce sera une déclaration
authentique *à l'adresse de ceux qui pourraient craindre, en
France, ou espérer, aux colonies*, quelque relâchement dans
l'application de cette règle d'ordre social, malheureusement
nécessaire. La loi du vagabondage exige la condition du domicile, et, aux colonies, le nègre pourrait être tenté d'aller
prendre sa demeure sur quelque terre vague. Ce point doit être
particulièrement prévu par la législation. *Il n'y a point de terre
incertaine; toute terre qui n'appartient pas à un particulier appartient à la nation.*

« La commission vote les deux mesures suivantes :

« Il sera procédé par un cadastre général à la déterminalion
des propriétés de la République et de celle des particuliers.

« La prise de possession des terres vagues est formellement
interdite. »

Et, plus loin, page 168, séance du 1er avril, ils ont lu encore :

« Le citoyen V. Schœlcher croit utile de mentionner expressément par un décret que les cases, les jardins et les arbres,
dont les nègres ont la jouissance, appartiennent aux maîtres :
non pas que le droit en soit douteux, mais les nègres sont tellement habitués à considérer ces choses comme leur héritage,
que le silence de la loi semblerait, à leurs yeux, les leur maintenir. La commission adopte cette proposition, mais elle croit
qu'on peut, comme la précédente, la faire entrer dans le même
décret, sous forme d'un article ainsi conçu :

« Les cases et les terrains actuellement affectés aux esclaves,
ainsi que les arbres fruitiers dont ils jouissent, restent la pro-

priété des maîtres, à moins de conventions contraires. Néanmoins, les propriétaires ne pourront priver les affranchis
des fruits et des récoltes pendants par branches ou par racines. »

Telles sont, mes amis, les idées et les propositions de l'homme
que l'on donne aux colons, *en citant ses ouvrages*, pour un esprit
avide de désordres, toujours prêt à vous lancer dans l'anarchie
en vous promettant le bien et la propriété d'autrui ! Quel nom
donner à M. Blanc, ce directeur de l'intérieur de la Guadeloupe,
qui, lui aussi, mande à ses amis journalistes de France que l'on
avait promis le partage des terres aux nègres de Marie-Galante !
Je ne croyais pas à M. Blanc le droit de se montrer si grand
ennemi du communisme.

Et pourtant, cet épouvantail de la loi agraire, imaginé par
des faussaires, et si bien fait pour effrayer les crédules ou les
timides, est aujourd'hui un des chefs d'accusation du procès
monstre intenté aux mulâtres. Parce qu'ils veulent que les nègres et eux soient admis, avec les blancs, au partage des fonctions publiques, on les accuse de promettre le partage des
biens, où, proportionnellement, ils perdraient beaucoup plus
que leurs accusateurs ! Ceux-ci, à la vérité, s'étaient accoutumés à considérer les fonctions publiques comme une propriété patrimoniale de leur race, et il ne paraît pas qu'ils soient
encore résignés à y renoncer. Il faudra bien pourtant, bon gré,
mal gré, qu'ils deviennent communistes sur ce point.

Vous allez mieux juger encore, mes amis, de la moralité de
vos ennemis : à propos du mouvement insurrectionnel de
Marie-Galante et des tristes épisodes qui le suivirent, ils ont
écrit à leur intime du *Courrier du Havre*, et ils ont fait répéter
par leurs journaux de Paris : « On cite huit ou dix habitations
« qui auraient été la proie des flammes. Les *habitants* qui veulent
« se défendre SONT IMPITOYABLEMENT MASSACRÉS ! C'est aux cris
« de : *Vive Schœlcher! vive Perrinon!* que se commettent ces
« horribles excès. » N'est-ce point de la rage ?

Tout le monde sait, aujourd'hui, que pas un blanc n'a péri,
ni à la Guadeloupe, ni à Marie-Galante ! Ils inventent des massacres, et ils disent ensuite que ces massacres se commettent
en mon nom et en celui de mon digne ami Perrinon. Honte !
honte à ces hideux menteurs ! Nous pourrions donc dire, nous

— 188 —

aussi, que l'assassinat de M. Caillard et autres, à la Martinique, a été commis aux cris de : *Vive Bissette! vive Pécoul!* Non, nous laissons à nos ennemis d'aussi odieux moyens. Quel homme honorable a jamais accusé un candidat des excès consommés dans les ardeurs de la lutte électorale? Pour moi, je le sais, dans tout vin, si généreux qu'il soit, il y a une lie; dans tout peuple, si bon qu'on le connaisse, il y a des méchants; je déplore les crimes sans les attribuer à mes adversaires; je repousse les criminels sans appeler leur race une race de cannibales; je flétris les nègres qui tuèrent lâchement Azor, sans épargner les blancs qui tuèrent sauvagement Jean-Charles, et je dis que les meurtriers ne sont d'aucun parti.

Vraiment, c'est une guerre indigne et déloyale que celle qui m'est faite aux colonies. On m'y représente comme « un « ambitieux ténébreux (*Courrier*, 23 mai), un homme immo- « ral (*Courrier*, 30 mai), avec une âme froide, insidieuse comme « la mort (*Avenir*, 12 mai), avec un corps malade par suite « de mes excès de philogynie, calomniant le mariage, repous- « sant la famille (*Courrier*, 30 mai), niant la propriété, déifiant « l'immoralité (*Courrier*, 23 mai), défendant les assassins « (M. Bissette)». On m'attribue l'effusion du sang répandu dans les guerres civiles, on écrit avec une rage forcenée « qu'un as- « sassinat a été commis sous mon inspiration (*l'Avenir*, 20 « juin) ». On expose mon portrait la tête en bas, on m'enterre en effigie : « écrivain de malheur, plante funèbre qui a poussé « sur les ruines du passé et sur les fondements de l'avenir, je « suis le terrible mancenillier de l'Amérique dont l'ombrage « flétrit, décompose et tue. » (*Courrier*, 23 mai.) Je suis « le « génie infernal de la destruction et de la haine (*Courrier*, 9 « juin), le Moloch des colonies (*Courrier*, 30 juin); j'ai été l'en- « nemi le plus fougueux des esclaves; mon amour pour les « nègres a dégénéré en haine pour les blancs (M. Pécoul, lettre « au *Journal des Débats* du 22 juillet 1848); ma reconnaissance « pour les blancs m'a fait haïr les mulâtres. » (M. Bissette, ré- futation de mon livre des *Colonies françaises.*)

Si encore tous ces meurtriers de l'honneur étaient consé- quents! Mais ils sont tellement aveuglés par leur fureur, qu'ils ne savent vraiment ce qu'ils disent. Ils font de moi *un ambi-*

tieux vulgaire, sans portée, avare jusqu'à la sordidité, quoique *mil-lionnaire*. (*L'Avenir*, 20 juin.) Et voilà qu'à Paris, du fond de ma chambre de *valétudinaire*, rien que par ma correspondance et mes livres, où « j'insulte successivement toutes les classes de « la population coloniale » (*Courrier*, 23 mai), « après m'être successivement offert aux blancs, aux mulâtres et aux noirs » (*Avenir*, 20 juin), j'ai la puissance de soulever des masses entières dans l'archipel américain, et d'armer leurs bras de fers homicides !

Les hommes qui tiennent un tel langage disent, pour se justifier, car ils ont sans doute honte de leurs propres violences, ils disent que je hais les colons ! Haïr les colons, pourquoi ? à propos de quoi ? Je ne m'en cache pas, j'ai eu, j'ai encore une sollicitude particulière pour les noirs, parce qu'ils ont été esclaves, parce qu'ils sont toujours les plus faibles quoique les plus nombreux ; j'ai défendu leurs droits de nouveaux citoyens, l'intégrité de leur indépendance. J'ai défendu leur caractère quand on les a accusés de crimes qu'ils n'ont jamais commis, et rien au monde ne m'empêchera de continuer à le faire. Mais cela ne m'a donné et ne pouvait me donner, quoi qu'en disent les félons, aucune aversion pour les blancs. Que l'on cite donc un mot haineux de moi contre les hommes de ma race ! L'absurdité même de l'accusation en est la meilleure réfutation. Lorsque les blancs étaient maîtres, lorsque les pervers, parmi eux, commettaient des atrocités, j'ai parlé d'eux de telle sorte que leur patron actuel a écrit que : « Je m'étais converti au « système colonial. » Comment donc à cette heure serais-je devenu leur adversaire quand même, leur ennemi ? Les meneurs le disent, apparemment parce qu'ils sentent qu'il serait naturel que cela fût arrivé. Ah ! oui, depuis que les journaux d'une faction incorrigible m'outragent comme ils le font, on m'a bien donné le droit de haïr ; j'ai besoin parfois de toute la puissance de la raison, de toute la force du cœur pour ne pas me laisser aller à des emportements d'animosité contre les coupables de tant de choses ignobles. Mais le dédain l'emporte toujours. Non, je n'ai pas de haine, je n'ai que du mépris, le plus profond mépris pour les calomniateurs, et je plains ceux qu'on trompe, ceux qui me jugent mal. De la haine ! elle ne résisterait pas à cet amas d'injures dévergondées dont l'abjection

tue la colère dans le cœur de celui qui en est victime, et ne laisse
plus qu'un amer dégoût au fond de l'âme.

Une chose me surprend, c'est que les hommes sages des
Antilles aient accepté par leur silence tant d'infamies débitées
sur mon compte, c'est que parmi les colons qui me connaissent, qui m'ont touché la main, qui m'ont donné de hauts
témoignages d'estime, *après comme avant* la révolution, il ne
s'en trouve pas un qui proteste et demande justice pour un
adversaire politique absent!

Le courage de leur opinion manque toujours aux créoles. Il
en est, je le sais, qui blâment ce qui se passe, mais ils n'osent le
dire, de même qu'ils n'osaient pas flétrir les criminels de l'esclavage dans la crainte de passer pour *mauvais colons*. C'est là
un grand malheur. Si, parmi les colons sages qui jugent bien
le mal qu'on fait, et la dégradante manière dont on le fait, il
s'en trouvait seulement douze qui eussent le courage de se
prononcer contre la turbulente coterie des bissetto-pécoulistes;
si, formant une alliance de bon sens et de fraternité avec les
schœlchéristes, qui, eux, ne désirent que cela, ils arboraient
bien haut le drapeau de la politique nouvelle, de la fusion
sincère, de l'égalité sérieuse, ils ramèneraient bien vite tous
les hommes d'ordre et de raison, qui ne craindraient plus de
se manifester de peur de passer *pour mauvais colons,* ils épar-
gneraient à leur caste la honte de se traîner derrière un
homme cupide et vulgaire qui fut leur victime ; et ils ne livre-
raient pas les colonies à un système de division qui aboutira
tôt ou tard, si l'on continue, à d'affreuses catastrophes. Il faudra bien pourtant qu'un jour ou l'autre ils y songent, il faudra
bien qu'ils secouent le joug des agitateurs auxquels ils laissent
la direction de leurs affaires! Ce jour-là, s'il est encore question
de moi, ils reconnaîtront qu'on les a trompés, indignement
trompés à mon endroit. Sérieusement, quel intérêt aurais-je,
moi, ici, à fomenter, à entretenir là-bas des dissensions civiles ? L'ambition de me faire nommer représentant ? Mais d'a-
bord, pourquoi ne demanderais-je pas plutôt cela à l'union qu'à
la désunion des classes ? Pourquoi me suppose-t-on si follement
méchant, ou si méchamment fou, que, pour arriver là, je n'aie
pas préféré chercher à plaire à tous les partis, plutôt qu'à les
diviser ? Si je suis resté avec les affranchis, tout n'affirme-t-il

pas que c'est par conviction? Me fallait-il beaucoup d'intelligence pour comprendre que, si je me mettais du côté des propriétaires, ils chanteraient aujourd'hui mes louanges, comme ils
chantent celles de l'ancien rédacteur de la *Revue des Colonies!*
Ensuite, en admettant qu'il me soit impossible de me faire
nommer quelque part en France, voyons, le bonheur d'être
de la minorité à l'Assemblée législative vaut-il la honte de déchirer des pays où je ne suis même pas, où je n'expose même
pas ma personne? En vérité, tout cela ne serait pas seulement
odieux, ce serait le comble de l'ineptie. Je supplie les colons
honnêtes de faire taire un moment leurs idées préconçues et
d'examiner ces simples observations.

Je suis ambitieux, dit-on, un ténébreux ambitieux! Ténébreux,
le terme me va bien. Mais, si j'étais ambitieux, j'aurais définitivement quitté la petite place que je puis occuper sur l'immense
scène de la France, le jour où malgré les obligeantes instances
de l'amiral Cazy, j'ai donné ma démission de sous-secrétaire
d'Etat au ministère de la marine. Je venais d'accomplir une
grande chose, j'avais ce bonheur insigne, rarement accordé
à un homme, de voir triompher par mes mains une cause,
objet des efforts d'une partie de ma vie, et tout le monde louait
les décrets d'abolition.

Après cela, quoi que je pusse faire, je ne pouvais que décheoir.
J'avais donc tout avantage personnel à me retirer complète-
ment; c'était garder le bénéfice de la victoire, c'était me dérober en même temps à ces attaques d'hommes insensés, qui
disent que je veux leur arracher la vie, pour me punir de leur
avoir arraché leurs esclaves. Ambitieux! mais si je l'étais, aurais-je tant contribué à l'abolition même? On a prétendu
aussi que j'avais cédé à l'ambition, à la vanité d'attacher pré-
cipitamment mon nom à une grande chose, au risque de
ruiner toutes les possessions lointaines de la France. La passion
trouble étrangement le bon sens. On ne s'aperçoit pas qu'ambitieux ou vaniteux, mon rôle était de ne rien faire; que l'affranchissement a été la mort de mon ambition et la ruine de
ma vanité. Qu'étais-je? Rien; je ne comptais dans ce monde
que par ma guerre à l'esclavage; l'esclavage heureusement
détruit, je suis retombé dans la foule des lutteurs sans éti-
quette. Tant il est vrai que les caricaturistes, qui se moquent de

tòut et de tout le monde, ont dit de moi : « Un abolitioniste sans
« emploi demande une place de nègre. » Si je n'avais consulté
que mon orgueil, j'aurais gardé l'esclavage comme les hommes
qui vont à la guerre pour la gloire. J'avais le bon côté; j'attaquais, et j'attaquais, le drapeau de la liberté à la main! Quel
plus beau rôle? Quoi de plus émouvant que de se dévouer
pour de pauvres malheureux sans défense, que de dire à toute
une population d'hommes braves et courageux : « Voici un
principe souverain, il vous blesse; n'importe, je le proclame;
« vous êtes tout-puissants, et vos esclaves sont sous vos pieds,
« je relèverai vos esclaves. » On a vu des luttes acharnées,
mais on vit de ces combats livrés pour l'humanité. Lorsque
le principe a triomphé, au contraire, au lieu du feu de la bataille,
on n'a plus que les inquiétudes d'une grande responsabilité,
le souci que donne le soin de concilier pour tous, sans exception, les bienfaits de la victoire, la douleur que causent les perturbations inséparables de toute grande crise sociale, enfin les
sauvages injures des incorrigibles.

Voilà pour l'ambition morale; quant à l'ambition politique,
je ne ferai remarquer qu'une chose, c'est que j'ai toujours été
de la minorité, même depuis l'avénement de la République,
qui fut le rêve de toute ma vie. Au commencement, j'ai un peu
touché au pouvoir: je sais ce que c'est qu'un ministre, je sais
la peine qu'il a à faire le bien, à moins d'être un homme de
génie qui s'impose; je sais ce qu'il peut, ce qu'il voit, ce qu'il
entend, et sincèrement cette expérience ne m'a laissé aucune
envie de l'être. Non, je le sens bien, je ne suis pas ambitieux.
Loin de là, j'ai parfois de ces lassitudes d'esprit et d'âme qui
vous portent à souhaiter les douceurs de la retraite et les jouissances de l'intimité, ne fût-ce que pour ne pas voir la société
livrée aux malfaiteurs politiques, qui la forcent par leur
égoïsme à de continuelles révolutions.

La souveraine loi du devoir commande à chacun de payer
sa dette à l'humanité dans la mesure de ses forces. Nous
serions encore serfs, si nos pères s'étaient laissé vaincre par
le dégoût des bassesses, des difficultés de la vie politique.
Voilà pourquoi je reste dans les affaires publiques, pourquoi
je braverai encore les vociférations des journaux blancs des
Antilles.

Ce n'est pas que je veuille le nier, je ne suis point tenté de m'en défendre, je souffre du jugement hostile que les colons portent contre moi. Je savais que les colères de l'intérêt blessé sont implacables, je savais que ma participation à l'affranchissement des noirs me vaudrait la haine de certains maîtres, je m'y attendais; mais je ne croyais pas, je l'avoue, qu'elle irait jusqu'à me prêter des sentiments abominables. J'ai aimé la liberté, j'ai détesté l'esclavage ; et pour cela, on m'appelle l'assassin de mes frères! Les fils de ceux qui, par leur fatal aveuglement, ont perdu Saint-Domingue, après l'avoir couverte de mort et de deuil, veulent me rendre responsable du sang dont ils ont provoqué l'effusion, du sang que leurs milices ont répandu; ils veulent me rougir de l'effet de leurs fautes ; ils n'y parviendront pas. Tant qu'il me restera un souffle dans la poitrine, je protesterai contre cette calomnie infâme, et je n'en fais nul doute, quoi qu'ils puissent dire, mes concitoyens me rendront la justice qui m'est due. Je puis marcher la tête haute, mes actes sont bons, comme mes intentions. Ce que j'ai fait serait à faire, que je le ferais encore, et je continuerai dans la même voie. Ma conscience est tranquille, et mon cœur, à cet instant où je tiens les feuilles qui disent que j'ai « du sang aux mains et au front, » ne bat que d'indignation. Oui, j'en ai la ferme assurance, si un jour la noblesse de la cause à laquelle je me suis consacré place mon nom dans une ligne de l'histoire, il y sera inscrit comme celui d'un ami de l'humanité, jamais, jamais comme celui de Caïn!

CHAPITRE XIV.

La part de chacun dans l'abolition.

Les colons s'attribuent l'honneur d'avoir demandé l'abolition de l'esclavage avant la Révolution de février. — Le projet d'émancipation de la Guadeloupe était la glèbe. — Jugement qu'en porte le délégué de la Martinique. — Adresse du conseil de la Martinique, 1845. — Dès le 25 février les colons résidant à Paris et les délégués obtiennent le renvoi de l'émancipation à l'Assemblée nationale. — Dépêche de M. Arago. — Le futur *Papa* ne fait rien contre l'ajournement de l'abolition. — M. Arago reconnaît qu'on l'a induit en erreur. — Décret du 4 mars. — Le jour même où les décrets du 27 avril étaient signés, MM. Jabrun et Reizet demandaient officiellement qu'on n'adoptât pas ces mesures *précipitées*. — La civilisation, à leur manière.

Mes chers amis, le courtier électoral de MM. Jabrun et Pécoul vous a dit que j'étais votre ennemi, et quelques-uns d'entre vous le croient ; il a imprimé que ceux qui me recommandaient à vos suffrages perdaient leur pays, et les trois journaux des incorrigibles, en redisant cela, n'ont cessé de vous répéter qu'à lui seul vous deviez la liberté, qu'à lui seul vous deviez toute votre reconnaissance. — Les *abolitionistes de bon aloi* prétendent ici que l'émancipation a été mal faite, qu'il fallait attendre encore ; mais là-bas, en face de vous, ils en revendiquent la gloire pour eux et leur patron. Les honnêtes gens !

Il ne convient à personne de se vanter, cependant puisque le *Courrier de la Martinique* vous a dit que « j'avais été le plus fougueux de vos adversaires, » puisque l'*Avenir* (13 juin 1849) a écrit que ma candidature était celle « d'un nouveau venu dans « la question coloniale, » il me sera permis de rétablir purement et simplement les faits dans leur exactitude ; on ne trouvera pas mauvais que je montre jusqu'à quel point ceux qui s'attribuent l'honneur de votre délivrance méritent les louanges qu'ils se décernent. Personne ne pourra contester ce que je vais dire, je m'appuierai de documents officiels qu'il est bon d'ailleurs de conserver à l'histoire coloniale.

« Depuis longtemps, dit l'*Avenir* (13 juin 1849), dans les îles « françaises, des esprits sages, prévoyants, amis de l'humanité,

« bien avant même l'avénement de la République', avaient
« pensé que leur société vieillie avait besoin d'une réforme.
« Le conseil colonial de cette île avait pris l'initiative d'un pro-
« jet d'abolition qu'il soumit au gouvernement de Louis-Phi-
« lippe. »

Il est exact que le conseil colonial de la Guadeloupe, jugeant
bien, par les lois de 1845, et surtout par la nature de leur discussion, que l'esclavage allait finir, de gré ou de force, selon
l'expression de M. Tanc, proposa un mode d'émancipation *avec
indemnité préalable*. Vous allez apprendre quelle est la liberté
que « les esprits sages et prévoyants » réclamaient pour vous,
quelle est la liberté qu'ils vous réservaient *après avoir touché
votre valeur* en beaux écus. Ils critiquent avec méchanceté mes
projets d'abolition de 1830 et 1833, ils ne peuvent m'en vouloir
d'exposer celui qu'ils avaient conçu en 1846.

« Il sera tenu, à la mairie de chaque commune, un registre
sur lequel seront portés séparément, selon leur profession, tous
les individus qui ne seraient pas attachés à une exploitation rurale et industrielle.

« Les journaliers des deux sexes, les canotiers et charretiers
recevront, pour preuve de leur inscription au registre, *une
plaque en cuivre sur laquelle seront gravés le numéro sous lequel
ils seront inscrits, les lettres initiales de leur profession et le nom de
leur commune.*

« Ils seront tenus de porter cette plaque attachée extérieure-
ment à leurs vêtements.

« Les domestiques recevront de l'autorité municipale un livret sur lequel seront inscrites, par les différents maîtres chez
lesquels ils auront servi, la date de leur entrée et de leur sortie, et la conduite qu'ils auront tenue.

« Les ouvriers des villes, ceux des campagnes et les cultivateurs âgés de quinze ans et au-dessus, se feront délivrer par
l'autorité municipale de leur commune *une carte de sûreté*
qui contiendra manuscrits leurs noms et prénoms et l'indica-
tion de l'exploitation rurale ou industrielle à laquelle ils seront
attachés.

« Les journaliers, canotiers et charretiers qui ne porteront
pas leurs plaques, et les individus qui ne représenteront pas
leurs livrets ou leurs cartes de sûreté, pourront être immédia-

tement conduits à l'atelier de discipline le plus voisin, où ils resteront jusqu'à ce qu'ils aient justifié de leur emploi.

« Il est expressément défendu à tous logeurs, patentés ou non, de recevoir chez eux les individus ci-dessus qualifiés, sans s'être fait présenter la plaque, le livret ou la carte de sûreté dont ils devront être porteurs, en avoir pris les indications et en avoir rendu compte à la police locale.

« Les propriétaires ne pourront leur louer leurs maisons, appartements, cases ou chambres, sans se faire représenter leurs livrets, plaques ou cartes de sûreté.

« Ils devront en outre exiger des individus étrangers à la commune un visa ou *laissez-passer* de la police locale.

« Tout individu âgé de moins de soixante ans, qui ne justifiera pas devant l'autorité de moyens suffisants d'existence, de son classement comme ouvrier journalier, canotier ou charretier, d'un engagement de travail avec un propriétaire ou avec un chef d'entreprise industrielle, ou bien de son état de domesticité, sera tenu de travailler dans un atelier colonial qui lui sera indiqué.

« En cas de refus de déférer à cette injonction, il pourra être déclaré vagabond et puni comme tel, dans chaque colonie, suivant les lois qui y sont en vigueur. »

Telle est l'œuvre dont le conseil colonial de la Guadeloupe s'enorgueillit, tel est le régime que « ces prévoyants amis de l'humanité » voulaient appliquer, non-seulement aux nouveaux affranchis, mais aux citoyens libres depuis longtemps ; telles sont les propositions que leurs journaux taxent encore de *généreuse initiative !* Et ils ne veulent pas qu'on les appelle incorrigibles !

En fait, cette émancipation, c'était toujours l'esclavage moins le nom ; cette association, c'était la glèbe avec une plaque de cuivre pendue au cou comme ces colliers de chien sur lesquels on grave : J'appartiens à un tel.

Un homme qui s'y connaît, M. Charles Dupin, délégué de la Martinique, ne s'y est pas trompé ; il ne s'inquiétait guère de cette trompeuse démonstration ; il écrivait au président du conseil colonial de la Martinique : « La Guadeloupe croit nécessaire d'aller au-devant de l'émancipation, au-devant de son accomplissement, *comme moyen d'obtenir* PLUS FACILEMENT L'IN-

DEMNITÉ; vous avez constamment professé l'opinion contraire. Laissez les événements prononcer entre votre sagesse et celle de vos voisins. Leur adresse est arrivée. Est-ce l'émancipation immédiate qu'ils demandent? Non. Est-ce l'émancipation prochaine? Non. Reprochent-ils au gouvernement de ne pas la leur accorder assez tôt? Non. Ils se bornent simplement à dire: Dans le cas où vous émanciperiez, nous offrons un projet d'exécution; si vous y trouvez à redire, nous le discuterons ensemble. En attendant, que demandent-ils? Qu'on réforme les trois ordonnances d'exécution de la loi de 1845, et qu'on supprime ou qu'on adoucisse précisément les mesures *dont nous avions, nous, pressenti les conséquences fâcheuses.*

« Ainsi, toute la dissidence de la Guadeloupe avec nous consiste, en définitive, *à nous imiter*, en demandant après coup de supprimer ce que nous combattions d'avance. »

Pour dire vrai, à la fausse émancipation du conseil de la Guadeloupe, je préfère encore cette farouche déclaration du conseil de la Martinique répondant au discours du gouverneur qui ouvrait la session de 1845 :

« Plus fatal que le fléau de Dieu (1), l'œuvre des hommes pèse encore de tout son poids sur la société coloniale ; et si cette société succombe, ce sera sous l'effort des associations prétendues philanthropiques qui trouvent un appui et des organes dans les rangs de ceux-là mêmes qui devraient se montrer *les plus fervents soutiens de nos institutions* ;

« L'ordonnance du 5 janvier 1840 sur le patronage des esclaves, *attentatoire aux droits du maître*, n'a paru *aux conseils généraux* que l'interprétation inutile d'un magistrat amovible et stipendié entre le colon et et l'esclave ;

« En présence de ces faits, sous le coup d'une *persécution* décorée des titres pompeux *d'améliorations et de progrès*, le devoir des conseils coloniaux était LA RÉSISTANCE ; et celui de la Martinique *n'a pas failli à cette obligation.*

« Quant au projet de loi du 14 mai 1844, sur le régime des esclaves, le conseil colonial n'entreprendra pas de signaler tout ce qu'il a d'*odieux* pour les colons, et de *funeste* pour les colonies. »

Les choses en étaient là, lorsqu'éclata la magnanime Révolution de février. Cette révolution avait ce caractère particulier d'être essentiellement sociale; aussi ne pouvait-on douter que

(1) Allusion au tremblement de terre de la Martinique.

le gouvernement provisoire ne s'empressât d'abolir l'esclavage. Que firent les colons qui se trouvaient à Paris? Ils furent
unanimes « pour porter la question sur le terrain où *s'est si*
« noblement placée la Guadeloupe. » (*Courrier de la Martinique,*
27 *mars* 1848.) Ils se réunissent le 25 février, ils nomment un
comité composé de MM. Froidefond de Farges, président; Pécoul, Bence, et Lepelletier St-Remy, qui se met immédiatement
en rapport avec M. le ministre de la marine, Arago; et le résultat des efforts du comité, joints à ceux de MM. Jabrun, Reizet
et Sully-Brunet, « qui marchent avec lui dans la plus intime
entente, » se résume ainsi :

« La solution de la question coloniale régulière, mais prochaine, *c'est-à-dire son renvoi, comme celui de toutes les questions
importantes, à la prochaine Assemblée nationale.* En attendant,
toutes les mesures conservatrices qui peuvent maintenir l'ordre,
calmer les impatiences, faire pressentir l'avenir et le sauvegarder (1). »

Le 27 février, on lisait dans la *Démocratie pacifique* :

« *Colonies.* — MM. de Jabrun, Sully-Brunet et Reizet, délégués de la Guadeloupe et de Bourbon, se sont présentés à
M. Arago, ministre de la marine, pour donner leur adhésion au
gouvernement républicain, et *l'assurance de leur concours pour
l'émancipation, lorsque le gouvernement définitif sera en mesure de
résoudre la question.* Une dépêche aux gouverneurs a été ex-
pédiée pour leur enjoindre de maintenir l'ordre et le travail, et
de se préparer à une émancipation prochaine. »

On voit bien par là, j'espère, que les colons de Paris n'a-
vaient pas perdu de temps pour offrir *leur concours* à tout ce
que ferait le gouvernement *définitif, quand on serait en mesure
de résoudre la question.* Voilà ce qu'ils appellent avoir eux-
mêmes demandé l'émancipation (2); il faudrait être de la plus
mauvaise foi du monde pour leur nier ce mérite. C'est dans leur
zèle pour votre bien-être, mes amis, qu'ils avaient persuadé à
M. Arago qu'un affranchissement trop précipité serait funeste

(1) Lettre de M. Lepelletier Saint-Remy, en date du 27 février, insérée au
Courrier de la Martinique, 27 mars 1848.

(2) « Quand les esclaves surent que les colons résidant à Paris avaient,
aussitôt la Révolution, demandé la liberté pour eux, etc. » (*Courrier de la
Martinique* du 30 mai 1849.) Eut-on jamais plus d'impudence ?

à tout le monde, si bien que M. Arago, malgré ses généreuses dispositions, effrayé de ce qu'on lui avait dit, adressa, le 26 février, la dépêche suivante aux divers gouverneurs des colonies :

« Monsieur le gouverneur,

« Un gouvernement provisoire remplace celui qu'avait ins-
« titué la Charte de 1830.

Le *Moniteur* du 25 février, que je vous envoie, vous fera
« connaître l'origine, la proclamation et les premiers actes de
« ce gouvernement provisoire.

« La France va être appelée à se donner librement les insti-
« tutions que votera la majorité de la nation.

« Jusqu'à ce qu'une nouvelle constitution soit proclamée, et
« que l'action législative reprenne son cours, tous les citoyens,
« aux colonies comme dans la mère-patrie, sauront comprendre
« que leur premier devoir est de se soumettre aux lois et aux
« autorités existantes, et de *rester dans toutes les conditions néces-*
« *saires à la tranquillité publique.*

« Toutes les classes de la population coloniale doivent savoir
« qu'il n'appartient à aucune d'elles de devancer ce que
« voudra faire, pour régler leur avenir, le pouvoir qui sortira
« des votes du pays. Le gouvernement provisoire a pour mis-
« sion d'assurer le maintien de l'ordre, en même temps que la
« consolidation du triomphe de la liberté. Il faut que les popu-
« lations des colonies *attendent avec calme et confiance la solution*
« *que le gouvernement définitif ne peut manquer de donner promp-*
« *tement, à la question de l'abolition de l'esclavage,* solution trop
« longtemps retardée dans l'intérêt de l'humanité, et qui sera
« conciliée avec les droits acquis.

« Je compte, Monsieur le gouverneur, sur votre patriotisme
« et sur votre fermeté, *pour assurer la soumission de tous vos*
« *administrés,* et le dévouement des officiers, des magistrats et
« des fonctionnaires qui vous entourent, à l'accomplissement
« des actes et des résolutions que je vous notifie.

« Le ministre provisoire de la marine et des colonies,

« F. ARAGO. »

Pauvres esclaves ! On avait paralysé les effets de la vive sympathie de M. Arago pour vous. A l'heure où sonnait la liberté républicaine, on se bornait encore à vous *promettre* l'émancipa-

tion, on vous disait encore d'attendre, toujours attendre! Et les *abolitionistes de bon aloi*, après avoir obtenu cet heureux résultat, avaient, en outre, le désintéressement de faire nommer gouverneur et directeur de l'intérieur MM. Rostolan et Husson, deux hommes à eux!

Celui auquel vous avez donné le nom sublime de *Père*, celui que les meneurs de la résistance disent votre seul libérateur, était à Paris, mes amis; que fit-il? RIEN. A la vérité, il était tellement déconsidéré qu'il ne pouvait rien par lui-même, mais il avait été assez adroit pour tromper un des vétérans de la République, mon ami Guinard, nommé chef d'état-major de la garde nationale. M. Guinard lui avait donné une petite place dans les bureaux de l'état-major. Se servit-il de sa position pour employer la haute influence de M. Guinard en votre faveur? NON. Il se fit recommander seulement pour être envoyé officiellement à la Martinique, afin de vous engager à la patience. M. Arago, qui savait à qui il avait à faire, refusa. Mais le futur *papa* protesta-t-il au moins, en son nom personnel, contre le *statu quo* imposé à la question de votre délivrance? NON. Moi, je vous dis que l'abolition était escamotée, et que si d'autres n'étaient intervenus, vous seriez peut-être encore à l'attendre.

J'étais absent, j'avais été au Sénégal examiner la condition des captifs, sur laquelle on ne savait rien en France, et pour le dire en passant, le ministre de la marine de Louis-Philippe m'avait signalé d'avance, au chef de cette colonie, comme un homme dangereux dont il était utile de surveiller les démarches! J'arrivai à Paris le 3 mars; je me rendis aussitôt auprès de M. Arago; je n'eus pas de peine à lui démontrer qu'on l'avait induit en erreur, que l'on voulait uniquement gagner du temps; que vous assurer légalement la liberté était, même au point de vue de l'ordre, le seul moyen efficace de calmer votre impatience; qu'ajourner votre affranchissement jusqu'à la Constituante, c'était l'ajourner encore presque indéfiniment; que cette assemblée, chargée de l'immense tâche d'organiser la France nouvelle, n'aurait pas le temps de s'occuper des colonies.

M. Arago voulait de cœur et d'âme votre élargissement; il regrettait la gloire et le bonheur d'en signer l'acte; il avait hésité, mais uniquement parce qu'on lui avait fait peur des désastres que pouvait entraîner une décision immédiate. Il fut heureux d'être convaincu du contraire, il ne demandait qu'à l'être, et il me nomma sous-secrétaire d'Etat, spécialement chargé des colonies. Le lendemain parut au *Moniteur* le décret qui brisait à jamais vos chaînes.

« Le gouvernement provisoire de la République,

« Considérant que nulle terre de France ne peut plus porter d'esclaves, décrète :

« Une commission est instituée auprès du ministre provisoire de la marine et des colonies, pour préparer, sous le plus bref délai, l'acte d'émancipation immédiate dans toutes les colonies de la République.

« Paris, 4 mars 1848. »

La commission nommée (1) se mit à l'œuvre dès le 6 mars et le 15 avril, après avoir tenu, pendant cet espace de temps, trente-quatre séances consécutives, les décrets furent soumis au gouvernement provisoire.

Les meneurs de la résistance, toujours préoccupés des dangers que pourrait avoir pour vous une émancipation trop brusque, agirent auprès de quelques membres du gouvernement pour arrêter la dernière signature. Implacables, ils tentèrent jusqu'au dernier moment de faire ajourner l'abolition ! Les délégués de la Guadeloupe, MM. Jabrun et Reizet, n'eurent pas honte, le 27 avril, de remettre à l'Hôtel-de-Ville une adresse dans laquelle ils disaient : «La colonie vous supplie, citoyens, de « ne pas permettre que les éléments qu'elle renferme pour une « bonne solution de cette grande question (l'émancipation) « soient *dispersés par des mesures précipitées, incomplètes et par-* « *tielles,* qui, en privant *les propriétaires* des moyens nécessaires « pour organiser *libéralement* les ateliers, entraîneraient à la fois « la *ruine de tous et feraient reculer la civilisation* (2). » Je défie

(1) Elle fut composée des citoyens Perrinon, Gatine, Mestro, Gaumont et Schœlcher ; secrétaires : les citoyens Wallon et Percin.

(2) C'est un procédé habituel des marchands d'esclaves de parler toujours de la civilisation pour défendre leur sauvage propriété. Ils en usaient déjà ainsi lors de la première révolution, quand on ne demandait encore que la suppression de la traite. Ils menaçaient comme aujourd'hui de la perte des colonies, de l'anéantissement du commerce maritime, etc.

M. Bissette de dire qu'à cette époque il n'était pas déjà en relation avec MM. Jabrun et Reizet, et qu'il ne resta pas leur allié
même après cette démarche.

Il n'est pas sans intérêt de montrer à quelle muse MM. Jabrun et Reizet
sont allés s'inspirer.

*Adresse du comité d'administration de la ville de Nantes à l'Assemblée
nationale.*

« Nosseigneurs (1),

« Pénétrés du plus profond respect pour votre auguste Assemblée, les
représentants de la commune et du commerce de Nantes réunis viennent
avec confiance déposer dans son sein leurs inquiétudes et leurs alarmes.

« Si les avis qu'ils reçoivent sont exacts, on doit incessamment vous
proposer, nosseigneurs, de décréter la liberté des nègres, ou au moins
d'en interdire à l'avenir le *commerce* aux Français.

« *Ce genre de commerce*, on en convient, peut paraître, *sous certains
rapports*, contraire à l'égalité que la nature établit entre les hommes.
Mais si, dans l'état actuel de l'Europe, il est tellement nécessaire à la France
que sa prohibition dût entraîner notre ruine, est-il possible, n'est-il pas
même *criminel* de vous proposer d'en prononcer l'interdiction ?

« Or, nous ne craignons pas de le dire, il n'est personne assez dé-
pourvu de lumières *qui ne voie*, comme une conséquence nécessaire de
la prohibition de la traite des noirs, *la perte de nos colonies, l'anéantis-
ment de notre commerce maritime, la destruction de nos manufactures,*
la *nullité* des matières qu'elles emploient, la chute de l'industrie et des
arts qu'elles entretiennent, le découragement de l'agriculture, l'avilissement de tous les genres de propriétés, le renversement de toutes les fortunes, la dépopulation, le désespoir et la mort de la plus belle contrée de
l'univers? On ne peut concevoir qu'il existe en France des hommes assez
téméraires, assez ennemis de la nation, pour oser, au sein même de ses
augustes représentants, essayer de mettre en discussion cet *objet*, qui ne
tendrait à rien moins qu'à soulever *neuf à dix millions de citoyens*.

« Déjà les manufacturiers de cette ville, dont les établissements sont
faits pour le commerce particulier de la côte d'Afrique, sont disposés à
renvoyer leurs ouvriers. Déjà toutes les classes de citoyens s'inquiètent, se
rassemblent, s'indignent; les mouvements tumultueux des artisans, que
l'idée seule de cette calamité jette dans la consternation, commencent à
devenir inquiétants pour la municipalité. *On menace hautement les auteurs de cette motion; on les déclare ennemis de la patrie*, parce que tout
le monde sent *qu'ils ne peuvent se proposer d'autre but que de tarir les
sources de son bonheur*, et de déconcerter, en augmentant le nombre des
mécontents, tous les projets de réforme qui devraient lui redonner la vie
et l'activité.

(1) On disait alors, sans doute pour exprimer la souveraineté de l'Assemblée nationale, *nosseigneurs les députés, nosseigneurs les représentants.*

Déplorables, mais vains efforts ! Les législateurs de l'Hôtel-de-Ville ne pouvaient être touchés de pareilles objurgations. Les décrets de l'abolition définitive furent signés le 27 avril. Vous étiez libres, mes amis, libres à jamais, quand ces hommes égoïstes, dont la Révolution n'avait pu ni échauffer le cœur, ni agrandir l'âme, ni ouvrir les yeux, conservant encore de détestables espérances, essayaient de prolonger votre servitude au nom de la civilisation ! Il faut bien le dire, le dernier acte officiel des délégués des maîtres, de ceux qui prétendent que le fouet est ma marotte, est une protestation contre l'acte qui détruisit le régime du fouet.

Glorifiez, frères et amis, glorifiez le gouvernement provisoire qui ne les a pas écoutés, bénissez-le à toujours, et gardez dans vos cœurs, enseignez à vos enfants ces noms qui doivent vous rester éternellement chers : Arago, Dupont (de l'Eure), Ledru-Rollin, Louis Blanc, Flocon, Lamartine, Garnier-Pagès, Crémieux, Marie, Marrast, Albert.

Voilà, mes chers amis, la part de chacun dans la consommation de l'abolition de l'esclavage. Quiconque vous dit que M. Bissette y est pour quelque chose vous trompe.

« L'on apprend que les nègres ont commencé à se révolter à la Martinique, et que les colons tremblent pour la conservation de leurs jours L'extravagante motion que nous vous supplions de rejeter, tendrait donc évidemment à faire assassiner tous les blancs, à faire égorger tous les Français qui se trouvent dans les colonies, à occasionner une banqueroute universelle en France, à rendre impossible la perception du quart des revenus, et à réduire au désespoir les citoyens *disposés à tous les genres de sacrifices* pour soutenir l'ouvrage d'une sage et utile régénération.

« Agriculteurs, artistes, manufacturiers, commerçants, navigateurs, ouvriers, gens de peine, mariniers, tous frappés à la fois de la même calamité, seraient forcés de quitter le royaume, ou *de s'unir pour venger la nation de cette criminelle et impolitique absurdité.*

« Effrayés comme nous du déluge des maux qui suivraient le succès et même la seule admission de la motion cruelle que nous combattons nous espérons, nosseigneurs, que vous ne balancerez pas à la proscrire, *si un organe corrompu osait la faire entendre.* »

CHAPITRE XV.

Opportunité et sagesse des décrets d'abolition.

La République ne pouvait avoir d'esclaves. — Le gouvernement provisoire avait le droit de détruire l'esclavage. — Il ne devait pas attendre l'Assemblée constituante. — Il y avait plus de danger à différer l'émancipation qu'à l'accomplir. — On attaque la manière dont l'abolition a été faite, parce qu'on a honte d'attaquer l'abolition elle-même. — Si l'affranchissement immédiat avait eu des dangers, il ne faudrait s'en prendre qu'à ceux qui avaient prolongé la servitude jusqu'à la Révolution. — On ne fait jamais le bien trop vite. — C'est pour sauver les maîtres qu'il a fallu libérer les esclaves sans délai. — Les imprudents sont ceux qui voulaient temporiser : preuves. — Les colons des colonies ont été les premiers à dire que le plus tôt qu'on en finirait serait le mieux. — Proclamation du directeur de l'intérieur à la Martinique — Le décret du 4 mars accueilli favorablement aux Antilles. — Les autorités locales forcées de prononcer d'urgence l'émancipation. — Ce n'est pas une faute d'avoir annoncé l'émancipation avant de la donner. — Les critiques postérieures des décrets ne sont pas sérieuses. — Analyse générale des décrets. — Les anciens maîtres, sur les lieux mêmes, déclarent que ces décrets renferment une bonne solution de la question coloniale. — Projet de banques coloniales. — Demande activement suivie d'une provision de 10 millions pour les alimenter. — Projet d'une loi des sucres. — Le grand crime des rédacteurs des décrets d'abolition est d'avoir fondé l'égalité des classes.

Toutes les libertés sont sœurs : le peuple français, en s'émancipant, devait émanciper les esclaves; un des premiers devoirs de la France, délivrée de la monarchie, était d'en finir avec les hontes de l'esclavage. Le gouvernement provisoire l'a compris, il n'a pas différé la réparation de ce grand crime commis envers l'humanité. Il a voulu extirper sans délai, du sol français, l'institution qui nous déshonorait. A peine installé, il abolit la servitude, comme la royauté, comme la peine de mort, comme le châtiment corporel à bord de nos vaisseaux, comme tous les restes de la barbarie antique qui souillaient encore nos codes.

C'est une chose singulière, mes amis; les colons se plaignent beaucoup de la *précipitation inconsidérée* que l'on a mise à prononcer la liberté des nègres, et maintes fois ils s'en sont attribué tout l'honneur. Le 14 juillet 1849, le *Commercial* disait encore : *Le jour où par une noble reconnaissance, par une suprême consécration du principe de la liberté humaine, les colons, d'un élan unanime, inauguraient la Révolution par l'abolition de l'esclavage, ce jour nous semblait devoir être un gage éternel de la réconciliation de toutes les races, de l'oubli du passé et d'un fraternel accord pour marcher pacifiquement dans les voies de la transformation.* Puisque les colons ont inauguré eux-mêmes la Révolution par l'abolition de l'esclavage, pourquoi donc font-ils tant de reproches aux rédacteurs des décrets d'émancipation? N'y a-t-il pas là quelque contradiction? Je pourrais me borner à cette citation pour décliner toute responsabilité. Cependant il faut être sincère; la vérité est, mes amis, que les journalistes de la résistance se vantent de l'initiative de cette grande réparation dans les moments où ils croient avoir besoin de vous flatter ; mais, en fait, le gouvernement provisoire est seul coupable. Laissons donc les anciens maîtres dans leur rôle, celui de critiques. Ils l'ont poussé un peu loin, ils sont allés jusqu'à contester aux législateurs de l'Hôtel-de-Ville le droit de détruire la servitude. N'est-ce pas curieux? Le gouvernement provisoire, sorti de la Révolution, était revêtu de la souveraineté du peuple qui l'avait acclamé. Il représentait la nation au même titre que l'Assemblée constituante elle-même, et quand il proclamait la République, quand il renversait un trône, quand il fermait la Chambre des pairs, il ne se doutait pas en vérité qu'on pût lui contester le droit de briser les chaînes des noirs.

Plusieurs, ayant assez de respect humain pour ne pas dire qu'ils auraient voulu pouvoir prolonger l'esclavage, conviennent qu'il devait être aboli, mais ils ajoutent aussitôt qu'il fallait en laisser le soin à l'Assemblée nationale. Toujours la même chose, après comme avant : reconnaissance du droit, ajournement du fait! Nous n'avons qu'un mot à répondre, c'est que jamais mesure ne rallia mieux l'opinion générale; tout le monde, tous les partis, se trouvaient d'accord sur ce point, que l'esclavage était une plaie sociale, et que la fermer, la cicatriser était un devoir sacré.

Attendre l'Assemblée nationale! Nous le demandons, y a-t-il là l'ombre de la moindre sagesse? Les immenses travaux qui absorbaient la Constituante lui auraient-ils laissé le loisir de s'occuper immédiatement de l'abolition? Je ne crains pas de le

dire, sans pour cela mettre en doute une minute les sentiments
d'humanité d'aucun des membres de cette assemblée, si on lui
avait laissé le soin de faire l'abolition, l'abolition ne serait pas
aujourd'hui prononcée. L'enquête sur les travailleurs métropolitains n'a pu être achevée, la proposition sur les invalides de
nos campagnes n'a pu arriver à discussion qu'au mois de
janvier, où donc aurait-on pris le temps de s'occuper des victimes de l'agriculture coloniale! Malgré tous les efforts des intéressés et des représentants des colonies, c'est au mois d'avril
1849 seulement que la question de l'indemnité est arrivée à la
tribune, bien que la commission exécutive en eût remis l'éla-
boration à une commission d'hommes influents dès le commencement de juillet 1848. Qui donc, dans ce grand courant
qui entraînait chaque jour la représentation nationale, eût fait
penser aux esclaves? Sont-ce les abolitionistes des ports de mer
ou des Antilles? Or, quelqu'un oserait-il dire que les esclaves eussent attendu patiemment jusque-là leur affranchissement?

La République, en libérant immédiatement les esclaves, a
obéi à un principe souverain; tarder à s'en occuper c'eût été
manquer à son origine, à ses dogmes les plus sacrés. Mais l'humanité ne nous aurait pas fait un devoir de rendre sans délai la
liberté à nos frères noirs, nous aurions réellement brusqué cette
grande mesure, que nous nous en féliciterions encore; car c'est
notre conviction profonde et raisonnée, il y avait mille fois
plus de danger à différer l'abolition qu'à la donner. Les colonies ont été sauvées par l'émancipation. Ce n'est point ici
l'ardeur d'un théoricien qui m'entraîne, c'est l'expérience des
faits, des hommes et des choses. La liberté, quand son jour
est venu, est comme la vapeur, elle a une force d'expansion
indéfinie, elle renverse et brise ce qui lui fait obstacle. Tout
délai eût porté les nègres à la révolte; les colons, comme leurs
plus anciens et leurs plus persévérants défenseurs, l'ont dit et
écrit, je le prouverai tout à l'heure. Quant à ce que cette position avait de forcé, il faut s'en prendre, non pas à nous, mais
aux anciens maîtres, mais à leurs amis, qui avaient prolongé
l'esclavage jusqu'au jour où il ne pouvait plus subsister.

Personne ne se trompe à ces accusations d'imprudence qu'on
adresse à l'acte d'abolition.

On n'ose plus soutenir l'esclavage comme avant Février, la pudeur publique ne permet pas d'attaquer l'abolition, ce serait trop de honte; mais on dit qu'elle a été opérée sans réflexion ni sagesse. On incrimine la manière dont elle a été faite avec une acrimonie de forme qui montre assez les colères intérieures. Sans se demander si des blâmes aussi violents ne peuvent pas inquiéter les nouveaux citoyens, on écrit par exemple : « Que l'émancipation, accomplie sans précaution ni ménagement, a été l'œuvre la plus inepte, la plus inconséquente « et la plus barbare ! » Cela ne nous surprend guère, il n'est pas étonnant que des colons assez peu sensés pour regretter leur odieux pouvoir trouvent des échos complaisants dans les journaux défenseurs des fausses légitimités de 1815 et 1830. Pourquoi, en tout cas, ne prennent-ils pas la peine d'exposer leur plan. Que fallait-il? Que veut-on? Osera-t-on dire que la République française devait pactiser avec la honteuse institution servile; que le gouvernement de la liberté, de l'égalité, de la fraternité, pouvait faire fonctionner l'esclavage, laisser subsister la possession de l'homme par l'homme? Etait-il possible que des tribunaux condamnassent, AU NOM DU PEUPLE FRANÇAIS, *un esclave*, parce qu'il n'aurait pas voulu obéir *à un maître?* Non, mille fois non, cela était impossible. Et, alors même que la destruction immédiate d'un régime contre nature eût entraîné des désastres, CE QUI N'EST PAS, on ne devrait s'en prendre qu'à ceux-là mêmes qui aujourd'hui encore parlent de mesures intempestives, de philanthropie désordonnée.

Imprudence, c'est le grand mot. On nous reproche de n'avoir pas eu pour l'infâme institution assez de ménagement. A vrai dire, cela nous inquiète médiocrement; il y a dans tous les partis, en France, un sentiment de générosité qui répugnera toujours à voir, dans la prompte abolition de l'esclavage, une mesure trop précipitée : on ne fait jamais le bien trop vite. Nous doutons que l'on parvienne à persuader à la République, qu'en rendant promptement les esclaves à la liberté, on a mal agi.

Nous avons été trop impatients! Cela fût-il vrai, qui donc, dans ce pays d'humanité et de nobles sentiments, qui donc, sauf des intéressés, voudrait nous reprocher d'avoir eu quelque impatience de tuer une institution monstrueuse, horrible, sous laquelle gémissaient une multitude de créatures innocentes, sous laquelle des hommes, des femmes, des enfants étaient ignominieusement battus avec un fouet qui arrachait des lambeaux de leur chair, qui faisait jaillir le sang de leurs blessures, et qui laissait sur leur corps autant de plaies qu'ils avaient reçus de coups !... Je ne dis pas que tous les possesseurs d'esclaves commettaient ces barbaries, mais je dis que plusieurs s'en rendaient chaque jour coupables. On peut être dispensé de prévoyance quand il s'agit de réformer un tel état social.

Mais non, le gouvernement provisoire n'a pas été imprévoyant, il s'est bien rendu compte de tout, il a agi avec un louable empressement, mais sans légèreté, et c'est pour sauver les maîtres qu'il a émancipé immédiatement les esclaves. Les abolitionistes n'avaient, après la révolution sociale de février, d'autre raison pour se presser que des raisons d'ordre ; ils savaient bien que leur cause était gagnée en fait, à partir de ce jour, comme elle l'était moralement depuis trois siècles. Ils savaient bien que les nègres allaient prendre la liberté eux-mêmes, si la métropole ne la leur donnait pas. La monarchie, en s'écroulant à jamais, rendait au droit toutes ses puissances, et que pouvaient une poignée de maîtres contre des masses d'ilotes apprenant que l'on avait proclamé la *République ?*

Déjà, après la révolution de 1830, les esclaves s'étaient crus prêts à jouir de l'indépendance ; déjà, nous dit M. Th. Lechevalier dans sa brochure (*la Martinique en* 1831), « ils s'étaient « imaginés que la liberté dont parlait le peuple de Paris était « celle après laquelle ils soupiraient ; *ne la voyant pas venir, ils* « *voulurent la prendre*, et, le 7 février 1831, ils commencèrent « à brûler des champs de cannes. » Ils attendaient depuis dix-huit ans, et l'on veut nous faire croire qu'ils auraient attendu encore. C'est de la folie !

Je me méfie beaucoup du jugement de ceux qui disent que l'émancipation sans transition devait conduire aux plus grands maux, lorsque je considère que ce sont les mêmes hommes qui combattaient toutes les lois de transition présentées sous la monarchie depuis plusieurs années.

Quant à moi, je dis que les imprudents sont ceux qui voulaient encore temporiser. On va le voir. — Qu'il me soit permis d'abord de citer un fait personnel : M. Cools, ancien délégué de la Martinique, rencontre, le 26 février, une dame avec laquelle il sait que j'ai l'honneur d'être lié: « Voici la République, « lui dit-il ; M. Schœlcher va sans doute arriver au pouvoir « avec ses amis; engagez-le à presser l'abolition, il n'y a que « ce moyen de sauver les colonies. »

En effet, au moment où éclata la Révolution de février, les colonies étaient profondément agitées par les questions de liberté, et par les dernières lois faites pour réprimer les crimes des mauvais maîtres. Un jeune ingénieur qui a résidé deux ans à la Martinique, le citoyen Marini, dit dans une brochure qu'il vient de publier (*Quelques mots sur les Colonies*): « .... En « définitive, la société coloniale était, en 1848, dans un état tel « *que la moindre cause pouvait amener les plus grands désastres.* »

Dès l'avénement de la République, la population esclave se montra fort émue; avant même le décret, toutes les lettres des Antilles, sans excepter celles des autorités, sont unanimes pour le constater.

Voici ce que me disait une lettre du 28 mars, écrite de la Basse-Terre, au moment même où l'on venait d'apprendre à la Guadeloupe la grande nouvelle. « Comme vous le pensez « bien, l'avénement de la République a électrisé notre popu- « lation, le nouveau drapeau a été arboré hier, le pays jouit « de la plus grande tranquillité. A la Basse-Terre, les esclaves « sont au courant de tout ce qui s'est fait, ils ont pleine con- « fiance dans le gouvernement de la République, ils attendent « prochainement la liberté. Nos conseils sont écoutés. *Cepen- « dant il ne faut pas de retard, il est à craindre qu'ils ne se fatiguent, « on ne saurait aller trop vite.* »

Une autre lettre de la *Basse-Terre* s'exprime ainsi : « Tout « est tranquille, mais les esclaves attendent. Je crois que le « gouvernement de la métropole doit se hâter de prendre des « mesures qui leur prouvent bien qu'on est décidé à faire « d'eux des citoyens. *Que la France n'oublie pas que nous sommes « sur un volcan.* »

Même date, de la Pointe-à-Pître : « A l'occasion de ces évé- « nements, nous avons envoyé au gouverneur une adresse où « nous lui promettons notre concours pour la tranquillité « publique, en lui témoignant le désir de voir la solution de « la grande question de l'affranchissement. *Je pense qu'il y*

« *aurait désordre dans ce pays, si cette question n'était tranchée*
« *immédiatement; il n'y a pas de temps à perdre.* »

Même date, de Saint-Pierre-Martinique. « La Révolution du
« 24 février a été accueillie à la Martinique avec enthou-
« siasme... Toutefois, il ne faut pas que l'émancipation tarde,
« les esclaves l'attendent par le prochain packet. Elle ne doit
« plus avoir lieu au point de vue de l'humanité seule, mais
« comme un moyen politique. *C'est une question d'ordre et de*
« *sécurité.* Bercés souvent de fausses espérances, les ateliers
« comprennent qu'il n'en peut plus être ainsi cette fois. »

Même date, de Fort-de-France. « Votre première lettre,
« j'espère, m'annoncera l'émancipation que les esclaves atten-
« dent en paix, mais avec certitude de l'obtenir ; *il ne faudrait*
« *pas trop tarder.* »

Mais, dira-t-on peut-être, ce sont nos correspondants les
mulâtres, les abolitionistes, qui pensaient ainsi. Ils n'étaient
pas les seuls.

Qu'on lise ce qu'écrivait à un de ses amis le gouverneur de la
Guadeloupe, M. Layrle. Je ne crois pas commettre une indiscrétion en le citant, car il s'agit d'un intérêt public. «... Reve-
« nons aux ateliers. Ils sont admirables d'attitude. Leur impa-
« tience de liberté est grande, cependant j'ai la confiance que
« personne ne bougera. *Quoi qu'il en soit, la prudence réclame que*
« *l'on ne fasse pas attendre la liberté promise,* autrement ils la
« prendraient eux-mêmes, c'est-à-dire qu'un beau jour ils se
« croiseraient les bras et ne reconnaîtraient plus de maîtres.
« Quant à des désordres, quant à attaquer les personnes ou à
« s'en prendre à la propriété, nous sommes rassurés de ce
« côté-là. Mais, sachez-le bien, répétez-le à satiété, *il faut que*
« *la liberté ne se fasse pas attendre.* »

Maintenant, écoutez les organes des blancs, les journaux
qu'ils rédigent. Prenons d'abord le *Commercial* du 5 avril
(avant, par conséquent, que le décret du 4 mars ne fût connu
à la Guadeloupe). Il demande que l'on n'attende pas la décision
de la métropole ; il demande qu'on prenne l'initiative de l'affranchissement.

« *L'initiative! l'initiative!* voilà ce qui sauve les gouverne-
« ments. Voilà ce qui sauve l'*ordre public* des bouleversements
« de la partie de la population appelée à de nouvelles desti-

« nées. Voilà ce qui sauve *la propriété* de la cessation du tra-
« vail.

« Qu'on consulte l'histoire, et l'on verra, à chaque page, que
« le refus d'*initiative* a causé de grands, d'irréparables dé-
« sastres.

« Qu'on ne s'y méprenne pas : *la situation est périlleuse* dans
« les colonies. On a pris jusqu'ici *l'étonnement pour du calme*,
« *l'attente pour de l'obéissance.*

« Aveuglement fatal ! Eh quoi ! les choses se passeraient-
« elles donc ici autrement qu'elles se sont passées en France,
« lorsque le peuple est sorti d'un long esclavage ?

« Craignez des divisions, des luttes parlementaires, des ten-
« tatives hardies du communisme, qui toutes auront un grand
« retentissement dans les colonies, et habitueront l'esclave
« aux discussions publiques, aux partis et aux désordres. »

L'impression fut la même à la Martinique.

Ils nous accusent, aujourd'hui, d'avoir été trop vite, et lorsqu'arriva la foudroyante nouvelle, ils furent saisis d'une telle
crainte, qu'ils proposèrent de proclamer eux-mêmes, sans délai, incontinent, l'émancipation des esclaves. Le 27 mars, le
Courrier, en annonçant que la France est républicaine, s'écrie
en même temps :

« Tout est dit aujourd'hui : plus de leurre, plus d'illusion ;
« LA LIBERTÉ EST EN ROUTE ; *n'attendez pas qu'elle vienne vous dic-*
« *ter ses ordres ;* préparez-vous à la recevoir. Que le fouet, cet
« instrument d'un état de choses qui expire, tombe sous votre
« volonté toute-puissante ! La France vous en saura gré,
« l'esclave vous bénira.

« *Songez-y ! c'est un coup de fusil* parti au moment où le
« peuple et le roi allaient se serrer la main, qui a amené l'ef-
« fusion du sang. »

Voyons, maintenant, ce que dit un des organes avoués des
anciens maîtres, le *Courrier du Havre* du 26 avril.

« Ce que nous avions prévu, ce que nous avons répondu à
« toutes les personnes qui nous demandaient notre opinion sur
« l'effet que produirait, dans nos colonies, le coup de foudre de
« Février, se trouve confirmé par nos correspondances parti-
« culières. On nous écrit de Saint-Pierre, le 27 mars :

« Le changement de gouvernement accélère l'émancipation

« vers laquelle nous cheminions à grands pas. LE PLUS TÔT A
« PRÉSENT QU'ON EN FINIRA, CE SERA LE MIEUX. Déjà la position de
« certains propriétaires, vis-à-vis de leurs esclaves, n'était
« plus tenable; elle le sera moins que jamais, car les excita-
« tions ne leur manqueront pas. *Il ne faut pas se le dissimuler ;*
« *si la liberté tardait trop à leur venir maintenant, les nègres tente-*
« *raient de la prendre eux-mêmes,* et, alors, ce serait un désordre
« complet. » Le journaliste ajoute ensuite : « Les impressions
« ont été les mêmes à la Guadeloupe que celles de la Marti-
« nique. »

Or, le décret du 4 mars n'est parti que par le packet anglais
du 15, il est dès lors impossible qu'il fût connu aux Antilles
le 27. Les colons correspondants du *Courrier du Havre* n'écrivaient donc que sous l'influence unique, exclusive de la Révolution de février, et non pas sous la pression de la volonté du
nouveau gouvernement; ils jugeaient eux-mêmes qu'il fallait
en finir. Si bien, que dans la lettre *à ses frères, lettre approuvée
par le comité des colons de Paris,* M. Perrinon disait aux nègres:
« *Bientôt* il n'y aura plus aux colonies ni maîtres, ni esclaves. »
Cette lettre fut publiée avec empressement dans le *Courrier*
du 27 mars.

Quel homme de bonne foi, d'ailleurs, pourra le nier? Le
décret, quand il arriva, n'apprit rien aux esclaves de la Martinique; il ne mit dans leur tête aucune idée nouvelle. On leur
avait déjà dit *officiellement* qu'ils allaient être affranchis.

Le général Rostolan, gouverneur par intérim, et le citoyen
Husson, directeur de l'intérieur, partis tous deux de France sur
le packet du 1er mars, s'étaient hâtés d'annoncer l'émancipation aux nègres, tant chacun craignait qu'ils ne voulussent
s'affranchir eux-mêmes. Le citoyen Husson est créole de la
Martinique; il y a toute sa famille, tous ses intérêts; il se
trouvait au milieu des blancs et des noirs; il pouvait juger
ainsi la portée de chacune de ses paroles. N'est-ce pas, cependant, sa proclamation, adressée le 31 mars, aux cultivateurs *esclaves,* qui commence en ces termes :

« Mes amis, vous avez tous appris la bonne nouvelle qui vient
« d'arriver de France, elle est vraie. C'est M. le général Rosto-
« lan et moi qui vous l'avons apportée, nous avons pris la voie
« du *steamer* pour arriver plus tôt. LA LIBERTÉ VA VENIR,... Mais il

« faut que la République ait le temps de *faire la loi de liberté.*
« Ainsi, rien n'est changé jusqu'à présent. » Qu'on le remarque
bien : cette proclamation est du 31 mars, elle devançait par
conséquent toute espèce de manifestation du gouvernement
provisoire. Le décret du 4 mars n'était pas encore connu. Eh
bien! ce décret, que l'on a appelé *fatal*, que dit-il de plus que
la proclamation de M. Husson? «Nulle terre de France ne pouvant porter d'esclaves, une commission est instituée *pour préparer la liberté*,» c'est-à-dire comme avait déjà proclamé M. Husson, *pour faire la loi de liberté!*

L'insigne mauvaise foi de nos accusateurs est-elle assez
évidente? Que penser de la loyauté des gens qui, tout en
sachant ces choses parfaitement, donnent le décret pour
un brasier où viennent s'allumer les torches de la révolte
et de la guerre civile ?

Mais voyons comment fut reçue aux Antilles la loi d'humanité, tant blâmée par les incorrigibles de Paris. Prouvons que
le décret du 4 mars était *nécessaire*. La *Presse* qui passait à bon
droit pour recevoir les communications des colons, disait, dans
son numéro du 8 mai, en parlant de sa correspondance du
10 *avril* : « Les différentes classes de la population attendent
avec émotion, mais *sans agitation fâcheuse*, les décisions *annoncées* du gouvernement métropolitain sur l'abolition de l'esclavage. Nous n'avons pas la prétention d'être plus éclairés que
nos compatriotes d'outre-mer sur ce que réclame leur situation;
nous constaterons donc que l'esprit de notre correspondance
*est contraire au regret que nous avons récemment exprimé, de ce
que le gouvernement provisoire n'ait pas renvoyé à l'Assemblée
nationale la solution de la question coloniale. Chacun demande
QU'ON EN FINISSE AU PLUS VITE,* et s'étonne presque de la tranquillité qui se maintient au milieu des ateliers, déjà à moitié
démoralisés par la législation de 1845. Le *gouvernement a donc
montré une saine intelligence de la situation en tranchant dans
le vif.*»

Que pourrions-nous dire de plus que ce que disent là les colons des colonies, ceux qui se trouvaient au feu? Quelle meilleure réponse aux gens qui nous reprochent une imprudence
funeste, nous ne savons quelle précipitation maladive ou vani-
teuse?

Et d'ailleurs, l'a-t-on déjà oublié? M. Maynard, maintenant l'un des Atlas de la résistance, rendant compte des événements du 22 mai, et de l'émancipation forcée qu'ils avaient entraînée, n'a-t-il pas dit : « Nous tous, qui désirions impatiemment l'a-« bolition de l'esclavage, *nous qui l'aurions déjà proclamée*, avec « l'autorisation du gouvernement, si nous n'avions craint d'en « enlever la gloire au jeune commissaire de la République que « nous attendons, nous aurions certainement voulu que le « soleil de cette éclatante justice se fût levé dans un ciel se-« rein, etc. (1). »

La révolte du 22 mai, à la Martinique, n'atteste que trop la sagesse de nos prévisions. L'impatience des esclaves était si grande, toute cette population d'hommes–choses était si frémis-sante, depuis l'avénement de la République, que le moindre accident la mit sur pied.

Une arrestation arbitraire soulève un atelier des environs de Saint-Pierre et l'amène en ville, aussitôt les ateliers voisins accourent en grondant; cette commotion toute locale fait craindre un embrasement général, les blancs 'eux-mêmes ne voient de salut que dans la liberté; le conseil municipal de Saint-Pierre demande l'abolition, pour étouffer la révolution naissante; l'autorité supérieure juge indispensable de céder sans attendre les décrets régulateurs de la métropole, elle donne l'émancipation, et l'ordre se rétablit instantanément! La Guadeloupe était calme; mais dès qu'on y apprend ce qui vient de se passer à la Martinique, on juge que la vieille et hideuse institution ne peut durer un jour de plus, et l'on affranchit sans condition ce peuple qui, 24 heures auparavant, semblait disposé à patienter ! Qui ne le sait aujourd'hui? les gouverneurs de la Martinique et de la Guadeloupe proclamèrent ainsi d'ur-gence la mort de l'esclavage; et déjà, dans ces deux îles, le drapeau tricolore n'abritait plus que des hommes libres, quand les commissaires généraux débarquèrent.

Et l'on ose dire que nous avons été trop vite, qu'il fallait attendre l'Assemblée nationale, quand les esclaves n'ont pas même attendu que nous eussions achevé les décrets !

Reprenons. On a prétendu encore que c'était une grande faute,

(1) *Courrier de la Martinique,* 24 mai.

d'affirmer publiquement l'émancipation avant de la donner; que mieux eût valu la faire instantanée, brusque, sans moyens d'organisation, plutôt que d'en parler, si l'on devait mettre deux mois à la réaliser; que l'annoncer ainsi, officiellement, c'était surexciter d'une manière dangereuse les désirs de liberté des esclaves. J'ai à répondre que personne au monde ne s'aperçut de ce prétendu danger, lorsque parut le décret du 4 mars. On accordera certainement que les chambres de commerce des ports de mer savent ce qui peut être heureux ou malheureux pour les colonies. Eh bien! pas une, pas une seule ne blâma, même indirectement, le décret; dans toutes les lettres qui furent adressées, à cette occasion, soit au gouvernement provisoire, soit au ministre de la marine, soit à celui du commerce, par les chambres de commerce de Dunkerque, Saint-Brieuc, Dieppe, Nantes, Saint-Malo, Toulon, Morlaix, Rochefort, la Rochelle, Lorient, puis Lyon et Montpellier, on trouve un éloge souvent chaleureux de l'initiative prise par le gouvernement, mais en même temps la prière d'ajourner la solution définitive jusqu'à la réunion de l'Assemblée nationale (1). — Les ports de mer partageaient avec les colons la crainte que l'indemnité, dont leur revient la plus grosse part, à titre de créanciers des Antilles, ne fût compromise si on la séparait de la loi d'abolition. L'expérience a prouvé le peu de fondement d'une telle crainte.

Les intéressés plus directs ne pensèrent pas non plus que ce fût une faute de laisser un intervalle entre la proclamation du principe et l'application de ses conséquences; car tous les planteurs présents à Paris supplièrent la commission de reculer au moins l'abolition définitive jusqu'au mois de juillet, pour laisser, disaient-ils, à la récolte le temps de s'achever. — Après cela, je le demande, était-il possible d'éviter les délais indispensables à l'étude des moyens les plus propres à organiser la liberté sans nuire à personne, ou bien, pense-t-on que le but et les travaux d'une commission qui aurait été chargée, avec tout le secret qu'on voudra, de préparer les voies et moyens de l'affranchissement général, pussent rester cachés 24 heures?

(1) On pourra lire les extraits de ces lettres dans le volume des *procès-verbaux de la commission d'abolition*, 1848, p. 291.

Non; encore une fois, il n'y avait rien à faire que ce qui a été fait. La proclamation de la liberté ne pouvait être différée sans danger, et ceux qni voudront lire les procès-verbaux de la commission conviendront qu'elle n'a pas perdu une minute.

On a essayé postérieurement de critiquer les diverses mesures prises pour assurer le succès de l'émancipation et prévenir les désordres. Il ne saurait nous convenir d'entrer ici dans une longue défense; cependant, nous devons le dire, aucune des critiques ne nous a paru profonde, aucune ne nous a inspiré un regret, en nous signalant un oubli grave. Les louanges que notre œuvre reçut de la presse tout entière, à son apparition, nous consolent aisément de ce que les colons dépossédés peuvent en dire maintenant.

Je n'hésite pas à l'affirmer bien haut, ces décrets, qui soldèrent enfin la grande dette de la France à l'humanité, sont partis d'un amour consciencieux du bien, d'une volonté sincère d'opérer la transformation sociale par la voie la plus sage; ils étaient réellement faits pour concilier l'indépendance rendue aux anciens esclaves avec les droits des anciens maîtres, avec le travail et la civilisation (1). La pensée qui les domine est radicale, mais pleine de sollicitude en même temps pour tous les intérêts, c'est là ce qui constitue leur force et leur netteté. Le gouvernement provisoire a voulu la liberté des nègres sérieusement ; il était indigne de lui d'abolir le mot, pour rétablir la chose sous un masque plus ou moins trompeur. Il a décidé que les noirs seraient libres comme les blancs, ni plus ni moins. Il est possible qu'on trouve aujourd'hui cela trop absolu; pour nous, nous ne nous en repentirons jamais; c'est notre conviction profonde, qu'en agissant aussi carrément nous avons sauvé à la société coloniale bien des tiraillements, bien des maux dans l'avenir.

Je ne crains pas non plus d'avancer que tout a été prévu.

La République commence par interdire à tout Français de posséder des esclaves, dans quelque pays que ce soit. Puis, en affranchissant les noirs, elle prend à sa charge tous les délaissés de la servitude, les vieillards, les malades,

(1) On les trouvera dans leur ensemble aux annexes lettre P.

les infirmes, les orphelins. Elle pourvoit à la fondation des crèches pour les pauvres, à l'éducation gratuite et obligatoire des enfants, elle fonde aux Antilles une succursale de l'Université, elle garantit d'une manière formelle le droit de propriété des possesseurs de la terre, elle déclare que toute terre qui n'a pas de maître reconnu appartient à l'État, et elle règle équitablement les contestations qui peuvent survenir dans les rapports du planteur et du cultivateur, par la création de jurys cantonaux, où elle fait aussi entrer les nouveaux citoyens, afin de les initier plus vite à la pratique de la vie civile. Par des usines nationales, elle assure à tous le droit au travail (1); par des ateliers de discipline, elle réprime la paresse, elle impose le devoir aux vagabonds et aux mendiants. Pour retenir les populations coloniales dans les voies régulières et pour les détourner de l'intempérance, pour restreindre, dans l'intérêt de la morale et de la santé publique, la consommation des spiritueux, elle frappe ces funestes liqueurs d'un impôt considérable; pour attirer chacun vers l'économie, elle décide la fondation de caisses d'épargne ; pour que les nouveaux citoyens eux-mêmes ne puissent se soustraire à l'obligation de contribuer aux charges publiques, elle établit une taxe personnelle ; pour réhabiliter le travail aux yeux des affranchis, elle lui accorde des récompenses et des honneurs qui effacent les flétrissures dont l'esclavage l'avait marqué. Dans l'espoir de mieux

---

(1) On a dit que ces ateliers étaient au moins superflus dans des pays où il y a plus de bras que de travail, et l'on s'est dispensé de les organiser. Je charge de répondre pour moi un colon qui vient de trouver une mort prématurée dans l'émigration, et dont personne ne contestera ni la vive intelligence ni la profonde connaissance spéciale des hommes et des choses aux Antilles. (Comme M. Bouvier n'est plus, je tiens sa lettre à la disposition de qui voudra la voir.)

« ..... Je ne prévois pas, monsieur, le parti que vous prendrez à l'égard des habitations domaniales, mais si mon expérience et la connaissance intime que j'ai des localités me donnaient quelque droit d'émettre une opinion, je demanderais qu'elles fussent consacrées à des ateliers *où l'ouvrier sans travail* pût venir chercher un refuge contre la misère et les lois répressives du vagabondage qui devront accompagner l'émancipation. Il me paraît juste qu'en imposant à l'ouvrier l'obligation du travail on lui offre en même temps les moyens de satisfaire à cette obligation dans des conditions qui ne soient pas trop onéreuses pour lui.

« *Signé* : Bouvier. »

assurer encore le travail au moyen du salaire, il fallait rendre la propriété sérieuse au moyen de l'expropriation forcée ; elle y pourvoit. Désormais, en un mot, les colonies rentrent dans la grande famille française; une instruction y règle la mise en vigueur du suffrage universel pour leur représentation directe à l'Assemblée législative; les conseils et les délégués coloniaux sont supprimés; avec eux s'en va la censure; la liberté de la presse est établie; enfin, tous les citoyens de la France d'outre-mer, comme ceux de la France continentale, sont appelés à la défense de la patrie par l'introduction de la garde nationale, du recrutement militaire et de l'inscription maritime.

Après cette analyse, je n'ajouterai qu'un mot, c'est que, sur les lieux, en face des difficultés de la mise en action, des embarras inévitables de la pratique, les colons, alors qu'ils n'étaient pas encore dominés par l'esprit de résistance, ont été les premiers à déclarer que le gouvernement provisoire avait fait tout ce qu'il devait. Certes, le *Courrier de la Martinique* n'est pas suspect de partialité envers l'émancipation, ni envers les hommes qui eurent le bonheur de la régler. Eh bien ! voici comment il s'exprime, dans son numéro du 14 juin 1848, au moment où les décrets furent promulgués dans l'île :

« Enfin, c'en est fait : l'esclavage est aboli ; le travailleur « rentre dans la liberté, et le propriétaire cesse d'être hors la « loi. L'Européen reconquiert enfin sa qualité de citoyen fran- « çais. Il n'est plus taillable et corvéable à merci par tous les « enfants perdus de l'administration, par tous les zélés de la « magistrature. Soyons appauvris, s'il le faut, mais soyons « libres....

« Rendons justice à l'homme énergique et persévérant qui « a entrepris cette tâche, dont nous avons hâté l'éclosion de « tous nos vœux, *et reconnaissons que, de tous les actes du gouver-* « *nement provisoire, celui-là est le seul qui se soit produit avec un* « *caractère d'ensemble.* »

Cet homme énergique et persévérant, auquel on voulait bien rendre justice, c'est moi, que l'on traite aujourd'hui d'ambitieux valétudinaire et que l'on accable d'outrages. Qui a changé ? Depuis lors, quel mal ai-je fait ?

Mais je continue : « Il y manque seulement deux choses : une « institution de crédit et une loi des sucres, c'est-à-dire le *pa-*

« *nem et circenses* de la société coloniale, ou, en d'autres ter-
« mes, ce qu'il faut pour empêcher la liberté de mourir de
« faim. »

Ces deux choses, nous ne les avions oubliées ni l'une ni l'autre; les procès-verbaux de notre commission font foi de ses
longues études à cet égard.

En promulguant les décrets, nous avions, ne fût-ce même que
par amour-propre, trop d'intérêt à les voir réussir, pour ne pas
les entourer de tous les éléments possibles de succès.

Au point de vue du droit éternel, de la morale universelle,
de l'ordre public, l'abolition de l'esclavage ne pouvait être différée; tout délai, tout retard, selon nous, eût entraîné d'irréparables malheurs. L'émancipation nous apparut comme la
sauvegarde de la paix aux colonies. Cependant, nous ne fûmes
pas sans regretter sérieusement que cette grande réparation
faite à l'humanité outragée dût s'opérer au moment même où
nos possessions d'outre-mer subissaient le contre-coup de la crise
commerciale et financière que nous a léguée le gouvernement
déchu. Le malaise était immense aux Antilles, dès la fin de
l'année 1847, par suite du mauvais résultat de la récolte, joint
à l'avilissement du prix des sucres. Le crédit n'existait plus,
l'impôt même était difficile à recouvrer, et les planteurs, déjà
soumis aux exigences d'innombrables créanciers, allaient se
trouver, en face du travail libre, sans ressource [pour y satisfaire.

Ne pouvant avoir l'indemnité à ce moment-là, et jugeant
qu'il fallait donner au colon, ruiné depuis longtemps, de quoi
payer le salaire pour assurer le travail libre, pour ne pas laisser de solution de continuité dans la culture, nous songeâmes
à établir des banques coloniales. Sur la demande de la commission, le ministre des finances nous envoya un de ses employés supérieurs, M. Lemaître; les statuts furent faits et remis
au ministre des finances, M. Garnier-Pagès. Nous demandâmes,
en même temps, une somme de 10 millions pour être distribués immédiatement aux banques, *à titre d'à-compte sur le
dédommagement* que l'on devait solliciter de la Constituante.
M. Garnier-Pagès ne disait pas non, et les commissaires généraux partirent avec l'espoir d'obtenir ce prochain bienfait.
Même après ma sortie du ministère, sous la commission exé-

cutive, je continuai à solliciter cette provision de 10 millions, comme en témoignent les lettres suivantes :

Ministère des finances. — Comptoirs nationaux d'escompte.

Samedi, 20 mai 1848.

Monsieur,

Je suis prêt à causer avec vous au sujet des banques coloniales. Duclerc, à qui j'ai demandé, comme je vous l'avais promis, un rendez-vous, me charge de vous inviter à venir déjeuner ou dîner, le jour qui vous conviendra, afin de le prendre au moment où il sera le moins dérangé. Si ce moyen de nous réunir vous agrée, veuillez me fixer votre jour, et je vous attendrai dans mon cabinet, parce que, dans le cas où vous pourriez venir une demi-heure d'avance, nous traiterions la question avant d'en parler à notre ami.

Recevez, Monsieur, etc.

A. D'ARTIGUES.

Ministère des finances. — Cabinet du ministre.

Paris, 15 juin 1848.

Mon cher Schœlcher, il m'est impossible de vous rien dire de précis au sujet de vos banques coloniales ; le temps me manque pour m'en occuper et pour en parler à la commission exécutive, mais j'y pense. Je crois la chose utile, et, si l'état du Trésor le permet, je tâcherai qu'elle se fasse.

Ce n'est pas, du reste, songez-y, le ministre des finances qui vous écrit en ce moment, c'est votre ami.

Tout à vous, E. DUCLERC.

On voit que je fus bien près de réussir. La nomination de la commission d'indemnité n'arrêta pas mes démarches, je jugeai bien qu'elle serait forcément très-longue à son œuvre ; aussi, ne continuai-je pas moins à poursuivre l'obtention des 10 millions (1). C'est en allant au Luxembourg avec M. Pascal Du-

(1) « Le président (M. Schœlcher), après avoir donné communication à la commission des dernières nouvelles venues des colonies, montre combien il est urgent de leur faire obtenir un secours pécuniaire. Les événements le commandent. La liberté est proclamée ; il faut maintenir le travail ; or, point de travail sans salaire, point de salaire si l'on n'avance

prat, pour en parler encore à la commission exécutive, le 23 juin, que nous vîmes les premiers actes de la formidable insurrection.

Quant à la loi des sucres, un projet longuement travaillé fut fait dans le sein de la commission par M. Lavollée, directeur du commerce extérieur au ministère du commerce, que nous avions également demandé. Et voici la preuve encore, que sous la commission exécutive, je ne cessai pas de m'occuper de cet objet.

« Monsieur,

« J'ai parlé, en toute occasion, au ministre de l'affaire des sucres. Je lui ai dit la nécessité de porter à l'Assemblée un projet favorable aux colonies. J'ai laissé, samedi, entre ses mains, celui que la commission a adopté. J'en reparlerai encore.

« Veuillez recevoir, Monsieur, etc.,

« P. Lavollée.

« 13 juin 1848. »

Que l'on juge maintenant si les incorrigibles ont raison de m'appeler un ennemi des colonies !

Plus tard, notre amendement à la loi d'indemnité a donné les institutions de crédit. Quant à la loi des sucres, j'en ai sollicité la présentation à la tribune dans la séance du 18 mai

aux colons de l'argent pour y subvenir. C'est à cet usage que le prêt demandé devrait être exclusivement consacré : la question est tout à fait indépendante de la question de dédommagement. Il s'agit de prévenir toute solution de continuité entre le travail servile qui cesse et le travail libre qui doit commencer.

. . . .

« Le citoyen Schœlcher dit que la commission a toujours regardé comme le complément indispensable de son œuvre la réalisation de mesures qui, à côté de la liberté proclamée, puissent soutenir le travail, etc. Ce but, tout à fait indépendant de la question d'indemnité, mais qu'on peut y rattacher, la commission doit le poursuivre. Déjà elle a réclamé l'établissement de banques aux colonies, et en sa qualité de président, le citoyen Schœlcher est en instance auprès du ministre des finances pour obtenir la réalisation de ce projet. En attendant, la commission demande un secours d'urgence qui permette aux anciens maîtres de retenir le travail parmi les affranchis. » (Procès-verbaux,   juin 1848, p. 229 et 230.)

1849 (1). Il était impossible de le faire avant, car le dédommagement n'était pas voté, et l'on pouvait craindre de prévenir défavorablement l'Assemblée en lui montrant d'avance un

(1) *Moniteur* du 19 mai. « Le citoyen Schœlcher. — Je voulais parler d'une commission qui a été nommée pour examiner la question des sucres ; mais je ne vois pas M. le ministre de l'agriculture et du commerce à son banc. Je demande donc la permission de réserver cette question. Peut-être, il est vrai, M. le ministre des finances saura-t-il répondre à ma question.

« Le prédécesseur du ministre actuel de l'agriculture et du commerce, l'honorable M. Tourret, avait nommé une commission pour réviser la législation des sucres ; vous savez combien cette question est importante. Elle embrasse et la culture de nos colonies et le commerce maritime de la France. Presque tous nos ports de mer y sont intéressés, aussi s'étaient-ils empressés d'envoyer des délégués pour cette commission qui a été nommée en décembre dernier. Les conseils de manufactures des villes qui s'occupent de sucre indigène avaient également envoyé des délégués, enfin, divers comités de l'Assemblée, sur l'invitation du citoyen Tourret avaient désigné plusieurs membres pour faire partie de cette commission.

« Or, cette commission, au moment où M. le ministre actuel est entré en fonctions, était sur le point d'être réunie ; depuis elle ne l'a pas été. Je voulais demander pourquoi ? je voulais supplier le ministre de s'en occuper immédiatement, afin de pouvoir présenter un projet de loi à la Législative dans le plus bref délai.

« Cette question est des plus importantes, des plus graves. Vous le savez, la République a donné l'émancipation aux colonies ; vous venez d'accorder une somme considérable pour indemniser les anciens colons ; vous avez de cette manière fondé le travail libre en donnant aux propriétaires de quoi le payer.

« Je vois M. le ministre du commerce arriver à son banc ; je vais donc reproduire mon observation en deux mots.

« Je disais que le prédécesseur de M. le ministre du commerce avait nommé une commission pour examiner la question des sucres, et que depuis cette commission n'avait pas fonctionné. Je demande pourquoi ? je demande à M. Buffet s'il a l'intention de la réunir ; enfin, je demande que ce soit dans le plus bref délai possible, afin qu'il puisse présenter un projet de loi à la Législative dès ses premières séances.

« Je dis que cette question est non-seulement importante pour nos ports de mer et pour les villes qui s'occupent de sucre indigène, mais qu'elle intéresse essentiellement la prospérité des colonies, qui ne peuvent lutter avec le sucre indigène et le sucre étranger dans les conditions actuelles. En votant le dédommagement pour les anciens propriétaires d'esclaves, vous avez rétabli le travail dans nos départements d'outre-mer ; mais si vous ne changiez pas la législation des sucres, si vous n'assuriez pas aux produits du travail un écoulement fructueux, vous auriez, j'oserai presque dire perdu le dédommagement donné aux propriétaires d'esclaves dépossédés.

nouveau sacrifice à faire pour les colonies. Je m'étonne, du reste, pour le dire en passant, que le représentant des grands propriétaires sucriers n'ait pas encore saisi la Législative de cette question capitale.

Revenons maintenant à la fin de l'article du *Courrier de la Martinique* dont j'ai cité le commencement :

« Nous ne craignons pas de le proclamer, les décrets sur l'abolition de l'esclavage, tels qu'ils sont, appliqués par une administration intelligente et ferme, facilités par des esprits prudents et courageux, *renferment les principaux éléments d'une bonne solution de la question coloniale.* Mais pour que tout se passe ainsi, il faut que les habitants de cette colonie se persuadent bien de la nécessité de réussir ; il faut qu'ils le veuillent fermement et qu'ils y mettent toute la persistance, toute

« Vous voyez qu'il y a là un sujet digne de toute votre sollicitude et de celle du gouvernement. J'attends les explications que voudra bien me donner le citoyen ministre. »

A cette interpellation, M. Buffet, ministre du commerce, répondit que la commission nommée par son prédécesseur était composée de délégués des chambres du commerce et des représentants des divers intérêts engagés dans la question ; qu'il valait mieux la soumettre au conseil supérieur du commerce, plus en état de faire une enquête sérieuse et impartiale.

Il termina en répétant qu'il se proposait de saisir bientôt le conseil supérieur du commerce de cette question.

Le citoyen Beaumont (Somme) prit la parole pour faire ressortir toute l'importance de la proposition et l'inconvénient d'en renvoyer l'examen au conseil supérieur du commerce, formé d'anciens homme d'Etat et d'anciens négociants. « Pour mon compte, dit-il en finissant, je crois qu'il y a facilité à donner satisfaction aux deux industries nationales, mais au détriment des sucres étrangers. Je demande donc que cette question soit réservée, je demande que l'assemblée qui nous succédera fasse une enquête parlementaire et non une enquête administrative. (C'est cela !) Il faut que cette question soit vidée une fois pour toutes, et qu'on ne vienne pas, chaque année, donner des craintes, soit aux colonies, soit à l'industrie indigène. Par une enquête parlementaire on donnera satisfaction à ces deux intérêts. »

Le ministre déclara adhérer à cette manière de procéder, et les choses en restèrent là. Elles n'ont pas avancé depuis l'ouverture de la session de l'Assemblée législative. Il n'a pas été prononcé un mot sur ce sujet. Que l'on juge, au milieu de cette indifférence, ce que serait devenue l'indemnité !

l'intelligence dont, quoi qu'on ait pu dire, ils sont doués à un aussi haut point que leurs frères d'Europe. »

Les habitants se sont-ils bien persuadés de la nécessité de réussir ? Ce n'est pas à moi de répondre.

L'approbation des décrets n'a point été faite seulement sous la première impression et alors que l'on pouvait redouter ce que l'on appelle ma dictature. Je n'étais plus rien, je n'étais plus même qu'un *ennemi* sans pouvoir, lorsque, le 6 septembre 1848, le *Courrier de la Martinique*, dans un article que l'on peut considérer comme une sorte de manifeste, puisqu'il est signé des trois rédacteurs de cette feuille, disait encore : « La République avait *rempli les mains* du gouvernement local de lois répressives du vagabondage, de la paresse et de tous les désordres qui peuvent compromettre la tranquillité publique; mais, hélas! en même temps elle appelait subitement toute notre population à élire des députés par le suffrage universel. Certes, *un si beau droit, donné en même temps que de si bonnes garanties, n'aurait mérité que des éloges* (On n'en était pas encore venu à blâmer le suffrage universel), si malheureusement des candidats n'avaient été présentés par le gouvernement local, qui, jusqu'au moment des élections, s'est trouvé dans une fausse position. Pour se faire courtier d'élections, il a négligé l'exécution de ces lois répressives et pourtant promulguées; en les exécutant il savait bien que leur sévérité aurait donné à réfléchir à la reconnaissance des nouveaux électeurs. » Je n'ai pas besoin de dire que l'administration de M. Perrinon n'a jamais déserté ses devoirs pour soutenir ma candidature; puisque l'accusation est portée par le *Courrier*, elle tombe d'elle-même. Mais remarquez, chers concitoyens, cette phrase échappée à mes ennemis comme un cri de leur conscience : moi, cet ambitieux vulgaire qui vous avais donné le suffrage universel parce que « je n'aurais jamais pu être nommé en France ! » j'ai fait des décrets *dont la sévérité pouvait donner à réfléchir à la reconnaissance des nouveaux électeurs!*

Chaque fois qu'ils n'ont pas eu la volonté déterminée d'attaquer les décrets, les colons les ont loués pour ainsi dire à leur insu. Je trouve encore ce passage dans le *Courrier de la Martinique* du 8 novembre 1848, cinq mois après la promulgation de ces actes aujourd'hui tant attaqués :

« Malgré l'abandon où les a laissés une administration qui n'a jamais usé *des moyens de répression accordés aux anciens maîtres, par les décrets du 27 avril,* pour la garantie de leurs droits, etc. » En validant les élections de la Martinique et de la Guadeloupe à la presque unanimité, la Constituante a fait justice des attaques dirigées ici contre les commissaires généraux des Antilles, et il ne reste de ces divers articles que ceci : c'est que les anciens maîtres eux-mêmes confessent que les décrets d'abolition ont été faits avec maturité, qu'ils avaient tout prévu, qu'ils garantissaient les droits acquis, qu'enfin ils étaient *sévères,* c'est le mot que leur appliquent nos détracteurs.

Il faut bien le dire, toutes ces critiques posthumes ne datent que du jour où les premières émotions étant passées, on a rêvé de reconquérir la suprématie perdue. Le grand crime de ces rédacteurs de la loi, dont on louait la prudence et que l'on stigmatise à cette heure, leur grand crime, c'est de n'avoir pas voulu maintenir l'inégalité des classes. Et que l'on n'aille pas se récrier, la chose a été naïvement avouée, entre autres par le *Courrier de la Martinique* du 14 mars 1849 : « Les auteurs des décrets n'ont pas aperçu que, pour assurer le succès de la grande transformation sociale que la liberté apportait aux colonies, il était indispensable *de maintenir à la tête du mouvement* cette portion de la population qui, par l'instruction, la possession des capitaux, les mœurs et une habitude ancienne de la liberté, pouvait plus fructueusement servir de modèle et de guide aux nouveaux membres de la grande famille. » Oui, voilà bien tout notre crime ; si, à cette heureuse portion de la population coloniale nous avions donné je ne sais quel privilége qui l'eût mise *à la tête* du mouvement, si nous lui avions laissé exclusivement tous les emplois en partage, on exalterait notre sagesse. C'est parce que nous avons eu la petitesse d'esprit de donner des places à des mulâtres et à des nègres, que nous sommes déclarés des ennemis du pays, des adversaires de la fusion, des démagogues qui voulons fonder, par la terreur et la division des classes, notre domination à travers l'Océan. O justice et bon sens des partis!

CHAPITRE XVI.

Organisation du travail.

On reproche à la commission d'abolition de n'avoir pas résolu un problème qui tient le monde en suspens. — Proposition de l'association forcée. — La société n'a pas le droit d'imposer le travail au delà des besoins de l'individu. — Danger de toucher à la liberté.—Toute coercition eut enfanté la révolte.— C'est aux colons à fonder le travail.—De l'aveu des colons ce qui est possible est fait.—Les cultivateurs travailleront quand on les payera.—Prétendue paresse native des nègres. —Si le travail n'a pas été régulier, c'est que le salaire ne l'était pas. — Les noirs pleins de bonne volonté quand ils sont bien traités.—Exigences déraisonnables.— Un propriétaire veut empêcher un cultivateur associé de recevoir sa femme légitime dans sa case. — Il faut que chacun y mette du sien. — Vices inhérents à l'association. — Avantages du système de la tâche. — Colonage partiaire préférable. — Révision des tarifs. — Perfectionnement de la culture et de la fabrication. — Banques coloniales. — Usines centrales. — La canne est la culture essentielle des colonies.—Urgence d'une loi des sucres.

A part les critiques de fond et d'ensemble que je viens d'apprécier, on a plus particulièrement reproché au gouvernement provisoire de n'avoir pas organisé le travail, de n'avoir pas donné préalablement l'indemnité, d'avoir accordé le suffrage universel à des hommes la veille esclaves, enfin d'avoir voulu les armer. Il importe de répondre à ces reproches et de prouver qu'ils sont ou peu sincères, ou peu éclairés. Je vais les aborder successivement.

Le premier s'explique peut-être mieux par le regret du passé que par les espérances de l'avenir. Je remarque qu'on est revenu avec insistance sur ce point, depuis qu'on a fait naître des impressions fâcheuses contre la classe émancipée, en faussant la nature des derniers événements de la Guadeloupe. Est-ce qu'on espère obtenir plus facilement quelque loi de rigueur?

L'organisation du travail! Quoi! voilà un problème qui occupe les plus grands esprits de l'Europe, qui tient en suspens et pleine d'anxiété la société moderne tout entière, et l'on nous fait un crime de ne l'avoir pas résolu d'un seul coup! Mais que n'eût-on pas dit contre la commission d'abolition, si elle avait eu la prétention, l'audace de résoudre cette immense question aux colonies. Ajoutez, d'ailleurs, que tout mode adopté aurait donné lieu à des mécontentements, à des plaintes parmi les affranchis, comme parmi les planteurs forcément associés. L'association obligée, c'était le vœu des délégués des blancs de la Guadeloupe; mais la Martinique s'est montrée très-peu disposée à donner les mains à cette proposition.

Il fallait organiser le travail aux colonies! Que signifie cela? N'est-ce pas le mot honnête d'une très-vilaine chose, la glèbe? Nous souhaiterions fort qu'on s'expliquât catégoriquement, il est nécessaire de s'entendre. Nous défions qu'on *organise* le travail aux colonies sans aboutir à la compression. Est-ce là ce qu'on veut? J'en ai peur, non pas pour les nègres, qui n'accepteront plus aucune contrainte de ce genre, mais pour ceux qui chercheraient à l'appliquer.

Quant à moi, je ne veux de compression à aucun prix; et je le déclare très-haut, je préfère la paresse la plus endurcie au travail forcé le moins fouetté.

Du moment que les esclaves devenaient libres, il fallait qu'ils le fussent dans les conditions de tout homme libre. C'eût été une singulière philanthropie vraiment, on l'a déjà dit avant nous, que celle qui, abolissant comme infâme le travail de l'esclavage, eût imposé aux affranchis le travail libre, sous peine des travaux forcés. Remplacer la servitude par un travail obligatoire quelconque ; ce mensonge politique ne pouvait convenir ni à la loyauté, ni aux principes du gouvernement provisoire. En faisant des hommes libres, la République ne pouvait leur imposer d'autres lois que celles du droit commun, il eût été indigne d'elle de leur donner l'indépendance d'une main pour la leur retirer de l'autre. Leur liberté devait être une vérité. Aux colonies, comme en France, le temps des fictions est passé. Sans doute, sans aucun doute, le travail est un devoir; aussi bien que qui que ce soit au monde, nous en reconnaissons la haute importance, nous comprenons l'urgente nécessité de l'encourager par tous les moyens possibles; mais nous ne reconnaissons pas à la société le droit de l'imposer à aucun individu au delà des limites de ses besoins. Condamner un homme, si noire que soit sa peau, sous quelque prétexte que ce soit, à travailler plus qu'il ne veut, alors qu'il fait assez pour n'être à charge à personne et ne point troubler la société, c'est, à nos yeux, un attentat contre la liberté individuelle, c'est-à-dire une mortelle offense à l'humanité.

Toute loi d'exception est mauvaise, très-mauvaise ; il ne faut pas sortir du droit commun vis-à-vis des nègres, ils ont le sentiment, nous oserions presque dire l'instinct du juste ; il faut avoir grand soin de ménager ces jeunes citoyens.

Prenez-y garde, la liberté est aujourd'hui ce qu'il y a de plus précieux et ce qu'il serait le plus dangereux de toucher aux colonies. On pourra toujours, avec quelques mois, reconstituer le travail dont tout le monde a besoin, mais il faudrait des années de souffrances et peut-être des révolutions pour regagner un atome perdu de liberté.

En définitive, toute transaction avec la liberté n'eût pas été seulement un acte coupable au point de vue moral, une faiblesse au point de vue républicain, mais un péril en présence de l'état d'esprit des affranchis. Tout genre d'apprentissage n'eût été, comme dans les colonies anglaises, qu'un terrain préparé pour servir à une lutte pénible entre l'ancien maître et l'ancien esclave. Et, après tout, n'eût-il pas toujours fallu subir à la fin la crise de passage du faux affranchissement à l'affranchissement réel. Nous le répétons, il ne fallait rien retenir de la liberté, sous peine de produire la licence par la réaction. Toute coercition exercée sur les affranchis eût amené de leur part des résistances terribles ; tout travail obligatoire qu'on leur eût imposé eût été regardé par eux comme une violence faite à leur indépendance et les eût conduits à la révolte ! Qu'on nous permette de citer à cet égard ce qu'écrivait, le 10 avril, remarquez la date, un homme placé au premier rang des fonctionnaires de la Guadeloupe :

« L'organisation du travail préoccupe les esprits. La Guadeloupe a pris les devants, elle a son projet d'association. Eh bien ! sachez-le encore, toute combinaison qui aboutira à un *travail obligé*, sous quelque forme que ce soit, ne peut plus convenir aujourd'hui aux esclaves. Le *travail obligé* serait considéré comme une reprise de l'esclavage ou comme un esclavage déguisé, et cette idée jetterait une grande perturbation dans les colonies. J'ai la conviction que les nègres *se montreront intrai-*

tables sur ce point, et que toute tentative qui n'aura pas pour objet une liberté bien nette, bien définie, ne saurait leur convenir. En 1830, le travail obligatoire constitué était possible, il pouvait l'être encore en 1840. Aujourd'hui, après huit années d'attente, après trois années de la loi de 1845, *il n'y a plus de tempérament acceptable*. Ne croyez pas que l'idée que j'émets ici me soit personnelle, vous seriez dans l'erreur. Beaucoup de gens la partagent avec moi. Qu'on éclaire la situation par des indications salutaires ; que l'association, le colonage partiaire, etc., soient des idées mises en avant comme devant conduire à des résultats heureux ; c'est, je crois, la seule chose à faire. *Si les idées des colons de Paris prévalaient*, si le travail obligatoire était le cortége de l'émancipation, qu'on se rappelle qu'on n'aurait aucun moyen de faire exécuter la nouvelle loi, et qu'enfin *toute mesure de coercition serait le signal de grands désordres*. Voilà des idées bien hardies, qui seront trouvées bien désorganisatrices ; ce sont cependant les seules qui soient de mise aujourd'hui, soyez-en convaincu ; tâchez d'en convaincre les autres. *La liberté s'est fait trop longtemps attendre* pour qu'aucun régime intermédiaire soit possible. Au reste, croyez-moi, le travail, sous la liberté absolue, ne sera pas abandonné par les noirs. Ils sont assez éclairés pour en sentir la nécessité. »

Tout cela est vrai, absolument vrai. C'est aux propriétaires eux-mêmes à faire ce qu'ils attendent de l'autorité ; l'organisation du travail ne peut résulter que de leur accord avec les cultivateurs, que du consentement des uns et des autres, à des conditions avantageuses pour les uns et pour les autres. Et l'on y arrivera facilement, lorsque les planteurs ne bouderont plus l'émancipation, lorsqu'ils cesseront de nourrir la funeste espérance de lois d'intimidation pour les affranchis, lorsqu'ils n'inspireront plus de défiance aux noirs, en traitant de *meneurs* tous ceux qui les éclairent sur les engagements à contracter, et qui règlent leurs comptes d'association.

S'il restait quelque doute à cet égard, je ne me défendrais pas par une échappatoire assez valable, en disant : ceux qui nous accusent de n'avoir rien fait n'ont jamais expliqué, jamais, comment ils feraient ; j'invoquerais purement et simplement le témoignage des colons des colonies. Ce n'est certes pas l'intelligence qui leur manque ; quand ils mettent leurs passions de côté, ils touchent la vérité aussi bien que personne au monde, et c'est dans leurs propres aveux que l'on trouvera leur meilleure réfutation.

Écoutez donc le *Courrier de la Martinique* du 14 octobre 1848. « Mais, dira-t-on, qu'y a-t-il à faire pour organiser le travail?

« RIEN, ABSOLUMENT RIEN! répondrons-nous, *parce que tout est déjà fait*, et qu'il suffit de laisser aller les choses à leur cours naturel, pour que le travail reprenne partout où sa continuation est possible.

« Que, sous le régime de l'esclavage, duquel nous sommes heureusement débarrassés, il fût nécessaire d'organiser et de réglementer le travail par des dispositions législatives, cela se comprend aisément. Mais, aujourd'hui, en pleine ère de liberté, parler d'organiser le travail, c'est, à notre avis, tomber dans une lourde hérésie en fait de liberté.

« Est-ce que le propriétaire n'a pas intérêt à ne conserver chez lui que des ouvriers capables, actifs et zélés?

« Est-ce que le droit commun ne lui permet pas d'expulser ceux qui prétendent rester chez lui sans travailler?

« Est-ce que le maire, le commissaire de police, la gendarmerie ne sont pas, par le droit commun, tenus de déférer aux réquisitions qu'il leur ferait dans ce sens?

« Est-ce que, si un propriétaire abusait, l'ouvrier n'aurait pas droit de le traduire devant les tribunaux pour obtenir justice?

« Enfin, est-ce que l'ouvrier expulsé d'une habitation, parce qu'il ne voulait pas y travailler, ne sera pas obligé de retourner volontairement au travail, s'il n'est reçu autre part qu'à cette condition ?

« Si toutes ces questions se résolvent affirmativement, n'est-il pas évident que les règlements pour l'organisation du travail sont tous faits, qu'il n'y a rien à ajouter, qu'il suffit de tenir la main à l'exécution du droit commun, et que le travail reprendra de lui-même par la seule force des choses ?

« Il en est temps, *revenons au droit commun*, C'EST LA SEULE VOIE DE SALUT. Sortons des mesures d'exception, nuisibles par leur essence. Ce qu'il y a à faire, c'est de défaire ce qui a été fait et de suivre la marche opposée. »

Là est toute la vérité; oui, la prospérité des colonies est

dans le droit commun pour tous leurs habitants de toute couleur; c'est le principe qui a constamment dirigé la commission d'abolition. On peut en être sûr, les nègres ne manqueront pas aux champs de cannes, témoins de leurs douleurs et de leur opprobre passés, quand l'indemnité soldée, quand les banques coloniales constituées fourniront de quoi les payer, quand on les y amènera, je le répète, par de bons traitements, par la persuasion, par l'appât d'une juste rémunération sous quelque forme qu'elle se présente, enfin par l'éducation et les besoins qu'elle fait naître en nous. La question du travail n'est plus qu'une question d'argent, de loyauté et de procédés bienveillants. Les nègres ont déjà de grands besoins; lorsqu'ils refusent de travailler, c'est qu'on ne les paye pas ou qu'on les traite mal.

On a parlé bien souvent de la paresse native des nègres. M. Pécoul, le représentant des grands propriétaires sucriers de la Martinique, disait encore, au mois de février 1849 : « Les « noirs, livrés à *leur indolence native*, privés de l'émulation « que crée le spectacle et l'autorité des blancs, retomberont « dans la *barbarie africaine*. » C'est là une vieille et fausse accusation, au moyen de laquelle certains grands propriétaires sucriers croyaient se justifier de faire piocher leurs esclaves à coups de fouet. L'indolence native des noirs est une calomnie de blancs oisifs. Ces gens-là n'ont pas changé : parce que le nègre travaillait mal sous leur rigoise sanglante, parce qu'aujourd'hui il ne veut pas donner sa journée tout entière pour quelques sous, ils disent qu'il est paresseux ! Les noirs ne sont pas plus paresseux que nous, ils nous ressemblent en tout.

On ne peut dire, d'ailleurs, que le travail soit suspendu depuis l'abolition; non, cela n'est pas la vérité; on peut dire seulement qu'il a été irrégulier, et cela tient essentiellement à ce qu'il a été mal dirigé et surtout à ce que le salaire a été irrégulier. C'est encore par les aveux échappés aux colons que nous ferons la preuve de ce que nous avançons. Notre affirmation, on pourrait la contester, la supposer entachée de partialité; mais, à ce que les planteurs disent eux-mêmes, quand ils raisonnent de sang-froid, il n'y a pas de réplique possible.

Voici donc ce que tout le monde peut lire dans le *Courrier de la Martinique* du 4 octobre 1848 :

« Si le travail a complétement disparu sur beaucoup d'ha-
« bitations, s'il est relâché sur la très-grande majorité des
« exploitations de la colonie, *la faute n'en est point aux cultiva-*
« *teurs*. Nous devons, au contraire, leur rendre cette justice,
« de déclarer qu'ils sont généralement animés de bonne vo-
« lonté et que, s'ils avaient trouvé une main sûre pour les
« conduire, ils se mettraient à la culture avec ardeur et satis-
« faction. »

Plus loin, le journaliste, blâmant l'interposition de quelques
agents du pouvoir sur les habitations, s'exprime ainsi :

« Le travail a été rétabli partout où le propriétaire, se ren-
« fermant dans la dignité du noble rôle que lui a ouvert l'abo-
« lition de l'esclavage...., a compris qu'à lui seul incombait
« *le droit* et le devoir d'initier le nouveau citoyen aux habi-
« tudes de travail, d'ordre de moralité, et a enfin accepté loyalement cette sainte mission. »

On peut lire encore dans le même journal, numéro du
11 octobre 1848 :

« On n'organise pas le travail, il s'organise de lui-même.
« Partout où le propriétaire, assez respecté, a pu poser la base
« de son droit de propriétaire avec toutes ses conséquences,
« les résultats ont été les mêmes, l'ordre d'abord et le travail
« ensuite. »

Vous le voyez donc bien, il n'est pas exact de dire que les
nègres sont paresseux par nature; chaque fois que l'habitant a
rompu avec le passé et franchement accepté l'émancipation,
chaque fois qu'il s'est montré habile, c'est-à-dire conciliant,
modéré, loyal, digne enfin du rôle qu'il a à remplir, il a trouvé
des hommes de bonne volonté, et obtenu d'excellents résultats.

Malheureusement, il n'en a pas toujours été ainsi. On rejette
toute la faute sur les nègres; c'est un tort et un tort très-grave.
Il y a des nègres qui ne travaillent pas, parce qu'il y a des
propriétaires qui ne tiennent pas leurs engagements avec eux,
parce qu'il y en a d'autres qui prétendent traiter leurs nouveaux concitoyens, leurs ouvriers ou leurs associés, comme
ils traitaient autrefois leurs esclaves. S'il est des nègres qui ne
veulent pas travailler du tout, il est des blancs qui ne veulent

pas les faire travailler convenablement ; nous espérons qu'a-
vec le temps, qui efface le passé, les uns et les autres rentreront dans les voies de la vérité et de la justice. La prospérité
des colonies exige que chacun se persuade bien que l'égalité
est un des dogmes de la République.

C'est aux blancs surtout, eux qui sont les plus instruits, de se
montrer les plus sages, et ils ne le font pas. Plusieurs, au contraire, ont eu des exigences impardonnables. En associant à
eux des cultivateurs, ils ont souvent méconnu jusqu'aux droits,
jusqu'aux devoirs de la famille, ils ont voulu forcer le cultivateur à leur livrer ses enfants pour la garde des bestiaux et autres
occupations de ce genre ; si bien que le prolétaire associé, ou
devait faillir au contrat, ou devenait passible de la loi qui l'o-
blige impérieusement à envoyer ses enfants à l'école. Voici un
fait qui prouvera combien les colons sont encore aveuglés par
les traditions du passé, et tout ce qui leur reste de chemin à
faire dans la véritable voie de la civilisation.

Le citoyen Desvouves fils, propriétaire au Vauclin (Martinique), a formé, avec plusieurs noirs, une association, en vertu
de laquelle il leur doit, entre autres choses, à chacun une case
pour se loger. L'un des associés, le citoyen Laurencin, est marié, il amène sa femme dans la case qu'il paye de son travail, et
dont, par conséquent, la libre, pleine et entière disposition lui
appartient.

S'il est une chose naturelle au monde, c'est celle-là. Eh bien !
les colons ne sont pas de cet avis ; ils ont encore si peu l'esprit
de la position nouvelle qui est faite indistinctement à tous les
citoyens français des Antilles, ils croient si peu que les noirs
aient des droits égaux aux leurs, ils respectent si peu la famille
noire, qu'ils ne veulent pas permettre qu'une femme loge chez
son mari sans leur autorisation. Après avoir loué une case à un
cultivateur, ils prétendent garder la faculté de chasser de cette
case la femme de leur associé ! On aura peut-être peine à le
croire, on ne pourra supposer que l'esclavage ait faussé à ce
point le jugement des anciens maîtres. Qu'on lise :

« Marin, 5 octobre 1848.

« Monsieur Desvouves,

« La nommée Marie-Appoline est venue à mon bureau pour

faire des réclamations sur son exclusion de votre habitation. Je dois vous dire que dans toutes mes tournées faites dans les communes de mon canton, avec le commissaire général, cette question lui a été posée plusieurs fois, et voici comme il l'a résolue : « Toute femme mariée a le droit de rester dans la case « de son mari, quand bien même elle ne ferait pas partie de « l'association ; mais elle n'a aucun droit à d'autre portion de « terre ni de case qu'à celle de son mari, lequel doit faire par- « tie de la société pour avoir le droit de rester sur l'habitation. » Marie-Appoline se dit mariée avec le sieur Laurencin, qui est attaché à votre propriété comme faisant partie de l'association ; elle a donc le droit de rester sur la propriété ; mais ce droit n'appartient pas du tout aux concubines qui ne sont pas dans l'association, et qui voudraient habiter avec leurs hommes.

« Salut et fraternité.

« Le commissaire de police inspecteur du canton Marin,

« LONCHANT. »

Le citoyen Desvouves, indigné qu'un de ses associés puisse loger sa femme dans sa maison, veut alors expulser mari et femme! C'est ainsi qu'il comprend l'association, c'est ainsi qu'il prétend constituer la famille ; et le commissaire de police est encore obligé de lui écrire cette lettre :

« Marin, 6 octobre 1848.

« Monsieur Desvouves,

« L'exclusion d'un cultivateur qui fait partie de l'associa- tion ne peut être faite par le commissaire de police. Je vous transcris l'arrêté du 15 septembre 1848.

. . . .

Ainsi, pour vous débarrasser de la citoyenne Laurencin, qui a le droit, comme femme mariée, de rester chez son mari, il faut que vous portiez cette affaire devant le jury, qui prononcera sans doute l'exclusion du citoyen son mari, qui entraînera celle de la femme.

« Salut et fraternité.

« LONCHANT. »

Le digne commissaire de police Lonchant (celui-là doit être colon) est, comme on voit, dans les mêmes idées que son administré ; il n'expulse pas lui-même le citoyen Laurencin, parce que la loi le lui défend, mais il ne doute pas que le jury ne trouve dans le cas spécifié un motif suffisant pour briser le contrat et *débarrasser* ainsi le propriétaire d'un associé qui a l'incroyable prétention de vouloir garder sa femme auprès de lui!

Le citoyen Desvouves est stupéfait de toutes ces difficultés, il ne peut rien y concevoir, la société lui semble bouleversée par de telles doctrines, la *propriété lui paraît compromise*, et il s'empresse d'écrire au *Courrier de la Martinique* pour signaler d'aussi effroyables choses.

« Vauclin, 8 octobre 1848.

« Monsieur le rédacteur,

« Vous attaquez les actes administratifs d'une manière si consciencieuse et si utile pour le pays, qu'on ne saurait trop signaler à votre zèle des erreurs ou des fautes qui ne sont pas sans inconvénients pour les *malheureux* propriétaires. — (Le pauvre homme!)

« Dans sa tournée, M. le commissaire général a été appelé à décider une question que je considère comme sérieuse : à savoir, *si une femme mariée à un travailleur associé a le droit de résider sur l'habitation, quoique ne faisant pas partie de l'association.*

« M. le commissaire général a résolu la question affirmativement, comme vous le verrez par la lettre de M. Lonchant, dont je vous adresse copie en soulignant le passage.

« M. le commissaire général assimile donc le travailleur marié au copropriétaire marié; la différence est pourtant énorme, car ce dernier possède déjà une partie du bien-fonds, et la communauté de biens qui existe ordinairement entre époux donne des droits de résidence à la femme et fournit des garanties au propriétaire, tandis que le travailleur associé ne possède rien. Aucun acte notarié n'engage sa femme pour lui. Il ne porte à l'association, d'après les termes de son engagement, que son industrie, non pour avoir des droits au bien-fonds, mais pour partager les fruits ou revenus.

« Je ne saurais donc admettre que le mariage d'un travailleur entraîne ou impose l'obligation au propriétaire de recevoir sa femme ; *ce principe est contraire au droit de propriété.* Le propriétaire accordera toujours l'hospitalité à la femme que son état de maladie ou d'infirmité éloignera des travaux que partage son mari, il n'est pas nécessaire de l'imposer. Mais le propriétaire se refusera de faire de son habitation le réceptacle des femmes oisives et inutiles qui peuvent commettre impunément des désordres là où doit régner, comme dans toute réunion d'hommes, la plus stricte discipline.

« Je pensais que le mariage portait avec lui l'obligation aux époux de s'entr'aider, annonçait un esprit d'ordre, de famille, et par cela même imposait un rigoureux labeur à ceux qui le contractaient, afin d'assurer l'existence, l'éducation, le bien-être des enfants. Ce n'est rien de cela ; le mariage chez les travailleurs, d'après la décision de M. le commissaire général, devient un droit de violence à exercer contre le propriétaire. *La femme mariée a le droit de rester dans la case de son mari, quand bien même elle ne ferait point partie de l'association.* Que fera-t-elle dans cette case toute la journée et tous les jours ? Elever les volailles et soigner le cochon que le travailleur peut posséder !

« Ainsi donc, en portant atteinte aux droits des propriétaires, droits sacrés partout où existent travailleurs et manufacturiers, M. le commissaire général abrite l'oisiveté et par conséquent le vice sous le sacrement du mariage, et se trouve en contradiction avec le paragraphe de l'article 1ᵉʳ du décret du 27 avril 1848 sur le vagabondage, qu'il devrait connaître, et qui porte *que tout individu résidant sur une propriété sans la permission du propriétaire ou de son représentant doit être considéré comme vagabond. Sont donc vagabondes les femmes mariées* qui, par leur inconduite, ne peuvent obtenir l'autorisation du propriétaire, et qui, *sans motif plausible, refusent le travail de l'association.*

« Mais les choses ne sont pas ainsi : pour me débarrasser d'un mauvais sujet de femme, du plus funeste exemple pour l'association, il faut demander le renvoi du mari, excellent sujet, pliant et tremblant sous le despotisme d'une mégère, et me soumettre encore à l'éventualité du jugement que prononcera le jury cantonal.

« Si M. le commissaire général a cru, par cette décision, propager le mariage, il serait tombé dans une complète erreur ; *bien qu'il soit à désirer* de voir les liens et les besoins de la famille s'établir chez les travailleurs, le propriétaire ne pourra recevoir chez lui des personnes dont le caractère et la vie inoccupée seraient contraires à ses intérêts. Le mariage deviendrait forcément, dans plus d'un cas, la cause d'une pénible séparation entre le travailleur et le propriétaire, afin que celui-ci puisse se soustraire à des décisions aussi arbitraires.

« Je vous adresse ces observations, pensant qu'elles pourront vous fournir le sujet d'un article, en les développant avec ce talent et cette force de raisonnement qui vous sont ordinaires.

« Veuillez agréer, etc.,

« Desvouves fils. »

Que résulte-t-il de cette lettre? C'est que, dans les idées de quelques colons, la femme d'un travailleur associé *n'a pas le même droit de résider auprès de son mari* que la femme du propriétaire associé; que la femme d'un cultivateur ne saurait avoir chez elle *qu'à élever des volailles ou soigner un cochon;* qu'un travailleur ne peut avoir, sans la permission du propriétaire, une femme simplement occupée de son ménage et de ses enfants; que si la femme ne s'engage pas à travailler aux champs comme son mari, elle est *oisive et inutile;* qu'une femme mariée vivant chez son mari, sans l'autorisation du propriétaire de la maison louée par son mari, *doit être considérée comme vagabonde;* qu'autrement enfin *le droit de mariage d'un travailleur associé devient un droit de violence à exercer contre son coassocié propriétaire !*

Vous croyez que le journaliste plus éclairé, le journaliste qui théoriquement raisonnait si sagement tout à l'heure sur le travail, redressera des idées aussi déplorablement fausses, aussi complétement subversives des lois de la nature et de la société, des lois écrites et non écrites; que, remplissant sa mission d'instituteur social, il approuvera les nègres de refuser les conditions léonines qu'on veut leur imposer, il apprendra aux blancs que jamais il n'est venu à l'esprit d'un manufacturier quelconque du monde civilisé de ne pas admettre la femme dans le logement donné au mari ; vous supposez qu'il essayera de faire comprendre à ces hommes d'autrefois, qu'aujourd'hui un contrat lie de la même manière l'engagiste et l'engagé, et qu'il n'y aurait plus d'association possible, si le propriétaire

associé avait la faculté d'expulser à son gré le cultivateur associé, car alors celui-ci aurait la faculté, par réciproque, de s'en
aller quand il lui plairait ; vous pensez qu'il leur expliquera les
principes les plus vulgaires de l'association, de l'égalité, du
droit commun, du mariage et de la morale ; point du tout. Il
en sait là-dessus autant que vous ; il n'oserait jamais appliquer
de telles doctrines à l'ouvrier blanc qui viendrait prendre part
aux travaux de l'habitation ; mais il est colon, il a sucé le lait
de l'esclavage, son jugement s'obscurcit tout à fait dès qu'il
s'agit d'un nègre, et il ne trouve à faire d'autres observations
que celles-ci :

« Nous avons reproduit sans commentaires les réflexions de
M. Desvouves fils ; il n'y a rien à ajouter à ces réflexions qui
nous paraissent *parfaitement logiques et raisonnables ;* il serait à
désirer, *dans l'intérêt de l'organisation du travail,* que le courageux exemple de cet honorable citoyen fût suivi et qu'on nous
adressât ainsi des observations motivées et signées. »

N'est-il pas évident qu'à leur insu même et certainement
sans le croire, les colons ne voient encore dans les nouveaux
libres qu'une sorte de propriété dont ils peuvent disposer à leur
gré ? Leurs désirs vont à faire de leurs associés de véritables
serfs de glèbe ; il en est même qui poussent les vieilles idées
jusqu'à exiger le *respect* des noirs, et qui crient à l'abomination
quand les nègres se moquent de ces ridicules prétentions.

Il faut bien le dire, si le travail, tout en reprenant, ne se
généralise pas sur tous les points avec une parfaite activité,
c'est que beaucoup d'habitants pensent comme le citoyen Desvouves, et se montrent trop disposés à user de moyens de rigueur. A la moindre chose ils menacent d'expulser ou expul-
sent en effet les travailleurs des cases : et la presse, qui devrait
conseiller la modération, leur conseille au contraire la sévérité. Le *Commercial* du 4 novembre 1848, après avoir ra-
conté que le colonel Fiéron, l'homme aux grands plumets (1),
avait envoyé des soldats au lieu d'un magistrat sur une habitation où s'était élevée une difficulté entre le propriétaire

(1) M. Fiéron est toujours en uniforme, et pour en imposer davantage aux nègres, il porte à son chapeau à cornes de grands plumets que
l'on nous dit n'être pas d'ordonnance.

et l'atelier, ajoute ceci : « Nous ne pouvons qu'applaudir à la
« nouvelle direction de l'administration, dans la conduite po-
« litique des nouveaux affranchis. Nous préférons les grosses
« épaulettes aux aiguillettes d'or sur un habit noir. La conci-
« liation *ne sera peut-être pas aussi amicale, mais aussi sera-t-elle*
« *plus durable.* » Mêmes sentiments dans l'île voisine. Le *Courrier
de la Martinique* du 8 novembre blâme en ces termes le citoyen
Perrinon de n'avoir voulu employer que la douceur pour rattacher les nègres à la culture : « *On ne fonde point des institu-*
« *tions solides et durables par la persuasion, et ce ne sont point là*
« *non plus des moyens de gouvernement.* M. Perrinon, en se fa-
« miliarisant jusqu'à l'intimité avec les travailleurs, en leur
« parlant sans cesse de son origine et de son amour pour eux,
« n'a obtenu que des résultats éphémères qui disparaissaient
« aussi vite que l'impression produite par ses touchantes ex-
« hortations. »

Ainsi la bienveillance est systématiquement proscrite, la
coercition [est résolûment prônée et mise en pratique. C'est de
la sorte que l'on prétend réconcilier les nouveaux citoyens avec
le travail, leur ancien ennemi du temps de l'esclavage, la
source de toutes leurs misères passées ; et on les accuse ensuite
de ne pas reprendre la houe avec ardeur !

Je répéterai ici les réflexions que je faisais dans la *Réforme*
du 21 décembre 1848, en rapportant ce qu'on vient de lire.

« Étrange caractère que celui des colons; mélange bizarre de
charité et d'intraitable orgueil. Le citoyen Laurencin, le laboureur associé du citoyen Desvouves, aurait amené dans la case
son père, sa mère, ses oncles, ses tantes, vingt parents malades,
le propriétaire n'eût sans doute pas dit un mot; mais le laboureur amène sa femme qui ne veut pas aller aux champs, qui
aime mieux soigner son ménage, et le propriétaire se révolte !
Est-ce qu'une négresse peut avoir un ménage ?

« Nous persistons à penser que les colons se trompent, qu'ils
doivent acquérir pour la liberté de leurs nouveaux concitoyens
autant de respect qu'ils ont de pitié pour leurs malades; qu'enfin, il n'y a qu'un seul moyen de rétablir le travail, celui de
fraternels traitements envers les travailleurs. Puissent-ils s'en
convaincre! La plupart ont été pleins d'humanité pour les
infirmes et les vieillards; ils les ont généreusement gardés

tous sur les habitations ; qu'ils soient justes pour les valides, qu'ils croient plus à la vertu de la douceur qu'à celle de la force, et ils poseront sur des bases éternelles la prospérité de leur beau pays. »

Assurément, ce qu'il y a à faire aux colonies n'est pas facile ; il importe que chacun y mette du sien, et la presse des colons, au lieu d'enflammer, d'exaspérer les passions, devrait éclairer toutes les classes avec une austère impartialité. On vient de voir encore que ce n'est pas ce qu'elle fait, nous souhaitons qu'elle le reconnaisse. Mais en tout cas nous espérons qu'on cessera d'accuser les pauvres noirs, lorsqu'on entend les blancs eux-mêmes, dans leurs moments d'équité, avouer *qu'ils sont animés de bonne volonté.* J'appuie d'autant plus sur cette déclaration qu'elle témoigne une fois encore que nous avons bien fait de les juger mûrs pour la liberté et de ne point retarder d'un jour leur affranchissement.

Quant à une solution satisfaisante, elle n'est pas impossible à trouver. L'association libre est un mode de beaucoup préférable au salariat, parce qu'il rapproche les hommes en fraternisant leurs intérêts ; mais on ne peut se dissimuler les difficultés qui surgissent pour son application générale. Le travailleur y apporte toujours et partout la même part, c'est-à-dire le même labeur ; mais le capitaliste, quelle différence ! Ici la terre est féconde, là stérile ; ici moyens pécuniaires, là pauvreté ; ici les bestiaux nécessaires, là non ; ici un bon moulin à eau ou à vapeur, là un moulin marchant au caprice du vent ; ici des charrues, des instruments aratoires perfectionnés, là rien ; ici enfin intelligence et science, là routine et ignorance.

Evidemment le travailleur a chez ces deux propriétaires des conditions très-inégales ; chez l'un il gagnera, chez l'autre il perdra, tout en ayant eu chez l'un et chez l'autre la même assiduité. Les cultivateurs se sont généralement dégoûtés de l'association ; il faut être juste, c'est qu'elle n'a rien tenu de ce qu'elle avait promis, c'est qu'ils n'y ont trouvé que déception. M. Dreveton, juge de paix à la Pointe — dont nous ne jugeons pas les jugements, — a très-bien expliqué une des causes de ce dégoût, en montrant que l'association actuelle laisse au travail libre les formes vicieuses du travail servile. Les cultivateurs et associés du propriétaire sortent et rentrent aux mêmes heures, sont astreints aux mêmes règles qu'autrefois. Ils restent escla- ves d'un système qui se ressent du caractère vicieux de son origine. La seule différence est qu'ils partagent pour salaire une partie des produits, et que leurs manquements, au lieu d'être punis corporellement, le sont par une retenue pécuniaire.

Ce sont là, il est impossible de le nier, de graves inconvénients. Il s'agit donc de rechercher la liberté dans le travail et de conserver en même temps l'agglomération des hommes, lorsque leur emploi simultané est nécessaire. Eh bien, cette solution du problème, M. Derveton a encore très-bien établi qu'elle se trouve dans le travail à la tâche, soit par un individu, soit par un groupe. C'est, au surplus, ce qui était déjà reconnu dans les colonies anglaises lorsque je les visitai en 1840. La tâche peut être facilement fixée à l'amiable ou même par des règlements locaux, avec une équité mathématique, pour les différentes sortes d'ouvrages et selon les différentes natures de terres à exploiter. Dans ce mode, chacun est librement intéressé à faire bien et vite, soit qu'un individu ou un groupe d'individus se chargent d'une opération. J'ai vu, dans les colonies anglaises, des nègres faire deux tâches par jour, en prolongeant leur labeur jusqu'au milieu de la nuit, lorsque le clair de lune le permettait. Plus de peine pour réunir les cultivateurs au son de la cloche, pour les exciter à la besogne, pour gourmander les nonchalants ; plus de retenues irritantes pour les manquements ; plus de condamnations monstrueuses à 30,000 et 60,000 fr. de dommages et intérêts, prononcées *solidairement* contre des associés qui gagnent cinquante ou soixante centimes par jour. Plus de querelles, de soupçons, lors du partage des produits ; on n'a qu'à vérifier au mètre ce que l'individu ou le groupe ont fait dans la plénitude de leur vouloir et de leur indépendance. L'intérêt personnel répond que chacun fera le plus qu'il pourra, et que chacun s'empressera de rechercher une tâche déterminée au bout de laquelle il est sûr de toucher, sans embarras, une rémunération connue d'avance. Que le cultivateur soit fixé sur l'habitation, il loue sa case et son jardin comme un locataire ordinaire, et paye son loyer sur le produit de son labeur. Qu'il loge autre part, peu importe, il vient à son travail du dehors.

Le colonage partiaire nous paraît au reste encore préférable à la tâche, en cela qu'il fait plus dépendre le bien-être du colon partiaire de sa propre volonté, qu'il exerce davantage son intelligence en lui laissant son libre arbitre.

Donc la tâche et le colonage partiaire, voilà les modes de travail que nous croyons utile de préconiser, d'encourager, d'adopter en sauvegardant toujours soigneusement la liberté.

Mais il y a quelque chose à faire avant tout, pour fonder le travail aux colonies. C'est, comme j'ai eu l'honneur de le dire à la tribune de l'Assemblée nationale, d'assurer à leurs produits des débouchés fructueux par une bonne loi des sucres. Avec les tarifs actuels, le prix de vente du sucre colonial est, à peu de chose près, au-dessous du prix de revient. A quoi bon produire pour perdre ou pour ne rien gagner? Il est de la dernière urgence que la métropole fasse à ses départements d'outre-mer une part moins mauvaise dans le grand mouvement industriel et agricole de la France.

Ici, tout aussitôt, surgit une nouvelle question : Est-il vrai que l'habitant des colonies cultive et fabrique par des moyens trop dispendieux? Les agronomes s'accordent à le dire. Il ne s'agit donc pas de fixer les tarifs précisément sur le prix de revient du sucre colonial, mais de les reviser, et de mettre l'habitant en demeure d'entrer dans des voies meilleures, de perfectionner ses moyens de culture et de fabrication, de réaliser des économies considérables de main-d'œuvre, en remplaçant, en grande partie, l'emploi des forces humaines par des machines.

Pour ce dernier point, il faut de l'argent, et ce n'est que dans les banques coloniales qu'on le trouvera ; elles seules rétabliront le crédit. Elles sont votées depuis le mois d'avril, et il n'est pas encore question de leur installation. Qu'on se hâte donc, les colonies souffrent. Ces banques permettront aussi d'établir des usines centrales qui feront certainement baisser le prix de revient, en séparant la fabrication de la culture, en introduisant dans la fabrication tous les perfectionnements donnés par la science, en facilitant la culture en petit de la canne, et par suite la petite propriété, qui doit compléter l'émancipation morale des nègres. Ceux-ci, quoi qu'en disent leurs ennemis, ne sont nullement communistes; ils ont, au contraire, un goût extrême pour la propriété ; les usines centrales leur donneront les moyens de le satisfaire. Ces établissements sont l'arche de salut des colonies, avec eux diminuera bientôt le prix du sucre, encore si cher que le prolétaire ne peut y goûter. Mais, en attendant, il faut égaliser les conditions de la canne et de la betterave sur les marchés métropolitains, et ne point donner tous les avantages à la betterave. Qu'on n'oublie pas surtout que la canne est la culture essentielle des colonies, qu'elles périront sans la canne.

Quelle que soit au surplus, l'opinion que chacun puisse avoir à cet égard, toujours est-ce une question majeure, capitale, qu'il est urgent d'étudier à fond, au plus vite, et de résoudre d'une façon ou de l'autre. Il importe que l'Assemblée législative en soit convaincue, et se mette sans délai à cette grande tâche. Le succès de l'émancipation, la prospérité des îles, l'industrie de la marine marchande, et, par une conséquence immédiate, la force de la marine militaire y sont engagés de la manière la plus sérieuse.

CHAPITRE XVII.

Indemnité, dédommagement.

L'indemnité était depuis quinze ans le seul obstacle à l'émancipation. — On a donné l'affranchissement en réservant le dédommagement. — Commentaire perfide. — Mon opinion n'a jamais varié sur la question. — Les délégués déclarent qu'ils ne tiennent pas au nom. — Plusieurs commissions ont employé le mot *secours*. — Les colons eux-mêmes reconnaissent que l'indemnité est un droit exceptionnel. — Le mot *dédommagement* n'effrayait pas la répugnance des républicains à donner de l'argent pour un homme. — L'indemnité doit tourner au profit des anciens esclaves comme des anciens maîtres : — elle est donnée, par la première commission, dans le triple intérêt des colonies, du commerce maritime et des affranchis. — La moitié à employer obligatoirement en salaires d'émancipés. — Les colons n'ont pas de droit absolu. — Le pouvoir exécutif confond dans l'indemnité l'intérêt des noirs et celui des blancs. — S'il s'agissait de liquider un droit de *propriété*, il faudrait ne pas compter les nègres de traite. — Accord général, sur ce point, que l'indemnité est donnée autant pour les travailleurs que pour les propriétaires. — Le milieu où l'on se trouve altère le jugement. — L'amendement des banques satisfait à tout. — Adopté par les colons des colonies. — Ils proposent de convertir toute l'indemnité en banques. — Les colons de Paris combattent l'amendement des banques comme *spoliateur*. — Egoïsme. — La dette des colonies double du montant de l'indemnité. — Le *Commercial* et nous d'accord ! — Je suis intéressé à ce que l'indemnité soit grosse. — M. Jabrun parle, contrairement à la vérité, de mon rôle dans la commission d'indemnité. — Nouvelle fausseté du *Courrier* à ce sujet. — Les colons sont persuadés que j'ai été opposé à l'indemnité. — Mon insistance, à la tribune, pour amener la discussion de la loi. — Les intrigues de M. l'écoul et de certains colons pour faire ajourner cette discussion. — S'ils avaient réussi, l'indemnité serait encore à voter. — Les nègres à l'Assemblée nationale. — La République a complété une œuvre digne d'elle.

L'indemnité ! Voilà un des moyens frauduleux que les incorrigibles ont le plus employé pour exciter les colons à la haine contre les auteurs des décrets. Le grand grief est d'avoir aboli l'esclavage sans donner préalablement l'indemnité. Il n'y a qu'un mot à cette vieille fin de non-recevoir. L'indemnité était depuis quinze ans le seul obstacle réel à l'émancipation, et si l'on avait laissé la question dans les mêmes termes, à part l'imminent danger de révolte, l'indemnité serait peut-être encore venue à l'Assemblée nationale, non pas empêcher l'abolition devenue inévitable, mais déshonorer la République en chicanant l'humanité. Le gouvernement provisoire n'a pas voulu qu'il en fût ainsi; ne pouvant accorder ensemble et l'indemnité et l'affranchissement, il a donné le pas à l'une sur l'autre, sans cependant sacrifier l'une à l'autre; il a affranchi, mais en réservant la question d'indemnité, certain, d'ailleurs, que l'émancipation accomplie, consommée, le législateur ne reculerait plus devant ses conséquences pécuniaires. L'événement est venu lui donner raison.

La substitution que j'ai faite du mot *dédommagement* à celui d'*indemnité*, pour mettre la vérité philosophique jusque dans les termes, a été surtout exploitée par les ennemis de l'abolition. Ils ont prétendu que je désertais mes opinions avouées, que l'abandon du mot était l'abandon de la chose. Honteuse manœuvre !

La vérité est, quoi qu'on en ait dit, que je n'ai jamais varié, que j'ai toujours eu, que j'ai toujours manifesté la même opinion, à savoir : la possession de l'homme par l'homme est une offense à l'humanité, c'est un crime, et le crime n'engendre pas de droits. Cependant, ce ne sont pas les colons qui ont fondé l'esclavage, c'est le législateur, et ils ont vu l'Église, les rois et les lois les autoriser, les encourager à posséder des hommes. Leur propriété humaine, sans cesser d'être éternellement *illégitime*, est donc *légale*, et, à ce titre, on ne peut la détruire sans leur donner une compensation (1). Je défie que l'on puisse prouver que j'aie jamais envisagé l'indemnité à un

(1) « La servitude a toujours été un abus, un acte de violence, un crime, et le crime n'engendre pas de droits. La propriété humaine est légale, mais elle est et a toujours *été illégitime*. Nulle personne dans le monde ne pouvait dépouiller les nègres de la liberté, ils ont donc le droit de la conquérir par tous les moyens imaginables. Mais nous n'avons pas celui de la leur arracher sans compensation. » (*Colonies françaises*, p. 260.)

« Contrairement à l'opinion d'abolitionistes pour lesquels nous professons du reste un grand respect, et quelque vive répugnance que l'on puisse éprouver à indemniser des maîtres pour leur arracher leur propriété humaine, nous croyons qu'une compensation leur est due. Ce n'est pas que nous soyons tentés de sacrifier le grand principe de la liberté, ce n'est pas que l'esclavage soit ou ait été jamais légitime à nos yeux, mais nous ne pouvons oublier qu'il a été institué et maintenu législativement. Le nègre est dans son droit en reconquérant la possession de lui-

autre point de vue. « Il est faux que j'aie jamais proclamé l'in-
« demnité légitime en droit et en fait. » J'ai donc été parfaitement conséquent avec moi-même, avec ce que j'ai toujours
pensé et écrit, lorsque, chargé de faire parler la République,
j'ai cru qu'il convenait, pour le respect des principes, d'appeler
l'indemnité dédommagement, parce que le mot indemnité
répond à la dépossession d'une chose légitime, tandis qu'il n'y
avait à liquider qu'une possession purement légale.

C'est là précisément ce que la commission que j'avais l'honneur de présider a exprimé, en disant, dans son projet de décret
d'abolition : « La question du dédommagement réclamé par
les colons est réservée à l'Assemblée nationale. » Si nous n'a-
vions pas reconnu aux maîtres dépossédés un droit relatif, un
droit légal, nous n'aurions fait aucune réserve, nous aurions
purement et simplement aboli l'esclavage, sans parler de dédommagement, comme ont fait avec une remarquable générosité les colons du conseil municipal de Saint-Pierre, en proclamant la liberté des nègres le 23 mai 1848.

On ne s'y est pas trompé lorsqu'on ne voulait pas méchamment exploiter les passions; on acceptait le mot, on le répétait,
sachant bien qu'il était employé de bonne foi. Ainsi parlaient
devant notre commission MM. Reizet et Jabrun, à titre de délégués de la Guadeloupe : « Emancipation, dédommagement, organisation du travail, telles sont les conditions que la Guadeloupe voudrait trouver unies pour marcher avec la métropole.»
(Procès-verbaux, p. 77.) « Le citoyen Reizet : La question
« principale qu'il veut traiter est celle de l'indemnité ou du dédommagement, il ne tient pas au mot. » (Procès-verbaux, p. 132.)

Pour les colons qui cherchent la vérité, je tiens à faire observer que les commissions chargées de s'occuper de cette
question ont toutes été du même avis que nous. Toutes, je le
répète, ont considéré l'indemnité comme un dédommagement, moins encore comme un secours; le mot a été prononcé
dans le rapport de M. Roger (du Loiret), après la Révolution de

même par quelque moyen que ce soit ; mais la loi ne peut la lui rendre
de la même manière, car, à sa honte éternelle, elle a non-seulement permis aux maîtres d'avoir des esclaves, mais elle les a encouragés même
par des primes, à s'en procurer le plus possible. » (La Réforme, 9
avril 1847.)

Février, de même qu'il l'avait été déjà auparavant, dans le rapport de M. Tocqueville.

Mais il y a mieux , les anciens défenseurs de l'esclavage ont, sans qu'ils paraissent en avoir eu conscience, avoué le caractère tout à fait exceptionnel de leur prétendu droit absolu.

Lisez ce passage de l'*Avenir* du 17 février 1849.

« Quel est le but de l'indemnité, et pourquoi les colonies y attachent-elles de si vives espérances ? Le but de l'indemnité est de verser de l'argent dans nos pays, et nos pays l'invoquent comme une arme pour le travail. Or, si l'indemnité, est dans sa totalité, saisissable, il n'en entrera pas un centime dans les colonies.

« *Tous les colons qui doivent, et c'est la presque totalité, verront en effet, leur part saisie par leurs créanciers de France.* Ce versement fait aux créanciers les disposera-t-il au moins à ouvrir aux colons de nouveaux crédits ? Il ne faut.pas l'espérer. Où seraient, en effet, les garanties de ces nouvelles créances ? Loin d'être considérée comme un lien entre le passé et l'avenir, l'indemnité saisie ne serait qu'une liquidation.

« Voilà pour les colons qui doivent. *Quant à ceux qui ne doivent pas, seront-ils disposés à engager de nouveau dans les colonies ce débris sauvé de leur fortune ? Il est permis d'en douter.*

« Il serait donc à désirer qu'une partie au moins de l'indemnité *restât à la disposition* DES COLONIES, par une stipulation expresse de la loi. »

Ce désir se trouve reproduit, avec une netteté sur laquelle il est impossible de se méprendre, dans tous les autres journaux colons.

Maintenant, la main sur la conscience, qu'ils répondent. S'ils avaient cru que l'argent de l'*indemnité* fût, qu'on me permette, cette expression, un argent comme un autre, auraient-ils osé proposer cette exception exorbitante, de le rendre insaisissable, de le soustraire au régime commun, à la saisie des créanciers ?

En remplaçant le mot *indemnité* par celui de *dédommagement*, je ne me rangeais pas seulement à la loi des principes et de la logique, comme je cherche toujours à le faire dans les actes de ma vie politique et privée, je faisais une de ces choses que l'on nomme communément habiles. Un parti très-nombreux, en France et dans l'Assemblée nationale, répugnait profondément à l'*indemnité*, parce que c'était racheter des hommes dont on n'avait jamais eu le droit de trafiquer, parce que c'était ravaler des créatures humaines au rang des animaux, au rang des choses dont il est permis de faire commerce. Aux yeux des républicains comme des philosophes, l'homme ne cesse pas d'être virtuellement libre dans l'esclavage; sa servitude n'est qu'un accident, et il recouvre sa liberté par le fait même d'une révolution qui rend au droit souverain toutes ses puissances. Le mot de dédommagement laissait calme la conscience des plus susceptibles; ce n'était plus le rachat de nos semblables que l'on votait : c'était la compensation volontaire et bienveillante d'un dommage éprouvé.

Nos ennemis se sont plus particulièrement fait une arme de ce passage du rapport de la commission d'abolition immédiate :

« La commission ne reconnaît pas le caractère de la pro-
« priété à la possession de l'homme par l'homme; elle voit
« dans l'esclavage, non une institution, mais un désordre so-
« cial ; elle tient compte des actes qui l'ont créé, comme des
« influences qui l'ont développé, elle admet que le crime a été
« celui de l'État lui-même. Mais, quand elle réserve pour l'As-
« semblée constituante la question de dédommagement, elle la
« comprend dans un sens plus large que les colonies ou les
« ports de mer ne le supposent. Dans le régime de l'esclavage,
« il y a le maître qui possède et l'esclave qui est possédé, et si
« la France doit une indemnité pour cet état social qu'elle a
« toléré et qu'elle supprime, elle la doit bien sans doute à ceux
« qui en ont souffert autant qu'à ceux qui en ont profité. Le dé-
« dommagement ne peut pas être donné à la propriété exclusi-
« vement, il doit être assuré aux colonies tout entières, afin
« de tourner en même temps au profit du propriétaire et du
« travailleur. C'est en ces termes que la commission pose la
« question, elle n'a point à la résoudre (1). »

(1) Voici pour répondre à ceux qui prétendent que, dans ce passage du rapport, je me suis mis en contradiction avec moi-même :
« Nous sommes entrés dans ces détails afin de montrer les difficultés matérielles de la proposition, nous aurions pu nous en dispenser : le rachat par le pécule, en dehors de tous ces raisonnements, doit être repoussé, parce qu'il est *profondément immoral*. Nous regardons comme un atten-

Pour avoir dit cela, on ne nous a appelés rien de moins que des spoliateurs, c'est le synonyme poli de voleurs.... Je tiens à établir que nous avons des complices partout, même dans les rangs de nos grossiers accusateurs. — Comme il a été dit plus haut, une commission de représentants du peuple fut nommée, dès les premiers jours de l'Assemblée nationale, pour préparer le règlement d'indemnité; elle était composée d'hommes très-peu révolutionnaires (1) : on y comptait entre autres un colon, M. Hubert Delisle ; je m'y trouvais « seul de mon bord, » a dit M. Jabrun ; enfin cette commission, présidée par M. Roger (du Loiret), était *bonne*, selon l'expression des propres intéressés. Eh bien! elle a jugé la question absolument dans le même sens que la *mauvaise* commission d'abolition. Voici ce que dit son rapport, fait par M. Roger (du Loiret), et approuvé à l'*unanimité*.

« .... Ce serait une somme de 270 millions qui serait rigoureu-
« sement due (2), si l'on admettait le principe du rachat des
« esclaves, par suite d'une expropriation forcée pour cause
« d'utilité publique; mais la commission n'a pas cru qu'on dût
« entrer dans un pareil système.

« .... Il ne peut pas être question ici d'un rachat, d'un rem-
« boursement, il ne s'agit que d'une indemnité, d'*un dédomma-*
« *gement, d'un secours.*

tat à l'équité de forcer un homme, dont on a disposé malgré lui, à payer pour reprendre la libre disposition de soi-même; de le forcer, cet homme que la violence ou sa naissance a fait esclave contre le droit commun, à donner de l'argent pour rentrer dans le droit commun. O l'effroyable invention! Obliger les nègres à se racheter eux-mêmes! Mais qu'auriez-vous à répondre si un esclave montant à la tribune, furtivement, comme un esclave, et découvrant sa poitrine chargée des ignobles cicatrices du fouet, venait dire à la France parlementaire . « Vous exigez que je vous donne « 1,000 fr. pour ma liberté, et moi, au nom de l'espèce humaine dont la « majesté a été odieusement, lâchement violée dans ma personne, je « demande 30,000 fr. d'indemnité pour les trente ans que j'ai passés en « servitude ! » (*Colonies françaises*, p. 341-342.)

(1) MM. Isambert, Baume, Tocqueville, Roger (du Loiret), Rodier, Mestro, Hubert Delisle et Schœlcher.

(2) C'est une erreur; j'ai établi, sur pièces officielles et authentiques, qu'avec 142 millions on rembourserait intégralement la *propriété* esclave. (*Histoire de l'esclavage*, t. I, p. 495.)

« .... La commission a établi en commençant que l'indemnité devait être accordée, non pas seulement en faveur des colons, mais encore dans le triple intérêt *des colonies elles-mêmes, de notre commerce maritime, et* ESSENTIELLEMENT DES NOIRS AFFRANCHIS. Il importe d'éviter la faute principale qui a été commise lors de l'émancipation anglaise, et d'adopter des mesures propres à garantir que la plus grande partie de l'indemnité sera employée au salaire des affranchis, par conséquent au développement du travail, de la production, du commerce, au maintien de l'ordre et au progrès de la civilisation. A défaut de prescriptions prévoyantes, on aurait pu craindre que les fonds de l'indemnité *ne profitassent pas toujours aux colonies*, qu'ils ne fussent absorbés en paiement de créanciers métropolitains, en placements faits en France, en vaines profusions ou spéculations *étrangères aux localités*. De semblables emplois seraient contraires au but que doit vouloir atteindre la France, en consentant à s'imposer le sacrifice très-onéreux de l'indemnité.

« En conséquence, la commission propose qu'il soit décidé que la moitié au moins de l'indemnité devra *nécessairement* être employée en *salaires d'affranchis, ou en améliorations opérées dans les usines et dans les instruments agricoles*. L'administration réglera les mesures à prendre, pour vérifier et constater que les fonds, mis successivement à la disposition des indemnitaires, *recevront bien réellement la destination qui leur est imposée*.

« La commission ne s'est pas dissimulée les scrupules honorables que peut soulever une prescription de cette nature, et l'on ne peut nier tout à fait le fondement de ces plaintes. Mais il a été répondu que la commission *n'a jamais reconnu aux colons un droit absolu* à l'indemnité, ni que, par conséquent, celle-ci dût constituer une propriété sans limite et sans condition. L'Etat, en accordant un dédommagement, *une espèce de secours dont il n'était pas rigoureusement tenu*, est parfaitement le maître de subordonner l'effet de sa munificence à des conditions qu'il juge utiles au bien général.

« ... Libre de fixer le montant de l'indemnité, il veut bien faire passer par les mains des colons et à leur *profit* 60 autres millions, qu'il aurait pu donner dans une autre forme et directement, pour sauver les colonies, et fournir aux affranchis des moyens de travail, de subsistance et de moralisation. Les objections ne prendraient de véritable force qu'autant qu'on admettrait que l'intérêt des colons est le seul en jeu, le seul qu'il s'agirait de satisfaire ; mais elles s'affaiblissent singulièrement, quand on réfléchit que l'*indemnité a aussi pour but essentiel* de pourvoir à des intérêts publics et nationaux de la plus haute valeur. »

Toutes ces idées, qui tendaient à faire participer les affranchis à l'indemnité, étaient également partagées par le pouvoir exécutif ; on les trouve reproduites sous une forme peut-être encore plus radicale, dans l'exposé des motifs du projet de décret présenté le 23 août 1848, à l'Assemblée nationale, par le citoyen Verninhac, ministre de la marine et des colonies.

« Les deux intérêts coloniaux qui réclament l'indemnité, celui des propriétaires *et celui des noirs émancipés*, sont *également* pressants, et, à nos yeux, ils n'en forment *qu'un seul*, qui, se résumant dans la conservation du travail et de la production aux colonies, prend place parmi les plus impérieuses obligations auxquelles ait, en ce moment, à satisfaire le gouvernement de la République.

« .... Nous vous demandons, d'ailleurs, l'indemnité à *titre de subvention au travail.*

« Nous ne croyons pas qu'il faille baser l'indemnité sur la valeur vénale des travailleurs, non-seulement parce que ce mode donnerait un résultat hors de toute proportion avec les ressources des finances de la République, mais parce qu'il impliquerait, à l'égard des anciens propriétaires, l'exercice d'une sorte d'expropriation pour cause d'utilité publique, c'est-à-dire le rachat intégral d'un droit *plus étendu et plus absolu* que celui qui peut leur être reconnu dans l'abolition de l'esclavage.

« .... Ce n'est pas que, s'il s'agissait d'une indemnité *dérivant directement du droit de possession*, il nous parût légitime de tenir compte aux colons des noirs introduits depuis le premier acte prohibitif de la traite, c'est-à-dire depuis 1817 ; mais outre que l'état de ces noirs n'a pas été défini par la législation antérieure à 1831, nous devons considérer ici que, etc.... et de plus, ce qui est la raison dominante, que l'*indemnité étant accordée autant dans l'intérêt des travailleurs* que dans celui de l'ancien maître, ce serait manquer le but, que de rechercher l'origine du premier, pour refuser au second les moyens de le rétribuer. »

M. Crémieux, rapporteur à l'Assemblée nationale de la commission d'indemnité, a dit également : « Notre projet divise
« réellement l'indemnité en deux parties, l'une de justice,
« l'autre d'*utilité*. »

Ainsi, le pouvoir exécutif et les deux commissions parlementaires ont mis, de même que la nôtre, constamment et avec
une insistance marquée, sur la même ligne, au même titre, et
comme également pressant, le droit des anciens esclaves et
celui des anciens maîtres à profiter du dédommagement.

Si je rappelle cette doctrine, émise par trois réunions
d'hommes graves et sérieux, tous versés dans les affaires publiques, membres d'Assemblées législatives, sachant parfaitement les questions coloniales, c'est pour montrer que l'idée est
juste, saine, honnête, vraiment politique. Les colons dégagés
de parti pris en tireront cette conséquence, que je n'obéissais,
lorsque je l'ai émise, qu'à un sentiment qui se rencontre dans
tous les bons esprits d'Europe. Ils verront peut-être, par là, que
le faux milieu où ils se trouvent pervertit bien des fois le jugement qu'ils portent des hommes et des choses. Et, pour finir,
je renouvelle ma question : Est-ce qu'en demandant que l'indemnité fût déclarée insaisissable, par le motif qu'autrement
le sacrifice serait perdu pour les colonies, les indemnitaires
n'ont pas reconnu, avec nous, que le sacrifice était fait en
faveur des colonies plus encore que des colons ?

Comme on l'a vu tout à l'heure, la première commission,
présidée par M. Roger (du Loiret), préoccupée du soin de faire
tourner l'indemnité au profit de tous, avait proposé de déclarer
la moitié de l'indemnité insaisissable, « pour être obligatoirement employée en salaires d'affranchis, ou en améliorations
opérées dans les usines et dans les instruments agricoles. »

La commission de l'Assemblée nationale, chargée d'examiner
le projet définitif du gouvernement, abandonna cette idée
féconde autant que juste; nous y revînmes par notre amendement des banques coloniales, qu'elle accepta, et qui fut heureusement adopté.

Cette solution est réellement très-sage, elle satisfait à tout.
Quant au maître dépossédé, elle change seulement la nature
d'une portion de la compensation accordée, elle lui donne des
actions d'une banque aussi solide que la banque de France, au

lieu de lui donner des rentes. Le créancier, si l'indemnitaire
en a, peut saisir les actions, mais le comptoir d'escompte reste
toujours là pour offrir son crédit au planteur exonéré; enfin, le
cultivateur retourne de bon cœur aux champs, parce que le
propriétaire trouve à la banque de quoi payer son labeur. On
n'a plus besoin alors, contre lui, de ces arrêtés vexatoires de
vagabondage et de demi-vagabondange, de ces impôts monstrueux frappés par le colonel Fiéron sur la petite propriété, de
tous ces moyens faux et dangereux, parce qu'ils sont tyranni-
ques, employés surtout à la Guadeloupe pour retenir les affranchis sur les habitations.

Les planteurs avaient cent fois adhéré d'avance à l'esprit de
notre amendement, en nous dépassant même. L'*Avenir* de la
Pointe-à-Pître (Guadeloupe), analysant, le 25 octobre, un projet
de banque générale, disait: « ... La pensée de former, au moyen
de l'indemnité, un grand établissement de crédit, destiné à
donner à la production et à l'industrie coloniale l'impulsion
qui leur manque, est une pensée féconde et qui nous semble
porter en germe la prospérité de la France d'outre-mer.
Comme le dit très-bien l'auteur du projet, éparpillée, l'indemnité ne produira aucun bien, son action sera nulle, et la France
aura, *sans utilité pour elle, sans profit pour personne*, grevé son
Trésor d'une somme bien lourde pour lui, et bien insuffisante
cependant pour indemniser les propriétaires dépossédés.

« Réunie au contraire, conservée dans toute sa cohésion,
augmentée par une circulation de valeurs bien garanties,
placée enfin comme un levier puissant dans des mains intel-
ligentes, qui sait quels résultats elle peut amener? Peut-
être ouvrirait-elle au commerce colonial, au commerce métropolitain lui-même des voies nouvelles et des horizons
inconnus »

Maintenant, le *Commercial* du 18 octobre 1848 :

« *Pourquoi, sur un capital primitif non moins considérable que
celui de la banque de France, les colonies n'auraient-elles pas aussi
leur établissement de crédit qui sauverait la propriété coloniale?*
LA BANQUE, voilà où nous devons solliciter *l'influence de nos
amis.*

« Tout semble tellement préparé pour la formation d'un établissement de crédit colonial, *que l'obstacle qui l'empêcherait*

paraîtrait être l'ouvrage d'un génie malfaisant (1). Tout y semble, en effet, si naturellement préparé, que les causes qui y poussent dominent les autres qui en éloigneraient : ces causes ne peuvent être prises que dans l'intérêt de la France ou dans celui des colonies; or, il est facile de démontrer que la *conversion du capital de l'indemnité en capital de banque* sert mieux l'intérêt de l'Etat que le payement de cette indemnité qu'il propose, et quant aux colonies, la suite de cet écrit a pour objet de mettre en évidence que cette conversion seule peut faire leur salut. »

« M. Segond, qui ne passe pas pour un spoliateur, disait encore :

« Quelle que soit la somme de l'indemnité, lors même qu'elle serait payée à 1,000 fr. par tête, cette somme étant divisée procurera-t-elle aux colonies des avantages aussi considérables qu'un établissement de crédit public qui réaliserait l'opération la plus importante que puissent désirer la société coloniale et les créanciers de France, à savoir la liquidation générale des affaires coloniales ?

« Si donc on ne donne qu'une part de ces mille francs, le meilleur usage qu'on puisse en faire, n'est-ce pas de l'employer à cette désirable opération ?

« Dans l'état actuel, et par la distribution de l'indemnité comme l'entend le gouvernement, qui y gagnera, qui en sera soulagé ?... »

Ainsi les colons des colonies, ceux qui sont restés sur les lieux, luttant courageusement avec les difficultés inhérentes à toute grande transformation sociale, allaient plus loin que nous encore ; l'application de l'indemnité en masse à des banques locales leur paraissait la mesure la plus opportune, la plus avantageuse aux intérêts généraux que l'on pût prendre. Ils comprenaient qu'il y avait là un moyen de crédit puissant, indispensable pour raviver le travail mourant faute de salaire, faute de bons instrumen's et de machines; que sans une mesure de ce genre, l'indemnité tout entière resterait, comme

(1) Voilà le *Commercial* qui appelle M. Pécoul *un génie malfaisant.* Comment se fait-il que le processif représentant de la propriété ne lui ait pas encore envoyé d'assignation ?

il est arrivé en Angleterre, aux mains des créanciers métropolitains, sans le moindre bénéfice pour les Antilles.

Eh bien, malgré cet avis formel des propriétaires restés aux
prises avec les embarras de la transition du travail forcé au
travail libre, malgré cette adhésion préalable, les égoïstes que
nous avons toujours trouvés sur notre chemin, après comme
avant Février, ont eu le triste courage de combattre notre
amendement et d'y appliquer brutalement leur mot de spoliation… Quelle pitié (1)! On trouvera aux annexes (lettre Q)
notre polémique avec eux.

Il faut, en vérité, être frappé par l'intérêt individuel d'une
cécité absolue, pour ne pas voir qu'en repoussant notre affectation d'une partie de l'indemnité à des établissements de crédit, on enlevait non-seulement aux colonies tout entières, mais
à chaque colon en particulier, sauf à un nombre imperceptible
de propriétaires riches, comme MM. Jabrun et Pécoul, le seul
bénéfice qu'ils retireront de l'indemnité. — Le calcul est
bien simple. D'après M. Favard, ancien délégué de la Guyane,
les dettes hypothécaires de la Guadeloupe et de la Martinique
montent à 130 millions, celles de la Réunion et de la Guyane
à 100 millions, total 230 millions (2). L'indemnité était de 120 !

(1) Ces *amis du pays* viennent de se voir encore indirectement blâmés
de leur opposition par le *Courrier de la Martinique*, (22 août 1849.)
Ce journal, insistant sur le prompt établissement des banques, disait avec
son style toujours furibond.

« ..... Cependant, ce ne sont plus *les écus de la France*, c'est notre
propre argent qui doit servir à fonder ces institutions, c'est cet argent
qu'on devait nous donner, dont on va prélever une partie pour le placer
comme des deniers pupillaires. Soit : *nous approuvons cet emploi,
nous y applaudissons même*; mais agissez donc, ô vous qui vous êtes
faits nos tuteurs ; l'aumône doit se donner bien vite, car la faim est
impatiente. Qu'attendez-vous pour soulager nos souffrances, pour rendre
notre misère moins poignante, notre désespoir moins affreux ?... »

(2) *Abolition de l'esclavage*, par M. Favard, page 14. Je prends ici le
chiffre le plus bas. Dans un article de la *Revue des Deux-Mondes* du 15
juillet 1843. M. Cochut, pose que le montant de la dette inscrite s'élevait
en 1836, pour la Martinique, à 228,921,288 fr., et pour la Guadeloupe, à
283,000,000 fr. Or, les documents officiels publiés par le ministère de la
marine n'évaluent pas le capital engagé dans la Martinique au delà de
230,585,450 fr., et celui de la Guadeloupe au delà de 318,970,000 fr.
(Page 95 du 1er vol. des *Statistiques des Colonies françaises*.)

que restait-il aux colons ? J'espère que les planteurs qui liront cela au fond de leurs campagnes, j'espère que ceux qui rapporteront de la banque locale, à la fin du mois, l'argent obtenu sur leur crédit, feront un juste retour sur eux-mêmes, et sauront distinguer qui entendirent le mieux les véritables intérêts des colonies, ou des représentants *officiels* qui instituèrent les banques, ou des délégués *de la propriété* qui les combattirent à outrance jusqu'à la dernière heure. Sur ce point comme sur tout autre, je suis tranquille; quand les passions s'apaiseront, la lumière luira et l'on fera justice à chacun.

Ce n'est pas une chose peu curieuse, de remarquer qu'en dépit de la haine qui défigure et incrimine tout ce qu'ont dit et fait les rédacteurs des décrets d'abolition, les haïsseurs ont, sur tous les points, à une époque quelconque, adhéré d'une manière plus ou moins directe à nos idées. Qui voudra croire que le *Commercial* lui-même ait professé les mêmes doctrines que nous sur l'indemnité? Rien cependant de plus vrai. Le 9 août 1848, en soutenant, contre les rétrogrades de l'*Avenir*, la candidature de M. Ch. Dain, depuis tant honni, il disait :

« .... Passant ensuite à la question d'harmoniser, pour ainsi dire, son opinion avec celle de Schœlcher et de Perrinon, le citoyen Ch. Dain a parfaitement saisi le véritable point de vue de la question ; on peut résumer ainsi sa forte et logique argumentation :

« Perrinon et Schœlcher demandent pour les colonies de l'argent, à titre de dédommagement pour les propriétaires, Ch. Dain demande de l'argent à titre d'indemnité. Le fond de la question *est donc le même. Les arguments seuls sont différents.* Donc il peut marcher avec ces deux candidats pour arriver au même résultat, c'est-à-dire obtenir de l'argent pour les anciens propriétaires d'esclaves.

« Nous savons que l'on objecte une perfidie dans l'opinion des deux premiers, nous n'osons pas croire à tant de félonie, et nous nous plaisons à penser que Schœlcher et Perrinon ne demandent un dédommagement *que pour mieux assurer* l'obtention de l'argent qu'ils réclament en faveur de la prospérité coloniale. Qu'on ne croie pas cependant que nous partagions leur opinion. Notre article sur l'indemnité, publié il y a quelque temps dans notre journal, prouve suffisamment que nous n'avons jamais mis en doute la *légalité* du droit à l'indemnité, bien que nous ne reconnaissions pas légitime la possession de l'homme par l'homme.

« Philosophiquement parlant, *l'indemnité pour nous n'est donc pas légitime*, mais, devant la loi, elle est un *droit acquis*; c'est ainsi que nous l'entendons avec notre candidat, Charles Dain.

« D'après cela, Charles Dain a grandi dans notre estime par sa noble franchise. »

Bien que le *Commercial* proteste, ici, qu'il ne partage par notre opinion, on voit qu'il ne dit pas autre chose que nous, ce qui ne l'a pas empêché de soutenir, avec ses dignes confrères, que nous étions des ennemis de l'indemnité!

Ennemis de l'indemnité! Comme si, ayant participé à l'affranchissement, nous n'étions pas presque aussi intéressés que les colons eux-mêmes, non-seulement à ce qu'il y eût compensation, mais à ce qu'elle fût aussi élevée que possible, par le fait seul que, plus on verserait d'argent dans les colonies, plus on faciliterait la réussite de l'émancipation.

A la vérité, leur volontaire erreur était ardemment excitée par certains colons de Paris, qui font croire à leur importance en brouillant tout. M. Jabrun, malgré ses cheveux blancs, est descendu jusqu'à s'écarter de la vérité pour entretenir, chez ses compatriotes, la haine contre moi; il n'a pas craint de signer et de faire imprimer dans l'*Avenir*, que « je leur nuisais beaucoup dans la commission d'indemnité, en m'*opposant à une indemnité immédiate.* » Le *Courrier de la Martinique*, de son côté, écrivait, que « le gouvernement, *sous mes auspices*, « avait proposé 90 millions, mais que la commission en avait « voté 120! » Le hasard m'a permis de citer cela à la tribune, dans la séance du 17 octobre 1849, et il a été reconnu, avoué, constaté : « que je ne m'étais jamais opposé à une indemnité immédiate, que, non-seulement, ce n'était pas sous mes auspices que le chiffre de 90 millions avait été proposé par le pouvoir exécutif, mais que, au contraire, dans la commission, j'avais personnellement combattu ce chiffre et soutenu celui de 120 millions, ainsi que je l'ai fait depuis dans l'Assemblée. » Le *Courrier* sait tout cela parfaitement, car il a étudié les pièces, il est instruit des moindres détails, mais il n'en persévère que davantage à imprimer, tantôt que je ne voulais pas d'indemnité, tantôt que je me bornais à 90 millions. C'est Basile qui lui a donné des leçons de guitare.

Il y a en effet ici, mes chers amis, un exemple de la terrible puissance de la calommnie quand elle est quotidiennement et incessamment répétée. Neuf colons sur dix sont persuadés que j'ai voulu leur ruine en revenant, pour je ne sais quelle raison, sur mes premières doctrines relatives à l'indemnité, en la combattant. Eh bien ! je n'hésite pas à le dire, s'ils ont à cette heure ce qu'ils appellent indemnité, ce que j'appelle dédommagement, c'est un peu à mes efforts qu'ils le doivent.

La première lecture de notre projet de loi eut lieu le 19 janvier 1849, je veillai dès lors à ce qu'il fût maintenu à l'ordre du jour, et, le 21 février, j'appelai l'attention de l'Assemblée sur la nécessité de passer à la seconde délibération, pour aider le travail dans les départements d'outre-mer. — A moins d'avoir été membre d'une Assemblée législative, on ne se doute pas de ce qu'il y a de difficultés à faire venir une loi à discussion. Chaque projet a des intéressés qui cherchent sans cesse à lui donner le premier rang sur l'ordre du jour, sans compter le gouvernement qui veut faire passer les siens, et qui obtient de la condescendance du président des tours de faveur. C'est une sorte de petite guerre, où il faut défendre assidûment sa place sous peine de la perdre. Le 5 avril, je remontai à la tribune pour me plaindre des ajournements que l'on nous faisait subir, et l'Assemblée, sur mes réclamations, prit l'engagement de procéder à la seconde lecture avant l'examen du budget de la marine. Je ramenai la question le 13, puis le 22, car on voulait encore nous reculer, et peut-être, sans cette insistance, la discussion n'eut-elle pas encore eu lieu le 23.

Je n'avais pas seulement à combattre les obstacles de l'intérieur, il en venait aussi de l'extérieur. Les colons dont j'ai parlé, qui vivent richement dans la métropole, où ils peuvent attendre, faisaient toutes sortes d'efforts auprès des ministres et du président de la Constituante, pour qu'on renvoyât la discussion à l'Assemblée législative. Ils s'étaient coalisés avec les ports de mer, qui, voulant tout saisir de leurs débiteurs, voyaient de mauvais œil l'application d'une fraction de l'indemnité à la création de caisses de crédit.

Le jour même de la discussion, M. Marrast me montra une lettre revêtue de plusieurs signatures, dans laquelle on lui demandait d'employer son autorité pour faire ajourner les débats, et à la tête de ces ajourneurs était, je me le rappelle fort bien, le nom de M. Pécoul, oui, de M. Pécoul!

En vain, les colons des colonies appelaient l'indemnité d'heure en heure, pour ainsi dire, comme l'unique remède à tous leurs maux. En vain, ils déclaraient que le travail périclitait, «parce « qu'au milieu de la misère universelle ils se trouvaient dans « l'impossibilité de payer aucun salaire (1). » En vain ils publiaient que « si le travail n'avait pas repris généralement, ce « retard n'avait pour motif que l'extrème gène des proprié- « taires (2). » Sourds à ces cris de détresse de leurs fr ères les hommes contre lesquels je luttais, égoïstement préoccupés de l'aveugle espoir d'échapper à l'amendement des banques dont ils n'ont ici aucun besoin, désireux aussi de pouvoir dire ensuite que nous avions été indifférents, n'hésitaient pas à prolonger encore pour un temps indéfini cette situation mortelle à tous les intérêts des vrais planteurs. Et, afin de se justifier (quels honnêtes moyens!), ils écrivaient, aux Antilles et dans leurs journaux, que M. Tocqueville et le ministre des finances, M. Passy, entre autres, étaient d'avis de l'ajournement, de même qu'ils disaient M. Passy opposé à l'amendement des banques! Or, M. Tocqueville m'a dit qu'il n'avait jamais manifesté semblable opinion, M. Passy est monté trois ou quatre fois à la tribune pour soutenir les représentants de la Martinique et de la Guadeloupe, quand ils sollicitaient la mise à l'ordre du jour de la loi; de plus, lors de la discussion, tout le monde a vu l'honorable ministre, des finances appuyer l'amendement des banques, qui, du reste, n'a pas rencontré dans l'Assemblée un seul contradicteur!

Ah! il faut le dire; depuis comme avant l'émancipation, les colons ont presque toujours été servis et menés par des gens qui les sacrifient avec inintelligence à de mesquines vanités et à des passions personnelles; ces gens-là, très-heureusement, en furent cette fois pour leurs démarches et leurs menées.

(1) *Courrier de la Martinique*, du 14 novembre 1848.
(2) *L'Avenir de la Pointe-à-Pitre*, du 21 mars 1849.

Ajourner à la Législative! On sait ce que cette assemblée a fait depuis qu'elle est réunie; qui osera dire qu'à cette heure où nous écrivons, 2 décembre, elle se serait occupée du dédommagement colonial? Personne assurément; les colons attendraient encore dans l'anxiété et la pénurie. D'un autre côté, je le demande à tous les hommes politiques, en est-il un seul qui soutiendra qu'on eût obtenu d'elle plus de 120 millions? Pas un certainement. — En définitive, la Constituante a voté les 120 millions; ils sont acquis, depuis le 1er mai, aux indemnitaires, qui n'auraient encore rien aujourd'hui, si nos efforts n'avaient prévalu sur ceux de nos adversaires.

Quand donc les planteurs ne croiront-ils plus à des hommes dont l'égoïsme et les rancunes se font des jouets de leur avenir et de leur sécurité!

Quoi qu'il en soit, ce qui a été fait pour les colonies est bon. Les anciens esclaves adorent la République qui les a délivrés, qui a conduit, par le suffrage universel, deux des leurs à l'Assemblée constituante comme pour proclamer, à la face de l'univers, l'avénement de la grande fraternité de tous les hommes et de toutes les races. Si les anciens maîtres ne sont pas ingrats, ils garderont de la reconnaissance pour l'Assemblée nationale, qui a voté le dédommagement et les banques coloniales.

En ajoutant cette loi aux décrets d'abolition, la République a complété une œuvre vraiment digne d'elle. Après avoir pourvu à l'intérêt suprême de l'humanité, elle a pourvu aux intérêts matériels; après avoir rendu la liberté aux agriculteurs, elle a rendu la vie à l'agriculture. Nulle voix dans le monde ne peut aujourd'hui légitimement s'élever contre l'acte de souveraine justice qui consacre à tout jamais la régénération de nos départements d'outre-mer.

CHAPITRE XVIII.

Suffrage universel.

La République ne pouvait faire des demi-citoyens. — Elle ne pouvait donner aux affranchis moins que ne leur avait accordé Louis XIV. — Les délégués des colons adhéraient au suffrage universel à un an de date. — Danger de former une caste de parias politiques. — L'Assemblée nationale a pensé comme le gouvernement provisoire. — Le suffrage universel effaçait jusqu'au souvenir du passé. — Apprentissage politique. — Le suffrage universel donné aux noirs ne fermait pas la représentation aux blancs.—Preuve tirée de ce qui s'est passé à la Jamaïque.—Deux colons nommés à la Guadeloupe et à la Martinique.—Plusieurs craignaient que le scrutin ne restât dans les mains des grands propriétaires. — Les événements de Marie-Galante ne tiennent pas aux élections. — Calme des élections de l'année dernière.—Le suffrage universel rapproche les distances, — Elève les affranchis à leurs propres yeux, — Les avance plus en un an qu'il n'eût été possible autrement en cinquante. — Les faits particuliers ne comptent pas dans ces grandes choses. — Plus de progrès en quelques mois, avec la liberté de la presse, qu'en un demi-siècle avec la censure. —Les électeurs des Antilles n'ont fait que ce qu'ils ont voulu. — Leur erreur même est un témoignage de leur bonté — Les colons les plus rétrogrades attestent leur sagacité électorale. — Conduite pleine de désintéressement des mulâtres. — Ce n'est pas le socialiste qu'ils nomment en moi.

J'ai montré, je crois, l'inanité des critiques relatives à l'organisation du travail, la mauvaise foi des reproches relatifs à l'indemnité; abordons le suffrage universel. Tout ce que nos ennemis ont formulé sur ce point se résume en deux mots : Les nègres abrutis, hier dans l'esclavage, ne pouvaient faire le lendemain des citoyens capables d'user des droits politiques. A cela je réponds : Le gouvernement provisoire a été parfaitement logique lorsqu'il appela au suffrage universel les esclaves qu'il affranchissait. En rendant les nègres à la liberté, on ne pouvait leur marchander le droit, on ne pouvait en faire des demi-citoyens, des quarts de citoyens, hermaphrodites politiques qui n'auraient eu ni place, ni rang, ni caractère dans la société démocratique qu'a glorieusement fondée la Révolution de février. 1848 ne devait pas, ne pouvait pas être moins libéral à leur égard que 1685; la République n'eût pas été conséquente avec elle-même, si elle leur avait accordé moins que Louis XIV, dont le Code noir édicte en ces termes :

«Déclarons leur affranchissement, fait dans nos îles, leur tenir lieu de naissance dans nos îles, et les esclaves affranchis n'avoir besoin de nos lettres de naturalité pour jouir des avantages de nos sujets naturels de notre royaume, terres et pays de notre obéissance, encore qu'ils soient nés dans des pays étrangers.

« Octroyons *aux affranchis les mêmes droits, privilèges et immunités dont jouissent les personnes nées libres*; voulons que le mérite d'une liberté acquise produise en eux, tant pour leur personne que pour leurs biens, les mêmes effets que le bonheur de la liberté cause à nos autres sujets. »

Les émancipés de la Révolution de l'égalité devaient être mis en jouissance des mêmes droits et immunités que tout homme libre.

Purgées de la servitude, de ce funeste héritage que le temps leur avait légué, les colonies, rendues au droit commun, devenant départements d'outre-mer, ne pouvaient rationnellement être privées de l'institution du suffrage universel, sans laquelle il n'y a pas de République.

Les délégués des anciens maîtres qui furent entendus dans la commission d'émancipation en jugèrent eux-mêmes ainsi; l'esprit démocra'ique de la grande révolution qui venait de s'accomplir les avait subjugués, ils n'avaient pu résister à ses libérales inspirations, et, quand la commission les interrogea pour savoir ce qu'ils penseraient du suffrage universel appliqué aux colonies, ils répondirent qu'il pourrait peut-être avoir des inconvénients *la première année*, mais qu'ils n'en voyaient pas à ce qu'il fût accordé pour l'année suivante. Nous ne fîmes donc que devancer de quelques mois le terme consenti par les plus rétrogrades; comment nous en faire sérieusement un reproche?

Cette adhésion des intéressés a pu ajouter à notre confiance, mais nous ne l'aurions pas eue, que nous n'eussions pas moins passé outre.

Le gouvernement provisoire a parfaitement su ce qu'il faisait, il a compris que s'il excluait les nouveaux affranchis de la jouissance d'un seul des droits du citoyen, il formerait une caste à part, une classe de parias politiques, et perpétuerait l'inégalité dans les colonies régénérées, au moment même où il y fondait l'égalité. Ce n'est pas sans y avoir réfléchi qu'il a pris la résolution de doter immédiatement tous les Français d'outre-mer des mêmes priviléges. Il savait bien qu'autrement il aurait semé un ferment de division dans cette société nouvelle qu'il appelait à la vie et à la fortune de la France. La proclamation de la liberté et de l'égalité républicaines, c'est-à-dire de la vraie liberté, de la véritable égalité, n'était-elle pas la proclamation de la reconnaissance de tous les droits de l'homme libre? Priver l'affranchi de la Révolution d'un des droits de l'homme libre, n'eût-ce pas été lui laisser une marque de son avilissement passé? n'eût-ce pas été maintenir des classes, établir une distinction entre le citoyen de la veille et celui du lendemain, créer enfin des catégories fort dangereuses parmi ce peuple jaloux et ambitieux, aussi funestes au bon ordre dans l'avenir que contraires dans le présent au dogme sacré de la fraternité? Ne valait-il pas mieux ne rien laisser en arrière d'un détestable passé?

Nous ferons remarquer ici, avec satisfaction, que la Constituante pensa à cet égard comme le gouvernement provisoire. Tout le monde le sait, ni dans la discussion de la Constitution, ni dans celle de la loi électorale, le suffrage universel, pour les colonies, ne fit la matière d'une seule observation.

Quelques-uns ont dit de bonne foi que c'était prostituer le plus beau privilége de l'homme libre, celui d'apporter le poids de son opinion dans les affaires de son pays, que de le conférer à des êtres flétris par la servitude et les châtiments qu'elle autorisait. Mais c'est là au contraire qu'est la plus grande portée morale et politique de la mesure prise. En accordant les facultés électorales aux affranchis, les législateurs de l'Hôtel-de-Ville ont voulu précisément les relever tout d'un coup, et d'un seul coup, des dégradations de la veille, effacer à jamais jusqu'au souvenir des ignominies d'autrefois, ne soumettre enfin les nouveaux citoyens à aucune exception qui pût rappeler pour eux ou pour les autres les souillures de l'esclavage.

Mais, dit-on surtout, des hommes esclaves hier ne pouvaient faire des électeurs intelligents le lendemain. On ne réfléchit pas que c'est par l'usage même du suffrage universel que les nègres, comme les blancs, arriveront à s'en bien servir. La vie politique ne s'apprend que dans l'exercice des droits politiques.

Il y a cinquante ans que les Français d'Europe sont libres avec un long passé de civilisation, cela ne les a pas empêchés d'envoyer à la Législative une majorité peu démocratique de sentiments. Ne leur eût-on donné le suffrage universel que dans cent ans, ils auraient toujours eu à subir cette expérience ; dans dix ans les électeurs de la France ne nommeront que d'ardents amis de la République et de la liberté. En toutes choses, pour les peuples comme pour les individus, il y a un apprentissage à faire.

On a prétendu encore qu'accorder le suffrage universel aux noirs affranchis, c'était vouloir indirectement éloigner les blancs de la représentation coloniale. Il ne nous convient pas de rappeler l'adhésion des délégués, car nous aurions l'air d'y chercher une défense, et cela laisserait supposer que nous croyons en avoir besoin. C'est là, nous bornerons-nous à dire, une de ces indignes pensées dont nos ennemis nous gratifient avec une prodigalité qui fait plus d'honneur à leur imaginative qu'à leur loyauté. Désireux comme ils le sont d'empêcher les nègres d'arriver à l'Assemblée, ils nous croient capables de vouloir en repousser les blancs. Ils sont logiques dans le mal, comme nous l'avons été dans le bien. Laissons dire et exposons la vérité.

Le droit commun que la commission chargée de préparer les décrets d'affranchissement regardait toujours pour se diriger, comme le navigateur regarde la boussole, le droit commun n'aurait pas commandé, que l'exemple des colonies anglaises aurait pu rassurer nos consciences. La chambre législative de la Jamaïque affranchie, tout entière composée de colons, lorsqu'elle fit la loi électorale de l'île, y introduisit, à très-peu de chose près, le suffrage universel ; si bien que là j'ai vu voter jusqu'aux domestiques à côté de leurs maîtres. Et cependant les élections de la Jamaïque n'ont jamais eu le résultat exclusif que l'on accuse les auteurs du décret d'avoir cherché.

Au surplus, deux fois les faits ont démenti cette imputation ; l'année dernière, les nègres, qui font la majorité, ont nommé à la Guadeloupe M. Dain, colon blanc ; cette année, à la Martinique, M. Pécoul, colon blanc.

Le suffrage universel a été donné aux noirs de même que la liberté de la presse aux blancs, parce qu'on voulait, avant tout, élever les colonies purifiées à la hauteur de la métropole, parce qu'on voulait, nous le répétons, les mettre pleinement dans le droit commun. Qu'on lise les procès-verbaux de la commission, et l'on verra que les fonctions électorales confiées à tout habitant des îles indistinctement furent combattues, parce qu'on craignait qu'elles ne missent le scrutin dans la main des grands propriétaires, parce qu'on jugeait presque impossible de contre-balancer leur influence sur leurs ateliers toujours nombreux.

Malgré ce qui vient de se passer à Marie-Galante, nous restons convaincus que le gouvernement provisoire a sagement agi, en principe comme en fait. Ces douloureux événements doivent être regardés comme un accident, si l'on peut s'exprimer ainsi. Ils ne tiennent pas au suffrage universel, tout autre circonstance eût pu les amener, ils sont nés d'une arrestation arbitraire. Ce sont de ces malheurs mille fois regrettables, mais qui ne préjugent rien au fond contre le régime dans lequel ils se produisent ; tant il est vrai qu'au dire des incorrigibles eux-mêmes il y avait un complot formé de longue date, et que les élections n'ont été que *le prétexte* de son explosion.

Cette année d'ailleurs la situation a été tout exceptionnelle, grâce à la présence du *conciliateur*, mais l'année dernière les élections aux Antilles, à Cayenne, au Sénégal, n'ont été troublées par autre chose que par l'agitation fébrile inséparable d'un pareil acte politique. Dans quel pays du monde ces grandes opérations démocratiques ont-elles présenté moins d'excès? Et même cette année, malgré les mouvements provoqués par les discours du courtier électoral de la faction rétrograde, qui, après avoir vu les élections en Angleterre et en Grèce où le sang coule si fréquemment, qui voudra accuser d'une manière particulière celles de nos Antilles?

A part, encore une fois, les événements de Marie-Galante, qui n'ont réellement pas de connexité absolue avec les élections, n'est-il pas vrai que ces intrigues, ces publications, ces débats, tout ce mouvement qui s'est fait autour des électeurs noirs, plongés, il y a dix-huit mois à peine, dans les épaisses ténèbres de l'esclavage, les initient rapidement, et presque à leur insu, à la vie civile; que cela excite leur esprit, donne un champ plus vaste aux spéculations de leur intelligence, les force à penser, leur ouvre mille perspectives nouvelles de l'existence, sert, enfin, à les constituer véritablement hommes ? Ne prennent-ils pas ainsi une plus grande idée de leur caractère de citoyens, de leur valeur dans l'Etat ; ne sentent-ils pas d'une manière plus palpable le dogme de l'égalité, en voyant leurs maîtres d'hier venir aujourd'hui solliciter affectueusement leurs suffrages au nom de la fraternité et de l'oubli des fatales distinctions de classe ? Quelle leçon pratique ne laissera pas, pour tout le monde, cette seconde application de la loi républicaine ! Ces fiers aristocrates qui refusaient, il y a deux ans, de s'asseoir à la table du gouverneur de la Martinique, parce qu'il s'y trouvait officiellement un mulâtre, les voilà qui se mettent humblement sous le patronage d'un mulâtre afin de mieux gagner les voix des nègres. Faites donc ensuite du préjugé de couleur ! Ce n'est pas inutilement pour le progrès de tous que se sont mêlés à la vie publique les plus infimes des nouveaux citoyens dans une action commune avec leurs anciens maîtres. Ce souvenir et le renouvellement triennal des mêmes opérations laisseront toujours aux affranchis la conscience qu'ils comptent dans la société ; c'est le point essentiel. Là est une des plus grandes forces morales de l'émancipation ; là est un des puissants leviers avec lesquels on renversera tout l'échafaudage des orgueils de caste et de peau. Il est impossible de mépriser, il faut nécessairement se rapprocher des hommes qui font les conseillers municipaux, les maires et les représentants du peuple.

Je défie qu'on puisse dire que la lutte électorale qui vient de se passer n'ait pas obligé les blancs à fraterniser avec les noirs, ne les ait pas mis les uns et les autres en contact égalitaire plus qu'il ne serait arrivé dans cinquante ans de rapports de propriétaires à cultivateurs ; je défie qu'on puisse dire que cette lutte de six semaines, où les nègres des campagnes ont été harcelés de droite et de gauche, ne leur ait pas fait faire plus de progrès politiques, plus de travail d'esprit qu'ils n'en eussent fait en cinquante années, en allant de leurs cases aux champs de cannes et des champs de cannes à leurs cases. Si l'on ne peut révoquer en doute ce que je viens d'avancer, on sera forcé de nous donner raison, car les faits particuliers, dans ces grandes choses, n'ont pas de valeur sérieuse. Les rugosités de la peau de l'orange n'ont jamais permis de nier la parfaite sphéricité du fruit.

Une société ne se transforme pas en un jour. Chaque œuvre veut avoir son temps. Il faut regarder ces entreprises sociales d'un peu haut. Les cailloux de la grande route peuvent gêner votre marche, mais montez sur une colline, voyez cette grande route joindre une ville à l'autre, faciliter leurs rapports et leur commerce, y relier les amis et les parents ; vous reconnaîtrez alors que c'est un solide, un magnifique ouvrage, et que l'ingénieur a bien mérité de la civilisation.

Il en est du suffrage universel comme de la liberté de la presse que l'on ose attaquer aussi. Les classes émancipées ayant un journal, le rédigeant, le lisant, s'y abonnant, y défendant leurs intérêts, sortiront plus vite en quelques mois des chaînes du passé, des dépressions de leur assujettissement antérieur, qu'elles ne l'eussent fait en un demi-siècle du régime de la censure. Nous voyons encore ces choses de trop près. Quand l'histoire les regardera dans leur ensemble, au risque de passer pour présomptueux, je n'hésite pas à prédire d'avance qu'elle louera le législateur. C'est absolument comme pour l'abolition de l'esclavage. On eût appliqué un régime de transition de tel nombre d'années qu'on voudra, il aurait toujours fallu subir, à la fin, la crise de toute solution de continuité. Le gouvernement provisoire a sauvé aux colons les tiraillements qui eussent infailliblement agité toute la période transitoire.

Si l'on veut être juste d'ailleurs, on avouera que les nouveaux citoyens des Antilles, au milieu des influences qui sont venues les solliciter, ont montré une étonnante décision de volonté. On ne les a pas du tout menés, ils n'ont fait que ce qu'ils ont voulu, et ils ont ainsi donné doublement raison au gouvernement provisoire. A la Martinique, mes chaleureux amis leur ont dit que je leur étais dévoué depuis longtemps, que j'avais rédigé les décrets d'émancipation ; mais un homme dont ils entendent prononcer le nom depuis vingt ans, qu'ils aiment, parce qu'ils le supposent un des martyrs de leur cause, parce qu'ils croient qu'il a été *marqué* en 1824 au service de l'abolition, leur a dit le contraire pendant deux mois ; ils l'ont cru de préférence.

Leur conduite dans cette circonstance est un témoignage de

la bonté de leur nature, ils ont été égarés, mais égarés par un noble sentiment; ils n'ont écouté que celui dans lequel leur cœur, trompé par la reconnaissance, met une foi trop aveugle. A la Guadeloupe, au contraire, ils connaissent moins M. Bissette, on leur avait parlé davantage de ce que M. Perrinon et moi avions pu faire en leur faveur; ils ont entendu l'ancien mandataire de leur classe leur proposer un ancien délégué de l'esclavage; ils n'ont plus vu en lui qu'un homme fourvoyé et l'ont repoussé. Tout cela, des deux parts, est très-conséquent.

Au surplus, nous sommes en position de prouver que les colons, quand ils ont cru de leur intérêt d'avouer la vérité, ont été les premiers à convenir de la sagacité montrée par les affranchis dans l'exercice de leurs nouveaux droits. A la Guadeloupe, ils affirment que les mulâtres ont exploité l'ignorance, la crédulité des cultivateurs, qu'ils ont fait d'eux des instruments passifs; c'est tout simple, puisque les cultivateurs ont formé l'immense majorité acquise à deux abolitionistes. Mais à la Martinique on a des raisons pour être plus sincère, et c'est le parti des blancs les plus arriérés, celui des légitimistes, qui s'est chargé de rendre hommage à l'intelligence de ceux que nous défendons. Ce parti, reprochant aux amis du *Courrier*, dont il se sépare, d'avoir fait pour les élections municipales de Saint-Pierre une liste de coterie, a dit, dans les *Antilles* du 20 août :
« Au lieu de ces réunions où chaque citoyen se présente comme
« candidat, pourquoi ne pas se mettre en rapport direct, im-
« médiat avec les électeurs en masse? Que n'a-t-on pas à es-
« pérer de ces honnêtes cultivateurs et journaliers, qui ont déjà
« donné une preuve éclatante et mémorable des bons sentiments
« qui les animent, *et de l'heureux instinct qui les guide dans le*
« *choix des candidats.* Le peuple est admirable, dit Montesquieu,
« pour choisir ceux à qui il doit confier une partie de son au-
« torité. »

Quelle meilleure justification de ce que nous avons fait pourrions-nous présenter, si nous croyions nécessaire de nous justifier?

En parlant des élections des Antilles, nous ne devons pas omettre de faire remarquer le rôle digne et plein de désintéressement qu'a joué la classe intermédiaire. Elle n'a mis dans ses choix aucune mesquine passion de couleur; elle n'a cherché que des abolitionistes. MM. Perrinon et Papy sont mulâtres, mais ce n'est pas pour cela qu'ils ont été les candidats de leurs frères de race, c'est pour la grande part qu'ils avaient prise à l'émancipation. Quand il s'est présenté à la Guadeloupe un homme de la caste des anciens privilégiés, que les anciens opprimés ont pu croire sincèrement ami du progrès, ils l'ont adopté avec chaleur et nommé, prouvant bien de la sorte qu'ils n'avaient, quoi qu'on en dise toujours, aucun préjugé contre les colons. Le zèle qu'ils ont montré pour ma candidature, n'est-ce pas aussi une chose qui leur fait beaucoup d'honneur, en raison des circonstances?

Il ne se rattachait pour eux dans l'adoption de cette candidature aucune vanité de caste. Ils n'avaient rien à y gagner. C'est par intérêt, ont dit les gens qui n'ont de conscience que leur intérêt. (*Courrier de la Martinique*, 16 juin 1849, l'*Avenir*, 9 et 13 juin 1849.) Que répondre à cela? Qui ne le sait. Je ne donne plus de places, et l'on court risque, au contraire, à m'appuyer, de perdre celle qu'on peut avoir? Non, vraiment, ils ne m'ont porté et soutenu qu'à titre d'ami des noirs, de la liberté, et c'est dans une alliance uniquement formée par l'amour de la vérité et de la justice que nous poursuivons, de concert, la réalisation de toutes les conséquences logiques de l'émancipation. Il y a plus, mon alliance avec la majorité d'entre eux est récente ; ils ne m'aimaient pas, ils pensaient avoir à se plaindre de ce que je m'étais cru obligé de dire sur leur classe dans mon premier ouvrage. Mais du moment qu'ils ont reconnu en moi un véritable philanthrope, dès qu'ils ont su que j'avais activement participé à l'émancipation de leurs frères noirs, ils ont victorieusement oublié leurs griefs et ils se sont bravement exposés à la persécution pour me défendre.

A regarder les choses pour ce qu'elles sont, si peu que méritent ceux pour qui on les fait, il est impossible de ne pas trouver cette conduite honorable.

Ce qu'on ne leur pardonne pas surtout, c'est de nommer un montagnard, un socialiste, et, pourtant, si les passions politiques n'étaient toujours pleines de violence, on les en louerait. Noirs et mulâtres aux colonies sont républicains, mais ils ne sont pas encore montagnards; aussi, n'est-ce pas parce que je suis, mais bien quoique je sois socialiste, qu'ils m'ont nommé. Ils s'en sont loyalement expliqués plusieurs fois dans leur journal.

Mais, si je me suis dévoué à l'émancipation des esclaves avec une chaleur particulière, c'est en vertu des instincts, des pensées qui font de moi un montagnard, depuis que j'ai l'âge de raison. C'est parce que j'aime mes frères en humanité que je me suis ardemment attaché à la cause des pauvres ilotes de nos colonies, et c'est aussi pour cela que j'appartiens, comme homme politique, au parti radical. Les anciens libres montrent donc une grande finesse de sentiments, un grand sens moral, en persistant à faire de moi leur candidat, quelle que soit ma position à l'Assemblée. Mille autres, pris dans la majorité, leur seraient plus pratiquement utiles, mais ils auraient cru être ingrats envers les idées qui ont fait de moi le président de la commission d'abolition immédiate, s'ils m'avaient repoussé, parce que ces mêmes idées font de moi un démocrate avancé. Que je ne mérite pas tant, j'en tombe tout à fait d'accord; mais qu'il n'y ait point de leur part beaucoup de générosité à sacrifier ainsi leurs intérêts à ce qu'ils jugent être de la reconnaissance, c'est ce que personne ne pourra nier. — Et ce ne sera pas là, selon moi, un des moins nobles épisodes de la grande Révolution dont les colonies françaises sont, à cette heure, le brûlant théâtre.

CHAPITRE XIX.

De l'armement des nègres comme citoyens.

L'œuvre des incorrigibles est une œuvre impie. — Le décret de l'armement des nègres est dû à une commission d'hommes spéciaux qui ont vécu longtemps aux colonies. — Intentions affreuses prêtées à ceux qu'on en suppose les auteurs. — Ils voulaient surtout rapprocher les classes et mettre les colonies en état de défense pour le cas de guerre. — Les colons ont été les premiers à demander la formation de la garde nationale aux Antilles. — On me reproche, à la Martinique, de n'avoir pas organisé la milice, parce qu'elle pouvait contribuer à la fusion. — J'insiste, à la tribune, pour qu'on établisse la garde nationale aux colonies. — Nouvelle imputation infâme. — Plus de progrès depuis quinze mois que pendant les quinze années précédentes. — Amélioration de l'état moral. — Pas de crimes. — Le mariage très-fréquent. — Les écoles trop petites pour le nombre des élèves. — Entraves à l'éducation. — Les nègres calomniés. — Les rétrogrades exagèrent le mal qu'ils ont fait eux-mêmes. — Que le gouvernement le veuille et la liberté portera de bons fruits.

L'œuvre que cherchent à accomplir les incorrigibles et leurs trois journaux est une œuvre véritablement impie. A tout prix, par tous les moyens imaginables, on vient de le voir, par la calomnie la plus effrontée, les nouvelles les plus fausses, les correspondances les plus mensongères, les inventions les plus audacieuses, les textes les plus falsifiés, ils entretiennent la masse des colons dans cette idée que les élus de 1848 prêchent des doctrines spoliatrices ou immorales, que les rédacteurs des décrets ont voulu leur perte. L'esclavage corrompait le maître comme l'esclave; il y a d'anciens maîtres, sans mauvaise foi d'ailleurs, qui sont réellement persuadés que tout abolitioniste fervent est un homme dangereux, malveillant, ennemi naturel des planteurs; et, au lieu de détruire de pareilles idées pour faire cesser l'état de guerre qui déchire, énerve et appauvrit les Antilles, les meneurs les perpétuent et les surexcitent.

Sous quel horrible aspect n'ont-ils pas présenté le décret dont il nous reste à parler, celui qui applique aux colonies les dispositions qui régissent dans la métropole le recrutement militaire, l'inscription maritime et la garde nationale!

Disons-le tout d'abord, non point pour en décliner la responsabilité, car nous l'approuvons d'un bout à l'autre, mais pour rendre à chacun l'honneur de ses œuvres, ce décret n'a pas été fait par la commission d'abolition ; celle-ci ne s'est pas trouvé les connaissances propres à traiter cette matière ; le soin en a été remis à une commission spéciale formée au ministère de la marine et ainsi composée :

MM. Coisy, général d'artillerie de marine ;
Frebault, chef de bataillon d'artillerie de marine ;
Favre, chef de bataillon d'infanterie de marine ;
Douat, chef du bureau du personnel et des services militaires des colonies ;
Lemat, chef du bureau de l'inscription maritime ;
Onfroy, sous-chef du bureau du personnel et des services militaires des colonies.

M. Defitte, général inspecteur de l'infanterie de marine, voulut bien prêter à cette commission le concours de ses lumières et prendre part à tous ses travaux.

Pense-t-on que des hommes aussi graves, qui tous connaissent parfaitement les colonies et leurs populations, qui pour la plupart ont passé des années dans nos départements d'outre-mer, ne sussent pas ce qu'ils faisaient ou bien eussent fait sciemment, résolûment, une chose dangereuse pour les colons ?

Eh bien, comme on nous a crus les auteurs de ce décret et que l'on tenait à nous prêter des intentions affreuses, on a dit qu'en armant les nègres pour les incorporer dans la garde nationale, nous avions voulu faire égorger les blancs. Et ces plaintes ont été poussées si haut, répétées d'un ton si lamentable, que le chef du pouvoir exécutif, quoi que j'aie pu lui dire, s'en est effrayé et a cru devoir envoyer l'ordre de suspendre l'armement. Ce qui, par parenthèse, n'est pas tout à fait constitutionnel.

De pareilles imaginations sont tellement injurieuses ou plutôt tellement ridicules, qu'elles ne peuvent venir qu'à cette notable catégorie de colons très-justement appelés les incorrigibles. Pour dire vrai, je n'ai été occupé que d'une chose lorsque je provoquai cette loi d'égalité, c'était d'assurer l'ordre en conviant tout le monde à le maintenir ; c'était d'amener plus vite

la fusion en réunissant noirs, mulâtres et blancs dans la fami-
liarité du corps de garde.

Qu'on se le rappelle, nous étions encore au mois d'avril, on
ne savait pas ce que l'Europe voudrait, on ne savait pas quelle
attitude prendrait l'Angleterre en face de la nouvelle République. J'ai une haute estime pour le peuple anglais, mais je ne
fais pas grand état de la loyauté de son gouvernement; je me
suis souvenu qu'il ne déclarait pas la guerre, qu'il la faisait,
et j'ai cru prudent de préparer nos îles à résister à un coup de
main. Voilà pourquoi il m'a paru *sage* d'armer les noirs, de
les accoutumer au maniement du fusil, de leur donner l'esprit
de discipline et de subordination en les militarisant; voilà pourquoi, en même temps, je voulais qu'on mît les colonies sur un
bon pied de défense en y envoyant de la poudre et du canon ;
voilà pourquoi les hommes honorables et expérimentés dont
j'ai cité les noms plus haut regardèrent comme une chose
essentiellement politique et patriotique de rédiger le décret que
l'on essaye de transformer en poignard.

Maintenant, que l'on persiste à dire que j'ai eu dessein d'exterminer la race blanche des Antilles, je ne m'en inquiéterai
guère. A force d'amonceler ces monstrueuses sottises, on est
parvenu à m'y rendre insensible. J'ajouterai seulement une
chose, c'est que, à l'heure même où le général Cavaignac cédait aux alarmistes de Paris, les colons des colonies sollicitaient
avec instance, au plus fort de la crise, l'organisation de la
garde nationale, où entraient les noirs comme les blancs.

Le 24 mai, M. Maynard lui-même disait, dans le *Courrier de
la Martinique*, après les funestes événements de Saint-Pierre :
« Au Mouillage, nous avons été plus heureux que nos conci-
« toyen du Fort. Des patrouilles civiques, organisées *par le
« peuple lui-même avec cet admirable instinct qui le quitte si rare-
« ment*, ont constamment maintenu le calme et l'ordre. »

Le 3 juin, le journal *Les Antilles*, publié à Saint-Pierre, commençait ainsi un article intitulé : *La garde nationale, s'il vous
plaît :*

« Cette demande est au fond de toutes les intelligences; elle
« est le mot de ralliement de tous les hommes d'ordre; *elle est
« le résultat forcé des événements;* elle est la nécessité pressante,

« elle est le complément indispensable de la République et de
« l'abolition de l'esclavage.

« Qu'on se le rappelle ; lorsqu'il y a deux mois environ, dans
« une nombreuse réunion d'honorables citoyens, quelques
« jours après l'arrivée des premières nouvelles ici, nous de-
« mandions publiquement l'établissement immédiat de la garde
« nationale ; nous pénétrions dans les mystères de l'avenir,
« nous parions à tous événements. Notre motion fut combattue,
« ajournée.... Le fait pourtant est malheureusement venu
« donner gain de cause à cette parole : Point de République
« sans garde nationale.

« La garde nationale, c'est TOUT le peuple honnête et laborieux;
« c'est la volonté armée de la nation; c'est l'ordre vivant; c'est
« la garantie de la liberté, de la propriété; c'est la terreur des
« vagabonds et des malveillants. »

Ne voit-on pas ici que *sur les lieux* on demandait l'organisation de la garde nationale, qu'on la regardait comme le complément, comme *le résultat* forcé des événements, et qu'on
entendait y faire entrer TOUT *le peuple honnête et laborieux?*
Cette nécessité parut si pressante, qu'il s'improvisa pour ainsi
dire dans chaque district une sorte de garde civique, où tout
le monde entra, nègres et blancs, sans distinction. Le *Courrier de la Martinique* du 7 juin 1848 nous montre cette garde
civique assistant en corps à l'arrivée du commissaire général : « Les chefs des districts avaient officieusement con-
« voqué tous ces hommes de bonne volonté, qui font avec
« tant de dévouement le service de surveillance de la ville,
« et c'était un merveilleux symbole *des sentiments d'égalité et
« d'union qui faisaient battre tous les cœurs, que cette réunion
« volontaire des soldats citoyens*, désarmés et parés de leurs habits
« de fête. »

Le 5 juillet, le journal *Les Antilles* revient de nouveau sur
la nécessité d'organiser l'armée citoyenne, dans un long article
intitulé : *Encore la garde nationale*, et il s'écrie : « Ce qui
« importe, c'est de garantir, c'est d'asseoir chez nous la tran-
« quillité publique encore mal affermie, c'est de rassurer ce
pays en lui donnant avant tout la garde nationale. »

Ce n'est pas une chose peu digne d'attention, au point de
vue philosophique, que de voir avec quel aveuglement on juge

tout aux colonies, et combien la passion y change du jour au lendemain des idées fort simples. Ils demandaient tous alors la garde nationale ; et aujourd'hui, parce que j'ai contribué à la faire décréter, les moins violents m'accusent d'avoir été imprudent jusqu'au crime !

On le sait aussi, c'est malgré mes efforts que le chef du pouvoir exécutif a prescrit de surseoir à l'armement. Eh bien ! lisez ce que contenait une des protestations de 1848 contre les élections de la Martinique pour la Constituante, pétition déposée aux archives de l'Assemblée nationale. « M. Schœlcher est un « de ces tyrans exterminateurs que Dieu envoyait aux peuples « qu'il voulait frapper de calamités. Que l'Assemblée ordonne « une enquête, cette instruction fera connaître à la France ce « que lui a coûté l'abolitioniste Schœlcher. La justice aussi « aura à lui demander pourquoi, après la journée du 22 mai, « la milice s'est-elle en quelque sorte formée d'elle-même, et « que maintenant nous soyons réduits à une simple compagnie « de pompiers. Est-ce que l'on craint que *les réunions dans les* « *corps de garde, où les conversations éclairent toutes les classes,* « ne nuisent à la candidature ou de M. Schœlcher, ou de M. « Pory-Papy? »

Voilà donc qui est clair, d'un côté : j'ai voulu armer les noirs pour sacrifier les blancs ; de l'autre, j'ai suspendu l'armement des noirs parce que j'ai compris que les conversations du corps de garde, en rapprochant les classes, nuiraient à ma candidature ! Il n'y a de vrai dans tout cela que ce fait reconnu : c'est que le corps de garde aurait contribué à l'œuvre de la fusion ! C'est bien pour cela que la coterie pécouliste n'en a pas voulu?

En tout cas, je n'ai pas à me reprocher d'avoir reculé devant d'ignobles soupçons, d'avoir déserté une idée que je crois juste et bonne. Dans la séance de l'Assemblée nationale du 27 avril 1849, la commission du budget de la marine proposa une diminution des garnisons coloniales, je m'empressai d'y adhérer en ces termes : « Comme représentant d'une de nos colonies, je viens appuyer la proposition de réduction.

« Le gouvernement provisoire avait rendu un décret daté du 27 avril, qui établissait aux colonies le recrutement de l'armée et l'organisation de la garde nationale telle qu'elle existe en France.

« Ce décret, par une dépêche ministérielle, a pour ainsi dire été annulé. C'est, à mon sens, un grand tort d'annuler un décret par dépêche ministérielle. Si l'on avait appliqué la loi du gouvernement provisoire, la garde nationale serait aujourd'hui instituée dans les colonies, et nécessairement l'effectif des troupes dont on peut avoir besoin serait beaucoup diminué. Je viens donc prier M. le ministre de la marine de vouloir bien appliquer aux colonies le décret du gouvernement provisoire relatif à cet objet. Il faut dire que les nouveaux citoyens demandent avec instance à faire tous les services publics. Ils sont profondément reconnaissants de la liberté qu'on leur a donnée; ils veulent le prouver en servant la France par tous les moyens possibles, en payant la dette du sang qu'ils doivent comme tous les citoyens. Déjà les gouverneurs, par ordre du ministère, ont admis des engagements volontaires; ces engagements ont été très-nombreux. On ne peut pas douter que les nouveaux affranchis n'entrent volontiers dans toute espèce de combinaisons militaires, dans tout ce qui conduira au maintien de la tranquillité des colonies et à la fusion des classes.

« Je dois rappeler que dans les colonies anglaises l'effectif militaire est bien moins considérable qu'il n'était autrefois; aussitôt que l'esclavage a été aboli, les besoins de troupes se sont fait si peu sentir que les garnisons ont été diminuées de plus de moitié. J'appuie donc la réduction proposée, et je demande en finissant à M. le ministre de vouloir bien publier dans nos départements d'outre-mer le décret du 27 avril qui institue la garde nationale.»

M. le ministre répondit : « Je m'en occuperai. » Mais il n'en a rien fait.

Le *Commercial* du 23 juin 49 a dit : « Nous en avons la preuve, « un infâme complot existe, *on veut la tête du sauveur des colo-* « *nies*. Qu'on ne se méprenne pas sur le but de cette *monstruo-* « *sité sauvage qu'on appelle faction Schœlcher*. Ses instincts sont « les mêmes à Saint-Domingue comme à la Martinique, comme « à la Guadeloupe, avec cette différence qu'à Saint-Domingue « les schœlchéristes sont plus foncés et qu'ils sont arrivés à la « seconde période. *Tout le monde nous comprend!*... On com- « prend aujourd'hui pourquoi Perrinon, soutenu par Schœl- « cher, demandait à l'Assemblée nationale *la suppression* des

« garnisons coloniales, pourquoi ils essayèrent de *surprendre un*
« *vote* qui les servait si bien. »

Quel style ! quelles idées ! quelles imputations ! Et cela parce
qu'on a voulu enlever 250 soldats à la Guadeloupe, 346 à la
Martinique ! Jamais assurément on ne trempa cette belle arme
qu'est la presse dans un venin plus fétide. A lire de pareilles
choses, l'indignation fait place au dégoût.

Quoi qu'il ne soit, je suis décidé à mourir dans l'impénitence
finale. Si je retourne à l'Assemblée, j'y demanderai encore l'é-
tablissement de la garde nationale aux colonies, parce que c'est
une mesure d'ordre, d'égalité, de sage prévision politique ; je
demanderai aussi une certaine diminution des garnisons, parce
qu'on y trouvera une économie pour le budget sans danger
pour la sécurité publique.

Il importe que la France ne se laisse pas tromper par les cla-
meurs insensées des incorrigibles. Les nègres ne sont pas les
barbares que l'on dit ; loin de là, il n'y a rien à craindre de
ces hommes d'un caractère essentiellement bon et affectueux.
Ils ont les meilleures dispositions. L'effet salutaire produit sur
eux par l'émancipation a dépassé les espérances de leurs amis
les plus ardents. Ils ont fait plus de progrès vers la civilisation en quinze mois que pendant les quinze dernières années
de l'esclavage, malgré toutes les lois vainement rendues
dans cette période pour améliorer leur sort. Déjà ils comprennent la dignité de l'homme libre, leur état moral s'améliore
avec une rapidité merveilleuse. Point de crimes à punir, quelques vols insignifiants sont les seuls délits dont un petit nombre
se rendent coupables ; et l'on a eu beau faire des arrêtés locaux
d'une sévérité excessive sur le vagabondage, on a eu beau inventer le *demi-vagabondage*, les ateliers de discipline fondés dans
les deux colonies restent vides. Ils ont reconnu la valeur du
mariage avec un empressement qui étonnerait, si l'on n'avait
déjà vu la même chose se produire aux colonies anglaises,
à l'époque de l'émancipation. Les unions légitimes, dont il
n'existait presque pas d'exemple du temps de l'esclavage,
sont aujourd'hui très-fréquentes parmi les nègres. Ils regardent le mariage comme la consécration de leur nouvelle
et heureuse condition : « Nous libres, nous mariés, » disent-ils.
Il se formerait bien plus de liens réguliers encore si la misère

n'était extrême, car les travailleurs des Antilles ont le préjugé
de se croire mal mariés à moins de faire de grandes noces. En
dehors de ces dépenses de luxe, ils rencontrent aussi des difficultés d'argent : Comme ils n'ont pas tous aujourd'hui d'état
civil il faut des enquêtes, des homologations, mille formalités
pour l'établir, et cela coûte fort cher. Il est à désirer que le
ministre de la marine et des colonies veuille bien ordonner,
pour aider à la moralisation générale, que l'enregistrement de
tous ces actes ait lieu gratuitement.

Malgré ces difficultés, la famille se constitue chaque jour et
avec elle naissent de nouveaux besoins qui amènent de plus
vifs efforts de travail pour satisfaire à des goûts de confortable
inconnus aux esclaves. D'un autre côté, les écoles encombrées
ne suffisent plus depuis longtemps à contenir tous les élèves qui
s'y portent, soit dans les classes d'enfants, soit dans celles d'a-
dultes. Les bons frères de Ploermel, malgré leur admirable
dévouement, ne peuvent suffire à la tâche, et demandent que
leur nombre soit augmenté. Les nègres se montrent si avides
de faire donner de l'éducation à leurs enfants, que M. Perrinon,
lorsqu'il était commissaire général de la Martinique, se proposait de leur demander quelques sacrifices d'argent pour établir
de nouvelles écoles dans beaucoup de quartiers où il n'en existe
pas encore. Et, chose frappante, on a remarqué que c'est
précisément dans les quartiers où il n'y a pas d'école que le travail va le moins bien (1).

Ce sont là d'heureux symptômes dont le gouvernement devrait tenir plus de compte qu'il ne fait. Malheureusement, au
lieu d'encourager ces précieuses dispositions, on paraît comme
autrefois, pour les esclaves, vouloir éloigner les affranchis de
la lumière. Dans nos deux Antilles on a fait défense aux frères
de Ploermel de recevoir les jeunes gens au-dessus de quatorze
ans, et les enfants qui ne sont pas porteurs d'un *permis* du maire
de la commune. Il semble qu'on ait dessein de laisser inculte
l'intelligence de cette race que l'on devrait avoir tant à cœur
de relever, ne fût-ce que pour racheter le crime de son long asservissement.

(1) Voir aux annexes, lettre *R*, quelques pièces relatives à l'instruction aux colonies.

Que l'on aide les noirs, et l'on en fera bientôt d'utiles citoyens ;
chaque jour leur conduite donne un éclatant démenti à ceux
qui, après avoir tout fait pour les abrutir dans la servitude, les
accablent de leurs calomnies depuis qu'ils sont libres, et les re-
présentent comme des incendiaires, des assassins, auxquels il
serait devenu nécessaire d'imposer par de grandes forces ar-
mées.

A entendre les rétrogrades, la société coloniale est prête à s'a-
bîmer dans la barbarie, et il n'y aurait plus qu'à jeter sur elle
le crêpe lugubre qui annonce la mort. Ils exagèrent cruellement
le mal qu'ils ont fait. La société coloniale, naguère en proie à
toutes les douleurs de l'esclavage, est encore émue de sa réhabilitation et profondément troublée par les rivalités de caste que
l'on a fatalement réveillées. Mais que le gouvernement le veuille,
et l'ordre s'y rétablira bientôt. La liberté vivifie, elle ne tue pas,
elle ne tue jamais. Oui, que le gouvernement le veuille, et elle
portera de bons fruits aux Antilles comme partout! Vous qui
tenez ces magnifiques contrées dans vos mains, déclarez que
c'est votre volonté, que la plus parfaite égalité y soit mainte-
nue entre les trois classes, donnez des places à des mulâtres et
à des nègres, il n'en manque pas de capables de les remplir ;
demandez à la Législative 400,000 fr. seulement par an au
profit de l'instruction de nos cinq colonies ; — le rapport de
M. Turc à l'Assemblée nationale (9 janvier 1849) établit qu'il
ne faudrait pas davantage pour y répandre des écoles primaires de filles et de garçons jusque dans les bourgs les plus reculés, pour y instituer les écoles d'arts et métiers, pour y ouvrir
le lycée où l'on recevra l'éducation supérieure. — Fondez les
hospices destinés aux infirmes et aux vieillards ; prononcez ensuite le dégrèvement des sucres d'outre-mer ; et les colonies
sont sauvées, et elles jouiront d'une prospérité nouvelle, d'une
prospérité qui, fondée sur le travail libre, l'instruction et l'é-
galité, ne coûtera de larmes à personne et sera un honneur,
un avantage de plus pour notre sainte République.

DERNIER MOT.

—

Point de division. — C'est dans l'alliance des nègres et des mulâtres qu'est la certitude de leur régénération. — Les incorrigibles sont peu nombreux mais puissants. — Trois blancs et pas un nègre ni un mulâtre dans la nouvelle commission coloniale.—L'union des mulâtres et des nègres amènera pacifiquement la fusion. — Pas de violences. — Le travail est aux colonies le plus solide appui contre l'oppression. — L'indépendance complète est dans la propriété. — Je resterai fidèle à la cause des plus faibles.

Je n'ai plus rien à vous dire, mes chers concitoyens, vous savez maintenant si je suis votre ennemi. En tout cas, avant de terminer, je veux vous donner encore un conseil d'ami véritable.

Gardez-vous de la division, gardez-vous de la division !

Quand j'entends dire que les *bissettistes* ont attaqué les *schœlchéristes*, je suis navré de douleur, car ces conflits vous affaiblissent, mes pauvres amis, autant que votre union vous fortifierait. Que les *bissettistes* et les *schœlchéristes* disparaissent pour qu'il n'y ait plus que des frères dans vos rangs.

Mettez tout votre courage, toute votre raison, toute votre volonté à étouffer ces funestes germes de dissension que l'on a perfidement semés entre vous, et qui ont pénétré jusqu'au foyer domestique. Ceux qui désirent votre bonheur et la conservation de votre parfaite indépendance, voient avec effroi deux partis au sein de la famille nègre.

On vous dit tous les jours que les mulâtres veulent se substituer aux blancs pour vous opprimer à leur tour : croyez-
m'en, ceux qui vous tiennent un tel langage sont vos plus
cruels ennemis. Les mulâtres ne veulent pas se substituer aux
blancs, ils ne veulent pas vous opprimer, ils ne veulent que le
bien-être de tous, sans distinction de classe ni de couleur. C'est
dans votre alliance avec eux qu'est la certitude de votre participation à tous les avantages de la société régénérée. Ils vous
aideront contre ceux qui « rêvent le travail forcé, » contre
ceux qui reculent le règne de l'égalité en éloignant systématiquement des emplois publics, sous prétexte d'*épuration*,
tous les nègres, tous les mulâtres et tous les blancs progressistes.

Les incorrigibles sont peu nombreux, mais ils sont actifs,
riches, passionnés, intrigants, et voyez combien ils sont forts :
le ministre de la marine vient de former une commission pour
reviser la législation coloniale, il y a fait entrer trois colons (1)
et pas un seul nègre, pas un seul mulâtre !

Voilà comme ils entendent la fusion !

Restez donc unis avec ceux qui vous ont courageusement défendus jusqu'à ce jour ; loin de vous séparer, resserrez vos liens
plus étroitement que jamais. Rendez-vous solidaires les uns
des autres, contre une faction aussi puissante. C'est, d'ailleurs,
l'unique moyen d'obtenir que l'on soit plus juste envers les
deux portions les plus nombreuses de la population des îles,
c'est l'unique moyen d'amener pacifiquement la fusion complète des trois classes, sans laquelle il n'y a pas de bien possible
pour les beaux pays que vous habitez. Quand on verra votre
parti puissant à son tour, par son entente, on reconnaîtra qu'il
faut compter avec lui, et le rapprochement s'opérera naturellement par la force des choses. On luttera, au contraire, contre
les éternelles lois du progrès, si l'on espère trouver la victoire
dans vos querelles intestines, et cette lutte sera mortelle pour
tout le monde.

(1) MM. Hubert Delisle, Laussat et Sully Brunet. M. Laussat est le
beau-frère de M. Pécoul, c'est M. Pécoul intelligent, c'est-à-dire plus
dangereux.

Voilà des pays où il y a 35,000 blancs, 95,000 mulâtres, 210,000

Du reste, mes chers amis, demeurez toujours obéissants à la loi ; ne laissez jamais porter atteinte à aucun de vos droits sans réclamer avec énergie, fermeté, persévérance, mais abstenez-vous de toute violence. Ne prenez vos forces que dans la liberté et le suffrage universel. Dédaignez les provocations, n'oubliez pas que vos ennemis attribuent à l'émancipation les désordres qui peuvent naître et les tournent contre vous.

Continuez à travailler avec courage, le travail est votre plus solide appui contre l'oppression ; associez-vous ensemble pour exploiter de grandes sucreries, comme l'ont fait vos frères affranchis des îles anglaises. Économisez, même sur le nécessaire, pour acheter de la terre. Devenez propriétaires ; vous êtes libres, bien libres, par la propriété vous deviendrez indépendants. C'est le conseil que vous donne encore votre ami le *partageux*.

Quant à moi, je resterai fidèle à votre cause, mes bons et chers concitoyens, parce qu'elle est encore celle des plus faibles ; j'y suis bien résolu, rien ne m'en pourra détacher, ni les injures, ni les calomnies, ni le dégoût même qu'elles inspirent. Je ne suis point inquiet de l'avenir ! ma seule vengeance sera la déconsidération de ceux qui m'attaquent, dès que la vérité sera bien connue ; je sais que tôt ou tard les colons de bonne volonté me rendront justice, en comprenant enfin que l'on peut être l'ami des nègres sans être l'ennemi des blancs.

Adieu, mes amis, mes frères, gardez-vous de la division, gardez-vous de la division !

V. Schoelcher.

nègres. On veut s'éclairer sur les mesures à prendre pour leur organisation définitive à la suite de la transformation sociale qui vient de les régénérer, et l'on fait entrer dans le conseil de consultation trois des 35,000 blancs et pas un, pas un seul des 350,000 nègres et mulâtres ! Quelle sagesse, quel vrai désir de tout savoir et de ménager tous les intérêts ! Quel soin de ne pas irriter des susceptibilités de castes malheureusement en éveil ! quelle impartialité, quel amour de l'ordre et de la justice ! Les Antilles sont divisées en deux partis ; on donne la parole à l'un, on ne la donne pas à l'autre, bien que M. Jouannet appartienne à l'Assemblée législative comme M. Laussat. Quel esprit de paix, de fusion ! Est-ce que le ministère de la marine en serait revenu déjà à juger qu'un mulâtre ne peut s'asseoir autour du même tapis d'étude que des blancs ? A voir cette inconcevable exception, il est permis de le croire, de le craindre. Est-ce ainsi qu'il travaille à la réconciliation? Et cela valait-il bien la peine d'annuler, d'une manière fort blessante, la commission coloniale qui fonctionnait au ministère des finances, sous la présidence de M. Gautier?

La composition de la nouvelle commission indique au surplus un certain caractère d'hostilité pour l'œuvre sainte récemment accomplie par la République aux colonies. M. Tracy, l'ancien abolitioniste, est ce dernier ministre de la marine qui s'est fait le grand sacrificateur des fonctionnaires abolitionistes et mulâtres des Antilles; c'est lui qui a signé la révocation de M. Meynier, le rappel en France de M. l'abbé Castelli, la destitution de Mlle Mazzulime, l'abaissement de M. Hardouin, l'expulsion du service colonial de MM. Gérard et Gaumont; c'est lui qui, tout en approuvant le bannissement de M. Bayle-Mouillard et de M. l'abbé Dugoujon, a rendu à la cour de la Martinique M. Bourgerel, et à la pré- sidence de celle de la Guadeloupe M. Beausire; c'est lui qui a désorga- nisé la police des îles, pour donner aux colons le moyen d'en chasser, comme ils l'ont fait, *tous* les mulâtres! Par ces actes d'hier, on peut juger quel esprit il apportera dans la commission. M. Jubelin était sous-secrétaire d'Etat au ministère de la marine, à l'époque de la Révo- lution de février, et l'on sait qu'il n'était rien moins que favorable à l'é- mancipation. M. Galos était directeur des colonies à la même époque et il a déjà donné carrière à ses rancunes, en fulminant dans la *Revue des deux Mondes* contre l'abolition.— A trouver M. Jubelin et M. Galos, sous la République, dans une commission coloniale, on s'étonne de n'y pas voir aussi M. Mackau. — Quant à M. Mestro, auquel sans doute ces deux messieurs doivent leur restauration, réelle capacité de premier commis, mais caractère faible, sans ressort, il est toujours de l'avis du plus fort; il votera donc dans la commission avec la majorité. M. Fournier est un ancien délégué de Marseille, et l'on n'ignore pas que les ports de mer font toujours cause commune avec les colons. M. Fournier se déga- gera-t-il?

Nous ne pouvons parler des autres membres nommés, car nous ne savons rien de leurs opinions sur la matière. Seulement nous voyons là M. Betting avec plaisir, parce qu'il a demandé à la tribune qu'on fit sortir les colonies du ministère de la marine, pour rendre leurs divers services à chaque ministère compétent.

En somme, on le voit, sur cette commission de quinze membres chargée de préparer une nouvelle législation coloniale, dix-huit mois après l'abo- lition de l'esclavage, l'abolition n'a que trois représentants bien dessinés, MM. Broglie, Passy et Isambert. Est-ce équitable, est-ce raisonnable? Nous ne mettons en doute la conscience de personne, mais à cause même de la sincérité des convictions de chacun, trouve-t-on là les éléments d'une décision impartiale? Nous ne le croyons pas. — Allez, faites, mais, sur toutes choses, ne touchez pas à la moindre parcelle de l'indépen- dance des nègres.

ANNEXES.

—

Lettre *A*. Voir Page 24.

Adresse du Comité démocratique de Saint-Pierre-Martinique.

« Nous prions vivement les électeurs de la Martinique de jeter les yeux sur les extraits suivants du *Courrier du Havre :*
« Il est nécessaire, au moment des élections surtout, qu'ils
connaissent le triste tableau que font de ce pays ceux qui sont
en communion d'idées et en relations avec le *Courrier du Havre.*
Après cette lecture, nous demanderons de bonne foi, à tout
homme sincère, s'il est possible de se méprendre sur l'intention
de ceux qui arrangent ainsi les faits dans le silence du cabinet
et s'il ne faudrait pas être trois fois dupes pour faire triompher
les candidats qu'ils préconisent, malgré les grands mots dont
ils les couvrent (1).

(1) Les extraits cités du *Courrier du Havre,* il faut en convenir, in-
sultaient fort les nègres et les mulâtres; ils n'accusaient pas, dans les
correspondants de ce journal, des sentiments tout à fait fraternels pour
les masses. Une lettre insérée au *Courrier de la Martinique* du 23 mai
s'empressa de les renier : « C'étaient des actes individuels; on ne pou-
« vait rendre les colons solidaires des idées du *Courrier du Havre* et
« de son correspondant, qui pouvaient diviser les travailleurs et les pro-
« priétaires. Ce journal n'avait à la Martinique que huit abonnés, tous
« négociants; ceux-ci n'y cherchaient que le cours des denrées colo-
« niales, etc. » Tout le monde le sait pourtant, M. Th. Lechevalier est le
vieux confident des incorrigibles, de leurs regrets, de leurs préjugés, de
leurs espérances; il a porté au *Courrier du Havre* toutes les correspondances qu'il avait au *Globe,* l'ancien journal des délégués de l'esclavage.
N'importe, on le désavoue, lui et *son correspondant,* pour les besoins de la
cause. Mais s'arrangera-t-il d'être sacrifié aux nécessités du moment, ne
dira-t-il pas quels sont ceux qui lui fournissent ses nouvelles controu-
vées et ses calomnies ? On sait qu'il fait, quand il est blessé, de redoutables révélations. Il faut donc l'apaiser. Pour cela, dans son numéro
suivant, celui du 26 mai, le *Courrier de la Martinique* déclare en quatre
lignes « *qu'il n'a pas à répondre* à la publication du comité, qu'il a eu
« l'honneur de travailler sous les ordres de M. Lechevalier et qu'il en ap-

« Nous pensons qu'après cela il ne peut y avoir parmi les gens de bonne foi que deux hommes à proclamer : BISSETTE et SCHOELCHER, et que toute division doit se taire en face de pareilles menées. Faisons donc triompher ces deux noms, mais effaçons de notre langage toutes ces dénominations de *bissettistes* et de *schœlchéristes*, qui au fond ne signifient rien, et ne servent qu'à alimenter la joie et les calomnies de ceux qui voudraient nous diviser. »

Les membres du *Comité démocratique* de Saint-Pierre,

Signé : Pierre-Laurent, Oscar Mépond, Philippe, *voilier* ; Achille Dufail, Alexandre Dufail, Eucher Finistère, Elizée jeune, Cély Dufail, Alphonse Edelmont, Louis-A. Cabab, Stanislas (Hip), Savius, Nelson Olsen, Laurent Bélan, A.-M. Jean-Bart, Edgard Boye, Jean Etienne, Antoine Bélo, Sainte-Catherine Verdet, Florent, L. Simon Samaran, S.-Simon Cantius, Hippolyte Racinal, Alcide Rosa, Isaïe Moïse, Louisy Placide, A. Déodat, François Cesfrères, Ste-Rose Usselin, Alexandre Rhadamiste, Félix Ninet, Aristide Thom, A. Morlot, Valdic-Frédéric, Gros-Martial; Charles Bobie, Alexandre-Jean-Baptiste, Victor Hugounin, C. Séverin *jeune*, Bolo Duméson, Suréna Phanord, Etienne *jeune*, Jean, Etienne, Joseph Baptiste, V. Jean, H. Elise, Auguste Faible, J. St-Aimé, Auguste, Desrivières *jeune*, L. Monrose *fils*, A.-M. Cruz, Alex. Verdet, Laruée Luzy, Eugénie Jérémie, Laurent (Louis), G. Rufin, Silvain Lavolé, Ch. Agénor, Saldès, Célestin, Octave Chéry, Dalex, Henry Darmand, A. Desroses, Méritoire Jean-Baptiste, V. Hurard, Corasmin Luny, R. Berne, Célimon Pérès, V. Fouché *fils*, Milord Abdon, Paul Etienne, Charlery Théré, G. Baraime, Ch. Michel Cesfrères, Lucien Charles, J. Olivier, Charles Donatien, Louis Melhier, L. Casimir *fils*, Clavius Marius *fils*, Paul Sulvius, Emile Avrillette, B. Agis Danaé.

pelle au bon sens public pour faire justice de toutes les extravagances « débitées sur son compte. » De cette façon, on a longuement repoussé, le 23 mai, la responsabilité des articles du rédacteur du *Courrier du Havre*, et, le 26, on lui fait réparation en s'avouant son élève ! Maintenant, si vous trouvez que ce n'est pas là une manœuvre pieuse et honnête, vous êtes des anarchistes. O bonne foi ! ô pudeur !

B. Voir page 45.

Arrêt du Conseil supérieur de la Martinique, qui condamne plusieurs esclaves à être pendus, pour avoir tenté de s'évader, et la mère de l'un d'eux à assister au supplice de son fils, pour lui avoir donné asile pendant sa fuite. (Gazette du 15 décembre 1845.)

« Fort-Royal, 30 novembre 1815.

Le conseil supérieur de l'île de la Martinique a rendu l'arrêt suivant :

Vu le procès criminel instruit et poursuivi à la requête et sur les diligences du substitut du procureur général du roi, contre divers esclaves arrêtés en mer dans un canot par eux enlevé, s'évadant de la colonie à l'étranger, et contre tous fauteurs et complices de leur évasion ;

Sur lequel procès est intervenu jugement, le jeudi 23 du présent mois, rendu par M. G. A. *Astorg*, conseiller du roi, assisté de MM. *Pécoul* et *Prouzat*, deuxième et troisième substituts dudit procureur du roi, par lequel jugement les premiers juges ont déclaré les accusés ci-après-nommés dûment atteints et convaincus, savoir :

N. N. (1) d'avoir ensemble ou séparément formé le projet de s'évader de la colonie, de l'avoir réalisé en s'embarquant tous ensemble dans un canot à bord duquel ils ont été pris dans la nuit du 17 au 18 septembre, et d'avoir ainsi *voulu ravir à leurs maîtres le prix de leur valeur ;*

Elizée particulièrement, d'avoir volé 300 gourdes, espèces, qui lui avaient été confiées. Les mulâtresses *Aï* et *Agnès*, d'avoir donné retraite à *Elizée*, doublement coupable de vol et de marronnage ; et de l'avoir *recélé* en lui procurant un asile, *sous prétexte de pitié*, et en fournissant à sa nourriture et entretien environ pendant trois mois ; et enfin de lui avoir facilité les moyens de disparaître et de s'évader à l'étranger.

Pour réparation de quoi lesdits juges ont condamné *Elizée* à être pendu, et son corps mort jeté à la voirie ; et N. N. à être fouettés de vingt-neuf coups de fouet, marqués sur l'épaule droite d'un fer rouge, en forme de G.A.L. et conduits aux galères pour y servir le roi à perpétuité comme forçats.

(1) On a supprimé les noms dans l'imprimé qui nous sert de guide. Les accusés étaient au nombre de dix.

Vu les conclusions du procureur général du roi portant appel *à minima* (1) dudit jugement;

Ouï les accusés en leurs interrogatoires subis devant la cour (2);

Ouï le rapport verbal de ladite procédure par M. Lélune de la Motte, conseiller titulaire;

La cour faisant droit sur l'appel *à minima*, a mis le jugement dont est appel au néant en ce que N. N. n'ont été condamnés qu'à être fouettés et marqués, et mis aux galères perpétuelles;

Emendant, ordonne que lesdits N. N. seront pendus et leurs corps jetés à la voirie;

Ordonne que les deux mulâtresses *Aï* et *Agnès* (3) assisteront à l'exécution du présent arrêt, de plus, ladite *Aï* sera fouettée de vingt-neuf coups de fouet par les mains de l'exécuteur et marquée sur l'épaule droite d'un fer rouge portant l'empreinte des trois lettres G. A. L. et ensuite conduite aux galères, pour y servir le roi comme forçat à perpétuité;

Ordonne qu'il sera plus amplement et indéfiniment informé contre ladite mulâtresse *Agnès*, laquelle gardera prison dans la nouvelle geôle du Fort-Royal (4).

C. Voir page 49.

Article de la REVUE DE PARIS *de l'année* 1850.

DES NOIRS.

On ne peut se faire une idée de l'énorme démarcation qui existe aux colonies entre les noirs et les blancs. Ces derniers ne sauraient être portefaix, cochers, barbiers même; et celui qui s'abaisserait jusqu'à de semblables métiers serait certainement chassé. Si vous avez un valet de chambre blanc, c'est seulement un aide, que vous pouvez employer dans l'intérieur de votre maison auprès de votre personne; mais l'usage vous permet à peine de l'envoyer porter une lettre. Il fait brosser ses habits par un esclave, il traite d'égal à égal le nègre le plus considéré. Et cependant il est quelques-uns de ceux-ci qui parviennent à faire de grandes fortunes; car, une fois libres, ils

---

(1) Un appel *à minima* contre une telle condamnation !

(2) Point de défenseur !

(3) *Agnès* est la mère d'*Élizée* !

(4) Une procédure qui doit durer indéfiniment est une prison perpétuelle. *Affaires des hommes de couleur*, vol. 5, page 190.

peuvent s'adonner au commerce. Si vous dites *vous* à un noir,
il ne vous répond pas, croyant que ce n'est pas à lui que vous
vous adressez, tant il est accoutumé à s'entendre tutoyer. Une
loi en vigueur à la Havane défend à aucun noir de se présenter
en voiture à la promenade, fût-il noble (1), fût-il même im-
mensément riche. Là, il faut qu'une négresse soit libre pour
porter la mantille, et à la Nouvelle-Orléans, les femmes de
couleur même, quoiqu'elles soient presque toutes assez riches
pour payer leur place, ne sont point reçues dans les bancs fermés de l'église. Au théâtre, où chacun entre pour son argent,
les noirs ont une place assignée, et il ne leur est pas permis
d'en prendre d'autre. Nulle part ils ne sont admis dans la société des blancs ; aux champs et à la ville, on les traite comme
de véritables animaux domestiques, on leur refuse le titre
d'hommes, et il n'est pas d'Européen qui n'ait frissonné d'horreur et de honte en voyant les esclaves traînés sur les marchés
ou dans les ventes comme nous y conduisons nos bœufs. Pour
moi, c'est un tableau douloureux qui ne sortira jamais de ma
mémoire et qui m'attriste encore, que celui de cette infor-
tunée que je vis au milieu d'une place publique, salement vê-
tue, froide et indifférente à son sort, entourée de passants et
d'acheteurs, avec un crieur à ses côtés qui disait en grimaçant :
« Allons, messieurs, à 200 piastres la jolie négresse, bonne
blanchisseuse ! 200 piastres, messieurs ! Voyez, elle est jeune encore, bien saine. 250 piastres, elle est très-douce ! 260 piastres
ma petite négresse. C'est pour rien. Remarquez, messieurs,
comme elle est forte et bien portante. Allons, 261 piastres ! »
Et l'on venait lui tâter les chairs, et un autre la tournait et la
retournait, et un troisième la regardait aux dents, hélas ! il
n'est que trop vrai, tout comme nous faisons, au marché, aux
chevaux pour examiner leur âge et leur allure.

L'esclave acheté appartient sans restriction à son acheteur,
et les droits de ce dernier s'arrêtent à peine à celui de vie ou de
mort. Il y a des gens, même aux États-Unis du nord, qui ne
vivent et n'entretiennent leur luxe qu'avec un trafic de nègres
aussi singulier que rebutant. Ils les prennent à bas prix, jeunes
et sans talents, pour les revendre bien cher après les avoir
dressés à un métier quelconque. D'autres leur font apprendre
quelque état, comme celui de tailleur, menuisier, cocher, cui-
sinier, etc., et les louent ensuite à tant par mois, de même
qu'un cheval de remise. Enfin, quelques-uns achètent un noir

---

(1) La Havane possède un corps de troupes entièrement composé de
nègres affranchis, parmi lesquels il en est qui se sont distingués à un tel
point au service du roi, qu'il leur a conféré le beau titre de *don*, bien
plus honorable et plus honoré, chez les Espagnols, que notre particule *de*,
son équivalent lorsqu'elle est placée devant un nom propre.

19

fort et vigoureux qu'ils laissent maître d'employer sa journée comme il l'entendra, à condition qu'il leur rapportera le soir une piastre ou deux, plus ou moins. Ces monstrueux usages, qui nous révoltent, sont regardés, aux colonies, comme tout naturels, tant il est vrai que les impressions que reçoit l'esprit de l'homme le façonnent et le modifient selon le temps où il vit, le pays qu'il habite, et l'éducation qu'on lui donne. Il n'y a pas de conscience universelle.

Tel est le sort des esclaves les moins malheureux; suivons ceux qui cultivent les champs.

Tête et pieds nus dans ces climats brûlants, ils vont au travail par brigades de quinze ou vingt, sous la surveillance de contre-maîtres qui les contiennent avec un énorme fouet toujours agité. Le soir venu, on les ramène épuisés de fatigue, et on leur jette une nourriture dégoûtante et grossière (1). Puis, pour dormir, trois planches avec une misérable couverture sur des tréteaux, voilà la vie de l'esclave, froide, machinale, abrutissante, vile, monotone, sans passé pour réfléchir, sans avenir pour rêver, n'ayant que le présent toujours armé d'un fouet ignominieux. Font-ils une faute, on leur met aux pieds des fers formés d'anneaux qui vont s'attacher à la ceinture; et, ainsi chargés, d'un coup de fouet on les chasse au travail, ou bien on les plonge dans un cachot au fond duquel est un lit de bois avec des entailles où chaque jambe s'enclave au-dessus de la cheville. Attachée de la sorte, la victime, presque toujours nue, ne peut se tenir que sur le séant ou couchée sur le dos, et il est facile de concevoir tout ce qu'il y a de poignante douleur à rester vingt-quatre ou quarante-huit heures dans une aussi affreuse position. A la dernière extrémité arrivent les châtiments corporels, et l'on a vu de malheureux noirs expirer sous les coups de ces fouets à gros nœuds, instruments de leur supplice. Dans quelques colonies, à la Nouvelle-Orléans, par exemple, le gouvernement a une geôle où les propriétaires de la ville envoient punir l'esclave dont ils sont mécontents. Là cet esclave reçoit chaque matin un certain nombre de coups de fouet avec une exécrable régularité; et, quand il est guéri, car il est rare que ces horribles taillades ne mettent point la chair au vif, on l'emploie aux travaux publics pendant plus ou moins longtemps. Tel est le genre d'intervention que le législateur a imaginé d'apporter entre la barbarie du maître et la faiblesse de la victime. Cette geôle, petite et malsaine, est

(1) Une ration de tasao (bœuf séché au soleil, venant de Buénos-Ayres) ou une ration de poisson salé dont ils doivent se procurer l'assaisonnement à leurs frais, avec des bananes, fruit sain et abondant que produisent les colonies presque en toute saison et bon à manger indifféremment mûr ou vert. Les plantations en sont couvertes, et il est livré à discrétion aux esclaves, pour leur tenir lieu de pain.

composée de cachots ou plutôt d'antres obscurs, humides et infects, où les nègres et les négresses sont entassés pêle-mêle, et serrés les uns contre les autres. Ces geôles ont des grilles à jour comme les cages des bêtes féroces.

Ce régime a dépouillé quelques-uns de ceux qui le subissent de tout ce qu'ils avaient d'humain. Conseils, douceur, bons traitements, privations de toute espèce, châtiments sans exemple, rien ne peut plus les soumettre, et il faut les abandonner à eux-mêmes; car, privés de nourriture, épuisés de besoins, ou déchirés par le fouet le plus cruel, leur calme prodigieux, leur œil sec, leur figure impassible, l'expression de leurs traits infernalement satiriques, au milieu des plus atroces douleurs, vous prouvent qu'ils sont plus forts que la barbarie même. Ceux que la nature a doués d'un si grand courage ou d'une telle puissance de caractère, s'ils ne se déterminent à aller vivre en *marrons* dans les bois, comme des bêtes fauves, restent séparés de l'habitation, libres de faire ce qu'ils veulent, autant néanmoins que leur fainéantise n'est préjudiciable qu'à leur maître et à eux-mêmes. Le propriétaire, ne pouvant ni les vendre, ni les contraindre au travail, se résoudrait, s'ils devenaient autrement coupables, à les sacrifier à l'intérêt général. J'ai vu quelques-uns de ces indomptables noirs qui eussent sans doute été de grands hommes dans le monde civilisé. On en cite qui se sont tués sans autre but que celui de faire tort à leur maître. Plusieurs fois sept ou huit esclaves se sont pendus ensemble, suppliant les autres de les imiter afin de ruiner leur propriétaire. (Un esclave qui sait travailler se paye jusqu'à 3,000 fr.) Hâtons-nous d'ajouter, cependant, que, lorsqu'un noir veut quitter son maître, et qu'il n'a pas le moyen lui-même de payer sa liberté, la loi lui permet de chercher à se faire acheter par un autre: alors le maître est obligé de lui donner trois jours pour faire les démarches nécessaires; mais s'il ne trouve pas d'acquéreur, il rentre sous la même puissance et n'a plus droit à un pareil recours. Répondons à cela que les esclaves sont tenus dans un tel état d'oppression, qu'ils ne connaissent guère cet avantage accordé par la loi, et que ceux qui ne l'ignorent pas sont empêchés d'en user par la crainte que, s'ils échouent, le ressentiment de leur maître ne leur attire de plus cruels châtiments. Heureusement pour les colons, tous ces malheureux ne comprennent pas leur force, et il y a réellement en eux une conviction si profonde que nous sommes d'une nature supérieure à la leur, que l'on voit sur les habitations quatre ou cinq blancs gouverner et faire agir seuls, à coups de fouet, deux ou trois mille noirs, ainsi qu'un maître d'école soumet ses petits élèves en leur imposant une terreur morale qui les empêche de songer même à se révolter. Quant aux esclaves qui sont trop indociles, moi je dirai trop fiers pour se soumettre au joug, ils s'enfuient dans les bois, déclarent la guerre à toute l'espèce blanche, vivant de racines, couchant dans les cavernes, au fond des taillis, toujours vigilants; aujourd'hui, ici, demain là; farouches, sans abri, et n'ayant d'autre foyer que celui qu'ils établissent au milieu de leur course pour rôtir le mouton ou la volaille qu'ils viennent de dérober. Ceux-là s'appellent *marrons*, et, quand on ne peut les reprendre, on les poursuit comme des animaux malfaisants; car, s'ils parviennent à se réunir en bandes vengeresses, ils assiégent les plantations, égorgent les blancs et livrent tout aux flammes. Dans ces chasses de *marron* on est toujours accompagné d'une espèce de chiens qui sentent les nègres comme nos lévriers voient le gibier, savent les découvrir dans leurs retraites les plus cachées, et les assaillent avec acharnement. Cette espèce de chiens (de couleur noire) semble être l'ennemie née des nègres. Chaque planteur en a deux ou trois qui veillent la nuit autour de l'habitation, laissent circuler les blancs avec un instinct admirable, se jettent sur les noirs qui s'en approchent, et les déchirent : Je ne sache pas que les annales des peuples les plus barbares offrent rien d'aussi horrible.

Les esclaves *femelles* sont occupées aux champs comme les *mâles*; on fait à peine la différence des sexes. Pour le propriétaire, ce ne sont que des instruments de travail; ils forment bien quelques mariages légitimes, mais, abandonnés à l'état de nature complet, avilis, méprisés, presque sans connaissance du bien et du mal, devons-nous être surpris que la dissolution de leurs mœurs soit telle que pour cinquante sous un mari cède sa femme à un autre pendant huit jours. Ce mélange des sexes produit, comme on le voit, une immoralité et un concubinage affreux sur lequel les planteurs, qui en sont les vrais coupables, ferment honteusement les yeux, parce qu'il les enrichit. Les enfants de leurs esclaves leur appartiennent et il y a sur chaque habitation un corps de logis où l'on élève tous ces petits créoles avec bien plus de soins de la part du propriétaire intéressé que de celle de leurs mères, généralement assez indifférentes sur le fruit de leurs entrailles. Il arrive souvent que la dame de la maison prend et adopte une de ces pauvres créatures; elle la garde auprès d'elle, l'aime, la choie, en fait l'objet de mille préférences, l'habille avec goût, admire sa gentillesse, répète à tout le monde ses mots heureux, enfin la traite en enfant gâté. J'ai vu dans un salon un négrillon de quatre ou cinq ans entièrement nu, n'ayant que les pieds chaussés, se roulant à terre pour jouer avec le chien, et venant ensuite se jeter avec amour dans les bras de sa chère maîtresse, qui s'extasiait sur cette tendresse pleine d'une charmante vivacité, et allait en riant changer sa robe salie. Je ne dis ces particularités, étrangères à mon sujet, que pour montrer combien une affection mal entendue devient fatale à ceux qui en sont l'objet, car il est à remarquer que presque tous ces privilégiés, qui ne reçoivent du reste aucune éducation, gâtés seulement par l'amitié et la faiblesse de leur protectrice, en abusent toujours, deviennent justement ingrats, parce qu'ils sentent que l'on n'a point assez fait, ou que l'on a trop fait pour eux, et finissent par avoir un caractère d'autant plus intraitable qu'ils ont connu la liberté, qu'ils l'ont comprise, et qu'ils restent esclaves.

Chaque habitation a une petite infirmerie où les noirs viennent s'enterrer à la moindre douleur, à la plus petite écorchure, se dévouant à prendre les drogues les plus amères et les plus malfaisantes d'un docteur ambulant pour se livrer à leur fainéantise naturelle. Je frissonne encore au souvenir de ces implacables visites où l'exécrable médecin, une cravache à la main, frappait froidement à coups redoublés le pauvre malade qui n'avait pas strictement suivi son ordonnance.

Les plus grands obstacles s'opposent à ce qu'un esclave devienne libre. Il faut pour y parvenir qu'il soit de ces hommes habiles, industrieux, énergiques, comme il y en a si peu, qui savent acquérir par mille moyens divers, avec une puissance de volonté que n'ébranlent pas dix ans de privations et d'un travail tenace. Ils achètent, par exemple, pour 2 ou 3 piastres un cochon de lait, qu'ils engraissent sans dépenses et qu'ils revendent 18 ou 20 piastres ensuite. Ils trafiquent du produit de la petite pièce de terre que les planteurs donnent à chacun de leurs esclaves pour leur usage particulier, avec la permission de la cultiver tous les dimanches, ou bien encore, ils entretiennent sur un coin de l'habitation des poules et des coqs, faisant commerce de leurs œufs ou de leurs poulets, et, comme il n'y a pas de petites économies, ils finissent, avec cette persévérance par amasser 3, 4 et 500 piastres pour se racheter. Un maître (et c'est peut-être le seul véritable avantage qu'aient ces malheureux) est obligé de rendre la liberté à l'esclave qui veut la lui payer, et la loi fixerait un taux, si, pour conserver cet esclave, le propriétaire mettait un prix exorbitant à sa rançon. Munis dès lors d'une carte de liberté, ils vivent sous le joug dont nous avons parlé plus haut; et l'existence de ceux qui ont quelque noblesse dans l'âme est toujours abreuvée d'amertume par la surveillance à laquelle ils restent soumis, et les vexations de l'autorité, qui est en droit de se faire représenter cet acte partout où elle les rencontre. Disons en passant que l'on voit beaucoup plus de negresses que de nègres libres. Il est inutile d'indiquer la source où elles puisent les moyens d'acquérir leur liberté.

Certains hommes nous disent : « Les noirs ne méritent pas que l'on s'occupe d'eux; l'intérêt qu'ils inspirent meurt sitôt que l'on peut observer leur caractère vindicatif, méchant et vicieux. Ce sont de véritables animaux paresseux et stupides plus difficiles à conduire que des mules, enclins au vol, et détestant le travail. Leur infériorité, sous le rapport intellectuel, est incontestable. Parmi eux, point de vertu, soit réelle, soit de convention ; nul sentiment d'attachement ni de reconnaissance. » Et voilà que dès lors les esclaves sont aux yeux de leurs ennemis des brutes faites pour travailler, par droit de conquête, comme les bœufs et les chevaux. Je le confesse, les nègres, tels qu'ils sont aujourd'hui, dans l'esclavage, forment la classe la plus misérable, la plus abjecte, la plus immorale que l'on puisse imaginer. Mais pourquoi ? C'est que, étranger à tous raisonnements, leur esprit, circonscrit par la misère dans un cercle fatal, ne peut arriver à ce point de développement où il conçoit de bonnes actions. Le noir qui raisonne sait qu'il ne sera jamais qu'un esclave méprisé, que ses actions, quelles qu'elles soient, ne le mèneront jamais à un rang honorable ou du moins honoré ; et, toujours opprimé, devant incessamment rester dans l'oppression, il ne songe plus qu'à se venger de l'oppresseur. Il est insouciant parce que rien ne saurait intéresser un esclave ; il est paresseux parce que son travail n'est pas payé, parce qu'il n'en recueille aucun fruit ; il est flatteur parce que c'est le moyen d'éviter les coups, et d'obtenir quelque adoucissement à son sort ; il est lâche parce que le courage est une vertu qui s'acquiert seulement par la réflexion ; il est voleur parce qu'il n'a rien ; il a rarement de bons sentiments parce que son état d'abrutissement l'empêche de les concevoir, ou qu'il reconnaît qu'on ne lui en tiendrait aucun compte ; il est enfin tout couvert de vices, parce que l'ignorance et la servitude sont les sources du vice, plus encore que l'oisiveté. Lisez l'épouvantable histoire de Saint-Domingue ; mais si vous voulez une preuve plus matérielle qu'il n'y a aucune différence entre l'intelligence de l'homme blanc et celle de l'homme noir, examinez les enfants des nègres. Que de fois j'ai vu dans ces *joujoux* des dames créoles tous les éléments d'un homme !

Quant à moi, il me reste démontré qu'en fait les nègres sont une variété de l'espèce d'animaux appelés hommes, et que, par la seule raison générale qu'ils sont hommes, ils sont libres de droit. Mais le colon, qui se croit au bord de sa ruine, l'Europe qui craint déjà de manquer de toutes les superfluités qui lui sont devenues nécessaires, s'écrient à la fois : « Considérez que « l'on n'arrache pas les nègres à l'illustration et à la liberté « pour les plonger dans la servitude, le cœur tout dévoré « des souvenirs d'un bonheur passé. Ils ne sentent point leur « état : chez eux, à la côte d'Afrique, ils n'ont aucune espèce « de civilisation, vivant par peuplades, sans lois, toujours « oisifs, couchant sur la terre, mangeant ce qu'ils rencontrent,

« l'esclavage ne leur est pas inconnu (1); ils le regardent
« comme légitime. Dans leurs ardentes contrées, ils mènent
« une vie de brute, ayant déjà tous les vices qu'ils apportent
« ici et qui les déshonorent. Comment d'ailleurs pourrait-on
« faire la traite si eux-mêmes ne l'entretenaient? Le temps
« n'est plus où l'on enlevait de nuit et de force les nègres dans
« leurs cahutes. Ils sont trop bien sur leurs gardes, ils sont trop
« enfoncés dans les terres, pour que pareilles iniquités se puis-
« sent commettre encore. Aujourd'hui, le capitaine négrier les
« achète, et il les achète à prix d'or ou au moyen d'échanges,
« parce qu'ils se vendent. Abandonnez-les donc : eux-mêmes,
« vous le voyez, veulent rester dans l'avilissement; abandonnez-
« les donc : s'ils aiment la liberté, ils n'auront pas à la con-
« quérir, ils n'auront qu'à repousser les fers dont ils se char-
« gent (2). Accourez, Européens, ajoute le planteur; restez
« seulement un jour avec moi, et vous verrez que mes nègres
« sont loin d'être aussi malheureux que vous le pensez; car
« ils vivent dans l'indifférence. La pitié est un sentiment fort
« dans le cœur de l'homme et difficile à étouffer. Faire souffrir
« pour le plaisir de faire souffrir n'appartient qu'à des êtres
« rares et maudits. Mon intérêt même, cette considération, de
« tous les temps si puissante, mon intérêt même ne me défend-
« il pas d'en user avec la barbarie que vous me supposez? Si
« j'accablais mon nègre de coups, si je le martyrisais, ne me
« ferais-je pas tort, puisqu'en l'affaiblissant je me priverais de
« ses forces, qui me sont indispensables? Je me ruinerais en
« sacrifiant la vie de mes noirs à une féroce brutalité, puisque
« je les achète. Vous ne sauriez trop blâmer, j'en conviens,
« les punitions corporelles; mais que voulez-vous donc faire
« contre l'esclave qui commet une peine capitale, un crime?
« Faudra-t-il le livrer au tribunal? Il sera renfermé pendant
« des années entières, et je resterai privé de son travail, sou-

(1) J'ai vu de nouveaux esclaves se mettre à genoux, lorsque leur
maître ou un étranger, qui leur inspirait quelque considération, passait
devant eux. C'est une coutume qu'ils apportent certainement de leur pays,
puisqu'elle n'est point adoptée dans les colonies. *Note nouvelle.* C'est là une erreur. Pareille coutume n'existe point à
la côte d'Afrique; nous y avons vu les esclaves, et leurs rapports avec
leurs maîtres sont très-familiers. Cet usage avilissant se trouve seulement sur quelques habitations espagnoles.

(2) En effet, les peuplades dispersées sur la côte d'Afrique sont presque continuellement en guerre, et ce sont leurs prisonniers que les chefs
de tribus vendent au négrier, au prix le plus ordinaire de 500 fr. en argent, ou de marchandises qu'ils estiment d'une valeur équivalente,
comme armes, eau-de-vie, couvertures, etc. Avouons-le, puisque la
vérité le veut : ces victimes de leur propre barbarie arrivent déjà pré-
parées à leur sort, et sans en être effrayées. — *Note nouvelle.* Que d'erreurs ! J'étais alors bien ignorant.

« vent même il sera pendu. Que deviendrai-je alors? Parmi
« vos plus honorables philanthropes, en est-il beaucoup qui
« perdraient volontiers les deux ou trois mille francs que vaut
« mon esclave? »

Ce sont là d'affreux raisonnements.

Il est avéré aujourd'bui que l'humanité et la liberté peuvent
s'allier avec la conservation des colonies, et par conséquent
de leurs produits. *Les nègres ne sont point indispensables sur une
plantation.* Tous les colons de bonne foi en sont convenus avec
nous. Quelle que soit la chaleur du climat, un blanc peut le supporter. Puisqu'il y est forgeron, comment ne pourrait-il pas
y être cultivateur? Nier ce fait serait mentir à l'évidence. Ils
n'auront pas besoin d'ailleurs de rester courbés sous le soleil
depuis le matin jusqu'au soir : nous savons tous qu'un homme
salarié fait plus en une heure qu'un prisonnier en quatre. Les
champs se cultiveront avec des travailleurs à la journée ou à
l'année, blancs ou noirs, toujours égaux. Mais alors les produits
coloniaux subiront sans doute quelque augmentation. C'est à
l'Europe à la supporter ; c'est au consommateur à accomplir
la grande œuvre de l'émancipation des esclaves.

Et ce n'est point un acte partiel que je demande, c'est une
convention européenne, c'est une alliance que l'on pourra sans
mentir appeler sainte, c'est une alliance de tous les peuples qui
déclareront la traite abolie pour toujours.

Malgré la prohibition qui existe, elle se continue avec une
scandaleuse impunité, parce que les moyens de répression ne
sont pas assez efficaces, parce que les peines portées contre cet
odieux trafic ne sont pas assez sévères pour compenser le lucre
qu'on en retire, parce que l'administration même, dans sa mauvaise foi habituelle, y prête partout les mains. Les Anglais, toujours philanthropes aux dépens des autres, font bien la guerre
aux négriers ; mais ils s'emparent de leurs noirs, et, loin de les
rendre au sol natal, ils les portent dans leurs Indes pour les
livrer de nouveau à la servitude. Finissons-en avec tant de perversité. Que les négriers appartiennent en toute propriété à ceux
qui les captureront ; que les officiers du bord soient condamnés à une réclusion à vie ; que les matelots perdent leur état,
après avoir passé dix ans en prison ; que les armateurs enfin
soient recherchés et frappés avec une égale vigueur. L'assassin
d'un homme meurt sur l'échafaud ; les négriers, les marchands
de viande, comme ils s'appellent, assassinent un peuple tout entier !

Les noirs pris sur un négrier seraient reconduits dans leur
patrie sans indemnité ni conditions, et nulle nation ne pourrait
se les approprier, comme font aujourd'hui les Anglais, sans
devenir coupable aux yeux de toutes, sans être punie par toutes les autres.

Loin de nous cependant la pensée de bouleverser le monde, de compromettre les intérêts et la vie de tant de colons attachés à l'esclavage. Ceux qui veulent l'émancipation des noirs actuelle et spontanée parlent et agissent dans un esprit d'humanité bien honorable sans doute ; mais, soit ignorance, soit entraînement, ils ne tiennent pas compte d'une circonstance qui présente à l'affranchissement immédiat des difficultés insurmontables. Cette circonstance, c'est l'état moral de nos protégés. Que faire des nègres affranchis ? Pour quiconque les a vus de près, cette question est impossible à résoudre. Les nègres, sortis des mains de leurs maîtres avec l'ignorance et tous les vices de l'esclavage, ne seraient bons à rien, ni pour la société ni pour eux-mêmes, parce que telle est la paresse et l'imprévoyance qu'ils ont contractées dans leur bagne, où ils n'ont jamais à penser à l'avenir, qu'ils mourraient peut-être de faim plutôt que de louer la force de leur corps ou leur industrie. Je ne vois pas plus que personne la nécessité d'infecter la société active (déjà assez mauvaise) de plusieurs millions de brutes décorés du titre de citoyens, qui ne seraient en définitive qu'une vaste pépinière de mendiants et de prolétaires. Quant à cela, laissons faire le grand maître, laissons faire le temps. La mort et les affranchissements successifs feront disparaître peu à peu les restes de l'esclavage ; mais la seule chose dont on doive s'occuper aujourd'hui, c'est d'en tarir la source, en mettant fin à la traite. Envisager la question autrement, c'est faire du sentiment en pure perte.

A une époque déterminée, quinze ans, vingt ans, si l'on veut, l'esclavage serait aboli : nulle part il ne pourrait plus être même toléré, car on aurait déjà proclamé l'émancipation de tous les enfants d'esclaves, quitte à donner une indemnité au propriétaire.

Ce n'est point ici le lieu d'entrer dans les détails d'exécution de notre projet, mais on peut déjà poser comme principe que les esclaves seraient déclarés, par le congrès universel, libres de plein droit, et, de fait, chaque gouvernement veillerait avec une scrupuleuse rigueur à ce que ce décret eût force chez lui ; les ambassadeurs, les ministres, les consuls, seraient réciproquement tenus d'y tenir la main ; enfin, l'esclavage serait coupé dans toutes ses racines par les combinaisons les plus sûres et les lois les plus fermes, exécutées avec une stricte bonne foi. Alors les hordes africaines ne se feraient plus la guerre comme aujourd'hui pour avoir des prisonniers à vendre, et la civilisation se faisant jour avec la paix jusqu'à elles, on verrait peut-être (sans pour cela rêver un bonheur de l'âge d'or) l'Afrique régénérée par ses relations avec l'Europe, bientôt rendue à son ancienne splendeur, à des institutions sages, à la raison enfin, à ce principe souverain qui doit un jour gouverner seul le monde.

D. Voir page 55.

Chapitre de la brochure de 1835, relatif aux peines corporelles.

« Les principes que nous avons émis dans le cours de cette discussion ne sauraient laisser de doute sur la manière dont nous envisageons les châtiments infligés aux esclaves; *ce fouet dont le colon est armé par la loi nous fait horreur;* mais quelques mots encore sont indispensables à l'intelligence de notre pensée tout entière.

« Dès que vous adoptez un mode d'existence contraire à toutes les lois de la nature, il faut vous résigner à sortir des bornes de l'humanité. » — La sagesse de ce peu de paroles, que j'ai trouvées je ne sais plus dans quel vieux livre anglais, nous oblige à reconnaître, malgré ce que nous avons dit, que, *forcé une fois de tolérer l'esclavage pour un certain temps,* il faut également tolérer la punition du fouet, *toute révoltante qu'elle soit.* — Enlevez ce moyen au propriétaire, il ne pourra plus faire travailler.

Cela n'est que trop vrai; *et cette conséquence absolue vaut à elle seule tous nos discours contre l'esclavage; elle le ruine par sa base,* et rend plus impérieuse encore l'urgence de mettre au moins certaines règles à l'arbitraire des maîtres.

Nous consentons à ce que vous possédiez encore des *hommes;* nous ne vous enlevons pas le moyen de les utiliser, et, par respect pour votre propriété, nous vous permettrons un châtiment dont l'idée seule nous indigne; mais la loi aura mis un frein à vos rigueurs, en leur prescrivant des exceptions nécessaires, en imposant à leur exécution une surveillance et des lenteurs protectrices.

Nous voulons surtout qu'il vous soit interdit de faire subir à la liberté les affronts de l'esclavage ; nous vous enjoignons de la respecter dans ses moindres prérogatives. — Ainsi aucun individu libre, à quelque degré qu'il le soit, quelque couleur qu'ait sa peau, ne pourra être flagellé.

Nous souhaitons enfin qu'on en vienne bientôt à ne pouvoir infliger de peines corporelles ailleurs que dans un lieu public, ni autrement que par l'entremise d'un agent de l'autorité, comme cela se pratique en certaines villes à l'égard des esclaves domestiques (1). — Mais c'est à l'expérience à régler ces horribles détails.

_____

(1) M. Bissette a vu, dans ce souhait, nouvelle matière à incriminer. Il

Nous en avons dit assez pour faire voir que, tout en détestant l'usage des coups, nous l'acceptons néanmoins comme une conséquence de notre consentement au maintien temporaire de l'esclavage : c'est une nécessité de position, à laquelle il faut se résigner, sans renoncer, toutefois, au droit de la rendre moins cruelle, et de poursuivre ardemment la réforme d'une si révoltante monstruosité. Nous y convions le législateur, dont la sollicitude s'est contentée jusqu'à présent de dire au maître : « Tu ne frapperas pas ton esclave au delà de vingt-neuf coups, car un de plus le tuerait! »

Voilà toute la protection de la loi pour la victime! et nous n'en sommes pas à nous demander si le colon prend souci de semblables ordonnances. Combien n'en compterait-on pas qui ont violé les limites fixées à leur barbarie! — Mais est-ce là le seul danger de l'autorité souveraine des planteurs? — Malheureusement non. — Les excès de vengeance furieuse, les égarements féroces auxquels se livre un maître, sont des accidents rares, il est vrai, mais encore trop fréquents : les cruautés de détail, les injustices de chaque heure, de chaque instant, dont il peut tourmenter ses esclaves, sont innombrables; les souffrances morales non moins que physiques qui en résultent, sont pires que la mort! — Tout ce que nous pourrions écrire sur ce sujet doit céder ici la place aux considérations déchirantes de M. C. Comte (1) :

« Le gouvernement anglais, dit ce savant publiciste, a limité « à vingt-cinq le nombre des coups de fouet qu'un maître peut « infliger dans un temps donné; mais il n'a déterminé ni la « nature des offenses pour lesquelles cette peine serait infligée, « ni le mode de conviction, ni les dimensions du fouet, ni la « force du bras qui frapperait. Un maître peut donc, sans sortir « des termes du règlement, se livrer à des cruautés effroyables « envers chacun de ses esclaves; car vingt-cinq coups de fouet de « charretier, appliqués par des bras vigoureux à un faible enfant, « à un malade en convalescence, ou à une femme en état de « grossesse, sont plus qu'il n'en faut pour les tuer; le même « supplice infligé à l'homme le plus fort, et répété aussi sou-

prétend « qu'à l'infamie du châtiment j'ai voulu ajouter la honte en le « rendant public. » Ce malheureux homme fait semblant d'ignorer qu'un lieu public n'est pas une place publique. Ma pensée est cependant bien positivement exprimée dans ces mots :« Comme cela se pratique en certaines « villes à l'égard des esclaves domestiques. » Tout le monde sait que les esclaves de ville étaient châtiés à la geôle. Je ne voulais pas laisser au maître l'arbitraire du châtiment. Je voulais que l'autorité intervînt toujours : voilà ce qu'on m'impute à mal, comme si la législation anglaise n'avait pas adopté ce triste système mixte à titre d'amélioration d'une chose horrible, qu'elle ne croyait pas pouvoir encore détruire.

(1) Traité de législation.

« vent que le règlement le permet, peut rendre la vie telle-
« ment insupportable, que la mort soit considérée comme un
« bienfait. Ce châtiment, d'ailleurs, n'exclut pas tous les autres;
« la brutalité d'un possesseur d'hommes peut se manifester de
« mille manières; elle peut s'exercer par des menaces, par des
« injures, par des coups, par des travaux excessifs, par l'empri-
« sonnement dans des cachots, et par une multitude d'autres
« moyens. En supposant qu'il fût possible de calculer mathé-
« matiquement la force des coups de fouet qu'un maître peut
« faire appliquer à un esclave dans un temps donné, on tombe-
« rait dans une erreur fort grave si l'on s'imaginait que la
« cruauté ne consiste que dans l'intensité de la peine consi-
« dérée en elle-même. Ce qui fait qu'une peine est juste ou
« cruelle, modérée ou atroce, c'est moins la force du châtiment
« que la proportion qui existe entre la peine et la nature du fait
« puni; c'est la justice ou l'injustice de la punition infligée.
« Qu'un maître fasse donner vingt-cinq coups de fouet à un es-
« clave qui se sera rendu coupable de cruauté envers un de
« ses compagnons de servitude, la peine pourra être modérée;
« qu'il fasse subir le même châtiment à un individu coupable
« d'une légère négligence, la peine sera sévère; qu'il le fasse
« supporter à un convalescent qui aura travaillé selon ses
« forces, mais non selon le désir du possesseur, la peine sera
« cruelle; enfin, elle sera une atrocité révoltante, s'il est in-
« fligé à un esclave pour la raison qu'il aura rempli un de-
« voir; s'il est infligé, par exemple, à une mère qui aura sus-
« pendu son travail pour donner des secours à son enfant, à
« une jeune fille pour ne pas s'être livrée à la prostitution,
« à un père parce qu'il aura voulu protéger ou sa fille ou sa
« femme.

« L'obligation de faire procéder à l'exécution en présence
« d'un homme libre, et d'en dresser procès-verbal, n'est pas
« une garantie. Le maître ayant le choix du témoin, et pouvant
« insérer dans son procès-verbal tel motif qu'il lui plaît d'as-
« signer à sa vengeance, on ne peut avoir aucune certitude sur
« le nombre des coups de fouet qui ont été infligés, ni sur les
« causes pour lesquelles ils ont été donnés. »

Si, après cela, vous veniez encore m'objecter que « nos matelots sont soumis aux mêmes traitements, qu'une garcette
vaut bien un fouet, que les soldats allemands sont conduits au
bâton, les Russes au knout, que les Anglais eux-mêmes
n'ont pas craint d'adopter de semblables moyens de discipline, etc., etc.; » il suffirait de vous faire apercevoir qu'en
étayant votre cause de raisons aussi outrageantes pour l'humanité, vous ne rendez que plus sensible l'impossibilité où vous
êtes d'en trouver de meilleures. — Ainsi, parce que les Russes
et les Allemands emploient *ces moyens correctifs* qui ont con-

tribué peut-être à leurs défaites pendant quinze années de guerre, les planteurs feraient bien de les imiter? Assurément l'auteur qui a pu se laisser séduire par de pareils arguments les désavouerait aujourd'hui, comme des pensées émises sous l'influence de l'antagonisme qui nous entraîne toujours plus loin que nous ne voulons aller. — Nous vous demanderons, d'ailleurs, si les coups de garcette écrits dans nos lois maritimes sont tellement prodigués à bord de nos vaisseaux, et s'il n'est pas vrai plutôt que l'usage qui les réprouve commence à prévaloir sur la loi qui les autorise? Nous vous demanderons si les Anglais ne témoignent pas une indignation de plus en plus énergique contre les vieux débris de codes sanguinaires qui souillent leur liberté? Témoin cette occasion toute récente où les citoyens de plusieurs villes ont détesté, par des adresses et des souscriptions, la barbarie du châtiment infligé à un soldat.

Votre réponse tourne à notre avantage, et il ne nous reste plus qu'à vous tirer de l'erreur grave où vous êtes tombés en écrivant « qu'aux Etats-Unis, on administre jusqu'à quinze « coups de fouet à tout citoyen, de quelque couleur qu'il soit, « et n'importe sa constitution, pour ce qu'ils appellent petits « vols. » — Vous avez oublié que cettte peine appartenait à la jurisprudence anglaise, et que, depuis la révolution, toutes les lois de cette nature ont été abolies. — En Amérique, la honteuse peine du fouet, proscrite même du service militaire et maritime, ne peut plus flétrir un citoyen.

Ainsi, vous n'avez à nous opposer que des faits inexacts ou des citations malheureuses; vous empruntez votre logique aux derniers soupirs d'une législation barbare; c'est à des ruines qui tombent en poudre qu'il vous faut demander un appui, une voix, un souvenir qui justifie, par l'exemple d'un abus plus révoltant, l'énormité des vôtres !

Déplorable excuse, non moins affligeante que le mal même.

E. Voir page 105.

Adresses aux Electeurs de la Guadeloupe et de la Martinique.

AUX CITOYENS ÉLECTEURS DE LA MARTINIQUE ET DE LA GUADELOUPE.

Paris, 29 septembre 1848.

Chers concitoyens,

Vous m'avez nommé représentant du peuple, merci.

Par cette double élection, je le sais, vous avez voulu montrer votre gratitude envers les abolitionistes. Vous ne m'avez distingué que pour m'avoir vu combattre avec MM. Passy, Tracy, Broglie, Isambert, Lamartine, Ledru-Rollin, Roger, Lasteyrie, Gasparin, Tocqueville, Ternaux-Compans, Gatine, Dutrône et tant d'autres qui ont eu la gloire et le bonheur de contribuer à la délivrance des travailleurs nègres; n'oublions pas non plus l'illustre François Arago, qui m'a confié la noble tâche de préparer l'acte de leur liberté, à jamais consacrée par la sainte République.

Vous êtes citoyens français, et il n'est pas besoin de vous le dire : plus grands sont les droits que donne ce beau titre, plus grands sont les devoirs qu'il impose. Travaillez, vous que la patrie admet au rang de ses fils; c'est par le travail que vous conquerrez l'estime de vos concitoyens d'Europe, que vous serez à même de faire participer vos enfants aux enseignements de la science, que vous prouverez de plus en plus combien vous étiez dignes de ce nom de citoyen que l'on a tant tardé à vous reconnaître. Moi, de mon côté, à l'Assemblée nationale où vos suffrages me donnent une place, je vous aiderai de toutes mes forces en appuyant la loi d'indemnité qui va mettre le propriétaire en état de payer un juste salaire au cultivateur; en demandant le dégrèvement des sucres, qui assurera un placement avantageux aux produits de vos travaux; en provoquant et en soutenant toutes les mesures propres à augmenter la prospérité des colonies, et leur complète assimilation à la France. Purifiées de la servitude, les colonies sont désormais une partie intégrante de la métropole; disons mieux, il n'y a plus de colonies, il n'y a que des départements d'outre-mer qui doivent être régis par les mêmes lois que ceux du continent.

Mais qu'il me soit permis de vous le rappeler, frères et amis, tout ce que la France est disposée à faire pour ses départements d'outre-mer serait perdu si la discorde venait troubler leurs populations. Quand on vous parlera d'un homme, ne vous informez pas s'il est blanc, mulâtre ou nègre, informez-vous s'il est bon citoyen.

Vous tous, amis de la liberté, qui combattiez généreusement avec nous pour obtenir l'émancipation, continuez votre œuvre de paix et d'abnégation; vous avez bien mérité de l'humanité en défendant vos frères dans l'affliction, vous mériterez bien de la patrie en employant votre légitime influence acquise pour prêcher la concorde. Je n'ai pas ici la prétention de vous donner un conseil, j'exprime vos sentiments, car nous agissons en commun depuis longtemps. C'est aux plus forts à se montrer les plus patients. C'est le devoir de tous les cœurs honnêtes d'étouffer les souvenirs du passé pour n'écouter que la grande et sublime voix de la fraternité, pour effacer les dernières traces d'un antagonisme qui deviendrait un germe de mort au sein de toutes les classes sans distinction.

Citoyens électeurs de la Guadeloupe et de la Martinique, en me faisant un honneur insigne, vous m'avez créé d'impérieuses obligations, je n'y faillirai jamais. Comptez sur mon dévouement.

Vive la République!

Salut et fraternité.

Signé : V. SCHŒLCHER.

Aux citoyens électeurs de la Martinique.

Paris, 14 avril 1849.

Citoyens, frères et amis,

Vous m'avez fait l'honneur de me nommer l'un de vos représentants à l'Assemblée constituante. Ce témoignage de haute estime et de sympathie que nos frères de la Guadeloupe m'ont aussi accordé, m'a pénétré d'une vive reconnaissance, et m'aurait attaché pour toujours à la sainte cause de la liberté des noirs, si déjà elle n'avait occupé une grande partie de ma vie.

Mes votes, pendant cette session, je n'ai point à les expliquer; vous pouvez les apprécier. J'ai voté, j'ai agi selon ma conscience, comme je le ferai toujours, et je crois avoir rempli fidèlement, loyalement, le mandat que vous m'aviez confié.

J'ose donc aspirer à l'honneur de vous représenter une seconde fois à l'Assemblée législative, c'est d'ailleurs un moyen pour moi d'en appeler des infâmes calomnies de quelques incorrigibles à la conscience publique.

Si j'obtiens vos suffrages, j'emploierai la force qu'ils me communiqueront à soutenir la République envers et contre tous, à provoquer l'amélioration du sort de tous les malheureux, à défendre vos intérêts et ceux des colonies; je m'associerai ardemment à ce que notre glorieuse patrie tentera de faire pour extirper ce qui reste encore sur la terre de l'abominable institution de l'esclavage.

La liberté, ce bien suprême des hommes, cet élément de

tout progrès, est aussi difficile à garder qu'à gagner; je veillerai avec énergie, avec une infatigable persévérance à ce qu'il n'y soit jamais porté la moindre atteinte ni dans la métropole ni aux colonies.

Le premier devoir de vos mandataires doit être de poursuivre toutes les conséquences de l'émancipation, aussi demanderai-je surtout et sans relâche l'établissement d'autant d'écoles qu'il en faudra pour que pas un de vos fils, pas une de vos filles, ne puissent être privés du bienfait de l'instruction gratuite. Je vois là le plus sûr moyen de fonder l'égalité, d'augmenter l'amour du travail, d'entretenir l'esprit d'ordre, de sagesse et de paix dont vous vous êtes montrés constamment animés depuis la révolution.

La régénération politique et sociale de vos magnifiques contrées n'est pas tout entière accomplie; la Constitution consacre à jamais vos droits comme citoyens, mais elle vous laisse encore sous un régime exceptionnel. Je travaillerai à le faire disparaître, à obtenir l'assimilation complète de la France d'outremer à la France métropolitaine.

En attendant, je m'attacherai à faire introduire dans la loi organique des colonies tout ce qui pourra garantir le bien-être et la fusion des diverses classes de la population de nos îles. Plus de privilèges pour personne, liberté, égalité pour tous, c'est la réalisation de la fraternité.

Citoyens, frères et amis, vous savez ce que j'ai fait de concert avec mes honorables collègues de la représentation des Antilles, je viens de vous dire ce que je ferai; vous savez aussi que, fidèle aux opinions de toute ma vie, je siégerai au milieu des amis les plus avancés de la démocratie. A vous de juger si je puis être une seconde fois votre mandataire. Mais, quoi que vous décidiez, croyez bien que je n'oublierai jamais la double élection dont la Martinique et la Guadeloupe m'honorèrent. Comptez sur mon éternel et ferme dévouement.

Vive la République!

V. Schoelcher.

AUX ÉLECTEURS DE LA GUADELOUPE.

Paris, 10 août 1849.

Citoyens, frères et amis,

Je vous remercie du nouveau témoignage de confiance que vous venez de m'accorder. J'en suis fier pour moi, et, si j'ose le dire, heureux pour vous. Vous avez prouvé en nous choisissant, le commandant Perrinon et moi, qu'en dépit des plus lâches calomnies, vous saviez distinguer vos véritables amis. Parmi tant d'hommes qui ont énergiquement travaillé à l'émancipation, vous n'en pouviez trouver de plus dévoués que nous.

Et puisque ce saint nom d'amis nous rassemble, permettez-moi d'en remplir vis-à-vis de vous tous les devoirs; que mes remercîments soient un conseil.

Il y a des gens qui me reprochent amèrement d'avoir réclamé pour vous le suffrage universel, comme si la République avait pu vous le refuser en vous conférant le glorieux titre de citoyens français! Ils prétendent que vous n'êtes encore que des mineurs incapables d'exercer ce noble droit; que vous le confier, c'est remettre une arme mortelle à des enfants.

Vous n'avez qu'un moyen de répondre; c'est par la modération, qui est le vrai signe de la grandeur humaine.

En recevant de vous le mandat qui me fournit le moyen de défendre plus efficacement les intérêts des colonies et de tous leurs habitants, ma joie a été cruellement troublée. Au milieu de la noble résistance par laquelle vous avez su maintenir votre volonté contre toutes les intrigues, toutes les influences, des excès ont été commis.

Répudiez, frères et amis, répudiez ces violences de quelques hommes dont se servent vos ennemis pour diffamer votre race tout entière; soumettez-vous d'abord patiemment à la loi, c'est l'obligation de tout vrai républicain, et réclamez ensuite pacifiquement dans le cas où vos droits seraient violés. Un agent du pouvoir commet-il une iniquité à votre égard? laissez-lui tous les torts, ne vous défendez pas par la révolte, appelez-en à l'autorité supérieure, appelez-en par voie de pétitions à la mère-patrie, qui vous fera certainement justice, parce qu'elle veut la faire à tous ses enfants, nègres ou blancs.

Ces paroles vous disent combien sont condamnables les dévastations qui ont fatalement amené l'effusion de votre sang. Je sais qu'un petit nombre d'entre vous s'en est seul rendu coupable; je sais que ce petit nombre a été égaré par d'implacables provocations; mais il n'y a pas de provocation, si grande qu'elle soit, qui justifie un crime, et l'incendie, le pillage, ce sont des crimes. Les assassins, les pillards ne sont d'aucun parti et méritent la haine universelle. Éloignez-vous d'eux comme des pestiférés.

Par la liberté que la France vous a rendue, je vous en conjure, frères et amis, arrière à jamais ces affreux incendies qui vont plus loin même que les désirs de la vengeance, qui ruinent des familles, des femmes, des enfants toujours innocents, qui détruisent la richesse publique dans laquelle tout le monde puise son bien-être, sans laquelle tout le monde est malheureux. Ces moyens horribles, la loi doit les punir et n'y doit jamais céder. Votre force n'est pas là, elle est dans la bonté de votre cause. Ne l'oubliez pas, c'est le langage que je vous ai toujours tenu.

Les nouveaux citoyens parmi vous craignent, dit-on, qu'on ne veuille les remettre en servitude; cette crainte est mal fondée. Vous savez que je ne puis vouloir vous tromper; eh bien, je vous le répète, cette crainte n'a aucune espèce de fondement. Déjà nos braves et loyaux frères mulâtres vous l'ont dit dans le journal *le Progrès,* qu'à force de sacrifices ils ont établi pour la défense des droits de tous; votre liberté est à jamais acquise; il n'est dans la puissance de personne, pas même de l'Assemblée législative, de vous l'arracher. Vous êtes libres comme l'air; vous n'avez de maître que le devoir.

Ne vous défiez donc pas de l'avenir, travaillez en paix, sans inquiétude; associez-vous ensemble pour exploiter des grandes sucreries, faites des économies pour acheter un peu de terre, pour devenir petits propriétaires; que rien ne vous détourne d'envoyer vos enfants, filles et garçons, à l'école, et ainsi le calme, en renaissant partout, ramènera au sein de la grande famille coloniale cet accord des diverses classes qui peut seul y créer la prospérité commune.

Quant à vous, frères mulâtres, je sais que vous éprouvez une grande persécution pour avoir courageusement soutenu les hommes choisis par la majorité. Le parti vaincu dans les élections vous attribue pour se venger un complot absurde, impossible. Il vaut peut-être mieux que ce soit ainsi. Les lumières d'une enquête, en faisant éclater votre innocence aux yeux de tous, montreront que les seuls coupables sont vos accusateurs, et alors, espérons-le, ceux de vos adversaires qui sont de bonne foi et que l'on trompe, se rapprocheront de vous pour asseoir enfin, sur les bases d'une confiance réciproque, la paix générale du pays.

Comptez sur mon ferme et invariable dévouement.

V. SCHOELCHER.

F. Voir page 117.

Adresse des partisans de la combinaison Schœlcher et Dain.

Les soussignés, partisans de la combinaison électorale V. SCHOELCHER et Ch. DAIN, font la déclaration suivante:

En présence des difficultés sérieuses dont nous sommes menacés par la propagande étrange qu'un des élus de la Martinique doit faire prochainement dans ce pays, il importe à notre dignité et à notre salut qu'il ne puisse profiter de nos divisions de famille pour arriver à un second triomphe;

Reconnaissant, au surplus, qu'une indiscrète publication faite dans le *Courrier de la Martinique*, a valu à M. PERRINON bon nombre d'électeurs sages et éclairés de notre combinaison, dans la pensée généreuse de protester contre un pareil acte, et que dès lors la majorité se dessine autour de la combinaison SCHOELCHER et PERRINON;

Déclarons nous y rallier franchement, dans la pensée commune d'éteindre nos divisions pour lutter avec plus de force et d'avantage contre toutes les combinaisons qui pourront surgir.

Pointe-à-Pître, 7 juin 1849.

> H. Thompson,—Chovo aîné,—F. Blancan, — Chovo jeune,—Clermont Bloncourt,—Clairville Bloncourt, — J.-B. Whoite, — P. Philibert, —Jean Georges,—E. Albon,—P. Brémond,—C. Malette, —Léon Haitien,— E. Léopold, — C. Romard,— L. Combe,—F. Melfort,—J. Guercy,—J. Elie,— G. R. Sissonne fils,—P. Alfred,—V. Rabeau,— J. Magne, — Martin aîné , — Simond-Judes, — J. François fils, — Joseph-Alfred, — Alcide Verrier, — Placide Carlos, — Faustin, — Abeilard Filadel,—Alphonse Arnas,—Louis Souggard,— Eugène Romuald,—Isaac fils (1).

(1) Toutes les nuances du parti du progrès ont montré un admirable esprit de conduite, et n'ont pas hésité à se sacrifier dans l'intérêt commun. Le bon M. Louisy-Mathieu, ex-constituant, avait aussi de nombreux partisans; ils ont renoncé à lui en motivant, comme on va le voir, leur détermination :

« *Aux électeurs de la Guadeloupe.*

« Les soussignés, partisans de la combinaison Schœlcher et Louisy-Mathieu, font la déclaration suivante :

« La cause de la démocratie étant mise en péril par la haineuse propagande de candidatures, selon nous, hostiles au pays ;

« Attendu que, dans d'aussi graves circonstances, tous les vrais démocrates doivent serrer étroitement leurs rangs pour empêcher l'élection d'hommes impossibles dans un pays régénéré par la liberté,

« Attendu que toutes les dissidences doivent s'éteindre et se fondre dans la combinaison qui a le plus de chances de succès ;

« Attendu que, de toutes les combinaisons démocratiques, la combinaison Schœlcher et Perrinon est incontestablement celle qui réunit le plus de suffrages ;

« Déclarons, par ces motifs, nous rallier franchement et unanimement à la cause commune, en acceptant la combinaison Schœlcher et Perrinon comme étant l'expression sincère des vœux de la majorité du pays, et recommander cette patriotique combinaison à tous les bons citoyens.

Saint-Louis Honoré., *mandataire de madame* Louisy-Mathieu. — Chaulo la Poudrière.— Charles la Poudrière.— J.-P. Jé-

rémie Giraud. — G. Lavanture. — J. Merlo. — B. Martin.
— Julien. — Saint-Val Chéry. — Jh. Delcour. — L. Augustin. — P. Alecour. — Sainte-Luce Davis. — Phili Amichel. — F. Léon. — P. Nelton. — Alexandre Marcelin. —
Paul Jean. — Edouard. — Louison Fantésy. — Paul. —
Merval Fantésy. — Gaget. — Saint-Pierre Enfant. — Sylvestre Louis. — Sainte-Ville Marie. — N. André. — H.
Charles. — G. Philos. — Victor. — P. Chaud. — Germain.
— Paul. — V. Lucin. — F. Mellinger. — A. Lindor. — L.
Léon. — Alcour Pierre. — Séraphin Etienne. — Médéric
Michel. — Victor Métivier. — Montout Décial. — Vincent
Jean. — J. Désir. — P. Lespérance. — Jean. — Calix. —
M. Moissac. — L. Marinette. — I. Alain. — Toussaint. —
G. Siméon. — A. Nelson. — Bélisaise. — Albert. — Giraud
Célestin. — Petit Octave. — Théophile. — Ch. Romain. —
F. Charles. — Fidel. — F. Cataille. — Claveric. — Philippe.
— Nicolas. — H. Marces. — M.-B. Nicolas. — Victor. —
Solembois *fils*. — Modeste. — G. Joseph. — L. Chastas. —
Edouard. — Clément. — M. Antoine. — Alexis. — Jean-
Pierre. — Valsaint. — Joseph Mathieu. — Henri. — Jean
Léon. — Jean-Baptiste. — Petit-Frère — Paul. — Désil. —
Charles. — Célestin. — Léon-Pierre Désir. — Jean-Louis
Forcion. — J.-B. Rézin. — Lazare. — Scanarel. — P.-L.
Magnemon. — Lucien-Marie Louise. — J. Chérot. — Saint-
Louis. — Toussaint Petit. — A. Constant. — G. Margueritet.
— O. Moïse. — Prospert. — M. Auguste. — H. Prosper.
— A. Saint-Pierre. — J. Jacques. »

G. Voir page 123.

Nominations émanées de l'administration de M. Perrinon.

DANS LA CLASSE DES HOMMES DE COULEUR.		DANS LA CLASSE BLANCHE.	
Rémy-Néris.	directeur provisoire de l'intérieur.	Guérin.	interprète à Fort-de-France.
Benjamin (Nelson).	commissaire rural.	Lemerle (Achille).	directeur de la poste à Saint-Pierre.
Laroche (Dominique).	régisseur à Fort-de-France.	Relion.	adjoint au maire de Saint-Pierre.
Destang.	préposé à la poste de Saint-Pierre.	Cordier (Marius).	id.
Montfleury.	gérant provisoire de l'habitation Saint-Jacques.	Poitevin.	maire au Prêcheur.
Monavit.	huissier du domaine à Saint-Pierre.	Chesneau.	id. au Macouba.
L. Nelson.	id. au Marin.	Morestin.	adjoint au maire au Macouba.
Agnès (Alfred).	maire de Saint-Pierre.	Théus.	maire à la Basse-Pointe.
Sauvignon (Léandre).	adjoint au maire de Saint-Pierre.	Valmont-Montal.	id. à Sainte-Marie.
Delphin (Carra).	id. au Prêcheur.	Bertet Saint-Ange.	adjoint au maire au Gros-Morne.
Adolphe (Moïse).	id. à Sainte-Marie.	Marlet.	maire au Robert.
Eleuther.	maire à la Trinité.	Monnerot.	id. au François.
Nogig.	id. au Gros-Morne.	Léglise.	adjoint au maire au François.
Barington.	id. au Trou-au-Chat.	Rabontel (Mlius).	maire à Sainte-Luce.
Marchand.	adjoint au maire au Lamentin.	D'Escoublant.	id. à Sainte-Anne.
Castor.	id.	Nouvel.	adjoint au maire à Sainte-Anne.
Lubin (Théodose).	id.	Minvielle.	id. au Marin.
Fouche-Charlerie.	maire à la Rivière-Salée.	Sambucy.	id. à la Rivière-Pilote.
Patrice.	adjoint au maire à Sainte-Luce.	Deraime.	huissier du domaine.
Duquesnay.	maire au Marin.	Charlons.	id.
Gros-Désormaux.	id. à la Rivière-Pilote.	Dorneau.	id.
Procope.	adjoint au maire au Carbet.	Sushielle.	id.
Bérigny (Néris).	id. au Vauclin.	De Labarre.	id.
Clairon.	guichetier de la geôle.	Mary.	id.
Mussard.	expéditionnaire au bureau du procureur général.	Mooze.	id.
Quiqueron (Gaëtan).	procureur provisoire de la République.	Chapus.	maire provisoire du Lorrain.
		Peu.	juge de paix.
Nota. MM. Rémy-Néris, Benjamin, Laroche, Procope, Quiqueron, ont déjà perdu leurs places.		Pichevin.	receveur des contributions.
		Dufresne.	guichetier de geôle.
		De Massias.	commis auxiliaire des douanes.
		Aiguier.	id.
		Rufez.	id.
		Demoly.	juge auditeur.
		Devaux.	avoué à Saint-Pierre.
		Du Sanois.	surnuméraire à l'enregistrement.
		De Garcin.	id.

H. Voir page 123.

Tableau des Fonctionnaires et Employés des diverses administrations de la Guadeloupe.

NOMS DES EMPLOYÉS.	GRADES.	BLANCS.	MULÂTRES.
SECRÉTARIAT DU CONSEIL PRIVÉ.			
Mercier (Noël)....................	secrétaire archiviste.......	1	»
Sainval (Noël)...................	expéditionnaire...........	»	1
Le Guay fils.....................	id.	1	»
Michineau......................	huissier du conseil........	1	»
SECRÉTARIAT DU GOUVERNEMENT.			
Michaux........................	aide com.re de marine, chef.	1	»
Penter.........................	commis de marine........	1	»
De Labarre......................	écrivain	1	»
ADMINISTRATION DE LA MARINE.			
Guillet.........................	ordonnateur.............	1	»
Ledentu........................	contrôleur.............	1	»
Laugier	commissaire adjoint.......	1	»
Rousseau	s.-commissaire de 1re classe.	1	»
Bégin..........................	id.	1	»
Miany	id..........	1	»
Quesiel	s.-commissaire de 2e classe.	1	»
Ducoing	id.............	1	»
Quévilly.......................	id.............	1	»
Vérand	id.............	1	»
Mazé	id.............	1	»
Courejolle......................	id.............	1	»
Beucher	id.............	1	»
Lahaye	aide-commissaire.........	1	»
Fischer........................	id.............	1	»
Galéan........................	id.............	1	»
R. de Chicourt.................	id.............	1	»
Lamoricière....................	id.............	1	»
Latouloubre	id.............	1	»
Riffaud	id.............	1	»
Delrieux	id.............	1	»
Cuinier........................	id.............	1	»
Ledret.........................	commis de marine.........	1	»
O. de Chicourt.................	id.............	1	»
Mussard	id.............	1	»
Huc aîné.......................	écrivain	1	»
Huc cadet......................	id.............	1	»
Deville........................	id.............	1	»
Diflot.........................	id.............	1	»
Monlouis (employé depuis quatre ans).	id.............	»	1
Delpech	id.............	1	»
	A reporter......	37	2

NOMS DES EMPLOYÉS.	GRADES.	BLANCS.	MULATRES.
	Report.......	37	2
Lacour.....................	écrivain	1	»
Jouanneau................	id..............	1	»
Vaucourt..................	écrivain temporaire	1	»
Gaveau	id...............	1	»
Michineau................	id...............	1	»
Coquille..................	id...............	1	»
Delorme (employé à la journée)......	id...............	1	»
Bruley, id...........	id...............	1	»
Lagarde id...............	id...............	1	»
Lamarre, id...............	id...............	1	»
Foy, id...............	id...............	1	»
Bézier, id...............	id...............	1	»
Chassaing, id...............	id...............	1	»
Romain, id...............	id...............	1	»
Jeoffroy, id...............	id...............	1	»
SERVICE DES PORTS.			
Vigneux........	capitaine...............	1	»
Pascaud.....................	id....	1	»
Rengarde....................	maître.................	1	»
Constant	id................	1	»
L'Héritier	id................	1	»
Agard	id................	1	»
Plurquellec.................	id................	1	»
Nesty.......................	id................	1	»
Petit-Louis.................	id................	1	»
Picot	id................	1	»
Boudin......................	id................	1	»
Leglouet....................	voilier...............	1	»
ADMINISTRATION DE L'INTÉRIEUR.			
Blanc.......................	directeur...............	1	»
Eggimann....................	secrétaire général.........	1	»
Mérendole...................	chef de bureau pre........	1	»
Vallée......................	id	1	»
Rousseau....................	id	»	1
Marion......................	id	1	»
Brumant.....................	id	1	»
Devers......................	id	1	»
Bunel.......................	sous-chef...............	1	»
Imbert......................	id...............	1	»
Huguenin	id...............	1	»
Auguiot.....................	rédacteur...............	1	»
Méyère	expéditionnaire.........	1	»
Labarthe....................	id...............	1	»
Lafon.......................	id...............	1	»
Longchamp...................	id...............	1	»
Boréa fils..................	id...............	1	»
Marillat....................	id...............	»	1
Vauchelet fils	id...............	1	»
Férère......................	id...............	1	»
	A reporter........	82	4

NOMS DES EMPLOYÉS.	GRADES.	BLANCS.	MULATRES.
	Report........	82	4
Cabannes.....................	expéditionnaire...........	1	»
Chaulet.....................	id.............	»	1
Massieux....................	id.............	1	»
Favreau....................	id.............	1	»
Bunel.....................	id.............	1	»
Lignières fils..............	id.............	1	»
Deville fils................	id.............	1	»
Juzeau......	id.............	1	»
ENREGISTREMENT.			
Castellini..................	premier vérificateur.......	1	»
Daine.....................	deuxième vérificateur.....	1	»
Cléret	receveur.................	1	»
Gardin....................	id.............	1	»
Roussel...................	id.............	1	»
Lançon....................	id.............	1	»
Delmas	surnuméraire............	1	»
Bonneville................	id.............	1	»
Faucompré	id.............	1	»
Laporte...................	surnuméraire............	1	»
Ducanchez.................	id.............	1	»
DIRECTION DES DOUANES.			
Lemerle de Beaufond...........	directeur	1	»
Durand...................	sous-inspecteur..........	1	»
Pallandre.................	contrôleur............	1	»
Kérenscoff	vérificateur...........	1	»
Le Galias.................	commis principal........	1	»
Fayollat..................	premier commis de direction.	1	»
Cardin....................	2e id...........	1	»
Baudouin..................	vérificateur...........	1	»
Bouvier de Cachard..........	id.............	1	»
Arnous Dessaulsays...........	id.............	1	»
Cromer...................	id.............	1	»
Duprat...................	id.............	1	»
Louvier Sainte-Marie............	id.............	1	»
Guédot	commis de première classe.	1	»
Lombard..................	id.............	1	»
Farinole	id.............	1	»
Villeaubreil...............	id.............	1	»
Ballut....................	id.............	1	»
Desmier	id.............	1	»
Lemaistre.................	id.............	1	»
Bougerel fils..............	id.............	1	»
Dulyon de Rochefort.........	id.............	1	»
Peillon...................	id.............	1	»
Viau.....................	surnuméraire	1	»
Mallénec..................	id.............	1	»
Duha.....................	lieutenant de 2e classe.....	1	»
Desroques.................	id.............	1	»
Royer	commis temporaire........	1	»
	A reporter........	128	5

NOMS DES EMPLOYÉS.	GRADES.	BLANCS.	MULATRES.
Report		128	5
Pauvert	commis temporaire	1	»
Rullier	id	1	»
Geanty	agent du commerce	1	»
Laporte	id	1	»
DIRECTION DES PONTS ET CHAUSSÉES.			
Henry	directeur	1	»
De Vauclin	s. ingénieur colonial	1	»
Quin (Léopold)	conducteur de 1re classe	1	»
Quin (Edgard)	id	1	»
Sanner	id. de 2e classe	1	»
Labadie	id. de 3e classe	1	»
Poyen	id	1	»
Martin	id	1	»
Blanchet	dessinateur	1	»
DIVERS EMPLOYÉS DÉPENDANTS DE LA DIRECTION DE L'INTÉRIEUR.			
Bruyère	vérific. des poids et mesures	1	»
Christophe	id	1	»
Segrétin	vétérinaire	1	»
Royer	id	1	»
Lemonier de Lacroix	insp. des at. de disc. et delép.	1	»
Guéry	régisseur de l'at. de discip.	»	1
Sylvestre	id	1	»
Gaalon	id	1	»
Gosset	id	»	1
Fidel	id	»	1
Concierges des prisons		6	3
Concierges des hôtels du Gouvernement		1	2
POLICE.			
Babeau	commissaire central	»	1
Boterel (Etienne)	commissaire d'arrondissem.	»	1
Abbéma	id	1	»
Ducasse	commissaire cantonal	1	»
Poujol	id	1	»
Turlet	id	»	1
Jérôme	id	»	1
Chéret	id	1	»
D'huy	id	1	»
Rosancourt	id	»	1
Dupré	id	»	1
Germain	id	»	1
Surville	id	»	1
ADMINISTRATION DE LA JUSTICE.			
Bayle-Mouillard	procureur général	1	»
Hardouin	président de la cour d'appel	1	»
Beausire	conseiller	1	»
A reporter		163	21

NOMS DES EMPLOYÉS.	GRADES.	BLANCS.	MULÂTRES.
	Report........	163	21
Cléret.........................	conseiller	1	»
Leroy.........................	id.................	1	»
Ristelhueber (Auguste)............	id.................	1	»
Foignet.......................	id.................	1	»
Riot..........................	id.................	1	»
Darchis.......................	id.................	1	»
Turc..........................	id.................	1	»
Guasco........................	conseiller auditeur.........	1	»
Millet........................	id.............	»	1
Mérentier.....................	id.............	»	1
Baffer........................	premier substitut.........	1	»
De Poyen.....................	deuxième substitut........	1	»
Roujol........................	troisième substitut........	1	»
Caillet........................	greffier en chef...........	1	»
Armand.......................	commis greffier...........	1	»
Parize........................	id.................	1	»
SECRÉTARIAT DU PROCUREUR GÉNÉRAL.			
Arnoux........................	chef du secrétariat........	1	»
Quernel (Jules).................	expéditionnaire...........	»	1
Jusselin......................	id.................	1	»
Houllier......................	id.................	1	»
TRIBUNAL DE PREMIÈRE INSTANCE DE LA BASSE-TERRE.			
Lacour........................	président	1	»
Robert........................	juge d'instruction	1	»
Chabert de Lacharière............	juge auditeur.............	1	»
Conquérant....................	procureur de la République.	1	»
Péluche.......................	substitut	1	»
Partarieux.....................	id.................	1	»
Clayssin......................	greffier.................	1	»
Bougenot......................	commis greffier...........	1	»
Penter........................	id.................	1	»
TRIBUNAL DE LA POINTE-A-PITRE.			
Dupuy........................	président.................	1	»
Jarry.........................	juge d'instruction.........	»	1
Touchimbert...................	juge auditeur.............	1	»
Casamajor.....................	id.................	1	»
Laroujerie.....................	procureur de la République.	1	»
Mathieu.......................	substitut	1	»
Bourgoin......................	id.................	1	»
Magloire......................	greffier en chef...........	»	1
Mathey	commis-greffier...........	»	1
TRIBUNAL DE MARIE-GALANTE.			
Jollimont de Marolle.............	président.................	1	»
De Jabrun.....................	juge d'instruction.........	1	»
Lacoste.......................	juge auditeur.............	1	»
De Pontis	procureur de la République.	1	»
	A reporter......	199	27

NOMS DES EMPLOYÉS	GRADES.	BLANCS.	MULÂTRES.
Report.....		199	27
De Marolle......................	substitut..................	1	»
Arnous	greffier..................	1	»
JUSTICES DE PAIX.			
Belletête, juge de paix..............	Basse-Terre.............	1	»
Houllier, greffier....................	id...............	1	»
Anthony, juge de paix..............	Capesterre.............	1	»
Guys, greffier....................	id...............	1	»
Don Bernard, juge de paix.........	Saint-François...........	1	»
Dain, greffier....................	id...............	1	»
Domenc, juge de paix.............	Pointe-Noire...........	1	»
Salvert, greffier...................	id...............	1	»
Mercier, juge de paix.............	Saint-Martin...........	1	»
Foulquer, greffier.................	id...............	1	»
Dreveton, juge de paix	Pointe-à-Pître...........	1	»
N....., greffier....................	id...............	»	1
Hardouin, juge de paix............	Lamentin...........	1	»
N....., greffier.................	id...............	1	»
Mître, juge de paix...............	Port-Louis.............	1	»
N....., greffier.................	id...............	»	1
Magne, juge de paix..............	Marie Galante...........	1	»
Moringlane, greffier	id...............	1	»
Frérot, juge de paix..............	Moule...............	1	»
Quin, greffier....................	id...............	1	»
Dix suppléants..................	»...............	10	»
Totaux.......		229	29
CONSEILS MUNICIPAUX.			
Trente-trois maires.................	....	31	2[1]
Trente-neuf adjoints...............	....	38	1
Quatre cent vingt-six conseillers munic.	....	407	19
		705	51

NOTA. Sur les 29 hommes de couleur attachés aux différents services de la colonie, qui figurent dans ce tableau, 17 étaient pourvus d'emplois avant la République.

[1] Ces deux maires ont été nommés par M. Gatine, l'un aux Saintes et l'autre à la Pointe-Noire. Les 19 conseillers municipaux mulâtres, qui n'étaient que suppléants, ont donné leur démission depuis cinq ou six mois, pour protester contre l'obstination que mettait M. Fiéron à ne pas renouveler les conseils municipaux ; du reste, M. Fabvre n'a pas mieux fait sous ce rapport que son prédécesseur. Encore aujourd'hui tous les maires et conseillers municipaux de la Guadeloupe sont ceux du temps de l'esclavage !

1. Voir page 140.

Conquête du bourg de la GRAND'-ANSE *par le grand agitateur de la Conciliation.*

Donnons d'abord une lettre où le protégé de M. Tracy annonce les effets de sa colère :

Basse-Pointe, 2 juin 1849.

A M. X., au Marigot.

« Mon cher ami,

« Vous savez sans doute que je suis lâchement trahi et calomnié par quelques-uns de nos compatriotes de la Grand'-Anse, dans lesquels j'avais toute confiance. Je dois citer en première ligne MM. ***; ces messieurs répandent le bruit que je suis un traite (*sic*) vendu aux blancs et que mon intention est de vendre mes frères que j'ai défendus toute ma vie, etc.

« J'ai dénoncé au gouverneur et au procureur général ces faits criminels. *Je suis décidé à les faire poursuivre* aussitôt après les élections, et je n'épargnerai ni M. X. ni M. X.; vous pouvez le leur dire de ma part, car il m'a été impossible de mettre la main aux collets (*sic*) *de ces drôles;* ils avaient disparu du bourg de la Grand'-Anse, *lorsqu'ils m'ont aperçu. J'étais résolu de* (*sic*) *les faire arrêter comme excitant au désordre et à la guerre civile.* Pas un de ces autres *factieux* n'a osé se montrer. J'ai parcouru tout le bourg pour rassurer les nouveaux citoyens et les (*sic*) faire comprendre qu'ils sont la dupe d'ambitieux qui veulent se servir d'eux comme de la pate (*sic*) du chat pour tirer les marrons du feu. J'ai pu rassurer leur confiance, et les (*sic*) prouver que ces lâches ne sont que des agents de discorde qui ne veulent que la ruine de la propriété et du travail, par conséquent la ruine du pays tout entier.

« Je pars (*sic*), mon cher Barthel, sans pouvoir arriver jusqu'à vous; mais je vous verrai sous peu, et plus tôt que vous ne pensez, car je veux tomber comme la foudre sur ces perturbateurs du repos du pays à l'heure qu'ils ne s'attendront pas (*sic*). La voix publique vous dira ce que j'ai fait et dit hier à la Grand'-Anse.

« Adieu, cher ami et compatriote.

« Salut et fraternité.

« *Signé :* BISSETTE. »

L'apôtre de la conciliation vient de réaliser son projet, en faisant une tournée dans le nord de l'île, au mois d'octobre dernier. Il partit de la Basse-Pointe à la tête de trois cents de ses partisans, pour se rendre à la Grand'-Anse, dans ce bourg rebelle, passé, disait-on aux schœlchéristes ; arrivé sur l'habitation Assier, un combat s'engagea entre ses gens et les cultivateurs, qui furent obligés de fuir devant le nombre. A la suite de cette collision plusieurs des vainqueurs enfoncèrent les portes de quelques cases qu'ils dévastèrent. Dans le bourg même, une femme enceinte fut très-maltraitée et forcée de crier : *Vive Bissette !* pour échapper à des menaces de mort.

Le lendemain, l'habitation domaniale Saint-Jacques, gérée par M. Auguste Monfleury, devint le théâtre des mêmes scènes de violence, le géreur et sa sœur faillirent être victimes de la colère des troupes du pacificateur, et se virent dans la nécessité d'envoyer chercher la gendarmerie.

C'est de cette expédition que le *Courrier de la Martinique* rend compte en ces termes, dans son numéro du 27 octobre dernier.

« On nous écrit du Marigot, à la date du 21 octobre :

« Mon cher rédacteur,

« Notre arrivée à la Grand'-Anse a été magnifique. Après une pause d'environ une heure sur l'habitation Assier Duhamelin, nous sommes entrés en véritables *conquérants* dans le bourg de la Grand'-Anse, et pas un *ennemi* n'a osé se présenter devant nous. *Il a fallu l'assistance du maire pour protéger une sœur* de l'illustre *Mazzini* (1), dont le fils, dit-on, avait provoqué la foule assemblée sur la place. Ces *braves gens*, qui devaient nous tuer et nous empêcher de pénétrer à la Grand'-Anse, ont été obligés de recourir à notre intervention pour les défendre contre ceux-là mêmes dont ils excitaient la colère par leur stupide jactance. Les dispositions avaient été prises de manière à ce que *le cortége* entrât au bourg dans le plus grand ordre. Ainsi la foule marchant en tête formait la haie à l'entrée du bourg et jusqu'à la porte de la mairie ; les cavaliers à cheval défilaient deux par deux, et *les gendarmes de l'escorte* (2), fermant la marche, défilèrent à leur tour dans un ordre parfait.

« Notre digne représentant n'a pas voulu quitter la Grand'-Anse comme un fugitif ; il y a demeuré tout le temps nécessaire *pour donner au complot tramé contre lui le loisir d'éclater. En guise de messe, nous avons entendu les vêpres.* Il était deux heures quand

(1) Nous ne savons quelles personnes désignent ces noms de guerre.
(2) Dira-t-on encore que c'est pour sa sûreté personnelle que l'on donne des gendarmes à M. Bissette ?

nous avons déjeuné *chez le curé, M. l'abbé Delaunay* (1). Après le repas, les mariages civils ont été célébrés et, une demi-heure après, nous étions en route pour le Marigot. Nous avons *occupé* la Grand'-Anse quatre bonnes heures.

« Aujourd'hui aura lieu le banquet du Marigot. Demain lundi nous nous rendrons à Sainte-Marie, où nous coucherons. *Nous attendons l'abbé Jeunehomme* (2), qui est invité au banquet de ce soir; demain nous devons nous arrêter à Saint-Jacques.

« Le matin, au moment où nous allions quitter l'habitation de M. Estripeaut, tout l'atelier de l'habitation Assier Duhamelin est venu *faire sa soumission*, déclarant qu'il avait été égaré. Ces braves cultivateurs avaient l'air contrit et humilié. M. Bissette *les a accueillis* fraternellement et avec sa cordialité ordinaire : exemple qui a été suivi par tous ses *enfants*.

« ... Sur le bruit de nouveau répandu que la vie de *papa* avait été en danger à la Grand'-Anse, nous vîmes accourir dans ce bourg toute cette population qui nous avait suivis depuis la Grand'Rivière et le Macouba jusqu'à la Basse-Pointe. Le bourg de la Grand'-Anse ne pouvait contenir *cette foule*, et il pleuvait à verse. L'église servit de refuge. *Toutes les maisons schœlchériennes étaient fermées. La peur* était le mot d'ordre de ces énergumènes, qui n'ont de courage qu'en face d'eux-mêmes.

« Le soir, au retour de nos amis dans leurs communes, ils ont été surpris par douze *condottieri* de la bande de *Garibaldi*, qui ont porté des coups de bâton et de coutelas à nos gens désarmés. M. Estripeaut, qui est encore avec M. Bissette, en fut averti. Il a donné des ordres à la gendarmerie pour arrêter celui qui est désigné comme le provocateur de ce lâche guet-apens. Vous l'avez déjà deviné : c'est un affidé et un satellite du même *Garibaldi*.

« Les assaillants appartiennent à l'autre habitation Assier,—non pas le *Fond-Brûlé*, qui a fait sa *soumission*,—mais l'habitation Assier frères et neveux, sur laquelle *Mazzini* de la Grand'-Anse exerce sa méchante et perverse influence. Nous avons eu des nouvelles de cette scène hier au soir même : l'un des blessés, qui est venu se faire visiter et panser par M. Estripeaut, a pu nous raconter ce qui s'était passé. Tout va bien. Adieu (3). »

(1 et 2) On voit que certains prêtres sont fort bien avec l'agitateur et lui prêtent assistance. Mais comment en serait-il autrement, lorsque le ministère de la marine laisse expulser ou ordonne de faire rentrer en France les préfets apostoliques des deux îles qui ne veulent pas donner leur concours à la mission de conciliation que remplit si bien M. Bissette?

(3) Il ne manque rien au triomphe, pas même les traîtres. Seulement ils ne sont pas bien mis en scène; douze hommes pour surprendre une armée victorieuse! ce n'est pas assez.

Au moment où nous corrigeons les épreuves de cette note, le *packet .*

La justice informe sur *la victoire* de M. Bissette; mais toujours est-il que le *Courrier*, l'organe des amis de l'ordre, des modérés, des honnêtes gens, nous le représente entrant triomphalement dans un bourg de la Martinique comme un véritable conquérant dans une ville prise d'assaut. Il est à la tête d'un monde nombreux soit à pied soit à cheval, et les gendarmes obligés ferment le cortége. Il occupe la place pendant quelques

des Antilles qui arrive, nous apporte le *Progrès* du 1er novembre. Nous y trouvons la lettre suivante :

« Grand'Anse, 24 octobre 1849.

« Impossible de te dire tout ce qui s'est passé ici depuis le séjour de Bissette. Je te dirai seulement que ma maison a été enfoncée; ma mère, mon jeune frère et moi, battus; et si je puis encore t'écrire, je le dois à un détachement qui est ici et qui nous a sauvé la vie.

« .... Les travailleurs de l'habitation Assier ont été assiégés durant trois jours, les 19, 20 et 21, par les acolytes de Bissette, et ils n'ont échappé à la mort que par la fermeté de ce détachement et par l'impartialité de notre adjoint au maire.

« Madame Venant, dont on a enfoncé la case, a eu son bois de lit coupé, son armoire brisée, *une vierge hachée*, sa vaisselle jetée au vent et son argent volé. Elle est ruinée. Julienne, femme enceinte, a été meurtrie de coups de bâton. Maxime jeune a été traîné par tout le bourg en recevant des coups de bâton; il n'a pu échapper à la mort qu'en criant avec rage : *vive Bissette!....* M. Cyrille a eu le même sort, ainsi que Jean-Baptiste et Chounoune. Notre adjoint même a été insulté. Je ne te parle pas d'Auguste Avre, il a été obligé de se cacher. Sa tête était demandée à grands cris.

« .... Des rapports ont été expédiés par les adjoints au maire, à défaut de celui-ci, qui était absent. Des plaintes sont portées par toutes les victimes de ces journées. »

Nous avons peine à contenir notre indignation en lisant de pareilles choses. Voilà donc les épisodes de la victoire remportée par le représentant de la Martinique, et célébrée dans le journal des hommes qui parlent sans cesse de respect pour le principe d'autorité !

C'est un grand coupable, en vérité, celui-là qui arme ainsi les nègres les uns contre les autres; celui qui entraîne à ces fratricides violences des hommes naturellement bons! Si pressantes que soient les recommandations ministérielles de faciliter l'œuvre de réconciliation de l'ancien proscrit, nous nous étonnons que M. Bruat le laisse faire. Notre espoir n'est plus que dans la raison publique. Les nègres et les mulâtres qui suivent la bannière de cet impitoyable pacificateur, ne peuvent s'y tromper longtemps encore, et c'est une guerre de frères à frères que celle où il les conduit !

En tous cas, il y a un fait dont l'évidence ne saurait être niée par personne, dont la moralité saisira tout le monde, c'est celui-ci. La Guadeloupe a constamment joui de la tranquillité, après comme avant le passage du grand agitateur de la paix; elle n'a eu de troubles qu'à l'heure de sa présence : la Martinique, au contraire, n'a cessé d'être agitée chaque jour, depuis qu'il y est, par les violences auxquelles lui et les incorrigibles poussent les hommes qu'il égare.

heures pour bien constater sa victoire; les maisons des schœlchéristes sont fermées, comme il convient à des vaincus; il reçoit avec bonté quelques rebelles qui viennent faire leur soumission; il assiste à Vêpres *en guise* de *Te Deum*, et il court à
de nouvelles conquêtes!

Est-ce bien un département français qui est témoin de cette
épopée? N'est-ce pas plutôt le bulletin d'une campagne en pays
ennemi? Et cela, nous ne l'inventons pas, nous ne l'arrangeons
pas, ce sont les historiographes de l'expédition qui le racontent
pompeusement dans leur moniteur, dans le journal du frère
de Louis Maynard!

Qu'on nous le dise; croit-on que l'amiral Bruat, avec sa réputation d'homme énergique, avec son respect militaire pour
le pouvoir, souffrirait de pareilles choses et laisserait ainsi compromettre son autorité, si les écarts de M. Bissette n'étaient
couverts officiellement ou officieusement par les dépêches du
ministère de la marine; s'il ne savait, comme M. Tracy l'a
avoué à la tribune, que le gouvernement « avait accueilli la
coopération, la mission de conciliation » de cet honnête homme?
Malpeste, quel conciliateur! Vit-on jamais l'anarchie plus ré-
gulièrement organisée! Ah! M. Tracy est bien blâmable et les
colons qui profitent aujourd'hui de ces excès se repentiront
cruellement d'y avoir prêté les mains! il n'y a pas à s'en défendre, ce sont là des moyens, ou, si l'on veut, des actes essentiellement révolutionnaires. On inculque ainsi, parmi les cultivateurs, le mépris des formes légales, l'esprit de désordre, les
animosités de quartier à quartier, et l'habitude du recours à la
force. C'est très-grave.

A la Guadeloupe, M. Louisy Mathieu, l'ex constituant, ne peut
mettre les pieds hors de la Pointe-à-Pître sans que le *Commercial* et l'*Avenir* jettent les hauts cris; nous nous le rappelons
parfaitement, les colons de cette île adressèrent plaintes sur
plaintes contre le préfet apostolique, le digne abbé Dugoujon,
parce que dans une tournée pastorale il disait au milieu de la
semaine, à son arrivée dans chaque quartier, une messe où
accouraient les cultivateurs. On se disait avec aigreur qu'il les
détournait ainsi du travail! Ce fut même là un des motifs ou
plutôt des prétextes de la brutalité avec laquelle M. Fiéron
l'arracha au poste élevé qu'il honorait par ses vertus et sa
charité. Aujourd'hui on trouve très-bien que M. Bissette soulève les ateliers, les entraîne même à sa suite dans des expéditions semi-guerrières, réellement plus dangereuses pour
l'ordre, on en conviendra, qu'une messe de préfet apostolique!

Qu'arrivera-t-il lorsque le *grand agitateur de la conciliation*,
comme l'appellent ses propres amis, se retirera fatigué de
gloire, repu des dons des cultivateurs ou embarqué par l'ami-

ral, honteux et las enfin de tant de mal et d'audace ? Comment apaisera-t-on ces passions que l'on a surexcitées partout ? Combien ne sera-t-il pas difficile de faire reprendre des habitudes régulières, quand on ne croira plus avoir besoin de leurs désordres, à ces populations accoutumées aux chômages et aux violences du *Papa !*

I bis. Voir page 140.

Jugements rendus par la cour d'assises de la Martinique, sous la présidence de MM. Baradat et Ruffi-Pondevès.

Le lundi 24 septembre 1849, a été jugée la plainte portée par le procureur général, M. Meynier, contre le *Courrier de la Martinique.* Au milieu des outrages que le journal des injures vomit depuis longtemps contre M. Meynier, il s'était pris à dire que cet honorable magistrat « avait été reconnu fauteur de « guerre civile par un arrêt de cour d'assises, que l'opinion pu- « blique l'avait flétri et voué à la honte et au mépris de ses con- « citoyens, etc. »

La cour d'assises de Saint-Pierre, composée de MM. Baradat, président, Blanchard et Bourgerel, conseillers, avec quatre assesseurs, sur lesquels on comptait trois blancs, a prononcé l'acquittement du journaliste. D'où il suit qu'à la Martinique on peut dire impunément au chef de la justice qu'il est reconnu fauteur de guerre civile et flétri par l'opinion publique !

Il est possible que la faction triomphante l'ordonne ainsi, mais il est certain que les juges qui absolvent de pareilles insultes, quand rien au monde ne les justifie, montrent pour la magistrature aussi peu de respect que les insulteurs eux-mêmes. M. Meynier, en tombant, devait avoir tous les honneurs de la persécution.

Parmi les conseillers de la cour d'appel de la Martinique, se distingue M. Clavier. C'est un homme de mœurs et de manières très-réservées, mais il est mulâtre et professe fort peu d'estime pour le patron électoral de M. Pécoul. Il ne pouvait donc échapper aux attaques du *Courrier,* qui ne trouva rien de mieux, un jour, que de publier cette note :

« Le club électoral présidé par M. Clavier a décidé que des « agents seraient expédiés aux frais du club sur tous les points « de la colonie, pour y attaquer les principes d'ordre, de tra- « vail et de concorde. »

21

Sur la plainte de M. Clavier, le journal des injures vient de comparaître à la même session des assises où MM. Baradat, Blanchard et le très-honorable M. Bourgerel, avec les assesseurs bien choisis, l'ont acquitté une seconde fois. Il est donc constant maintenant qu'un conseiller de la cour d'appel de la Martinique fait de la propagande de paresse, de discorde et de désordre ! Nous ne devons ni ne voulons demander aux juges et aux jurés les motifs de leur conviction, mais il nous est permis de regretter leur arrêt.

A Fort-de-France même chose.

Au milieu d'une rixe provoquée à Saint-Pierre par les *amis de la paix et de la fusion*, M. Procope, commissaire de police, fut très-pacifiquement insulté, hué, injurié, et de plus blessé à la jambe par une des pierres qu'on lui jetait. Plusieurs personnes furent arrêtées et comparaissaient aux assises extraordinaires de Fort-de-France, présidées par M. Ruffi-Pondevès, assisté de MM. Blanchard et Baradat, avec quatre assesseurs, MM. Landais, Poupon, Lumpe et Desmartinières, tous les quatre de la classe blanche, et par conséquent *amis de la paix*. Sur la proposition de M. Meynier, le conseil privé avait porté de Saint-Pierre à Fort-de-France cette affaire, qui prenait de l'endroit où elle se passa le nom d'affaire de la rue de Bouillé.

On espérait que le tribunal serait sous une pression moins puissante des partis dans la seconde que dans la première ville. Vain espoir, tous les accusés (ils étaient bissettistes) ont été acquittés. Il est vrai que le ministère venait de révoquer le procureur général, dont un des principaux crimes était de les avoir mis en cause.

M. Procope est schœlchériste, M. Pondevès est bissettiste très-ardent, mais ce n'est pas une raison suffisante pour l'excuser de l'évidente partialité dont il a fait preuve d'après le récit même du *Courrier*.

M. Procope, bien qu'il eût contre lui le président et les avocats blancs, a montré dans cette occasion une rare fermeté de caractère. Quoi qu'on ait pu faire, on n'est parvenu ni à l'intimider, ni à l'incriminer. Il a su tenir tête à tous, et il s'est défendu avec autant d'intelligence que de courage contre ceux qui essayaient de le transformer d'accusateur en accusé.

C'est à la suite de ce procès que le courageux fonctionnaire, blessé en accomplissant son devoir, a été révoqué sur la proposition de M. Agnès et de M. Bontemps, le nouveau directeur de l'intérieur, qui a voulu fournir ce premier gage d'*ami de l'ordre*.

Donnons maintenant quelques détails sur une autre affaire, dite de la rue d'Orange, jugée aux mêmes assises extraordinaires.

L'accusation sous laquelle comparaissaient les sieurs Aug.

Grard, Jean Rigal et Delphin, était celle-ci : Plusieurs jeunes gens célébraient chez eux la nouvelle de la nomination de MM. Schœlcher et Perrinon à la Guadeloupe. Des jeunes gens du parti opposé vinrent les injurier par la fenêtre ouverte de la maison, et il s'ensuivit une rixe dans laquelle deux des assaillis, MM. Captule et Nelson Osnel reçurent des blessures d'où résulta une incapacité de travail de plus de vingt jours. M. Captule avait été frappé *de deux coups de poignard*, l'un au bras, l'autre au côté droit.

Le premier témoin appelé, M. Dupeyrat, dépose qu'il n'a pas vu frapper Captule et qu'il ne sait quand cet homme l'a été ; mais après lecture de sa déposition écrite, il se rétracte, et dit qu'il est allé à son secours. M. Dupeyrat est longuement questionné. — « C'est le seul témoin digne de crédit, s'écrie Mᵉ Cicéron, l'un des défenseurs ; je ne sais où l'on a été choisir ces horribles témoins entendus dans l'instruction. »

L'avocat général, M. Payot, et le président, ne se permettent aucune observation. Il est vrai que l'instruction a été faite par M. Pierre et M. Level, qui n'ont jamais transigé avec leur conscience, et dont les rétrogrades cherchent à se débarrasser à tout prix.

Après M. Dupeyrat vient M. Dalcan. Il dépose que M. Captule était debout sur sa porte quand l'accusé Auguste Grard lui a porté deux coups de poignard. — « Vous avez dit qu'il était à terre, » dans votre déposition écrite, lui dit le président. — Le témoin persiste dans sa déposition orale. — Le président le fait alors arrêter comme faux témoin, et le place entre deux gendarmes, près de l'endroit où les témoins viennent déposer !

A la fin de l'audience, le président prononce l'arrêt suivant :

« Attendu que la déposition de Dalcan, faite à cette audience, « est contraire à sa déposition écrite, ainsi qu'à celle de deux « autres témoins, décernons mandat de dépôt, et désignons le « conseiller Baradat pour l'instruction (1). »

Le second jour des débats M. Dalcan est amené au tribunal, et placé entre deux gendarmes, sous les yeux des témoins !

Au milieu de l'audience, Mᵉ Cicéron s'écrie : « On communique aux témoins à charge non encore entendus ce que les premiers déposent. » (Rumeurs dans la salle.) Mᵉ Deschamps dit : « Oui, j'ai vu le garde de ville Adelson faire cela. Mademoiselle Médorine affirme la même chose. »

(Ces deux témoins figuraient au premier rang de ceux qui

---

(1) Malgré les efforts de M. Baradat pour donner raison à M. Pondevès, la chambre d'accusation a déclaré qu'il n'y avait pas lieu à suivre contre M. Dalcan, *qui a subi vingt-deux jours de détention préventive.*

ont insulté en pleine rue, à Saint-Pierre, le procureur de la République, M. Level.)

Le président demande à deux personnes si elles connaissent celui ou ceux avec lesquels le garde de ville a communiqué. Elles désignent Banguio, qui se présente et soutient avec force qu'il n'a pas communiqué avec Adelson.

Le président à Deschamps et à Médorine: «Qu'a dit Adelson à Banguio?—R. Il a parlé à l'oreille, mais nous n'avons pas entendu les paroles. »

On fait alors venir le témoin Moïse, qui dépose avoir vu Adelson écrire avec un crayon sur une feuille de papier qu'il a remise ensuite aux témoins à charge non encore entendus.

Adelson répond qu'il ne sait pas écrire, et il est constaté qu'il assemble avec beaucoup de difficultés les lettres de son nom. Malgré cela, le président laisse le témoin Moïse en liberté !

Mᵉ Brillant, avoué, déclare qu'il n'a vu aucune relation s'établir entre le garde de ville et les témoins. M. Caze, huissier, fait la même déposition. M. Moïse assure qu'il a entendu Adelson dire aux témoins à charge : « Taisez-vous, on parle mal. » — Adelson nie formellement le fait.

Le président prononce alors l'arrêt suivant : « Attendu qu'il résulte, des témoignages recueillis, indices suffisants contre Adelson d'avoir tenté de suborner des témoins;

« Attendu que ce fait entraîne une peine correctionnelle, décernons mandat de dépôt, et disons qu'il sera instruit contre cet agent! »

Adelson est conduit à la geôle (1).

Cette seconde arrestation a causé une grande joie parmi les témoins à décharge qui se trouvaient dans le jardin du Palais-de-Justice. On comprend quelle assurance leur ont donnée de pareilles arrestations et quelle influence d'intimidation elles ont dû exercer sur les témoins à décharge !

Autre incident. Le président demande à M. Captule s'il a vu M. Dalcan venir à son secours. — Oui, dit M. Captule. — Comment! ajoute le président, vous avez dit non dans votre déposition écrite: si je n'avais la tête fatiguée par les arrestations que j'ai déjà ordonnées, je.... — Le conseiller Barads fait observer que la déposition écrite du témoin est conforme à sa déposition orale. On vérifie, et c'est exact!

(1) Le besoin de sévir contre ce pauvre garde de police, qui est connu pour schœlchériste, a fait oublier au président de la cour d'appel qu'Adelson était agent de la force publique, et qu'avant de le poursuivre, la loi exigeait qu'on obtînt l'assentiment de l'autorité supérieure. Quand le juge se laisse une fois dominer par les passions politiques, il oublie que la magistrature est un sacerdoce et le gardien des lois, il est le premier à donner l'exemple du mépris de la légalité !

— 525 —

Quel homme que M. Pondevès! On prétend que Me Cicéron lui-même aurait dit : Notre président a été un peu loin !

L'avocat général, M. Payot, pour se mettre au ton local, a fait plus qu'abandonner l'acccusation, il a plaidé en faveur des accusés, qui ont tous été acquittés. La direction donnée aux débats rendait ce jugement à peu près certain. Mais il n'en reste pas moins qu'il y a eu violation de domicile, port d'armes prohibées, coups et blessures, d'où résulta incapacité de travail de plus de vingt jours.

Nous doutons que de tels arrêts contribuent à réduire les excès de la coterie triomphante, et puissent faire perdre à la magistrature coloniale le fâcheux renom qu'elle s'est fait du temps de l'esclavage.

Il faut regretter que des débats aussi importants ne soient pas publiés dans le journal officiel. Ils ne sont reproduits que dans le *Courrier de la Martinique*, qui les arrange nécessairement à l'avantage de son parti. Dans l'intérêt de la vérité et de la justice, des sténographes-jurés devraient être attachés aux cours d'assises des colonies pour en rendre un compte scrupuleux.

Il sera, du reste, difficile que bonne justice soit faite dans nos départements d'outre-mer, surtout au milieu des violentes passions de partis qui les agitent, tant qu'on ne réformera pas le collége des assesseurs, où les blancs ont une majorité énorme. A la Martinique, sur trente, dix seulement appartiennent à la classe de couleur. A la Guadeloupe, le *Progrès* du 28 octobre dernier fait, sur le même sujet, les justes et amères réflexions suivantes :

« Le système de substitution inauguré depuis quelque temps par l'administration locale s'étend à toutes les branches du service du pays : pour preuve, nous citerons celle-ci d'un nouveau genre.

« La liste des assesseurs du collége de la Pointe-à-Pître, formée par l'arrêté du 27 juin 1848, se composait alors de *trente* membres dont *dix-sept* blancs et *treize* mulâtres, c'est-à-dire près des deux tiers pris dans la population blanche.

« Par suite du décès de M. Béraud et de la retraite de M. Zoël Agnès, motivée par son âge avancé, ces deux assesseurs mulâtres ont été remplacés, l'un par M. Lestonat (Jean) et l'autre par M. Dubois (Jean-Poucour), tous deux blancs : ce qui réduit l'élément mulâtre au nombre de *onze*.

« D'après tout ce que nous avons déjà prouvé dans nos précédents numéros sur les tendances manifestes de notre administration à substituer le *blanc* au *mulâtre* dans tout et partout ; d'après le fait que nous signalons aujourd'hui ; d'après ce qui se pratique aussi à la Martinique, n'avons-nous pas raison de nous récrier contre cet odieux système de catégorie d'épidermes que perpétue l'administration dans ses actes? N'avons-nous pas, raison de condamner un ordre de choses qui nous ramène visiblement à l'ancien système colonial, condamné et aboli par la révolution?

« Nous le répétons, si ce système se continue, nous arriverons dans peu de temps à une substitution complète, but suprême auquel ils tendent, voués qu'ils sont aux intérêts d'une oligarchie toujours la même, égoïste et oppressive.

« On ne peut s'étonner de notre susceptibilité à cet égard; le passé est toujours là, dans notre souvenir, qui nous impose la crainte de l'avenir, l'observation du présent. »

Hélas! toujours l'expérience perdue, toujours les mêmes fautes, toujours les mêmes aberrations, toujours cette lutte insensée de l'enfant qui, cent fois renversé par le courant, persiste à vouloir empêcher l'eau de couler!

J. Voir page 161.

Toast porté, le 25 février 1849, par V. Schœlcher, au banquet d'anniversaire de la Révolution de février (Salle Martel).

A l'abolition de la peine de mort en matière criminelle comme en matière politique!

« Citoyens, c'est surtout à l'anniversaire de la généreuse, de la magnanime Révoluion de février, qu'il nous faut renouveler ce vœu de miséricorde.

« En matière criminelle, la peine de mort est cruelle, barbare, antisociale, stupide, car elle punit, elle ne corrige pas le criminel, et trop souvent elle a frappé l'innocent. En matière politique, son moindre défaut est de ne rien prouver. Et, n'en doutons pas, je le dis avec une tristesse profonde, avec un sentiment de douloureuse prévision, le maintien de la peine de mort en matière criminelle servira de prétexte au rétablissement de l'échafaud politique.

« Ce ne sera pas une chose des moins étranges de cette révolution, où l'on voit tant de choses étranges, que ce soient les hommes qui ont voté l'abolition de la peine de mort à la tribune et dans la rue, que l'on accuse d'avoir des idées sanguinaires! Je constate ici très-haut que c'est là une calomnie.

« Citoyens défenseurs de la République démocratique et sociale, je vous demande de constater avec moi que c'est là une odieuse, une exécrable calomnie que chacun de nous repousse de toute la puissance de son âme, de toute la force de sa raison, de toute la bonté de son cœur.

« Je défie qui que ce soit au monde de citer dans nos discours, soit à l'Assemblée nationale, soit aux clubs, soit dans nos livres ou nos journaux, une page, une phrase, un mot qui puisse justifier une pareille accusation ; je défie de nommer un montagnard, un seul, qui n'ait pas voté pour l'abolition de la peine de mort, lorsque cette question a été récemment introduite devant l'Assemblée nationale.

« Qu'a donc fait le peuple qui avait cependant tant d'outrages à venger chaque fois qu'il a été maître depuis 1830 ? Il a pardonné, toujours pardonné. Qu'avons-nous donc fait chaque fois qu'il nous a portés au pouvoir ? Rien qu'épargner les coupables. Combien de vous ne leur ont pas facilité les moyens de fuir ? Il faut redire cela bien souvent, il faut le redire toujours, car nos ennemis ne se lassent pas, et à force de répéter le mensonge, à force d'exploiter la peur, ils ont trompé ceux qui ne connaissent pas le peuple, ce bon peuple qui ramasse, malgré sa misère, les petits enfants abandonnés, et qui ne veut tuer personne.

« Oui, qu'on le sache bien, ceux qu'on appelle les républicains rouges n'ont à recevoir de leçon d'humanité de personne, et pourront en donner à leurs calomniateurs. Si la peine de mort souille encore les codes de la République française, c'est aux prétendus modérés qu'en revient la honte.

« Citoyens frères et amis, en finissant je vous demande trois salves d'applaudissements pour l'abolition à tout jamais de la peine de mort ! »

Les journaux de l'époque constatent que ce discours fut couvert d'un bout à l'autre de bravos d'enthousiasme. Je ne crains pas de le dire, parce que les applaudissements du nombreux auditoire populaire ne s'adressaient ni à l'orateur ni à la forme de son langage, mais aux sentiments qu'il exprimait.

K. Voir page 167.

Polémique sur les événements du 22 mai, avec M. Pécoul.

Paris, 5 juillet 1848.

Aux citoyens rédacteurs en chef de la Réforme *et du* National.

Mes chers amis,

Deux journaux peu considérés et quelques défenseurs incorrigibles de l'esclavage ont attaché mon nom aux derniers événements de la Martinique; ils disent : « M. Schœlcher doit être satisfait, ses doctrines ont prévalu; grâce à l'imprudent décret du 4 mars qui institue la commission d'abolition immédiate, le sang coule aux colonies.»

J'ai d'abord méprisé de pareilles attaques où ne se révèlent que les regrets impuissants des ennemis de toute liberté; mais j'ai eu tort; elles parlent de meurtres et d'incendies, je n'ai pas le droit de les laisser passer.—Je me vouerais à la malédiction des hommes si, par un sentiment de philanthropie désordonnée, par un désir sauvage de réaliser aveuglément un des vœux de toute ma vie, j'avais provoqué un seul homicide.

Voici ma réponse:

Le gouvernement provisoire avait pensé que l'on pourrait ajourner l'émancipation jusqu'à l'Assemblée nationale. Puisque l'on me force à parler de moi, je suis obligé de le dire : oui, dès que j'arrivai à Paris, le 3 mars, revenant d'un voyage au Sénégal, je représentai au citoyen Arago, ministre de la marine, que cet ajournement renfermait les plus grands dangers pour les colonies; que les esclaves ne voudraient pas attendre, ne voudraient pas rester esclaves en apprenant l'explosion de février. C'était chez moi une conviction profonde basée sur la connaissance des hommes et des choses aux Antilles. Hélas! les faits ne m'ont que trop donné raison.

Je revendiquerais volontiers l'honneur d'une initiative difficile; mais c'est un devoir pour moi de le déclarer, je n'eus aucune peine à convaincre le citoyen Arago; il n'en eut pas davantage à convaincre ses collègues, et, le 4 mars, fut signé le décret du gouvernement provisoire que l'on essaye de tacher de sang.

Je vais maintenant prouver que ce manifeste des délégués du peuple ne faisait que répondre aux impérieuses nécessités des circonstances. Et ici, je ne m'appuierai pas sur ma correspondance particulière; c'est le témoignage public des organes avoués des colons que j'invoquerai.

(Voir les preuves produites plus haut, page 21.)

Est-ce assez clair, assez précis? Ne voit-on pas que les possesseurs d'esclaves sont les premiers à considérer l'institution de la commission d'affranchissement immédiat comme une planche de salut? N'ai-je pas ici la preuve irrécusable que c'est une odieuse calomnie d'attribuer au décret du 4 mars les catastrophes de la Martinique, et de me les reprocher à moi comme son auteur? Au nom des principes, au nom des faits, au nom de la vérité, au nom de ceux que j'aime et qui s'inquiètent pour moi de ce reproche d'imprudence, de ces accusations du lendemain, je les repousse, indigné, comme infâmes.

La funeste journée du 22 mai à la Martinique s'explique suffisamment par la fiévreuse impatience du joug qui avait saisi les noirs depuis l'avénement de la République; et il ne faut regretter qu'une chose, c'est que la loi d'affranchissement immédiat n'ait pu se faire assez vite, ni parvenir plus tôt; elle aurait, en satisfaisant de légitimes impatiences, sauvé le quartier de Saint-Pierre de cette lamentable collision où périrent, hélas! trente-trois personnes. Mais l'empressement même des autorités locales à prononcer d'urgence l'émancipation prouve la sage prévoyance de la résolution prise par le gouvernement provisoire.

Au surplus, il importe de le dire, mes adversaires ont également trompé le public sur la nature des faits. Ils présentent les désordres de la Martinique comme la conséquence de l'affranchissement; la vérité est que ces désordres n'en ont été que l'occasion. Ils en attribuent l'initiative aux nègres; la vérité est que les premiers coups mortels sont partis de la main de quelques blancs exaltés. Ils laissent croire que l'insurrection embrassait l'île entière; la vérité est que ce fut un mouvement isolé, provoqué par une arrestation arbitraire, circonscrit dans le seul quartier de Saint-Pierre, et qui s'est arrêté de lui-même en moins de douze heures. Enfin, ces noirs dont on fait un ramas de pillards, d'incendiaires et de cannibales, sont restés entièrement maîtres de la ville pendant la soirée du 22 et toute la nuit suivante, et sauf la mort du jeune Fourniols, triste victime peut-être de quelque vengeance particulière, il n'est rien alors qu'on puisse leur reprocher.

Contre-coup de la Révolution de février, l'affranchissement a été, à la Martinique, le prix d'une révolte; depuis quinze ans je demandais, avec tous les amis de l'humanité, qu'on en fît l'œuvre pacifique, régulière, bienfaisante de la charité. Et c'est moi que l'on accuse! Oh! ne croyez pas réussir, perfides ennemis de l'émancipation! à vous je renvoie la responsabilité du sang versé, la justice éternelle la fera retomber sur vous, sur vous seuls qui, par vos implacables résistances à toutes les prières des abolitionistes, avez prolongé l'esclavage jusqu'à

cette époque de réparation où il ne pouvait plus subsister un
jour.

L'opinion des honnêtes gens ne se laissera pas égarer; elle
le sait déjà : ce n'est pas l'émancipation qui a provoqué la révolte, elle l'a calmée; ce n'est pas l'émancipation immédiate
qui avait allumé d'horribles incendies, représailles d'impardonnables meurtres; c'est l'esclavage. L'émancipation immédiate est au contraire venue les éteindre spontanément, apaiser
la guerre que la prolongation de cet état de choses allumait,
étouffer toutes les colères, et mettre des rameaux d'olivier aux
mains qui allaient saisir les glaives vengeurs de la servitude.
Grâce au ciel, l'ère de la liberté coloniale est pure de toute violence, elle n'a pas une tache de sang; loin de là, elle a commencé en arrêtant celui qui coulait; elle n'a été saluée que par
des cris d'allégresse, des serments de fraternité, de concorde,
d'oubli du passé, et les anciens esclaves donnent, par leur attitude, le plus formel démenti à leurs détracteurs. Mêlés aux
blancs et aux mulâtres, ils veillent aujourd'hui comme mili-
ciens à la garde de la paix publique.

V. Schoelcher.

Journal des Débats, 12 juillet 1848.

AU RÉDACTEUR.

Paris, le 11 juillet.

Monsieur,

Le *National* ayant refusé de publier ma réponse à la lettre de
M. Schœlcher, sur les déplorables événements de la Martinique,
je vous prie de vouloir bien lui donner une place dans le *Journal des Débats*. Ce sera servir la cause de la vérité et de l'humanité, et contribuer, s'il en est temps encore, à préserver nos
colonies des plus grands malheurs. Je vous en serai extrêmement reconnaissant.

Veuillez agréer, etc.

A. Pécoul,

A M. le rédacteur en chef du National.

« Paris, le 11 juillet.

« Monsieur,

« Je lis, dans votre numéro d'avant-hier, une longue lettre
que vous adressez M. Schœlcher, à l'occasion des événements
qui ont eu lieu à la Martinique le 22 et le 23 mai dernier.
L'opinion publique, en France, s'est émue en apprenant que le
sang avait coulé dans une de nos colonies, qu'une grande fermentation régnait dans les autres, et il paraîtrait même, d'après
ce que vous écrit M. Schœlcher, que des personnes qu'*il aime se*

seraient inquiétées des accusations qui s'élèvent contre lui à cette occasion. M. Schœlcher s'indigne de ces accusations : *il se vouerait*, dit-il, *à la malédiction des hommes*, si, par un sentiment de philanthropie désordonnée, par un désir sauvage de réaliser aveuglément un des vœux de toute sa vie, il avait provoqué un seul homicide. Il entreprend de prouver que le décret du 4 mars n'a pu avoir, et n'a eu aucune influence sur les événements du 22 mai ; il établit que les anciens défenseurs de l'esclavage eux-mêmes reconnaissent qu'il y avait de grands dangers à ajourner la proclamation de l'affranchissement ; il accuse ses adversaires d'avoir voulu dénaturer les faits. Selon lui, c'est à tort qu'on attribue aux nègres l'initiative des désordres : les blancs seuls ont été les provocateurs ; ce sont quelques blancs exaltés qui ont porté les premiers coups mortels. Il ne s'agit, après tout, que d'un mouvement isolé, circonscrit dans le seul quartier de Saint-Pierre, et qui s'est arrêté de lui-même en moins de douze heures. Enfin ces noirs, dont on fait un ramas de pillards, d'incendiaires, de cannibales, sont restés entièrement maîtres de la ville pendant toute la soirée du 22, et toute la nuit suivante, et, sauf la mort du jeune Fourniols, victime peut-être de quelque vengeance particulière, il n'est rien alors qu'on puisse leur reprocher. En définitive, ces horribles incendies ne sont que des représailles d'impardonnables meurtres. L'émancipation a calmé toutes les colères et mis des rameaux d'olivier aux mains qui allaient saisir les glaives vengeurs de la servitude. La liberté coloniale est pure de toute violence ; elle n'a été saluée que par des cris d'allégresse, des serments de fraternité, de concorde, etc. Il n'y a plus, pour M. Schœlcher, qu'à monter au Capitole et à rendre grâce aux dieux, et tout ce qu'on répand de contraire à cet exposé n'est que mensonges et calomnies des ennemis impuissants de toute liberté.

« Colon de la Martinique et propriétaire précisément dans la commune de Saint-Pierre, théâtre des scènes cruelles du 22 mai, je ne puis laisser sans réfutation le récit que fait M. Schœlcher. Je dois rétablir la vérité, et m'efforcer, autant qu'il dépend de moi, d'empêcher qu'on ne fasse prendre le change, en France, sur ces déplorables événements, qu'on ne revendique pour les meurtriers l'intérêt qui s'est manifesté pour les victimes. Je compte assez sur votre impartialité pour croire que vous vous empresserez d'accueillir ma réclamation.

Tous ceux qui se sont occupés de l'abolition de l'esclavage dans les colonies françaises savent très-bien que je n'ai point à craindre qu'on me comprenne au nombre de ces ennemis de toute liberté dont parle M. Schœlcher. Vingt-cinq années de ma vie ont été consacrées avec persévérance à améliorer la condition matérielle et intellectuelle des esclaves que j'avais reçus de mon père, à les préparer à une transformation sociale que j'appelais de tous mes vœux, mais que je concevais, il est vrai, autrement que M. Schœlcher, c'est-à-dire calme, exempte de violences et de ruines, également profitable à toutes les races qui composent la population des colonies. Il me semblait que c'était là le véritable esprit de fraternité; qu'il ne fallait pas être un abolitioniste à tout prix, et encourir une seconde fois le reproche qu'adresse M. de Lamartine aux fondateurs de la première Société des Amis des noirs, *d'avoir lancé ses principes sur les colonies plutôt comme une vengeance que comme une justice* (1). En un mot, ma bienveillance pour les noirs et pour les hommes de couleur ne s'exaltait pas au point de me faire détester les blancs.

« Dieu seul lit au fond des cœurs, et il ne m'appartient pas de juger les intentions de M. Schœlcher. Je ne rechercherai donc pas s'il est vrai que, comme on l'en accuse, l'impatience d'attacher seul son nom au grand acte de l'émancipation des esclaves, et l'irritation causée à un esprit impérieux par la résistance prolongée des colons, ont fait dégénérer en haine contre ceux-ci le sentiment fort louable en soi qui portait M. Schœlcher à poursuivre l'abolition de l'esclavage. Je ne veux tirer aucune induction de ces paroles froidement impitoyables prononcées par lui peu de jours après son installation au ministère de la marine, en qualité de sous-secrétaire d'Etat : *Vous êtes des vaincus, vous devez en subir les conséquences* (2). Je ne m'arrêterai même pas à une phrase de sa lettre, qui rappelle involontairement le mot célèbre d'un des orateurs de notre première Révolution : « Ce sang est-il donc si pur (3)? » Je veux croire que M. Schœlcher n'a été qu'égaré par la violence d'un noble sentiment, et qu'il est sincère quand il donne à entendre qu'il n'aurait pas voulu acheter au prix d'un homicide l'accomplissement de son vœu le plus ardent, et quand il flétrit de l'épithète de *sauvage* l'impatience qui aurait précipité l'émancipation.

« Mais je rétablirai les faits dénaturés par lui d'après, sans doute, des renseignements inexacts ; j'opposerai aux heureux résultats de la première politique suivie par M. Arago les résultats de la politique adoptée à l'instigation de M. Schœlcher dès sa promotion aux fonctions de sous-secrétaire d'Etat, et le public jugera.

(1) Lamartine, *Histoire des Girondins*, tome II.

(2) Cette réponse s'adressait à M. A. Perrinelle, colon de la Martinique. *Note de M. Pécoul.*

(3) Voici cette phrase : « En définitive, ces horribles incendies (où « trente-trois personnes, la plupart femmes et enfants, ont péri) ne sont « que des représailles d'impardonnables crimes. » *Note de M. Pécoul.*

« Comment la proclamation de la République fut-elle annoncée dans nos colonies ?

« La dépêche du 30 février portait que l'Assemblée nationale serait bientôt appelée à prononcer l'émancipation ; qu'à elle seule il appartenait de le faire ; qu'elle ne le ferait qu'en respectant les *droits acquis*, c'est-à-dire en présentant d'une main la liberté aux esclaves, de l'autre une juste et loyale indemnité aux colons ; qu'enfin elle protégerait avec fermeté les divers intérêts que cette grande mesure allait mettre aux prises.

« Quel fut l'effet de cette première dépêche ?

« Il dépassa toutes les espérances : les esclaves manifestèrent une joie calme, patiente et inoffensive ; les maîtres, rassurés par la promesse d'une indemnité et confiants dans l'impartialité du gouvernement, parurent satisfaits de sortir prochainement d'une situation fausse et pénible pour tous. Le directeur de l'intérieur, homme du pays et blanc, nouvellement nommé par M. Arago, et qui venait d'arriver à la Martinique, avait électrisé tous les cœurs. Blancs, jaunes et noirs, tout le monde était disposé à la concorde et convenait d'attendre respectueusement la décision de la grande Assemblée nationale de la métropole (1).

(1) Je n'ai pas voulu relever, dans ma réponse, ce tableau tout imaginaire, c'eût été trop long, mais il n'y a rien de moins exact. Les colons ont trop de bon sens pour avoir cru qu'une dépêche ministérielle qui, en définitive, laissait tout dans le *statu quo*, *liberté et droits acquis*, pût faire quoi que ce soit sur les résolutions souveraines de l'Assemblée. Au surplus, je suis forcé par l'évidence de le dire, on voit ici d'une manière palpable qu'il n'y a que malveillance et dénigrement individuel dans les attaques de M. Pécoul. Il convient que la dépêche du 30 février, de M. Arago, eut d'*heureux résultats ;* or le décret du 4 mars n'a fait que donner un caractère officiel à la dépêche. En quoi, je le demande, la sanction du gouvernement qui venait affirmer la parole du ministre pouvait-elle « exciter les esprits ? » La dépêche disait : « Le gouvernement définitif ne peut manquer de donner promptement une solution à la question de l'abolition. » Le décret disait : La solution aura lieu « sous le plus bref délai. » Est-ce ce changement, par hasard, qui aurait fait passer les esclaves « d'une joie calme, patiente et inoffensive » à « l'impatience du joug ? » A qui le fera-t-on croire ? Serait-ce donc que M. Pécoul, il nous force à le penser, supposait que l'ajournement à la Constituante assurait un *long délai ?* M'est avis que le décret ne lui paraîtrait pas aussi *fatal* s'il n'avait *tué virtuellement l'esclavage.* Du reste, à la manière dont il peint la situation, j'opposerai simplement le passage suivant d'une lettre de la Martinique, insérée dans la *Presse* du 23 juin 1848. Cette lettre charge trop les nègres et les mulâtres, elle rend trop bien compte du 22 mai, absolument dans le sens de M. Pécoul, pour qu'il soit tenté d'en répudier le témoignage. On verra qu'il a arrangé les choses à sa guise, que son récit est de pure fantaisie, qu'en réalité les esclaves *ne montrèrent aucune patience*, et que personne, quoi qu'il en dise, « ne convint d'attendre respectueusement la décision de l'Assemblée

« Mais le décret du 4 mars, dont M. Schœlcher s'attribue le mérite (1), avait été rendu dans l'intervalle. Ce décret, en proclamant que *nulle terre française ne pouvait plus porter d'esclaves*, avait tué virtuellement l'esclavage sans résoudre aucune des questions qui auraient dû recevoir une solution préalable. Il exalta l'impatience du joug que la sage dépêche de M. Arago avait calmée, et la composition de la commission chargée de préparer l'application de la mesure dut tout à la fois faire croire aux blancs qu'ils allaient être livrés à des ennemis implacables, et aux hommes de couleur et aux noirs que l'heure de la réaction avait sonné; que le moment était venu pour eux, non pas de marcher les égaux des blancs, mais de dominer à leur tour. On comprend sans peine comment cette nouvelle attitude du pouvoir, en France, cette nouvelle direction donnée aux affaires dissipa promptement les dispositions conciliantes qui s'étaient d'abord manifestées entre les diverses races.

« En effet, au lieu des hommes graves, des publicistes éminents qui depuis longtemps étaient en possession de traiter la question de l'abolition de l'esclavage dans nos chambres législatives, et qu'on s'attendait à voir appelés à composer cette commission, au lieu des Tracy, des Tocqueville, des Lasteyrie, des Roger (du Loiret), etc., M. Schœlcher ne choisit que des hommes dont les noms sont inconnus, des hommes appartenant plus ou moins à la population de couleur des colonies (2), et réunissant

constituante. » Lisons la *Presse*. « Dès le vendredi saint nous avons tous « *acquis la certitude* que *la nouvelle* de la République de février avait fait « retrouver sous la poussière des cachettes toutes les armes des insur- « rections passées, et que cette fois le peuple des colonies, s'exagérant « encore les droits qui venaient d'être promulgués dans la mère-patrie, « *osait se montrer à ses adversaires les armes à la main.*

« Les esprits sages, prévoyant de tristes catastrophes, *demandaient* « *que l'initiative de l'émancipation fût immédiatement prise* par les pou- « voirs coloniaux; mais, dans les conseils municipaux, tous renouvelés, « dans une bonne intention sans doute, par le directeur de l'intérieur « Husson, et composés de blancs et d'hommes de couleur, les uns se re- « fusaient à cette initiative par crainte de compromettre l'indemnité, les « autres parce qu'ils y voyaient une spoliation faite à la gloire du com- « missaire du gouvernement, homme de couleur, qu'on annonçait à « chaque séance devoir venir accomplir la grande mesure.

« *Tout indiquait cependant qu'il fallait en finir.*

« Mais ces tiraillements mêmes faisaient présager une catastrophe, et « *le moindre accident pouvait et devait servir de signal.*

« Ce signal n'a pas tardé à être donné. »

M. Pécoul pense-t-il encore « que la dépêche de M. Arago avait calmé l'impatience du joug? »

(1) Quelle bonne foi! ne sont-ce pas mes adversaires qui les premiers me l'ont non pas *attribué* mais *reproché*?

(2) M. Pécoul s'écarte évidemment ici de la vérité : « Des hommes

peu, par conséquent, les conditions d'impartialité et d'indépendance qu'on était en droit d'exiger.

« Il était évident que ce simulacre de commission allait permettre à la pensée absolue de M. Schœlcher de se formuler sans obstacles en décret. Or, c'était le même homme qui avait publié dans un livre sur les colonies françaises : « Que la ré-« volte des esclaves était non-seulement légitime, mais respec-« table ; que les empoisonnements qu'ils commettaient n'étaient « que des actes de défense légitime, et que lui-même, à leur « place, n'hésiterait pas à se servir de cette arme. »

« De bonne foi, tout cela n'était-il pas de nature à ranimer les plus mauvaises passions chez des hommes aussi inflammables que ceux qui habitent les colonies? Ne devaient-ils pas cesser de voir dans le gouvernement de la métropole une autorité impartiale et modératrice, s'apprêtant à réformer sans détruire, déterminée à réparer les injustices d'un ordre social désormais incompatible avec ses principes, relevant avec effusion les noirs, mais ne voulant pas souffrir que la race blanche soit livrée à l'oppression, cette race blanche dont sir Robert Peel disait, le 30 juin dernier, dans la Chambre des Communes d'Angleterre : « Moins elle est nombreuse, plus nous devons « nous attacher à la soutenir (*the more we must cherish*), car « elle est incontestablement *la seule barriere* (1) contre les enva-« hissements de la barbarie dans nos colonies. »

« Telles étaient donc les dispositions développées par le décret du 4 mars et par l'impulsion imprimée aux affaires coloniales depuis l'arrivée de M. Schœlcher; lorsqu'un grand nombre de familles blanches, désertant leurs habitations, vinrent chercher dans la ville de Saint-Pierre un refuge contre les dangers que leur paraissait présenter le séjour de la campagne. Plusieurs d'entre elles s'étaient partagé une maison située à l'extrémité de la ville; une quarantaine de personnes s'y trouvaient réunies, mais principalement des femmes et des enfants. A la suite d'une émeute causée par l'incarcération d'un esclave, la foule, qui venait d'obtenir l'élargissement du prisonnier, se porta sur cette maison sous le prétexte absurde qu'on y avait formé un dépôt d'armes, et manifesta la volonté

appartenant plus ou moins à la population de couleur. » M. Perrinon, seul dans la commission, appartenait à la classe de couleur. M. Percin n'était que secrétaire et sans voix délibérative. Au compte de M. Pécoul, il faudrait dire que dans la commission qui vient d'être instituée pour réviser la législation coloniale, et dans laquelle il n'y a pas un seul nègre ni un seul mulâtre, se trouvent, non pas seulement trois, mais quatre colons, car M. Lepelletier Saint-Rémy, le secrétaire, est colon.

(1) Il est impossible d'envisager cela comme un compliment aux mulâtres et aux nègres.

de la fouiller. Ne reconnaissant aucune mission de police à cette bande menaçante et suspectant ses intentions, les trois ou quatre hommes qui protégeaient seuls leurs familles effrayées refusèrent d'ouvrir les portes, déclarant que si les assaillants tentaient de les forcer, ils avaient leurs fusils et s'en serviraient. Les portes cèdent bientôt; un coup de feu part et jette par terre le plus avancé des envahisseurs; mais la résistance est promptement vaincue par le nombre. Les trois ou quatre hommes sont immolés; on démolit l'escalier de bois, pour que les femmes et leurs enfants ne puissent s'échapper, le rez-de-chaussée est en peu d'instants rempli de fagots et de matières inflammables, et la flamme dévore en masse, au nombre de trente-deux, ces malheureuses victimes, dont les cris déchirants ne peuvent attendrir les incendiaires.

« Voilà ce que M. Schœlcher présente comme des représailles naturelles d'impardonnables meurtres. Si jamais il a été permis de faire feu sur son semblable, n'est-ce pas dans la situation de ces pères, maris ou frères cherchant à protéger leurs filles, leurs femmes ou leurs sœurs contre une démonstration aussi menaçante? Cela est de la défense légitime, ou jamais il n'y en aura. Ce qui ajoute à l'horreur de cette scène, c'est qu'elle avait lieu dans une ville ayant quatre cents hommes de garnison; que cette garnison, consignée dans ses casernes, n'était séparée du théâtre de ces crimes que par un espace de cinq cents pas; qu'une corvette de l'État, mouillée sur la rade, offrait de débarquer cent vingt matelots, et que les équipages de vingt navires de commerce pouvaient facilement y ajouter encore un supplément de cent hommes. Or, quiconque connaît nos colonies sait positivement qu'il n'aurait pas fallu la moitié de ces forces pour réprimer le mouvement, si les autorités eussent montré de la résolution et de la fermeté.

« Si, à la suite de ces douloureux événements, un journal de la localité parle de joie publique, d'enthousiasme général, évidemment il insulte à la situation d'esprit de la population à laquelle on venait de faire tant de victimes. Toutes les lettres particulières témoignent au contraire de la stupeur qui régnait dans les esprits, de l'anxiété que causait la pusillanimité des autorités: et cette pusillanimité d'où provenait-elle, si ce n'est des dispositions connues des personnes placées à la direction des affaires coloniales en France, de leur tendance prononcée à abaisser les blancs pour élever les noirs et les hommes de couleur?

M. Schœlcher s'étudie encore à réduire aux proportions d'un fait particulier et local ce qui s'est passé à Saint-Pierre. Il ne veut pas qu'on croie que l'effervescence qui a éclaté dans cette ville fût générale, car il serait naturel alors d'en inférer qu'elle pourrait être due à d'autres causes qu'aux provocations partielles dont il accuse les blancs. Mais je suis encore sur ce point forcé de contredire son récit, et je me fonde sur plus de vingt lettres écrites de toutes les parties de la colonie. Il n'est que trop vrai que plusieurs habitations ont été à la même époque ou brûlées, ou saccagées, notamment les trois habitations Desgrottes au Macouba et l'habitation Sanois au François. Des bandes furieuses parcoururent le Lamentin et quelques communes voisines, et un mouvement analogue à celui de Saint-Pierre fut tenté dans la ville de Fort-de-France, mais la fermeté du commandant Gastaldi préserva cette ville des violences dont on la menaçait (1).

« Maintenant est-il plus vrai que les insurgés soient restés maîtres de la ville de Saint-Pierre pendant un jour et deux nuits, et faut-il les louer, avec M. Schœlcher, de n'avoir pas ajouté de nouveaux excès à ceux commis le 22 mai? On ne persuadera jamais à ceux qui connaissent la Martinique, que ces insurgés sans fusils aient pu posséder la ville de Saint-Pierre pendant que le gouverneur s'y trouvait avec sa garnison, ayant sur rade une corvette de l'Etat et à sa disposition vingt navires de commerce. C'est encore là un fait inexact que démentent toutes les correspondances.

« On le voit donc, c'est *l'esprit qui présidait ici à la direction des affaires coloniales qui seul a fait le mal*, en détruisant la bonne harmonie dont les diverses populations, livrées à leurs instincts naturels, avaient offert d'abord le spectacle. Je n'accuse pas vos intentions, mais tel est le fait : détruire l'esclavage *en excitant les noirs et les hommes de couleur contre les blancs*, ce n'est pas faire preuve d'amour pour les premiers, c'est préparer les colonies actuelles de la France à suivre, dans leur fatale succession, toutes les phases des révolutions de la malheureuse Saint-Domingue. Il y a à peine quelques jours, le journal *la Réforme* contenait une exhortation aux noirs d'Haïti de cesser l'œuvre d'extermination si avancée contre les mulâtres. Ces derniers y éprouvent donc aujourd'hui le même sort qu'avaient éprouvé avant eux les blancs, et le dernier espoir de civilisation pour les Haïtiens s'éteint dans le cœur des vrais amis de l'humanité. Ah ! au lieu de chercher à faire pré-

(1) Je maintiens que le mouvement de Saint-Pierre et du Prêcheur a été tout à fait local, et qu'il a eu une cause déterminante. J'ignore ce qui s'est passé à Fort-de-France et au Lamentin, mais, évidemment, cela n'avait pas de relation avec le mouvement de Saint-Pierre. Au reste, que veut prouver l'accusateur? qu'une insurrection menaçait l'île entière? J'accepte : toute révolte *d'esclaves* est un hommage à la dignité humaine et à la liberté, et les symptômes de fermentation qu'il indique ne serviraient, après tout, qu'à mieux montrer encore combien nous avons eu raison de penser que les nègres ne voudraient plus rester esclaves après Février.

dominer à leur tour dans nos petites colonies les noirs et les mulâtres sur les blancs, à humilier ceux-ci, à les punir de la suprématie dont la politique de la France les avait investis, efforcez-vous d'inspirer à toutes les races l'esprit de concorde et de fraternité, abstenez-vous soigneusement de tout ce qui peut éveiller les mauvais instincts; ne faites pas du gouvernement un parti, ne confiez l'autorité qu'à des mains neutres et fermes qui sachent se faire respecter *et craindre*, et peut-être parviendrez-vous à arrêter cette émigration de familles blanches qui vont à Porto-Rico, à Cuba, à la Nouvelle-Orléans, accuser la cruelle imprévoyance et l'injustice de la France. Peut-être ne sera-t-il pas trop tard pour préserver de la ruine et de la barbarie des établissements si importants pour notre commerce et pour notre puissance navale.

« Je ne terminerai pas cette réponse à M. Schœlcher sans lui demander s'il est vrai, comme je l'entends dire, que les fameux décrets relatifs à l'abolition de l'esclavage, insérés au *Moniteur* le 3 mai, c'est-à-dire la veille du jour où l'Assemblée nationale devait se réunir, et alors que le gouvernement provisoire allait déposer ses pouvoirs, n'ont reçu que beaucoup plus tard la signature de MM. Louis Blanc et Albert; si, à l'heure qu'il est, encore, celle de M. Marrast y manque, et si ce refus de signatures serait motivé sur ce que des questions aussi graves, aussi complexes que celles qui font l'objet de ces décrets n'avaient été ni assez sérieusement étudiées ni résolues d'une manière satisfaisante. Ce fait est assez important pour valoir la peine qu'on l'éclaircisse, et nous espérons que quelqu'un des représentants des ports de mer, intéressés au sort des colonies, en fera le sujet d'une interpellation dans le sein de l'Assemblée nationale (1). Les griefs des colonies acquièrent en ce moment d'autant plus de gravité qu'elles sont privées de toute espèce de représentation dans l'Assemblée et en dehors de l'Assemblée.

« Veuillez agréer, monsieur le rédacteur, l'expression de mes sentiments distingués.

« A. Pécoul. »

Journal des Débats du 29 juillet 1849.

AU RÉDACTEUR.

« 18 juillet 1848.

« Citoyen,

« Vous avez admis, dans votre numéro du 12, une lettre

---

(1) Pauvre M. Pécoul, son espérance a été déçue ! On n'a fait aucune espèce d'interpellation sur les *graves* questions qu'il soulevait. Heureusement il peut maintenant interpeller lui-même.

d'un possesseur d'esclaves qui prétend réfuter ce que j'ai dit sur les déplorables événements de la Martinique, dans le *National* du 9. Je viens vous prier d'accueillir ma réplique ; la vérité et la justice y sont intéressées. Si j'ai tardé à répondre, c'est que je n'ai eu connaissance de la lettre qu'avant-hier.

« Le citoyen Pécoul voudrait donner à croire que j'ai pris la plume dans plusieurs journaux, au sujet des événements de la Martinique, parce *qu'on m'en accusait*. Cela est contraire à la vérité ; c'est uniquement les accusations de *quelques défenseurs* de l'esclavage que j'ai repoussées. Eux seuls, en effet, m'accusent. Le citoyen Pécoul dit ensuite que je veux l'abolition « avec des violences et des ruines. » Je le plains d'être aveuglé au point de me prêter une pensée monstrueuse.

Le citoyen Pécoul répète deux ou trois fois que je déteste les blancs ; je suis « un esprit impérieux, et leur résistance prolongée a fait dégénérer en haine contre eux » mon dévouement pour les esclaves. Mon adversaire veut oublier que je me suis cent fois si fraternellement expliqué sur les colons, qu'un certain parti (1) m'accuse d'être à eux et de n'être qu'un faux ami des noirs ; il veut oublier que dans mon dernier livre, en 1847, j'écrivais encore ceci, après avoir rapporté un beau trait du du citoyen Lemangle, créole de la Guadeloupe : « Voilà les « colons hors de leurs habitations, ardents, pleins de feu et « faisant éclater de nobles sentiments avec la même passion « qu'ils montrent, hélas! dans leurs rigueurs de maîtres. « Arrachez-leur donc ce titre de maître pour ne laisser plus « en eux que l'homme vaillant et prompt à tous les bons « mouvements (2). »

Je ne déteste que les maîtres, et la haine que me prête le citoyen Pécoul contre les colons n'exprime que la sienne contre un abolitioniste.

Au point où en est mon réfutateur, il ne pouvait guère garder de mesure. Il pousse la légèreté jusqu'à me faire dire au citoyen Perrinelle : « Vous êtes des vaincus, vous devez en subir les conséquences. » *Je donne le démenti le plus formel* à ce propos aussi peu français dans le fond que dans la forme, et je suis sûr que le citoyen Perrinelle, avec lequel je n'ai jamais eu que de bonnes relations, ne me l'a pas fait tenir. Le citoyen Pécoul aura sans nul doute mal entendu. Ceux qui connaissent mes idées et mes habitudes de langage ne croiront jamais que cette parole pleine de la barbarie d'un autre âge soit sortie de ma bouche (3).

---

(1) Celui-là même qui patronne aujourd'hui le citoyen Pécoul !

(2) *Histoire de l'esclavage*, tome Ier, page, 472.

(3) M. Pécoul n'a jamais répondu à cela ; il reste donc qu'il a fait dire à M. Perrinelle ce que celui-ci n'a jamais dit !

Mon adversaire commet plus d'une légèreté dans sa défense. A l'entendre, j'aurais écrit : « *En définitive*, ces horribles in-« cendies *ne sont que* des représailles d'impardonnables meur-« tres. » Cette phrase froidement cruelle, je suis à regret forcé de le dire, est une invention froidement malveillante. Voici lit-téralement ce que j'ai écrit : « L'opinion des honnêtes gens ne se laissera pas égarer ; elle le sait déjà, ce n'est pas l'émancipa-tion qui avait allumé d'horribles incendies, représailles d'im-pardonnables meurtres, c'est l'esclavage. »

Que les honnêtes gens comparent et jugent (1).

Dieu seul, dit le citoyen Pécoul, lit au fond des cœurs. Je veux donc le croire sincère dans la manière dont il me réfute, mais personne ne pensera qu'en dénaturant ainsi mes senti-ments et mes textes, il n'ait pas fâcheusement cédé à une pas-sion au moins injuste.

Le décret du 4 mars, s'il faut en croire le citoyen Pécoul, « exalta l'*impatience du joug* que la sage dépêche du citoyen « Arago avait calmée, et la composition de la commission char-« gée de préparer l'application de la mesure dut tout à la fois « faire croire aux blancs qu'ils allaient être livrés à des enne-« mis implacables, et aux hommes de couleur et aux noirs que « l'heure de la réaction avait sonné, que le moment était ve-« nu pour eux non pas de marcher les égaux des blancs, mais « de dominer à leur tour. »

J'ai prouvé dans ma lettre au *National*, par pièces authenti-ques, que l'acte du 4 mars n'avait fait que formuler en décret ce que déjà le citoyen Arago, dans sa prévoyante dépêche, et le citoyen Husson, directeur de l'intérieur, dans une proclamation locale, avaient annoncé aux noirs. Le décret, au lieu d'exal-ter leur légitime impatience, n'a donc pu servir qu'à l'apaiser, en donnant un caractère officiel, légal, aux promesses qui ve-naient de leur être faites. J'ai prouvé que les colons de la Mar-tinique, comme ceux de la Guadeloupe, parlant de ce même décret, avaient eux-mêmes déclaré « *que nous avions montré une saine intelligence de la situation en tranchant dans le vif.* »

La composition de la commission n'a pu faire croire non plus aux mulâtres ni aux noirs qu'ils allaient dominer *à leur tour* (2), elle a pu seulement leur bien persuader que l'heure des privi-

(1) Le citoyen Pécoul n'échappera pas à un jugement très-sévère ; car, en vérité, son procédé est inqualifiable. Il forge une phrase affreuse et me l'attribue, pour en faire un commentaire odieux ! Tout homme qui se respecte pensera qu'il est difficile de compromettre plus gravement son caractère.

(2) On voit paraître ici l'idée de *la substitution* qui a enflammé tant de haines. M. Pécoul a le malheur d'en être le père. On ne la trouve, avant l'époque où il écrivait, dans aucun des journaux des Antilles !

viléges et des quatre piquets était passée, et que la liberté allait donner à tous une place égale. En répétant avec insistance, mais sans pouvoir alléguer un seul fait, un seul mot de moi pour justifier cette imputation ; en répétant que je veux mettre les mulâtres *au-dessus* des blancs, le citoyen Pécoul, j'en ai peur, trahit son chagrin de voir qu'ils ne sont plus *au-dessous*. Il y a malheureusement beaucoup de colons qui n'ont encore rien appris ni rien oublié.

La commission, prétend le citoyen Pécoul, était composée d'*inconnus*. Le citoyen Mestro, directeur des colonies, est-il un inconnu ? A qui fera-t-on croire que le nom du citoyen Gatine, du défenseur des victimes de la justice créole à la Cour de cassation, soit sans éclat dans la question ? Quant à mon loyal ami le citoyen Perrinon, l'assemblée des propriétaires d'esclaves ne crut-elle pas, le lendemain de la Révolution, faire un acte de bonne politique en appelant et en recevant à l'unanimité dans son sein ce mulâtre inconnu ? Qui eût dit alors au commandant Perrinon qu'un de ceux qui voyaient dans son alliance un gage de paix, le traiterait aujourd'hui « d'inplacable ennemi » et lui refuserait « l'impartialité et l'indépendance ? » C'est ajouter l'ingratitude à l'injustice. Parlerai-je maintenant du citoyen Gaumont ? Ce prolétaire, je l'avoue, n'a pas de renom, mais il était rédacteur de l'*Union ouvrière* d'où partit en 1843 la pétition des neuf mille ouvriers pour l'affranchissement immédiat. A ce titre, la République ne devait-elle pas le placer, pour représenter le peuple ouvrier, dans la commission de l'affranchissement immédiat ?

Le citoyen Pécoul dit encore qu'au lieu de ces *inconnus* on aurait dû convier les Tracy, les Tocqueville, les J. Lasteyrie, les Roger ; il aurait pu ajouter les Isambert, les Gasparin et bien d'autres encore qui s'étaient distingués à la Chambre. Personne ne m'apprendra les noms des abolitionistes.

On cherche ici à exciter des susceptibilités ; mais l'attaque, au lieu de me nuire, tournera à mon avantage. Lorsque la commission fut instituée, qu'on se le rappelle, le pavé des barricades était encore debout ; j'hésitai à croire qu'on pût faire entrer dans les conseils de la République d'anciens adversaires de cette forme de gouvernement ; cependant j'avais pour ceux qui viennent d'être nommés une si grande estime personnelle, que j'allai chez les citoyens Jules Lasteyrie et Paul Gasparin leur proposer d'achever ensemble l'œuvre de la délivrance des nègres. L'un et l'autre refusèrent par un scrupule de position politique. Je comprenais cette délicatesse ; je prévis que d'autres l'auraient, et je bornai là mes démarches. Voilà pourquoi les hommes parlementaires ne furent pas joints aux inconnus que l'on voudrait mettre en hostilité avec eux.

Quant à l'opinion *des blancs* sur mon arrivée aux affaires coloniales, le citoyen Pécoul a traduit fidèlement, je n'en doute pas, celle du parti rétrograde, qui dans les colonies a déjà fait tant de mal à tout le monde, et qui essaye d'en faire encore en poursuivant la chimère du passé; mais ce parti, grâce au ciel, ne renferme pas tous les colons. Si j'avais besoin d'attestations, je publierais huit ou dix lettres soit de la Martinique, soit de la Guadeloupe, où l'on verrait que les colons raisonnables me tiennent pour un homme de bon vouloir, et non pas pour un artisan de haine (1). Je ne puis laisser dire au citoyen

(1) Aujourd'hui que l'on est fatalement parvenu à organiser la haine, je crois devoir citer ces lettres :

Dolé, Guadeloupe, 27 avril.

« .... Votre nom, placé à la tête des affaires de mon pays, est le gage « d'une ère nouvelle que nous avons accueillie avec la plus grande con- « fiance.

« *Signé* : Bouvier. »

Basse-Terre, Guadeloupe, 12 avril.

« ..... Nous avons été complétement rassurés quand nous avons appris « que vous étiez placé à la tête de la commission chargée d'élaborer le « mode d'émancipation; nous avons été rassurés, parce que nous vous « avons toujours considéré comme un homme consciencieux qui, tout « en voulant le bien-être des noirs, ne voulait pas la ruine des colons.

« *Signé* : J. Fereire. »

Pointe-à-Pitre, 10 mai.

« Je vous félicite pour le bien que vous avez à faire, et en mon parti- « culier je me réjouis de voir les colonies placées sous vos bons aus- « pices.

« *Signé* : Ferry. »

Saint-Pierre-Martinique, 25 avril.

« A l'homme qui a le plus contribué à détruire ce qui existait aux co- « lonies, nous venons offrir un essai pour l'organisation de notre pauvre « société, hélas! bien chancelante.... On le fait avec confiance, mon- « sieur, quand on sait comme nous que cet homme est plein de cœur, etc.

« *Signé* : E. Porry, Cicéron. »

Lamentin, Martinique, 24 avril.

« Lorsque je vous écrivais, mon cher abolitioniste, par le dernier « packet, que vous seriez sans doute appelé à diriger les affaires colo- « niales, je ne me savais pas aussi bon prophète. Si, dans tous ses actes, « la République agit comme elle vient de le faire à votre endroit, nous « n'aurons que des grâces à lui rendre.

« *Signé* : Latuillerie. »

Saint-Martin, dépendance de la Guadeloupe, 11 mai.

« .... Le choix que le nouveau gouvernement a fait de vous, mon- « sieur, est la meilleure garantie qu'il ait pu donner aux colonies.

« *Signé* : Morel-Lacolombe. »

Ces lettres prouvent-elles assez que M. Pécoul n'a exprimé que ses vi-

Pécoul que mon entrée au ministère de la marine « a dissipé les dispositions conciliantes qui s'étaient d'abord manifestées. » Je dois rétablir la vérité. Ce qui a causé tout le mal, c'est le funeste esprit de la correspondance de quelques créoles comme le citoyen Pécoul, en résidence à Paris; ce sont leurs menées contre la commission d'abolition. Le *Moniteur* n'atteste-t-il pas que jusqu'au dernier moment ils ont fait de pitoyables efforts pour empêcher les décrets de voir le jour? Les maîtres là-bas ont espéré qu'on réussirait, ils se sont montrés moins faciles; les esclaves l'ont craint, ils se sont inquiétés; et, dans cette situation réciproque, un fait accidentel a produit une explosion à jamais regrettable.

Quoi! les autorités locales n'ont pas même cru qu'il fût possible d'attendre les décrets annoncés, elles ont proclamé d'urgence l'émancipation, et vous qui vouliez l'ajourner à six ou huit mois en la renvoyant à l'Assemblée nationale, vous qui aviez la prétention de tenir les colonies dans un pareil provisoire, vous qui aviez conçu la folle espérance de faire vivre l'esclavage quelques jours encore sous la République, vous osez nous accuser de précipitation et d'imprudence! Allez, vous êtes des incorrigibles. Mais ne croyez pas que vous puissiez induire la France en erreur. Elle sait ce que vaut votre sagesse, elle sait qu'il y avait mille fois plus de danger à conserver l'esclavage qu'à le détruire; elle sait que si l'on avait laissé les colonies à elles-mêmes, en remettant tout à la prochaine législature, vous seriez venus nous dire, après les inévitables désastres du *statu quo*: « Mais qui ne les avait prévus? Peut-on excuser l'imprévoyance du gouvernement, qui, après avoir été forcé de dire aux esclaves, pour les tranquilliser : la Révolution ne tardera pas à vous soustraire au fouet des planteurs, *la liberté va venir*, a pensé qu'ils attendraient tranquillement jusqu'à l'Assemblée nationale?» Je vous le dis encore, vous êtes des incorrigibles; vous attaquez l'émancipation immédiate, et c'est elle qui vous a sauvés de la colère des esclaves en en faisant des hommes libres.

lains sentiments personnels, en disant que les hommes de race blanche me savaient une tendance « prononcée à les abaisser, à les humilier, à « exciter les noirs et les mulâtres contre eux, et que cela seul a détruit « l'harmonie. » Osera-t-il dire encore : *tel est le fait!*
Il a fallu les intrigues haineuses, les calomnies des hommes comme M. Pécoul, pour arrêter peu à peu cette correspondance, et je dois dire que ce n'est pas mon amour-propre qui en souffre, ce sont mes lettres qui sont restées les dernières sans réponse ! Si ceux-là qui ont cessé de m'écrire croient avoir un reproche à m'adresser, qu'ils s'expliquent. Je ne demande aucun ménagement; mes amis et moi persistons, plus que jamais, à croire que le salut des colonies est dans le rapprochement de tous les hommes de *bonne volonté*.

Mais si le décret du 4 mars, si la composition de la commission devait infailliblement « ranimer les plus mauvaises « passions chez les hommes qui habitent les colonies, » pourquoi donc la Guadeloupe n'a-t-elle pas eu de troubles sérieux? pourquoi donc tout s'y est-il passé pacifiquement? pourquoi donc le gouverneur de cette île, en proclamant l'émancipation immédiate, le 27 mai, a-t-il dit aux nègres : « L'esprit de sagesse et de modération dont la population esclave a fait preuve méritait une récompense. Il m'a permis d'avancer le jour de la liberté... »

Ah! rentrez en vous-mêmes, Martiniquais, ne vous en prenez qu'à vous de vos malheurs; ils sont issus tous de votre résistance systématique. Si vous ne voulez pas nous en croire, écoutez la *Démocratie pacifique* (27 juin), qui ne peut être suspecte dans la question. « Tandis que la Guadeloupe faisait un pas « en avant, la Martinique se faisait particulièrement remarquer « par sa politique rétrograde et sa mauvaise volonté, aveuglée « qu'elle était *par ses délégués.* Elle irritait la population de « couleur par ses dédains et ses préjugés aristocratiques. »

A la fin, le citoyen Pécoul, reprenant les douloureux événements de Saint-Pierre-Martinique, ne nie pas que le jeune Michaud n'ait été tué par un blanc, mais il prétend que le blanc se trouvait en état de légitime défense. Je maintiens le contraire. En tous cas, ce qui demeure incontesté, c'est que dans ce moment suprême le premier sang versé à Saint-Pierre n'a *été versé ni par les nègres, ni par les mulâtres.* Au Prêcheur, de même, cinq hommes et une femme des leurs étaient tombés avant qu'ils songeassent à saisir la torche, l'arme des esclaves.

Le citoyen Pécoul ne veut pas même que les insurgés de Saint-Pierre aient eu le mérite de s'arrêter dans le cours de leurs représailles; il nie qu'ils soient restés maîtres de la ville pendant toute la nuit. « C'est encore là, dit-il, un fait inexact que démentent toutes les correspondances. » Je dis, moi, que toutes les correspondances, même celles des blancs, et tous les journaux (rédigés par des blancs) démentent l'assertion du citoyen Pécoul. Je lis dans la lettre d'un colon à son frère : « Au mouil-« lage, nous n'avons pas eu d'événements aussi tristes à dé-« plorer; beaucoup de tentatives d'incendie ont eu lieu, mais « *le peuple* en a été détourné *par plusieurs hommes de couleur, à* « *qui l'on doit vraiment le salut de la ville* (1). Elle a été, pendant « cette longue nuit du 22 au 23 mai, *abandonnée sans défense à*

(1) Voilà ce qu'on affirmait alors, et maintenant on dit que ces hommes-là veulent se substituer aux blancs par le massacre et l'incendie. Ah! oui, ceux qui ont amené ces monstruosités sont de grands coupables!

« *la merci* des incendiaires et des assassins, et je suis encore à
« m'étonner qu'il n'y ait pas eu plus de malheurs à déplo-
« rer (1). » Le *Courrier de la Martinique* du 24 dit, de son
côté : « Au mouillage, des patrouilles civiques organisées *par*
« *le peuple lui-même* ont constamment maintenu le calme et
« l'ordre. » Que les nègres et les mulâtres ne s'irritent donc
pas des accusations du parti rétrograde, ils voient qu'il est
d'autres colons dont la bonne foi sait leur rendre justice, et qui
seront toujours prêts à fraterniser avec eux (2).

Je ne veux pas m'étendre davantage sur la funeste collision
du 22 mai; ces discussions sont grosses de périls ; elles peuvent
rallumer aux Antilles de funestes querelles étouffées sous l'amnistie. Je n'y avais touché que provoqué, et j'estime encore que
les amis intelligents de la France d'outre-mer doivent jeter un
voile épais sur des crimes où chacun, hélas! a une triste part.

Au lieu de vous livrer à ces récriminations dangereuses,
qui peuvent se reproduire là-bas sous une forme terrible, enseignez la modération ; au lieu de perpétuer contre les nègres
et les abolitionistes des attaques injustifiables, faites le sacrifice de vos regrets au salut commun; au lieu de ne voir toujours que vous dans les Antilles et de dire, encore à cette
heure, « les griefs des colonies, » quand vous parlez de vos
griefs, soumettez-vous aux lois de l'égalité ; au lieu de vouloir
proscrire déjà des gouverneurs honnêtes, *bien accueillis par la*
classe blanche, et aimés des deux autres classes, ralliez-vous sincèrement à ces hommes qui ont plus d'intérêt que personne à faire
réussir l'émancipation, puis qu'ils en ont été les plus actifs promoteurs ; au lieu de continuer une guerre de rancune, inutile,
dans laquelle vous ne pouvez que vous perdre en perdant les Antilles,
prêchez la concorde, la fusion et la véritable fraternité, celle
de tous les hommes ; marchez enfin avec le monde, vous ne
réussirez pas à l'arrêter. Faisons trêve les uns et les autres à
des dissensions qui aigrissent l'esprit et le cœur; oublions le
passé, *donnons dans la métropole l'exemple de la paix aux hommes*
de toute couleur des colonies (3), et n'employons plus le temps,
déjà trop court, qu'à nous occuper de leurs intérêts et des secours pécuniaires dont elles ont besoin.

V. Schoelcher.

(1) Allusion au meurtre du jeune et malheureux Fourniols.

(2) Hélas ! ceux-là se sont laissé étouffer par la faction des rétrogrades.

(3) M. Pécoul a avoué, à la tribune, qu'il n'avait pas voulu répondre à
cet appel de rapprochement et de fraternité. Je demande aux colons, sans
parti pris, de peser toutes ces choses dans leur sagesse, leur justice
et leur patriotisme.

P.-S. Le citoyen Pécoul me demande si les citoyens Louis Blanc, Albert et Marrast, ont signé le décret d'affranchissement. Je l'engage à s'adresser à eux, pour peu qu'il soit bien curieux de cette bizarre question. Il ajoute avec affectation que « les décrets n'ont été publiés que le 5 mai, la veille du jour « où l'Assemblée nationale devait se réunir et alors que le gou- « vernement provisoire allait déposer ses pouvoirs. » Encore une petite attaque qui frappera autre part que l'on ne pense. Les décrets ont été signés le 27 avril, et portent cette date. Si on les avait publiés immédiatement, les journaux les eussent portés aux Antilles, sans les instructions du ministère, sans précautions ni préparations, sans les hommes, enfin, auxquels la République confiait le soin de les appliquer. Afin d'éviter toute occasion de désordre, on a donc attendu que le packet du 1ᵉʳ mai fût parti, on ne les a mis au jour que le 3, et les commissaires généraux ont pris la mer le 10. Il n'est pas, ainsi, jusqu'à nos mesures de prudence qu'on ne nous impute à crime. Le grand arbitre, le public, jugera.

Journal des Débats du 25 juillet 1848.

AU RÉDACTEUR.

Paris, le 21 juillet 1848.

Monsieur,

J'ose espérer que vous serez assez bon pour accueillir encore, mais pour la dernière fois, quelques mots de moi en réponse à la lettre de M. Schœlcher, insérée hier dans votre journal.

Le public appréciera si des injures sont des raisons, et si, pour M. Schœlcher, c'est se justifier, que de me traiter de *possesseur d'esclaves, d'interprète du parti rétrograde, de défenseur incorrigible de l'esclavage, poursuivant la chimère du passé,* etc., etc., (1).

Ces imputations pourront tromper à Paris, où je suis peu connu, mais non dans les colonies, où ma vie entière a prouvé à tous que l'émancipation a toujours eu en moi un ami sincère et zélé (2). Abolitioniste pratique depuis vingt-cinq ans, ce n'est pas aujourd'hui que je viendrais me constituer le défenseur de l'esclavage. Quoi qu'écrive M. Schœlcher, les noirs et les mulâtres ne croiront jamais que j'accorde le moindre regret à cette malheureuse institution, ou que je sois mû par le déplo-

---

(1) Voilà tout ce que le citoyen Pécoul trouve à répondre à un homme qui lui dit : « Faisons trêve à nos dissensions, donnons aux colonies « l'exemple de la concorde. »

(2) Je répéterai encore ici : Le citoyen Pécoul devrait bien dire une fois ce qu'il a fait pour l'*émancipation.*

rable préjugé de couleur, qui est, après tout, le crime d'une législation imposée par la France à ses colonies.

En demandant, comme mesure générale, le rappel des commissaires envoyés dans les colonies par M. Schœlcher, je n'ai ni directement ni indirectement attaqué le caractère des fonctionnaires; aucun sentiment hostile ne m'anime contre eux, mais je persiste à dire que, dans les circonstances actuelles surtout, lorsque la société coloniale est soumise à une refonte radicale, la métropole ne doit y confier son autorité qu'à des hommes complétement étrangers aux passions et aux intérêts des localités. C'est, du reste, le principe que soutenait M. Schœlcher lui-même, lorsque, à chaque introduction d'un créole blanc dans la magistrature coloniale, avant la Révolution de février, il réclamait avec chaleur, disant que « quelque honnêtes que fussent ces magistrats, ils seraient fatalement, et à leur insu, influencés par les sentiments des blancs, leurs parents et leurs amis. » Combien n'est-on pas fondé à invoquer ce principe, aujourd'hui qu'il ne s'agit plus de juges auditeurs et de substituts de procureurs de la République, mais de commissaires généraux investis, à quinze cents lieues de la France, de pouvoirs illimités (1)?

Pour ce qui est de l'opinion qu'on s'est généralement faite de la bienveillance dont M. Schœlcher se dit animé aujourd'hui pour les malheureux colons, je lui demanderai la permission de lui rappeler ce que déclarait, à M. le général Cavaignac, la semaine dernière, un des délégués du commerce des ports de mer, avec l'assentiment de tous ses collègues, en présence de M. Schœlcher lui-même ; « Tant qu'on saura, dit ce délégué, qu'il existe au ministère de la marine une commission présidée par M. Schœlcher, et tant que les agents choisis par lui resteront dans les colonies, tous les armements commerciaux seront suspendus. »

Je termine, monsieur le rédacteur, en vous remerciant de la bonté avec laquelle vous avez ouvert votre journal à mes réclamations, et en vous priant de vouloir bien agréer l'expression de mes sentiments distingués.

A. Pécoul.

---

(1) Le citoyen Pécoul sait bien qu'il n'est pas exact que les commissaires généraux eussent des pouvoirs illimités. Il sait bien que les conditions n'étaient plus les mêmes ; il n'ignore pas ou du moins aucun homme intelligent n'ignore que, si à l'esclavage il ne fallait pas de magistrats possesseurs d'esclaves, à l'abolition il fallait au contraire des chefs abolitionistes, pour dompter plus facilement, par leur influence morale, les premières effervescences de la liberté.

Journal des débats, 25 juillet 1849.

AU RÉDACTEUR.

25 juillet 1848.

Citoyen,

Votre impartialité, je n'en doute pas, me laissera répondre deux mots à la lettre du citoyen Pécoul, insérée dans votre numéro de ce matin.

Le citoyen Pécoul essaye toujours de tromper le public sur le point de départ de notre discussion, en disant que *je me suis justifié* lorsque j'ai combattu sa première lettre. Je ne me suis pas justifié, je n'avais pas à le faire comme mon antagoniste, j'ai seulement repoussé ses inqualifiables imputations.

Le citoyen Pécoul se dit « ami sincère et zélé de l'émancipation depuis vingt-cinq ans, et sans préjugé de couleur ». Le public jugera si c'est en faire bonne preuve que de blâmer aveuglément la loi d'abolition, d'attaquer les hommes qui l'ont faite, parce qu'il se trouvait un mulâtre au milieu d'eux, « et de solliciter le rappel des gouverneurs actuels des Antilles, sous prétexte que ces hommes, en raison de leur long dévouement à l'émancipation, » ne sont pas étrangers aux passions et aux intérêts des localités ».

Le citoyen Pécoul, qui s'acharne à me présenter comme un ennemi abhorré des colons, va chercher des auxiliaires partout, et il rappelle qu'un délégué des ports de mer a dit chez le général Cavaignac : « Tant qu'on saura qu'il existe au ministère de la marine une commission présidée par le citoyen Schœlcher, et tant que les agents choisis par lui resteront dans les colonies, tous les armements commerciaux seront suspendus. »

Il est exact qu'un délégué des ports de mer (*à qui j'ai refusé le gouvernement d'une de nos colonies*) a dit cela; mais il n'est pas exact « qu'il l'ait dit avec l'assentiment de tous ses collègues ». En tout cas, n'est-ce point une puérilité, je le demande, de prétendre que l'existence d'une commission composée des citoyens Montrol et Pascal Duprat, représentants du peuple, Mestro, directeur des colonies, P. Vinçard, ouvrier, et moi, puisse empêcher les ports de mer de faire des armements! Quant aux agents de mon choix, les journaux libres des Antilles et des lettres particulières des colons, adressées même à un des délégués du commerce des ports de mer qui se trouvaient chez le général Cavaignac, disent qu'ils ont été reçus avec enthousiasme, et que les diverses classes de la population ont confiance en eux.

En vérité, au fond de tout cela il n'y a que des inimitiés personnelles, des préjugés, rien de plus, et les ports de mer ne l'ignorent déjà plus. Entrer dans cette voie de réaction ce serait mettre le feu aux colonies. Qu'on y songe : il| y a huit jours à peine, un de ces hommes qui vont toujours plus vite qu'il ne faut, comme il y en a dans tous les partis, disait, avec une déplorable imprudence, en rendant compte de la réunion chez le citoyen général Cavaignac : « Il serait question, non-seulement de rappeler les commissaires généraux, mais *de substituer l'émancipation graduelle à l'émancipation immédiate!*..... » Cela a été bien vite démenti; mais le démenti n'empêchera pas la défiance de percer le cœur des nouveaux émancipés. J'ajoute un seul mot. Toutes ces menées, toutes ces attaques, toutes ces nouvelles plus ou moins maladroites *compromettent gravement l'œuvre de l'émancipation*, et, par suite, le salut des départements d'outre-mer. Ainsi commença le club Massiac, qui, sous la première révolution, a perdu Saint-Domingue par ses funestes résistances à l'application du principe de la liberté des nègres.

Salut et fraternité.

V. Schoelcher.

Journal des Débats, 27 juillet 1849.

AU RÉDACTEUR.

Paris, le 26 juillet 1848.

Citoyen,

Je reçois une lettre du citoyen ***, qui me déclare être l'auteur de l'article sur les colonies inséré dans votre numéro du 13. « Cet article, dit-il, m'a été suggéré par deux ou trois conversations que j'ai eues avec les délégués des ports de mer, etc. En me parlant de leurs visites à M. le général Cavaignac, j'ai cru comprendre qu'ils avaient demandé de substituer l'émancipation graduelle à l'émancipation immédiate. Mais c'était une erreur. Le lendemain du jour où l'article a paru, ils m'ont affirmé qu'il n'avait été nullement question de cela. »

En présence de cette déclaration toute spontanée, il est évident que l'idée de *substituer l'émancipation graduelle à l'émancipation immédiate*, c'est-à-dire de rétablir la servitude, n'a été dans la pensée de personne et ne peut être attribuée à aucun parti, comme j'avais cru l'entrevoir et comme je l'ai indiqué dans la lettre du 23 que vous avez bien voulu accueillir. Je remercie le citoyen *** de m'avoir éclairé, et je m'empresse, avec une réelle satisfaction, de publier que je me suis trompé sur ce point. Il reste bien entendu que tout le monde accepte les faits accomplis relativement à l'entière abolition de l'esclavage.

J'ose vous demander, citoyen, encore une place dans votre journal pour cette rectification, que me dicte naturellement la lettre du citoyen ***, et vous prie d'agréer mes remercîments.

Salut et fraternité.

V. Schoelcher.

Note du rédacteur. Nous avons reçu, sur le même sujet, une lettre de M. Pécoul, délégué des colonies.

La publication de cette dernière nous a paru inutile après celle de M. Schœlcher.

———

Ce qui me frappe surtout dans cette correspondance comme dans toute la conduite de M. Pécoul, ce sont les sentiments hostiles que lui inspire tout ce qui touche à l'abolition, malgré sa prétention à avoir été, à être encore un colon sans préjugés. Le lendemain de la révolution, on le voit chez M. Arago occupé à faire ajourner l'affranchissement immédiat des esclaves. Le fait accompli, il en ressent tant de colère, qu'il emploie jusqu'aux plus fâcheux moyens pour essayer de tacher de sang cette grande mesure d'humanité. Malheureux dans cette inique entreprise, il s'attache ensuite à renverser M. Perrinon. Atteint de la mulâtrophobie au degré le plus intense, il veut absolument sauver la Martinique du déshonneur d'être gouvernée par un homme de couleur. M. Pécoul est ainsi un des coupables de la recrudescence de l'antagonisme des classes. Il est un de ceux qui l'ont provoqué, fomenté et surexcité. *Au moment même* où il faisait à Paris les plus grands efforts pour obtenir le rappel de M. Perrinon, celui-ci arrivait à la Martinique, et le conseil de Fort-de-France lui disait par l'organe du maire, M. Reboul : « Au milieu des acclamations de joie de la population, le conseil municipal de Fort-de-France vient vous offrir ses félicitations et l'expression de *ses plus vives sympathies*. La colonie tout entière vous attendait *avec une juste impatience*, soyez le bienvenu parmi nous. »

A Saint-Pierre, le conseil municipal lui disait par la voix de M. Marius Cordier, adjoint du maire : « Dans la circonstance so-« lennelle où se trouve la Martinique, c'est un bonheur pour « elle de voir ses destinées remises à l'*un de ses enfants.* »

Enfin, M. P. Rufz, président de la chambre de commerce de Saint-Pierre, lui adressait ces paroles : « Nous nous empressons de vous exprimer notre reconnaissance pour le devouement « dont la colonie vous est redevable. *La noble initiative que vous* « *avez déjà prise en France* nous donne l'espoir qu'il n'y a point « de difficultés pour vous. »

Ainsi M. Pécoul poursuivait ici un mulâtre que les colons accueillaient là-bas avec enthousiasme (1)!

(1) On sut à la Martinique les démarches de M. Pécoul ; ses amis firent même courir le bruit du remplacement de M. Perrinon ; on va voir comment ce bruit fut reçu. On jugera si notre adversaire ne mettait pas ses déplorables préjugés au-dessous de l'opinion de son pays, s'il n'a pas porté la guerre là où régnait la paix ! C'est le *Courrier* du 5 juillet qui parle :

« Nous croyons, pour notre part, ces bruits dénués de fondement ;

Et notons bien que cette guerre qu'il menait contre M. Perrinon ne se basait sur rien absolument, que sur son antipathie contre le petit-fils d'un esclave! La chose est encore constatée par la réponse que le général Cavaignac voulut bien faire à mon interpellation dans la séance du 17 octobre dernier : « Il est « très-vrai, dit-il, qu'il m'avait été demandé avec instance, par « quelques-uns des représentants qui avaient des intérêts aux « colonies, de changer le gouverneur général. J'appelai à une

mais, dans tous les cas, nous pensons devoir déclarer à l'avance que la Martinique se lèvera comme un seul homme pour protester, pour résister même, contre le rappel de son gouverneur actuel. Toute mesure de ce genre serait accueillie par elle avec colère et désespoir ; on y verrait le signal de nouveaux désordres et de perturbations nouvelles. La Martinique s'est aujourd'hui inféodée à M. Perrinon, elle le regarde comme le palladium de ses libertés, de sa sécurité présente et de son bonheur à venir.

« Que le comité des colonies et le ministre de la marine se le tiennent pour dit : la Martinique a confiance dans son commissaire général, elle veut, elle entend le garder.

« Une adresse, pour porter à M. Perrinon l'expression des vœux de tous, ouverte samedi dans la soirée, a été immédiatement inondée de signatures de toutes les classes.

« Nous la publierons quand il en sera temps. »

Plus tard, le 12 juillet, le *Courrier* publiait l'adresse suivante, en s'empressant de porter à la connaissance de ses lecteurs *cette honorable manifestation de l'opinion publique* :

« Citoyen commissaire général,

« Votre arrivée à la Martinique a été saluée par d'unanimes acclamations.

« La République française, en confiant les destinées de cette colonie à *l'un des plus dignes enfants*, et en le chargeant d'accomplir et d'assurer la grande régénération sociale que la justice et l'humanité réclamaient depuis longtemps, nous a donné un éclatant témoignage de sa bienveillance et de sa ferme volonté de conserver une de ses plus belles possessions d'outre-mer.

« Vous êtes venu parmi nous avec le noble désir d'attacher votre nom au bonheur de votre pays ; et déjà les premiers actes de votre administration vous ont acquis les sympathies de toute la population de cette colonie.

« Vous ne resterez pas au-dessous de la mission que vous avez acceptée, car elle devient facile pour un cœur si bien placé que le vôtre.

« Nous faisons des vœux, citoyen commissaire général, pour que la République française, *qui a si bien compris les intérêts et les besoins de cette colonie*, en vous en confiant l'administration, vous la laisse longtemps encore ; car votre présence parmi nous est un gage de sécurité et de bonheur pour toute la population de la Martinique, et *votre éloignement de nos rivages serait une calamité pour le pays*.

« Nous sommes, avec un profond respect et un entier dévouement,

« Citoyen commissaire général,

« Vos très-humbles et très-obéissants serviteurs.

« Saint-Pierre, 1er juillet 1848. »

(*Suivent les signatures, au nombre de sept cent quarante-deux.*)

« conférence M. Schœlcher, je voulais mettre en présence les
« assertions contraires. C'est alors que j'appris que M. Perrinon
« était à peine arrivé. J'en conclus que la demande des co-
« lons était plutôt *une prévention* (je prends ce mot dans le
« sens acceptable) que le résultat de la conduite du gouver-
« neur. Je déclarai que je n'avais pas de motifs suffisants pour
« rappeler M. Perrinon. »

On remarquera qu'il n'est question ici que de M. Perrinon.
Les autres commissaires, M. Pécoul en parlait à peine. Dira-t-il
qu'il n'avait point à s'occuper de la Guadeloupe ni de la Réunion. Pourquoi donc alors a-t-il fait depuis tant de démarches,
remué tant de machines pour obtenir le renvoi de M. Fiéron à
la Guadeloupe. A moins que ce ne soit parce que M. Fiéron
est aussi atteint de mulâtrophobie; de quoi se mêlait-il? comme
on dit vulgairement.

M. Pécoul cherche à se justifier d'avoir poursuivi M. Perrinon,
en disant : « que dans une société soumise à une refonte radi-
« cale, la métropole ne devait confier son autorité qu'à des
« mains neutres, à des hommes complétement étrangers aux
« passions et aux intérêts locaux. » Doctrine de circonstance.
Est-ce que M. Fiéron, par hasard, lui semble un homme *tout à*
fait étranger aux passions de localité, est-ce que c'est bien là *con-*
fier l'autorité à des mains neutres? Il aura peine à le faire croire à
d'autres qu'à M. Fiéron.

Il est donc bien constant qu'en attaquant M. Perrinon,
M. Pécoul n'attaquait en lui que l'homme de couleur. Les
nègres et les mulâtres qui ont nommé M. Pécoul s'étonneront
un jour de s'être laissé égarer au point de donner leur confiance à un *abolitioniste pratique* si grand ennemi de leur race.

La confiance des colons dans leur représentant spécial est-
elle mieux justifiée? Je ne le crois pas, et bien qu'ils ne se sou-
cient guère de mon opinion, je la dirai, parce que c'est un devoir public de le faire.—A quelque point de vue qu'on se place,
et si animées que soient aujourd'hui les passions, il est impossible de ne point dire que la séparation des classes ne soit, aux
Antilles, un immense malheur qui prend chaque jour des
proportions plus effrayantes. Eh bien ! je le dis avec toute la
gravité que l'on doit avoir en portant une telle accusation,
M. Pécoul est un des promoteurs de cette séparation. La paix
scellée ici pouvait féconder l'union là-bas; pour son compte, il
s'y est toujours refusé avec une haineuse obstination. Il a toujours mis le poids de sa position dans le plateau de la guerre.
On vient de lire avec quelle injustice il m'attaquait directement,
comme auteur du décret du 4 mars. On a vu, (page 111), ce
qui s'est passé chez le général Cavaignac. J'apporte ici un nouveau témoignage pour prouver que, dans une autre circonstance non moins sérieuse, M. Pécoul a encore éloigné tout

rapprochement avec celui dont la parole, j'ose le dire, aurait engagé l'un des partis qui se déchirent fatalement aux Antilles :

A M. V. Schoelcher.

Paris, 15 novembre 1849.

« Mon cher ami,

« Vous avez bien fait d'en appeler à mes souvenirs, et je vous en remercie ; je regrette que vous ne l'ayez pas fait plus tôt. Vous avez raison, il y a quelque courage à faire entendre la vérité au milieu des passions politiques ; mais, à mon sens, il y aurait honte à la taire.

« Lorsqu'à la séance de l'Assemblée législative du 19 octobre dernier, vous vous êtes défendu à la tribune contre les attaques et les accusations dont vous aviez été l'objet aux colonies, j'ai suivi avec attention ce long débat, dans lequel étaient en cause des pays auxquels je tiens par la naissance, par des souvenirs, par des affections et par des intérêts. J'ai vu avec plaisir le général Cavaignac intervenir dans la discussion, et y apporter l'autorité de sa parole, pour témoigner de vos dispositions conciliatrices au début de la lutte qui allait s'engager entre les colons et vous. J'aurais voulu pouvoir faire comme l'honorable chef du pouvoir exécutif ; mais puisque mon témoignage n'a pu se produire en public, je vais le consigner dans cette lettre :

« C'était en juillet 1848. Un de mes amis venait d'arriver, chargé de représenter les intérêts d'un de nos ports de mer dans la question coloniale. Les colons présents à Paris sollicitaient auprès du gouvernement des mesures protectrices pour leur pays, où venaient d'éclater d'épouvantables désordres. Mon ami me parla de l'influence que votre nom pouvait exercer sur les noirs, et l'utilité qu'il y aurait de vous rallier à la cause des colons, afin de marcher ensemble vers un même but, le rétablissement de l'ordre et du travail dans ces contrées, qu'une transformation sociale sortie d'une révolution avait profondément ébranlées. Il me témoigna le désir de vous connaître, et, sachant nos anciennes relations, il me pria de le conduire chez vous. Il vous parla de l'état des colonies, qu'il avait quittées depuis peu de temps, des remèdes à appliquer aux maux dont elles souffraient, et de l'indemnité qu'il était urgent de voter sans retard, si l'on voulait venir en aide à la propriété, menacée de périr faute de culture. Il sortit, tout étonné, me dit-il, de vous trouver de son opinion sur presque tous les points qu'il avait pour mission de traiter. Cet entretien le convainquit que si vous étiez l'ami des noirs, vous n'étiez pas, à coup sûr, l'ennemi des blancs.

« Ce fut quelques jours après que le général Cavaignac vous mit, chez lui, en présence des représentants des intérêts colo-

23

niaux. Cette réunion avait pour but une conciliation. L'honorable général n'obtint pas le succès qu'il en attendait. Malgré
cet échec, j'eus la témérité de croire que je réussirais peut-
être mieux dans la sphère de mes relations privées. Je réunis
chez moi quelques compatriotes, je leur communiquai la
pensée de faire auprès de vous une démarche, et de vous dire :
« Soyons amis, que l'abolitioniste de la veille marche désor-
« mais avec nous, pour assurer le succès de l'émancipation. »
Cette proposition reçut l'assentiment unanime de toutes les
personnes présentes, et la réunion nomma trois de ses membres, MM. Dupont, Claveau et moi, pour communiquer aux
délégués des colonies la proposition qui venait d'être adoptée.
Je promis de m'informer préalablement de vos dispositions;
mais je savais d'avance que vous saisiriez avec plaisir l'occasion de prouver aux colons que, si vous aviez été leur adversaire
dans la question d'émancipation, vous honoriez leur caractère.
Leur seul tort, à vos yeux, aviez-vous dit, était d'être possesseurs d'esclaves : ce tort avait disparu comme celui qu'ils vous
reprochaient d'être abolitioniste fanatique. Je me souvenais
d'ailleurs que lorsque nous discutions quelques points de doctrines philanthropiques, sur lesquels je ne partageais pas vos
opinions, vous me répétiez souvent que vous teniez en grande
estime la franchise, la loyauté et les sentiments chevaleresques
des créoles. Votre adhésion complète à une tentative de conciliation et de loyale entente ne me surprit donc pas, et je me
rendis avec mes deux collègues chez les délégués de nos colonies.

« Mais, hélas ! je ne fus pas plus heureux que le général
Cavaignac.

« Ma mission toute de paix fut repoussée avec une certaine
vivacité, et *échoua contre une résistance à laquelle on n'aurait pas
dû s'attendre dans des circonstances aussi graves que celles où nous
nous trouvions.* Si les bonnes intentions ne tiennent pas toujours
lieu de talent à un négociateur, on doit au moins lui en savoir
gré. Les miennes furent méconnues. J'ai été tenté de croire un
moment qu'on me prenait pour un agent dépêché par vous. On
parla d'une démarche semblable, faite auprès d'un homme
que sa politique de fusion et de conciliation a appelé, plus tard,
à jouer un rôle considérable aux colonies. On vous faisait, je
m'en souviens, un tort grave de cette démarche dont vous
étiez parfaitement innocent (1); et ce reproche venait de ceux-
là mêmes qui depuis.... Mais alors...

On allégua aussi contre vous d'autres griefs, tout politiques,
bien entendu, que je combattis, parce que je les croyais injustes.

(1) Je n'ai, en effet, ni de loin ni de près, ni directement ni indirectement, fait ni fait faire une démarche semblable.

Enfin, quand je m'apperçus que mes efforts ne pouvaient désarmer *un antagonisme passionné*, je mis un terme à la discussion, par ces paroles devenues malheureusement prophétiques : « La polémique ardente que vous ferez ici, Messieurs, « aura là-bas un retentissement regrettable, et dans nos pays « où les passions sont si vives, et les partis toujours en contact, « elle pourrait peut-être se traduire en collisions et en coups « de fusil. »

« Voilà le récit fidèle de ce qui a été fait pour tenter un rapprochement qui aurait évité à nos malheureuses colonies, éprouvées par tant de souffrances, les déchirements qu'entraînent à leur suite les passions et les haines politiques.

« Adieu, toujours à vous.

« J. Miot. »

Quand on sait où peut mener la lutte ouverte, à cette heure, entre les blancs et les mulâtres, ne trouve-t-on pas bien coupable envers son pays celui qui deux fois repoussa ainsi toute conciliation, celui qui, dans la réunion dont parle l'honorable M. Miot, déclara itérativement toute union impossible? Que les vrais amis de la conciliation nous jugent! — Quant à moi, je ne suis pas tenté de prendre le bassin de Pilate pour me laver les mains, car je ne reste pas indifférent à ce qui se passe; mais je le déclare hautement, ni mes amis ni moi nous ne sommes coupables du grand mal que la division fait aux Antilles.

L. Voir page 173.

Opinion de M. le capitaine de vaisseau Layrle sur la situation d'Haïti en 1841. (Abolition de l'esclavage dans les colonies anglaises, 1842, page 155.)

Avant de donner l'opinion du commandant Layrle, j'ai besoin de déclarer que je ne partage d'aucune manière ses idées sur la prétendue antipathie qui existerait entre la classe de couleur et la race noire. Il y a eu lutte longtemps, à la vérité, entre les nègres et les mulâtres, mais elle n'était point *naturelle*, comme paraît le croire le commandant Layrle; elle était le résultat des préjugés de l'esclavage. Tant il est vrai qu'à cette heure, à la Guadeloupe, les mulâtres et les nègres vivent dans une parfaite harmonie, qui n'a été troublée à la Martinique que par *l'influence d'un mulâtre* sur les nègres.

Quant à la rivalité des noirs et des jaunes en Haïti, elle est uniquement due à l'atroce égoïsme du président que M. Layrle appelle sage et ferme. Le général Boyer était de cette école funeste qui veut bâtir la suprématie anormale d'une classe à l'égard de l'autre sur l'ignorance et l'exclusion de toutes places de la classe opposée. Le salut est dans l'égalité.

Ces réserves faites, je cite le passage de M. Layrle parce qu'on y voit que, placé même à son point de vue, il avait prédit, *comme moi et avant moi*, les malheurs publics dont quelques hommes méchants veulent me rendre responsable.

« Voyez Saint-Domingue : là, la race noire et la classe de couleur sont toujours en présence ; elles sont même, on peut le dire, toujours en rivalité. CETTE RIVALITÉ *met souvent en péril la tranquillité du pays, et elle conduira tôt ou tard à une crise, peut-être à une catastrophe*, qu'il est plus facile de prévoir que d'éviter. Sous le gouvernement des mulâtres, les noirs ne parviennent pas aux emplois, et, si demain le pouvoir passait dans les mains des noirs, les mulâtres, à leur tour, subiraient l'exclusion dont ils ont frappé les autres. Cependant, à Saint-Domingue, quoique le gouvernement appartienne aux hommes de couleur, on trouve encore des généraux et des colonels noirs ; mais ce sont de vieux serviteurs de la guerre de l'indépendance, qu'il serait dangereux de déplacer ; l'armée, qui est noire elle-même, n'existe que par eux, n'a de fidélité qu'à cause d'eux. Tant que ces généraux et ces colonels resteront dévoués au gouvernement des mulâtres, qui se résume dans la personne du président Boyer, ce gouvernement se maintiendra ; mais le jour où il y aura séparation, *ce sera le signal d'une rupture qui entraînera le pays dans les plus grands malheurs*. Saint-Domingue doit sa tranquillité à la sagesse et à la fermeté de l'homme éclairé qui gouverne cette république ; mais la main du temps s'appesantit chaque jour sur le président Boyer ; si l'heure fatale venait à sonner pour lui, que deviendrait ce malheureux pays ? Les mulâtres et les noirs se disputeraient le pouvoir. Déjà la lutte existe : mais ce ne serait plus une guerre sourde de partis ; *ce serait une guerre civile, avec les conséquences les plus horribles*. Saint-Domingue n'est pas assez loin des massacres qui l'ont ensanglantée pour que ses enfants n'en aient pas conservé la tradition. La terre de Saint-Domingue fume encore du sang des blancs ; un jour, peut-être, nous la verrons arrosée du sang des mulâtres, qui tôt ou tard doivent succomber dans leur lutte inégale contre les noirs. Et cependant ces mulâtres sont les ennemis les plus acharnés du gouvernement de Boyer : ils ne cessent de lui créer des embarras sérieux. »

Les mulâtres, que M. Layrle dit être *les ennemis les plus acharnés* de Boyer, sont les jeunes gens éclairés, généreux, qui voulaient l'égalité *pour tous*. Si ces hommes, pleins de patriotisme et de bons sentiments, étaient arrivés au pouvoir après la ré-

volution de 1843, qui chassa le successeur de Pétion, ils auraient
sauvé leur pays. Mais il est arrivé dans la malheureuse république noire ce qu'on a vu dans des républiques blanches. Les
plus mauvais conseillers de Boyer se sont faits les serviteurs de
la révolution ; on a eu le malheur de les écouter, ils l'ont faus-
sée, tuée, perdue. Leur détestable politique a amené les horribles désastres que tout le monde déplore, et l'empire ensanglanté de Soulouques. Le despotisme est le châtiment inévitable de tous les peuples qui s'abandonnent.

M. Voir page 174.

Complicité de M. Tracy, de M. Mestro et de M. Bruat, dans
la conjuration mulâtre dont M. Schœlcher est le chef.

Tout est bon pour nos adversaires, ils usent de tout, pourvu
qu'ils espèrent faire du mal. La nouvelle du 13 juin leur a servi
pour ajouter de nouvelles extravagances à celle de la grande
conspiration des mulâtres contre les blancs. Il est maintenant
avéré que les *rouges* des Antilles avaient été avertis par
M. Schœlcher, « *l'ennemi-né de toute civilisation aux colonies, le*
« *grand destructeur de la race européenne aux Antilles* » (*Commer-*
cial), que les *rouges* de France allaient faire une nouvelle révolution, et que, par conséquent, ceux de là-bas pouvaient commencer la leur.

« La concordance des événements du 13 juin, à Paris, et de
ceux des 18, 19, 26 et 27 juin, à la Guadeloupe, dit le *Commer-*
cial du 14 juillet, est un terrible témoin contre vous et contre
celui qui vous dirige dans vos coupables intrigues : *Patience!*
ce mot qu'il vous a adressé explique tout le complot; la conspiration était fomentée à Paris pendant qu'on essayait, mais
en vain, de la faire réussir ici. »

Il est bien clair que si les discours de M. Bissette ont successivement provoqué des émeutes à la Gabarre, à Sainte-Rose, à
Port-Louis, où il parlait le 18, le 19 et le 20, si l'arrestation arbitraire de M. Germain en a provoqué une plus sérieuse encore
à Marie-Galante, c'est M. Schœlcher qui, de Paris, commandait
tout cela !

Le *Courrier de la Martinique*, dont le système d'injures a
pris un caractère si épileptique qu'il semble atteint de folie
furieuse, ne s'en est pas tenu à moi, il établit d'une manière
péremptoire que je ne suis pas *le seul chef parisien* du
complot des Antilles, et que j'ai pour complices le ministre,

M. Tracy, le directeur des colonies, M. Mestro, et le gouverneur général des Antilles, M. l'amiral Bruat.

Ecoutez-le :

« Il y aurait danger pour l'avenir, — un avenir prochain, peut-être,—à ce que tout ce qui s'est passé soit mis sur le compte des élections, soit attribué à ces accès violents, mais éphémères de la fièvre électorale.

« N'oublions jamais que le gouvernement de la Guadeloupe a déclaré, dans son rapport officiel, que *la révolte était organisée de longue main, et que les élections n'en ont été que le prétexte* (1).

« Non, car alors, le but, le plan et le personnel de l'insurrection, sauvés de la déroute, seraient remis dans l'arsenal pour une meilleure occasion.

« *Le mouvement colonial est venu de loin* ; il a été préparé de longue main.

« La substitution en est toujours le but; *les fonctionnaires publics en ont toujours fourni une partie du personnel* ; le plan a consisté *encore cette fois* à exterminer par le fer, à ruiner, décourager et désespérer par le feu, à exiler par la terreur tous les propriétaires et les honnêtes citoyens. Le reste est de facile exécution.

« Pourquoi le colonel Fiéron a-t-il été brusquement enlevé au gouvernement de la Guadeloupe ? *Parce qu'il* en a expulsé d'urgence des agitateurs soutenus par la Montagne (2).

« Le colonel Fiéron était un homme dangereux pour le gouvernement qui se *constituait* en France dans les clubs et les sociétés secrètes. Il faisait son devoir lorsque le ministère de la marine l'a enlevé à la Guadeloupe. *Il a donc été enlevé de cette colonie, parce qu'il gênait certains montagnards en faisant son devoir.* »

Voilà bien prouvée la complicité de M. Tracy *avec le gouvernement qui se constituait en France dans les sociétés secrètes.*

« Maintenant, pourquoi ce roulement étrange qui a transversé, pour ainsi dire, la magistrature dans l'administration, qui a vidé le siége important du tribunal civil de Saint-Pierre dans le fauteuil de la direction de l'intérieur?

« Pourquoi? Nous le voyons bien aujourd'hui, quoique un peu tard : — *parce que* le siége d'un tribunal civil ne donne aucune action politique, et que le fauteuil administratif devait donner cette action à l'homme dont avait besoin. »

C'est M. Bruat qui seul, de sa volonté bien formelle, en ar-

---

(1) Tout le monde sait que ce rapport est du directeur de l'intérieur, M. Blanc, qui a des raisons pour être bissettiste ou plutôt anti-schœlchériste.

(2) M Bayle-Mouillard et M. Dugoujon, soutenus par la Montagne ! ! !

rivant à la Martinique, a fait passer l'*homme dont on avait besoin*, M. Jouannet, du tribunal civil à la direction de l'intérieur. Il faudrait donc être complice soi-même pour nier la participation directe de M. Bruat au complot. Voyez plutôt :

« Où était, *ailleurs que dans la préméditation d'un coup de main*, la raison de cet industrieux classement d'aptitudes et de dévouements; de ce laborieux bouleversement de positions qui a désorganisé la justice; de cette espèce de choléra qui a jeté l'intérim et le provisoire dans les entrailles de l'administration ?

« Encore une fois, le mouvement colonial, relié au mouvement anarchique de la métropole, à dix-huit cents lieues de distance, — *les dix-huit cents lieues qui nous séparent de la direction des colonies*, — a eu pour télégraphe les packets anglais qui nous mettent à quinze jours de cette direction.

« La circulaire qui a défendu aux fonctionnaires publics de se mêler des élections, cette circulaire qui parlait de ces élections tout haut, *et entendait sans doute autre chose tout bas*, est du cru de la direction des colonies. — Qu'on dise le contraire (1) !

(1) Il y a ici une nouvelle preuve de la complicité de M. Bruat, l'amiral gouverneur général avec les *rouges*, car la circulaire qui défend aux fonctionnaires de se mêler d'élections est signée de lui. Citons cette abominable pièce, pour qu'on puisse bien juger toute la perfidie, toute l'astuce du conspirateur.

« Monsieur le directeur,

« Le gouverneur général des Antilles françaises m'a adressé, avec l'ordre de vous la communiquer, une circulaire ainsi conçue :

« Au moment où le pays va nommer ses représentants à l'Assemblée
« législative, il importe que les fonctionnaires de tout ordre, de tout
« rang, soient pénétrés des devoirs que leur impose le régime d'entière
« liberté consacré par la Constitution.

« Personne n'a le droit de peser sur la conscience des électeurs, et,
« plus que personne, les fonctionnaires sont restreints à cet égard. La
« plus grande latitude leur appartient pour l'exercice de leur vote per-
« sonnel, mais ils fausseraient leur position en voulant agir sur l'opinion
« d'autrui.

« Il arriverait ainsi, en effet, que, suivant les cas, ils seraient consi-
« dérés comme soutenant des principes hostiles aux vues du gouverne-
« ment, ou comme agissant par intérêt ou intimidation. Cette alterna-
« tive est inévitable.

« J'ai l'honneur de vous prier, monsieur...., de vouloir bien notifier
« aux chefs de service, officiers et employés sous vos ordres, la pré-
« sente circulaire, avec les observations que vous croirez devoir y ajou-
« ter. Vous aurez à leur faire connaître, en outre, que j'userai de tous les
« moyens de répression qui me sont attribués contre ceux qui s'immis-
« ceraient dans les opérations électorales et qui y concourraient autre-
« ment que par l'émission de leur vote.

« Salut, etc.

« *Signé* Bruat. »

« Ce M. F. P. M., qui tombe à la Guadeloupe au moment où l'on s'attendait le moins à le voir et détourne au profit des candidats montagnards le suffrage d'une commune de la Basse-Terre (*extra muros*) notoirement acquis, jusque-là, à la candidature de l'ordre et de la conservation, *est parti de la maison de M. le directeur des colonies, où il avait la tab'e et le lit.* Qu'on nous dise le contraire !

« Depuis longtemps, ici comme en France, chacun avait son rôle, était à son poste ou venait le prendre; chacun avait ses ordres reçus ou devinés (*devinés !* il n'y a rien de plus beau dans l'inquisition), les uns pour agir, les autres pour laisser faire.

« Les steamers des 10 et 27 juin ont successivement apporté le dernier mot et le signal.

« Les élections de la Martinique étaient terminées; celles de la Guadeloupe ont fourni l'occasion, sauf à rétroagir sur la première colonie, ainsi qu'on l'a essayé. »

N'est-il pas évident, après ce qu'on vient de lire, que si M. Tracy et M. Mestro surtout étaient aujourd'hui à la Guadeloupe, ils seraient sous les verrous de la grande conspiration des mulâtres contre les blancs? Les charges qui pèsent sur MM. Guercy, V. Jouannet, etc., sont assurément bien moins graves, bien moins sérieuses que toutes celles qui résultent de l'échafaudage dressé par l'accusateur public qui rédige le *Courrier*.

On ne peut s'étonner que d'une chose, c'est qu'au nom du salut public ce journal n'ait pas proposé de mettre en état d'arrestation le gouverneur général des Antilles.

Toutes ces folies sont bien tristes! elles donnent à juger la moralité du procès-monstre qui s'instruit à la Guadeloupe, et les moyens qu'emploie la faction des hommes du passé. Ils ne croient pas un mot assurément de ce qu'ils disent; mais quel trouble, quel soupçon, quel amas de haine et de colère ces artificieuses élucubrations ne doivent-elles pas produire et entretenir dans l'esprit des planteurs !

Ceux-ci, au fond de leurs campagnes, sont isolés, privés de communications régulières avec le monde réel; et deux fois par semaine, ils reçoivent trois journaux qui ne cessent de leur crier : « La mort et la barbarie sont à vos portes ! les mulâtres conspirent votre perte par le fer et le feu, afin de se substituer à vous dans la domination du pays, et ils ont pour les diriger M. Schœlcher, soutenu par M. le ministre de la marine et le gouverneur général ! » Est-il bien étonnant, après cela, que le commerce reste mort, le crédit perdu, le travail chancelant, les récoltes sur pied et l'inquiétude partout ?

N. Voir page 175.

Adresse du Comité électoral de la Pointe-à-Pître.

AUX ÉLECTEURS DE LA GUADELOUPE,

de Marie-Galante, de la Désirade, des Saintes et de Saint-Martin.

Electeurs,

Vous êtes appelés pour la seconde fois à élire les représentants du pays, c'est un des attributs de la suprême souveraineté dont vous a dotés la Révolution de février, révolution qui s'est donné pour tâche non-seulement la réforme gouvernementale de la France, mais encore la restauration complète des droits en souffrance du peuple, et l'amélioration dans les conditions de l'industrie et du travail.

Ceux qui ont combattu pour vous assurer le triomphe de la liberté, l'ont obtenu pour eux et pour vous au prix même de leur sang; des rivages de la France ils vous crient que vous êtes liés à eux par la solidarité la plus intime et la plus indestructible; ils vous conjurent de vous unir à eux pour résister aux tendances oppressives de la réaction.

Vous ne resterez pas sourds à cet appel de vos frères d'Europe; vous n'accorderez vos suffrages qu'à ces hommes désintéressés, énergiques, intègres et dévoués qui ont déjà fait preuve en toute occasion de la puissance de leur conviction démocratique, qui, naguère, n'ont pas redouté de défendre la cause de l'esclave devant le maître, et qui, aujourd'hui, redouteront bien moins de défendre l'Egalité devant la Liberté, pour briser les derniers liens qui vous retiennent dans l'ignorance, dans le prolétariat, cet autre esclavage des sociétés libres.

Que les noms de Schœlcher et de Perrinon sortent d'une unanime acclamation de l'urne libératrice du pays. Schœlcher! l'incarnation de l'émancipation, l'obstination d'une conviction philosophique qui a marché à travers les obstacles pour arriver à son but, et qui voudra réaliser toutes les conséquences de son œuvre glorieusement couronnée par le décret de l'abolition de l'esclavage. Le nom de Schœlcher est devenu pour nos colonies une signification, comme il sera, au sein de la Législative, la représentation de la pensée collective d'une masse imposante d'hommes.

Perrinon! valeureux champion de la cause démocratique, cœur généreux, âme d'élite, désintéressée et fière, que l'attraction d'une même foi et d'une même communion a rapproché de l'abolitioniste Schœlcher pour s'unir et accomplir en commun la grande œuvre de l'émancipation de l'esclavage.

C'est un devoir impérieux pour nous, surtout dans les circonstances graves où nous nous trouvons, aujourd'hui que la représentation démocratique de la colonie se trouve sur le bord d'un abîme. de nous rallier tous par le sentiment du danger, de porter tous nos suffrages sur Schœlcher et Perrinon, deux noms qui portent avec eux les garanties de toutes nos libertés, deux noms désormais inséparables de toutes nos sympathies.

Repoussez donc avec autant d'indignation que d'énergie tous les noms incompatibles avec la représentation d'un pays régénéré par la liberté ! Tenez-vous en garde contre les calomnies dont vos candidats sont le point de mire, calomnies auxquelles ils opposent leur vie et leurs actes comme une éclatante protestation.

Electeurs! les événements qui viennent de s'accomplir à la Martinique, l'erreur déplorable dans laquelle sont tombés nos frères de cette île, parlent plus haut que tout ce que nous pourrions vous dire. La réaction a triomphé ! Le résultat de l'urne électorale est en contradiction avec les idées de la majorité de ce pays. En sera-t-il de même à la Guadeloupe? Nous ne pouvons le croire !

C'est à vous, électeurs guadeloupéens, qu'est réservé l'inappréciable honneur de venger l'honneur politique des émancipés de la Martinique; c'est à vous d'envoyer à la Législative Schœlcher et Perrinon, ces deux sentinelles de la démocratie, et d'empêcher que la Guadeloupe ne soit encore une fois souillée en passant sous les fourches caudines des idées surannées de l'ancien système colonial !

A. Guercy. — J. Mélesse, — A. Jouannet, — A. Penny, — O. Bloncourt, — T. Daguin, — E. Réaux, — V. Ignace, — L. Joseph Lisout, — J. Maillefait, — D. Daguin, — J. Anselme, — J. Emile Petit, — A. Durand, — J. Locton, — D. Fart, — Nestor Fart, — V. Fort, — J. Charles fils, — A. Baugé, — A. Lucien, — J. Léonard, — S. Guercy, — Sainte-Luce Durand, — C. Zoël Agnès, — C. Fréjus, — R. Leroux, — R. Hyppolyte, — C. Eugène, — Jacques fils, — C.-J. Baptiste, — Henri Petit, — V. Frédéric Léon, — Toussaint, — Denis, — Dubergier, — Fanfan, — Augustin, — Louisy, — Sainte-Marie jeune, — Oscar Guiosé, — Joseph Toussaint, — P. Zénon, — D. Sainte-Marie, — A. Ferdinand, — F. Castera, — Gabriel, — A. Guillaume, — Damas, — G. Henrion, — Moïse Lara, — Lucien, — Ernest Zénon, — L. Georges, — J. Charlery, — A. Castera, — E. Rabeau, — F. François, — Modeste Cotenec, — Baroche aîné, — Eugène Raddenais, — Marcelin Albon, — Alfred, — J.-B. Kaifort, — A. Taillandier, — E. Mérentier, — L. Amédée, — N. Bouisson, — Césaire, — P. Cercle, — Albert, — V. Belmont, — J. Ismael, — Mondésir Nicolas.

O. Voir page 181.

Lettre de M. Husson.

A Monsieur le rédacteur du *Courrier de la Martinique.*

Fort-de-France, le 21 mai 1849.

Monsieur le rédacteur,

Plus vous avez été injuste et agressif dans l'appréciation de ma candidature, plus je me ferai un devoir d'être modéré dans ma réponse.

Les théories sont toujours séduisantes, Monsieur ; les applications toujours difficiles. Je n'ai qu'un mot à dire sur votre théorie pour *la symbolisation de l'alliance du travail avec la propriété* dans la personne de MM. Bissette et Pécoul, d'après la désignation des comités ou sous-comités de propriétaires : c'est que M. Bissette n'en a pas demandé l'application.

Or, je ne vois en ce moment que M. Bissette, à la Martinique, qui puisse essayer des applications en matière électorale.

M. Bissette a réuni, dans chaque commune, un comité composé de ses amis. Il a dit à tous, non pas : « Je désire qu'*un colon grand-sucrier*,» mais «Je désire qu'un colon me soit agrégé pour la représentation nationale. Deux candidats sont présentés : MM. Pécoul et Husson, l'un et l'autre *me sont agréables.* D'autres pourraient m'être présentés aussi. Je n'entends imposer personne; choisissez votre candidat à la pluralité des suffrages. »

Et, se mouvant dans ce cercle, *les comités de Saint-Pierre, de Fort-de-France et des Trois-Ilets m'ont choisi.* C'est ce que vous appelez une candidature qui, dans une nuit, aurait poussé avec la vigueur et la rapidité du champignon, mais qui ne représenterait pas la propriété. Est-ce à dire, Monsieur, que M. Bissette et les comités n'aient pas envisagé tout aussi bien que vous les intérêts actuels de la propriété, qu'ils ne sachent pas tout aussi bien quelles candidatures concilient suffisamment ces intérêts avec les autres intérêts non moins sacrés du pays?
— Non, sans doute.

Dès lors, pourquoi, vous, Monsieur, qui déclarez suivre la bannière de M. Bissette, intervenez-vous pour discréditer l'une des deux candidatures que M. Bissette a acceptées d'avance, pour restreindre le cercle de l'électorat et de l'éligibilité, *en revendiquant en faveur des seuls propriétaires* le droit de désigner le candidat; *en faveur de la propriété seule le droit de se faire représenter par l'un des deux candidats?*

M. Bissette ne sera-t-il pas à vos yeux le représentant de la propriété tout autant que du travail?

Ne craignez-vous pas, lorsque vous exigez plus que lui, *de heurter dans les masses certaines susceptibilités qu'il n'a sans doute pas voulu inquiéter*, et d'y jeter des divisions de principes bien autrement dangereuses que les dissidences de personnes?

Je crois, Monsieur, que la voie large adoptée par M. Bissette est tout au moins aussi bonne que celle que vous proposez, pour arriver au but auquel vous aspirez, et qu'elle seule peut environner l'acceptation de votre candidat des prestiges et des sympathies universelles.

Je m'étonne d'autant plus de votre intolérance que M. Pécoul se recommande à bien d'autres titres que celui de grand-sucrier. D'un autre côté, moi qui paye 1,200 francs d'impôts, qui, sans être grand-sucrier, possède néanmoins sucrerie, bois, maison de plaisance, maisons de ville, office ministériel, je ne puis me reconnaître moins intéressé que n'importe qui au maintien du travail et de tous les genres de prospérité dans la colonie.

Vous me faites entrer, Monsieur, dans des dissertations qui me répugnent infiniment, d'abord parce qu'elles ont un côté personnel, ensuite parce que je pense que ce qu'il y a de plus sage, *c'est de laisser conduire les élections par M. Bissette comme il l'entendra*, sans se préoccuper, jusqu'à l'aigreur, du triomphe de telle ou telle théorie, de telle ou telle des candidatures acceptées. Il est certain que M. Bissette assurera le meilleur résultat qu'il lui sera possible.

C'est ce sentiment de *confiance aveugle* en M. Bissette qui m'a induit à émettre ma profession de foi, Monsieur. *Pendant deux mois et tant* que j'ai ignoré que ma candidature lui fût agréable, je me suis abstenu d'accepter les instances qui m'étaient faites. Lorsque M. Bissette est venu me voir *et m'a paru désirer que je ne refusasse plus*, j'ai cru entrer dans ses voies en acceptant, sous la condition que les suffrages qui se portaient vers moi appartiendraient de droit à M. Pécoul s'il avait la majorité dans les comités.

Tous ceux qui n'oublieront pas que M. Bissette est en face d'une candidature hostile à ses combinaisons, *et que M. Pécoul n'a pas été présenté par les comités de Saint-Pierre et de Fort-de-France*, comprendront parfaitement mon acceptation et rendront à ma candidature cette justice qu'étant conditionnelle, elle ne peut être une cause de division.

Quant aux attaques que vous dirigez contre mon caractère personnel, etc.

J'ai l'honneur d'être, Monsieur, votre serviteur,

HUSSON.

P, Voir page 216.

Rapports, décrets et projets d'arrêtés concernant l'abolition immédiate de l'esclavage.

RÉPUBLIQUE FRANÇAISE.

Liberté, Egalité, Fraternité.

Au nom du peuple français.
Le Gouvernement provisoire de la République,
Considérant que nulle terre française ne peut plus porter d'esclaves,
Décrète :
Une commission est instituée auprès du ministre provisoire de la marine et des colonies pour préparer, sous le plus bref délai, l'acte d'émancipation immédiate dans toutes les colonies de la République.
Le ministre de la marine pourvoira à l'exécution du présent décret.
Paris, le 4 mars 1848.
Les membres du gouvernement provisoire,
Signé : DUPONT (de l'Eure), ARAGO, LAMARTINE, L. BLANC, AD. CRÉMIEUX, LEDRU-ROLLIN, GARNIER-PAGÈS, MARIE, MARRAST, FLOCON, ALBERT.

RÉPUBLIQUE FRANÇAISE.

Liberté, Egalité, Fraternité.

Au nom du peuple français.
Le ministre provisoire de la marine et des colonies
Arrête :
La commission instituée par arrêté du gouvernement provisoire pour préparer l'acte d'émancipation des esclaves dans les colonies de la République sera composée des citoyens :
Victor Schœlcher, président ;
Mestro, directeur des colonies ;
Perrinon, chef de bataillon d'artillerie de marine ;
Gatine, avocat aux conseils ;
Gaumont, ouvrier horloger ;
Secrétaires de la commission :
Les citoyens Henri Wallon et L. Percin.
Paris, le 4 mars 1848.
Le ministre provisoire de la marine et des colonies,
Signé F. ARAGO.

Rapport fait au ministre de la marine et des colonies par la commission instituée pour préparer l'acte d'abolition immédiate de l'esclavage.

Citoyen ministre,

La commission que vous avez instituée pour préparer l'acte d'abolition immédiate de l'esclavage vient de terminer son œuvre. La tâche semblait fort simple. La commission, en effet, n'avait point à discuter le principe de l'affranchissement général ; il est intimement lié au principe même de la République : il se pose, il ne se discute plus aujourd'hui. La République eût douté d'elle-même si elle avait pu un instant hésiter à supprimer l'esclavage. La commission n'avait pas davantage à débattre les conditions de l'émancipation. La République ne pouvait accepter aucune sorte de transaction avec cet impérieux devoir ; elle mentirait à sa devise si elle souffrait que l'esclavage souillât plus longtemps un seul point du territoire où flotte son drapeau. L'abolition est décrétée, elle doit être immédiate. Le gouvernement provisoire en avait ainsi posé les bases avant d'instituer la commission chargée d'y établir la liberté. Mais il ne s'agissait pas seulement de proclamer l'affranchissement des noirs ; deux mots auraient suffi : *Soyez libres !* Il fallait prendre des mesures pour que ce grand acte de réparation d'un crime de lèse-humanité s'accomplît de la manière la plus profitable à ceux qui en ont été les victimes ; il fallait en prévoir toutes les conséquences, afin d'en étendre le bien, afin d'en prévenir le mal, si quelque influence funeste pouvait en compromettre les résultats. A cet effet, la commission n'a négligé aucun moyen d'enquête. Elle a joint aux recherches de la précédente commission coloniale les documents nouvellement rassemblés dans les bureaux du ministère ; elle a reçu toutes les communications, elle a entendu, elle a questionné les représentants de tous les intérêts ; et le travail auquel elle s'est livrée montrera pourquoi, malgré ses légitimes impatiences, elle n'est pas arrivée plus tôt au but qui lui était marqué.

Cette enquête a eu pour premier résultat de l'affermir dans la conviction que l'émancipation générale réclamée par le droit naturel ne l'était pas moins par l'intérêt bien entendu des colonies. L'esclavage, tout le monde en convient, et les colons sont d'accord pour le reconnaître, l'esclavage ne pouvait plus être maintenu, et l'on devra se réputer heureux si l'on a traversé sans secousse le court intervalle qui a dû séparer la proclamation de la République et l'annonce du prochain affranchissement. Plus d'ajournement que le temps rigoureusement nécessaire pour accomplir partout simultanément et avec ordre cet acte suprême. Plus d'accommodement possible avec la servitude : tout accommodement, comme tout mensonge, soulèverait les nègres et mettrait en péril l'existence même des colonies. Saint-Domingue est là pour nous dire ce que l'on gagne à marchander, à des hommes qui veulent être libres, leur droit à la liberté! Ce ne sont donc point les nécessités de la théorie et la rigueur de la logique; c'est la force des choses et la voix de l'expérience qui commandent d'accomplir, dans le plus bref délai, l'abolition de l'esclavage; et, à tous égards, il faut féliciter les colonies de l'heureuse nécessité qui les en affranchit. C'est l'esclavage qui, en paralysant le travail, les a maintenues, soit pour l'agriculture, soit pour l'industrie, à un degré si triste d'infériorité vis-à-vis de la métropole. L'instrument humain dont on fait usage sembla, pendant bien longtemps, dispenser le maître du moindre effort pour le bien diriger. L'agriculture employait à peine la charrue : jamais on ne fit un tel abus des forces brutes de l'homme. L'industrie s'en tenait aux plus vieilles routines; la canne, qui peut donner 17 p. 100 de sucre par des systèmes déjà mis à l'épreuve, donne, à l'heure qu'il est, 5 ou 6 p. 100 tout au plus. Il y avait donc une énorme déperdition de forces; il y avait une perte énorme de produits; et, nous ne craignons pas de l'affirmer, le travail dût-il compter moins de bras, la production pourrait s'élever encore par le meilleur emploi de ceux qui resteront, le perfectionnement des instruments et la réforme des méthodes.

Le travail perdra-t-il des bras! Sans aucun doute, au premier jour de l'émancipation, les nègres voudront se sentir vraiment libres, en laissant la houe, symbole de la servitude. Mais il n'est pas moins permis de croire qu'après ce premier moment donné au repos, il reviendront au travail, désormais affranchi de la contrainte et du fouet, régénéré par la liberté, transformé par une juste rémunération en une source de bien-être. Des noirs résidant à Paris, et même plusieurs colons, ont manifesté à la commission leur confiance dans ce retour, s'il offre aux affranchis le légitime attrait d'un équitable salaire. Ils reviendront généralement là où ils ont leurs cases, leurs habitudes, leurs familles. Seulement, s'ils ont eu à souffrir de la conduite du maître, s'ils trouvent en d'autres lieux plus d'avantages, un sol plus fertile, un plus heureux climat, il est probable qu'ils s'y rendront de préférence : c'est naturel et c'est juste. Du reste, il y aura dans ce cas déplacement et non pas abandon du travail : l'intérêt général n'aura point à en souffrir. Les derniers documents officiels arrivés des colonies sont venus confirmer ces témoignages; ils établissent que si les esclaves affranchis par le rachat forcé ne se trouvent pas en plus grand nombre sur l'habitation de leur ancien maître, c'est que souvent le maître les repousse, pour les punir, par l'exclusion du travail, de ce qu'il appelle leur ingratitude, et pour ne point laisser parmi ses esclaves le mauvais exemple d'une liberté reconquise.

Ces documents, ces témoignages, suffisent pour nous donner

la confiance que la plupart des nouveaux affranchis resteront sur l'habitation, quand le maître leur offrira les moyens de s'y fixer.

Si la liberté n'était pas le droit même de la naissance, on pourrait donc dire que les esclaves de nos colonies sont mûrs pour l'affranchissement. Grâce aux bons instincts que la nature conserve jusque dans l'esclavage, grâce aux influences que répandent, au sein même de cette atmosphère épaissie, les lueurs de la liberté où ils aspirent, les nègres ont, dès à présent, fait preuve de qualités qui laissent bien augurer de l'avenir : un désintéressement qu'on n'aurait certes point le droit de demander à des êtres en dehors du droit commun ; des habitudes d'ordre, de calcul, de prévoyance, auxquelles un délégué de la Guadeloupe s'empressait de rendre hommage ; et, parmi les nouveaux affranchis, une régularité de conduite, une observance des moindres mesures de police, qui étonnent les magistrats. Déjà beaucoup ont un pécule ; tous ont le goût de la propriété. On peut, on doit donc espérer qu'ils voudront grossir leurs épargnes en se louant, ou les employer, en achetant de la terre ; et quelques-uns ont montré assez d'intelligence pour être désormais capables de gérer, à leur propre compte, d'assez grandes exploitations. La commission appelle ce résultat de tous ses vœux : ce sera justice que des hommes, traités si longtemps, à la honte de la civilisation, comme des animaux domestiques, s'élèvent ainsi dans la hiérarchie du travail, et arrivent à le diriger. C'est une émancipation qui doit compléter l'autre.

En vous présentant, citoyen ministre, l'acte d'abolition immédiate de l'esclavage, la commission n'a donc point seulement le calme qui accompagne l'accomplissement d'un grand devoir, quelles qu'en soient les conséquences ; elle a pleine sécurité dans l'avenir ; elle ne croit pas seulement au droit, elle croit au succès, et toutes les propositions qu'elle vous soumet sont adoptées par elle à l'unanimité.

L'esclavage sera aboli deux mois après la promulgation du présent décret. La commission aurait voulu supprimer tout intervalle entre la proclamation et le fait : mais ce délai lui est imposé forcément par les mesures que réclame la bonne exécution de la loi ; il lui est imposé par l'intérêt même des affranchis, dont plusieurs, vieillards, infirmes, femmes enceintes ou enfants, se trouveraient, au jour de l'émancipation, non point tant libérés du joug que privés de soins nécessaires. Du reste, le décret n'attend pas davantage pour affranchir à jamais le noir de ce qui faisait le caractère même et l'abjection de son état : la vente et le châtiment corporel. En purifiant nos colonies de l'esclavage qui les souille, le décret pourvoit, en outre, à ce qu'il ne puisse les profaner jamais ; il étend à leur territoire cette vertu du sol de la France, dont le seul contact communique la liberté. Il fait plus ; il veut que le Français, en quelque pays qu'il réside, abdique le honteux privilége de posséder un homme : la qualité de maître devient incompatible avec le titre de citoyen français ; c'est renier son pays que d'en renier le dogme fondamental. En même temps, le décret répare les iniquités de l'esclavage ; il donne l'amnistie à ceux pour qui la servitude a pu aggraver la vindicte des lois. — Un décret spécial confie à la garde de l'Etat, et, sous sa garantie, au dévouement de leurs frères, les vieillards, les orphelins, les infirmes, tous ces délaissés de l'ordre social qui tombe ; les nègres que nous avons entendus nous en ont donné l'assurance : ils seront recueillis.

Les colonies régénérées rentrent dans la grande famille, et il est juste qu'elles jouissent, sans délai, du droit de représentation à l'Assemblée nationale. La commission vous présente un projet d'instruction pour régler l'application de ce droit comme dans la métropole et en Algérie. Dès à présent les conseils coloniaux, qui se rattachaient à l'ancien ordre de choses, et les délégués des colonies doivent être supprimés. La commission vous propose de le déclarer immédiatement. En attendant la décision de l'Assemblée nationale, l'autorité qui représentera le gouvernement de la République aux colonies aura besoin de réunir en elle toutes les attributions des pouvoirs locaux. La commission vous propose de l'en investir expressément.

Les maîtres et les délégués des ports, en acceptant désormais l'émancipation immédiate, y mettaient deux conditions qu'ils déclaraient inséparables : l'indemnité et l'organisation du travail. La commission n'a pas entendu comme eux la question d'indemnité. Elle ne reconnaît point le caractère de la propriété à la possession de l'homme par l'homme ; elle voit dans l'esclavage, non une institution de droit, mais un désordre social ; elle tient compte des actes qui l'ont créé comme des influences qui l'ont développé. Elle admet que le crime a été celui de l'Etat lui-même ; mais quand elle réserve pour l'Assemblée constituante la question de dédommagement, elle la comprend dans un sens plus large que les colonies ou les ports ne le supposent. Dans le régime de l'esclavage, il y a le maître qui possède et l'esclave qui est possédé ; et si la France doit une indemnité pour cet état social qu'elle a toléré et qu'elle supprime, elle la doit bien sans doute à ceux qui en ont souffert autant qu'à ceux qui en ont profité. Le dédommagement ne peut pas être donné à la propriété exclusivement ; il doit être assuré aux colonies tout entières, afin de tourner en même temps au profit et du propriétaire et du travailleur. C'est en ces termes que la commission pose la question ; elle n'a point à la résoudre.

Quant à l'orgainsation du travail, il faut s'entendre sur le mot. Pour les colons, c'est l'association forcée, c'est-à-dire une autre forme de l'esclavage. Nous la repoussons. La contrainte dans le travail a toujours été une cause de dépérissement et de ruine; le progrès n'est possible qu'avec la pleine liberté. L'empire romain aussi, dans sa décadence, quand l'esclavage menaçait de lui faire défaut, a voulu organiser de cette façon le travail libre. Il étouffa dans les mêmes entraves et la liberté et le travail, il anéantit l'industrie, il constitua le servage. Nous en sortons à peine ! La République, qui l'a rejeté à ses origines, ne le veut rétablir nulle part. Cette contrainte dans l'association, repoussée par le droit, condamnée par l'histoire, n'aurait pas même aujourd'hui l'excuse de la nécessité. Le nègre se livrera au travail, s'il y trouve un profit convenable. Le travail à la tâche ou à la journée, l'association libre, le colonage partiaire sont autant de modes qui pourront se produire et se faire concurrence au profit de la société même. Le colonage surtout a trouvé parmi les affranchis une faveur qui fait tout espérer de l'avenir. Il est aujourd'hui certain que la production du sucre n'exige plus le maintien de grands domaines. La culture de la canne peut être séparée de la préparation du produit; et, sans attendre de nouveaux établissements, les usines qui existent peuvent se transformer en centres de fabrication, et favoriser ainsi la division du sol et la petite culture. Tous ces procédés sont possibles, hors un seul, la contrainte au travail. Les nègres ne sauraient pas comprendre que l'on pût tout à la fois être libre et contraint. La République ne saurait vouloir leur arracher d'une main ce qu'elle leur a donné de l'autre : aux colonies comme dans la métropole, le temps des fictions est passé.

L'affermissement et le développement de la France d'outre-mer par le travail vraiment libre, tel a été, après le décret d'abolition, la pensée dominante de la commission; et elle s'est trouvée par là engagée dans une double série de mesures. Les unes ont pour but d'assurer le travail dès le jour de l'émancipation, en l'établissant sur ses véritables bases, en réglant les rapports du propriétaire et de l'ouvrier, en assurant à ce dernier de l'ouvrage et des moyens de vivre, en réprimant le vagabondage, l'intempérance, en prévenant surtout ces vices par l'éducation devenue universelle, par les institutions les plus propres à donner l'amour de l'ordre et de l'économie, par les encouragements et les récompenses, enfin par la pleine réhabilitation du travail.—Dès à présent, nous pouvons dire avec bonheur et certitude que l'ensemble de ces projets n'imposera aucune charge nouvelle à l'Etat. Un relevé, que nous vous soumettons, établit que, dès la première année, les économies et les accroissements de recette résultant de la suppression de l'esclavage l'emportent sur les dépenses nouvelles. Pour la seconde année, la réduction des garnisons devient la conséquence infaillible de l'ère de liberté et de sécurité où seront entrées les colonies, et les finances de l'Etat se trouvent exonérées d'un fardeau annuel de plus de trois millions. — D'autres mesures, auxiliaires des premières, auront pour objet de soutenir l'agriculture, l'industrie et le commerce, et de leur imprimer plus d'élan par de nouvelles institutions de crédit, par de nouveaux tarifs, et, s'il y a lieu, par l'introduction de nouveaux travailleurs libres. Ces projets ont sérieusement préoccupé la commission. Elle a compris aussi vivement que personne les grands intérêts de la marine et du commerce qui se rattachent à la question coloniale, et elle espère que le commerce des ports, à son tour, viendra en aide au succès de la libération générale. Mais ces mesures, dont elle poursuit l'étude, viendront encore à temps, à l'époque où l'affranchissement aura été réalisé; les autres doivent nécessairement accompagner le décret d'abolition pour en rendre l'exécution plus facile et plus sûre. Maintenant qu'elles sont complètes, la commission s'empresse de vous les présenter.

Pour assurer le travail aux colonies, une chose a paru tout d'abord indispensable à la commission : c'est de rétablir la propriété sur ses véritables bases par l'application de la loi de l'expropriation forcée. Personne n'ignore que la terre aux colonies est généralement aujourd'hui entre les mains de maîtres à qui elle ne doit plus appartenir. C'est un gage grevé d'une hypothèque dont la somme dépasse de beaucoup la valeur engagée. Sous le coup de cette menace pendante, nulle amélioration ne peut être essayée; tout languit, et la valeur du gage baisse encore à mesure que s'élève, par des intérêts accumulés, le niveau de la dette. Il faut donc rendre la propriété sérieuse et sincère, si l'on veut rendre au travail son énergie et sa fécondité. Le gouvernement déchu, sans prendre encore aucune résolution sur l'esclavage, avait compris la nécessité d'apporter enfin cette réforme préparatoire au régime des colonies. La commission s'est demandé si elle devait proposer l'application pure et simple de la loi métropolitaine aux Antilles, ou n'y arriver que par une loi de transition. Elle a préféré ce dernier moyen; et elle propose d'étendre les mêmes règles au Sénégal et à l'île de la Réunion, bien que notre loi civile y soit déjà en vigueur, afin de tenir compte des circonstances exceptionnelles où l'émancipation générale va placer toutes les colonies.

La propriété sera donc libérée, en même temps que le travail aura été affranchi. Désormais, un mutuel accord réglera, entre le propriétaire et le travailleur, ce que le pouvoir absolu du maître imposait jadis à son esclave, et l'on devra surtout s'appliquer à résoudre de la manière la plus équitable et la plus prompte les difficultés que ce nouveau régime peut susciter entre les deux parties. C'est pour arriver à cette fin que la commission, citoyen ministre, vous propose l'institution de jurys cantonaux formés, par portion égale, de propriétaires et de travailleurs : magistrature permanente que l'on renouvellera par tiers tous les mois, afin de la répandre davantage entre tous, et d'en rendre les obligations moins lourdes pour chacun. Un article de ce décret prévoit le cas de coalition pour sauvegarder la sûreté publique, sans porter atteinte au droit sacré de l'association naturelle.

Ce n'est pas que la commission redoute beaucoup le danger des coalitions aux colonies : elles n'entrent guère dans les idées de l'affranchi ; elles ne sont plus dans l'intérêt des créoles : ce n'est pas le travail qui pourra manquer aux bras, mais les bras au travail. Aussi la commission a-t-elle repoussé l'idée d'imposer aux exigences de l'une et de l'autre partie la double limite d'un minimum et d'un maximum, comme une atteinte à la liberté, sans nécessité et sans profit pour personne. Seulement, afin d'assurer à tous le droit au travail, l'Etat ouvrirait des ateliers où l'on pourrait toujours, à défaut d'ouvrage, demander de l'emploi et trouver un salaire calculé sur la juste mesure des besoins de chaque jour ; c'est le but du projet de décret sur les ateliers nationaux. Par un salaire ainsi réduit au-dessous du niveau général, l'Etat reçoit le travailleur sans l'attirer ; il lui donne le nécessaire et lui laisse le désir de chercher davantage à la solde de l'industrie particulière : c'est un travail public, sans concurrence possible avec le travail privé, que l'Etat veut principalement fonder et répandre.

Le travail est raffermi par la rénovation de la propriété ; il est garanti par un juste équilibre entre le propriétaire et le travailleur ; il est assuré, au besoin, par les ateliers nationaux, où la République offre à ce dernier un asile. A ces conditions, la commission a l'assurance que le noir émancipé reconnaîtra, par l'accomplissement de ses devoirs envers la société, l'acte sacré qui l'en fait membre.

Toutefois, en respectant le droit de chacun à disposer de soi, le gouvernement a pour devoir d'imposer à tous le respect des règlements qui partout protègent l'ordre public. Telle est la loi contre le vagabondage et la mendicité. La commission vous propose de la renouveler aux colonies par un décret spécial. Tout en confirmant à l'ancien maître son droit de propriété sur les cases, les arbres, les jardins, ce décret empêche que l'affranchi n'aille s'établir sans droit sur la terre d'autrui ; et, en punissant le délit, il veut initier le coupable à une vie meilleure : l'atelier de discipline est substitué à la prison. Deux arrêtés spéciaux règlent l'organisation et des ateliers nationaux et des ateliers de discipline, avec les différences qu'exige la destination si diverse de ces deux établissements : le premier, refuge libre de l'homme qui vient chercher du travail ; le second, séjour forcé de l'homme qui n'en a pas voulu.

Il faut réprimer le mal, mais il vaut mieux encore le prévenir, et c'est aux générations nouvelles surtout qu'il importe d'inspirer de bonne heure cette juste notion du droit et du devoir, où réside la force des sociétés. C'est pourquoi, citoyen ministre, la commission joint aux décrets qu'elle vous propose un projet sur l'instruction publique.

Ce décret veut que l'éducation soit accessible, soit imposée à tous. Aux écoles obligatoires pour les enfants, il ajoute des cours facultatifs pour les adultes ; en outre, afin d'offrir dans les colonies mêmes, aux familles de toute couleur et de tout rang, ces ressources de l'enseignement supérieur que les riches créoles pouvaient seuls aller chercher dans la mère patrie, il fonde à la Guadeloupe un lycée, à la Martinique une institution de premier degré destinée aux filles, et, pour l'application des arts et des sciences aux professions industrielles, une école d'arts et métiers dans chacune de nos colonies.

Les mesures préventives ne doivent point seulement s'adresser à l'enfance par l'éducation ; elles suivent, elles prennent l'homme dans l'âge mûr. Une des sources les plus fécondes du vice est l'intempérance, et l'on sait combien le bas prix des liqueurs communes rend, dans nos colonies comme en Europe, cette habitude désastreuse. Un projet de décret les frappe d'un impôt qui en élève l'usage au-dessus de la séduction du bon marché. En même temps que l'on détourne le travailleur de ce funeste emploi de son argent, on veut l'acheminer vers une prévoyante économie : c'est la pensée du décret qui introduit aux colonies l'institution des caisses d'épargne ; mais la question qui domine toutes les autres, c'est la réhabilitation du travail.

Le travail a porté, jusqu'à présent, parmi les noirs, le stigmate de l'esclavage ; nous devons en faire un signe d'honneur à leurs yeux. Il faut qu'ils sachent que l'homme a reçu la liberté pour l'employer au profit de ses semblables par l'utile usage de son activité. Il faut qu'ils voient que ceux qui accomplissent le mieux ce devoir social sont aussi les plus dignes du premier rang dans la société. Voilà pourquoi la commission vous propose d'instituer une fête du travail, fête dont la célébration se fera aux anniversaires du jour où le travail sera devenu libre par l'émancipation. On y décernera des prix aux ouvriers les plus laborieux ; et ceux qui auront obtenu les premières récompenses auront désormais une place d'honneur dans toutes les cérémonies publiques.

Nous ne craignons pas, citoyen ministre, d'emprunter à l'antiquité ces usages simples et sacrés. Il est temps de reprendre le bien et de laisser à jamais le mal parmi les institutions qu'elle nous a léguées. La France, aujourd'hui, vient d'en donner aux nations un éternel exemple. Elle a reconquis la forme du gouvernement républicain sous laquelle la civilisation prit autrefois possession du monde, et elle repousse l'esclavage qui jeta sur ce nom une ombre si fatale parmi les peuples anciens. Cet acte est le signe le moins équivoque de l'esprit qui préside à sa régénération. La République n'entend plus faire de distinction dans la famille humaine. Elle ne croit pas qu'il suffise, pour se glorifier d'être un peuple libre, de passer sous silence toute une classe d'hommes tenue hors du droit commun de l'humanité. Elle a pris au sérieux son principe. Elle répare envers ces malheureux le crime qui les enleva jadis à leurs parents, à leur pays natal, en leur donnant pour patrie la France et pour héritage tous les droits du citoyen français ; et, par là, elle témoigne assez hautement qu'elle n'exclut personne de son immortelle devise : *Liberté, égalité, fraternité.*

Le sous-secrétaire d'Etat président de la commission,
V. SCHOELCHER.

Le secrétaire de la commission,
H. WALLON.

DÉCRETS DU GOUVERNEMENT PROVISOIRE (1).

Abolition de l'esclavage dans les colonies.

Le gouvernement provisoire de la République,

Considérant que l'esclavage est un attentat contre la dignité humaine ;

Qu'en détruisant le libre arbitre de l'homme, il supprime le principe naturel du droit et du devoir ;

Qu'il est une violation flagrante du dogme républicain : «Liberté, Egalité, Fraternité! »

Considérant que, si des mesures effectives ne suivaient pas de très-près la proclamation déjà faite du principe de l'abolition, il en pourrait résulter dans les colonies les plus déplorables désordres ;

Décrète :

Art. 1er. L'esclavage sera entièrement aboli dans toutes les colonies et possessions françaises, deux mois après la promulgation du présent décret dans chacune d'elles. A partir de la

(1) Nous donnons ici les textes définitivement adoptés par le gouvernement provisoire.

promulgation du présent décret dans les colonies, tout châtiment corporel, toute vente de personnes non libres, seront absolument interdits.

Art. 2. Le système d'engagement à temps établi au Sénégal est supprimé.

Art. 3. Les gouverneurs ou commissaires généraux de la République sont chargés d'appliquer l'ensemble des mesures propres à assurer la liberté à la Martinique, à la Guadeloupe et dépendances, à l'île de la Réunion, à la Guyane, au Sénégal et autres établissements français de la côte occidentale d'Afrique, à l'île Mayotte et dépendances, et en Algérie.

Art. 4. Sont amnistiés les esclaves condamnés à des peines criminelles ou correctionnelles pour des faits qui, imputés à des hommes libres, n'auraient point entraîné ce châtiment. Sont rappelés les individus déportés par mesure administrative.

Art. 5. L'Assemblée nationale réglera la quotité de l'indemnité qui devra être accordée aux colons.

Art. 6. Les colonies, purifiées de la servitude, et les possessions de l'Inde, seront représentées à l'Assemblée nationale.

Art. 7. Le principe « Que le sol de France affranchit l'esclave qui le touche » est appliqué aux colonies et possessions de la République.

Art. 8. A l'avenir, même en pays étranger, il est interdit à tout Français de posséder, d'acheter ou de vendre des esclaves et de participer, soit directement, soit indirectement, à tout trafic ou exploitation de ce genre. Toute infraction à ces dispositions entraînera la perte de la qualité de citoyen français.

Néanmoins, les Français qui se trouveront atteints par ces prohibitions, au moment de la promulgation du présent décret, auront un délai de trois ans pour s'y conformer. Ceux qui deviendront possesseurs d'esclaves en pays étranger, par héritage, don ou mariage, devront, sous la même peine, les affranchir ou les aliéner dans le même délai à partir du jour où leur possession aura commencé.

Décret sur les vieillards, les infirmes et les orphelins.

Le gouvernement provisoire de la République,

Considérant que la société doit aide et assistance à tous ses membres dans le besoin ;

Que le principe de la fraternité impose le même devoir à tous les hommes entre eux,

Décrète :

Art. 1er. Dans les colonies, où l'esclavage est aboli par décret de ce jour, les vieillards et les infirmes seront conservés sur les habitations dont l'atelier voudrait donner au propriétaire une somme de travail équivalente à leur entretien, leur nourriture et leur logement.

Art 2. L'autorité locale interviendra pour réglementer les sacrifices acceptés par la générosité des affranchis.

Art. 3. Les vieillards et les infirmes abandonnés, en attendant l'installation d'hospices pour les recueillir, seront confiés à des familles honnêtes, moyennant une équitable rétribution.

Art.4.Les orphelins abandonnés seront placés dans des fermes agricoles ou tous autres établissements d'instruction publique, pour y recevoir une éducation intellectuelle et professionnelle.

Des crèches et des salles d'asile seront ouvertes dans tous les villages où l'autorité les jugera utiles.

Le produit des amendes prononcées par les juges de paix et les jurys cantonaux sera versé dans les caisses municipales, et exclusivement affecté au payement des secours dus aux vieillards, aux infirmes, aux orphelins et aux enfants de travailleurs pauvres, nonobstant toute disposition contraire des lois existantes.

Un arrêté du commissaire général de la République, déterminera les mesures d'exécution du présent décret, ainsi que la répartition du produit des amendes mentionnées dans l'article précédent entre les diverses communes de chaque canton.

Décret sur l'instruction publique aux colonies.

Le gouvernement provisoire de la République,

Considérant que la préparation de la jeunesse à la vie morale, civile et politique, est un des premiers devoirs que la société a à remplir vis-à-vis d'elle-même;

Que plus il y a d'hommes éclairés dans une nation, plus la loi et la justice sont respectées;

Que la société doit l'éducation gratuite à tous ses membres,
Décrète :

Art. 1er. Il sera fondé dans chaque commune une école élémentaire gratuite pour les filles, et une école élémentaire gratuite pour les garçons.

Art. 2. Ces écoles, placées sur des points choisis de manière à faciliter la réunion des enfants, seront multipliées autant que l'exigeraient les besoins de la population.

Art. 3. Nul ne peut se soustraire au devoir d'envoyer à l'école son enfant, fille ou garçon, au-dessus de 6 ans et au-dessous de 10 ans, à moins qu'il ne le fasse instruire sous le toit paternel.

Art. 4 Tout père, mère ou tuteur qui, sans raison légitime et après trois avertissements donnés par le maire de la commune, aura négligé d'envoyer ses enfants à l'école, sera passible de 1 à 15 jours de prison.

Art. 5. Les absences de l'enfant à l'école sont constatées par l'instituteur dans un rapport hebdomadaire qu'il adresse au maire de la commune ; le juge de paix prononce sur le vu des pièces, et après avoir entendu le délinquant.

Art. 6. Les classes ne pourront durer moins de 6 heures par jour.

Art. 7. Le gouvernement fera faire, pour les écoles des colonies, des livres élémentaires, où l'on mettra en relief les avantages et la noblesse des travaux de l'agriculture.

Art. 8. Les salles des écoles pourront être mises à la disposition des personnes qui seront agréées par l'autorité pour la tenue des classes du soir et du dimanche, à l'usage des adultes des deux sexes.

Art. 9. L'établissement des écoles publiques n'exclut pas les écoles particulières qui seraient ouvertes conformément aux lois existantes.

Art. 10. Une école normale des arts et métiers sera établie dans chaque colonie.

Un lycée, destiné à porter dans les Antilles l'enseignement secondaire sera fondé à la Guadeloupe, sans préjudice des collèges communaux qui pourront être établis ailleurs.

Art. 11. Une institution de degré supérieur sera établie, à la Martinique, pour les jeunes filles.

Décret pour l'institution de jurys cantonaux.

Le gouvernement provisoire de la République décrète :

TITRE PREMIER.

Formation et composition des jurys cantonaux.

Art. 1er. Il sera établi, dans chaque ressort de justice de paix, un jury composé de six membres, siégeant en audience publique, au chef-lieu de canton, sous la présidence du juge de paix. Ce jury sera renouvelé par tiers tous les mois.

Art. 2. Les jurés seront tirés au sort sur les listes électorales des communes du canton.

Les noms portés sur ces listes seront mis dans une urne, et le juge de paix fera le tirage en audience publique. Ce tirage devra désigner d'abord six jurés titulaires, et ensuite trois jurés suppléants qui devront être domiciliés dans la commune chef-lieu de canton. Il n'y aura de récusations que celles autorisées par le droit commun contre les juges.

Le greffier dressera procès-verbal de l'opération.

Les citoyens que le sort aura désignés en seront avertis par notification administrative, huit jours au moins avant le premier de chaque mois.

Au jour indiqué par cette notification, ils devront répondre à l'appel qui sera fait de leurs noms par le magistrat chef du jury, sous peine d'une amende de 5 francs à 50 francs qui sera prononcée, s'il y a lieu, par ce magistrat.

Art. 3. Pourront seuls faire partie du jury, au nombre de trois, les citoyens qui posséderont une propriété ou qui exerceront une industrie; pareillement au nombre de trois, les travailleurs industriels ou agricoles, les ouvriers en général.

Le magistrat chef du jury prononcera sur toutes causes d'empêchement, d'exclusion ou d'incompatibilité.

Art. 4. Ceux des jurés titulaires qui se trouveront empêchés seront remplacés par les jurés suppléants, dans l'ordre du tirage.

Le jury sera constitué par la présence de six membres, et entrera immédiatement en fonctions. Il siégera au moins deux fois par semaine, et les jours de ses audiences seront indiqués par des affiches dans toutes les communes.

TITRE II.
Attributions des jurys cantonaux en matière civile.

Art. 5. Le jury conciliera, si faire se peut, d'office, ou sur présentation volontaire des partis ou sur avis de comparution sans frais, toutes contestations sur l'exécution des engagements, soit entre les propriétaires et les gérants, maîtres-ouvriers, travailleurs ou gens de service, soit entre les chefs d'industrie, fabricants ou marchands, et les commis, contre-maîtres, ouvriers ou apprentis.

A défaut de conciliation, le jury prononcera dans les mêmes cas sur simple citation, et sans frais.

Les jugements seront signés par le magistrat chef du jury et par le greffier de la justice de paix. Ils seront sans appel, si la condamnation n'excède pas 300 francs. Au-dessus de cette somme, l'appel pourra être porté devant le tribunal d'arrondissement. L'exécution provisoire aura lieu dans tous les cas, mais à la charge de donner caution lorsque la condamnation excédera 300 francs.

Art. 6. Est abrogé, aux colonies, l'article 1781 du Code civil, portant que le maître en est cru sur son affirmation, dans les cas déterminés audit article.

TITRE III.
Attribution des jurys cantonaux en matière pénale.

Art. 7. Tout fait tendant à troubler l'ordre ou le travail dans les ateliers, chantiers, fabriques ou magasins, tous manquements graves des propriétaires ou chefs d'industrie et des ouvriers ou travailleurs les uns envers les autres, pourront être punis par les jurys cantonaux d'une amende de 5 francs à 100 francs, sans préjudice des peines plus graves dont les prévenus seraient passibles d'après le code pénal. La condamnation sera sans appel.

Art. 8. Toute coalition entre ceux qui font travailler des ou-vriers, ou entre les travailleurs, tendant à faire abaisser ou élever injustement ou abusivement les salaires, à interdire le travail dans un atelier, à empêcher de s'y rendre et d'y rester avant ou après certaines heures, et en général toute coalition pouvant nuire au maintien régulier du travail, sera, s'il y a eu tentative ou commencement d'exécution, punie d'une amende de 200 francs à 3,000 francs.

Art. 9. Seront punis de la même peine tous individus em-ployant des ouvriers, ou tous ouvriers qui auront prononcé des amendes, des défenses, des interdictions ou des proscriptions quelconques les uns envers les autres.

Art. 10. Sont abrogés aux colonies les articles 414, 415 et 416 du Code pénal, remplacés par les articles 8 et 9 du présent décret.

Art. 11. Aux cas prévus par les articles 7, 8 et 9 ci-dessus, il sera procédé, sur la poursuite du ministère public institué près les tribunaux de simple police, et dans les formes établies pour ces tribunaux.

Aux cas prévus par les articles 8 et 9, le ministère public, ou le condamné, aura la faculté d'appel devant les juridictions correctionnelles établies aux colonies.

TITRE IV.
Dispositions générales.

Art. 12. Les jurés auront droit, s'ils le requièrent, à une in-demnité de 2 fr. par chaque jour de séance.

Art. 13. Les attributions des juges de paix, soit en matière civile, soit en matière de police, déterminées par la législation existante dans les colonies sont maintenues en tout ce qni n'est pas contraire aux dispositions du présent décret.

Décret sur les ateliers nationaux pour les ouvriers sans travail.

Le gouvernement provisoire de la République,

Considérant que la société doit assurer à tous le droit au tra-vail,

Décrète :

Sous la dénomination d'*ateliers nationaux*, il sera établi dans les colonies des ateliers de travail dont l'organisation sera ré-glée par arrêté du ministre de la marine et des colonies. Tout individu manquant de travail y pourra être employé, en accep-tant les conditions que déterminera l'arrêté ministériel.

Arrêté sur l'organisation des ateliers nationaux.

Le ministre de la marine et des colonies arrête ce qui suit :
Art. 1er. Conformément à l'art. 1er du décret de ce jour......,

portant création d'ateliers nationaux dans les colonies, il sera établi dans chaque colonie de la République un ou plusieurs ateliers nationaux où les travailleurs sans ouvrage seront employés moyennant salaire.

Ces ateliers seront formés sur les propriétés domaniales actuellement existantes ou sur des terrains achetés par l'Etat.

De la nature des travaux des ateliers nationaux.

Art. 2. Les travaux des ateliers nationaux seront ceux qui s'exécutent dans les différents établissements agricoles. Ils s'étendront à toute espèce de culture compatible avec le climat et le terrain.

Du séjour à l'atelier national.

Art. 3. Les travailleurs sans ouvrage pourront à leur volonté entrer à l'atelier national et en sortir; toutefois ils ne pourront y séjourner moins d'une semaine, sauf décision contraire du gérant.

Du gérant, du chef d'atelier, des maîtres et contre-maîtres ouvriers.

Art. 4. Chaque atelier national sera placé sous l'autorité d'un gérant nommé par le commissaire général de la République.

Ce gérant relèvera du directeur de l'administration intérieure.

Il aura sous sa dépendance un chef d'atelier, des maîtres-ouvriers et des contre-maîtres nécessaires pour la surveillance des travaux.

Des attributions du gérant.

Art. 5. Le gérant est chargé de la direction des cultures et de la comptabilité.

Sa surveillance s'exerce sur tout ce qui concerne l'ordre intérieur de l'atelier et la régularité du service.

De la durée du travail journalier.

Art. 6. La durée du travail journalier sera de 9 heures, réparties entre le lever et le coucher du soleil. Les travailleurs se rendront individuellement à leurs occupations, aux heures fixées par le règlement intérieur de l'atelier.

De la nourriture.

Art. 7. Les travailleurs pourront faire préparer leur nourriture dans une cantine établie dans l'atelier. Le gérant prendra les dispositions nécessaires pour que cette nourriture soit donnée de la manière la plus convenable et la moins onéreuse pour les travailleurs.

Du salaire.

Art. 8. Les travailleurs, hommes, femmes et enfants, recevront, suivant leurs forces et leur âge, un salaire qui variera de 0, 25 à 1 fr. 25.

Des punitions.

Art. 9. Tout individu faisant partie de l'atelier national, qui aura négligé ou refusé le travail, pourra être puni par la suppression de tout ou partie de son salaire, ou sera renvoyé de l'atelier.

Du jury des travailleurs.

Art. 10. Un jury composé de cinq membres, élus par les travailleurs, prononcera ces punitions.

La plainte sera portée par le gérant ou le chef d'atelier.

Disposition générale.

Art. 11. Une instruction détaillée sera publiée dans chaque colonie, par le commissaire général de la République, pour l'exécution du présent arrêté.

Décret sur les ateliers de discipline.

Le gouvernement provisoire de la République,

Considérant que le travail est la première garantie de la morale et de l'ordre dans la liberté ;

Que la sécurité générale est intéressée à la répression du vagabondage et de la mendicité,

Décrète :

Art. 1er. Le vagabondage et la mendicité seront punis correctionnellement ainsi qu'il suit :

Tous vagabonds, gens sans aveu ou mendiants, seront mis à la disposition du gouvernement pour un temps déterminé, dans les limites de trois à six mois, selon la gravité des cas. Ils seront, durant ce temps, employés, au profit de l'Etat, à des travaux publics, dans des *ateliers de discipline* dont l'organisation et le régime seront réglés par un arrêté du ministre de la marine et des colonies. Les condamnés pourront être renfermés dans ces ateliers ou conduits au dehors, pour l'exécution des travaux, sous la garde des agents de la force publique.

Art. 2. Les cases et les terrains actuellement affectés aux esclaves, ainsi que les arbres fruitiers dont ils jouissent, restent la propriété des maîtres, à moins de convention contraire. Néanmoins les propriétaires ne pourront priver les affranchis des fruits et récoltes pendant par branches ou par racines.

Art. 3. Tout individu qui résidera sur des terrains quelconques, appartenant à l'Etat ou aux particuliers, sans en être usufruitier, fermier, locataire ou concessionnaire à aucun titre, sera expulsé de ces terrains par voie de police administrative, et sera passible, s'il y a lieu, des peines portées en l'article premier. Pourront, néanmoins, se faire réintégrer par jugement ceux qui auraient à exercer contre l'Etat ou les particuliers des actions civiles résultant de la possession légale.

Art. 4. Il sera pourvu à l'organisation d'un corps de surveillants ruraux investis des attributions des officiers de police
judiciaire, et chargés spécialement de la recherche des délits
prévus dans les articles précédents. Les surveillants ruraux porteront un uniforme et ne seront point armés.

Art. 5. Sont maintenues toutes dispositions du Code pénal
non contraires à celles du présent décret.

Arrêté sur l'organisation des ateliers de discipline.

Le ministre de la marine et des colonies
Arrête ce qui suit :

Art. 1ᵉʳ. Conformément à l'article 1ᵉʳ du décret de ce jour,
portant création d'ateliers de discipline pour la répression du
vagabondage et de la mendicité, il sera établi dans chaque colonie un ou plusieurs ateliers de discipline où seront retenus,
pendant la durée de leur peine, les individus du sexe masculin
qui auront été condamnés pour vagabondage ou mendicité.

De la nature des travaux de l'atelier.

Art. 2. Ces individus seront employés aux travaux des différents services publics de la colonie, ou à la culture des domaines de l'Etat.

De la composition de l'atelier.

Art. 3. L'atelier de discipline sera composé d'une ou de plusieurs compagnies; chaque compagnie, de deux sections; chaque
section, de cinq escouades; chaque escouade, de dix travailleurs,
d'un chef et d'un sous-chef d'escouade. Un surveillant et un
pourvoyeur feront en outre partie du cadre de la compagnie,
qui sera ainsi déterminé :

Surveillant.	1 homme.
Pourvoyeur.	1
Chefs d'escouade.	10
Sous-chefs d'escouade.	10
Maîtres-travailleurs.	10
Travailleurs de 1ʳᵉ classe.	20
— de 2ᵉ classe.	30
— de 3ᵉ classe.	40

Total de l'effectif. . . 122 hommes.

Du régisseur de l'atelier.

Art. 4. Chaque atelier de discipline sera placé sous les ordres
d'un régisseur dont la nomination appartiendra au commissaire
général de la République. Ce chef relèvera de l'autorité du
fonctionnaire chargé de la direction supérieure de la police.

Des attributions du régisseur d'un atelier.

Art. 5. Le régisseur d'un atelier de discipline sera chargé de la police et de l'administration de cet atelier. Il tiendra tous les livres et écritures y relatifs.

De la nomination aux emplois.

Art. 6. Le directeur de l'intérieur, sur la présentation d'une liste de candidats dressée par le régisseur de l'atelier, nommera les surveillants, pourvoyeurs, chefs et sous-chefs d'escouade.

De la mobilité et du fractionnement des ateliers de discipline.

Art. 7. Des détachements de l'atelier de discipline pourront être établis au siége de chaque justice de paix. Ils y seront placés sous l'autorité immédiate du commissaire du canton.

De la durée du travail journalier.

Art. 8. La durée du travail journalier sera de neuf heures et demie, réparties entre le lever et le coucher du soleil.

Les travailleurs seront conduits par escouades sur le lieu des travaux, et en seront ramenés à leurs logements par leurs différents chefs.

De la nourriture.

Art. 9. La ration de chaque travailleur se composera de un litre de farine de manioc et de 375 grammes de morue par jour.

La farine de manioc pourra être remplacée par un kilogramme de riz ou un kilogramme de maïs; la morue par du bœuf salé, à raison de 250 grammes par ration.

En cas d'insuffisance, ces quantités pourront être augmentées par l'administration locale.

De la délivrance des vivres.

Art. 10. Les rations seront délivrées par la direction des vivres, le magasin général, ou des fournisseurs désignés au régisseur de l'atelier de discipline, sur des demandes régulières, le samedi de chaque semaine.

De la préparation et de la distribution des vivres.

Art. 11. La nourriture sera préparée en commun.

La distribution aux travailleurs se fera chaque jour par le pourvoyeur, en présence du régisseur de l'atelier de discipline ou du commissaire de police, et, en leur absence, sous les yeux de leur délégué.

De la solde et des gratifications.

Art. 12. La solde des hommes libres de l'atelier sera fixée ainsi qu'il suit :

Le surveillant. . . . . 2 fr. 50 c.
Le pourvoyeur et les chefs d'escouades. 2 »
Les sous-chefs. 1 75

Les détenus recevront, à titre de gratification, les sommes suivantes :

Le maître-travailleur. . . . . » fr. 35 c.
Le travailleur de 1ʳᵉ classe. . . . . . »   30
—   2ᵉ classe. . . . . . »   25
—   3ᵉ classe. . . . . . »   20

Du logement.

Art. 13. Les travailleurs seront logés dans des cases ou baraques faciles à démonter et à transporter. Elles seront assez grandes pour permettre d'y loger une escouade, et leur construction s'exécutera sur un plan uniforme.

Ces cases, ainsi que l'infirmerie, la cellule disciplinaire et la cuisine de l'atelier, composeront un quartier qui devra être entouré de murs.

De l'habillement.

Art. 14. Les individus faisant partie de l'atelier de discipline porteront tous le même habillement.

Les vêtements qu'ils auront à leur entrée ne leur seront rendus qu'à l'expiration de leur peine.

De l'instruction.

Art. 15. Au siége principal de l'atelier de discipline et dans les différents détachements, des frères de Ploermel seront chargés de donner l'instruction aux détenus, deux fois par jour, matin et soir. Ils prendront les ordres du régisseur de l'atelier de discipline ou du commissaire de police pour fixer le lieu et les heures convenables à l'accomplissement de ce devoir.

Dans les localités où il existe d'autres cultes que le culte catholique, l'instruction sera donnée aux détenus appartenant aux religions dissidentes par les ministres de ces mêmes religions.

Des punitions.

Art. 16. Les punitions à infliger aux travailleurs pour manquement à leurs devoirs sont :

La réprimande publique faite par le régisseur,
La consigne,
La retenue de tout ou partie de la gratification,
La cellule disciplinaire,
La prison,
Le cachot,
La perte du rang.

Toute faute tombant sous l'application d'une peine plus sévère sera jugée par les tribunaux compétents.

Des récompenses.

Art. 17. Les récompenses à accorder aux travailleurs pour leur zèle et leur bonne conduite sont :

La gratification en argent,

La permission de s'absenter de l'atelier pendant un ou plusieurs jours,

La promotion à une classe supérieure ou au grade de maître-travailleur,

La mention honorable à l'ordre du jour,

La réduction ou la remise entière de la peine prononcée conformément à l'article 16.

Du comité de patronage.

Art. 18. Les ateliers de discipline sont placés sous le patronage d'un comité composé comme suit :

Le directeur de l'intérieur,

Le procureur général du gouvernement près la cour d'appel, et l'un des conseillers privés.

Le comité propose au commissaire général de la République les améliorations morales et matérielles dont les ateliers de discipline lui paraissent avoir besoin.

Toutes les fois qu'il le juge convenable, il intervient par la présence d'un ou de plusieurs de ses membres dans l'application des peines disciplinaires ou la distribution des récompenses.

Du remboursement à faire pour les différents services.

Art. 19. Un arrêté du commissaire général de la République fixera le prix de la journée de chaque espèce de travailleur pour servir de base aux remboursements à faire par les différents services.

Atelier des femmes.

Art. 20. Les femmes condamnées pour vagabondage ou mendicité seront détenues dans un atelier de discipline où elles seront employées, sous la direction de religieuses, aux travaux de leur sexe.

Dispositions générales.

Une instruction détaillée sera publiée, dans chaque colonie, par le commissaire général de la République, pour l'exécution du présent arrêté.

Décret pour l'établissement de caisses d'épargne.

Le gouvernement provisoire de la République décrète :

Des caisses d'épargne, à l'imitation de celles de France, seront établies aux colonies sous la garantie de la République et sous la surveillance de l'administration.

25

Décret sur divers impôts directs ou indirects.

Le gouvernement de la République décrète :
Article premier. Il sera pourvu par arrêtés des commissaires généraux de la République à une nouvelle répartition de l'impôt personnel, après l'émancipation dans les colonies.

Le contribuable pourra être autorisé, sans qu'il y puisse être contraint, à payer cet impôt par trois journées de travail.

Art. 2. L'impôt sur la fabrication et la consommation des rhums, tafias, vins et autres spiritueux, sera établi ou élevé par des arrêtés des commissaires généraux de la République, conformément au décret de ce jour qui règle leurs attributions.

Art. 3. Il sera pourvu à l'augmentation du taux des licences de cabaretiers et autres débitants au détail de liqueurs alcooliques.

Décret sur la fête annuelle du travail.

Le gouvernement provisoire de la République,
Considérant que l'esclavage a déshonoré le travail aux colonies ;

Qu'il importe d'effacer par tous les moyens possibles le caractère de dégradation dont la servitude a marqué l'agriculture ;

Que des récompenses données aux meilleurs travailleurs ajouteront encore à l'heureuse influence de la liberté sur les mœurs ;
Décrète :

Art. 1er. Chaque année il sera célébré une fête du travail avec tout l'appareil et toute la pompe dont il sera possible de l'entourer.

Elle sera présidée dans la ville, chef-lieu du gouvernement, par le commissaire général de la République ; dans la seconde ville, par le procureur général ; dans chaque canton, par le juge de paix.

Art. 2. Il sera distribué publiquement à cette fête, et au chef-lieu de chaque canton, un prix accordé au travailleur (homme ou femme) qui se sera le plus distingué par sa bonne conduite.

Le prix est une somme de 200 francs, ou la concession de 30 ares de bonne terre arable.

Outre le prix, il sera prononcé six mentions honorables pour les plus méritants.

Art. 3. Au chef-lieu du gouvernement, le commissaire général de la République remettra un prix supérieur au travailleur (homme ou femme) qui aura mérité cette distinction.

Le prix supérieur est de 600 francs, ou d'un hectare de bonne terre arable, plus, une bourse entière dans le lycée colonial de la Guadeloupe, dont le lauréat, s'il n'a pas d'enfant, pourra disposer en faveur d'un enfant de son choix. Si c'est une fille qui est désignée, elle sera élevée à l'institution établie par l'article 11 du décret sur l'instruction publique.

Art. 4. Le conseil municipal de chaque commune nommera un candidat au prix cantonal.

Les maires de chaque canton, réunis au chef-lieu du canton, sous la présidence du juge de paix, choisiront, parmi les candidats ainsi désignés, celui ou celle qui aura mérité le prix cantonal.

Les juges de paix, réunis ensemble sous la présidence du directeur de l'intérieur, choisiront, parmi les lauréats cantonaux, celui qui aura mérité le prix supérieur.

Art. 5. Nul ne pourra obtenir un prix ou une mention honorable qui sera convaincu d'avoir été vu en état d'ivresse une seule fois dans l'année.

Art. 6. Tous les travailleurs qui auront gagné un prix supérieur, et qui n'auraient pas démérité par la suite, obtiendront une place d'honneur dans toutes les fêtes et toutes les cérémonies nationales.

Art. 7. La fête sera célébrée tous les ans à l'anniversaire du jour de l'émancipation.

Décret sur le régime hypothécaire et l'expropriation forcée.

Le gouvernement provisoire de la République,

Considérant qu'il importe de ramener la prospérité dans les colonies françaises par le rétablissement du crédit, et d'y maintenir le travail, en assurant la juste rémunération des travailleurs libérés de l'esclavage;

Que l'impossibilité de réaliser les hypothèques par la réquisition de mise aux enchères, par la surenchère, ou la vente sur saisie réelle, est la principale cause des souffrances de l'agriculture et de l'industrie coloniales;

Qu'il doit y être pourvu d'urgence, mais que néanmoins, en rétablissant à cet égard le droit commun dans les colonies, il y a lieu d'admettre transitoirement certaines modifications,

Décrète:

Art 1er. Les dispositions des titres 18 et 19 du livre III du Code civil, concernant les hypothèques et l'expropriation forcée, continueront d'être exécutés ou deviendront exécutoires, sauf les modifications ci-après, dans les colonies de la Martinique, de la Guadeloupe et dépendances, de la Guyane française et l'île de la Réunion, aussitôt que le présent décret y aura été promulgué.

Art. 2. L'article 2184 du Code civil est remplacé, dans les mêmes colonies, par les dispositions suivantes :

L'acquéreur ou le donataire déclarera, dans l'acte de notification prescrit par l'article 2183, qu'il est prêt à acquitter les dettes et charges hypothécaires, jusqu'à concurrence du prix, sans distinction des dettes exigibles ou non exigibles, savoir :

S'il s'agit d'une propriété rurale en exploitation, un quart comptant; le surplus, en trois portions égales d'année en année, y compris les intérêts à partir du jour où est dû le premier quart, et en fournissant caution pour la moitié de la somme restant à payer.

S'il s'agit de toute autre propriété, moitié comptant, le surplus dans un an, y compris les intérêts, et en fournissant caution pour la moitié de la somme restant à payer.

Dans le cas où l'acquéreur aura promis que le prix sera payé comptant ou par portions égales plus fortes, où à des époques plus rapprochées que celles qui sont fixées par le présent article, les clauses du contrat devront être exécutées.

En cas de revente volontaire de l'immeuble, les délais courront, à l'égard des créanciers du premier vendeur, du jour de la notification faite par le premier acquéreur ou du jour de la mise en demeure qui aurait précédé cette notification.

Art. 3. Lorsque le créancier usera de la faculté de requérir la mise aux enchères et adjudications publiques, il devra, en se conformant aux dispositions de l'article 2185 du Code civil, se soumettre à payer le prix aux époques auxquelles le premier acquéreur est tenu de le faire, et il donnera en outre caution, le tout d'après les dispositions précédentes et à peine de nullité.

Art. 4. Dans le cas prévu par l'article 2187 du Code civil, l'adjudicataire, par suite de surenchère sur l'aliénation volontaire, jouira, pour le payement du prix, et en fournissant la caution stipulée par l'article 2 ci-dessus, des délais déterminés par ce dernier article. Si le contrat de vente contient stipulation de payer comptant, la surenchère devra être faite au comptant pour une somme au moins égale à la première stipulation. Le surplus serait payé par tiers en trois années.

Art. 5. L'adjudicataire, sur expropriation forcée ou après surenchère sur l'aliénation forcée, ou après folle enchère, jouira également, pour le payement de la portion du prix d'adjudication qui n'est pas payable comptant, des délais accordés par l'article 2 ci-dessus, et en se conformant, pour l'obligation de fournir caution, aux dispositions dudit article.

Il devra, en outre, payer comptant les frais de poursuite.

Art. 6. L'acquéreur, donataire, adjudicataire ou créancier

surenchérisseur qui, aux termes des articles précédents, est tenu de donner caution, sera dispensé de la fournir, si, dans les délais déterminés pour la présenter, il offre, sur la portion libre de ses biens situés dans la colonie, une hypothèque égale à la partie du prix pour laquelle la caution est exigée.

Art. 7. Si par baux postérieurs au présent décret, authentiques ou sous seings-privés ayant date certaine, le débiteur justifie que le revenu net et libre de l'immeuble, pendant un an, suffit pour le payement de la dette en capital, intérêts et frais, et s'il en offre la délégation au créancier, la poursuite pourra être suspendue par les juges, sauf à être reprise s'il survient quelque opposition ou obstacle au payement.

Si l'immeuble n'est ni loué, ni affermé, les tribunaux ne pourront suspendre la poursuite qu'après avoir constaté que les produits de trois années, dont l'abandon serait offert par le débiteur, suffisent à l'entier acquittement de la dette, en capital, intérêts et frais.

Art. 8. Les dispositions exceptionnelles des articles 2, 3, 4, 5, 6 et 7 du présent décret cesseront d'avoir leur effet dans cinq ans, à dater de sa promulgation ; et, à cette époque, les colonies rentreront sous l'empire des articles 2184, 2185, 2187 et 2212 du Code civil.

Art. 9. Par suite du présent décret, et aussitôt après sa promulgation, les titres XII et XIII du livre V du Code de procédure, modifiés par les articles 1 et 2 de la loi du 2 juin 1841, concernant les ventes judiciaires de biens immeubles, seront rendus exécutoires aux colonies de la Martinique, de la Guadeloupe et dépendances, de l'île de la Réunion et de la Guyane française, sous les modifications suivantes :

Le commandement tendant à saisie et tous autres actes à signifier au saisi, lorsqu'il n'aura pas de domicile réel ou élu dans la colonie, seront signifiés, soit à son gérant, soit au parquet du tribunal dans la forme prescrite par l'article 6, n° 8, de l'ordonnance du 19 octobre 1828.

Dans le procès-verbal de saisie ne sera pas exigée la copie de la matrice du rôle de la contribution foncière pour les objets saisis, s'il s'agit d'immeubles ruraux.

Les insertions ou annonces prescrites seront faites dans un journal de la colonie, d'après un tarif fixé par l'autorité administrative, sans que les cours d'appel aient à faire aucune désignation des journaux où devraient être insérées les annonces judiciaires.

Il ne pourra être passé en taxe plus de 300 exemplaires des placards qui doivent être affichés. Ce nombre n'excédera pas 200 à la Guyane française.

Toute disposition prononçant la contrainte par corps sera sans effet quant à cette voie d'exécution.

Art. 10. Lorsqu'un délai devra être augmenté à raison des distances dans la colonie, l'augmentation sera d'un jour par trois myriamètres.

Art. 11. Les ventes judiciaires qui seront commencées antérieurement à la promulgation du présent décret, à la Guyane française et à l'île de la Réunion, continueront à être régies par les lois en vigueur jusqu'à ce jour dans les colonies. Les ventes seront censées commencées, savoir : pour la saisie immobilière, si le procès-verbal a été transcrit; et pour les autres ventes, si les placards ont été affichés.

Art. 12. Le titre XIV du livre V du Code de procédure civile intitulé *De l'ordre*, actuellement en vigueur dans la métropole, sera rendu exécutoire aux colonies de la Martinique, de la Guadeloupe et dépendances, de l'île de la Réunion et de la Guyane française. Les bordereaux de collocation délivrés aux créanciers ne seront payables que dans les termes des articles 2, 3, 4, 5 et 6 du présent décret.

Art. 13. Dans les mêmes colonies, l'ordonnance du 10 octobre 1841 règlera les frais et dépens relatifs aux actes ou aux ventes résultant de l'exécution du présent décret. Le tarif à suivre, en ce qui concerne les huissiers, les avoués et les experts, sera celui qui est déterminé par le titre II de cette ordonnance, sous réduction d'un dixième.

Instruction du gouvernement provisoire pour les élections dans les colonies, en exécution du décret du 5 mars 1848.

I. NOMBRE DES REPRÉSENTANTS.

I. Le nombre des représentants du peuple à l'Assemblée nationale sera de trois pour la Martinique, trois pour la Guadeloupe, un pour la Guyane, trois pour l'île de la Réunion, un pour le Sénégal et dépendances, un pour les établissements français de l'Inde.

Les colonies pourront nommer des représentants suppléants au nombre de deux pour la Martinique, deux pour la Guadeloupe, un pour la Guyane, deux pour l'île de la Réunion, un pour le Sénégal, un pour l'Inde (1).

(1) Nous nous bornons à citer ce premier article qui montre quelles étaient les vues du gouvernement provisoire sur le nombre de représentants à attribuer aux colonies. La loi électorale organique, qui a modifié cette instruction, a réduit à deux le nombre des représentants attribués à la Guadeloupe, à la Martinique et à la Réunion, et a supprimé celui de l'Inde ainsi que tous les suppléants.

Décret sur la suppression des conseils coloniaux et des délégués des colonies.

Le gouvernement provisoire de la République,
Vu l'article 3 du décret du 5 mars, qui admet les colonies françaises à la représentation nationale,
Décrète :
Les conseils coloniaux de la Martinique, de la Guadeloupe, de la Guyane française et de l'île de la Réunion, et les conseils généraux du Sénégal et des établissements français de l'Inde sont supprimés.
Les fonctions de délégués des colonies sont également supprimées à dater de ce jour.

Décret sur les pouvoirs extraordinaires des commissaires généraux de la République.

Le gouvernement provisoire de la République,
Vu le décret de ce jour, portant suppression des conseils coloniaux;
Vu les décrets des 5 mars et 27 avril 1848, relatifs à l'envoi de représentants des colonies à l'Assemblée nationale;
Considérant que jusqu'à ce qu'il ait été statué par l'Assemblée nationale sur le régime législatif des colonies, le pouvoir local doit réunir certaines attributions qui étaient partagées entre les conseils coloniaux et le gouvernement,
Décrète :
Article 1er. Les commissaires généraux de la République dans les colonies sont autorisés à statuer par arrêtés sur les matières énumérées dans l'article 3, §§ 2, 3, 4 et 8, et dans les articles 4, 5 et 6 de la loi du 24 avril 1833.
Art. 2. Ces arrêtés seront provisoirement exécutoires, sauf l'approbation du ministre.

Décret sur le régime de la presse aux colonies.

Le gouvernement provisoire de la République,
Considérant que la liberté de la presse est le premier besoin d'un pays libre;
Que les colonies sont appelées désormais à jouir de tous les droits publics de la nation;
Que si les sociétés coloniales, en présence de l'esclavage, redoutaient la libre discussion, elles doivent être affranchies aujourd'hui de toute oppression de la pensée comme de toute servitude de l'homme,
Décrète :
Article 1er. La censure des journaux et autres écrits, con-

férée à l'autorité administrative par les articles 44 et 49 de l'ordonnance organique du 9 février 1837, est abolie.

A l'avenir, tous journaux pourront être imprimés et publiés sans autorisation préalable, et ne pourront être suspendus ni révoqués administrativement.

Tous écrits non condamnés par les tribunaux pourront être librement introduits dans les colonies.

Art. 2. Sont exécutoires aux colonies, et jusqu'à ce qu'il ait été statué par l'Assemblée nationale, et sous les modifications résultant des décrets du gouvernement provisoire, les lois et ordonnances concernant la police de la presse et de l'imprimerie, la répression et la poursuite des crimes, délits ou contraventions commis par la voie de la presse ou autres moyens de publication, les journaux ou autres écrits périodiques.

Art. 3. Néanmoins, les dispositions de ces lois, incompatibles avec l'organisation judiciaire actuelle des colonies, resteront sans effet. Les cours d'appel jugeant correctionnellement connaîtront des simples contraventions. Les cours d'assises, composées conformément à l'article 67 de l'ordonnance organique (Antilles) du 24 septembre 1828 (1), connaîtront de tous crimes ou délits commis par la voie de la presse ou tous autres moyens de publication. L'article 176 de l'ordonnance du 24 septembre 1828 (2) est abrogé. Seront aptes à faire partie du collége des assesseurs tous citoyens éligibles à l'Assemblée nationale.

Rapport au gouvernement provisoire sur l'application aux colonies des dispositions qui régissent en France le recrutement de l'armée, l'inscription maritime et la garde nationale.

CITOYENS,

Les décrets que vous avez rendus sur les colonies en font aujourd'hui une partie intégrante du territoire de la République.

En les régénérant par l'abolition de l'esclavage, vous avez voulu qu'elles fussent au plus tôt fraternellement assimilées à la mère-patrie, en substituant progressivement le régime du droit commun au régime exceptionnel sous lequel elles ont été si longtemps placées.

L'une des premières mesures à prendre d'urgence doit être

(1) Pour la Réunion, articles 58 et 165 de l'ordonnance du 30 septembre 1827; pour Cayenne, art. 58 et 163 de l'ordonnance du 21 décembre 1828.

(2) Article 176. Les assesseurs devront être âgés au moins de trente ans révolus.

celle qui aura pour objet d'appeler immédiatement la population que vous venez de rendre à la liberté à concourir à la défense de la patrie.

Le régime des milices, approprié à un état de choses qui n'existe plus, doit disparaître et faire place à un ensemble de dispositions qui aura pour effet d'appliquer aux colonies les lois qui régissent en France le recrutement de l'armée, l'inscription maritime et la garde nationale.

Faire participer tous et chacun à la dette du sang qui pèse sur les enfants de la mère-patrie; mettre à profit, dans l'intérêt de la France, la population nombreuse aux colonies, et surtout au Sénégal, qui se livre à la navigation et à la pêche, population qui nous échapperait peut-être aujourd'hui si elle n'était point placée immédiatement dans le droit commun; appeler enfin la totalité des colons au maintien de l'ordre et de la tranquillité intérieurs, tels sont les principes généraux qui militent en faveur du projet de décret qui est ci-joint.

Ce projet a été élaboré dans le sein d'une commission composée d'hommes compétents, officiers généraux et autres (1). Il a d'ailleurs été pour ainsi dire sanctionné à l'avance par des colons qui, entendus devant la commission de l'abolition de l'esclavage, ont exprimé cette opinion que l'application du recrutement et de l'inscription maritime serait un moyen de diminuer les préjugés de couleur et de faire entrer les noirs plus avant et plus rapidement dans notre civilisation par l'éducation régimentaire.

C'est donc avec confiance que je soumets à votre approbation le projet de décret ci-annexé.

Signé : F. ARAGO.

Décret portant application aux colonies des lois sur le recrutement de l'armée, sur l'inscription maritime et la garde nationale.

AU NOM DU PEUPLE FRANÇAIS,

LE GOUVERNEMENT PROVISOIRE,

Considérant que les colonies sont une portion intégrante du territoire de la République;

Qu'en les régénérant par l'abolition de l'esclavage, on ne

(1) Cette commission était composée des citoyens de Coisy, général de division, inspecteur général du matériel de l'artillerie de marine, président; Douat, chef du bureau du personnel et des services militaires des colonies; Lemat, chef du bureau de l'inscription maritime; Frébault, chef de bataillon d'artillerie de marine; Favre, chef de bataillon d'infanterie de marine; Onfroy, sous-chef de bureau du personnel et des services militaires des colonies.

saurait trop tôt y détruire les lois exceptionnelles, les faire rentrer dans le droit commun et les assimiler complétement à la mère-patrie,

Décrète :

Art. 1er. La loi du 21 mars 1832 sur le recrutement de l'armée est appliquée aux colonies, où elle sera immédiatement promulguée et mise en vigueur.

Art. 2. Les jeunes soldats appelés au service militaire en vertu du présent décret seront de préférence affectés au service des colonies.

Art. 3. Toutes les institutions qui régissent le mode de recrutement en France seront suivies aux colonies.

Art. 4. Une instruction du ministre de la marine désignera les agents qui, dans les colonies, rempliront les fonctions que la loi attribue, en France, au préfet, au sous-préfet et aux conseillers de préfecture de département et d'arrondissement.

Art. 5. L'inscription maritime est établie aux colonies françaises, où sont applicables désormais les lois et les règlements qui régissent en France cette institution.

Art. 6. Sont appliquées dans les colonies :

1º La loi du 22 mars 1831, portant organisation de la garde nationale de France;

2º La loi du 30 avril 1846, le décret du 8 mars 1848, et l'arrêté du 26 mars 1848, qui ont modifié, dans certaines dispositions, la loi du 22 mars 1831;

3º La loi du 19 avril 1832, qui prescrit l'établissement d'un contrôle permanent des gardes nationales mobiles.

Art. 7. On devra, quant au surplus, se référer aux dispositions contenues dans la loi du 12 août 1790, dans la loi du 10 juillet 1791, dans le décret du 24 décembre 1811, et dans les lois des 12 décembre 1790, 3 août 1791, 29 septembre 1791 et 8 germinal an VI, en ce qui concerne spécialement le service de la garde nationale, dans les places de guerre et les postes militaires, et les rapports à établir entre la garde nationale, les autorités administratives et la gendarmerie.

Art. 8. Une instruction du ministre de la marine réglera, dans les détails, l'application des art. 6 et 7 ci-dessus, et déterminera spécialement la part d'attributions qui devra être dévolue aux gouverneurs, aux commandants militaires, aux directeurs de l'intérieur, etc.

Art. 9. Le ministre de la guerre et le ministre de la marine et des colonies sont chargés, etc.

Fait à Paris, en conseil de gouvernement, le 3 mai 1848.

(*Suivent les signatures des membres du gouvernement provisoire.*)

Projet d'arrêté pour l'établissement de banques aux colonies.

La Commission du pouvoir exécutif,

Vu le décret du 27 avril dernier, qui prononce l'abolition de l'esclavage dans les colonies françaises;

Considérant que cette grande mesure de justice apportera une modification profonde dans les conditions du travail colonial, auquel il sera nécessaire de fournir des moyens de crédit,

Arrête :

Article 1er. Des banques seront établies dans les îles de la Martinique, de la Guadeloupe, de la Réunion et à la Guyane.

Art. 2. Elles formeront des établissements particuliers constitués en société anonyme, conformément aux statuts qui seront approuvés par les ministres des finances et de la marine.

Le terme de ces sociétés est fixé au 31 décembre.

Art. 3. Ces banques auront leur siége dans les villes de Saint-Pierre, de la Pointe-à-Pître, de Saint-Denis et de Cayenne.

Elles pourront avoir sur les autres points de la colonie des succursales ou agences.

Art. 4. Elles jouiront exclusivement, chacune dans l'étendue de la colonie où elle est établie, du privilége d'émettre des billets, payables au porteur et à vue, dont les coupures seront de 1,000, 500, 100, 50, 20, 10 et 5 francs.

Les billets devront être fabriqués à Paris.

Art. 5. Le capital des quatre banques coloniales est fixé à 10,000,000 de francs, représentés par 20,000 actions de 500 fr. chacune, savoir :

```
5,000,000f formant 6,000 actions pour l'île de la Martinique.
5,000,000   —     6,000   —    pour l'île de la Guadeloupe.
5,000,000   —     6,000   —    pour l'île de la Réunion.
1,000,000   —     2,000   —    pour la Guyane.
```

Les opérations pourront commencer lorsque la moitié du capital aura été souscrit.

Art. 6. Toutes les opérations qui ne sont pas expressément permises par les statuts sont interdites aux banques coloniales.

Art. 7. Les espèces métalliques existant dans les caisses de chaque banque ne seront jamais au-dessous du tiers de son passif en billets et comptes courants exigibles à vue.

Art. 8. Chacune des banques coloniales sera administrée par un conseil composé d'un directeur, de neuf administrateurs et de trois censeurs du gouvernement.

Le directeur sera nommé par le gouvernement, sur la proposition des ministres de la marine et des finances.

Les administrateurs et les censeurs seront nommés par l'assemblée générale des actionnaires.

Art. 9. La moitié des actions sera souscrite par l'Etat, qui en versera le montant, soit en numéraire, soit en traites du caissier central.

Lorsque l'autre moitié des actions aura été placée, celles dont l'Etat a fait les fonds seront cédées au pair aux souscripteurs qui offriront de rembourser le Trésor de ses avances.

Art. 10. Par exception à l'article 8, la nomination des administrateurs et des censeurs sera faite cette année par les ministres des finances et de la marine. Leurs fonctions dureront jusqu'à la première assemblée des actionnaires, qui aura lieu dans la seconde quinzaine de juillet 1849.

Art. 11. Le taux de l'intérêt des capitaux prêtés par les banques ne pourra pas excéder 8 pour 100.

Projet de tarif pour les sucres.

Désignation	Tarif	au lieu de
Sucres indigènes raffinés du 1er type et de nuances inférieures	40f 00c	45f 00c
du 1er type exclusivement au 2e inclusivement	44 00	49 50
au-dessus du 2e type	48 00	54 00
Sucres coloniaux raffinés du 1er type et de nuances inférieures	52 00	48 50
du 1er type exclusivement au 2e inclusivement	58 50	38 50
au-dessus du 2e type, de l'île de la Réunion	19 00	45 00
d'Amérique	25 00	45 00
de l'île de la Réunion	21 00	43 00
d'Amérique	27 00	49 00
de l'île de la Réunion	24 00	43 00
d'Amérique	30 00	47 50
de l'île de la Réunion	36 00	44 00
d'Amérique	52 50	au lieu de la prohibition
d'ailleurs hors d'Europe	40 00	
Sucres étrangers Bruts autres que blancs par navires français, de l'Inde	45 00	60 00
des entrepôts	55 00	75 00
Brut blanc ou terré, sans distinction de nuances ni du mode de fabrication, de l'Inde	60 00	80 00
d'ailleurs hors d'Europe	65 00	85 00
des entrepôts	75 00	95 00
Par navires étrangers	85 00	105 00

Projet de tarif pour les cafés.

Désignation	Tarif	au lieu de	réduction
Par navires français des colonies françaises au delà du Cap	20f	50f	30f
en deçà du Cap	50	60	30
des établissements français en Afrique	48	78	30
de l'Inde	65	95	30
d'ailleurs hors d'Europe	70	100	30
des entrepôts	75	105	30
Par navires étrangers			

Projet d'arrêté pour l'établissement d'un collége à la Basse-Terre (Guadeloupe).

Article 1er. Un collége sera établi à la Basse-Terre (Guadeloupe).

Art. 2. La colonie en fournira le local. Les dépenses premières de matériel, jusqu'à concurrence d'une somme de 20,000 francs, seront acquittées sur les fonds libres du service général, consacrés au matériel des écoles.

Art. 3. Le commissaire général de la République déterminera, le conseil privé entendu, le prix de la pension et demi-pension, ainsi que la rétribution due par les externes. Il statuera sur les dispenses de frais d'études qui lui seraient adressées, au nom de ces derniers, par l'intermédiaire du principal. Il réglera également, après délibération en conseil, la concession des bourses et fractions de bourse qui seront instituées sur les fonds municipaux.

Art. 4. Le collége sera administré par le principal, au compte de l'État. Il sera placé sous la surveillance d'un conseil d'administration composé de la manière suivante : un conseiller de la cour d'appel, trois conseillers municipaux et un commissaire de marine désignés par le commissaire général de la République. Le conseil pourra être renouvelé tous les ans et choisira, chaque année, son président parmi ses membres. Le chef du bureau de la direction de l'intérieur, chargé spécialement de ce qui concerne l'instruction publique, y remplira les fonctions de secrétaire avec voix consultative; le principal pourra y être appelé et siégera au même titre.

Art. 5. Toute plainte concernant les fonctionnaires et professeurs sera portée devant ce conseil, qui donnera son avis motivé au commissaire général de la République, par l'entremise du directeur de l'intérieur.

Art. 6. A la fin de chaque trimestre, le principal présentera au conseil son compte de gestion et l'exposé de la situation du collége, au point de vue de la moralité, de la discipline, des études et de l'hygiène. Tous les six mois au moins, le conseil d'administration fera sur ce compte rendu un rapport qu'il adressera au directeur de l'intérieur pour être remis au commissaire général de la République; celui-ci le transmettra, dans le plus bref délai, au ministre de la marine, en y joignant ses propres observations.

Art. 7. Le collége sera divisé en deux sections : l'une consacrée à l'enseignement classique, l'autre à l'enseignement professionnel. Le règlement des études classiques sera conforme à celui des lycées métropolitains; le cours professionnel prendra pour base le règlement de l'école municipale Chaptal, à Paris.

Art. 8. Le principal, les professeurs et les maîtres d'études seront nommés par le ministre de la marine et des colonies, d'accord avec le ministre de l'instruction publique.

Art. 9. Leurs traitemens sont ainsi fixés :

Principal.	5,000 fr.
Professeurs de premier ordre (philosophie, mathématiques spéciales, physique, rhétorique, histoire).	4,000
Professeurs de second ordre (classes supérieures, deuxième, troisième, mathématiques élémentaires).	3,500
Professeurs de troisième ordre (classes de grammaire, quatrième, cinquième et sixième, classe de français et d'histoire au cours professionnel).	3,000
Maîtres de dessin et maîtres de langues étrangères.	2,000
Maîtres élémentaires.	2,000
Maîtres d'études.	1,500

Art. 10. Un traitement supplémentaire de 1,000 francs pourra être alloué, sur le rapport du conseil d'administration, au principal, comme récompense d'une bonne gestion.

Le produit de la rétribution des externes, et une somme égale à cette rétribution, prélevée sur le prix de la pension des internes, formeront, pour les professeurs de chacun des trois ordres, un traitement éventuel qui ne pourra dépasser 1,000 francs par an pour chacun.

Art. 11. Les bénéfices de l'administration du collége serviront d'abord à payer le traitement fixe des professeurs; l'excédant des dépenses sur les recettes sera couvert par une subvention prise sur les fonds du service général.

Art. 12. Les maîtres élémentaires, comme les maîtres d'études, seront logés et nourris dans l'établissement et pourront être employés accessoirement à des fonctions de surveillance. Les professeurs et les autres maîtres spéciaux pourront, s'il y a lieu, être aussi logés gratuitement. Ils seront admis à une table commune, dont l'ordinaire et le prix seront réglés par le conseil d'administration.

Art. 13. Provisoirement, le personnel de l'enseignement et des études est ainsi constitué :

Le principal, chargé de la philosophie;

Un professeur de mathématiques, pour les deux sections de l'établissement;

Un professeur de physique, chimie et histoire naturelle pour les deux sections du collége;

Un professeur de classes supérieures pour la rhétorique, la seconde et la troisième, ces deux dernières classes réunies en une année d'études;

Un professeur de grammaire (quatrième, cinquième et sixième, réunies en deux années d'études);

Un professeur de littérature française et d'histoire, pour le cours professionnel; un maître élémentaire (septième, huitième et neuvième, réunies en deux années d'études);

Un maître de langues vivantes;

Deux maîtres d'études.

L'enseignement de l'histoire sera provisoirement confié aux professeurs des lettres dans chaque classe, et l'enseignement du dessin à l'un des professeurs de sciences.

Rapport au ministre de la marine sur les derniers travaux de la commission.

Paris, le 21 juillet 1848.

Citoyen ministre,

La commission de l'abolition de l'esclavage, réorganisée par l'arrêté du 10 juin (1), a terminé les études pour lesquelles la Commission exécutive avait continué ses pouvoirs; et, avant de se séparer, elle soumet à votre examen les résultats de ses travaux.

Deux questions lui restaient à traiter : l'établissement des caisses d'épargne et l'immigration des travailleurs libres aux colonies.

Le gouvernement provisoire avait, par un décret du 27 avril, posé le principe de l'établissement des caisses d'épargne aux colonies : il ne s'agissait plus que d'en régler l'application par voie réglementaire; c'est le but du projet d'arrêté que nous vous soumettons, avec les statuts relatifs à l'organisation de ces établissements dans chaque colonie.

La question des immigrations a dû préoccuper plus vivement la commission, et c'est aussi sur ce point, citoyen ministre, qu'elle appelle toute votre sollicitude. Bien entendue, bien dirigée, l'immigration aura pour effet de maintenir et de raviver dans nos colonies le travail, en lui rendant les bras que l'émancipation peut lui ôter dans les premiers moments de la crise. Mais, pour donner aux colonies des travailleurs, la commission ne voudrait pas qu'on renouvelât la traite sous une forme déguisée. Aussi a-t-elle exclu généralement la côte

(1) L'arrêté du 10 juin remplace les citoyens Perrinon, Gatine et Gaumont, membres de l'ancienne commission, envoyés aux colonies, par les citoyens Montrol, représentant du peuple; Pascal Duprat, représentant du peuple; et Pierre Vinçard, ouvrier.

d'Afrique des sources ouvertes à ces essais de recrutement. L'Afrique, d'où l'on tire aujourd'hui encore des esclaves, a paru à la majorité de la commission un pays suspect en fait de libres émigrants. Dans ces parages, elle ne lèverait l'interdit que pour le Sénégal et Gorée, où nous avons une administration en mesure de surveiller de plus près ces sortes de contrats et d'en bien vérifier l'origine et le caractère. Elle ferait encore exception pour les populations libres de l'Abyssinie, sous la garantie d'un agent spécialement préposé au contrôle de ces engagements. L'Asie serait comprise dans les mêmes mesures. Mais c'est surtout à l'Europe que la commission voudrait demander pour les colonies ce supplément de travailleurs. Elle y verrait un moyen d'enlever à nos sociétés européennes le surcroît de leur population pour combler le vide qui peut se faire sentir aux colonies; et le bien qui en résulterait pour les colonies et la métropole se ferait au profit des émigrants eux-mêmes : car la commission est convaincue qu'avec des précautions faciles, un régime hygiénique convenable et une sage distribution des heures de travail, le climat des colonies n'a rien qui doive effrayer l'agriculteur de nos climats.

La commission signale particulièrement à votre attention, citoyen ministre, les conditions que semble exiger ce recrutement de travailleurs. Elle ne croit pas qu'en pareille matière l'Etat puisse s'en remettre complétement aux règles que le Code civil établit pour les contrats de louage ordinaires. Le Code pose des règles égales pour les parties qui traitent sur le pied de l'égalité; mais, si l'une d'elles se trouve dans un état d'infériorité nécessaire, la tutelle de la loi ne lui fait point défaut : témoin les dispositions spéciales et les formalités qui protégent les intérêts des mineurs. Dans les contrats d'immigration, l'émigrant est vraiment un mineur à l'égard de celui qui le loue. Il s'engage pour un pays qu'il ne connaît pas; il accepte un travail dont il ne peut apprécier ni le caractère ni l'influence sur sa santé, sur sa vie même. En de telles circonstances, il paraît bon que l'Etat préside aux conditions de son premier engagement; qu'il en borne la durée à des termes raisonnables; qu'il pose de même des règles générales pour la traversée et l'installation de l'émigrant à l'arrivée; qu'il ne l'abandonne point même alors, mais qu'il détermine en de certaines limites les heures de travail, et qu'il prévoie, en cas de résiliation forcée du contrat, les conditions de rapatriement.

Ces obligations, l'Etat pourrait les faire accepter avec d'autant plus d'autorité, qu'il contribuerait lui-même à l'immigration par ses subsides. Non pas que cette condition ait paru à la commission indispensable pour qu'il intervienne. L'Etat est le tuteur-né du faible; et il y a des mesures d'ordre public qu'il a le droit et le devoir de prescrire, sans que les parties contractantes puissent y déroger. Mais, si l'immigration, qui tourne au profit des exploitations particulières, semble devoir généralement rester à leur charge, la commission a cependant jugé qu'il y avait dans la question un intérêt public assez grave pour motiver le concours de l'Etat : c'est le maintien, le développement même du travail aux colonies, c'est le salut et la prospérité de nos établissements, c'est l'avenir de ces familles qui, désœuvrées et nécessiteuses en Europe, se transformeront aux colonies en une population de producteurs et de consommateurs.

La commission, citoyen ministre, se borne à vous exposer les principes qui l'ont guidée dans l'étude de cette question importante : elle laisse à votre dévouement pour les intérêts coloniaux le soin de les formuler et de les soumettre à la sanction législative, quand le moment en sera venu. Et maintenant il ne lui reste plus qu'à remettre entre vos mains les pouvoirs dont l'avait investie le premier ministre de la République au département de la marine. En se retirant, elle a la conscience de n'avoir point failli à sa mission. Le gouvernement provisoire, après avoir proclamé la République, posa par le décret du 4 mars le principe de l'abolition immédiate de l'esclavage; et l'opinion publique, l'assentiment même de la plupart des chambres de commerce, salua cette déclaration comme une conséquence naturelle et nécessaire de l'établissement républicain. En préparant, aux termes de ce décret, l'acte d'émancipation, la commission a voulu l'environner de toutes les mesures capables d'en rendre l'application plus avantageuse à la société coloniale tout entière sans distinction de condition ou d'origine. Les dernières résolutions qu'elle vous propose sont un nouveau témoignage de l'esprit qui l'a toujours animée.

Le Président,
V. SCHOELCHER.

Le Secrétaire,
H. WALLON.

Projet d'arrêté pour l'établissement des caisses d'épargne aux colonies.

Le président du conseil des ministres, chargé du pouvoir exécutif,

Vu le décret du 27 avril 1848, portant que des caisses d'épargne, à l'imitation de celles de France, seront établies aux colonies, sous la garantie de la République et sous la surveillance de l'administration;

Vu les lois des 5 juin 1835, 31 mars 1837 et 22 juin 1845, relatives aux caisses d'épargne établies en France;

Vu l'ordonnance du 28 juillet 1846, concernant les versements à faire aux caisses d'épargne par les marins portés sur les contrôles de l'inscription maritime, etc., etc.,

Arrête :

Article 1er. Des caisses d'épargne sont établies dans les colonies de la Martinique, de la Guadeloupe, de la Guyane française, de l'île de la Réunion et du Sénégal et dépendances, conformément aux dispositions ci-après :

Art. 2. Les déposants pourront verser de 1 fr. à 300 fr. par semaine. Toutefois aucun versement ne pourra être reçu sur un compte dont le crédit aura atteint 1,500 fr.

Ce crédit pourra néanmoins être porté à 2,000 fr. par la capitalisation des intérêts.

Art. 3. Les sociétés de secours mutuels, dûment autorisées, seront admises à verser jusqu'à concurrence de 6,000 francs, et le crédit de ces sociétés pourra s'élever, par l'accumulation des capitaux, jusqu'à concurrence de 8,000 francs.

Art. 4. Les marins embarqués ou portés sur les contrôles de l'inscription maritime et les militaires en garnison aux colonies, seront admis à déposer, en un seul versement, le montant de leur solde, décomptes et salaires, mais sans pouvoir excéder le maximum déterminé par l'art. 2.

La justification de ces versements sera faite conformément aux dispositions de l'ordonnance du 28 juillet 1846.

Art. 5. Lorsque le dépôt aura atteint le maximum fixé par les articles 2, 3 et 4, il cessera de porter intérêt.

Art. 6. Il sera délivré à chaque déposant un livret en son nom, sur lequel seront enregistrés tous les versements et remboursements.

Nul ne pourra avoir plus d'un livret dans la même caisse ou dans des caisses différentes, sous peine de perdre l'intérêt de la totalité des sommes déposées.

Art. 7. La caisse des dépôts et consignations est chargée de recevoir et d'administrer, sous la garantie du trésor public, les fonds des caisses d'épargne des colonies.

La caisse des dépôts et consignations bonifiera l'intérêt de ces placements à raison de 5 pour 100 (décret du 7 mars 1848), jusqu'à ce qu'il en ait été autrement décidé.

Art. 8. Aucune retenue ne sera faite sur les intérêts par les administrateurs des caisses d'épargne des colonies, pour quelque nature de frais que ce soit.

Art. 9. Sont applicables aux fonds provenant des caisses d'épargne des colonies les dispositions de l'article 3 de la loi du 31 mars 1837, relatives au placement au trésor public, par la caisse des dépôts et consignations, des fonds des caisses d'épargne.

Art. 10. Il sera pourvu, au moyen de crédits législatifs, à l'allocation des sommes qui seront nécessaires pour compléter le payement des intérêts acquis aux déposants dans les caisses d'épargne des colonies, lorsque le montant desdits intérêts excédera le montant de ceux que la caisse des dépôts et consignations aura à bonifier auxdites caisses, en vertu de l'article précédent.

Art. 11. Tout déposant pourra faire transférer ses fonds d'une caisse d'épargne des colonies à une autre caisse d'épargne également des colonies.

Art. 12. Tout déposant dont le crédit sera de somme suffisante pour acheter une rente de 10 francs au moins pourra obtenir, sur sa demande, par l'intermédiaire de l'administration de la caisse d'épargne, et sans frais, la conversion de sa créance en une inscription au grand livre de la dette publique.

Les dispositions prescrites par les articles 7 et 8 de la loi du 22 juin 1845, relativement à l'inscription de ces rentes, à leur transfert à la caisse des dépôts et consignations, et à leur aliénation par ladite caisse, sont applicables aux dépôts faits dans les caisses d'épargne des colonies.

Art. 13. Seront exempts des droits de timbre les registres et livrets à l'usage des caisses d'épargne.

Art. 14. Les caisses d'épargne des colonies pourront, dans les formes et selon les règles prescrites pour les établissements d'utilité publique, recevoir les dons et legs qui seraient faits en leur faveur.

Art. 15. Les formalités prescrites par les articles 561 et 569 du Code de procédure, et par le décret impérial du 18 août 1807, relativement aux saisies-arrêts, seront applicables aux fonds déposés dans les caisses d'épargne des colonies.

Art. 16. L'administration des caisses d'épargne dans les colonies est confiée, sous l'autorité supérieure du commissaire général de la République, à un conseil dit *Conseil d'administration de la caisse d'épargne*, dont le directeur de l'intérieur est le président.

Dans les établissements où la direction de l'intérieur n'est pas établie, la présidence du conseil d'administration desdites caisses appartient au chef du service administratif de la colonie.

Le trésorier colonial est chargé de recevoir les dépôts et d'effectuer les remboursements. Il en tient une comptabilité spéciale entièrement distincte de celle des deniers publics.

Art. 17. Sont approuvés les statuts des caisses d'épargne des colonies, tels qu'ils sont arrêtés par le ministre de la marine et des colonies.

Statuts de la caisse d'épargne et de prévoyance de. . . . .
colonie de. . . . .

Article 1er. Il est établi à. . . . . une caisse d'épargne et de prévoyance.

Art. 2. Cette caisse est destinée à recevoir en dépôt les sommes qui lui seront confiées, et à favoriser ainsi les habitudes d'ordre et d'économie des personnes laborieuses.

Art. 3. La caisse reçoit les dépôts de 1 franc à 300 francs par semaine, sans fraction de franc.

Aucun versement ne peut être reçu sur un compte dont le crédit aura atteint 1,500 francs.

Ce crédit peut néanmoins être porté, par la capitalisation des intérêts, à 2,000 francs.

Art. 4. Les marins embarqués ou portés sur les contrôles de l'inscription maritime et les militaires en garnison sont admis à déposer, en un seul versement, le montant de leur solde, décomptes et salaires, mais sans pouvoir excéder le maximum déterminé par l'article 3.

Il est justifié de l'origine des fonds admis à ces versements exceptionnels dans les formes qui sont déterminées par l'ordonnance du 28 juillet 1846.

Art. 5. Les sociétés de secours mutuels dûment autorisées sont admises à verser jusqu'à concurrence de 6,000 francs, et le crédit de ces sociétés peut s'élever, par l'accumulation des intérêts des capitaux, jusqu'à concurrence de 8,000 francs.

Art. 6. Tout crédit qui a atteint le maximum de 2,000 francs, ou celui de 8,000 francs pour les sociétés dont il est fait mention dans l'article précédent, cesse de porter intérêt, et le déposant est invité à retirer son capital.

Art. 7. Tout déposant dont le crédit est de somme suffisante pour acheter une rente de 10 francs peut obtenir, sur sa demande et sans frais, par l'intermédiaire du directeur de l'intérieur de la colonie, président du conseil d'administration de la caisse d'épargne, la conversion de son dépôt en une inscription au grand-livre de la dette publique.

Aussi longtemps que les déposants ne réclameront pas la remise de leurs inscriptions de rente, les arrérages en seront touchés par la caisse, et portés en accroissement au crédit des déposants.

Art. 8. Dès que les sommes déposées à la caisse d'épargne auront atteint un maximum jugé suffisant pour subvenir aux remboursements courants, les sommes qui excéderont ce maximum seront immédiatement versées à la caisse coloniale pour être converties en traites sur France, soit du caissier central du trésor public sur lui-même, soit de l'administration locale sur

l'agent comptable des traites de la marine. Ces traites seront
remises par le directeur de l'intérieur au commissaire général
de la colonie, pour être transmises immédiatement au ministre
de la marine et des colonies, qui chargera le caissier particulier de son ministère d'en opérer le recouvrement et d'en verser le montant à la caisse des dépôts et consignations, où elles
seront reçues en compte courant, conformément aux dispositions de la loi du 31 mars 1837 et de l'ordonnance du

Art. 9. Tout déposant peut faire transférer ses fonds d'une
caisse d'épargne des colonies à une autre caisse d'épargne également des colonies.

Art. 10. Les sommes déposées sont remboursées en tout ou
en partie, sur la demande des déposants, en prévenant douze
jours d'avance. Toutefois la caisse se réserve la faculté de rembourser avant l'expiration de ce délai.

Art. 11. L'intérêt commence à courir au profit des déposants
du jour même du versement jusqu'au dimanche qui précède
le jour du remboursement.

Le taux de cet intérêt est le même que celui qui est alloué
aux caisses d'épargne par la caisse des dépôts et consignations,
et qui est maintenant de 5 pour 100.

Art. 12. L'intérêt de la totalité des sommes versées par chaque déposant est réglé à la fin de chaque année; il est capitalisé
et il produit de nouveaux intérêts pour l'année suivante, sauf
ce qui est prévu à l'art. 5.

Art. 13. Nul déposant ne peut avoir plus d'un livret dans la
même caisse ou dans des caisses différentes, sous peine de perdre
l'intérêt de la totalité des sommes déposées.

Art. 14. Les intérêts que la caisse des dépôts et consignations
aura à bonifier ne pouvant suffire pour payer les intérêts dont
il y aura à tenir compte aux déposants, attendu les retards inévitables qu'éprouveront les versements qui seront faits à ladite
caisse, le directeur de l'intérieur remettra au commissaire général, à la fin de chaque année, l'état des sommes nécessaires
pour former le complément des intérêts acquis par les déposants. Ledit état sera adressé immédiatement par le commissaire
général au ministre de la marine et des colonies, afin qu'il soit
pourvu à l'allocation du crédit destiné à combler ce déficit.

Art. 15. Les souscriptions et dons recueillis en faveur de la
caisse d'épargne composent son fonds de dotation, qui est placé
soit en compte courant à la caisse des dépôts et consignations,
soit en rentes sur l'Etat pour porter intérêt au profit de la caisse
d'épargne. Le capital de ce fonds ne peut être aliéné en totalité
ou en partie qu'avec l'autorisation du ministre de la marine et
des colonies. Les intérêts peuvent seuls être employés avec les
bonifications de caisse au payement des frais d'administration.

Toutes les fois que les intérêts du fonds de dotation ne suffi ·

ront pas pour payer les frais d'administration, il y sera pourvu au moyen d'une subvention dont la demande sera faite par le gouverneur au ministre de la marine et des colonies.

Art. 16. Les fonds placés à la caisse des dépôts et consignations ne peuvent être retirés que sur un récépissé du ministre de la marine et des colonies, et pour être remis par ses soins au commissaire général de la colonie, qui en fera effectuer le versement à la caisse d'épargne.

Art. 17. La caisse d'épargne est placée au chef-lieu de la colonie, soit à la mairie, soit dans un des bâtiments affectés aux services publics que le commissaire général désignera.

Des caisses succursales peuvent être ouvertes dans d'autres localités de la colonie. Elles sont établies sur la proposition du conseil d'administration dont il est question à l'article suivant, par arrêtés du commissaire général délibérés en conseil privé. Les règlements intérieurs destinés à relier ces caisses succursales à la caisse-mère sont proposés par ledit conseil d'administration, et, après avis préalable du conseil privé, arrêtés par le commissaire général, qui peut en autoriser l'exécution provisoire, mais qui les soumet à l'approbation du ministre de la marine et des colonies.

Art. 18. La caisse d'épargne est administrée gratuitement par un conseil composé :

1° Du directeur de l'intérieur;

2° Du procureur de la République de l'arrondissement;

3° Du trésorier colonial;

4° Du contrôleur;

5° Du maire;

6° De trois citoyens de la colonie qui seront désignés par le commissaire général de la République.

Art. 19. Les trois membres du conseil d'administration de la caisse d'épargne qui sont au choix du commissaire général sont renouvelés par tiers chaque année, et ils peuvent être réélus. Les deux premiers sortants sont désignés par le sort, et ensuite on procède par ancienneté. Le commissaire général pourvoit également aux vacances accidentelles.

Art. 20. Le directeur de l'intérieur est président du conseil d'administration de la caisse d'épargne. Le conseil élit, pour une année, et à la majorité des suffrages, un secrétaire et un vice-secrétaire choisis parmi les membres du conseil.

Art. 21. Il ne peut être pris de délibération que lorsque la majorité des membres du conseil est présente; toute délibération est prise à la majorité des membres présents.

Art. 22. Le conseil nomme et révoque les agents et employés; il fixe leur traitement et détermine la nature et la quotité du cautionnement auquel le trésorier de la colonie peut être soumis comme caissier de la caisse d'épargne.

Art. 23. Le conseil arrête un règlement pour l'administration intérieure de la caisse. Après examen en conseil privé, ce règlement est soumis par le commissaire général à l'approbation du ministre de la marine et des colonies.

Il arrête les comptes annuels, fixe le budget des recettes et des dépenses, et vote les dépenses extraordinaires.

Art. 24. Le directeur de l'intérieur, président du conseil, est ordonnateur des dépenses; aucune somme ne peut être retirée de la caisse que sur un mandat signé de lui : il surveille et dirige toutes les opérations.

Art. 25. Le trésorier colonial est chargé de recevoir les dépôts et d'effectuer les remboursements; il en tient une comptabilité spéciale entièrement distincte de celle des services publics.

Art. 26. Chaque année, dans la première quinzaine de janvier, en assemblée générale du conseil d'administration, il est rendu compte des opérations et de la situation de la caisse. Le procès-verbal de la séance de cette assemblée et le bilan de la caisse sont rendus publics et remis au commissaire général, qui en transmet une copie au ministre de la marine et des colonies avec ses observations.

Art. 27. Les modifications qu'il paraît convenable d'introduire dans les statuts sont délibérées par le conseil d'administration de la caisse; elles sont examinées par le commissaire général en conseil privé. Le commissaire général en rend compte au ministre de la marine et des colonies, qui, s'il y a lieu, les soumet à l'approbation du pouvoir exécutif.

Art. 28. La dissolution de la caisse arrivant par quelque cause que ce soit, les valeurs qui resteront libres après le remboursement de tous les dépôts et le payement de toutes les dettes seront versées aux fonds municipaux ou coloniaux destinés à subvenir à l'entretien des vieillards et des infirmes.

Résolutions de la Commission sur les immigrations des travailleurs libres aux colonies.

Article 1er. Il sera permis de recruter des travailleurs libres à Saint-Louis et à Gorée, sous un contrôle sévère destiné à constater la liberté de leur engagement.

Cette sorte de transaction sera placée sous la surveillance et la responsabilité d'un agent spécial du gouvernement.

Art. 2. Le reste de la côte occidentale et la côte orientale d'Afrique n'offrant jusqu'ici aucun moyen de constater la liberté pleine et entière des émigrants, toute transaction de ce genre y est absolument interdite.

Art. 3. Le recrutement des travailleurs libres pourra avoir

lieu sur la côte d'Abyssinie, aux conditions marquées en l'article premier.

Art. 4. Le contrat entre l'engagiste et l'engagé ne pourra, pour la première fois, obliger ce dernier à un séjour de plus de deux ans. Il sera soumis à des dispositions qui réglementent le passage et le débarquement de l'émigrant, la nature du logement, la durée du travail et les conditions du rapatriement.

Art. 5. L'Etat encouragera l'émigration, en fournissant aux frais de passage des laboureurs et ouvriers émigrants, quelle que soit leur origine.

Q. Voir page 255.

Polémique sur le dédommagement et les banques coloniales avec M. Pécoul. (Réforme du 21 septembre 1848.)

Les éléments d'ordre et de sécurité ne manquent pas aux colonies; ils résident principalement dans la bonté native de la race noire, dans son goût instinctif pour le luxe et la propriété. Le travail, principe essentiel de la civilisation, seule condition d'existence des sociétés, de leur richesse et de leur bien-être, le travail s'organise peu à peu avec la liberté, quoi qu'en aient pu prédire les défenseurs de l'esclavage. L'association entre les anciens maîtres et les anciens esclaves est le mode qui paraît prévaloir.

Mais il ne faut pas se le dissimuler, les affranchis accepteront difficilement une association dans laquelle ils auraient à attendre, pendant toute une année, l'incertaine réalisation du fruit de leurs peines; ils veulent sentir qu'ils sont libres en touchant un salaire pour leur travail. C'est là la première manifestation du besoin qu'ils ont de faire acte d'indépendance. Il s'agit donc de concilier l'avantage du salaire avec les bienfaits de l'association. Pour cela, il suffit de leur donner chaque jour un minimum de solde, que l'on déduirait ensuite sur leur part dans le *produit brut*.

D'un autre côté, la mortelle habitude qu'avaient les colons de tout exiger de l'esclave, les portait à ne rien demander à l'industrie. Comme il arrive trop souvent quand on nous met à même d'abuser, ils gaspillaient les forces humaines dont ils disposaient en maîtres absolus. Les bénéfices du travail servile leur suffisaient, et ils ne sentaient pas la nécessité de recourir aux améliorations de la science et de la mécanique pour tirer meilleur parti de leurs propriétés. Dans la nouvelle ère qui s'ouvre devant eux, obligés de compter avec leurs outils, devenus des hommes, force leur sera d'employer des moyens de culture et de fabrication plus rationnels et moins dispendieux.

Mais comment feront-ils s'ils n'ont point de capitaux pour payer des bras qui ne demandent pas mieux que de s'occuper, pour se procurer des machines désormais indispensables?

L'écueil de la transformation de la société coloniale est là. Tout est compromis si l'on abandonne le planteur dans sa pénurie actuelle; sans bras ni machines, pas de culture ni de sucres; sans sucres, pas de fret encombrant pour notre marine marchande, pas de retour pour les expéditions de marchandises.

La décadence des colonies porterait conséquemment un coup terrible à la marine marchande et à l'industrie métropolitaine, qui trouve annuellement aux îles un débouché de 65 millions de produits.

On le voit, il y a ici une question digne de toute la sollicitude de la France; une question qui embrasse l'universalité de nos intérêts maritimes et industriels. Elle emporte aussi la réussite de l'acte d'émancipation; car il ne faut pas laisser aux affranchis le temps de prendre des habitudes d'oisiveté, en ne leur offrant pas immédiatement le salaire, qui seul attache l'homme au travail. Les nègres, comme tous les autres hommes, seront laborieux si on les paye; le travail n'est plus, aux colonies comme partout, qu'une question de rémunération.

C'est donc le devoir de la métropole de venir en aide aux colons, de leur refaire une solvabilité pour le plus grand avantage de tous.

Telles sont les considérations qui doivent nous déterminer principalement à appuyer le projet d'un dédommagement pour les colons dépossédés de leurs esclaves.

Le gouvernement, dans le projet de décret relatif à l'indemnité qu'il a présenté le 24 août, ne demande que 90 millions payables en dix annuités. Une pareille somme, surtout répartie de la sorte, ne produirait pas de bien sensible; elle obérerait le Trésor sans beaucoup de profits pour personne. La commission d'indemnité formée auprès du ministère de la marine avait proposé 120 millions payables en quatre ans. Nous regardons comme une chose très-heureuse que la commission de l'Assemblée soit revenue à ce chiffre. Nous l'appuierons de toute la force que peut nous donner notre expérience des choses coloniales. Aujourd'hui nous nous bornerons à exprimer le vœu que le citoyen Crémieux ne tarde pas à faire son rapport et que la question soit traitée d'urgence. Les colonies périclitent faute de secours; il y a nécessité impérieuse de les secourir (1), et personne ne doit oublier qu'à jamais purgées de

(1) J'étais tellement frappé de la nécessité de donner de l'argent aux

la servitude, ce sont aujourd'hui de véritables départements d'outre-mer. Pour que le sacrifice de la métropole fût plus utile encore à la société coloniale tout entière, il faudrait que l'on détachât du fonds de l'indemnité une somme de vingt ou vingt-cinq millions, qui servirait à fonder immédiatement, dans toutes les colonies sans exception, des banques qui prêteraient sur effets de commerce et sur consignations de marchandises. La commission chargée de préparer l'émancipation avait proposé la création de ces banques comme un indispensable complément des décrets d'abolition ; elle avait même rédigé les statuts qui ont été habilement modifiés au ministère des finances sous le citoyen Duclerc. L'Assemblée nationale adoptera sans doute cette idée, dont les commotions publiques arrêtèrent la réalisation et dont la commission d'indemnité avait reconnu la sagesse.

Nous ne voudrions pas que les banques coloniales cherchassent aucun bénéfice. Leur assistance, selon nous, doit rester toujours bienfaisante, jamais onéreuse. Véritables établissements d'utilité publique, ne visant à aucun bénéfice, elles doivent courir aussi peu de chances de pertes que possible; c'est pourquoi nous demanderions que leurs créances fussent privilégiées comme le sont les droits de douane, les contributions, en un mot toutes les créances de l'Etat. Ce privilége leur permettra de rendre des services continus, puisqu'il les placera, dans une certaine mesure, à l'abri des vicissitudes auxquelles sont soumises les affaires commerciales.

Lettre de M. Pécoul insérée au Journal des Débats du 24 février 1849.

AU RÉDACTEUR.

Monsieur,

Le *journal des Débats* contenait, le 17 février, un article en faveur de l'indemnité due aux colons par suite de l'affranchissement de leurs esclaves. Permettez-moi de vous remercier de ce témoignage de sympathie, de cette défense des droits légitimes d'une portion intéressante de la grande famille française, et de relever en même temps une erreur assez importante qui s'est glissée dans cet article.

La disposition tendante à imposer aux colons un certain emploi de leur indemnité y est présentée comme acceptée encore en ce moment par le gouvernement et par la commission de l'Assemblée nationale, tandis qu'au contraire le ministère

colons pour entretenir le travail, que je revenais, dans presque tous mes articles de journaux, sur cet objet. On peut voir entre autres la *Réforme* des 23 et 30 juin 1848.

actuel s'est, dès son avénement au pouvoir, empressé de répudier toutes les dispositions de cette nature, et manifeste la ferme résolution de ne pas sortir du droit commun. La commission, d'accord avec le ministère, a profondément modifié le projet de décret primitif, et il ne serait plus question aujourd'hui de ces restrictions, si elles n'étaient reproduites sous forme d'amendement par M. Goudchaux et *par les représentants officiels des colonies* (1). La méprise que je signale provient de ce que la brochure que vous aviez sous les yeux est d'une date antérieure aux dernières résolutions concertées entre la commission et MM. les ministres de la marine et des finances. L'honorable M. Passy, qui a fait depuis longtemps une étude approfondie des questions coloniales, et dont on connaît l'esprit honnête et élevé, n'a pas eu de peine à comprendre que ces propositions ne se recommandaient ni par la justice, ni par leur utilité (2). Il veut, et la commission veut avec lui, qu'on laisse aux colons la libre disposition de toute leur indemnité (3). *S'il est reconnu avantageux* de créer des établissements de crédit public dans les colonies, le nouveau projet y pourvoit en y consacrant, en dehors de l'indemnité, une somme de 3 millions, qui, par l'émission des billets, serait portée au triple ou au quadruple. Ce capital est bien plus en rapport avec le mouvement des affaires dans les colonies que les 25 millions demandés. On sait que, jusqu'à l'absorption de nos banques départementales par la banque de France, cette dernière a fait face à tous les besoins d'un immense courant d'affaires avec seulement une soixantaine de millions en espèces.

Les diverses amendements qui ont pour objet d'imposer aux colons certains emplois déterminés de leur indemnité n'ont été évidemment inspirés que par la fausse idée que l'on se fait des dispositions des habitants de nos colonies. On se les représente comme n'attendant que cette indemnité pour abandonner leur pays, et on voudrait les contraindre à y rester, afin que le sacrifice fait par la métropole servît à y réorganiser le travail, à y maintenir la production. On croit que dans les colonies anglaises l'indemnité n'a point reçu cette destination, et on en induit qu'il en serait de même chez nous.

(1) M. Pécoul s'est toujours distingué par cette affectation à dire, en parlant de nous, les représentants *officiels* des colonies. Ce n'est pas spirituel, mais c'est de mauvais goût.

(2) Tout le monde sait aujourd'hui le contraire. M. Passy, qui est effectivement un esprit honnête et éclairé, a toujours déclaré que ces propositions étaient *justes et utiles.*

(3) M. Pécoul est vraiment très-malheureux dans ses affirmations. Qu'on ouvre le *Moniteur* et l'on verra la commission adopter notre amendement.

Si l'on voulait se donner la peine de consulter les rapports
publiés par les comités d'enquête du parlement anglais, on
se convaincrait que ces appréhensions n'ont aucun fondement.

. Nos colons sont très-peu disposés à abandonner leurs propriétés. L'émigration de la population de la race européenne
n'a eu lieu qu'à la Martinique, et on sait pourquoi (1). Cette

(1) Encore une assertion qui tient à la maladie particulière de M. Pécoul ; s'il n'était pas atteint de la mulâtrophobie, il ne dirait pas : « Il n'y
« a eu d'émigration européenne qu'à la Martinique, et l'on sait pourquoi.»
Cet *on sait pourquoi* est infiniment trop peu fusionnaire, il signifie
tout simplement, dans la fraternelle intention de M. Pécoul : *Parce que
le gouverneur était mulâtre.* A quoi bon autrement nier, contre toute
évidence, les émigrations de la Guadeloupe où gouvernait un Européen ?
Du reste, ce n'est pas sans raison que j'ai déjà reproché plusieurs fois au
nouveau représentant de la Martinique de parler avec beaucoup de légèreté. Pour qu'on sache bien s'il est vrai, comme il s'aventure à l'affirmer, que l'émigration européenne *n'a eu lieu qu'à la Martinique*, je me
contenterai de rapporter l'extrait suivant d'un article de l'*Avenir* (24 février 1849), où il n'est question que de la Guadeloupe :
« Quelques navires venaient mouiller dans le port, et, trouvant le com-
« merce anéanti, mettaient à la voile le lendemain et prenaient à leurs
« bords UNE FOULE *d'honnêtes familles*, qui s'en allaient, sur des terres
« lointaines, chercher l'ordre, la paix et la sécurité. »
Au reste, j'ai hâte de le dire, l'émigration, dont il n'y a eu d'exemple
ni à la Réunion ni à la Guyane, a pris aux Antilles moins de développements qu'on ne le dit. C'est d'ailleurs calomnier les nègres et les blancs
ensemble, que d'y assigner la peur pour cause. La conduite des nègres
n'a jamais eu de quoi effrayer, et les blancs, sous l'administration de
MM. Perrinon et Gatine, ont toujours montré plus de disposition à la bataille qu'à la fuite.
Sauf de rares exceptions, l'émigration des Antilles n'a que deux causes,
pour les uns la colère de voir leur suprématie brisée, pour les autres, le
mauvais état de leurs affaires, et c'est un triste symptôme que presque
tous les émigrants aient choisi des pays à esclaves, Cuba, Puerto-Rico, la
Nouvelle-Orléans, pour lieux de refuge.
Les émigrés que nos Antilles peuvent regretter sont en petit nombre.
On en peut juger par cette annonce insérée au *Commercial*, le 16 septembre 1848.

Avis important.

« Les soussignés préviennent leurs bons, mais anciens débiteurs,
« d'être un peu plus charitables qu'ils ne l'ont été jusqu'à ce jour, et de
« venir savoir des nouvelles de leurs comptes.
« Ils profitent de cette occasion pour annoncer que l'*émigration* les
« a déjà débarrassés d'un grand nombre de mauvais débiteurs, et ils fe-
« raient volontiers le sacrifice de deux ou trois cents comptes encore
« pour purger le pays de ceux qui n'y vivent qu'aux dépens des autres.
« Ainsi donc, quoi qu'on en dise, *nous sommes pour l'émigration*, mais
« de ceux qui ne travaillent ni ne payent jamais. La déportation ne
« serait pas même de trop pour ceux-là. C'est le seul moyen de faire

émigration a complétement cessé depuis que M. l'amiral Bruat a été mis en possession du gouvernement de cette colonie, et les premiers émigrés rentrent avec empressement maintenant.

Quant aux colonies anglaises, voici le témoignage que rend à ce sujet un officier supérieur de notre marine, qui pendant plusieurs années a été chargé par le gouvernement français d'étudier les résultats de l'émancipation des esclaves dans les Antilles et à la Guyane anglaises. M. le capitaine de vaisseau Layrle, ancien gouverneur de la Guyane française et de la Guadeloupe, en ce moment directeur du personnel au ministère de la marine, et qui s'est acquitté de cette mission avec une impartialité et une sagacité remarquables, a bien voulu, sur ma demande, résumer dans la lettre que je transcris ici les observations qui sont consignées dans ses rapports officiels :

« Paris, le 26 janvier 1849.

« Monsieur,

« Vous me faites l'honneur d'en appeler à mon témoignage pour dissiper une erreur préjudiciable aux intérêts des colons français, et, pour ce, vous me priez de vous dire ce qui s'est passé dans les colonies anglaises, après l'émancipation des noirs, au sujet de l'indemnité. Il est à ma connaissance que,

« profiter le pays de tout ce qui est absorbé par les chevaliers d'in-« dustrie. »

Pendant que le *Commercial* publiait un tel avis à la Guadeloupe, les *Antilles* faisaient à la Martinique, les 16 et 20 septembre 1848, les réflexions suivantes :

« Il y a eu des émigrations dès le 22 mai; cela se comprend, dit-on. — Mais il y en a encore aujourd'hui. — Pourquoi ? — Pourquoi ? — C'est que la justice se fait sentir aujourd'hui là où elle n'avait jamais existé. — Pourquoi ? C'est que la Martinique a une juridiction sérieuse aujourd'hui.

« C'est qu'elle n'offre plus la possibilité de ces combinaisons de fraude, qui semblaient prendre le caractère d'un commerce florissant.

« C'est qu'il n'est plus permis au prolétaire de la veille de se présenter le lendemain en commissionnaire de denrées coloniales, et là, créer ou négocier des acceptations au mandat de l'habitant, que l'ambition seule ait pu inspirer; et enfin enlever à l'Européen le fruit de son industrie de vingt ans, ou son patrimoine à l'honorable capitaliste. Nous savons tout cela, nous, par théorie et pratique. . . . .

. . . .

« Tous ceux qui ont l'habitude du monde commercial voyaient le vice capital des affaires coloniales.... Le temps de la répression est venu. — C'est une purge, — le mutin se sauve, — les ambitions glapissent, — l'homme de bien ne bouge pas..... il attend avec confiance... parce que celui-ci n'avait jamais fait asseoir ses relations commerciales sur des bases de spoliation... parce qu'il conçoit que l'émancipation est un bien-être matériel et moral pour le planteur, pour la colonie. »

des 500 millions de francs accordés aux colons anglais pour les dédommager de la perte qu'ils éprouvaient, *tout ce qui n'a pas été saisi par les créanciers métropolitains a été employé à des travaux d'agriculture et aux améliorations de toute espèce que réclamait le changement qui venait de s'opérer.* Je puis dire que les efforts des colons anglais ont été incessants, et que, *secondés par les capitaux métropolitains,* ils n'ont reculé devant aucune dépense. Ils ont fait venir d'Angleterre et d'Ecosse des laboureurs; ils ont édifié à grands frais de charmantes maisonnettes pour les affranchis, ont demandé des travailleurs à Madère, aux Açores, à l'Inde et à la côte d'Afrique; enfin ils n'ont rien épargné pour rétablir autour d'eux le travail que l'émancipation venait d'ébranler. Pendant trois années que j'ai été appelé à observer le résultat de l'émancipation des noirs anglais, j'ai été témoin des faits que je viens de citer. Je puis donc vous donner l'assurance que l'indemnité a pénétré dans ces anciennes possessions à esclaves, sauf la portion saisie en Europe, et qu'elle a été employée avec une grande persévérance, de la part des planteurs, à remédier aux embarras et aux difficultés de la situation, et à préserver les colonies d'une ruine imminente.

« Je désire, Monsieur, que mon témoignage puisse être pris en considération, et qu'il serve à détruire l'erreur où l'on semble être sur la destination qu'a eue l'indemnité anglaise.

« Agréez, etc.

« LAYRLE. »

Il ressort de la déclaration de l'honorable M. Layrle que l'indemnité a été courageusement versée par les colons anglais sur leurs propriétés, sans que personne ait songé à leur imposer cet emploi, et que les capitaux de l'Angleterre ne leur ont pas fait défaut. Une partie de l'indemnité ayant servi à liquider la propriété coloniale, on comprend que la bonne volonté des colons devait obtenir plus de crédit. Qu'on assure aux nôtres, par une équitable combinaison des tarifs, un prix raisonnable pour leurs produits; qu'on leur accorde une juste et loyale indemnité dont on les laissera disposer comme ils l'entendront, et l'on peut être certain d'obtenir les meilleurs résultats. On aura toujours ce grand avantage de n'avoir pas commis une injustice.

Veuillez, agréer, Monsieur, l'expression de mes sentiments les plus distingués.

A. PÉCOUL.

Paris, le 19 février 1849.

Réforme, 11 mars 1848.

Dans son numéro du 24 février, le *Journal des Débats* a publié une note relative à l'*indemnité coloniale*. En toute autre occasion, nous aurions laissé passer les erreurs que, dans un but facile à comprendre, on s'efforce de propager; mais cette question est trop intimement liée à l'avenir de nos colonies pour que nous gardions le silence. Aussi bien, est-il toujours bon de rétablir la vérité. Or, il est absolument contraire à la vérité de dire, comme l'écrivain des *Débats*, que la commission n'accepte pas l'amendement des représentants des Antilles qui affecte une portion de l'indemnité à la création d'établissements de crédit. La commission et les représentants des Antilles, nous l'affirmons, sont au contraire parfaitement d'accord à cet égard. Quant à l'opinion attribuée au ministère actuel, qui se serait, dit-on, « dès son avénement au pouvoir, empressé de répudier toute disposition de cette nature, » nous disons que c'est encore là une complète inexactitude.

Les colonies peuvent se rassurer sur le sort d'une proposition qui a pour elle la plus haute équité et la plus impérieuse nécessité. Il y a dans le sein du conseil quatre abolitionistes de vieille date, et il était impossible qu'ils méconnussent les véritables intérêts de nos départements d'outre-mer.

Après ces allégations mal fondées, on invoque en faveur de l'indemnité, sans prescriptions régularisatrices, l'exemple des colonies anglaises, où l'on prétend que l'indemnité a été versée sur les habitations, sans qu'on en ait imposé l'obligation aux planteurs. On cite pour preuve une lettre écrite *ad hoc* par M. le capitaine de vaisseau Layrle, qui, pendant plusieurs années, a été chargé par le gouvernement français d'étudier les résultats de l'émancipation des noirs de la Grande-Bretagne. Mais que dit M. Layrle : « Des 500 millions accordés aux colons « anglais pour les *dédommager* de la perte qu'ils éprouvaient, « tout ce qui n'a pas *été saisi par les créanciers métropolitains* a « été employé à des travaux d'agriculture. » Et plus loin : « Je « puis donc donner l'assurance que l'indemnité a pénétré « dans les anciennes possessions à esclaves, *sauf la portion saisie* « *en Europe.* »

Il y a dans ces énonciations tout ce qu'on veut; elles sont trop vagues. Pour être explicite, l'honorable capitaine aurait dû préciser *ce qui avait été saisi par les créanciers métropolitains.* Toute la question est là. Personne n'a jamais prétendu qu'aucune partie de l'indemnité anglaise n'ait pénétré au *West-Indies*, et n'y ait été employée à l'agriculture; ce qu'on a dit, et l'auteur de cet article peut parler, comme M. Layrle, à titre de témoin oculaire ; ce qu'on a dit, c'est que la presque totalité de l'indemnité est restée en Europe, soit dans les mains des créanciers des colons, soit dans celles des propriétaires qui résidaient en Angleterre, et dont les habitations étaient liquides.

Au surplus, puisque M. Layrle est intervenu pour aider les adversaires de l'amendement, nous citerons son opinion à l'époque même où il était sur les lieux. Voici comment il s'exprimait, sans équivoque, en avril 1840 : « *L'indemnité n'a* « *généralement pas pénétré dans les colonies anglaises, elle a passé* « *dans les mains des créanciers de la métropole qui étaient, pour la* « *plupart, les véritables possesseurs des habitations.* La loi hypo- « thécaire et celle sur l'expropriation forcée, qui en est la con- « séquence, ayant reçu leur application lors du rachat des es- « claves, il est arrivé que beaucoup de propriétaires sont restés « en présence de leurs ateliers, *sans argent pour se procurer des* « *travailleurs et sans crédit aucun*, parce que les nouvelles cir- « constances avaient fermé toutes les bourses. Des ventes con- « sidérables se sont donc opérées depuis l'émancipation, et, « *comme l'indemnité n'est pas venue en aide aux colons,* la rareté « des capitaux, etc. (1). »

On voit, s'il est vrai que « la lettre de M. Layrle résume les « observations consignées dans ses rapports officiels ; » on voit que, « s'il y a une erreur à détruire, relativement à la desti- « nation qu'a eue l'indemnité anglaise, » il a contribué plus que personne à la répandre.

Mais il n'y a pas d'erreur ; si l'autorité du capitaine, alors que sa mémoire était plus fraîche, n'était suffisante, nous pourrions nous appuyer encore sur celle de sir Lyonel Smith, gouverneur de la Guyane anglaise, et de sir T. Metcalfe, gouverneur de la Jamaïque, pour affirmer que l'indemnité anglaise a très-peu profité aux *West-Indies.* L'opinion publique, sur ce point, n'est nullement égarée, et c'est en parfaite connaissance de cause que la grande commission de l'indemnité, composée d'hommes versés depuis longtemps dans toutes les matières coloniales, a dit à l'*unanimité* :

« Il importe d'éviter la faute principale qui a été commise « lors de l'émancipation anglaise et d'adopter des mesures pro- « pres à garantir que la plus grande partie de l'indemnité sera « employée au salaire des affranchis, par conséquent, au déve- « loppement du travail, de la production, du commerce, au « maintien de l'ordre et au progrès de la civilisation .»

En tous cas, la question posée dans les termes mêmes où la mettraient les déclarations actuelles de M. Layrle se réduit à un

(1) *Abolition de l'esclavage dans les colonies anglaises.* Quatrième publication, page 132.

simple calcul, et il en ressort que, si l'on n'adoptait pas l'amendement attaqué par la note des *Débats*, le sacrifice demandé à
la métropole serait perdu. En effet, il ne s'agit plus que d'examiner le chiffre du dédommagement accordé aux colons et
celui de leurs dettes. Eh bien! d'un côté le ministère actuel,
comme le précédent, comme toutes les commissions, a proclamé que *le droit des colons n'étant pas absolu*, il fallait chercher
l'équitable, et il a fixé l'indemnité à 120 millions; d'un
autre côté, personne n'ignore aujourd'hui que la dette hypothécaire de nos îles s'élève à plus de 120 millions. Dans cet état
de choses, nous le demandons, que resterait-il pour les pressants besoins des colonies, quand même, par impossible, les
anciens possesseurs d'esclaves se libéreraient complétement
avec l'indemnité? Rien. C'est pour cela que la commission formée auprès du ministère de la marine, n'écoutant que l'intérêt
général, avait stipulé que la moitié de l'indemnité serait déclarée incessible, insaisissable et obligatoirement employée en
salaires ou en améliorations agricoles. C'est bien pour cela que
les colons des *colonies*, dans plusieurs mémoires envoyés en
France et dans les journaux de leurs localités, ont demandé à
l'avance qu'une partie de l'indemnité fût consacrée à la création d'institutions de crédit. La chose peut contrarier quelques
gros propriétaires des Antilles, dont les habitations sont liquides et qui mangeraient leur dédommagement en France,
mais qu'importe?

On feint de croire que les auteurs et les partisans de l'amendement sont déterminés par la supposition que les habitants
des colonies seraient prêts à abandonner leur pays dès qu'ils
auraient touché l'indemnité. C'est une assez mauvaise plaisan-
terie. Personne n'a jamais dit ni cru cela. Nous savons bien,
quant à nous, que les colons des *colonies* sont très-résolus à rester sur leur terre natale pour y lutter contre les difficultés inséparables de toute grande transformation sociale. Nous savons
bien que ceux-là n'ont pas la moindre tentation de déserter
leurs pénates.

Le *Constitutionnel*, à ce propos, parle encore des émigrations
avec perfidie. « Des colons, dit-il, ont émigré en grand nombre
de la Martinique sous l'administration de la république rouge,
cela est vrai; mais l'émigration a complétement cessé depuis
qu'un gouvernement juste et ami de l'ordre a succédé à un
gouvernement injuste et violent. »

C'est là une basse calomnie dans laquelle persistent les insensés qui regrettent toujours l'odieux régime de l'esclavage; nous
ne cesserons pas de flétrir comme elles le méritent d'aussi misérables accusations. *Il est faux que les émigrations n'aient eu lieu
qu'à la Martinique;* et les gens honnêtes qui abandonnèrent cette
île le 22 mai, dans un premier moment de colère ou de

panique, étaient en route pour revenir avant qu'ils eussent pu apprendre la nomination de M. Bruat. Le ferme et loyal amiral, d'ailleurs, du propre aveu des ennemis de l'abolition (*Courrier du Havre*, 8 janvier), « continue en tout son prédécesseur et semble avoir adopté son système d'exclusion contre la race européenne. » Pour certains colons, tout gouverneur qui ne sait pas opprimer les nouveaux citoyens n'a-t-il pas, comme disent encore les correspondants du *Courrier du Havre*, » arrêté en principe l'avilissement de la classe blanche. »

Pétition des colons à l'Assemblée nationale en faveur de l'amendement des banques coloniales.

AUX CITOYENS PRÉSIDENT ET MEMBRES DE L'ASSEMBLÉE NATIONALE.

Citoyens représentants,

La transformation sociale qui s'est opérée dans les colonies françaises par l'abolition de l'esclavage devait avoir pour effet de priver tout d'abord l'agriculture de la plus grande partie des bras qui y étaient attachés; le gouvernement provisoire l'avait prévu : aussi le décret qui émancipait les noirs était-il accompagné de dispositions dont le but était d'empêcher la désorganisation du travail. L'une de ces dispositions, la plus efficace peut-être, mais qui n'a pas encore été mise à exécution, était la création des banques coloniales. Ces établissements, destinés à venir en aide au commerce, à l'agriculture et à l'industrie, auraient relevé le crédit et fourni aux propriétaires les moyens de payer le salaire des cultivateurs libres. Le temps qui s'est écoulé depuis l'affranchissement des esclaves a été employé à reconstituer le travail dans des conditions nouvelles. Les efforts qui ont été faits pour y parvenir ont démontré que la solution de ce problème, qui a présenté d'abord quelques difficultés, se réduit aujourd'hui à une question d'argent; car, *partout où le planteur a pu payer le salaire du laboureur, le travail des champs a été repris*. Il faut donc fournir aux colons les moyens de faire face à ce salaire.

Le premier projet de décret présenté pour indemniser les anciens propriétaires d'esclaves avait été conçu dans la pensée que la plus grande partie de la somme allouée devait être employée en institutions de crédit et autres fondations au profit des colonies. L'esclave, en effet, *n'était reellement une* PROPRIÉTÉ *que là où il pouvait être vendu, échangé ou transmis par héritage*. Il était spécialement attaché au sol colonial; *partout ailleurs qu'aux colonies, son maître perdait ses droits sur lui.*

Au point de vue *d'une étroite équité*, la somme destinée à

payer l'affranchissement de l'esclave *devrait donc être appliquée à réparer le tort qu'a éprouvé le pays*, naguère fertilisé par ses bras, afin que le travail salarié et les perfectionnements que réclament l'agriculture et l'industrie vinssent remplacer dans nos possessions transatlantiques le travail forcé qui en a disparu, et les méthodes imparfaites de l'ancienne exploitation.

Le nouveau projet de décret qui a été présenté à l'Assemblée nationale, en augmentant le chiffre de l'indemnité, affecte la somme tout entière aux anciens propriétaires d'esclaves ou ayants droit, sans se préoccuper du sort futur des colonies. La conséquence de ce système serait de faire passer aux mains des créanciers des colons, presque tous métropolitains, un dédommagement qui, dans l'intention de la France, doit contribuer à la régénération de ses colonies. Cette somme, si elle recevait la destination nouvelle qu'on a voulu lui donner, *ne retournerait plus aux colonies*. Tandis que si l'on en affectait une partie seulement à des établissements d'utilité publique, dans lesquels seraient intéressés les indemnitaires, elle tournerait au profit de la grande généralité des colons, en leur permettant de cultiver avec avantage leurs propriétés, et, par conséquent, de se libérer envers leurs créanciers, auxquels ils conserveraient un gage dont la valeur augmenterait au lieu de dépérir.

Qu'il nous soit permis de vous le dire, citoyens représentants, *ce n'est qu'au point de vue d'un intérêt particulier que l'on défend, au nom des colons, le nouveau projet de décret*. Les colonies, au contraire, appellent de tous leurs vœux les institutions qu'on leur a promises pour relever chez elles le crédit. Elles ne voient d'espérance de salut et d'avenir que dans la réalisation de ces promesses.

Un amendement a été présenté ayant pour objet de prélever sur les fonds d'indemnité la somme nécessaire pour fonder aux colonies les établissements que réclament l'agriculture, le commerce et l'industrie, et de ramener ainsi le nouveau projet à la pensée qui a présidé à la rédaction du premier.

Les soussignés propriétaires, négociants et industriels intéressés dans les colonies, ont l'honneur de vous prier, citoyens représentants, de prendre en considération cet amendement. En l'adoptant, l'Assemblée nationale *ramènera la confiance et le travail* dans des pays auxquels se rattachent les grands intérêts du commerce et de la navigation de la France.

Nous sommes, avec un profond respect, citoyens représentants, vos très-humbles et très-obéissants serviteurs,

Signé : *Ch. Delrue* et compagnie, négociants et armateurs à Dunkerque; *M. Nicolaï*, intéressé dans une usine centrale fondée à la Guadeloupe; *G. Gibert*, propriétaire à la Guadeloupe; *J.-B. Gallet*, intéressé dans des affaires avec la Martinique et la Guadeloupe ; *Lepelletier de Saint-Rémi* père, propriétaire à la Martinique ; *Hostein*, propriétaire à la Martinique ; *Claveau*, propriétaire à la Guadeloupe ; *O. Saint-Vel*, de la Martinique ; *Desfontaines*, de la Martinique ; *F.|Baudouin*, négociant et propriétaire à la Guadeloupe ; *F. Miot*, directeur de la compagnie des Antilles ; *Derosne et Cail*, fondateurs d'ateliers de construction et de réparations de machines pour la fabrication du sucre à la Guadeloupe ; *Iroy*, intéressé dans une usine centrale à la Guadeloupe ; *A. Lefèvre*, négociant intéressé à la Guadeloupe ; *Bierne*, idem ; *J.-F. Petyt*, idem ; *Vᵉ Nicolaï*, de la maison Nicolaï et Cᵉ, établie à la Guadeloupe ; *C. Beru*, négociant intéressé à la Guadeloupe ; *Belland des Communes*, créancier hypothécaire sur plusieurs habitations à la Guadeloupe et propriétaire de terres ; *Fournier*, commissionnaire en marchandise pour la Martinique ; *P. Maurel*, propriétaire à la Guadeloupe.

Réforme, 21 avril 1849.

Il a été déposé sur le bureau de l'Assemblée nationale une pétition de négociants intéressés dans les affaires coloniales et d'anciens possesseurs d'esclaves, qui sollicitent l'adoption de l'amendement des banques. Mais voilà que le *Crédit* et le *Pays* prétendent que les signataires de cette pétition sont, à l'exception d'un seul, désintéressés dans la question ! A moins que les pétitionnaires qui ont signé : *propriétaire à la Guadeloupe*, ou bien *à la Martinique*, n'aient commis un faux, le *Crédit* et le *Pays* échapperont difficilement à l'accusation de s'être rendus coupables d'une légèreté d'autant plus répréhensible qu'elle tend à tromper l'Assemblée nationale (1).

Ces deux journaux publient à leur tour une pétition adressée par d'autres colons à M. le ministre des finances contre l'amendement.

A ce propos, nous dirons volontiers comme le *Crédit* : Nous ne savons si les signataires de la nouvelle pétition sont tous intéressés dans la question ; mais, y eussent-ils tous un intérêt di-

(1) Lors de la discussion à l'Assemblée, M. Segond fit passer à M. Louisy-Mathieu la note suivante : « Je m'engage à porter devant la chambre *l'assentiment d'une imposante majorité des propriétaires de la Guadeloupe*, que je représente, à l'amendement de M. Dain aux 6 millions, et *à l'établissement des banques*. »

rcct, leur opinion ne saurait sans abus prétendre s'imposer à ceux de leurs coïntéressés qui ne la partageraient pas.

De ces deux pétitions contraires il résulte que, parmi les indemnitaires, les uns adoptent l'amendement et les autres le repoussent. L'Assemblée jugera, et nous sommes peu inquiets sur sa décision. La justice, le bon sens, la raison, l'intérêt général recommandent le projet qui détache une partie de l'indemnité pour la consacrer à d'indispensables institutions de crédit. Aussi ne peut-on trop s'étonner de voir quelques journaux l'attaquer follement, au nom du droit commun, en présentant la possession de l'homme par l'homme comme aussi sacrée que la possession d'un arbre ou d'un cheval ! Maladroits et dangereux amis! Ils prodiguent les mots de spoliation, de respect de la propriété, d'ordre social; ils évoquent même le fantôme du communisme! Cette étrange façon de défendre l'indemnité coloniale a dû nécessairement provoquer la discussion, amener l'examen de la question de principe, et l'on ne peut être surpris que d'autres journaux contestent maintenant d'une manière très-vive aux colons toute espèce de droits à un dédommagement quelconque. C'est ainsi que par l'exagération on compromet une cause qui se présentait bien.

La *Presse*, dont personne ne contestera les relations avec les planteurs, et à laquelle personne ne déniera l'intelligence de leurs intérêts, a mieux compris la position. Sollicitée de combattre l'amendement que nous soutenons, non-seulement elle s'y est refusée, mais au contraire elle a fait acte d'adhésion.

« Ceux de nos *compatriotes*, dit-elle, *qui sont sur la brèche*, se préoccupent unanimement de la modicité de l'indemnité; ils se disent : Les créanciers de la métropole, le commerce de la métropole, le commerce de l'étranger, et un peu l'*absentéisme de quelques-uns*, vont chacun si bien tirer à soi ce précieux lambeau de l'indemnité, qu'après un moment plus ou moins long de facilité imprimée aux affaires, on se trouvera, au résultat, moins obéré sans doute, mais aussi pauvre que devant, parce que nos départements d'outre-mer ont toujours été de véritables tonneaux des Danaïdes pour les espèces métalliques. Ce que demandent donc les *colons des colonies*, c'est un système qui, tout en réservant les droits de chacun (puisque les créanciers pourront exercer leur action sur les titres afférents dans la propriété de l'indemnité elle-même), c'est un système, disons-nous, qui permette de faire servir au salut commun le grand sacrifice qu'il s'agit d'obtenir de la métropole. »

Nous devons ajouter que les colons des colonies sont unanimes, dans les trois journaux des Antilles qui leur appartiennent, pour proposer des combinaisons analogues à celle que repoussent maintenant le *Crédit* et le *Pays*.

(Ici nous citions les passages que l'on trouve plus haut, pages 253 et 254.)

En définitive, l'amendement des représentants des Antilles a d'abord un immense avantage moral; il donne à l'indemnité le cachet d'une grande mesure d'utilité générale et non plus le caractère du rachat de créatures humaines, qui répugne à si juste titre à un côté nombreux de l'Assemblée. Il rend ainsi plus facile, plus probable, plus certaine l'adoption du projet de loi auquel est attaché le sort de nos possessions transatlantiques. Ce qui leur manque, c'est de l'argent. Elles en sont si complétement dépourvues, que les commissaires généraux, pour parer aux plus impérieuses nécessités, ont créé un papier-monnaie avec cours forcé; la rareté du numéraire est telle, qu'au dire d'un journal de la Guadeloupe, une demi-journée de course suffit à peine pour trouver la monnaie de 100 fr. Que faut-il donc aux colonies pour y assurer complétement le travail, c'est-à-dire pour y assurer l'ordre? De l'argent. De l'argent, afin que le propriétaire puisse payer le cultivateur, afin de rendre la vie aux transactions commerciales mourantes. Eh bien! la combinaison nouvelle leur donne de l'argent, tout en sauvant les principes, tout en ne blessant les intérêts de personne. Elle jette ainsi dans nos départements d'outre-mer les bases d'une prospérité à laquelle tout le monde participera et dont l'humanité n'aura plus à rougir.

Réforme, 5 et 6 mai 1849.

La loi de l'indemnité coloniale est enfin votée. Tant mieux! Elle va rendre la vie à nos colonies et ranimer le travail en donnant le moyen de rémunérer les travailleurs. Pour compléter l'œuvre, il reste maintenant à réviser la législation des sucres. Ce devra être, dans la prochaine Assemblée, l'objet de la sollicitude de tous les hommes qui tiennent à la prospérité de nos départements d'outre-mer. On n'aurait fait que la moitié du bien si, après avoir assuré le travail, on ne donnait point à ses produits un débouché fructueux.

C'est l'opinion plusieurs fois manifestée des représentants des Antilles, ce qui n'a pas empêché le *Pays* de parler encore dernièrement, à propos de la loi d'indemnité, « de leurs sentiments haineux contre les colons (1). » Or, tout le monde le sait, c'est grâce aux instances réitérées des représentants des Antilles que cette loi est enfin arrivée à l'ordre du jour. Il est vrai qu'en même temps ceux qui les attaquent faisaient toutes sortes d'efforts auprès des ministres et du président de l'Assem-

(1) Voilà des mots qui font soupçonner fort que M. Pécoul est l'auteur des articles du *Pays*, sans compter que ces articles, comme on va voir, sont un peu... naïfs.

blée pour qu'on renvoyât la discussion à l'Assemblée législative.

Certaines gens qu'on ne peut pas nommer (1) ne pardonnent point aux hommes qui leur ont arraché leurs esclaves; jugeant des autres par eux-mêmes, ils croient que l'on ne saurait aimer les noirs sans haïr les blancs, que l'on ne peut se dévouer à une cause d'humanité sans avoir l'ambition pour mobile ou le pouvoir pour but, et ils calomnient indignement les abolitionistes. Après avoir répété mille fois que M. Perrinon et M. Schœlcher, par exemple, ne voulaient pas d'indemnité pour les colons, se voyant forcés par l'évidence de se démentir, ils s'empressent de les supposer dirigés par une idée absurde. «Ils ne désiraient l'indemnité, prétend-on, que pour empêcher tout retour vers l'esclavage. » M. Perrinon et M. Schœlcher ont toujours pensé que les esclaves affranchis par le décret du 27 avril étaient parfaitement libres, irrévocablement libres, *avec ou sans indemnité.*

Cependant il faut bien que la haine qu'on leur prête contre les colons se manifeste; aussi ne craint-on pas déloyalement encore de les accuser « de s'être efforcés, la somme une fois votée, de la leur enlever par des voies détournées. » Nouvelle aberration. M. Schœlcher, « par sa suggestion fâcheuse », a voulu seulement prélever 20 millions sur la somme totale pour créer des banques coloniales utiles à tout le monde, et « dont les actions reviennent à chaque ayant-droit en raison de sa part de l'indemnité. » Or, « cette iniquité », les colons des colonies s'en sont rendus complices : ils y avaient adhéré d'avance, en dépit des légitimistes de l'esclavage. *L'Avenir de la Pointe-à-Pitre*, qui n'est pas suspect, l'approuvait encore longuement dans son numéro du 28 mars dernier.

Ces misérables attaques s'enveniment surtout à l'époque des élections. Nos amis ont toujours dédaigné d'y répondre, et ils ont bien fait, car ils auraient eu l'air de briguer les suffrages des blancs; c'est même pour cela que nous avons laissé partir le dernier packet des Antilles avant de relever l'article du *Pays*. Nous n'avons pas la moindre envie de chercher à ramener aux représentants actuels des colonies les anciens maîtres d'esclaves qui les traitent en ennemis; mais il est bon toutefois que les colons le sachent, pendant que *leurs ennemis* plaidaient devant l'Assemblée pour obtenir la loi de salut colonial, *leurs*

(1) M. Pécoul, chaque fois qu'on prononce son nom dans un journal, profite des lois sur la presse pour envoyer deux ou trois colonnes de son propre éloge. Il a fait ainsi condamner la *Réforme* et le *Siècle* à de grosses amendes. Les journaux aiment mieux lui donner trois mille fr., que d'inscrire dans leurs pages qu'il ait jamais été abolitioniste et qu'il n'ait aucun préjugé de couleur.

amis employaient toute leur activité pour la faire ajourner. En définitive, la Constituante a voté les 120 millions ; qui donc avait la plus saine intelligence de la situation?

Réforme, 14 mai 1849.

Il serait curieux de signaler les contradictions qui se publient sous les auspices des mandataires officieux des anciens maîtres d'esclaves, soit aux colonies, soit au Havre, soit à Paris. Mais c'est le moindre souci de ces messieurs; et nous devons leur rendre cette justice, qu'il y a progrès dans leurs manifestations actuelles, si on se reporte surtout à l'époque où florissaient les conseils coloniaux de libérale mémoire.

On trouve encore bien du fiel dans les articles qu'ils font imprimer; mais le ton d'aigreur baisse de jour en jour, et, il faut le reconnaître, nous constatons volontiers ce changement, ils rendent enfin quelque justice aux populations noires et de couleur qu'ils ont tant calomniées avant et depuis l'émancipation.

Nous les félicitons de ce retour inespéré à de meilleurs sentiments, et nous souhaitons qu'il ne passe pas avec la crise électorale. Puissent-ils persévérer dans la nouvelle voie où ils paraissent vouloir entrer, si nous en jugeons par le dernier article du *Pays*, qui essaie de nous répondre. (10 mai 1849.)

C'est, en effet, une chose honnête et courageuse de leur part, après avoir si longtemps nié aux élus du suffrage universel des colonies, qu'ils appellent toujours, avec une insistance puérile et envieuse, les représentants *officiels*; c'est, disonsnous, une chose honnête et courageuse, après leur avoir si longtemps nié toute espèce d'influence dans l'Assemblée, de les supposer maintenant assez puissants, « pour avoir forcé la main au ministre des finances, » pour l'avoir obligé à soutenir leur amendement des banques coloniales « qu'il trouvait in- « juste et sans utilité, en le menaçant de leur opposition et de « celle de leurs amis si la restriction à laquelle ils tenaient « n'était pas acceptée (1). »

Toutefois il n'est pas possible en un jour de dépouiller entièrement le vieil homme : aussi les rédacteurs colons du *Pays* donnent-ils à entendre, avec leur bonne foi ordinaire, que les représentants des colonies auraient, en considération d'un événement récent, abandonné leurs idées passées. Rien de plus faux : les représentants des colonies n'ont jamais cessé de penser que c'était *un dédommagement et non une indemnité* que l'on devait aux possesseurs d'esclaves, et la meilleure preuve, c'est leur

(1) Voilà qui s'accorde assez mal avec ce que disait le *Courrier* du 9 mai 1849. « Les preuves si manifestes, si éclatantes *d'impuissance* que les « élus de 1848 ont données à l'Assemblée nationale durant toute la ses- « sion, etc. »

amendement qui contrarie si fort les patrons du *Pays*. Nous n'avons jamais dit non plus qu'en hâtant par leurs efforts le vote de l'indemnité, « ils n'avaient en vue que de soulager la détresse des colons. » Assurément, ils étaient touchés de cette détresse, mais pas d'une manière aussi exclusive, « leur sollicitude » s'étendait à toutes les populations des colonies, blancs, noirs et mulâtres. C'est pour cela qu'ils ont voulu appliquer une partie de l'indemnité à l'établissement de comptoirs d'escompte profitables à tout le monde, et ils se réjouissent d'y avoir réussi au grand déplaisir de quelques égoïstes.

Au surplus, indemnité ou dédommagement, le nom n'y fait rien en réalité, il n'importe que dans la discussion de principe; mais ce qu'il y a de certain, c'est que les représentants des colonies ont toujours, soit dans l'Assemblée nationale, soit dans les commissions, appuyé les chiffres proposés, et que par conséquent on les a volontairement et sciemment calomniés en disant le contraire. Il n'est pas vrai non plus que les représentants des Antilles aient « voulu faire savoir aux colons quelle part ils ont eue dans la loi du salut colonial; » ils ont seulement voulu dire aux colons que leurs *amis*, plus ou moins noblement inspirés, ont tenté tous les efforts imaginables pour faire ajourner la discussion de cette loi jusqu'à la Législative. Or, si leurs *ennemis* en avaient agi de même, au lieu de 120 bons millions irrévocablement acquis à cette heure aux anciens maîtres, et par suite aux colonies ruinées, épuisées, privées de tout, même du nécessaire, l'indemnité, selon eux, le dédommagement selon nous, serait encore dans les futurs contingents.

Sous le persiflage contraint du *Pays* on voit percer la préoccupation constante des prochaines élections coloniales; mais ces petits coups méchants arriveront trop tard.

En tout cas, s'il est vrai que les colons blancs doivent compter dans la nouvelle Assemblée « sur quelques ennemis de moins et beaucoup d'amis de plus; » si l'infâme possession de l'homme par l'homme y peut être défendue comme ayant le caractère de la propriété générale; enfin, si l'*indemnité doit être la réparation complète du dommage* porté aux possesseurs d'hommes par le *fameux* décret du 27 avril, il y aura moyen de concilier « le respect du droit absolu des indemnitaires » avec les espérances magnifiques fondées sur les comptoirs d'escompte. Il sera facile aux légitimistes de l'esclavage de réparer le mal causé par les représentants actuels des colonies. Ceux-ci, de l'aveu du *Pays*, ont pu imposer leur amendement comme « le passeport de la loi; » une fois qu'ils n'y seront plus, il suffira de demander au profit exclusif des indemnitaires quinze nouveaux millions en remplacement des quinze millions *détournés* aujourd'hui *de leur légitime destination*. Pourquoi pas? On pourrait même réclamer davantage, si le préjudice fait à l'esclavage n'est pas complétement réparé par les 6 millions de rente accordés.

Maintenant il nous reste à répondre à une phrase des patrons du *Pays* qui ne nous étonne pas, mais qui n'en est pas moins étrange, surtout dans leur bouche : « La *Réforme*, osent-ils dire à propos des colonies, a longtemps ouvert ses colonnes à des appels à la défiance et à la haine. » C'est toujours le même système ; parce que vous défendez les affranchis contre les entreprises liberticides des privilégiés d'autrefois, vous provoquez à la défiance et à la haine. Nous renvoyons cette détestable accusation à ceux qui nous l'adressent, aux hommes qui reprochent sans cesse aux mulâtres d'être des agitateurs poussant les nouveaux citoyens à la paresse et au désordre, rêvant une République des Antilles d'où serait chassée la race européenne. Nous renvoyons l'accusation aux insensés qui ont impudemment dénoncé la Martinique comme livrée au meurtre, au pillage, au viol et à l'incendie, tant que M. Perrinon l'administrait, et qui repoussaient ce gouverneur parce qu'il est mulâtre. Nous renvoyons l'accusation aux journalistes blancs, qui vomissent sans cesse l'outrage contre ceux qui ont réalisé l'émancipation et contre tous les fonctionnaires amis des nègres. Nous renvoyons l'accusation aux incorrigibles qui, reniant le suffrage universel parce que les élus n'étaient point à leur image, ont essayé anarchiquement d'enter une délégation bâtarde sur la représentation légale. Ceux-là seuls font appel à la défiance et à la haine, ceux-là seuls éternisent l'antagonisme des castes ; aussi ne cesserons-nous jamais de combattre leurs actes et leurs doctrines.

M. Pécoul a les rancunes tenaces. Son premier acte à l'Assemblée législative a été une proposition tendant à supprimer l'article 7 de la loi d'indemnité, c'est-à-dire les banques coloniales. M. Hubert-Delisle, qui, quoique colon, n'est pas un légitimiste de l'esclavage, a vivement combattu cette proposition dans le sein de la quatrième commission d'initiative parlementaire, et celle-ci vient de faire son rapport où nous lisons :

« ..... N'oubliez pas que la loi du 30 avril est une loi d'ordre politique aussi bien qu'une loi de justice et de réparation. Les colonies venaient d'être profondément ébranlées par l'affranchissement subit des esclaves. Le crédit y était atteint dans sa racine, car le travail pouvait y disparaître totalement. Il y avait là un danger sérieux, et l'État, en décrétant l'établissement des banques coloniales, en assurant leur crédit, en leur donnant pour garantie une faible portion de l'indemnité dont il n'enlevait pas la propriété aux colons, *a fait une chose sage, prudente, raisonnable et qui* N'EXCÉDAIT PAS SES DROITS.

« Il portait remède à l'un des maux qui nuisent le plus aux colonies, l'élévation exagérée du taux de l'intérêt..... Il montrait aux colons l'intention de la France de ne pas abandonner les colonies aux secousses financières que pouvait entraîner une émancipation imprévue et subite. Enfin, *il répondait à des vœux souvent exprimés*, il aidait des tentatives déjà faites, et qui n'avaient pas porté tous leurs fruits, parce qu'elles n'avaient pas été faites avec assez d'ensemble. Rien n'est venu prouver qu'il s'est trompé dans ses prévisions, et que les banques coloniales soient une conception mauvaise.

« Par ces motifs votre commission d'initiative est d'avis de ne pas prendre la proposition en considération. »

Combien ces conclusions n'acquièrent-elles pas plus de poids encore, lorsqu'on songe que M. Pécoul fait partie de la majorité, et que la majorité, en raison de son peu de sympathie pour les œuvres radicales du gouvernement provisoire, ne cède qu'à l'évidence du bon sens, de la justice et de l'intérêt public, en déclarant que ce qu'on veut détruire est *une chose sage, raisonnable, où le droit n'a pas été dépassé.*

On en conviendra, un homme a rarement mis plus de persévérance que M. Pécoul à se faire dire d'une manière éclatante que toute sa conduite, dans une affaire, n'a été *ni sage, ni prudente, ni raisonnable.*

Mais que vont penser les colons de cet acharnement *d'un ami du pays* contre une institution qu'ils demandent avec instance ? Que va dire le *Courrier*, qui pressait encore, il y a un mois, l'application de l'article 7 en l'approuvant ? On trouvera des excuses, on expliquera que c'est un excès de zèle en faveur du *droit absolu* à l'indemnité, et tout sera pour le mieux (1).

Les colons ont cela de remarquable, qu'ils se tiennent, qu'ils se rendent solidaires les uns des autres, au point d'amnistier jusqu'aux fautes que chacun d'eux peut commettre individuellement. C'est là ce qui fait la force du parti des incorrigibles ; on ne l'approuve pas intérieurement, mais on le laisse agir plutôt que de paraître désunis.—Que les mulâtres et les nègres prennent cette conduite de parti pour exemple. Qu'ils se liguent tous indissolublement pour la vérité, comme les autres pour l'erreur, et le fait seul de cette cohésion leur donnera la victoire sans combat, car la vérité l'emporte toujours sur l'erreur.

Texte de la loi d'indemnité.

Art. 1er. Dans les colonies de :
La Martinique,

(1) Au moment où nous mettons sous presse, la proposition Pécoul vient d'être reponssée par l'Assemblée à une grande majorité. La leçon profitera-t-elle ?

La Guadeloupe et dépendances,
La Guyane,
La Réunion,
Le Sénégal et dépendances,
Nossi-Bé et Sainte-Marie.

Il est alloué une indemnité aux colons dépossédés, en exécution des décrets du gouvernement provisoire des 4 mars e 27 avril 1848.

Art. 2. L'indemnité ci-dessus stipulée est fixée ainsi qu'il suit :

1° Une rente de 6 millions, 5 p. 100, inscrite au grand livre de la dette publique ;

2° Une somme de 6 millions, payable en numéraire et en totalité, trente jours après la promulgation de la présente loi.

Art. 3. Tous les noirs affranchis en vertu des décrets des 4 mars et 27 avril dernier donneront droit à l'indemnité.

Seront exceptés les noirs qui auraient été introduits dans les colonies postérieurement à la promulgation de la loi du 4 mars 1831.

Les engagés à temps du Sénégal, libérés par le décret du 27 avril, donneront aussi droit à une indemnité.

Art. 4. Sur la rente de 6 millions, il est attribué savoir :

A la Martinique.	1,507,885 fr. 80 c.
A la Guadeloupe et dépendances. . .	1,947,164 85
A la Guyane.	372,571 88
A la Réunion.	2,055,200 25
Au Sénégal et dépendances. . . .	105,503 41
A Nossi-Bé et Sainte-Marie.	11,673 81
Total. . . .	6,000,000 »

Sur la somme de 6,000,000 à payer en numéraire, il est alloué, savoir :

A la Martinique.	1,507,885 fr. 80 c.
A la Guadeloupe et dépendances. . . .	1,947,164 85
A la Guyane.	372,571 88
A la Réunion.	2,055,200 25
Au Sénégal et dépendances. . . .	105,503 44
A Nossi-Bé et Sainte-Marie. . . .	11,673 81
Total. . . .	6,000,000 »

Art. 5. Les bases de la sous-répartition dans chaque colonie, le mode de payement et les justifications à exiger, tant des colons que de leurs créanciers, seront déterminés par arrêté du pouvoir exécutif, le conseil d'Etat entendu.

Art. 6. Les 6,000,000, payables en numéraire, seront distribués aux colons en proportion approximative de leurs droits; ces payements auront lieu aux colonies, nonobstant toute opposition, si le débiteur offre une caution agréée par le créancier ou admise par la justice, statuant en référé.

L'indemnitaire qui déléguera sur son indemnité en rentes une somme équivalente au capital et aux intérêts de la créance, sera dispensé de fournir caution.

Art. 7. Sur la rente de 6,000,000, payable aux termes de l'art. 2, le huitième de la portion afférente aux colonies de la Guadeloupe, de la Martinique et de la Réunion, sera prélevé pour servir à l'établissement d'une banque de prêt et d'escompte dans chacune de ces colonies (1).

(1) Discussion. « Les citoyens V. Schœlcher, Perrinon, Charles Dain, Pory-Papy, Louisy-Mathieu et Mazzulime, présentent l'amendement suivant :

« § 1er. Sur la rente de 6 millions, payable aux termes de l'art. 2, le cinquième de la portion afférente aux colonies de la Guadeloupe, de la Martinique, de la Réunion, de la Guyane et du Sénégal, sera prélevé pour servir à l'établissement d'une banque de prêt et d'escompte dans chacune de ces colonies. »

Le citoyen Schœlcher développe l'amendement en ces termes :

Citoyens représentants, toutes les commissions, de même que le gouvernement provisoire et le pouvoir exécutif, ont été d'accord sur ce point, que l'indemnité n'était pas seulement accordée en faveur des colons; mais aussi en faveur de notre commerce maritime, en faveur des colonies entières et essentiellement en faveur des affranchis. Ce que l'honorable citoyen Goudchaux, en développant l'amendement qu'il proposait, regrettait particulièrement dans le projet actuel, c'est qu'il mit toute l'indemnité coloniale dans les mains des colons, ou plutôt, il faut bien le dire, dans les mains de leurs créanciers. (C'est vrai.) C'est là surtout ce que nous devons redouter.

M. le ministre des finances a dit, avec beaucoup de raison, que ce qu'il fallait avant tout, pour la prospérité des colonies, c'est d'y rendre la propriété liquide. Eh bien! malheureusement, avec le projet en discussion, vous ne parviendrez pas là : car les propriétés coloniales sont grevées à un tel point, que les hypothèques dévoreront cette indemnité tout entière.

L'amendement que nous avons l'honneur de vous présenter a pour but de consacrer une partie de l'indemnité au travail colonial, à l'établissement de banques qui prêteront sur hypothèques, sur dépôt de marchandises, qui prêteront aussi sur la récolte, et qui permettront de la sorte aux petits, comme aux grands propriétaires, de pouvoir toujours offrir une juste rémunération aux laboureurs.

Qu'est-ce qui empêche le travail de se rétablir aux colonies? C'est l'impossibilité où sont les propriétaires, à l'heure qu'il est, de donner aucune espèce de salaire. Avec l'amendement qui vous est proposé, ils trouveront toujours dans la banque coloniale de quoi pourvoir à cet impérieux besoin. Outre cela, lorsque viendra prochainement la question très-importante de la création des usines centrales, on pourra encore puiser dans la caisse du crédit public pour cet objet. Or, ce sont les usines centrales qui permettront le travail libre dans tous ses dévelop-

Les titres de rentes, ainsi prélevés sur la rente de 6,000,000, seront déposés dans les caisses des banques comme gages et garantie des billets qu'elles sont autorisées à émettre.

Seront exempts du prélèvement ci-dessus stipulé les colons dont l'indemnité totale ne devra pas excéder 1,000 fr.

Tout colon indemnitaire recevra des actions de la banque de prêt et d'escompte de la colonie, jusqu'à concurrence de la retenue qu'aura subie sa part dans l'indemnité.

L'organisation des banques de prêt et d'escompte sera déterminée par des règlements d'administration publique.

Le gouvernement pourra appliquer les présentes dispositions dans les autres colonies.

Art. 8. Un crédit de six millions de francs est ouvert dans l'exercice 1849, au ministre de la marine et des colonies, pour le payement de la portion de l'indemnité payable en numéraire et en totalité, trente jours après la publication de la présente

pements, qui assureront aux nouveaux citoyens les moyens de devenir petits propriétaires.

Je puis ajouter, pour soutenir cet amendement, que, dans les colonies où l'on s'est fort occupé, comme bien vous pensez, de la question de l'indemnité, les ayants droit ont constamment exprimé le désir de voir l'indemnité convertie en un capital de banque qui arriverait à tous et à chacun.

Dans le cas où mon amendement, qui, je crois, sera appuyé par une partie de la commission et aussi par le gouvernement, viendrait à être contesté, j'ajouterai de nouvelles observations; jusque-là je crois devoir me borner à ce peu de mots.

Le citoyen Hubert-Delisle demande qu'au lieu du cinquième le huitième soit seulement prélevé.

Le citoyen Rabuan combat la proposition du citoyen Schœlcher et appuie la proposition du citoyen Hubert-Delisle.

Le citoyen Crémieux, rapporteur. La commission adhère à une grande majorité à la proposition du huitième.

Le citoyen Perrinon demande que les banques ne soient pas établies seulement au profit des propriétaires, mais encore dans l'intérêt des travailleurs. Il insiste pour que l'Assemblée décide que le cinquième soit prélevé comme l'a proposé le citoyen Schœlcher.

Le citoyen Levavasseur combat la proposition et croit que l'établissement des banques serait sans résultats avantageux, car ce serait immobiliser les capitaux dans les caisses. Il repousse la proposition.

Le citoyen Schœlcher fait observer que, sur les lieux mêmes, les personnes qui ont droit à l'indemnité croient qu'il est nécessaire d'établir des banques avec un fonds considérable. Ce n'est pas le cinquième qu'elles demandent; c'est l'indemnité tout entière qu'elles veulent consacrer aux caisses de crédit.

Sur les observations faites par la commission, les auteurs de l'amendement consentent à ne demander qu'un huitième au lieu d'un cinquième, et l'article est adopté avec cette modification le Sénégal et la Guyane étant réservés, malgré les observations du citoyen Schœlcher.

loi dans chaque colonie, et par les soins des administrations coloniales.

Art. 9. Pour l'exécution des dispositions ci-dessus, il est ouvert au ministre des finances un crédit de 6,000,000 de rente 5 pour 100, qui seront incrits au grand-livre de la dette publique, avec jouissance du 22 mars dernier.

Les inscriptions seront délivrées aux ayants droit, à compter du 1ᵉʳ octobre 1852, après que les droits respectifs et indemnitaires auront été fixés,

Art. 10. Tout traité antérieur à la présente loi aliénant la part d'un ayant-droit dans l'indemnité est nul, à la charge par le vendeur de rembourser le capital reçu, les intérêts et les frais (1).

L'action en nullité doit être intentée, à peine de déchéance, dans les trois mois de la publication de la présente loi dans la colonie où l'indemnité doit être payée.

Art. 11. Tous actes judiciaires ou extra-judiciaires relatifs à l'indemnité seront enregistrés gratis, ainsi que les actes notariés et les jugements.

Toutes actions relatives à l'indemnité seront jugées comme en matière sommaire, à moins qu'il ne s'élève une question d'Etat.

Délibéré en séance publique, à Paris, les 19 janvier, 23 et 30 avril 1849.

(1) Discussion. Le citoyen Schœlcher présente l'article additionnel ci-après :

« Tout traité antérieur à la présente loi aliénant la part des ayants droit à l'indemnité est nul, sauf, de la part de l'acquéreur, l'action en remboursement contre le vendeur, pour le capital et pour les intérêts. »

Le but de mon amendement, citoyens représentants, ajoute-t-il, est très-facile à saisir, et je crois n'avoir que peu de mots à dire pour le développer.

Depuis l'abolition de l'esclavage et depuis qu'il est question de la loi de l'indemnité coloniale, il a pu se faire et je ne crains pas de dire qu'il s'est fait dans les colonies un commerce fatal pour les petits propriétaires. Quelques hommes d'argent leur ont dit : Personne ne peut savoir si l'indemnité sera accordée ; vous aurez droit, par exemple, à 10,000 fr., en voulez-vous 2,000 ? Les voilà, donnez-moi votre droit éventuel.

C'est cette spéculation indigne que j'essaye de prévenir par l'amendement que j'ai l'honneur de présenter à l'Assemblée. Déjà, lors de la loi sur le remboursement des dépôts aux caisses d'épargne, j'ai eu l'honneur de présenter, et l'Assemblée a adopté un amendement dans ce sens. Je crois qu'elle adoptera également celui que je viens de lui soumettre, car il tend à sauvegarder les intérêts des pauvres gens qui ont été victimes de leur malheureuse position et qui, dans le besoin où ils se trouvaient, ont pu sacrifier leurs droits à la libéralité que vous venez de décréter.

Plusieurs voix. La commission adopte-t-elle l'amendement ?

Le citoyen Crémieux. Du moment que c'est au nom de la morale que cet amendement est proposé, la commission ne peut s'opposer.

L'Assemblée adopte.

R. Voir page 278.

L'enseignement primaire et supérieur aux colonies. Au citoyen ministre de l'instruction publique et des cultes.

Paris, 18 mai 1849.

Citoyen ministre,

Jusqu'à ce jour, les colonies n'ont participé que dans une proportion très-restreinte aux bienfaits de l'enseignement gratuit. Douze bourses aux colléges de Paris et de Versailles leur sont seulement accordées. Cependant, aujourd'hui que l'abolition de l'esclavage a rendu à la vie sociale et politique les nombreuses populations qu'un régime odieux plaçait en dehors du droit commun, la part faite aux colonies n'est plus en rapport avec leurs besoins. Le moment est venu de réparer une vieille injustice.

D'ailleurs, augmenter le nombre des bourses au profit des classes qui furent longtemps privées des avantages si précieux de l'éducation, n'est-ce pas contribuer puissamment à la fusion des races et à l'extinction des préjugés qui divisent encore nos compatriotes d'outre-mer?

Les autorités coloniales ont été les premières à comprendre l'importance du développement intellectuel de la jeunesse. Aussi, le conseil privé de la Guadeloupe, malgré l'embarras des finances, a-t-il doublé le nombre des demi-bourses, fondées aux frais du budget local, au pensionnat des dames Saint-Joseph.

Les représentants pour les colonies vous exposent le vœu de voir le gouvernement métropolitain suivre cet exemple. La République, après avoir aboli l'esclavage, n'hésitera pas à admettre aux bénéfices de l'instruction publique les nouveaux citoyens.

Les représentants soussignés espèrent donc, citoyen ministre, que vous voudrez bien prendre en considération la demande qu'ils ont l'honneur de vous adresser, et vous prient d'élever à vingt-quatre le chiffre des bourses attribuées aux colonies.

Cette mesure réparatrice, en rompant avec les traditions du passé, témoignera de la sollicitude du pouvoir pour les intérêts moraux des émancipés. Salut et fraternité,

Signé : Louisy-Mathieu, Mazzulime, Pory-Papy, Perrinon, Charles Dain, V. Schœlcher.

Ministère de l'instruction publique et des cultes.

Paris, 22 mars 1849.

A M. V. Schœlcher, représentant du peuple.

Monsieur et cher collègue. J'ai pris connaissance de la lettre que vous m'avez fait l'honneur de m'écrire, conjointement avec plusieurs de vos collègues, et par laquelle vous exprimez le vœu que le nombre des bourses nationales réservées aux colonies dans les lycées de Paris et de Versailles soit porté à vingt-quatre.

Il a été pris une note spéciale des observations que vous avez bien voulu m'adresser à cet égard et je vous prie d'être assuré que je ne manquerai pas d'en tenir compte en m'occupant du projet de règlement qui sera incessamment soumis au conseil d'Etat pour l'exécution de la loi du 27 novembre dernier.

Recevez, monsieur et cher collègue, etc.   *Signé :* Falloux.

Une dépêche ministérielle, du 10 mai 1848, disait aux commissaires généraux des colonies : « La République reconnaît qu'après avoir rendu les esclaves à la liberté, un de ses premiers devoirs envers eux est de leur prodiguer l'éducation qui développe toutes les facultés humaines. Annoncez-le aux populations coloniales que vous administrez, dites-leur que l'enseignement primaire et supérieur sera un objet constant de sollicitude pour notre gouvernement démocratique. »

Cette promesse n'a pas été tenue par les successeurs de M. Arago. Le moment approche où la loi sur l'enseignement sera livrée à la discussion ; le rapport a été déposé dernièrement sur le bureau de l'Assemblée. Est-ce cette loi qu'attendait le ministère de la marine pour procéder à l'organisation de l'instruction publique dans les colonies ? Supposons-le, espérons-le, puisque rien jusqu'ici n'a indiqué dans les actes de l'administration une préoccupation quelconque pour cette question d'un si haut intérêt moral et politique : l'émancipation intellectuelle des noirs, dont la Révolution de février a fait des citoyens.

Il faut bien le dire, jusqu'ici on n'a encore rien fait pour la population noire des colonies. La commission chargée de rédiger les décrets d'abolition de l'esclavage dut se préoccuper naturellement des moyens de rendre cette grande réparation aussi pacifique, aussi bienfaisante qu'elle était solennelle. Un décret prescrivit, en conséquence, la création aux Antilles d'un lycée national ; dans chaque colonie, d'une école d'arts et métiers ; dans chaque commune, d'une école primaire.

La raison, l'équité, l'intérêt de toutes les classes voulaient qu'il en fût ainsi, et qu'une ère nouvelle s'ouvrît aux premiers pas des nouveaux citoyens. Ces établissements utiles devaient être promptement fondés.

Pour mieux atteindre ce but, l'amiral Verninhac alors ministre envoya aux Antilles un inspecteur général avec mission d'examiner mûrement la question sur les lieux, de s'entendre avec les gouverneurs sur les mesures à prendre, et de préparer les voies aux importantes créations projetées.

L'inspecteur général, M. Chauvet, jeune homme intelligent et libéral, conclut, on devait s'y attendre, à l'organisation immédiate du service de l'enseignement, qui n'existe dans les colonies qu'à l'état élémentaire. Son rapport, si nous ne nous trompons pas, est livré, depuis quelques mois, au ministère de la marine. Que devient ce rapport? qu'en fait-on?

C'est un document officiel, pourquoi ne l'a-t-on pas publié, afin que chacun soit à même de l'étudier? Quand et comment jugera-t-on à propos d'appliquer un système prévu d'avance par les décrets d'émancipation, sollicité par les gouverneurs, et vivement appuyé, dit-on, par le rapport de M. Chauvet.

Le nouveau ministre de la marine, mieux inspiré que M. Tracy, ne voudra pas, sans doute, qu'une aussi indispensable organisation soit plus longtemps retardée; il est des cas exceptionnels dans lesquels la lenteur traditionnelle de tout bureau de ministère peut devenir fatale, et les colonies sont dans un de ces cas.

C'est avec autant de surprise que de regret que nous n'avons pas vu inscrite dans le projet de budget pour 1850 l'allocation supplémentaire destinée à la création d'un lycée aux Antilles, des écoles d'arts et métiers et des écoles primaires dans les communes, réduites encore aujourd'hui aux médiocres ressources scolaires de l'esclavage.

Il est temps de mettre un terme à cet état de choses; on a trop attendu déjà pour faire l'éducation des nombreux citoyens qui ne demandent qu'à apprendre, et dont le gouvernement ne peut pas, ne doit pas tromper les légitimes espérances. Pour s'assurer que la tâche lui sera facile, M. le ministre n'a qu'à consulter le rapport fait à la Constituante par M. Turck, au nom d'une commission du comité des colonies composée, si nous nous le rappelons bien, de MM. Schœlcher, Dariste et Druet-Desvaux. Il y verra que les républicains avancés, comme M. Turck, ont pris là encore l'initiative d'une motion généreuse en demandant qu'une somme annuelle de 410,000 francs fût affectée à l'extension de l'enseignement colonial (1).

(1) Projets de décrets lus le 9 janvier 1849 à l'Assemblée nationale par le citoyen Turck, au nom du comité de l'Algérie et des colonies.

Premier décret.

L'Assemblée nationale, considérant qu'il est d'une grande importance de donner aux nouveaux citoyens des colonies le plus d'instruction possible; vu l'insuffisance des écoles actuelles,

Décrète :

Il est difficile de comprendre, vraiment, qu'un ministère ne s'empresse point d'accepter les subsides que, contrairement à tous les usages, lui offre une notable partie de l'Assemblée législative, alors que l'objet auquel doivent s'appliquer ces subsides a été unanimement reconnu indispensable.

Les suppressions forcées opérées par la Constituante sur divers chapitres du budget n'ont jamais porté sur les parties du service nécessaires à l'existence du peuple. Or, l'éducation des nouveaux affranchis est d'une importance politique presque aussi grande que leur affranchissement même.

Ils attendent d'ailleurs, avec une brûlante impatience, le bienfait de l'éducation. Les bons frères de Ploërmel, tout en se multipliant avec un dévouement admirable, ne peuvent suffire. Leur petit nombre ne répond pas à l'immensité des besoins, leurs écoles du matin et du soir regorgent d'élèves, et ils sont chaque jour obligés de renvoyer beaucoup d'enfants que les nouveaux citoyens leur envoient. Qu'on se hâte donc, tout le monde y gagnera. (*Réforme*, 1er décembre 1849.)

ÉLECTIONS DE LA GUADELOUPE. 1849.

Discours prononcé par le citoyen Schœlcher, dans la séance du 17 octobre 1849, en réponse au rapport du bureau qui demandait l'annulation des élections de la Guadeloupe.

Citoyens représentants,

On vous a parlé des influences qui ont été exercées auprès

Article premier.
Cent écoles primaires de garçons et cent écoles primaires de filles seront ouvertes à la Guyane, à la Guadeloupe, à la Martinique, à la Réunion et au Sénégal.

Art. 2.
Une somme annuelle de 280,000 fr. sera affectée au payement des instituteurs et des institutrices, ainsi qu'aux fournitures à faire aux élèves pauvres.

Art. 3.
Les salles d'écoles et les logements des instituteurs et des institutrices restent à la charge des communes.

Deuxième décret.

L'Assemblée nationale, considérant qu'il est convenable et économique que les instituteurs et institutrices, dans les colonies françaises, soient formés dans ces colonies et tirés de leur population,

Décrète,

Article unique.
Un crédit annuel de 130,000 fr. est ouvert pour fonder à la Martinique une école normale d'instituteurs et une école normale d'institutrices et de sœurs hospitalières, destinés aux quatre colonies de la Guyane, de la Guadeloupe, de la Martinique, de la Réunion et du Sénégal.

des noirs. Je ne croyais pas, en vérité, que ce fût à nos amis, à ceux qui se sont occupés de nos élections, que l'on aurait pu reprocher l'abus des influences. Je vais expliquer, le plus succinctement qu'il me sera possible, ce qui s'est passé; mais, auparavant, j'ai besoin de dire à l'Assemblée que mon ami le commandant Perrinon et moi nous n'avons paru ni à la Guadeloupe ni à la Martinique; par conséquent, si réellement il y avait eu des manœuvres coupables employées vis-à-vis des noirs, l'Assemblée doit garder le souvenir que nous n'y sommes absolument pour rien.

Quant à ces manœuvres, il faut dire ici que notre concurrent était déjà nommé représentant de la Martinique quand il est venu se présenter à la Guadeloupe. C'est, dit-on, pour y exercer une mission de paix et de conciliation. Je demande si c'est au moment même où les élections étaient ouvertes qu'on pouvait travailler à cette œuvre de conciliation. La vérité est qu'il n'est venu à la Guadeloupe que pour combattre notre élection; il l'avait annoncé déjà depuis longtemps à la Martinique; il est venu à la Guadeloupe pour nous renverser, et il y est venu entouré de tout l'appareil de la force publique.

Je trouve dans un journal qui est antischœlchériste, comme on l'a dit dans le *Commercial*, je trouve ceci au moment où notre concurrent part :

« M. Bissette est parti avant-hier, à sept heures, pour aller visiter les communes de la Baie-Mahaut et de Sainte-Rose. La brave gendarmerie, commandée par son digne lieutenant, M. Commin, escortait la voiture du représentant élu de la Martinique, de l'illustre candidat de la Guadeloupe. Un piquet d'infanterie, et la police, toujours en activité depuis trois jours, empêchaient l'encombrement des curieux. »

Vous voyez donc que notre concurrent a parcouru la colonie, entouré de la force publique.

On a dit que cette force publique lui avait été donnée pour protéger ses jours. Je crois que, peut-être, dans la suite, on a pu la lui donner avec cette intention, mais il est évident que, dès le commencement, on la lui a donnée. Par conséquent, il était entouré dès le commencement, bien avant toute collision, d'un cortége qui, à raison de l'influence de l'appareil de l'autorité sur les populations des Antilles, devait produire sur elles une très-grande impression. Dans tous les cas, est-ce vraiment un pacificateur, un agent de conciliation que celui qu'on était obligé, dès les premiers jours, dès les premiers moments, de défendre contre les dispositions peu favorables de la population qu'il allait appeler à la fusion?

Il faut dire aussi que notre concurrent n'était pas seulement entouré de la force publique, mais qu'un certain nombre des gens qui l'accompagnaient étaient armés. Ainsi, par exemple, je trouve dans les jugements de la police correctionnelle que M. S. M., l'un de ceux qui le suivaient au Baillif (un des quartiers de la Guadeloupe), a été condamné à douze jours de prison pour avoir porté un pistolet dont il menaçait les électeurs qui ne voulaient pas entendre son ami. Au Moule, le commissaire de police dut intervenir pour désarmer un autre ami de notre concurrent, qui, à ses côtés, tira un pistolet de sa poche et en menaça les contradicteurs. Le fait est établi par un procès-verbal qui probablement n'a pas été mis sous les yeux de la commission. Il est vrai que très-peu de pièces favorables au résultat des élections paraissent lui avoir été communiquées.

Notre concurrent était en outre ostensiblement appuyé par presque tous les maires, qui sont encore ceux du temps de l'esclavage; le fait est établi par les journaux mêmes qui sont nos adversaires. Je vois dans l'un de ces journaux : « M. Bissette arrive à l'instant au Canal; il descend à la mairie. » Puis au *Lamentin* : « C'est à la mairie que M. Bissette est descendu. » Non-seulement il descendait aux mairies, mais la plupart des maires allaient au-devant de lui avec leur écharpe et convoquaient toutes les populations des environs pour l'entendre Ceci est établi encore par des journaux que je pourrais mettre sous les yeux de l'Assemblée, entre autres par le numéro du *Progrès* du 22 juin.

Le maire de la commune du Lamentin avait fait mieux pour protéger notre concurrent qui était le candidat de son choix; il avait, par un arrêté, défendu à tous les étrangers de rester sur son territoire à l'époque des élections? Il fut obligé, bien entendu, d'annuler cet arrêté.

Maintenant il y a une chose qui me paraît encore plus grave. C'est que ce n'est pas seulement l'assistance que lui prêtait les maires qui pouvait donner à sa parole une grande valeur sur l'esprit des électeurs; dans chaque quartier de la colonie où il arrivait, notre concurrent formait un comité électoral, et c'est souvent dans les mairies mêmes que ce comité était installé.

Je crois que cela est tout à fait irrégulier; que cela tombe même sous le coup d'un des articles de la loi électorale.

En tous cas, voici la preuve : c'est un journal également antischœlchériste (Chuchotements), *l'Avenir*, qui la fournit.

Je prie l'Assemblée de m'excuser si je me sers de cette expression; elle est consacrée dans les colonies; le nom de notre concurrent et le mien sont devenus l'appellation, pour ainsi dire, des deux partis qui divisent les Antilles : je supplie donc l'Assemblée de m'excuser si, dans ce que j'aurai à dire, j'emploie ces deux termes qui ont passé dans la polémique des journaux; l'Assemblée n'y verra, j'espère, de ma part aucune espèce de prétention.

M. Antony Thouret. Le rapporteur lui-même s'est servi de ces expressions. (Agitation.)

M. Schoelcher. « Je reprends la lettre que je vous ai écrite ce matin. Avant d'arriver chez M. Candet, tout s'était passé admirablement au bourg. M. Bissette, après avoir installé son comité à la mairie (un comité électoral bien entendu), s'est rendu chez M. le curé, où l'attendait un banquet. »

Ainsi, voilà qui est avéré : notre concurrent avait à sa disposition les troupes, la gendarmerie, la milice qui l'accompagnait partout; les maires l'assistaient avec l'écharpe à la ceinture; et c'est notre parti qu'on accuse d'avoir influencé l'élection! Si l'un de nous avait agi de la sorte, si nous n'étions pas restés très-sagement en France, si nous étions allés là-bas allumer des passions que nous savions incandescentes ; si nous avions soulevé les populations; si l'autorité, pour nous protéger, nous eût donné des soldats; si des maires complaisants eussent rassemblé les ateliers à notre voix; si nos adversaires nous eussent sifflés, comme cela est arrivé, et que la troupe eût chargé les siffleurs; enfin, si la guerre civile eût eu lieu, je le demande, n'est-ce pas nous qu'on accuserait de tout le mal? Nous n'avons rien fait de cela, et cependant c'est nous qu'on accuse, et c'est notre adversaire que l'on loue!

Dans une note émanée du candidat pour lequel agissait notre concurrent ostensible, note qui a été distribuée au bureau chargé de la vérification des pouvoirs, dans cette note, on dit que nos amis avaient pris des mesures pour empêcher notre concurrent de haranguer les cultivateurs.

Dans le rapport, il vient d'être dit, et l'on a particulièrement insisté là-dessus, qu'on l'avait présenté aux noirs comme s'étant vendu aux blancs. Je dis que ce n'est là qu'une assertion dont aucune preuve matérielle n'établit la vérité.

Je crois, moi, que les noirs se sont méfiés de notre concurrent, non parce qu'il soutenait les blancs, mais parce qu'il était allié avec ceux des blancs qui, même avant l'émancipation, s'étaient toujours montrés opposés à l'abolition. Il n'est donc pas du tout nécessaire qu'on ait excité les noirs à la méfiance vis-à-vis de lui. L'année dernière, on avait vu s'opérer à peu près la même chose dans le camp opposé. Je m'explique :

L'année dernière, il a été élu, pour la Constituante, un candidat ancien possesseur d'esclaves, d'une famille d'anciens possesseurs d'esclaves, M. Charles Dain.

Eh bien! aussitôt que M. Charles Dain a montré ses sympathies pour la classe de couleur, ses propres frères de race l'ont appelé renégat, ont renoncé à lui, ne l'ont plus tenu comme un des leurs. Il a donc pu arriver, sans aucune influence, sans mauvais conseils, la même chose pour les noirs.

En tous cas, je soutiens que notre concurrent a pu très-librement haranguer tout le monde. La meilleure preuve, c'est que nous savons parfaitement ce qu'il a dit; nous ne le savons que trop bien.

Il a dit, par exemple, que nous voulions la division des classes, que nous voulions l'expulsion des blancs, que nous faisons obstacle à la fusion; puis il a lancé contre nous des diffamations véritablement horribles. Je les soumettrai tout à l'heure à l'Assemblée.

Les cultivateurs, entendant attribuer des doctrines et des actes exécrables aux hommes qu'ils avaient vus leur être dévoués avant comme après l'émancipation, ont, en plusieurs endroits, hué l'orateur. Celui-ci a redoublé de paroles blessantes. La masse, irritée, a fini par lui jeter des pierres. Assurément cela est excessivement répréhensible; je n'entends pas du tout excuser un pareil acte; les pierres ne prouvent rien, mais j'établis le fait, et je dis que, si les populations se sont soulevées, c'est non pas parce qu'on les avait mal disposées à l'avance contre lui, mais bien parce qu'il les disposait mal par les discours qu'il tenait contre les candidats de leur choix.

Ainsi s'expliquent les troubles de La Gabarre, de Sainte-Rose, de Port-Louis et du Moule. Il faut dire même qu'à Port-Louis, où il y a eu un ou deux incendies de pièces de cannes, je ne crois pas qu'il y en ait eu plus de deux; il faut dire que là un des hommes qui formaient les groupes exaspérés avait été blessé par un coup de feu parti des rangs, non pas de la troupe, mais de la milice. On a dit que ces troubles avaient été épouvantables; vous avez entendu dire tout à l'heure, dans le rapport, qu'on demandait à manger la chair et à boire le sang de l'orateur.

L'exagération même de l'expression suffit pour en montrer la fausseté. Dans tous les cas, il y a ceci à répondre : les scènes de La Gabarre sont du 16 juin, celles de Sainte-Rose du 17 juin, celles de Port-Louis du 20 juin.

M. le rapporteur vous a lu une dépêche du gouverneur de la Guadeloupe, dans laquelle il présente ces événements comme extrêmement graves. Il paraîtrait que M. Favre aurait aussi subi des influences fâcheuses pour le parti dont nous nous déclarons hautement solidaires, car je ne trouve aucune allusion à ces événements dans une proclamation de lui, datée du 21 juin, et imprimée le 22, c'est-à-dire postérieurement aux faits qu'il accuse aujourd'hui si sévèrement :

« Abstenez-vous de toutes ces manifestations, qui ne tendent qu'à exciter les uns contre les autres, sans changer le résultat du scrutin, qui sera l'expression du suffrage universel, et dont le résultat doit être respecté par tous les citoyens.

« L'autorité veille; elle serait prête, au besoin, à maintenir avec fermeté l'exécution des lois établies pour le maintien de l'ordre; que ceux qui tenteraient de troubler en aient bien la conviction. Mais son premier devoir est de prévenir, et c'est pour arriver à ce but si désirable que j'ai éprouvé le besoin de manifester les sentiments qui seront compris et partagés par la grande majorité de la population. »

Je le demande, si les émeutes de La Gabarre, celles du Port-Louis et de Sainte-Rose avaient été aussi graves que l'on veut les faire, le gouverneur, qui venait d'en être témoin, qui venait d'en être instruit, aurait-il fait une proclamation comme celle-là sans en parler ?

Les événements sérieux se concentrent en réalité sur Marie-Galante. Il faut dire, d'abord, que Marie-Galante a toujours été agitée par les divisions de classes. Même avant l'abolition, même avant tout ce qui est survenu, cet îlot avait eu des troubles. Ainsi, sous M. Layrle, avant l'abolition de l'esclavage, le gouverneur avait été obligé d'aller en personne à Marie-Galante pour y calmer des collisions prêtes à naître.

Depuis, M. Gatine, le commissaire général, et, après lui, M. Fiéron, qui a succédé à M. Gatine comme gouverneur, ont été, l'un et l'autre, obligés d'aller sur les lieux pour y calmer des agitations qui s'y manifestaient; c'était un pays pour ainsi dire prêt aux troubles, et que la moindre occasion pouvait soulever. Il y avait là aussi, par conséquent, des bissettistes et des schœlchéristes.

Cependant, le 24 juin, le premier jour des élections, tout s'est passé avec beaucoup de calme. Le rapport, d'après ce que j'ai saisi, dit qu'il y a eu ce jour-là même quelque agitation. C'est une erreur, une des nombreuses erreurs fâcheuses pour nous et nos amis qui se trouvent dans le rapport; la gazette officielle qui rend compte des événements de Marie-Galante dit elle-même : « Le 4 juin, jour de l'ouverture du scrutin, tout s'est passé avec calme et dignité. » Il est par conséquent authentique que le premier jour s'est passé avec calme et tranquillité; c'est le rapport officiel qui le dit, et il n'est pas favorable à nos amis; il nous est, au contraire, très-passionnément hostile.

Le lendemain, le 25 juin, le maire de Grand-Bourg distribuait des bulletins de la combinaison qui lui était sympathique, de la combinaison Bissette et Richard.

Les électeurs de la campagne déclaraient qu'ils aimaient mieux attendre, avant de voter, un homme dans lequel ils avaient confiance, celui qu'on a appelé leur chef dans le rapport; cet homme, c'est, non pas le sieur Germain, comme dit le rapport, mais M. Germain. M. Germain arrive. Les cultivateurs l'entourent, lui montrent les bulletins qui leur ont été distribués par le maire. Ils les lui montrent nécessairement avec une entière liberté, très-spontanément, puisqu'ils l'attendaient pour cela et qu'ils avaient déclaré ne pas vouloir voter

avant qu'il arrivât. Il regarde ces bulletins et leur dit : « Ce ne
sont pas là les noms des candidats pour lesquels vous avez dessein de voter. » Puis il déchire les bulletins et leur en donne
d'autres.

Est-ce une faute? Nous ne le croyons pas; mais, en tout cas,
nous défions nos adversaires de soutenir que cette faute n'ait
pas été commise dans toutes les opérations électorales de la
Guadeloupe, de la Martinique et même en France. On donne un
bulletin à un homme qui ne sait pas lire; celui-ci le montre
à une personne en qui il a confiance, et si le nom n'est pas celui pour lequel il veut voter, il le déchire. C'est, je le répète,
ce qui est arrivé partout, même en France.

Eh bien! M. Germain, ainsi entouré de ses amis, fut arrêté
par ordre du maire, qui vit dans ce fait une manœuvre électorale! C'est alors que les noirs demandèrent la liberté du prisonnier, et se précipitèrent sur la force armée qui le retenait.
Malheureusement on fit feu sur eux, et parmi ceux qui venaient
de voir plusieurs de leurs amis tués ou blessés par cette impru-
dente décharge, il se trouva des gens, égarés par la douleur et
la colère, qui se répandirent dans la campagne et y commirent
les excès criminels qui vous ont été rapportés.

On vous a dit que ces hommes s'étaient présentés armés de
piques et de coutelas. Quant aux piques, je ne sache pas qu'elles
aient été autres que des gaules effilées par le bout. Vous voyez
qu'elles n'étaient pas dangereuses. (Bruit.)

Quant aux coutelas, je ferai observer qu'il n'y a réellement
pas de bonne foi à en parler, bien que le rapport officiel l'ai
fait. Les noirs des Antilles sont accoutumés à porter le coutelas,
qui leur sert à couper la canne. J'en appelle aux membres de
cette Assemblée qui connaissent les colonies; ils diront que les
noirs ont l'habitude de porter ce coutelas partout, et qu'ils le
prennent quand ils sortent, absolument comme nous prenons
notre canne. J'appelle sur ce point l'attestation des personnes
qui connaissent les colonies, et je dis que les noirs n'étaient pas
armés comme on le prétend; ils avaient seulement le coutelas
à couper la canne qu'ils quittent très-rarement dehors.

D'après le rapport même, il est bien constant que le mouvement qui s'est opéré à Marie-Galante a été provoqué (je ne justifie pas, j'explique), a été provoqué par l'arrestation. « Dès que
« l'individu qu'ils regardaient comme leur chef parut au milieu
« d'eux, il fut entouré par un groupe considérable; sur la dé-
« nonciation des manœuvres auxquelles il se livrait (on se dis-
« pense de dire lesquelles), le maire ordonna son arrestation.
« Les cultivateurs n'attendaient qu'une occasion; armés de pi-
« ques et de coutelas, ils demandèrent avec menace qu'on dé-
« livrât le prisonnier. » Vous le savez, encore tout à l'heure,
dans le rapport, de même que dans certains journaux qui ont

relaté les malheureux événements de Marie-Galante, on a parlé de meurtres, de massacres; eh bien! pas un blanc n'a péri, pas un! à peine deux ou trois hommes de la troupe ont-ils été blessés. Il importe aussi de bien établir ce fait qu'il n'y a pas eu à Marie-Galante un soulèvement de la population noire contre la population blanche. Il faut que l'Assemblée le sache bien, il y a eu, parmi les nègres, des malheureux égarés par la vengeance, qui ont commis des dévastations et des incendies, mais il y a en même temps nombre d'hommes, également appartenant à la population noire, qui ont défendu les propriétés et les habitants; l'un d'eux même a payé de la vie son noble dévouement.

Il doit donc rester bien constant qu'il n'y a pas eu à Marie-Galante un soulèvement de la population noire contre la population blanche, mais seulement un événement fatal et malheureux; et la meilleure preuve qu'une partie de la population noire s'est attachée à défendre les propriétaires attaqués, c'est que le *Moniteur*, il y a quelques jours, inscrivait, enregistrait les récompenses accordées à quinze nègres qui se sont distingués dans ces douloureuses circonstances.

Je dois ici placer une observation, c'est que la Guadeloupe était calme, très-calme avant l'arrivée de notre concurrent. Le rapporteur vient de vous dire qu'avant son arrivée la Guadeloupe était un peu agitée. Je suis obligé de faire remarquer que c'est encore une erreur de sa part. Je tiens le *Courrier du Havre*, qui est fort hostile à notre candidature, et j'y trouve, numéro du 5 juillet, des nouvelles des colonies dans lesquelles il dit :

« Nos colonies de la Guadeloupe et de la Martinique étaient tranquilles, sauf l'agitation ordinaire des élections qui ont eu lieu à la Martinique le 3 juin, et qui devaient avoir lieu à la Guadeloupe le 24. »

Dans une lettre qu'il cite, datée de la Basse-Terre, 10 juin, il est dit :

« Le pays en général est assez calme. Quelque agitation électorale se manifeste cependant à la Basse-Terre. Il serait difficile qu'il en fût autrement; mais l'autorité veille et saura réprimer énergiquement le désordre. »

Vous voyez donc qu'avant l'arrivée de notre concurrent, le pays, d'après les lettres même des correspondants du *Courrier du Havre*, qui ne sont pas nos partisans, le pays était parfaitement calme.

Je crois, au reste, que les dépêches du gouverneur établiraient également la même chose auprès de l'Assemblée, si l'Assemblée voulait vérifier les faits.

Ainsi, avant l'arrivée de celui que ses amis appellent le grand agitateur de la paix, pas un incendie politique n'avait été allumé à la Guadeloupe, pas un trouble n'avait éclaté, bien qu'il y ait eu des élections l'année dernière. Il est permis d'en conclure que le mal est sorti de ses discours.

Maintenant, les protestations disent, et M. le rapporteur a fait valoir que les élections doivent être brisées, parce qu'elles s'étaient faites à la lueur de l'incendie, au milieu des massacres et de l'assassinat; ce sont des mots stéréotypés dans la polémique de nos adversaires. Je répète qu'il n'y a rien de moins vrai; je répète, en défiant qui que ce soit de dire le contraire, qu'il n'y a pas eu de massacre, que pas un habitant n'a été tué ni blessé.

En tous cas, les événements auxquels on attribue une influence de terreur sur les élections se sont passés, les uns quatre jours, les autres huit jours avant le scrutin, et s'ils avaient été réellement sérieux, ils auraient même tourné contre nous, car on sait très-bien que toute émeute réprimée tourne contre ceux qui l'ont faite.

Pour ce qui est de Marie-Galante, les troubles sont du second jour, du 25; ils n'ont donc été connus que le 26 à la Guadeloupe, c'est-à-dire alors que le scrutin était fermé; il est donc impossible qu'ils aient eu une influence quelconque sur le résultat de l'élection. Au surplus, les procès-verbaux des opérations électorales ne mentionnent aucun acte de violence !

Je citerai encore la proclamation du gouverneur général des Antilles; c'est, je crois, celle que M. le rapporteur a citée lui-même, en oubliant seulement d'en rapporter ce passage; elle est du 26 ou 27 juin; il y est dit : « C'est avec une douleur profonde que j'ai vu l'incendie, etc., *faire suite* à la lutte électorale. » Ce n'est donc pas pendant la lutte électorale, mais après la lutte électorale, que l'incendie est signalé par la proclamation même du gouverneur général.

Les deux partis comptaient sur la victoire, et ce n'est qu'une fois que le résultat a été connu que les vaincus se sont décidés à protester.

Bien mieux, un des journaux qui nous sont opposés s'est chargé de le certifier. Je m'empresse de rendre hommage à l'impartialité de M. le rapporteur, qui a bien voulu citer ce journal; mais, comme c'est un fait assez important et qui peut avoir une certaine influence sur la décision de l'Assemblée, je demande la permission de relire ce passage du *Commercial*, du 27 juin :

« La bataille dure encore. On se presse pacifiquement autour de l'urne électorale; à part quelques actes audacieux, on peut dire avec bonheur que le calme le plus parfait a régné dans nos élections. »

Ainsi, voilà nos adversaires eux-mêmes qui, avant, il est vrai, que le résultat fût connu, déclarent que le calme le plus parfait a régné dans les élections!

Tenez, voici comment c'est nous qui avons organisé la terreur. C'est encore un article du même journal qui dit ceci :

« Quand tout paraissait rentrer dans l'ordre, quand les arrestations frappaient les meneurs d'une terreur apparente, des
intrigues recommencèrent plus dangereuses encore dans la
nuit du 23 au 24 juin (celle qui a précédé le scrutin); d'obscurs
courtiers schœlchéristes allaient dans toutes les communes
torturer l'âme crédule de nos nouveaux citoyens. »

Je le demande, je le demande à la bonne foi et au bon sens
de l'Assemblée, en supposant l'existence de ces obscurs émissaires schœlchéristes, et je dois dire qu'il n'y en a pas un seul
que l'on ait encore pu convaincre, que l'on ait pu encore saisir
en flagrant délit; je demande si l'influence de ces hommes-là,
dans une nuit qui a précédé les élections, a pu jamais paraly-
ser celle du puissant candidat qui parcourait la colonie, entouré de troupes, de gendarmes et de milice.

Maintenant, le rapport alléguait tout à l'heure, comme une des
preuves de la terreur qui avait été exercée, que, sur 29,360
électeurs inscrits, 10,887 se sont tenus éloignés de l'urne électorale. Il ne me semble pas que l'Assemblée puisse donner à ce
fait une valeur très-grande; car elle a validé les élections de la
Martinique, elle n'a pas hésité à les valider, et cependant, à la
Martinique, il y a eu, non pas 10,900 abstentions, mais 12,500
abstentions, sur un nombre égal d'électeurs inscrits. Je ne crois
pas devoir insister sur ce point.

Je pourrais ici rappeler, mais je crois que l'Assemblée a déjà
pu le bien remarquer, que nous avons eu, nous, 14,098 voix
sur 18,400 votants. Nos concurrents n'en ont eu que 4,200.

Or, un journal dévoué aux élus de la Martinique disait, le 22
juillet dernier, contre ceux qui demandaient qu'on différât la
vérification des élections de cette colonie jusqu'à l'arrivée des
protestations, ce journal disait :

« MM. Bissette et Pécoul ont été élus, le premier par 16,527
voix; le second par 13,482 voix; leurs concurrents n'en ont obtenu que 3,617. Cette différence énorme de suffrages doit in-
firmer d'avance ces protestations que les partis vaincus dans les
élections ne manquent jamais de faire souvent, par esprit
de rancune plutôt que par espoir de voir leurs réclamations
accueillies. »

Je crois que la même observation peut parfaitement s'appliquer aux protestations lancées en désespoir de cause contre
notre élection.

On prétend aussi que les électeurs ont été trompés par nos
émissaires, qu'on leur a fait croire qu'ils allaient être remis
en esclavage.

M. le rapporteur a dit que le numéro du journal qui lui avait
été remis n'avait pas de date. Je regrette qu'il n'ait point eu un

journal daté. En voici un parfaitement intact; il est du 17 juin, et je dois faire remarquer que c'est le premier publié, c'est-à-dire que, dès le premier numéro du journal rédigé par nos amis, ils ont protesté contre une telle allégation. Ils n'ont pas même voulu attendre le second jour, et nécessairement leur premier numéro a dû être répandu à un grand nombre d'exemplaires, et parvenir dans toutes les parties de la colonie. Vous allez voir si nos amis n'ont pas protesté d'une manière suffisante contre de pareils bruits.

Voici comment s'exprime *le Progrès* :

« Nous ne voulons pas abuser des avantages qui nous sont offerts par la lutte électorale pour calomnier nos antagonistes en les suivant dans la voie qu'ils nous ont ouverte. Nous ne ferons pas ressortir les taches encore vivaces qui obscurcissent le passé, etc. Nous n'effrayerons pas nos concitoyens, nos frères nouvellement libres, en faisant naître dans leur esprit des doutes ou des craintes sur leur liberté, en leur montrant en perspective, en cas d'insuccès de notre part, la possibilité ou la probabilité d'un retour, même momentané, à l'esclavage.

« Arrière de semblables manœuvres! Elles compromettraient outre cause, elles nous perdraient tôt ou tard dans l'esprit de ceux que nous avons mission d'instruire et de défendre; elles sont au-dessous de notre caractère; nous les flétrissons avec la plus sévère énergie. Revenir sur le grand acte de justice nationale qui a appelé tous nos frères à la liberté n'est au pouvoir de pas un; le gouvernement lui-même, voulût-il le tenter aujourd'hui, y épuiserait vainement ses forces; la liberté est donc bien et irrévocablement acquise, et, sur ce point, chacun peut dormir en paix. »

Cette déclaration est-elle assez formelle, assez précise? Si les cultivateurs ont eu de telles craintes, il ne faut peut-être s'en prendre qu'à ceux qui nous accusent et à l'imprudence de leurs discours et de leurs journaux.

C'est ici le moment d'éclairer l'Assemblée sur la classe qu'on accuse de détourner les cultivateurs de la voie du bien et du travail. On a tout fait pour donner à croire aux blancs et aux nègres qu'ils devaient se méfier de cette classe. Notre concurrent électoral la mettait en suspicion près des cultivateurs auxquels il s'adressait : « Défiez-vous des hommes de couleur, ils n'ont qu'un but, chasser les blancs pour prendre leur place. » (*Progrès* du 23 juin.)

Le numéro de ce journal du 28 juin signale par son nom l'adjoint d'un maire qui tenait le même langage aux nouveaux citoyens. Les journaux qui nous combattent accusent nominativement les hommes de couleur de vouloir se substituer aux anciens maîtres après les avoir chassés, expulsés, exterminés.

Pour que l'Assemblée ne puisse pas croire que ce n'est pas la classe tout entière que l'on incrimine, je vais lui lire un texte du journal dont j'ai déjà cité plusieurs extraits : il est du 7 juillet 1849.

« Les hommes de couleur de la Guadeloupe, mûs par la même pensée de domination, travaillaient la population de leur île et la préparaient à résister à l'influence de M. Bissette, qui se proposait de passer à la Guadeloupe pour y diriger les élections dans le sens de la modération, de la conciliation. Malheureusement, bien malheureusement, ils avaient eu le temps nécessaire pour exercer leur déplorable propagande, et lorsque M. Bissette arriva à la Guadeloupe, il trouva, au lieu d'amis disposés à l'écouter, des tigres altérés de son sang. »

Il est malheureusement trop vrai qu'on veut maintenant faire retomber la responsabilité des derniers événements sur une portion distincte de la population coloniale : on lui intente un procès politique, sous prétexte d'un complot qu'elle aurait formé pour chasser les blancs des colonies, pour exterminer la race blanche !

Ce complot ne serait pas seulement monstrueux, exécrable; il n'est pas possible. Mais, en admettant même qu'il fût possible, peut-on supposer la classe à laquelle on l'impute assez dénuée de sens, assez dénuée de raison pour ne pas savoir que, si elle venait à réussir dans le projet qu'on lui suppose odieusement, la France enverrait immédiatement des troupes pour lui enlever son abominable triomphe? On oublie trop, en vérité, que les hommes que l'on incrimine aujourd'hui, on louait, on exaltait, il y a quinze mois à peine, la sagesse, l'esprit d'ordre et de fraternité qu'ils avaient montrés à l'époque de l'émancipation.

Non! les hommes qu'on accuse ne sont pas des conspirateurs! Ils ne sont pas non plus, comme on l'a dit, des socialistes, des montagnards, des républicains rouges.

On a souvent répété dans les journaux, surtout depuis qu'il est question de faire annuler les élections de la Guadeloupe, qu'il y avait là-bas, comme ici, des conservateurs et des socialistes.

J'ai besoin de bien expliquer à l'Assemblée que, réellement, il n'y a ni socialistes ni montagnards aux colonies. Il est vrai qu'ils ont nommé un socialiste, je ne m'en défends pas du tout, je suis très-loin de m'en défendre; mais ce n'est pas parce que je suis socialiste, c'est plutôt quoique je sois socialiste qu'ils m'ont nommé : c'est uniquement parce qu'ils ont reconnu en moi un de ceux qui ont travaillé à l'abolition de l'esclavage; ils ont même protesté contre cette qualification qu'on leur donnait avec une intention facile à deviner.

Dans le numéro du *Progrès* du 6 septembre, je lis :

« Tous les hommes de bonne foi qui lisent notre journal doivent trouver bien ridicules les épithètes de socialistes, communistes, terroristes, montagnards, que les deux journaux de l'ordre et de la conciliation ne cessent de nous appliquer avec une méchante intention. Nous déclarons encore que le *Progrès* est l'organe des émancipés anciens et nouveaux à la Guadeloupe, et non point celui d'aucun système subversif. Cette déclaration, corroborée par les publications antérieures, fera-t-elle taire nos adversaires? »

Je tiens à ce que l'Assemblée soit bien convaincue qu'il n'y a réellement pas de lutte politique aux colonies; c'est, malheureusement, une tout autre question qui s'agite, et je vais encore lui lire les deux journaux qui nous sont opposés; elle verra que c'est une lutte de castes, malheureusement, et non point une lutte politique, qui déchire ces beaux pays. Je ne puis pas douter de l'impartialité de l'Assemblée; mais, malgré elle, elle pourrait être influencée par la pensée (je parle de la majorité) que ce sont des socialistes qui veulent prédominer aux colonies.

Le journal *l'Avenir*, du 11 août, s'exprime ainsi : « C'est peu de protester contre les dernières élections; là ne doivent pas s'arrêter tous nos efforts : il s'agit de faire comprendre à la France que la lutte stupide et barbare que nous soutenons n'est pas le résultat d'opinions politiques, mais bien une guerre de castes ayant pour but la substitution d'une fraction de la population à l'autre. »

Il est encore dit, dans l'autre journal de la Guadeloupe, numéro du 8 août, il est dit ceci : « Vous cachez le véritable but de vos menées; nous savons que vos opinions républicaines ne sont qu'un manteau sous lequel vous abritez de coupables pensées, de détestables espérances, l'expulsion de la race européenne, etc., etc. »

Vous le voyez donc bien, et je ne le dis pas sans le regretter profondément, ce ne sont pas des questions politiques, mais des questions de couleur qui s'agitent là-bas. J'aimerais mieux les premières que les secondes.

Je crois avoir établi tout à l'heure que, réellement, on ne peut pas supposer à la population que l'on accuse les idées qu'on lui prête. Il n'y a véritablement aux colonies que des hommes qui veulent, non pas le partage des biens, nous reviendrons là-dessus tout à l'heure, mais le partage des fonctions publiques, dont ils ont été exclus jusqu'ici.

C'est là le seul but de leurs efforts; c'est là ce qu'ils demandent très-légitimement.

Il faut que l'Assemblée se pénètre bien de la vérité. Il faut qu'elle ne se laisse pas tromper. Et, pour réduire à leur juste valeur ces accusations de violences, de terreur, portées par un

parti contre nos amis, je lui ferai remarquer que nos adversaires y associent tous ceux qui ne partagent pas leurs opinions.

C'est ainsi que M. Bayle-Mouillard, le procureur général de
la Guadeloupe, a été violemment chassé de l'île comme défenseur de ce pouvoir occulte dont parle la note que vous a fait
distribuer le candidat que soutenait notre adversaire, comme
membre ou défenseur, disais-je, « de ce pouvoir occulte, puis-
« sant, organisé pour le désordre, l'anarchie et la substitution
« d'une race à l'autre. » Cet homme, que le citoyen ministre de
la justice vient appeler à une des plus hautes fonctions de l'ordre
judiciaire, était présenté encore, il y a à peine un mois, dans
l'*Avenir* du 5 septembre, comme « une des têtes principales du
« parti désorganisateur et anarchiste ! »

Mais il faut bien le dire, M. le ministre de la marine lui-même
a été vingt fois signalé comme notre complice, et c'est là, je
crois, notre meilleure défense. Sur le nom de M. Tracy aux colonies, voici ce que l'on dit :

« M. Tracy peut être en France un homme de loyauté, de
droiture, de probité, enfin tout ce qu'on voudra; mais aux colonies, son nom veut dire : Extermination de la race européenne, si elle ne fuit pas et si elle n'emporte pas ses pénates
sur la terre étrangère. »

Je crois que quand M. Tracy est représenté comme l'ex-
terminateur de la race européenne aux colonies, l'Assemblée
pensera que nous, qu'on fait les chefs de ce complot, nous ne
sommes pas fort coupables.

Non-seulement M. Tracy, mais le gouverneur de la Guadeloupe, mais le directeur des colonies ici, mais le gouverneur
général, l'impartial amiral Bruat, sont incriminés et présentés
aussi comme complices de la substitution que nous voudrions
établir aux colonies.

Malheureusement de pareilles accusations en provoquent
d'autres dans le parti opposé. Ainsi la classe de couleur, de son
côté, dit que les blancs veulent exciter les noirs à les faire massacrer. Je pourrais montrer plusieurs lettres d'hommes de
couleur qui très-sérieusement admettent cette imputation tout
aussi peu vraisemblable que celle de leurs antagonistes. C'est
ainsi que par des accusations réciproques on accroît les implacables haines de castes. Puisse l'Assemblée, par la sagesse de
ses décisions, les calmer et y faire succéder les bienfaits de la
concorde. Je n'hésite pas à le dire, quoique j'y sois intéressé,
mais ce qui peut toucher mon amour-propre dans la question
doit disparaître devant l'intérêt général; je n'hésite pas à dire
qu'en annulant les élections de la Guadeloupe, l'Assemblée serait loin d'amener l'heureux résultat que nous souhaitons. Les
hommes de couleur se croiraient abandonnés par elle, surtout

après lui avoir vu valider les élections de la Martinique ; il supposeraient, à tort, sans doute, mais ils supposeraient que l'Assemblée regarde aux élus et non aux élections, et ils y seraient d'autant plus disposés qu'on leur a annoncé, à la Guadeloupe, que, sans rien savoir, *a priori*, la majorité de l'Assemblée avait l'intention de casser le vote. Voilà ce qu'on lisait dans le journal *l'Avenir*, le 8 septembre : « On est disposé, dans l'Assemblée nationale, à annuler les élections de la Guadeloupe, pour peu qu'il soit établi des faits pouvant motiver cette annulation ! »

En annonçant cette disposition, on laissait évidemment croire que l'Assemblée *à priori* voulait briser les élections.

On ne doit pas oublier ceci : la majorité qui nous a élus à la Guadeloupe appartient au même parti qui a eu le dessous à la Martinique ; la minorité de la Martinique a fait des protestations, l'Assemblée n'a pas voulu même en prendre connaissance ; si maintenant elle fait droit aux protestations de la minorité de la Guadeloupe, il est évident qu'il y a un parti aux Antilles qui croira l'Assemblée injuste pour lui, pendant qu'un autre, fort de cette faveur exceptionnelle, pourra se croire tout permis. Je souhaite que l'Assemblée ne veuille pas amener un tel résultat.

Maintenant, je vous demande, citoyens représentants, la permission de vous dire quels ont été les moyens qui ont été employés pour nous combattre.

On vous a dit quelle influence nos amis auraient exercée ; il faut vous dire quelles influences aussi on a employées contre nous ; je ne citerai que des faits authentiques, qui ont été imprimés et dont rien au monde ne peut dissimuler la gravité.

Nos adversaires ont écrit : « Guerre aux blancs et destruction des propriétés ! telle est la devise de M. Schœlcher, au nom duquel on assassine, on pille, on brûle chez nous ; il veut la substitution des mulâtres aux blancs par l'intimidation, par la désorganisation et le meurtre ; c'est le génie infernal de la destruction et de la haine ; des assassinats sont commis sous son inspiration. »

Ceci est imprimé textuellement dans les journaux des Antilles. Ceci, je le répète, a été redit, non pas une fois, mais dix fois, mais cent fois pendant la tourmente électorale.

Certes, si des assassinats avaient été commis, ce serait déjà un crime de me les attribuer ; mais quand personne n'a péri, je le demande, qui ne flétrira pas ceux qui ont écrit que j'étais un provocateur d'assassinats, que des assassinats avaient été commis sous mon invocation ! Honte à ceux-là !

(Le reste du discours est une exposition rapide de quelques-unes des calomnies répandues contre moi. Il serait superflu d'y revenir ici, ce serait faire double emploi avec ce qui se trouve déjà dans ce volume.)

Aux électeurs de la Guadeloupe.

Paris, 28 octobre 1848.

CITOYENS FRÈRES ET AMIS,

Les élections de la Guadeloupe, faites à une majorité de 14,000 voix sur 18,500 votants, sont invalidées!

La majorité de l'Assemblée nationale a déchiré le mandat que nous tenions de la presque unanimité de vos suffrages.

Il ne nous appartient pas de juger cet acte de rigueur. Quelle que soit l'appréciation particulière de chacun, tous doivent s'incliner devant les décisions du pouvoir législatif.

Mais deux fois vous avez mis votre confiance en nous; cette confiance dont nous sommes et serons toujours fiers nous oblige à déclarer que nous restons comme candidats sur la brèche électorale ouverte par nos adversaires.

Peut-être est-il bon de vous rassurer sur les conséquences de l'acte parlementaire qui annule vos votes; on cherchera encore à vous abuser, on s'efforcera de vous détourner des hommes que vous avez choisis; on vous fera entendre, comme on l'a déjà essayé, que la France les repousse. N'en croyez rien! Le dire même est une insulte à l'Assemblée. Elle ne regarde pas à l'opinion des élus, elle regarde à la manière dont le vote s'est accompli, et elle a été trompée par les intrigues et les mensonges des ennemis de la liberté. En voulant exclure de la représentation nationale deux des rédacteurs des décrets d'abolition, quelques anciens défenseurs d'un odieux passé ont espéré frapper cette grande mesure : c'est à vous de protester, en renommant ceux que vous aviez préférés.

Quant à nous, nous persistons à penser que le salut des colonies et le bien-être de tous leurs habitants sont dans la pratique absolue du régime de l'égalité, et, logiquement, dans un équitable partage des emplois publics entre les hommes capables de les remplir, sans distinction de classe ni de couleur. Nous ne voulons rien de plus, rien de moins. Ceux qui vous diront le contraire cherchent à vous en imposer.

A la tribune et par la presse, citoyens frères et amis, nous avons défendu votre honneur; aujourd'hui nous faisons un fervent appel à votre patriotisme pour vous engager à rester calmes malgré les outrages, les arrestations arbitraires qui peuvent encore venir vous affliger. Faites éclater de la sorte votre foi dans les droits inaliénables que vous tenez de la Révolution et de la Constitution. Vos ennemis n'ont de triomphe possible que par votre imprudence. Rappelez-vous avec quel impitoyable acharnement ils ont exploité contre vous les malheurs de Marie-Galante. Domptez les mauvais vouloirs par votre sagesse; ne laissez aucun prétexte pour briser une seconde fois votre œuvre; ne fournissez point d'armes aux gens qui veulent prouver que le suffrage universel est impossible aux colonies.

Vous avez été calomniés, indignement calomniés. Pour répondre à ceux qui soutiennent que vous avez voté sous l'empire de la terreur, sachez désormais mépriser les provocations. Elles ne vous manqueront pas plus, sans doute, aux prochaines élections qu'aux dernières; c'est le danger que vous avez à redouter, n'y succombez pas. N'épargnez point les instigateurs de désordre, ce sont vos ennemis; faites-les connaître, et préparez-vous ainsi, dans la réserve d'une résolution bien prise, à exercer de nouveau librement votre droit souverain. Le plus sûr moyen que vous ayez de vaincre l'injustice, c'est de vous montrer aussi modérés que fermes et constants.

Nous en gardons l'assurance, vous ne vous démentirez pas, et vous confondrez vos détracteurs. Vous le comprenez certainement; il ne s'agit pas seulement d'une élection ordinaire, mais de l'affermissement de vos prérogatives d'hommes libres. Il y va de vos plus chers intérêts, de votre fortune politique. On vous impose une nouvelle épreuve; maintenez votre volonté. Ce sera rendre les pouvoirs que vous donnez encore plus sérieux et plus respectables; on verra par-là qu'on ne peut vous façonner au gré de certains désirs, que vous voulez compter par vous-mêmes dans la grande famille politique. Persévérez donc, et les efforts des égoïstes ne prévaudront jamais. La victoire appartient infailliblement au bon droit qui ne s'abandonne pas.

Si, au contraire, vous vous laissiez séduire ou intimider, si, à force d'artifices, on parvenait à fausser l'immense majorité des 24 et 25 juin, la France douterait de vous et vous n'auriez plus lieu de vous plaindre d'un retour à des lois exceptionnelles; vous donneriez carrière à cette petite faction qui demande « la « création de cartes de sûreté, le travail forcé et le rétablisse- « ment de la *suprématie naturelle* d'une classe sur les autres, » qui ose dire que « deux heures d'école par jour suffisent pour « les enfants de la campagne, et que les nouveaux citoyens ont « besoin de la tutelle gouvernementale pour être soudainement « livrés à la liberté dont jouissent tous les membres de la so- « ciété française. »

Colons de bonne foi, ouvrez les yeux à la vérité; laissez-nous vous le dire, on vous trompe sur notre compte; ce sont les plus cruels ennemis des colonies qui prêtent aux élus de la Guadeloupe des sentiments hostiles à votre égard. Ceux-là qui nous accusent de vouloir substituer les mulâtres à vous ne peuvent être que des partisans de l'esclavage. Demandez-leur au moins une preuve, avant de les croire.

Dignes amis du progrès, qui nous appuyez parce que nous avons travaillé à l'émancipation, continuez à éclairer pacifiquement les nouveaux citoyens en bravant les persécutions. C'est une page de l'histoire coloniale qui s'écrit en ces graves moments, et elle sera belle, si vous l'achevez comme vous l'avez commencée !

Braves cultivateurs et ouvriers, restez unis; ne vous laissez pas diviser, et donnez encore au monde, par un austère usage de vos droits, l'imposant spectacle de votre régénération politique et sociale.

Emancipés de 1830, affranchis de notre sainte mère la République, anciens maîtres, travailleurs et propriétaires, tous confondus maintenant sous le glorieux titre de citoyens, abjurez les vieux préjugés qui entretiennent les haines, acceptez tous le vœu de la majorité, dans l'intérêt de votre commune patrie. Le résultat du scrutin deviendra alors le gage de la réconciliation et la plus sûre garantie de la prospérité générale dans un prochain avenir.

Vive la République!

V. Schoelcher, A. Perrinon.

LES VINGT-TROIS ESCLAVES EXPORTÉS A PUERTO-RICO.

Je crois devoir consigner ici des pièces relatives à cette grave affaire, digne de fixer l'attention de tous les amis de l'humanité et de la justice. Nul des nouveaux citoyens de la France d'outre-mer n'ouvrira ce livre sans savoir que vingt-trois de ses frères, qui devraient jouir comme lui du bonheur de la liberté, sont encore esclaves à Puerto-Rico ! ! !

Note remise au citoyen ministre de la marine et des colonies.

Le 13 novembre 1846, trois habitants de Marie-Galante, dépendance de la Guadeloupe, exportèrent clandestinement vingt-trois esclaves à Viecques, dépendance de Puerto-Rico.

Le fait fut porté à la tribune, le 13 juillet 1847, par MM. Paul Gasparin et Tracy; et M. Galos répondit que l'on était en instance auprès du gouvernement de Puerto-Rico, pour la restitution de ces noirs qui devaient être mis en liberté.

Le gouverneur de Puerto-Rico éleva des difficultés lorsque celui de la Guadeloupe lui fit réclamer les vingt-trois esclaves volés, et l'on dut en référer au cabinet de Madrid.

Le représentant du peuple Victor Schoelcher supplie le citoyen ministre de la marine et des colonies de vouloir bien s'entendre avec son collègue des affaires étrangères pour donner suite à cette affaire qui n'a jamais eu de solution, et il ose prier le citoyen ministre d'être assez bon pour l'informer de ce qu'il y a eu de fait jusqu'ici.

Les sieurs Finser et Ferville Bellevue, les sieurs Boulogne et Bayolle, auteurs et complices du crime de l'exportation des vingt-trois nègres, ont été condamnés de six à deux ans de prison, par arrêt de la Cour royale de la Guadeloupe, jugeant en police correctionnelle, le 15 décembre 1847.

Paris, le 9 janvier 1849.

Signé : V. SCHOELCHER.

Réponse au citoyen V. Schœlcher, représentant du peuple.

Paris, le 15 janvier 1849.

Citoyen représentant,

Par une note du 8 de ce mois, vous appelez mon intérêt sur l'exportation clandestine faite à Viecques, dépendance de Puerto-Rico, de vingt-trois noirs de Marie-Galante. Vous rappelez qu'il en a été question à la chambre des députés en juillet 1847, et vous témoignez le désir de connaître ce qui a été fait par mon département pour obtenir une solution.

Je me suis fait rendre compte de cette affaire, et j'ai vu qu'en 1847 M. l'amiral de Mackau, en même temps qu'il prescrivait à l'administration de la Guadeloupe de chercher à obtenir une solution amiable des autorités de Puerto-Rico, demandait avec instance au département des affaires étrangères d'intervenir près du gouvernement espagnol par la voie de l'ambassade de France à Madrid. Des lettres en ce sens ont été successivement adressées à ce département par celui de la marine, sous les dates des 16 juillet, 6 septembre et 29 décembre 1847.

Par lettre du 28 décembre 1847, le département des affaires étrangères a fait savoir à celui de la marine qu'il avait donné au ministre de France à Madrid des instructions dans le sens demandé.

Enfin, depuis la Révolution de février, M. le vice-amiral Casy, en entretenant M. Bastide des diverses conséquences du décret du 27 avril sur l'abolition de l'esclavage dans nos colonies, faisait ressortir ce que cet acte ajoutait de gravité au fait spécial de l'exportation frauduleuse de 1846, et réclamait, en conséquence, de nouveau, une démarche de notre ministre à Madrid auprès du gouvernement espagnol.

Je vais prier M. Drouin de Lhuys de s'en occuper avec tout l'intérêt qu'est faite pour inspirer la situation des noirs victimes de cette spéculation.

Salut et fraternité.

Le ministre de la marine et des colonies,

Signé : V. TRACY.

Heureux de cette réponse et sûr qu'elle leur plairait, je l'envoyai à mes amis des Antilles, qui jugèrent bon, à l'époque des élections, de la faire publier. Aussitôt les feuilles des anciens maîtres de crier à la réclame électorale, comme si la date de ces deux pièces ne protestait pas à elle seule contre l'idée d'une aussi indigne préoccupation. Que si l'on ne proclame pas tout ce qu'on fait, ils disent : Voyez, les représentants socialistes, communistes, rouges, montagnards, ne s'occupent d'aucun de nos intérêts! Que si des actes au contraire viennent à la publicité, ils essayent incontinent de les flétrir, en y cherchant un misérable intérêt personnel! Il est triste de voir à quel point le sens moral a abandonné certains de nos adversaires; et, à chacun de ces coups de traîtres, nous nous demandons toujours avec étonnement : Pourquoi donc tant de haine?

Quoi qu'il en soit, au risque de donner lieu encore à quelque mauvaise interprétation, je saisis l'occasion de la discussion du budget de la marine, chapitre *Service des colonies*, pour revenir à la tribune sur un aussi important sujet. « Citoyens représentants, ai-je dit dans la séance du 29 avril dernier, en 1846, vingt-trois esclaves ont été exportés de la Guadeloupe, et emmenés à Puerto-Rico. A la session suivante, M. Tracy lui-même, qui est aujourd'hui au banc des ministres, porta la révélation de ce crime à la tribune, et le ministère répondit alors que l'on s'adresserait au gouverneur de Puerto-Rico pour obtenir le retour de ces noirs si odieusement enlevés à leur pays. M. Layrle, gouverneur de la Guadeloupe, avait déjà donné ordre à un des bâtiments de la station d'aller réclamer les vingt-trois esclaves; mais les autorités de l'île espagnole refusèrent.

Depuis, je sais que des démarches ont été faites auprès du cabinet de Madrid pour lever ces difficultés et obtenir enfin la mise en liberté de ces malheureux.

Je demande à M. le ministre de la marine, et peut-être puis-je aussi interpeller M. le ministre des affaires étrangères, je demande si notre ambassadeur a pu obtenir quelque chose du cabinet de Madrid à cet égard, et je supplie le gouvernement de ne pas perdre cette affaire de vue. Elle intéresse tout à la fois l'humanité et notre dignité.

LE CITOYEN TRACY. Depuis que j'ai été appelé au ministère de la marine, je me suis occupé de cette question. Il y a peu de temps, j'ai adressé à mon collègue le ministre des affaires étrangères une invitation d'insister de nouveau auprès du gouvernement de Madrid pour que cette iniquité soit réparée le plus promptement possible. Je puis assurer l'honorable préopinant que je ne négligerai rien pour obtenir la satisfaction qu'il demande. (Très-bien.) »

Malgré l'approbation générale donnée à cette bonne réponse, rien n'a encore été fait, ou du moins obtenu.

Je ne prétends pas accuser l'indifférence des ministres. Mais je suis obligé de dire que la République est fondée depuis le 25 février 1848, et que vingt-trois Français sont encore aujourd'hui retenus en servitude dans une île espagnole, contre le droit des gens ! J'engage les affranchis de toutes nos colonies à joindre leurs sympathiques sollicitations à celles qu'on fera encore dans la métropole. Je les engage à signer des pétitions pour presser l'Assemblée nationale et le gouvernement de rendre à la liberté les vingt-trois pauvres nègres de Marie-Galante, qui souffrent dans les tortures de l'esclavage à Puerto-Rico.

Lettre de la société dite des Femmes schœlchéristes de Fort-de-France.

Je ne puis m'empêcher de citer une lettre que je viens de recevoir de Fort-de-France. Je la donne textuellement malgré les éloges qu'elle m'accorde. On jugera s'il est à craindre, le parti qui, jusque dans les couches les moins éclairées du peuple, professe des doctrines d'une si touchante bonté, on jugera s'il est besoin de canon contre le parti qui, dans les réunions les plus intimes, nourrit des idées aussi généreuses, aussi charitables ? Oui, ceux qui suivent les prédications de la haine et de la division sont trompés, égarés et ils ne peuvent tarder à s'en convaincre en voyant leurs sœurs et leurs frères les rappeler d'une manière si affectueuse à de meilleurs sentiments.

Fort-de-France, le 8 novembre 1849.

AU CITOYEN VICTOR SCHOELCHER,

« Très-cher concitoyen,

« La société des Femmes schœlchéristes de Fort-de-France, sensible à la réponse que vous lui faites, dans votre lettre du 24 juillet dernier, adressée à son bien-aimé fondateur, le citoyen Louis Pirote, se fait un devoir, quoique tardivement, de vous exprimer son témoignage de gratitude pour tous les bons sentiments que vous lui exprimez.

« Notre société, fondée à Fort-de-France, vers le 1er mai dernier, a propagé et propage légalement dans toutes les familles de sa sphère vos doctrines si pleines de sagesse, de libéralisme et de perfectionnement. Elle prêche l'ordre et le travail ; et, grâce à votre tutélaire influence, elle pratique, en en donnant l'exemple, l'amour de Dieu et des choses honnêtes. Nos efforts

n'ont point été complétement perdus, pour éclairer chacun sur
la part de reconnaissance qui vous est due, pour tout ce que
vous avez fait dans nos véritables intérêts afin de nous aider
dans l'exercice de nos devoirs civils et civiques. Notre dévouement n'est point resté infructueux; il eût complétement triomphé, sans la fatale influence de l'homme qui a porté la division
aux Antilles. Mais maintenant le frère déteste le frère; le père
maudit son fils; la sœur répudie sa sœur, et l'ami redoute son
ami. Enfin, la désunion la plus complète a succédé aux sentiments généreux si communs dans notre pays.

« Avant cette phase néfaste où l'on a vu un homme, que
l'histoire stigmatisera, user de son prestige imposteur pour dépouiller, même de leurs bijoux, les plus pauvres d'entre nous,
la mère pouvait encore nourrir ses enfants, le frère et la sœur
pouvaient travailler ensemble pour soutenir la vieillesse in-
firme et désolée d'un père et d'une mère; mais aujourd'hui le
désespoir est à son comble, et la plus profonde misère s'étend
partout ! Heureusement que le jour commence à sortir de cette
obscurité profonde, et nos cœurs renaissent à l'espérance.

« Nous sommes assurés plus que jamais de votre concours
dans l'action régénératrice de la Martinique, vous ne laisserez
pas votre grande œuvre incomplète; comme notre père et notre
protecteur le plus dévoué, vous jetterez un voile sur ces jours
malheureux qui ne peuvent que vous faire mieux apprécier
les masses non coupables, dans lesquelles il y a eu des igno-
rants et des aveugles que votre bon cœur saura plaindre et
excuser.

« Tels sont les sentiments que nous inspire votre grand dévouement; nous tâcherons de toujours le mériter et le justifier
en tout ce qui dépendra de nous. Nous implorons l'Éternel,
puisse-t-il exaucer nos vœux en vous donnant la force, le courage et de longs et précieux jours si nécessaires à l'accomplissement de vos bienfaits envers tous vos frères.

« Nous demeurons fraternellement vos dévoués frères et
sœurs bien-aimés.

« *Signé* : Clara AVRILLETTE, Héloïse AVRILLETTE, Cé-
line GALICIE, Juliette PIROTE, Louis PIROTE. »

NOUVELLES PIÈCES CONCERNANT LA MORALITÉ DU SIEUR BISSETTE.

*Déclaration des délégués des différentes batteries de l'artillerie de la
garde nationale de la Seine.*

Nous, soussignés, délégués des différentes batteries de la
légion d'artillerie de la garde nationale de la Seine pour ap-

précier *la moralité* du sieur Bissette, qui se présentait comme candidat au grade de capitaine d'état-major de la légion, et pour faire une enquête *sur différents griefs à lui imputés*, déclarons ce qui suit :

Après informations prises *et explications contradictoires* du sieur Bissette, devant nous réunis en conseil à l'état-major de la garde nationale, il est résulté pour nous la conviction, que le *sieur Bissette n'était pas digne* du grade qu'il sollicitait et qu'il y avait même lieu *de le rayer des contrôles* de la légion d'artillerie; *ce qui a été fait.*

Paris, 10 octobre 1849.

Farina, ex-capitaine de la 2e batterie ;
Charpentier, ex-capitaine de la 1re batterie ;
L. Maillard, ex-capitaine de la 1re batterie ;
Girard, ex-chef du 7e escadron ;
E. Tessier, ex-capitaine d'état-major ;
Branville, ex-chef du 6e escadron ;
Bésodis, ex-capitaine de la 4e batterie ;
Duchastaing, ex-lieutenant, ancien capitaine d'artillerie de la garde impériale ;
E. Keller, ex-capitaine de la 3e batterie ;
V. Leriverant, ex-brigadier de la 7e batterie ;
Blomart, ex-artilleur de la 10e batterie ;
A. Rotrou, ex-adjudant sous-officier, 1re batterie ;
Mathé, ex-capitaine de la 4e batterie ;
Michel, chef-d'escadron d'artillerie, ex-lieutenant-colonel de la légion d'artillerie de la Seine, président de la commission d'enquête.

Lettre de M. Mana.

Paris, 7 décembre 1849.

A MONSIEUR V. SCHOELCHER.

Monsieur,

Permettez-moi de vous signaler un fait dont j'ai été victime il y a à peu près huit ans. Comme j'ai ouï-dire que vous deviez publier un livre sur la vie de M. Bissette, je ne crains pas de mettre sous vos yeux une de ces aventures qui ne lui sont pas étrangères, et qui sont même assez communes dans sa vie privée.

Si vous trouvez ma lettre digne d'un feuillet de votre livre, vous pouvez la publier, car ce que je vais raconter est la vérité la plus pure.

J'étais au collége Henri IV, où je faisais mes études ; je n'a-

vais alors pour tout correspondant que M. Bissette. Fatigué de
porter toujours l'uniforme du collége, j'avais écrit à mon père
pour le prier de m'autoriser à me faire faire une redingote et
un pantalon de fantaisie pour les jours de sortie. Mon père voulut bien accéder à ma demande, et son tailleur fut chargé de
me faire ces objets. Il me fallait aussi une paire de bottes pour
mettre avec tous ces beaux habits. Je n'avais pas oublié, dans
la lettre à mon père, cette partie essentielle de ma toilette, et
je les avais aussi obtenues de la bonté de mon père.

Mon Dieu! j'étais bien enfant alors, et c'était un bonheur
pour moi, les jours que je sortais du collége, de quitter l'uniforme pour me mettre en *petit monsieur;* j'étais heureux d'y
penser. Mais, hélas! mon bonheur ne fut pas de longue durée.

Comme je vous l'ai dit, je n'avais que M. Bissette pour correspondant; il me fit sortir une fois; j'étais bien content, car
j'allais essayer mes habits neufs. Le soir, avant de rentrer au
collége, je laissai mes habits chez lui (il demeurait alors rue
Taitbout) pour reprendre mon uniforme, et je fus reconduit au
collége par son fils.

Peu de temps après, les congés du carnaval arrivèrent; j'écrivis à M. Bissette pour lui demander de me faire sortir; il me
répondit qu'il ne le pouvait pas. Un de mes amis me proposa
de faire demander par sa mère la permission de me faire sortir
pendant ces jours de congés. Cette permission ne me fut pas
accordée. Alors il me demanda si je voulais lui prêter ma redingote; j'y consentis, et je le priai de la faire prendre chez
M. Bissette. Deux ou trois commissionnaires furent envoyés
dans la même journée avec un mot de moi, pour réclamer mes
habits. M. Bissette répondait toujours que son fils les avait en-
fermés dans la commode, qu'il n'en avait pas la clef, et qu'aussitôt que M. Charles serait rentré il me les ferait apporter. J'attendis, rien; j'écrivis, rien. Le carnaval se passa sans que je
revisse la couleur de mes pauvres habits.

Peu de temps après, je ne sais par quel moyen je parvins à
sortir pendant un jour de congé. Mon premier soin fut de courir chez M. Bissette pour réclamer mes habits; je trouvai son
fils qui me dit le fin mot de l'affaire.

Pendant que j'étais au collége, redingote, pantalon, bottes,
tout avait été au *Mont-de-Piété* pour la somme de 25 francs! On
me fit de belles promesses de retirer ces objets le plus tôt possible. Je ne savais alors ce que c'était que le Mont-de-Piété; je
pris patience et j'attendis.

Mais le sort en avait décidé autrement, ou plutôt M. Bissette.
Je ne devais plus revoir mes habits. S'ils sont sortis du Mont-
de-Piété, je l'ignore. Tout ce que je sais, c'est que je ne les ai
mis qu'une fois, et que je n'ai jamais oublié cette histoire de
mes habits.

Voilà, monsieur, le tour qui a été joué à un enfant de douze ans par son oncle. Je ne crains pas de l'avouer à la face du ciel, puisque lui-même n'a pas craint de faire outrager sa nièce, ma pauvre sœur, par ses dignes énergumènes.

Je vous demande pardon de la longueur de cette lettre, mais, pour vous faire connaître la vérité, je devais entrer dans tous ces détails.

Pardonnez-moi, monsieur, mon indiscrétion, et recevez l'assurance de mon dévouement pour la cause que vous avez toujours défendue.

Votre dévoué serviteur,
A. DEMEREY MANA.

Ces deux pièces qui nous arrivent au moment où nous terminons notre ouvrage, complètent la peinture du Messie des incorrigibles.

Voilà l'homme derrière lequel ils ne rougissent pas de se traîner, l'homme dont ils se font les clients, l'homme pour lequel M. Pécoul publie des notes justificatives! Voilà l'homme que M. Tracy, ministre de la République, accrédite auprès des gouverneurs des Antilles et qu'il prend pour confident de ses dépêches!

Ils ne se contentait pas de faire des emprunts forcés comme ceux que nous avons dits, il mettait au Mont-de-Piété les habits de fête d'un enfant, son pupille. Les habits de fête d'un enfant! C'est joindre la cruauté à l'improbité.

A Paris, taré, déconsidéré par mille traits de ce genre, il a l'effronterie d'aspirer à un grade dans la garde nationale; on fait une enquête *sur sa moralité*, et il est ignominieusement rayé des contrôles de la légion où il se présente.

Aux Antilles, où la reconnaissance des nègres trompés, la connivence du gouvernement et l'égarement des colons font de lui une puissance, il porte partout la guerre civile, il jette la division dans la famille des noirs et des mulâtres, et quand les pauvres affranchis, dans l'effusion de leur générosité, viennent lui prodiguer leurs dons, il accepte, il prend tout ce qu'ils possèdent, or, argent, bijoux, boucauts de sucre, volailles, gibiers, fruits, légumes, faisant vendre sans vergogne au marché ce qu'il ne consomme pas!

Et les colons, qui ont refusé toute alliance avec l'élite de la population de couleur, se sont coalisés avec cet homme, qui, fidèle à sa nature, les insultait, les outrageait, il y a deux ans à peine, jusque dans leur caractère privé, jusque dans leur honneur!

Ce n'est pas sans une vive répugnance que je me suis occupé d'un pareil personnage. Mais on lui a conféré le plus beau des titres dans une république, on l'a nommé représentant du peuple, on se sert de lui pour faire échec à l'autorité du gouverneur général des Antilles, il a calomnié mes amis et moi auprès de la population des Antilles; je ne pouvais, comme autrefois, me renfermer à son égard dans le dedans du silence, j'ai été condamné à le faire connaître, à le montrer tel qu'il est.

ERRATA.

Page 341 et 79, *au lieu de* dence, *lisez* balance.

Page 123, *au lieu de* 476, *lisez* 705.

Page 138, *au lieu de* fermes-modèles, *lisez* institutions d'arts et métiers.

TABLE ANALYTIQUE.

—

coup de vanité dans l'amour. La pauvreté solidaire. Comparaison avec les ouvrières d'Europe, 77. — Valeur relative du mot *toutes*; les familles libres mises au niveau des meilleures familles blanches, 78. — Devoirs de l'ami véritable. Influence moralisatrice de mes critiques, 79. — Les mulâtres, éclairés, m'ont rendu justice. Assertion fausse de M. France, 80.

CHAPITRE VII. — REVIREMENT. — Page 81.

J'ai voulu diviser les nègres et les mulâtres! Le *Conciliateur* a annoncé, en 1842, que le préjugé de couleur ne céderait pas du premier coup, 81. — Que les incorrigibles chercheraient à éloigner les noirs des mulâtres en se servant de mon livre, 82. — Ils l'essaient avec l'aide de M. Bissette. Ils reprochent aux anciens libres d'avoir possédé des esclaves, 83. — Ils sont parvenus à diviser. M. Bissette a écrit d'avance la condamnation du rôle qu'il remplit aujourd'hui, 85. — Souvenirs de 1823, 86. — Souvenirs de 1792 et 93, 87. — Tendance de toute aristocratie déchue à reconquérir ses priviléges. L'ancien proscrit entouré des hommes les plus hostiles à l'émancipation, 88. — Traits de M. Rochoux et de M. Richard, 89.—M. Bissette prôneur des candidats rétrogrades, 90. — M. Pécoul abolitioniste! Son patron n'ose pas le présenter, 91. — Les amis de M. Bissette le défendent à la Guadeloupe, comme d'une injure, d'avoir eu l'idée de porter M. Pécoul, 92. — Les nouveaux citoyens doivent naturellement se méfier de lui en le voyant combattre les abolitionistes et soutenir les ennemis de l'abolition, 93. — Il divulgue la correspondance de ses anciens amis, 94. — Il est abandonné de l'élite des mulâtres et des nègres, même de ses parents. Il faut qu'il y ait encore des abolitionistes, 95. — Entre l'esclavage et la liberté, il y a de la place pour beaucoup de contrainte. M. Dain renégat! Mon réfutateur et M. Bovis, 96.

CHAPITRE VIII.— COALITION DES HAINES. — Page 97.

Les incorrigibles et le condamné de 1824 sont des ennemis coalisés; les colons repoussaient encore leur nouvel allié à la Révolution de février; il fut aussi repoussé par la commission d'abolition. Le *Club des amis des noirs*, 97. — Son adresse hostile aux colons et à l'indemnité; la coalition se forme, 98. — Pétition des *Amis des noirs* tendant au travail forcé, 99. — Noblesse de conduite de plusieurs colons; les coalisés ont échangé des injures pleines de mépris, 100. — Ce n'est pas avec du fiel qu'on fait de la fusion. Les meneurs sont coupables des diffamations de M. Bissette. La dignité et la décence ont été du côté des *Africains*, 101.— En choisissant M. Bissette, on a eu la volonté de faire du désordre, 102. — Sévère jugement de l'Assemblée législative sur son voyage et les moyens qu'il a employés. Les bâtons flottants, 103.

CHAPITRE IX. — LA DIVISION. — Page 104.

Pourquoi les rétrogrades m'appellent le candidat de la division. C'est une vieille accusation dans leur bouche, 104. — J'avais tout à perdre à la division; ils avaient tout à y gagner, 105. — Eux seuls l'ont amenée. Traitement infligé à M. Caillard par les prétendus fusionnaires, 106. — Acreté des passions soulevées. Excès des amis de l'ordre, 107. — La discorde pénètre jusqu'au foyer domestique. Les deux frères Procope, 108. — Défi de citer un mot de moi qui provoque à l'antagonisme, 109. — Les meneurs ont refusé la paix; M. Pécoul l'avoue à la tribune, 110. — Quatre fois les classes de couleur m'ont porté, et quatre fois les fusionnaires ont dit : Non. Repousser une candidature ainsi posée, c'é-

CHAPITRE X. — LA SUBSTITUTION. — Page 121.

rétrogrades, 150. — Tout système de compression menera aux désastres de Saint-Domingue, 151.

— 466 —

colons les plus rétrogrades attestent leur sagacité électorale. Conduite pleine de désintéressement des mulâtres, **268**. — Nobles motifs pour lesquels ils me nomment, **269**.

H. — Voir page 123. Tableau des fonctionnaires et employés des diverses administrations à la Guadeloupe, 310.

I. — Voir page 140. Conquête du bourg de la Grand'Anse par le grand agitateur de la conciliation, 31 0.

I bis. — Voir page 140. Jugements rendus par la cour d'assises de la Martinique, sous la présidence de MM. Baradat et Ruffi-Pondevès, 321.

J. — Voir page 161. Toast à l'abolition de la peine de mort, porté le 25 février 1849, par V. Schœlcher, 326.

K. — Voir page 167. Polémique sur les événements du 22 mai avec M. Pécoul, 328.

L. — Voir page 173. Opinion de M. le capitaine de vaisseau Layrle sur la situation d'Haïti en 1841, 355.

M. — Voir page 174. Complicité de M. Tracy, de M. Mestro et de M. Bruat, dans la conjuration mulâtre dont M. Schœlcher est le chef, 357.

N. — Voir page 175. Adresse du comité électoral de la Pointe-à-Pître aux électeurs de la Guadeloupe, 361.

O. — Voir page 181. Lettre de M. Husson, 363.

P. — Voir page 216. Rapports, décrets, arrêtés et projets de décrets et d'arrêtés concernant l'abolition immédiate de l'esclavage, 365.
Institution de la commission et sa nomination, 365. — Rapport de la commission, 366. — Décret de l'abolition de l'esclavage, 374. — Décret sur les vieillards et les orphelins, 375. — Sur l'instruction publique, 376. — Pour l'institution des jurys cantonaux, 377. — Arrêté sur l'organisation des ateliers nationaux, 379.—Décret sur les ateliers de discipline, 381. — Arrêté sur l'organisation des ateliers de discipline, 382. — Décret pour l'établissement des caisses d'épargne, 385. — Sur divers impôts directs ou indirects, 386. — Sur la fête annuelle du travail, 386. — Sur le régime hypothécaire et l'expropriation forcée, 387. — Instruction pour les élections; nombre des représentants, 390. — Décret sur la suppression des conseils coloniaux et des délégués des colonies, sur les pouvoirs extraordinaires des commissaires généraux, sur le régime de la presse, 392.—Rapport au gouvernement provisoire sur le recrutement de l'armée, l'inscription maritime et la garde nationale, 592. — Décret portant application aux colonies des lois sur le recrutement de l'armée, l'inscription maritime et la garde nationale, 393. — Projet d'arrêté pour l'établissement des banques coloniales, 395. — Projet de tarif pour les sucres, 396. — Projet d'arrêté pour l'établissement d'un collège à la Basse-Terre (Guadeloupe), 397. — Rapport au ministre sur les derniers travaux de la commission, 399. — Projet d'arrêté pour l'établissement des caisses d'épargne, 404. — Résolution de la commission sur les immigrations des travailleurs libres aux colonies, 407.

Q. — Voir page 255. Polémique sur le dédommagement et les banques coloniales, avec M. Pécoul, 408. — Pétition des colons en faveur de l'amendement des banques, 418. — Proposition de M. Pécoul tendant à supprimer les banques, rejetée à l'Assemblée législative par la commission d'initiation, 427. — Texte de la loi d'indemnité.

FIN DE LA TABLE.

Paris. — Imprimerie SCHNEIDER, rue d'Erfurth, 1. — Société typographique parisienne.